Alfred Georg Ludvig Lehmann, F. Bendixen

# Die körperliche Äußerungen psychischer Zustände

Teil 1

Alfred Georg Ludvig Lehmann, F. Bendixen

**Die körperliche Äußerungen psychischer Zustände**
*Teil 1*

ISBN/EAN: 9783741173769

Hergestellt in Europa, USA, Kanada, Australien, Japan

Cover: Foto ©berggeist007 / pixelio.de

Manufactured and distributed by brebook publishing software
(www.brebook.com)

Alfred Georg Ludvig Lehmann, F. Bendixen

**Die körperliche Äußerungen psychischer Zustände**

# DIE

# KÖRPERLICHEN ÄUSSERUNGEN PSYCHISCHER ZUSTÄNDE.

### Dr. ALFR. LEHMANN,

DIREKTOR DES PSYCHOPHYSISCHEN LABORATORIUMS AN DER
UNIVERSITÄT KOPENHAGEN.

ERSTER TEIL.

## PLETHYSMOGRAPHISCHE UNTERSUCHUNGEN.

TEXT.

NEBST EINEM ATLAS VON 68 IN ZINK GEÄTZTEN TAFELN.

ÜBERSETZT

VON

## F. BENDIXEN.

LEIPZIG,
O. R. REISLAND.
1899.

# VORREDE.

Im Februar 1895 richtete der Herr Prof. Dr. K. Pontoppidan, der damalige Oberarzt der Abteilung für Geisteskranke im Kopenhagener Kommunehospital, die Frage an mich, wiefern man mit Hilfe des Sphygmographen oder des Plethysmographen im stande sei, zu entscheiden, ob in einem gegebenen Falle wirkliche Analgesie vorliege oder nur Simulation der Schmerzlosigkeit.

A priori darf es wohl fast als gegeben betrachtet werden, daſs eine Person, welche Analgesie simuliert, diejenigen Veränderungen des Blutkreislaufs, die den Schmerz normal begleiten, nicht zu unterdrücken vermag. Die Bedingung, um Simulation mit Sicherheit konstatieren zu können, wird also die sein, daſs die genannten körperlichen Veränderungen in allen Fällen wirklicher Analgesie fehlen, ohne Rücksicht darauf, wie diese übrigens entstanden sei: durch Läsion peripherer oder zentraler Nervenelemente, durch Intoxikation oder infolge psychischer Abnormitäten (Hysterie, Suggestion während Hypnose). Nun ist es indes keineswegs wahrscheinlich, daſs die körperlichen Symptome des Schmerzes bei allen diesen verschiedenen Formen der Analgesie wegfallen werden, und da in der mir bekannten psychophysiologischen und psychiatrischen Litteratur keine systematischen Untersuchungen über diese Verhältnisse vorliegen, war ich folglich nicht im stande, eine positive Beantwortung der aufgestellten Frage zu geben. Diese besitzt aber offenbar ein nicht geringes theoretisches Interesse, von der praktischen Bedeutung ganz abgesehen, durch die sie veranlaſst wurde. Es handelt sich ja nämlich darum, inwiefern Veränderungen der vegetativen Funktionen, welche bestimmte Bewußtseinszustände normal begleiten, sich auch reflektorisch durch einen äußeren Reiz auslösen lassen, ohne daß der Bewußtseinszustand mitwirkte. Mit andern Worten: Ist der psychische Zustand, an welchen gewisse körperliche Erscheinungen normal verknüpft sind, etwas Wesentliches, so daß die körperlichen Veränderungen nur dann zu stande kommen können, wenn der seelische Zustand gegeben ist; oder ist letzterer etwas ganz Unwesentliches, ein Plus, das je den Umständen nach vorhanden oder abwesend sein kann? Die theoretische Tragweite dieses Problems braucht wohl nicht näher nachgewiesen zu werden, und es wird deshalb verständlich sein, daß ich den Vorsatz faßte, möglichst bald die Lösung des Problems zu suchen.

Nachdem die Instrumente, die ich bei meinen früheren Versuchen über die körperlichen Äußerungen der Affekte benutzt hatte, in mehreren Richtungen verändert und verbessert worden waren, begann die Arbeit im Frühjahr mit dem Studium der durch Stickstoffoxydul hervorgerufenen Analgesie. Darauf ging ich zur Untersuchung der suggerierten Analgesie über, und zwar unter sehr günstigen Verhältnissen, indem es sich erwies, daß zwei der im Laboratorium beschäftigten Studierenden äußerst leicht hypnotisabel waren, ohne jedoch irgend ein hysterisches Symptom darzubieten. An diesen beiden Personen wurde zugleich die Wirkung verschiedener suggerierter Gefühle und Affekte festgestellt, und der Kontrolle wegen wurden gleichzeitig die körperlichen Äußerungen dieser Bewußtseinszustände teils an denselben Personen in normalem Zustande, teils an mehreren anderen Personen, die noch nie hypnotisiert worden waren, untersucht. Während dieser Arbeit entdeckte man bei ein paar einzelnen Individuen anormale Äußerungen, was dazu bewog, die Untersuchungen nicht nur auf Gefühle und Affekte, sondern auch auf andre psychische Erscheinungen, die Konzentration der Aufmerksamkeit, Denkarbeit u. s. w. auszudehnen. Erst gegen Ende 1896 waren diese Versuche in so großem Umfange variiert worden, daß sich bestimmte Gesetzmäßigkeiten nachweisen und die Ursachen der anormalen Äußerungen feststellen ließen. Damals war aber ein ganz überwältigendes Material beschafft — gegen 2000 einzelne Versuche, an zehn verschiedenen, teils weiblichen, teils männlichen Versuchspersonen angestellt —, welches zweifelsohne die Beantwortung nicht allein der von mir direkt verfolgten Fragen, sondern auch zahlreicher anderer enthielt. Es schien mir daher wünschenswert, einen wesentlichen Teil meines Versuchsmaterials in so genauer Reproduktion veröffentlicht zu sehen, daß derselbe sich von Forschern benutzen ließe, die weder Gelegenheit noch Übung haben, solche Versuche anzustellen. Diese erfordern nämlich, gewiß in noch höherem Grade als irgend ein andrer Zweig der psychologischen Experimente, Routine nicht allein des Experimentators, sondern auch der Versuchspersonen, weshalb die Untersuchung einer einzelnen kleinen Frage oft ganz unverhältnismäßig lange Zeit beanspruchen wird. Eine hinlänglich umfassende Materialsammlung wird in solchen Fällen viel Arbeit ersparen können, und es ist meine Hoffnung, daß vorliegendes Werk in dieser Richtung einige Bedeutung erhalten wird.

Die zur Realisation dieses Plans erforderlichen Geldmittel wurden mir vom Carlsbergfonds bewilligt. Ich statte hiermit der verehrten Direktion meinen ergebensten Dank für das Interesse ab, das auf diese Weise meiner Arbeit zu teil wurde, deren Veröffentlichung in vorliegender Form erst hierdurch ermöglicht ward.

Wenn ich gemeint habe, von vornherein den Anlaß und den historischen Gang meiner Untersuchungen darstellen zu müssen, ist der Grund zunächst der, daß die Datierung der einzelnen, später zu besprechenden Versuche sonst ganz sinnlos erscheinen und andeuten könnte, es sei völlig ins Blaue hinein ohne irgend einen bestimmten Plan experimentiert worden. Dies ist durchaus nicht der Fall; im Gegenteil zog die eine Gruppe von Versuchen auf natürliche und notwendige Weise die andre nach sich. In der folgenden Darstellung wird die chronologische Ordnung jedoch nicht befolgt werden, da sie den Überblick über die Erscheinungen und deren wechselseitiges Verhalten in hohem Grade erschweren würde. Der Stoff wird dagegen so geordnet werden,

wie die ganze experimentelle Arbeit hätte angelegt
werden müssen, wenn es ursprünglich beabsichtigt wäre,
sie so umfassend zu machen, wie sie jetzt vorliegt. In
diesem Falle würde man natürlich damit angefangen
haben, den Menschen in normaler Ruhe und in normalem
Gleichgewicht des Gemüts zu studieren, um darauf allmählich immer kompliziertere Störungen dieses Zustands
einzuführen. Hierdurch wäre der Überblick bewahrt
und das Verständnis der einzelnen Erscheinungen in
hohem Maße erleichtert worden.

Wenn ich nun auch anzunehmen wage, daß meine
Arbeit dazu beitragen wird, Licht über verschiedene
Punkte zu verbreiten, die trotz zahlreicher Untersuchungen dieser Art in den jüngsten Jahren noch un-
aufgeklärt dastehen, zunächst weil es sich erweist, daß
die Resultate der verschiedenen Forscher in Widerspruch
miteinander sind, so betrachte ich sie doch keineswegs
als etwas auf diesem Gebiete Abschließendes. Dies ist
dadurch deutlich ausgedrückt, daß vorliegendes Werk
als erster Teil bezeichnet ist. Ich glaube nämlich, wie
es am Schlusse des Buches näher nachgewiesen werden
wird, daß die bisher ausgeführten sphygmographischen,
plethysmographischen und sphygmomanometrischen Untersuchungen durchaus nicht genügen, um zu erhellen,
was eigentlich ins klare gebracht werden soll. Es ist
deswegen ein ganz andrer Weg einzuschlagen, der mehr
direkt anzeigt, was eigentlich aus den verschiedenen,
die einzelnen Gemütszustände begleitenden organischen
Veränderungen resultiert. Versuche in dieser Richtung
haben schon angefangen, und wenn es mir nur gelingt,
sie im erforderlichen Umfange durchzuführen, so hoffe
ich, in den folgenden Bänden die Resultate dieser Schritte
auf neuen Bahnen vorlegen zu können.

Schließlich bringe ich meinen zahlreichen Mit-
arbeitern meinen besten Dank: ihre Ausdauer und ihr
lebhaftes Interesse für die Arbeit waren wesentliche Bedingungen, um diese überhaupt durchführen zu können.

Kopenhagen, im Januar 1899.

# HINWEISUNG

auf diejenige Seite des Textes, wo die Messung der Kurven
zu suchen ist, insofern sie sich nicht in der Beschreibung der
Kurven findet.

# INHALT.

# EINLEITUNG.

Auf zwei verschiedenen Wegen kommen die psychischen Zustände gewöhnlich zum Ausdruck: teils durch Bewegungen willkürlicher Muskeln, teils durch Veränderungen der vegetativen Funktionen. Die Bewegungen der willkürlichen Muskeln können wieder entweder bewußt, willkürlich entstehen (die eigentlichen Willenshandlungen) oder auch unwillkürlich, indem jeder Gemütszustand, der oft von einer bestimmten willkürlichen Bewegung begleitet worden ist, schließlich nicht eintreten kann, ohne wenigstens eine minimale Bewegung der nämlichen Art auszulösen. So sind unsere Vorstellungen von Zahlen, Buchstaben, Figuren u. s. w. stets von Schreibbewegungen begleitet, die sich durch einfache Apparate sichtbar machen lassen, und das Denken ist, bei vielen Menschen allenfalls, kaum ohne Sprechbewegungen möglich, die sich mittels Selbstbeobachtung konstatieren lassen und oft hörbar werden können. Endlich erweisen auch die mimischen und pantomimischen, die Affekte begleitenden Bewegungen sich ebenfalls als unwillkürlich reproduzierte Bewegungen. Sie sind durchweg zweckmäßig, dienen zur Abwehr oder zum Festhalten dessen, wodurch die Gemütsbewegung hervorgerufen wird, und sind deshalb als ursprüngliche Willensäußerungen aufzufassen, die im Leben der Gattung oder des Individuums durch fortwährende Wiederholung sich so fest mit einem bestimmten Gemütszustand associiert haben, daß sie jetzt unwillkürlich entstehen, es sei denn, daß sie willkürlich gehemmt werden.

Während im grofsen und ganzen der Ursprung und die Bedeutung der Äufserungen unserer Gemütszustände durch Bewegungen der willkürlichen Muskeln also verständlich sind, läfst dies sich nicht von den Veränderungen der vegetativen Funktionen behaupten. Erstens kennen wir diese noch nicht einmal in den gröbsten Zügen, indem die Beobachtungen der einzelnen Forscher auf diesem Gebiete keineswegs miteinander übereinstimmen. Und ferner ist sogar die Bedeutung derjenigen Veränderungen, über welche Einigkeit herrscht, noch durchaus rätselhaft. Dafs ein Individuum bei drohender Gefahr unwillkürlich die Arme ausstreckt, ist verständlich; weil dies im allgemeinen eine unter solchen Verhältnissen zweckmäfsige Bewegung ist, die zur Abwehr der Gefahr dienen kann. Ganz unverständlich ist aber, weshalb das Herz geschwinder zu schlagen beginnt und die Gefäfse an der Oberfläche des Körpers sich zusammenziehen. Dies scheint, soweit man zu sehen vermag, nicht sonderlich zweckmäfsig zu sein, mufs aber doch für den Organismus sicherlich Bedeutung haben. Ein Versuch, eine derartige isolierte Erscheinung zu erklären, würde indes schwerlich zu etwas mehr als wilden Hypothesen führen; die organischen Veränderungen, welche alle einzelnen Gemütszustände kennzeichnen, müssen im Zusammenhang und in ihrer inneren Verbindung erblickt werden, um eine Erklärung zu ermöglichen. Vor allen Dingen ist dann aber erforderlich, dafs wir alle diese Veränderungen kennen, so dafs diejenigen Ähnlichkeiten und Verschiedenheiten, welche die einzelnen seelischen Zustände in physiologischer Beziehung darbieten, sich genau nachweisen lassen. Ein Beitrag zu einer solchen Auseinandersetzung soll im vorliegenden Werke gegeben werden.

Diejenigen körperlichen Äufserungen, welche der Gegenstand dieser Untersuchung werden, sind ausschliefslich Veränderungen der beiden vegetativen Funktionen: der Atmung und des Blutkreislaufes. Auf meine früheren Studien in dieser Richtung, die wohl die ersten speziell psychologischen Untersuchungen dieser Art waren, folgten zahlreiche gröfsere und kleinere Arbeiten, so in Deutschland von M e n t z und K i e s o w,

— 3 —

in Frankreich von Binet, Courtier, Vaschide und G. Dumas, in Italien von Patrizi und in Amerika von Shields, Angell und Mc. Lennan. Ein tieferes Eindringen in die Methoden und Resultate dieser Forscher würde hier jedoch kaum sonderlich lohnend sein. Die im folgenden zu besprechenden Versuche wurden fast gleichzeitig mit den Arbeiten sämtlicher genannten Forscher unternommen, weshalb ein kritisches Studium der betreffenden Werke mir keinen wesentlichen Nutzen bringen konnte. Hierzu kommt überdies, daß ich nach meinen Erfahrungen gegen die Weise, wie die meisten dieser Forscher ihre Versuche durchgeführt haben, prinzipielle Einwürfe erheben muß. Dies wird sich indes nicht verstehen lassen, bevor ich meine eigenen Resultate dargelegt habe; ich ziehe es deshalb vor, die erwähnten Arbeiten je auf sich darbietenden Anlaß nach und nach kritisch durchzugehen und die Ursachen ihrer scheinbaren Widersprüche nachzuweisen.

Für die Anordnung jeder experimentellen Arbeit ist das erstrebte Ziel von entscheidender Bedeutung. Es handelt sich vor allen Dingen also darum, daß man darüber im reinen ist, was man eigentlich zu erreichen sucht. Feine quantitative Messungen bestimmter Veränderungen erfordern andere, genauere Instrumente als der bloße Nachweis qualitativer Verschiedenheiten. Sie nehmen außerdem längere Zeit in Anspruch, weil sie — soll die Genauigkeit denn keine ganz illusorische werden — feinere Einstellung und sorgfältigere Bedienung der Apparate, wie auch viele Kontrolloperationen erheischen, die bei qualitativen Bestimmungen ganz wegfallen. Es kommt mir nun ziemlich absurd vor, auf einem Gebiete zu feinen Messungen zu schreiten, wo die zu messenden Erscheinungen fast kaum in ihren Hauptzügen bekannt sind. In mehreren Beziehungen wird es von Interesse sein, eine Entscheidung darüber zu finden, ob die verschiedenen Gruppen psychischer Zustände sich in bestimmten, charakteristischen organischen Veränderungen Ausdruck geben, so daß diese sich, wo es erwünscht sein möchte, zur Diagnose des Gemütszustandes benutzen ließen. Ob dieses möglich ist, die Frage steht noch offen; ihre Beantwortung er-

1*

fordert indes keine quantitativen Bestimmungen. Zeigen
sich keine qualitativen Unterschiede der körperlichen
Äußerungen der verschiedenen Gemütszustände, so ist
die Sache abgemacht. Denn da die seelischen Zustände
und die begleitenden organischen Veränderungen eine
lange Reihe von Stärkegraden durchlaufen können, so
werden rein quantitative Unterschiede auf dem physiologischen Gebiete sich niemals als charakteristische
Kennzeichen der psychischen Erscheinungen verwerten
lassen. Deswegen habe ich von vornherein von allem,
was feinere Messungen genannt werden könnte, Abstand genommen, da solche die Arbeit nur erschweren würden, ohne entsprechende Ausbeute zu
geben. Vorläufig genügt es uns völlig, zu erfahren,
ob unter gegebenen Umständen der Herzschlag geschwinder oder langsamer, die Pulshöhe größer oder
kleiner wird, ob das Armvolumen zunimmt oder abnimmt; wieviel Kubikmillimeter das Volumen indes variiert, das ist unendlich gleichgültig, solange man nicht
einmal weiß, ob die Abnahme oder Zunahme eine konstante Erscheinung ist. Shields' Arbeit[1] gibt in dieser
Beziehung ein abschreckendes Beispiel, indem er durch
eine Reihe feiner Messungen der Volumänderungen
hindurch zuletzt zu dem ganz negativen Resultate gelangt, es lasse sich von Gesetzmäßigkeit keine Spur
nachweisen. Hätte Herr Shields weniger Rücksicht auf
Bruchteile von Kubikcentimetern genommen und seine
Aufmerksamkeit Punkten von größerer Bedeutung zugewandt, würden seine Bestrebungen gewiß besseren
Erfolg gehabt haben.

Was ich ins Auge faßte, sind also nur qualitative
Bestimmungen der Veränderungen der Atmung und
des Blutkreislaufes. Die Registrierung der Atmung
verursacht keine Schwierigkeiten; rücksichtlich des Blutkreislaufes sind diese bedeutend größer. Vieles von dem,
worüber man Aufschlüsse wünschen möchte, entzieht sich
der Beobachtung, und aus praktischen Gründen muß
man sich auf eine begrenzte Anzahl gleichzeitiger Re-
gistrierungen beschränken. Deshalb ist der Plethysmo-

---

[1] The effect of odours, irritant vapours, and mental work upon
the blood flow. Baltimore 1896.

graph ein besonders zweckmäßiger Apparat, weil er in einer einzigen Kurve die Resultante aller derjenigen Kräfte (Umfang der Herzbewegung, Zustand der Gefäße und venöser Blutabfluß) gibt, welche auf den Kreislauf Einfluß haben. Anderseits ist es dann freilich schwer zu entscheiden, inwiefern eine vorliegende Veränderung in einem Plethysmogramm von dem einen oder dem anderen oder von mehreren dieser Faktoren im Verein herrührt. Diese Schwierigkeit läßt sich jedoch zum Teil mittels gleichzeitig aufgenommener Sphygmogramme überwinden, aus welchen man — in gewissen Fällen wenigstens — durch Zusammenstellung mit den Plethysmogrammen Schlüsse über die Verhältnisse des Herzens und der Gefäße ziehen kann. Hierauf werden wir in dem Abschnitt über die Deutung der Kurven näher eingehen. Da es indes mehr in meiner Aufgabe lag, darüber zur Entscheidung zu gelangen, ob unter den physiologischen Äußerungen der einzelnen Gemütszustände bestimmte, leicht erkennbare Verschiedenheiten stattfinden, als ins reine zu bringen, welchen Anteil an diesen körperlichen Äußerungen die einzelnen Organe haben, so benutzte ich vorzüglich den Plethysmographen und nahm nur gelegentlich den Sphygmographen zur Hilfe, um mir einen — wenngleich ziemlich zweifelhaften — Stützpunkt für die Deutung der Kurven zu verschaffen. Im folgenden Abschnitte werden nun die Konstruktion der benutzten Apparate und die fernere Bearbeitung des erworbenen Versuchsmaterials auseinandergesetzt werden; darauf gehen wir zur Darstellung der eigentlichen Untersuchungen über.

## DIE INSTRUMENTE
## UND DIE ANORDNUNG DER VERSUCHE.

*Der Kymograph.* Der Kymograph, auf welchem die verschiedenen Erscheinungen automatisch registriert wurden, war der nämliche, den ich bei meinen früheren Versuchen benutzte. Er ist in Kagenaars mechani-

schem Institut in Utrecht hergestellt. Ich werde mich
hier nicht näher auf die Konstruktion des Apparats einlassen', da eine ausführliche, von guten Abbildungen
begleitete Beschreibung bereits von Boekelmann*
gegeben ist. Dieser gibt ebenfalls eine Tabelle über
die verschiedenen Umdrehungsgeschwindigkeiten, die
sich mit Hilfe der verschiedenen Mittel, welche die Einrichtung des Apparats zur Verfügung stellt, erreichen
lassen; zugleich wird angezeigt, welche dieser Geschwindigkeiten als konstant zu betrachten sind. / Dieser Teil
der Schrift ist jedoch minder befriedigend. da der Verfasser nur die mittleren Geschwindigkeiten angibt und
sich darauf beschränkt, von einigen derselben zu erwähnen. der Gang des Apparats sei hier »merkbar«, »in
hohem Grade« oder »völlig« unregelmäßig. Besser wäre
es doch gewesen, wenn für jede einzelne Geschwindigkeit der Fehler angegeben wäre; ein solcher findet sich
nämlich sogar bei den regelmäßigsten Bewegungen des
Apparats. Bei derjenigen Kombination von Windflügeln
und Belastung. deren ich mich fortwährend bediente,
und die obendrein eine der besten des Apparats ist,
war die mittlere Geschwindigkeit 6,03 mm pro Sekunde,
mit einem Fehler von $\pm$ 0,06 mm. Um die Bedeutung
dieses Fehlers zu verstehen, müssen wir betrachten,
wie sie bestimmt wurde.

Zur Registrierung der Zeit diente eine genau re-
gulierte Pendeluhr mit ziemlich schwerem Pendel. In
der Seitenwand des Uhrgehäuses war eine Pelotte mit
einer äußerst feinen Kautschukmembran angebracht,
auf deren Mitte eine kleine Scheibe steifen Kartons
befestigt war. Die Pelotte ließ sich mittels einer
Schraube der Pendellinse so nahe bringen, daß der
Rand der letzteren die Kartonscheibe eben berührte,
und dieser Stoß wurde auf gewöhnliche Weise — durch
Lufttransmission — auf einen Schreibhebel am Kymographen übertragen. Für jede Doppelschwingung des

' In den »Hauptgesetzen des menschlichen Gefühlslebens«, S. 78
ist aus der dänischen Ausgabe der Druckfehler eingelaufen, daß die
Walze 16 cm hoch sei; es soll heißen 26 cm.
* Het Pantokymographion en eenige daarmee verrichte physiologische proeven. Delft 1894.

Pendels wird auf den rotierenden Cylinder also ein Zeichen abgesetzt. Wird der Gang der Uhr rücksichtlich der Arbeit, die das Pendel ausführen muß, reguliert, so können die auf die Walze abgesetzten Zeitmerkzeichen ohne Schwierigkeit genau werden. Durch Ausmessung ihrer Abstände voneinander läßt sich also der Gang des Kymographen kontrollieren. Hierzu benutzte ich einen in Glas geätzten Millimetermaßsstab von Zeiß in Jena; mit unbewaffnetem Auge war es indes nicht möglich, mittels desselben eine Abweichung der Abstände zwischen zwei Zeitmerkzeichen zu konstatieren. Der Fehler mußte also weniger als 0,1 mm betragen. Maß man dagegen die einem längeren Zeitraum entsprechende Strecke, so wurde der Fehler merkbar, und die Abweichungen konnten während eines Viertels der Rotationszeit des Cylinders bis ungefähr 4 mm steigen. Als Mittelzahl einer großen Anzahl Messungen wurde auf diese Weise die Geschwindigkeit auf 6,03 mm pro Sekunde bestimmt, dieser Größe kann jedoch, in den ungünstigsten der beobachteten Fälle, ein Fehler von ± 0,06 mm anhaften.

Dieses Verhältnis ist nicht ohne Bedeutung. Die leichteste Weise, wie die Frequenz des Herzschlages sich angeben läßt, wird nämlich die sein, daß die Pulslänge in Millimetern ausgedrückt wird. Da nun die Dauer eines Pulsschlages nur in seltenen Fällen eine Sekunde übersteigt, so wird der den gemessenen Pulslängen anhaftende Fehler gewöhnlich auch geringer sein als die oben angegebenen Grenzen für die Variation der Rotationsgeschwindigkeit des Cylinders. Oder mit anderen Worten, die gemessenen Pulslängen werden bis auf zehntel Millimeter richtig sein, ganz einerlei, ob man jeden Puls für sich mißt, oder ob man nur die Durchschnittslänge einer ganzen Reihe bestimmt, was in den meisten Fällen genügen wird.

*Der Pneumograph.* Zur Registrierung der Atmung benutzte ich einen Kissenpneumographen, dessen Einrichtung Fig. 1 zeigt. Derselbe besteht aus einer metallenen Schale, 12 cm im Durchmesser, an welche eine kurze, in die Schale mündende metallene Röhre A festgelötet ist. Durch die Schale ist ferner eine andere kurze metallene Röhre B geführt, die dadurch an ihrem Platze festgehalten wird, dafs eine Brust C im Innern der Schale gegen diese drückt, was man mittels einer Mutterschraube und einer Kontramutterschraube bewirkt, die am äufseren Ende der Röhre fest an die Schale geschroben werden. Die äufsere Öffnung der letzteren ist durch zwei Gummimembranen verschlossen, D und E, deren Inneres luftdicht an die Röhre B befestigt ist, so dafs diese die äufsere Luft mit dem Raume zwischen den Membranen in Verbindung setzt. Endlich läfst sich die Röhre B mittels eines kleinen Glasstöpsels, F, verschliefsen, der in ein an die Röhre befestigtes Stückchen Gummischlauch pafst. Derjenige Gummischlauch, durch welchen die Atmungsbewegungen dem Schreibhebel vermittelt werden, wird der Röhre A angesetzt.

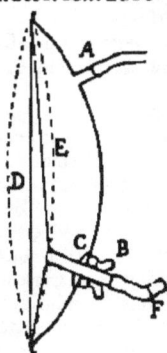

Fig. 1.

Bevor der Apparat appliziert wird, öffnet man B und saugt durch A. Es strömt nun Luft zwischen die Membranen hinein, und schliefst man darauf schnell B mittels des Stöpsels, während man A öffnet, so wird die zwischen den Membranen befindliche Luft dieselben linsenförmig ausspannen, wie die punktierten Linien der Figur zeigen. Jeder Druck auf dieses Kissen pflanzt sich leicht auf die Luft in der Schale und von hier weiter auf den Schreibhebel fort. Ein Verlust der zwischen den Membranen eingeschlossenen Luft, der eine Verminderung des Ausschlags des Schreibhebels zur Folge haben würde, findet nicht leicht statt, wenn nur alle Verbindungen des Metalls mit den Gummimembranen mittels eines Kautschukkittes hinlänglich gedichtet werden.

Weiblichen Versuchspersonen wurde der Pneumograph über die Brust angelegt, wo er durch zwei Bündel festgehalten wurde, deren eines hinten um den Hals, das andere unter die Arme hindurch um den Körper ging. Diese Befestigung sichert völlig vor Verschiebungen. Bei männlichen Versuchspersonen fällt es leichter, das Bauchatmen zu registrieren; der Pneumo-

graph wird dann einfach innerhalb des Hosenbundes
unmittelbar unterhalb der Rippen angebracht. Da er
leicht eine größere Fläche des weichen Unterleibs be-
rühren wird, ist es außerdem ganz unnötig, den Membranen auf erwähnte Weise die Linsenform zu geben;
eine mit einer einzelnen Membran überspannte Metall-
schale wird sich in der That als völlig genügend erweisen.

*Der Sphygmograph.* Alle mir bekannten Apparate dieser Art haben den Fehler, daß die hervorgebrachte Kurve zum Teil durch die Volumänderungen des Arms verunstaltet wird. Wenn nämlich
der Knopf der Pelotte mittels einer Feder mit bestimmter Spannung gegen die Arterie angedrückt
wird, so wird eine Verminderung des Armvolumens
zur Folge haben, daß die Feder sich ein wenig gerade
zieht, weil der Gegendruck der Arterie sich vermindert.
Deswegen sinkt erstens das Niveau der Kurve, und da
die Feder in ihrem schlafferen Zustande mit geringerem
Druck als vorher auf die Arterie wirkt, muß ferner
auch die Höhe der Pulse sich vermindern — vorausgesetzt natürlich, daß die ursprüngliche Spannung der
Feder ebenso groß oder kleiner war als der Druck,
der das Maximum der Pulshöhe gibt. Umgekehrt,
wenn das Armvolumen zunimmt: dann steigt das Niveau der Kurve, und wegen des stärkeren Federdrucks
wächst die Pulshöhe. Ganz ebenso wird übrigens das
Verhältnis, wenn der Druck nicht von einer Feder,
sondern von der elastischen Membran der Pelotte
herrührt, welche, wenn sie nur hinlänglich Steifheit
besitzt, sehr wohl die Feder ersetzen kann. Auch bei
den direkten Sphygmographen, wo der Schreibhebel mit
dem auf der Arterie ruhenden Knopf in unmittelbarer
Verbindung steht, wiederholt sich das nämliche; wegen
der Volumänderungen des Arms verändert sich die
Spannung der Feder und somit die Pulshöhe. Nur bei
dem direkten Sphygmographen mit Gewichtbelastung
kann man sicher gehen, daß der auf die Arterie geübte
Druck nicht variiert; das Niveau der Kurve verändert
sich allerdings mit dem Armvolumen, der Druck des
Knopfes gegen die Arterie bleibt aber konstant, und
Veränderungen der Pulshöhe müssen daher von Varia-

tionen des arteriellen Blutdrucks und nicht von Fehlern des Instrumentes allein herrühren. Nun leiden indes alle Apparate dieser Konstruktion an dem Mangel, daſs die Gewichtbelastung das Moment des Schreibhebels in hohem Grade vermehrt, so daſs die Kurven ziemlich unzuverlässig werden.

Alle bisher angewandten Formen der Sphygmographen zeigen also plethysmographische Wirkungen, die mit Veränderungen des arteriellen Blutdrucks wenig oder nichts zu schaffen haben[1]. Nur wenn das Niveau des Sphygmogramms in einer Richtung schwankt, welche der des gleichzeitig aufgenommenen Plethysmogramms entgegengesetzt ist, kann man hieraus positive Schlüsse ziehen: eine solche entgegengesetzte Schwingungsrichtung ist jedoch äuſserst selten und kann sich nur einen Augenblick lang zeigen, indem im nächsten Moment die plethysmographischen Wirkungen im Sphygmogramme die Oberhand gewinnen[2]. Ebensowenig läſst sich etwas aus den Veränderungen der Pulshöhen in den Sphygmogrammen schlieſsen, weil dieselben, wie erwähnt, bei den meisten Apparaten eine direkte Folge der Volumveränderungen des Armes sind. Könnte es dagegen gelingen, die plethysmographischen Wirkungen aufzuheben und einen konstanten Druck auf die Arterie zu erreichen, so würde man an den Pulshöhen einen Stützpunkt für die Erklärung der Kurven haben. Wieviel sich dann sonst hieraus schlieſsen läſst, das bleibt eine Sache für sich, die wir später untersuchen werden.

Um die genannten Vorteile zu erzielen, suchte ich das Prinzip der Gewichtbelastung auf den Transmissionssphygmographen zu übertragen, wodurch sich ein konstanter Druck herstellen läſst, ohne daſs der Schreibhebel dadurch beeinfluſst würde. Die Konstruktion des Apparats zeigt Fig. 2. Derselbe besteht aus einem leichten Metallbügel, der mittels zwei über die hervor-

[1] Vgl. z. B. v. Frey: Die Untersuchung des Pulses. Berlin 1892. S. 37, 208 u. 210.
[2] Siehe Binet et Courtier: Circulation capillaire etc. L'année psychologique II. Fig. 33, S. 156. Dies ist aber wohl auch so ziemlich der einzige unzweifelhafte Fall unter allen reproduzierten Kurven.

stehenden Endstücke des Bügels geführter Gummiringe an den Arm befestigt wird. Die Endstücke sind nach der Form des Arms schwach gekrümmt, um desto sicherer ruhen zu können. Oben trägt der Bügel einen durchbohrten Metallcylinder, in welchem die Röhre der Pelotte leicht auf und nieder geschoben und mittels einer Schraube in der rechten Stellung festgehalten werden kann. Wenn der Apparat, der Knopf der Pelotte auf der Arterie ruhend, am Arme angebracht ist, wird der

Fig. 9.

rechte Druck mittels eines Gewichts hervorgebracht, welches so ausgeschnitten ist, dafs es sich um die Pelottenröhre schieben läfst. Versuche erwiesen, dafs 100 gr die zweckmäfsige Gröfse dieses Gewichts waren; dieser Wert ist wahrscheinlich aber nur für das einzelne Exemplar von Gültigkeit. Das Gewicht drückt die Pelotte an die Arterie, und die Stellung wird durch Anziehen der Schraube gesichert. Die Wirkung des Apparats ist nun leicht verständlich. Zunächst sind es die beiden Gummiringe, die die plethysmographischen Niveauveränderungen der Kurve aufheben, indem sie den Bügel und somit auch den Knopf der Pelotte unausgesetzt an den Arm gedrückt halten, selbst wenn dessen Rauminhalt variiert. Das Gewicht, das ich während der Arbeit gewöhnlich auf der Pelotte ruhen lasse, trägt wohl auch das seinige hierzu bei; seine Bestimmung ist übrigens besonders die, einen geeigneten Druck hervorzubringen, so daſs man sich nicht mühsam vorzufühlen braucht.

Den Beweis, daſs der Sphygmograph richtig appliziert ist und korrekt arbeitet, liefert er selbst dadurch, daſs die gezeichnete Kurve überhaupt ihr Niveau nicht verändert, nicht einmal bei den stärksten Volumveränderungen des Armes. Die Basis der Pulse soll mit andern Worten auf einer Geraden stehen. Geht man nun die vorliegenden Tafeln durch, um zu sehen, ob dies stichhaltig ist, so zeigen z. B. Tab. XVI, XVII, XIX und XX, daſs das Sphygmogramm (die obere der beiden Pulskurven) dem bloſsen Auge auf einer Geraden zu stehen scheint, selbst wo das Plethysmogramm groſse Volumschwankungen anzeigt. Legt man aber ein Lineal an, so entdeckt man doch leicht kleine Niveauveränderungen, die in derselben Richtung gehen wie die des Plethysmogramms. Dies ist besonders deutlich Tab. XX, B zu ersehen, wo das Sphygmogramm ausnahmsweise unter dem Plethysmogramm zwischen zwei Geraden angebracht ist, eben um die Niveauveränderungen hervortreten zu lassen. Aber sogar wo diese am gröſsten sind, z. B. Tab. LXV und LXVIII, D, sind sie im Vergleich damit, was ein gewöhnlicher Sphygmograph leistet, doch nur minimal[1]. Solange der Apparat unverändert an derselben Stelle sitzt, wird man deshalb berechtigt sein, aus den aufgezeichneten Variationen der Pulshöhe Schlüsse in betreff der Zirkulationsverhältnisse der Arterien zu ziehen. Dagegen wird der Unterschied der Pulshöhe von Tag zu Tage ein mehr zufälliger, so daſs sich hierauf nichts stützen läſst, weil man selbst bei der gröſsten Sorgfalt den Apparat wohl kaum jedesmal genau an demselben Punkte der Arterie zu applizieren im stande sein wird.

[1] Vgl. die Abbildungen in dem oben citierten Aufsatze von Binet u. Courtier. Die Niveauschwankungen sind hier oft gröſser als die Pulshöhen.

*Der Plethysmograph.* Ein Apparat, der dazu dienen kann, die Volumveränderungen eines begrenzten Teiles des Organismus, z. B. eines Armes, zu zeigen, wird in seiner einfachsten Gestalt folgende Form haben. Eine am einen Ende verschlossene Röhre, eben hinlänglich weit, um den Arm fassen zu können, ist mit einer kleinen Seitenröhre versehen. Nach Einführung des Armes in die Röhre wird er mittels eines engen, den freien Teil des Armes und das obere, offene Ende der Röhre umfassenden Gummiärmels mit der Röhre verbunden. Durch die nach oben gekehrte Seitenröhre wird nun der durch den Arm, den Gummiärmel und die Röhre abgegrenzte Raum mit Wasser von geeigneter Temperatur (ca. 35° C.) gefüllt, so dafs dieses ein wenig (ca. 1 cm) in die Seitenröhre emporragt. Jede Veränderung des Rauminhalts des Armes wird sich dann durch eine Änderung des Niveaus der Wasserfläche in der Seitenröhre zu erkennen geben, und wird diese mit einem Schreibhebel in Verbindung gebracht, so werden die Volumveränderungen sich auf dem Kymographen registrieren lassen.

Versieht man die den Arm umschliefsende Röhre an dem geschlossenen Ende mit einer kurzen Röhre, die mittels eines Gummischlauchs mit einer weiten Wasserstandsflasche in Verbindung steht, so werden die langsam verlaufenden Volumänderungen des Armes Zeit erhalten, sich auszugleichen, indem Wasser aus der Wasserstandsflasche oder in diese zurückfliefst, so dafs das Niveau in der Seitenröhre ungefähr konstant bleibt. Diese langsamen Volumveränderungen treten deshalb in den Kurven nicht hervor. Schneller verlaufende Volumveränderungen, z. B. die Pulse, erhalten dagegen keine Zeit, sich durch eine Bewegung des Wassers nach oder aus der Wasserstandsflasche auszugleichen, und man erhält daher eine sphygmographische Kurve auf den rotierenden Cylinder gezeichnet, die nur in gewissen Einzelheiten von einem gewöhnlichen Sphygmogramm abweicht. Dieser Apparat ist Mossos Hydrosphygmograph.

Bei dieser Konstruktion des Apparats kann man den Hydrosphygmographen leicht in einen Plethysmographen umwandeln, indem man nur die Verbindung

— 14 —

mit der Wasserstandsflasche unterbricht, z. B. mittels
eines Quetschhahns an dem Gummischlauche. So war
der Plethysmograph eingerichtet, mit welchem ich meine
früheren Untersuchungen anstellte. Die Wasserstandsflasche hat hier nur die Bedeutung, dafs die Röhre sich
durch dieselbe leichter füllen läfst, und im Fall eines
Austretens von Wasser am Ärmel kann das ursprüngliche Niveau durch Öffnen des Quetschhahns sogleich
wiederhergestellt werden. Dieser Apparat leidet indes
an einer grofsen Menge von Mängeln. Entweder
schliefst der Gummiärmel nicht hinlänglich fest um den
Arm, und dann fliefst leicht einiges Wasser aus, wodurch die Kurven natürlich unbrauchbar werden, oder
auch schliefst der Ärmel zu fest, so dafs er die freie
Blutzirkulation im Arme hemmt; die rechte Straffheit
zu treffen fällt sehr schwer. Endlich ist es auch nahezu unmöglich, bei jeder wiederholten Applizierung des
Apparats genau den nämlichen Teil des Armes in der
Röhre eingeschlossen zu bekommen. Folglich dürfen
die Pulshöhen der an verschiedenen Tagen aufgenommenen Kurven nicht miteinander verglichen werden.
Alle diese Mifslichkeiten lassen sich vermeiden, wenn
man es unterläfst, die Röhre mit Wasser zu füllen, und
die Volumveränderungen des Armes direkt auf die
Luft in der umgebenden Röhre wirken läfst. Ein
solcher Aëroplethysmograph ist aber ein äufserst
schwer zu behandelnder Apparat. Da die Volumveränderungen des Arms im Vergleich mit dem Rauminhalt der in der Röhre eingeschlossenen Luft nämlich
sehr klein sind, so werden ebenfalls die Druckvariationen der letzteren, die den Schreibhebel in Bewegung
setzen, sehr klein. Deshalb ist es schwierig, mit dem
Apparat zu arbeiten, denn ein geringfügiger Umstand,
ein zu harter Druck des Schreibhebels gegen den
Cylinder oder auch nur eine zu dicke Schicht Rufs
desselben genügt, um die Bewegung des Schreibhebels
zu hemmen. Obschon der Apparat im Prinzipe als
ideal zu betrachten ist, sind diese praktischen Schwierigkeiten doch so grofs, dafs er zu Versuchen in gröfserem
Umfange kaum geeignet ist; ich habe jedenfalls keine
brauchbaren Resultate damit erzielen können.

Ein anderer Weg, die dem einfachen Plethysmo-

graphen anhaftenden Mängel zu vermeiden, ist der mit
M o s s o s Sphygmomanometer eingeschlagene. Im Sommer 1894 sah ich im Leipziger psychophysischen Laboratorium das einzige damals existierende Exemplar
dieses Apparats, und das hier angewandte Prinzip
diente zur Grundlage meines Plethysmographen, da
alle Versuche, mit dem Aëroplethysmographen zu arbeiten, fehlschlugen. Soweit ich jetzt nach zweijährigem
anhaltendem Arbeiten mit dem Apparate urteilen kann,
erfüllt er alle billigen Forderungen in betreff leichter
Anwendbarkeit und Genauigkeit. Die Konstruktion ist
folgende:
   Die Röhre, in welche der Arm eingeführt wird, ist
aus Metallblech, von mehreren Schichten wollenen

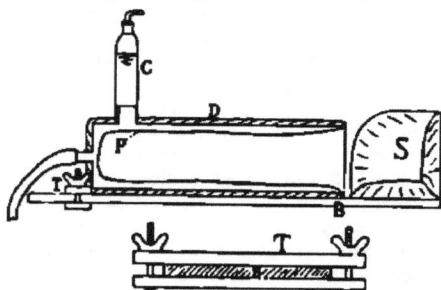

Fig. 3.

Zeuges und Watte umgeben, um den Wärmeverlust an
die Luft zu verhindern; das Ganze ist von einer Schutz-
decke aus starker Leinwand, D, Fig. 3, umgeben.
Übrigens ist diese Röhre, ebenso wie an dem einfachen
Plethysmographen, mit zwei Seitenröhren versehen,
deren eine in die Wasserstandsflasche führt; um die
andere, aufwärtsgehende, ist eine 28 mm weite Glasröhre C angebracht, deren Länge sich nach dem gewünschten Drucke verändern läfst, und die oben in
eine feinere Röhre ausläuft, über welche der zum
Schreibtambour führende Gummischlauch sich schieben
läfst. In der grofsen Röhre findet sich ein sehr feiner
und weicher Gummisack P, dessen offenes Ende um
den Rand der Röhre gebogen und wasserdicht an

diesen befestigt ist. Die Dimensionen des Gummisacks sind ungefähr dieselben wie die der Röhre. Der Arm wird in diesen Sack gesteckt, und wenn nun das Wasser aus der Wasserstandsflasche herbeigeleitet wird, erfüllt es den Raum zwischen der Röhre und dem Gummisack und steigt in die Glasröhre hinauf. Die Druckhöhe läfst sich durch Hebung oder Senkung der Wasserstandsflasche genau regulieren. Wegen des Wasserdrucks schliefst der weiche Gummisack dicht an den Arm, und jede Volumveränderung des letzteren teilt sich folglich dem Wasser und der in der Glasröhre stehenden Luft mit, von welcher die Bewegung sich weiter nach dem Schreibtambour fortpflanzt. Auch diesen Apparat kann man natürlich entweder als Hydrosphygmographen wirken lassen, indem man die Verbindung mit der Wasserstandsflasche offen hält, oder auch als Plethysmographen, indem man die Verbindung unterbricht.

Zu beachten ist noch, dafs sowohl der Arm als die Röhre durchaus fest liegen mufs, weil der Druck des Wassers sie sonst auseinander schieben würde. Ich fand es am bequemsten, den Arm auf einem horizontalen Brette B ruhen zu lassen, das am einen Ende eine gepolsterte Lehne S für den Ellbogen, am andern Ende eine verschiebbare Querleiste T trägt, an welche die Röhre andrückt. Der untere Teil der Fig. 3 zeigt das Brett mit der Querleiste, vom Ende aus gesehen. Die Stellung der Querleiste variiert selbstverständlich mit der Länge des Arms: ist sie aber einmal für eine bestimmte Versuchsperson gefunden und auf dem Brette bezeichnet, so ist das Anlegen der Röhre später das Werk einiger Sekunden. Es ist übrigens leicht zu ersehen, dafs der Arm fast rechtwinkelig gebogen zu halten ist, damit der Ellbogen sich an das gepolsterte Endstück des Brettes lehnen kann; diese Stellung ist indes eine sehr bequeme und natürliche und verursacht deshalb auf die Dauer keine Unannehmlichkeiten. Um die Stellung möglichst gemächlich zu machen, ist überdies das den Arm und die Röhre tragende Brett mittels langer Schnüre an ein Stativ aufgehängt, so dafs die Versuchsperson selbst das Ganze nach der geeignetsten Richtung drehen kann. Andern Zweck hat dieses Aufhängen an Schnüren hier nicht, da der Arm und die Röhre sich nicht aus ihrer gegenseitigen Stellung ver-

schieben lassen. Mit dem alten Plethysmographen, wo
dies nicht der Fall ist, wird das Aufhängen an
Schnüren dagegen notwendig, weil jede unwillkürliche
Bewegung des Armes sich sonst dem Wasser in der
Röhre mitteilt und in den Kurven falsche Volumveränderungen hervorruft. So werden während des
Atmens die Bewegungen des Brustkastens sich dem
Arme mitteilen, der deshalb, wenn die Röhre festliegt,
synchron mit der Respirationsperiode weiter in die
Röhre hineingeschoben oder aus derselben heraus-
gezogen werden wird. Hierdurch werden die gleichzeitig stattfindenden respiratorischen Veränderungen
des Armvolumens markiert. Wenn bei meinen früheren
Untersuchungen das Hervortreten der Respiration in
den Plethysmogrammen weit deutlicher war als bei den
hier vorliegenden, so rührt das sicherlich von dem Umstand her, daß ich damals nicht die notwendigen Maßs-
regeln getroffen hatte, um die Bewegung des Armes
im Takt mit dem Atmen vorwärts und rückwärts in
der Röhre zu verhindern.

Damit der Arm durchaus fest und unbeweglich in
der Röhre liegen kann, darf deren Weite natürlich
nicht zu groß sein. Anderseits darf die Röhre auch
nicht so lang sein, daß sie das Ellbogengelenk drückt.
Am besten ist es deshalb, eine Reihe verschiedener
Röhren zu haben, die für die Arme passen, mit welchen
man zu thun hat. Ich benutzte vier Röhren: Nr. 1.
32 cm lang, 34 cm im Umkreis; Nr. 2, 32 cm lang,
31 cm im Umkreis; Nr. 3, 29 cm lang, 28 cm im Umkreis, und Nr. 4, 26 cm lang, 28 cm im Umkreis. Nr. 2
wurde am häufigsten benutzt; die beiden letzteren
waren weiblichen Armen speziell angepaßt.

Nimmt man alle hier erwähnten Rücksichten, um
die Stellung des Armes in der Röhre zu sichern, so
hat dies zur Folge, daß die Pulshöhen verschiedener
Tage sich miteinander vergleichen lassen. Denn wenn
infolge der Konstruktion des Apparats der Arm stets
dieselbe Stellung einnimmt, und wenn überdies stets
der nämliche Teil des Armes eingeschlossen ist, so
kann unter sonst ganz gleichen Umständen die Pulshöhe nicht variieren. Sehr häufig wurde der Versuch
gemacht, nach einem Zwischenraum von ganz kurzer

Zeit der nämlichen Versuchsperson den Apparat von neuem wieder anzulegen, und niemals wurde ein merkbares Variieren der Pulshöhe gefunden, vorausgesetzt, daß der psychische Zustand wesentlich unverändert blieb. Der beste Beweis hiervon ist aber gewiß der Umstand, daß sich in den vorliegenden Kurven eine jährliche Periode der Pulshöhe nachweisen läßt, worüber näheres unten. Ein solches Verhältnis würde sich nicht konstatieren lassen, wenn die Höhe von der Weise abhängig wäre, wie der Apparat angelegt wird.

Es gilt nun zuvörderst, zu bestimmen, wie groß der Wasserdruck im Plethysmographen sein darf. Da die Wände der feineren Gefäße sehr weich sind und sich leicht zusammendrücken lassen, wodurch die freie Bewegung des Blutes gehemmt und eine künstliche Verminderung des Armvolumens erzeugt wird, so muß der äußere Druck offenbar möglichst nahe an Null sein und konstant gehalten werden, weil jede Änderung des äußeren Drucks eine entsprechende Volumänderung zur Folge haben wird. Ist die Aufgabe die genaue Ausmessung der Veränderungen des Armvolumens, so muß daher notwendigerweise die Forderung gestellt werden, daß es überhaupt keinen äußeren Druck gibt. Bei den vorliegenden Versuchen aber, wo es sich nicht um eine quantitative, sondern nur um eine qualitative Bestimmung der Volumveränderungen handelt, wird es keinen Nachteil bringen, mit einem geringen äußeren Druck zu arbeiten, weil der arterielle Blutdruck, der wohl normal auf 7 bis 8 cm Quecksilber oder ungefähr 100 cm Wasser angesetzt werden darf, das Hemmnis, das ein äußerer Druck von einigen wenigen Centimetern Wasser der freien Bewegung des Blutes darbieten kann, leicht überwinden wird. Und von diesem äußeren Druck, der wegen der Volumveränderungen des Arms kein ganz konstanter wird, läßt es sich dann leicht nachweisen, wie er nur den Einfluß erhält, daß nicht der wahre, sondern nur der ein wenig verminderte Wert der Volumveränderung in den Kurven zur Geltung kommt.

Denken wir uns nämlich den Arm im Plethysmographen eingeschlossen und das Wasser z. B. 10 cm hoch in der Druckröhre stehend; der Druck der dar-

überliegenden Luft wird gleich dem der Atmosphäre
angesetzt. Das Volumen des Arms ist nun wegen der
Zusammenpressung etwas kleiner, als es ohne diesen
äufseren Druck sein würde. Findet nun eine physiologische Volumverminderung statt — einerlei, ob
diese von einem geringeren arteriellen Blutzuflufs,
einem stärkeren Abflufs des venösen Blutes oder einer
aktiven Gefäfskontraktion herrühren möchte — so wird
das Wasser in der Druckröhre sinken, und ist diese
mit dem Schreibtambour in Verbindung gesetzt, so
wird die über dem Wasser stehende Luft verdünnt
werden. Der Druck der äufseren Luft spannt nun die
Membran des Tambours, bis die Spannung der Membran plus dem Drucke der eingeschlossenen Luft
gleich dem Drucke der Atmosphäre ist. Da der Druck
der eingeschlossenen Luft nun also geringer als der
der Atmosphäre, folglich kleiner als vorher ist, und da
aufserdem das Wasser in der Druckröhre niedriger
steht, so ist der Arm im ganzen genommen einem
geringeren Druck unterworfen und mufs sich deswegen
etwas erweitern. Diese rein mechanische Erweiterung
geschieht natürlich gleichzeitig damit, dafs der Druck
wegen der physiologischen Volumverminderung sinkt;
die gesamte resultierende Volumverminderung ist also
geringer, als sie gewesen sein würde, wäre der
Druck konstant gehalten. Hieraus folgt ferner, dafs
die mechanische Erweiterung des Armes die physiologische Volumverminderung niemals aufwiegen, geschweige denn übersteigen kann. Denn damit würde
der Druck ja konstant gehalten werden — oder sogar
bis über seinen ursprünglichen Wert anwachsen —
und in diesem Falle könnten die Gefäfse gar nicht zur
Erweiterung kommen, und man müfste die ganze wirkliche Verminderung in den Kurven erblicken. Da ganz
analoge Verhältnisse bei einer physiologischen Volumvergröfserung stattfinden, durch welche der Druck vermehrt und die Gefäfse komprimiert werden, so folgt
also hieraus, dafs man in allen Fällen eine Volumveränderung erblickt, die etwas geringer als die wahre
ist. Da diese Reduktion ohne Belang ist, wenn es nicht
darauf ankommt, genaue Messungen anzustellen, so
enthält das Arbeiten mit einem äufseren Druck nichts

Bedenkliches. Größer als notwendig darf dieser jedoch
nicht sein, und es ist deshalb geboten, zu untersuchen,
welchen Einfluß Drucke von verschiedener Größe auf
die Form der Kurven haben; hierdurch läßt sich also
das Minimum des Druckes bestimmen, der brauchbare
Kurven gibt.

Zu diesem Zweck wurden mit dem Plethysmographen Volumkurven bei verschiedenen, zwischen
4 cm und 25 cm Wasser variierenden Drucken aufgenommen. Eine Strecke von jeder dieser Kurven ist
Tab. I, Spalte 1 wiedergegeben; über jeder derselben
ist die Druckhöhe H in Centimeter Wasser und ebenfalls die Länge L des darüberstehenden Luftraumes in
Centimetern angegeben. Die Summe H + L ist konstant,
entweder 13 cm oder 34 cm, indem die beiden benutzten
Druckröhren diese Längen hatten. Alle Kurven sind,
wie zu ersehen, nach steigenden Werten von H von
oben abwärts geordnet, und es zeigt sich nun, was
nach anderswoher bekannten Erfahrungen zu erwarten
stand, daß die Pulshöhe bei wachsenden Werten von
H anwächst. Die Größe des Luftraums scheint keinen
wesentlichen Einfluß hierauf zu haben. Bei 10 cm
Druck wurden zwei Kurven aufgenommen, die eine mit
3 cm, die andere mit 24 cm Luftraum, die Höhe der
Pulse scheint indes hiervon unabhängig zu sein. Dagegen hat die Größe des Luftraums Einfluß auf die
langsam verlaufenden Volumveränderungen, die sich
nicht als Wellen durch die Luft fortpflanzen, wohl aber
den Druck der gesamten eingeschlossenen Luft verändern. Es sei dieser Druck von Anfang an gleich
dem der Atmosphäre und das Volumen der eingeschlossenen Luft V ccm. Wird nun der Rauminhalt
der eingeschlossenen Luft um ± A ccm vermehrt, so
wird der Druck der Luft $\dfrac{V}{V \pm A} = \dfrac{1}{1 \pm \dfrac{A}{V}}$.

Da aber A V bei dem nämlichen Werte von A um
so größer wird, je kleiner V ist, so wird eine gegebene
Veränderung des Niveaus des Wassers um so größeren
Einfluß auf den Druck der eingeschlossenen Luft er-
halten, je kleiner der Luftraum V ist. Und da es der
Druck der eingeschlossenen Luft ist, der den Ausschlag

des Schreibhebels bestimmt, so werden folglich die langsam verlaufenden Volumveränderungen um so weniger in den Kurven hervortreten, je gröfser der Luftraum ist. Dies ist natürlich nicht direkt durch Vergleich der vorliegenden Kurven zu ersehen, weil es nicht gegeben ist, dafs die wirklichen Volumveränderungen bei den verschiedenen Drucken die nämliche Gröfse hatten. Es ist zunächst als ein Zufall zu betrachten, dafs die beiden mit dem gröfsten Luftraum (H = 10, L = 24 und H = 15, L = 19) aufgenommenen Kurven nahe daran sind, auf einer Geraden zu stehen. Die Erfahrung bestätigt aber übrigens völlig die Resultate der theoretischen Betrachtung: dafs man durch Anwendung grofser Lufträume die Ausschläge der langsam verlaufenden Volumveränderungen in den Kurven vermindern kann. Macht man z. B. den Luftraum unendlich grofs, indem man mittels einer sehr feinen Öffnung die eingeschlossene Luft mit der Atmosphäre in Verbindung setzt, so werden die Pulswellen sich fast unverändert abzeichnen, während alle anderen Volumveränderungen in den Kurven verschwinden.

Nähere Betrachtung der Kurven Tab. I Spalte 1 zeigt, dafs die Kurve für H = 4 ziemlich unregelmäfsig ist und die einzelnen Pulsschläge nicht deutlich hervortreten läfst. Dies kommt wahrscheinlich daher, dafs 4 cm Wasserdruck nicht genügt, um den Widerstand des Gummisacks zu überwinden und letzteren fest an den Arm zu pressen. Bei H = 5 fallen diese Unregelmäfsigkeiten fast weg, und bei höherem Druck finden sie sich nirgends. Hieraus scheint hervorzugehen, dafs die Spannung des Gummisacks gleich 5 cm Wasserdruck ist; weiter hinab darf man also nicht gehen. Da nun die Volumveränderungen des Arms, wie oben erwähnt, Veränderungen des Drucks herbeiführen, so mufs dieser daher von Anfang an etwas gröfser als 5 cm genommen werden, damit er während der Versuche nicht unter diesen Wert sinkt. Die ersten Versuche wurden bei 18 cm Druck (L = 16 cm) angestellt, damit die Pulsschläge sehr deutlich werden könnten; da die Versuchspersonen sich indes beklagten, weil der Druck auf die Dauer unangenehm wurde, schritten wir sogleich zu 10 cm Druck (L = 3 cm). Mit diesem Druck wurden

— 22 —

die allermeisten Versuche ausgeführt; wo ein einzelner der früheren, mit H = 18 cm, in den Tafeln angeführt ist, wird es ausdrücklich bemerkt werden, daß hier dieser Wert von H benutzt wurde. Wie groß die Druckvariationen übrigens werden können, das wird im folgenden näher erläutert werden.

Es ist leicht zu ersehen, daß der hier beschriebene Apparat sich ebensowohl wie der alte Plethysmograph als Hydrosphygmograph benutzen läßt, wenn man den Quetschhahn nach der Wasserstandsflasche zu öffnet. Hierbei ist jedoch zu beachten, daß der Gummischlauch, der die Röhre mit der Wasserstandsflasche verbindet, weder zu lang noch zu eng sein darf, denn alsdann lassen sich die Niveauveränderungen nicht hinlänglich geschwind ausgleichen, und die Kurven zeigen dann außer den Pulsen auch andere Volumschwankungen, besonders die respiratorischen. Dies tritt deutlich Tab. I, A hervor, wo die obere Kurve die Respiration, die untere ein Hydrosphygmogramm gibt, das mit einem Gummischlauch von 7 mm Weite und 100 cm Länge zwischen der Armröhre und der Wasserstandsflasche genommen wurde. Nach Verkürzung des Schlauches auf 40 cm fielen in den Kurven die respiratorischen Veränderungen weg, vgl. I, B. Beide diese Kurven sind mit dem oben nachgewiesenen Minimum des Drucks, 5 cm Wasser, genommen; hier brauchte nämlich kein Drucküberschuß zu sein, da das Niveau des Wassers, mithin der Druck, konstant ist. Einzelne Male habe ich der Kontrolle wegen in zweifelhaften Fällen Hydrosphygmogramme aufgenommen; hierzu wurde stets der hier beschriebene Apparat bei 5 cm Druck und mit einem Schlauche von 40 cm Länge zwischen der Armröhre und der Niveauflasche benutzt.

Nimmt man gleichzeitig ein Sphygmogramm und ein Plethysmogramm auf, so wird man leicht sehen, daß in den beiden Kurven die korrespondierenden Pulse nicht fortwährend genau senkrecht untereinander stehen, selbst wenn die Spitzen der Schreibhebel von Anfang an in derselben Erzeugenden auf dem rotierenden Cylinder lagen. Tab. I, C zeigt dieses. Die oberste Kurve ist die Respiration, darauf folgt das Sphygmogramm, zu unterst das Plethysmogramm. Von Anfang an standen die Schreibhebel für die beiden untersten Kurven in der Erzeugenden *ha*, während der Volumveränderungen des Arms geht die eine jedoch abwärts, nicht in der Geraden *hai*, sondern in dem Bogen *ag*. Infolgedessen liegt der *h* entsprechende Punkt *k* des Plethysmogramms nicht senkrecht unter *h*. Erst wenn die Kurve bis zur wagerechten Linie *ab* gestiegen ist, welche der Schreibhebel beschrieben haben würde, wenn keine Volumveränderung stattgefunden hätte, liegen die korrespondierenden Punkte wieder in der nämlichen Erzeugenden, so z. B. *c* & *d*, *e* & *f*. Diese Verschiebungen sind bei Ausmessungen eines Plethysmogramms natürlich zu berücksichtigen; wenn wir später die Bearbeitung des Materials besprechen, kommen wir hierauf zurück.

Ein flüchtiger Blick auf die folgenden Tafeln wird zeigen, dafs die Höhe der Pulse in den Plethysmogrammen oft eine ziemlich beträchtliche ist. Es mufs daher untersucht werden, wie zuverlässig diese Kurven sind, denn je gröfser die Pulse werden, um so gröfser mufs die Geschwindigkeit des Schreibhebels, mithin auch dessen Bewegungsenergie sein, was wieder zur Folge hat, dafs er nicht im rechten Augenblick anhält, sondern weiter geschleudert wird. Diese Sonderbewegungen, die sich in den Pulskurven als Spitzen und stark markierte sekundäre Erhöhungen zeigen, sind leicht zu vermeiden, indem man den Angriffspunkt der Kraft weiter in den Schreibhebel hinaus, von dessen Umdrehungspunkt weg, verlegt, mit andern Worten, indem man eine geringere Vergröfserung benutzt. Die hier angewandten Schreibhebel waren 180 mm lange, sehr dünne und leichte Aluminiumfedern; der Angriffspunkt der Kraft lag an dem Tambour, der mit dem Plethysmographen in Verbindung gesetzt war, 7 mm von dem Umdrehungspunkt des Stiftes entfernt; die Vergröfserung war folglich eine 25 fache. Bei den Respirationskurven war die Vergröfserung bedeutend geringer, bei den Sphygmogrammen ungefähr doppelt so grofs; da die Höhe der Pulse hier aber sehr klein ist, brauchen wir die Verhältnisse nur in betreff der Plethysmogramme zu untersuchen.

Bei diesen Untersuchungen wurde ein Apparat zur

Erzeugung künstlicher Pulsbewegungen gebraucht (siehe Fig. 4), der aus einer Pelotte P mit einer starken und steifen Gummimembran bestand, an deren Mitte eine kleine Messingscheibe angebracht war. Gegen diese drückt eine exzentrische Scheibe E mit ziemlich unregelmäßigem Umkreis an; mittels einer Kurbel H läßt sich das Exzentrik in umdrehende Bewegung setzen. Hierdurch wird nun ein wechselnder Druck auf die Pelotte erzeugt, welchen eine Kurve, die sich je nach der Form des Exzentriks einem natürlichen Pulse mehr oder weniger nähert, graphisch wiedergibt. Dreht man anfangs die Kurbel sehr langsam, so gerät der Schreibhebel in entsprechend langsame Bewegung, und die entstandene Kurve ist dann ganz ohne Verzeichnung. Je geschwinder man die Kurbel dreht, um so größer wird die Beschleunigung des Schreibhebels in

auf- und absteigender Richtung, und bei einer gewissen, von der Exzentrizität der Scheibe und der hierdurch bestimmten Größe der Ausschläge abhängigen Geschwindigkeit verrät sich die Sonderbewegung des Schreibhebels durch Spitzen an allen Wendepunkten der Kurve.

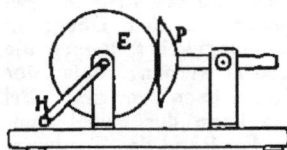

Fig. 4.

Tab. I, D gibt ein deutliches Bild hiervon. Wenn man die Exzentrizität der Scheibe variiert, wird man leicht diejenige Größe der Ausschläge finden können, welche noch dann ohne Verunstaltung ist, wenn die ganze auf- und abgehende Bewegung während der Zeit, die ein Puls gewöhnlich in Anspruch nimmt, vollendet wird. Dies ist so ziemlich mit der Tab. I, D gezeigten Kurve der Fall. Die drei durch die Ziffern 6, 5 und 4 bezeichneten künstlichen Pulsschläge entsprechen an Zeit resp. 60, 72 und 90 Pulsen pro Minute. In einer Minute dreht sich der Cylinder nämlich 360 mm; die drei Kurven spannen resp. 6, 5 und 4 mm, folglich können in einer Minute 360 6 = 60, 360 5 = 72 und 360 4 = 90 derartige Bewegungen ausgeführt werden. Und wie die Figur erweist, sind die beiden ersten fast ohne Verzeichnung; nur die sekundären Erhöhungen sind ein wenig gar zu markiert, was ein Vergleich mit den voranstehenden, langsameren Bewegungen erblicken läfst. Erst wenn die Länge des Pulses bis auf 4 mm sinkt, wird die Kurve verzeichnet und unzuverlässig. Nun kommt es indes nirgends vor, dafs die Pulse die Höhe, 25 mm, der hier registrierten Ausschläge erreichen; die höchsten in unsern Tafeln vorkommenden Pulse überschreiten kaum 21 mm (siehe Tab. XXVI und LXVI). Und da die Pulslänge hier überdies nicht unter 4,3 mm sinkt, so darf man diese Kurven als annähernd fehlerlos betrachten; nur die sekundären Wellen sind wahrscheinlich zu stark markiert.

Alle unter gewöhnlichen Umständen vorkommenden Volumveränderungen sind bei denjenigen Werten des Wasserdrucks und der Vergröfserung des Schreibhebels, welche, wie erwähnt, bei den Untersuchungen angewandt wurden, leicht durch den Apparat zu registrieren. Bei starken Gemütsbewegungen aber, bei dem Übergang aus Wachen in Schlafen oder umgekehrt können die Volumveränderungen so grofs werden, dafs der Schreibhebel sie nicht aufzuzeichnen vermag. Bei grofsen Volumverminderungen kann der Hebel nämlich so tief sinken, dafs er an den Rand des Tambours anschlägt, und von diesem Augenblick an zeichnet er nur eine gerade Linie (vgl. Tab. XIV, D). Leichter folgt der Hebel einer gewaltigen Volumvergröfserung (siehe z. B. Tab. XII, B), wegen der Krümmung des Cylinders wird jedoch einmal der Punkt erreicht werden, wo der Hebel die Schreibfläche nicht mehr berührt. Am sichersten arbeitet man diesen allzu grofsen Ausschlägen dadurch entgegen, dafs man im rechten Augenblick das kleine Ventil, die Klarinette, öffnet, das sich an der Verbindungsröhre des Tambours findet. Hierdurch wird der Druck der eingeschlossenen Luft gleich dem der Atmosphäre, und der Schreibhebel bewegt sich sofort nach der Ausgangslinie zurück. Schliefst man darauf die Klarinette wieder, so werden die folgenden Volumveränderungen von der vorhergehenden unabhängig verlaufen, und bei Bestimmung der gesamten Volumveränderung müssen sie folglich zu dieser addiert werden (mit Vorzeichen). Tab. XII, B und XIV, D zeigen mehrere derartige Sprünge des Schreibhebels zur Ausgangsstellung zurück nach Öffnung der Klarinette.

Diese Methode zur Ausgleichung großer Volumveränderungen ist eigentlich die beste, weil die Bewegung des Schreibhebels nach der Ausgangsstellung so schnell geschieht, daß nur ein einziger, höchstens zwei Pulse unlesbar werden. Sie erfordert indes, daß fortwährend eine Person am Kymographen sitzt und die Kurven beobachtet, um die Klarinette im rechten Moment öffnen zu können. Geschieht dies nicht, so wird der Apparat versagen, und man erhält längere Zeit hindurch nur eine gerade Linie gezeichnet; vgl. XIV, B, wo auf diese Weise die Aufzeichnung während 40 Sek. verloren ging. Man bedient sich deshalb, wenn man nicht einen Assistenten am Kymographen sitzen haben kann, am besten eines automatischen Ventils, das sich bei bestimmter Druckdifferenz öffnet. Hierzu benutzte ich Müllers Flaschenventil, das in nebenstehender Fig. 5 schematisch wiedergegeben ist.

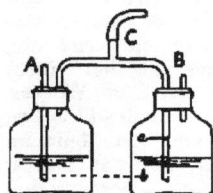

Fig. 5.

Die Röhre C wird mit der Luftleitung von dem Plethysmographen nach dem Schreibtambour in Verbindung gesetzt. Sinkt nun der Druck der im Plethysmographen und in der Leitung eingeschlossenen Luft, so wird auch die Luft in den beiden Flaschen verdünnt, und der Druck der äußeren Luft treibt in der Röhre A das Wasser abwärts, in der Röhre B aufwärts. Der Unterschied zwischen den Höhen der beiden Oberflächen in den Röhren gibt dann den Unterschied zwischen dem Druck der Atmosphäre und dem der eingeschlossenen Luft an. Erreicht dieser Druckunterschied eine gewisse Größe, so wird durch die Röhre A eine Luftblase eindringen, und jede fernere Verminderung des Drucks der eingeschlossenen Luft wird von diesem Augenblick an nur zur Folge haben, daß durch A aus der Atmosphäre mehr Luft hineingelangt. Der Druckunterschied läßt sich also nicht ferner vermindern, und folglich wird das Niveau der Kurven konstant. Ganz analog ist

das Verhalten, wenn der Druck der eingeschlossenen
Luft vermehrt wird, nur wird in diesem Falle das
Wasser in A steigen, in B aber sinken, bis durch letzt-
genannte Röhre Luft zu entweichen anfängt. Jede
solche aus dem Apparat entweichende oder in denselben
eindringende Luftblase veranlaßt natürlich eine momentane Störung in den Kurven (siehe z. B. Tab. VII, D
und LXIV, B; erstere zeigt das Eindringen, letztere
das Entweichen der Luft). Solange diese Störungen
der Kurven andauern, weiß man also, daß auch das
Sinken oder Steigen des Volumens andauert. Dies
genügt völlig zu einer qualitativen Bestimmung der
Volumveränderungen, jedes Ausmessen ist hierdurch
jedoch offenbar ausgeschlossen.

Das Ventil wurde bei unsern Versuchen so eingestellt, daß es eben in dem Augenblick, da der Schreibhebel der Bewegung nicht mehr zu folgen vermochte,
zu funktionieren begann. Dies geschah bei einem
Druckunterschied (a b, siehe Fig. 5) von 2 cm Wasser.
Somit ist also gegeben, daß das Maximum des Druckes,
den der Arm erlitt, $10 + 2 = 12$ cm, das Minimum
$10 - 2 = 8$ cm war. Diese Grenzen hat der Druck,
wenn das Ventil benutzt wurde, nie überschreiten
können; und wo dasselbe nicht angewandt wurde, sind
die entstandenen Kurven unlesbar, wenn der Druck
über 12 cm stieg oder unter 8 cm sank, weil der
Schreibhebel die Volumveränderungen nicht zu registrieren vermochte. — Zu bemerken ist übrigens, daß
die beiden angegebenen Druckgrenzen keineswegs das
Maximum und Minimum desjenigen Druckes anzeigen,
der wirklich auf der Oberfläche des Arms ruhte. Es
wurde oben nachgewiesen, daß der Gummisack des
Plethysmographen wohl nicht eher den Arm fest umschließt, als bis das Wasser in der Druckröhre ungefähr 5 cm hoch steht. Dieser ganze Teil des Druckes
wirkt also nicht direkt auf die Oberfläche des Arms,
sondern zunächst als longitudinaler Druck; er wirkt
deshalb namentlich auf die Finger der geballten Hand
und verrät sich dadurch, daß der Arm sich aus dem
Plethysmographen verschiebt, wenn er nicht am Ellbogen unterstützt wird, der also seinen Teil dieses
Druckes tragen muß. Diese 5 cm Wasser sind daher

vom angegebenen Maximal- und Minimaldruck abzu-
ziehen, der mithin resp. 7 und 3 cm wird.

Bei der Anwendung des Flaschenventils ist jedoch
noch eins zu beachten. Wird dasselbe in die Luftleitung eingefügt, so zeigen sich die Ausschläge des
Schreibhebels kleiner als vorher, weil der Druckunterschied zwischen der Atmosphäre und der eingeschlossenen Luft nun zum Teil in den Flaschen ausgeglichen wird, wo der Wasserstand in den Röhren
unablässig variiert. Infolgedessen ist die Kraft vermindert, die dazu dient, die Membran des Schreib-
tambours in Bewegung zu setzen, und die Bewegungen
des Schreibhebels werden somit kleiner. Will man die
Pulshöhen vergleichen können, die mit und ohne
Flaschenventil genommen sind, so bleibt also dessen
Einfluß zu bestimmen. Dies kann mittels des kleinen
Apparats zur Erzeugung künstlicher Pulskurven geschehen; Tab. I, E zeigt eine derartige Bestimmung.
Die ersten 4 Ausschläge sind hier ohne Flaschenventil
aufgenommen; darauf wurde dieses eingefügt, während
alles übrige unverändert blieb. Die nächsten 5 Ausschläge, nach Einfügung des Ventils in die Leitung genommen, zeigen sich deutlich vermindert, und das Verhältnis der Größe der Ausschläge zu einander in den
beiden Fällen wird also denjenigen Bruch (hier ungefähr ⁴⁄₉) angeben, womit die mittels des Ventils verminderten Pulshöhen zu multiplizieren sind, um sich
mit den andern vergleichen zu lassen. Eine solche Reduktion läßt sich indes leicht vermeiden, wenn man nur
den Angriffspunkt der Kraft am Schreibhebel verändert,
so daß die Exkursionen mit Ventil ebenso groß werden, wie sie vorher ohne Ventil waren. Die beiden
letzten Erhebungen in der Kurve (I, E) sind nach
solcher neuen Einstellung des Schreibhebels genommen,
so daß der Einfluß des Flaschenventils hierdurch ausgeglichen ist. Diese Methode wurde bei den vorliegenden Versuchen überall angewandt, wo das Flaschenventil zur Verwendung kam; es lassen sich folglich
alle Pulshöhen direkt vergleichen.

*Anordnung der Versuche.* Hierüber ist nicht viel
im allgemeinen zu bemerken. Die Versuchsperson,
V-P, saß mit dem Rücken gegen den Kymo-

graphen, so dafs sie die Bewegungen des Schreibhebels
nicht sehen konnte, und mit dem Gesicht einer Wand
zugekehrt, wo möglichst wenig die Aufmerksamkeit zu
fesseln vermochte. Der Versuchsleiter safs gewöhnlich
am Kymographen, um nach den aufgezeichneten Kurven
den zum Eingreifen günstigen Moment bestimmen zu
können. Die Reize, deren Gegenstand die V-P werden
sollte, wurden entweder von dem Experimentator selbst
oder auf ein gegebenes Signal von einem Assistenten
angebracht. Ein Assistent war stets mitwirkend, wenn
die Reize Manipulationen erforderten, die der auf seinem
Platze sitzende Experimentator nicht auszuführen vermochte. Es war nämlich ein für allemal festgestellt,
dafs geräuschvolle Bewegung ebensowenig wie lautes
Reden während eines Versuches stattfinden durfte,
solche Fälle natürlich ausgenommen, wo Bewegungen
oder Reden ein integrierender Teil des Versuches
waren. Besondere Apparate zum Reizen habe ich niemals benutzt, da sie mir ganz unnötig scheinen. Wenn
alles, was gebraucht werden soll, in erreichbarer Nähe
zweckmäfsig geordnet ist, so kann ein hinter der V-P
Stehender im rechten Moment völlig geräuschlos alles
ausführen, was auszuführen ist, und nur auf diese Weise
ist es möglich, die notwendige Variation der Versuche
zu erzielen. Apparate lassen sich vielleicht mit Vorteil
benutzen, wenn man nur auf einem einzelnen Sinnesgebiete die Verhältnisse untersucht, eine derartige Begrenzung scheint mir aber prinzipiell unrichtig. Denn
läfst man die einzelnen Reize gar zu geschwind aufeinander folgen, so wird die V-P abgestumpft, da es
fortwährend derselbe Sinn ist, der gereizt wird, und
macht man längere Pausen, so wird sie entweder auf
andere Gedanken kommen oder einschlafen. In keinem
dieser Fälle wird der Versuch rein: man sieht nicht
die Wirkung auf einen normalen Menschen in voll-
ständigem Gleichgewicht des Gemüts, sondern im Gegenteil Reaktionen eines ermüdeten, halb schlafenden oder
von ganz andern Gemütszuständen in Anspruch genommenen Individuums. Ich bediente mich stets des
Verfahrens, dafs nach dem einzelnen Versuch die Pause
nicht länger gemacht wurde, als nötig war, um den ursprünglichen Normalzustand in den Kurven erscheinen

zu lassen; darauf ging ich sogleich weiter, zwar aber
mit einem Versuch ganz anderer Art. Hierdurch sind
viele Vorteile zu erreichen: es lassen sich während
kurzer Zeit eine grofse Anzahl Experimente anstellen,
die V-P wird in Atem gehalten und erhält keine
Gelegenheit, sich ihren eigenen Gedanken zu überlassen,
und jeder neue Versuch wird dennoch fast gar nicht von
den vorhergehenden beeinflufst.

Es ist schwer, die Frage im allgemeinen zu beantworten,
ob die V-P vorher erfahren darf, wann der Reiz kommt,
und welcher Art derselbe ist, von denjenigen Fällen
natürlich abgesehen, wo das Experiment geradezu erheischt, dafs sie nichts erfährt. Hat man mit routinierten
Versuchspersonen zu thun, die sich sowohl in physischer, als in psychischer Beziehung ruhig zu verhalten
vermögen, so ist eine Anzeige überflüssig und zunächst
nachteilig, da sie nur zur verfrühten Konzentration der
Aufmerksamkeit dient. Anders stellt sich die Sache,
wenn man mit einer erwartungsvollen oder sogar ängst-
lichen V-P operiert. Versuche unter diesen Umständen
können sehr interessant sein und haben insofern ihre
Berechtigung, als sie zeigen, wie die Reize unter bestimmten, im voraus gegebenen Gemütsbewegungen
wirken. Hierdurch vermag man bei späteren Gelegenheiten aus den Kurven zu diagnostizieren, ob eine V-P
wirklich in normalem Gleichgewicht des Gemüts ist
oder nicht. Natürlich erhält man keine normalen Reaktionen von einem in starker Spannung oder in Furcht
befindlichen Individuum, und es kommt dann wesentlich
auf die Routine und Konduite des Experimentators an,
ob die Hebung des störenden Affekts gelingt. Hier erwies es sich oft als praktisch, vorher anzuzeigen, was
geschehen würde, eine Reihe ausschliefslich angenehmer
Reize zu gebrauchen, um die V-P in gute Laune zu
setzen, die Sache gemütlich zu nehmen u. s. w. Allgemeine Regeln sind, wie gesagt, schwer zu geben, es
bleibt doch immer die Person des Experimentators, die
den Ausschlag gibt; einige Beispiele der von, mir angewandten Methoden werden im folgenden gelegentlich
erwähnt werden. Es ist nun aber auch leicht einzusehen, dafs derjenige, der ausschliefslich auf einem bestimmten Sinnesgebiete operiert, sich selbst einer Menge

Mittel — sowohl zum Diagnostizieren, als zur Beseitigung
störender Affekte — beraubt, deren Anwendung unter
gegebenen Umständen erwünscht sein könnte. Auch
aus diesem Grunde scheinen dergleichen Spezialunter-
suchungen mir unrichtig. Denn es läfst sich nicht vermeiden, dafs unter einer gröfseren Anzahl Versuchspersonen einige gefunden werden, die sich durch die
ganze Situation affizieren lassen und deshalb auf die
einzelnen Reize durchaus anormal reagieren. Ist der
Experimentator nun nicht im stande zu entdecken, dafs
diese Individuen befangen sind, so mufs er ihre Reaktionen für ebensowohl normal halten, als die aller der
übrigen, was denn zur Folge hat, dafs sich in den Resultaten nicht die geringste Gesetzmäfsigkeit nachweisen
läfst. Mehrere grofse Spezialarbeiten sind aus diesem
Grunde ganz wertlos. Vermag dagegen der Experimentator den Affekt zu diagnostizieren, und besitzt er
Geduld genug, um dessen Beseitigung zu erwirken, so
wird er schliefslich seine Ausdauer belohnt sehen, indem das Individuum ebenso reagiert wie die übrigen
Versuchspersonen. An Beweisen von der Richtigkeit
hiervon wird es im folgenden nicht fehlen.

Um den Moment zu registrieren, da ein Reiz stattfand, bediente ich mich eines besonderen Schreibtam-
bours, der mittels eines Gummischlauches mit einer
sehr kleinen Gummibirne in Verbindung gesetzt war.
Ein Druck auf letztere bewirkte, dafs der Schreibhebel
in Bewegung gesetzt wurde, sonst zeichnete er eine
gerade Linie, wodurch man also zugleich eine feste
Nulllinie für die Volumenkurve erzielte. Die Momente
der Reizung wurden gewöhnlich vom Experimentator
registriert, der diese Zeichen leicht absetzen kann,
während er selbst oder der Assistent den Reiz anbringt.
In gewissen Fällen, wo es galt, den Zeitpunkt zu markieren, da gewisse psychische Momente eintraten, hatte
die V-P selbst die kleine Gummibirne in der Hand.
Da nur ein äufserst geringer Druck erforderlich war,
um den Schreibhebel in Bewegung zu setzen, konnte
die unbedeutende Arbeit, welche die V-P hierbei auszuführen hatte, auf den normalen Verlauf des Versuches wohl schwerlich von Einflufs sein; nachweisbar
ist eine solche Störung jedenfalls an keinem Orte.

Wurden Sphygmogramme und Plethysmogramme gleichzeitig aufgenommen, so war dieses Verfahren jedoch
nicht zu gebrauchen, da die V-P keine Hand zur Verfügung hatte; in diesen Fällen markierte sie jedes
Moment von Bedeutung durch ein Hm!, und auf dieses
Signal machte der Experimentator ein Zeichen auf den
Cylinder. Dieselbe Methode wurde allgemeiner Verabredung gemäfs ebenfalls angewandt, wenn zufällige
Störungen auf den Gemütszustand der V-P influierten.
Nach Beendigung jedes Versuches wurde darauf pro-
tokolliert, was alle diese Zeichen zu bedeuten hatten,
wie denn auch die V-P über ihren ganzen Gemüts-
zustand während des Versuchs Rechenschaft ablegen
mufste. Ohne fortwährende Kontrolle von seiten der
Selbstbeobachtung werden dergleichen Versuche durchaus sinnlos; es hat deswegen auch keinen Zweck,
Versuchspersonen zu benutzen, die nicht in der
Selbstbeobachtung geübt sind.

---

# DIE BEARBEITUNG UND REPRODUKTION
# DES MATERIALS.

*Die Bearbeitung des Materials.* Da quantitative
Bestimmungen nicht bezweckt und der Konstruktion der Apparate zufolge ohnehin ausgeschlossen
waren, läfst sich das vorliegende Material unmittelbar verwerten. Das Steigen und Fallen des Volumens, die Vermehrung und Verminderung der Pulshöhen und der Atmung lassen sich ohne künstliche
Hilfsmittel direkt aus den Kurven ersehen. Etwas
anders stellt sich die Sache indes rücksichtlich der
Pulslängen. Extreme Unterschiede der Pulslängen
sind freilich ebenfalls mit blofsem Auge zu sehen, es
ist jedoch selten, dafs die Unterschiede so grofs sind.
Meistens wird es notwendig sein, eine Messung der
Länge anzustellen, um zu konstatieren, inwiefern die
Geschwindigkeit des Herzschlages eine Veränderung
erlitten hat. In den Sphygmogrammen ist diese Messung

leicht zu unternehmen, weil die Pulse hier annähernd
auf einer geraden Linie stehen, längs welcher der Maſsstab sich anlegen läſst. Bei den Plethysmogrammen
tritt die Schwierigkeit ein, daſs die Richtung der Kurve
unausgesetzt variiert, während die Messung senkrecht
auf die Erzeugenden des Cylinders geschehen muſs;
mit andern Worten: die horizontale Projektion der
Pulslänge muſs bestimmt werden. Dessenungeachtet
zog ich es dennoch durchweg vor, die Pulslänge auf
den Plethysmogrammen zu bestimmen, weil man aus
diesen Kurven am leichtesten einen Überblick über die
Pulsverhältnisse erhält. Miſst man nämlich eine Reihe
von Plethysmogrammen, so wird man finden, daſs eine
Volumveränderung fast stets mit einer Veränderung
der Pulslänge zusammentrifft, und auſserdem, daſs die
Pulslänge, solange das Volumen konstant bleibt oder
nur wenig zu- oder abnimmt, während dieser Phasen
ebenfalls nur sehr wenig variiert. Dies heiſst mit andern
Worten, daſs man im Plethysmogramme die Pulse in
natürliche Gruppen eingeteilt sieht, wo die zur einzelnen Gruppe gehörenden Pulse so ziemlich dieselbe
Länge besitzen. Hierdurch wird die Messung offenbar
in hohem Grade erleichtert, indem man gewöhnlich nur
die Totallänge jeder einzelnen Gruppe zu messen und
durch Division mit der Anzahl der Pulsschläge deren
Durchschnittslänge zu berechnen braucht; diese wird
dann der Länge jedes einzelnen Pulses der Gruppe
fast genau entsprechen. Hält man sich dagegen an die
Sphygmogramme, so kann man nicht umhin, jeden einzelnen Puls für sich zu messen und dann auf Grundlage der gefundenen Zahlen natürliche Gruppen zu
bilden, um die Gesetzmäſsigkeit der Variationen nachzuweisen. Diese Methode ist jedoch weit mehr zeit-
raubend und erweist sich erfahrungsgemäſs weniger
zuverlässig als erstere, weshalb ich mich selbstredend
ausschlieſslich an die Plethysmogramme hielt.

Die Messung der Plethysmogramme bietet nun in
der That keine Schwierigkeiten dar, wenn man nur,
wie es bei diesen Versuchen der Fall war, auf den
Kurventafeln eine feste horizontale Linie hat, auf welche
sich die Pulse projizieren lassen. Die Projektion selbst
kann auf verschiedene Weise ausgeführt werden. Ent-

weder kann man mit Hilfe des Lineals und des Dreiecks
durch die Endpunkte der betreffenden Pulse auf die
Kurventafeln senkrechte Linien zeichnen und die Entfernung dieser Senkrechten voneinander messen. Oder
auch kann man einen in Glas geätzten Millimetermafs-
stab mit sehr langen Teilstrichen benutzen, durch deren
eines Ende eine Gerade gelegt ist, die auf allen Teilstrichen winkelrecht steht. Wird diese Gerade längs
der festen Horizontallinie der Tafeln gelegt, so bilden
die Teilstriche des Mafsstabs Projektionslinien, und man
ist im stande, sofort den Abstand zwischen je zwei beliebigen Punkten in Millimetern abzulesen, während
man die Zehntelteile abschätzt. Dieser Methode habe
ich mich bedient, da sie sich ebenso sicher erwies als
das weitläufigere Zeichnen von Projektionslinien auf
die Tafeln.

An den solchergestalt gemessenen Längen ist indes
noch der Fehler zu korrigieren, der dadurch entsteht,
dafs der Schreibhebel in einem Bogen schwingt (siehe
S. 23, vgl. Tab. I. C). Bei konstanter Länge des Schreibhebels ist der Fehler konstant und läfst sich ein für
allemal messen. Hierzu dient die Konstruktion Tab.
I. C. In der Entfernung von 1 cm über oder unter
der wagerechten Stellung des Schreibhebels erweist
sich der Fehler als noch unmerkbar; 2 cm über oder
unter dieser Stellung ist der Fehler 1 mm; 3 cm über
oder unter 2.2 mm; gröfsere Schwankungen kommen
in den Tafeln nicht vor. Die Fehlergröfsen müssen,
wie die Figur zeigt, von den direkt gemessenen Längen
abgezogen werden, und aus den so korrigierten Werten
berechnet man dann durch Division mit der Anzahl der
Pulse deren Durchschnittslänge. Ist diese Anzahl nur
einigermafsen grofs und das Steigen und Sinken der
Kurve ein geringes, so kann man sich ja die Korrektur
ersparen, da der Fehler der berechneten Durchschnittslänge unmerkbar wird. Auf gröfsere Genauigkeit der
Resultate als 0.1 mm darf man nämlich, wie oben
gezeigt, wegen des weniger regelmäfsigen Ganges des
Kymographen keine Rechnung machen.

Im folgenden ist die Geschwindigkeit des Herzschlags überall durch die gemessenen Pulslängen angegeben. Da die Umdrehungsgeschwindigkeit des

Cylinders bekannt ist, läfst sich hieraus leicht berechnen, wie viele Pulse pro Minute jeder Pulslänge
entsprechen. Untenstehende Tabelle gibt eine Übersicht hierüber:

| mm Pulslänge | 3,0 | 3,5 | 4,0 | 4,5 | 5,0 | 5,5 | 6,0 | 6,5 | 7,0 | 7,5 |
|---|---|---|---|---|---|---|---|---|---|---|
| Anzahl pro Min. | 120 | 103 | 90 | 80 | 72 | 65 | 60 | 55 | 51 | 48 |

*Die Reproduktion des Materials.* Bei der Reproduktion der Tafeln wäre es gewifs in allen Beziehungen wünschenswert gewesen, dafs es sich hätte
thun lassen, nach den Originaltafeln photographische
Negative aufzunehmen und diese zur Ätzung direkt
auf Zink zu kopieren. Dies erwies sich indes als unmöglich. Da ich es prinzipiell für am besten halte, mit
derselben V-P nicht mehrere gleichartige Versuche
nacheinander anzustellen, und mich deswegen immer
bestrebte, in das Werk des einzelnen Tages möglichst
grofse Variation zu bringen, so folgt hieraus, dafs diejenigen Kurven, welche von gleichartigen Versuchen
herrühren und zusammengestellt werden sollen, in den
Originaltafeln umher zerstreut zu finden sind. Wollte
man nun in den reproduzierten Tafeln eine solche chao-
tische Verwirrung nicht beibehalten, die den Gebrauch
der Tafeln notwendigerweise äufserst schwierig machen
müfste, so war dies nur dadurch zu vermeiden, dafs
man die Kurven Strecke für Strecke photographierte,
und aus allen diesen kleinen Negativen mufste man
dann auf beste Weise gröfsere Tafeln zusammenstellen.
Dieses Verfahren wäre äufserst weitläufig und kost-
spielig geworden; hätte es sich aber durchführen lassen,
so wäre dies geschehen. Es zeigte sich indes, dafs
grofse Teile der Tafeln und häufig gerade die besten
Kurvenstrecken so leicht berufst waren, dafs sich
keine photographischen Negative danach aufnehmen
liefsen. Jedenfalls hätten diese Negative einer sehr
eingreifenden Retouche unterworfen werden müssen,
wodurch alle die Fehler, die man durch Benutzung der
Photographie vermeiden wollte, wieder zum Vorschein
gekommen wären.

Da photographische Genauigkeit also doch nicht zu
erzielen war, zog ich es vor, die zur Zinkätzung notwendigen Negative mittels Kalkierung der Kurven auf

3*

Gelatineplatten herzustellen. Spannt man eine dünne und klare Gelatineplatte über die Kurventafeln aus, so kann man mittels einer stählernen Nadel von geeigneter Form die Kurven leicht in die Gelatine gravieren und zwar mit solcher Genauigkeit, dafs die Abweichung der Kopie vom Original sich nur unter der Lupe erblicken läfst. Bei diesem Verfahren ist man vollständig Herr darüber, welche Kurven die einzelne Tafel enthalten wird, und zugleich erreicht man eine viel mehr ökonomische Anwendung des Raumes, was wegen der Kostspieligkeit der Zinkätzung nicht ganz ohne Bedeutung ist. Endlich kann man den Fehler korrigieren, der davon herrührt, dafs die Spitzen der Schreibhebel ursprünglich nicht in einer geraden Linie übereinander lagen. Während der Versuche ist eine mathematisch genaue Einstellung nach der Schnur fast unmöglich, und es liegt auch kein Grund vor, grofse Sorgfalt an die Herstellung einer solchen zu wenden, da man aus den Tafeln stets zu sehen vermag, wieviel die eine Spitze vor jeder der andern voran oder hinter ihr zurück gewesen ist. Diese Abweichung ist nur dann zu korrigieren, wenn man die korrespondierenden Punkte der zusammengehörenden Kurven sucht. Beim Gravieren ist es nun sehr leicht, eine solche Verschiebung der Kurven in ihrem gegenseitigen Verhältnisse auszuführen, dafs die korrespondierenden Punkte an der Ausgangsstellung der Schreibhebel in die nämliche senkrechte Linie fallen, und dies ist überall geschehen.

Die gravierten Gelatineplatten werden durch Einreiben mit Ölfarbe in photographische Negative verwandelt. Hierzu gebrauchte ich eine Mischung von fast gleich vielen Raumteilen Elfenbeinschwarz und Zinnober. Die Farbe setzt sich in allen eingeritzten Strichen ab, und das Überflüssige wird durch sanftes Abtrocknen mit einem weichen seidenen Lappen von dem übrigen Teil der Platte entfernt. Hierauf wird die Platte mit trockenem, sehr fein pulverisiertem Zinnober leicht eingerieben, einige Stunden lang zum Trocknen hingelegt und läfst sich dann durch Abreiben mit weichen Lappen vollständig reinigen. Alle eingeritzten Linien stehen nun dunkel schokoladebraun auf völlig klarem Grunde, und diese farbigen Linien sind dem

Lichte mehr undurchdringlich als irgend eine auf photographischem Wege hervorgerufene Zeichnung; sie eignen sich deshalb vorzüglich zur Anwendung als photographische Negative, da ein Überexponieren beim spälteren Kopieren fast unmöglich ist. Da die Zeichnung, von der Seite des Bildes gesehen, positiv dasteht wie die Originale, bedürfen die gravierten Negative keines Übertragungspapiers als Mittelglied, sondern können direkt auf Zinkplatten kopiert werden. Diese Übertragung ist mit Hilfe der sogenannten kalten Emaillemethode geschehen, die sehr leicht auszuführen ist, aufserordentlich scharfe Linien gibt und eine sehr starke Ätzung ohne Verstärkung des lichtempfindlichen Häutchens gestattet.

Da die Genauigkeit der reproduzierten Tafeln und deren Übereinstimmung mit den Originalen dem Angeführten zufolge ausschliefslich auf der Gewissenhaftigkeit beruhen, mit welcher die Gelatineplatten graviert werden, habe ich diese Arbeit persönlich ausgeführt. Ich kann deshalb verbürgen, dafs bedeutende Fehler in den Reproduktionen nicht vorkommen. Natürlich ist es nicht zu vermeiden, dafs man dann und wann eine falsche Linie zieht; da dergleichen Fehlzeichnungen sich aber leicht vor dem Ätzen von den Zinktafeln wegretouchieren lassen, werden sie jedenfalls nur da vorkommen, wo man die Retouche zu unternehmen vergessen hat. Schliefslich mufs ich hinzufügen, dafs das gebrauchte Verfahren an sich einen Fehler herbeiführt, der jedoch ebenso unbedeutend wie unvermeidlich ist. Die Gelatineplatten sind nämlich sehr hygroskopisch; sie dehnen sich bei feuchtem Wetter aus und ziehen sich zusammen, wenn die Luft sehr trocken ist. Werden sie also nicht unter eben denselben Feuchtigkeitsverhältnissen, unter welchen sie gezeichnet sind, auf Zink kopiert, so wird die Gröfse der ganzen Tafel nicht absolut genau werden. Um die Gröfse dieses Fehlers zu bestimmen, habe ich zu wiederholten Malen die Tafeln bei sehr trockenem und sehr feuchtem Wetter gemessen: der gröfste beobachtete Unterschied beträgt indes nur 1 mm auf 300 mm und ist als unwesentlich zu betrachten, da die Tafeln aus anderen Gründen keine gröfsere Genauigkeit als 0,1 mm geben.

*Die Ordnung der Kurven.* Bevor wir nun zur
Betrachtung der Versuchsresultate schreiten, werden
einige allgemeine Bemerkungen über die Ordnung der
Kurven auf den Tafeln am Platze sein. Alle Kurven
sind von links nach rechts zu lesen. In jeder Reihe
zusammengehörender Kurven steht die Respirationskurve zu oberst, das Plethysmogramm zu unterst, zwischen beiden das Sphygmogramm, das indes nur selten
mitgenommen ist. Der innere Abstand zwischen den
Kurven ist nur durch Rücksicht auf den Raum bestimmt und folglich ohne Bedeutung. Als relative Nulllinie des Plethysmogramms dient die wagerechte Linie,
welche die einzelnen Kurvenreihen trennt. Dies ist
nicht unwesentlich in den ziemlich zahlreichen Fällen,
wo die Kurven in mehreren aufeinander folgenden
Reihen fortgesetzt werden. Ist die untere Reihe eine
unmittelbare Fortsetzung der oberen, so muß also der
Abstand des Plethysmogrammes von der Nulllinie zu
Anfang der unteren Reihe genau derselbe sein wie am
Schlusse der vorhergehenden. Und ist zwischen den
beiden Reihen eine gewisse Zeit verstrichen, wird man
also aus der Lage der Plethysmogramme zur Nulllinie
in den beiden Reihen ersehen können, in welcher Richtung das Volumen sich während der zwischenliegenden
Zeit verändert hat. Die Nulllinie hat indes nicht immer
ihre richtige Lage; bei dem Übergang aus einer Kurvenreihe in die folgende ist sie nicht selten verschoben
worden, entweder gehoben — um eine große leere
Fläche zu vermeiden, oder gesenkt — um zu verhindern, daß das Plethysmogramm unter die Nulllinie
ging. Überall aber, wo eine Verschiebung stattgefunden
hat, ist deren Größe nebst Vorzeichen auf der Nulllinie links angegeben. So bezeichnet + 9 (siehe Tab.
II, B), daß die Nulllinie 9 mm gehoben worden ist;
wäre also die Nulllinie der Tab. II, A mit unveränderter
Lage zum Plethysmogramm in der Reihe B fortgesetzt
worden, so hätte sie 9 mm tiefer liegen müssen. Aus
dieser Angabe sieht man also, in welcher Richtung das
Volumen während der 3 zwischen Ende A und Anfang
B verflossenen Minuten Schwankungen erlitten hat
(siehe hierüber unten). Analog bezeichnet — 2 auf der

Nulllinie Tab. IV, D, dafs die Linie hier um 2 mm gesenkt worden ist.

In betreff der einzelnen Kurven ist noch folgendes
zu bemerken. In der Respirationskurve ist die Inspiration durch ein Steigen, die Exspiration durch ein
Sinken wiedergegeben. In den Plethysmogrammen, wo
die Pulslängen gemessen sind, wurden am Gipfel derjenigen Pulsschläge, mit welchen eine neue Phase beginnt, kleine Buchstaben angebracht (siehe z. B. Tab.
II, C). Messungen sind überall rücksichtlich der Gruppen
a—b, b—c u. s. w. unternommen, und die für jede
dieser Gruppen angegebenen Zahlenwerte bezeichnen
die Durchschnittslänge der Pulse innerhalb jeder Gruppe.
Selbstverständlich sind die Gruppen vom Anfang des
Pulses a bis zum Anfang des Pulses b u. s. w. gemessen, nicht aber zwischen den Gipfeln, wo die Buchstaben stehen, weil sie hier mehr in die Augen fallen.
— Endlich finden sich auf der Nulllinie Zeichen (siehe
z. B. Tab. IV, A und B), welche die charakteristischen
Momente, den Anfang oder das Aufhören eines Reizes
u. dgl. angeben. Ein Hinweis im Texte auf einen
solchen Punkt wird durch das Zeichen N geschehen;
kommen auf einer Nulllinie mehrere Zeichen vor, so
sind sie durch fortlaufende Zahlen angegeben (z. B.
Tab. VI, A), und der Hinweis im Texte geschieht dann
durch N1, N2 u. s. w.

Es trifft während der Versuche natürlich häufig
ein, dafs eine Zone des Cylinders oder sogar der ganze
Cylinder ausgeschrieben ist, bevor das einzelne Experiment beendigt wird. In diesem Falle mufs der
Cylinder umgestellt oder ein neuer eingesetzt werden,
weshalb in den Aufzeichnungen unvermeidlich eine
kürzere oder längere Stockung eintritt. Wo zwei
durch eine solche Stockung getrennte Kurvenstrecken
auf den Tafeln in eine einzelne Reihe zusammengestellt
sind, wurden sie durch eine senkrechte Linie geschieden,
auf welcher die Dauer der Stockung angegeben ist
(siehe z. B. Tab. III, A).

# DER NORMALZUSTAND.

In einem Plethysmogramm, an einem Menschen
genommen, der wenigstens dem Anschein nach sowohl
in psychischer als in physischer Beziehung völlig ruhig
ist, wird man häufig — jedoch keineswegs immer
— Volumschwankungen erblicken, denen sich eine
äufsere Ursache überhaupt nicht nachweisen läfst.
Mosso[1] hat es versucht, aus der Form dieser Oszillationen und Undulationen deren physiologische Ursachen,
Veränderungen der Geschwindigkeit des Herzschlags,
Kontraktionen und Dilatationen der Gefäfse, zu bestimmen, gibt übrigens aber zu, dafs eine solche Bestimmung nicht in allen Fällen möglich sei. Mit Bezug
auf die folgenden Versuche ist es offenbar von gröfster
Bedeutung, dafs wir vor allen Dingen die Erklärung
dieser spontanen Volumveränderungen finden, weil es
sonst schwer oder geradezu unmöglich zu entscheiden
sein kann, ob eine gegebene Volumveränderung durch
den angewandten äufseren Reiz verursacht wird oder
möglicherweise spontan ist, so dafs sie entstanden sein
würde, auch wenn der Reiz gar nicht stattgefunden hätte.
Diese Schwierigkeit ist von verschiedenen Forschern
gefühlt worden und hat grofse Irrtümer veranlafst[2].
Bei der Untersuchung der Undulationen — so können
wir alle scheinbar spontanen Volumveränderungen
mit einem einzigen Namen bezeichnen — sind wir doch
etwas günstiger gestellt als Mosso. Für uns handelt
es sich nämlich nicht um den Nachweis der schwer zugänglichen physiologischen Ursachen, sondern nur um
die Bestimmung der allgemeinen Bedingungen, unter
welchen Undulationen überhaupt entstehen. Sie kommen,
wie gesagt, keineswegs stets bei einem normalen ruhigen
Menschen vor; es mufs also möglich sein, die ihr Auftreten bedingenden Umstände zu finden. Und kennen
wir erst diese, so haben wir alles, was erforderlich
ist, um zu entscheiden, ob eine gegebene Volumver-

[1] Mosso, Über den Kreislauf des Blutes. Leipzig 1881. S. 104 u. f.
[2] Shields: The effect of odours etc. upon the blood flow. Baltimore 1896. S. 15.

änderung spontan ist oder nicht. Um diese Verhältnisse zu erhellen, beginnen wir also damit, eine Reihe unter verschiedenen Umständen genommener Normalkurven durchzugehen.

Tab. II, A. $\frac{9}{10}$ 95 ab. Ly.[1] normal, anscheinend ruhig.

Es zeigt sich hier eine eigentümliche Form von Undulationen mit jähen Senkungen und sanften Steigungen. Diese Undulationen sind denjenigen Volumveränderungen auffallend ähnlich, welche während Denkthätigkeit irgend einer Art eintreten. Man könnte deshalb zu dem Glauben versucht werden, die V-P sei nicht völlig »gedankenleer« gewesen, sondern habe unwissentlich irgend einen Gedanken verfolgt. Sicher ist es, dafs Undulationen dieser Art niemals unter Verhältnissen auftreten, wo Denkarbeit ausgeschlossen ist, z. B. nicht während einer Hypnose.

Tab. II, B. $\frac{9}{10}$ 95 ab. Ly. 3 Min. später als A genommen; die V-P war inzwischen hypnotisiert worden und befand sich nun in sehr leichter Hypnose.

Hier sind die jähen Schwankungen fast gänzlich weggefallen. — An einem und demselben Individuum kann man indes auch eine ganz andere Undulationsform erblicken, mit Senkungen, die ebenso sanft sind wie die hinterherfolgenden Steigungen; so z. B.:

Tab. II, C. $\frac{9}{10}$ 95 ab. Ly. normal, anscheinend ruhig.

Dafs die V-P doch auch hier sich nicht in völliger psychischer Ruhe befand, ist zweifellos, und der Beweis wurde während des nämlichen Versuches geführt. Die Kurve ist, kurz bevor die V-P hypnotisiert wurde, genommen; während der Hypnose wurden verschiedene Versuche angestellt, und die V-P erhielt den Befehl, sich nach dem Erwachen wohl zu befinden und sich völlig ruhig zu verhalten, namentlich an durchaus

---

[1] Bei jeder Kurvenreihe wird aufser dem Datum und der Jahreszahl zugleich die Tageszeit angegeben, nämlich vorm. vor 12 Uhr mittags; nachm. zwischen 12 und 4 und ab. nach 6 Uhr. Hierdurch ist das Verhältnis zu den beiden Hauptmahlzeiten des Tages, die erfahrungsgemäfs stark auf die Pulshöhe etc. influieren, hinlänglich bestimmt. Nach der Zeit ist der Name der Versuchsperson angegeben, nur durch ein paar einzelne Buchstaben (Ly., Kl., P. L. u. s. w.)

— 42 —

nichts zu denken. Unmittelbar nach dem Erwachen
wurde nun genommen:
    Tab. II, D. ⁷/₁₀ 95 ab. Ly. ungefähr 10 Min.
später als C.

   Nur eben gegen Schlufs ist hier eine kleine Schwankung der Kurve zu sehen, sonst sind alle Undulationen
auf ein Minimum reduziert, wie es nach der gegebenen
Suggestion zu erwarten stand. Es ist indes nicht notwendig, so kräftige Mittel wie eine posthypnotische
Suggestion zu ergreifen, um völlige Ruhe zu schaffen;
bei vielen Individuen tritt diese von selbst ein, bei Ly.
ist sie allerdings aber selten und erscheint nur unter
aufsergewöhnlichen Verhältnissen. Ein Beispiel hiervon geben uns die beiden folgenden Kurvenreihen.

    Tab. III, A u. B. ¹⁶/₉ 95 ab. Ly. normal nach
einigen leichten Rechenaufgaben. Bei ǀ war eine Zone
des Cylinders ausgeschrieben; die V-P machte die Bemerkung, ihr sei schläfrig, worauf geantwortet wurde:
»Nun, so schlafen Sie.« Gleich darauf wurde der
Cylinder in Gang gesetzt; der Schlufs von A zeigt die
aufgenommene Kurve, die sich Tab. III, B unmittelbar
fortsetzt. Zum Schlafen kam es nicht, die V-P ist nur
ruhiger geworden, was der Vergleich von Anfang A
mit Anfang B deutlich zeigt. Aufserdem wird sowohl
der Herzschlag als das Atmen langsamer. Die Messung
ergibt:

| Phase . . . | a-b | c-d | d-e | e-f |
|---|---|---|---|---|
| Pulslänge . | 5,2 | 5,7 | 5,5 | 4,8 |
| Atmung . . | 15,4 | 16,5 | 16,0 | 14,5 |

   Ungefähr bei e begann eine Spieldose zu schnurren,
was gewifs die Ursache der hier erscheinenden Volumveränderung ist, bei ⊓ fing sie zu spielen an. Von
diesem Umstand sehen wir hier ab; vorläufig hat die
Kurve nur Interesse, weil sie relative Ruhe anzeigt,
wo die früheren Undulationen fehlen. Dagegen treten
hier schwache Respirationsoszillationen hervor; die
Kurve hat bei jeder Respirationspause ein relatives
Maximum und ein Minimum am Schlusse der Inspiration. Während eine solche undulationslose Kurve bei
Ly. zu den Ausnahmen gehört, ist sie bei anderen sehr
allgemein; so z. B.:

Tab. III. C. ''ɪ 95 nachm. Dr. N. normal. ruhig. Hier sind nur schwache Andeutungen sanfter Undulationen. Etwas mehr hervortretend zeigen diese sich:

Tab. III. D. ²'ıₒ 95 ab. Dr. N. Normalkurve nach verschiedenen Versuchen.

Gegen Ende tritt hier zugleich eine der jähen Schwankungen auf. Wie leicht und schnell das Plethysmogramm von allen Undulationen befreit werden kann, sogar nach einem gewaltigen und eingreifenden Reize, ist aus den vier folgenden Kurvenreihen zu ersehen.

Tab. IV. A—D. ''ɪ 95 nachm. Dr. N. Bei ℟ in A begann das Einatmen von Stickstoffoxydul, das bis ℟ in B fortgesetzt wurde: B ist die unmittelbare Fortsetzung von A. Das Einatmen von dieser Dauer genügte, um während weniger Sekunden bei der V-P vollständige Analgesie zu erzeugen. Während des Einatmens sieht man sehr tiefe Atemzüge, die im Plethysmogramme stark markierte Respirationsoszillationen hervorrufen. Zu bemerken ist indes, dafs der Arm hier nicht völlig fest lag, so dafs er sich im Plethysmographen hin und her schob; dies ist wahrscheinlich die Ursache, weshalb die Respirationsoszillationen hier ihr Maximum beim Inspirationsmaximum und nicht, wie sonst, bei der Respirationspause haben. - Zwischen B und C sind nur 5 Sek. verflossen, indem der Cylinder hier umgestellt werden mufste: D ist die Fortsetzung von C nach Verlauf von ungefähr 1 Min.

Dieser ganze Versuch zeigt uns erstens, dafs die Respirationsoszillationen nur bei sehr tiefen Atemzügen auftreten, und ferner sieht man, dafs die Kurve schon ein paar Minuten nach einem ziemlich eingreifenden, physische und psychische Veränderungen erzeugenden Reize völlig undulationslos ist. Aus den angeführten Beispielen geht also hervor, dafs in einem Plethysmogramm, das an einer V-P in anscheinend physischer und psychischer Ruhe genommen ist, wenigstens drei verschiedene Formen von Undulationen auftreten können, nämlich 1) mit der Respiration synchrone Oszillationen, 2) sanfte und 3) jähe Undulationen, die in keiner Beziehung zur Respiration stehen. Wir werden nun im folgenden zu erläutern suchen, wann diese verschiedenen Formen von Schwankungen entstehen, und machen den Anfang mit den Respirationsoszillationen, deren physiologische Ursache nicht zweifelhaft sein kann.

*Die Respirationsoszillationen.* Diese lassen sich systematisch untersuchen, indem die V-P die Tiefe und Dauer des Atemholens willkürlich zu variieren vermag, wodurch sich allenfalls die Abhängigkeit von der Form des Atmens feststellen läßt. Versuche dieser Art habe ich öfters angestellt; um mich davor zu sichern, daß die Oszillationen durch unwillkürliche Bewegungen des Arms verstärkt oder verdeckt würden, wurde dieser vor dem Versuche im Plethysmographen so fest gespannt, daß die V-P nicht einmal mit der größten Anstrengung im stande war, irgend eine willkürliche Bewegung mit dem Arm auszuführen. Individuelle Eigentümlichkeiten der Respirationsoszillationen habe ich nicht bemerkt; ich beschränke mich deshalb auf die Wiedergabe einer einzelnen Versuchsreihe.

Tab. V, A—C. ⁹⁄₁₀ 96 nachm. P. L. Der Einfluß willkürlicher Variationen des Atmens auf das Armvolumen.

A zeigt vier aufeinanderfolgende sehr tiefe und lange Respirationen, welche deutliche Oszillationen des Volumens erzeugen. Vom Anfang der Exspiration an sinkt das Volumen mit sehr langen und hohen Pulsen; dieses Sinken dauert bis ungefähr zur Mitte der Inspiration, wo das Volumen wieder mit einer Reihe geschwinder und niedriger Pulse steigt. Die Steigung erreicht ihren Gipfel gegen Ende der Inspiration, worauf das Sinken seinen Anfang nimmt. Dies gilt doch nur von sehr langsamen Respirationsbewegungen; sowohl zu Anfang als am Ende der Reihe A kommt ein kürzerer Atemzug von ungefähr normaler Dauer vor, dessen entsprechende Oszillationen eine andere Form haben, welche häufiger unter normalen Verhältnissen bemerkt wird. Hier trifft die Senkung mit der Inspiration, die Steigung mit der Exspiration zusammen, so daß die beiden Kurven in entgegengesetzten Richtungen schwingen. Der Anfang der Reihe B, die eine unmittelbare Fortsetzung von A ist, zeigt dasselbe

Verhalten, wenn auch weniger ausgeprägt. Bei den
daraufolgenden, forciert geschwinden und oberflächlichen Respirationen fallen alle Oszillationen weg; dies
findet seinen Grund natürlich darin, dafs auf jeden
Atemzug wohl kaum mehr als ein oder zwei Pulse
kommen. Das Ende von B zeigt einen langen und
tiefen Atemzug mit Stillstand während der Inspiration;
hier hat die Oszillation die nämliche Form, wenngleich
weniger entschieden, wie während der langen Respirationen in der Reihe A. Endlich zeigt die Reihe C aufser
einigen normalen Respirationen verschiedenen Umfangs
einen längeren Stillstand während der Exspirations-
pause. Hier sinkt das Volumen fortwährend, erst
stark, später schwach, und steigt nicht eher wieder als
während der folgenden Inspiration.

Der Versuch gibt uns offenbar die Lehre, dafs die
Oszillationen um so entschiedener werden, je langsamer
und tiefer die Respiration ist; bei geschwinden und
oberflächlichen Atemzügen, während deren das Herz
nur einige einzelne Kontraktionen ausführt, werden die
Oszillationen gewöhnlich wegfallen. Beobachtungen an
anderen Individuen bestätigen diese Regel.

Tab. V. D. ⁴⁄₉ 96 vorm. A. L. normal. ruhig.

Diese Kurve, die für die betreffende V-P in völliger
Ruhe typisch ist, zeigt kaum eine Spur von Oszillationen, hier fallen aber auch nicht mehr als durchschnittlich 3 Pulsschläge auf jeden Atemzug. Wird
dagegen aus irgend einem Grunde der Puls geschwinder,
so werden auch die Oszillationen zu erscheinen beginnen, selbst wenn die Atmung nicht langsamer wird.
Dies zeigt sich entschieden:

Tab. V, E. ¹⁄₁₀ 96 nachm. A. L. spontan eintretende psychische Unruhe.

Hier ist es sicherlich nicht der Umstand allein, dafs
der Puls geschwinder wird, der die Respirationsoszillationen erzeugt. Später werde ich nachweisen, dafs gewisse Stimmungen und Affekte stets durch das Auftreten der Oszillationen charakterisiert sind; dafs sie
sich hier in der Kurve V, E zeigen, rührt deshalb
wahrscheinlich von den durch die Stimmung verursachten, mehr eingreifenden organischen Veränderungen her.

Aufser der Tiefe und Dauer des Atmens und der
Geschwindigkeit des Pulses gibt es indes noch andere
Faktoren, die auf das Erscheinen der Oszillationen influieren können. Hierzu gehört in erster Linie wahrscheinlich der Zustand der Gefäfse. Wenn man Wärme
oder Kälte auf den Organismus wirken läfst, so vermag man in grofsem Umfang die Spannung der Gefäfse
und somit die Höhe der Pulse im Plethysmogramm zu
verändern; es zeigt sich, dafs auch die Gröfse der Oszillationen hiermit variiert. Zur Erhellung dieser Verhältnisse gebe ich ein paar ausführliche Versuchsreihen
wieder. Die Versuche wurden dergestalt ausgeführt,
dafs die V-P den Fufs in einem weiten Stiefel von
Metallblech mit hölzernem Boden anbrachte. In diesen
Stiefel konnte man von oben Wasser von verschiedener
Temperatur giefsen; unten war ein Abflufsrohr, durch
welches das im Stiefel stehende Wasser schnell abfliefsen konnte. Hielt man das Rohr offen, während
oben Wasser eingegossen wurde, so erreichte man eine
intensivere, aber kürzer dauernde Wirkung, indem das
Wasser den Stiefel durchflofs und sogleich ablief.
 Tab. VI, A—D und VII, A—C. '°., 95 ab. Dr. H.
Wirkung von Würme und Kälte.
 Wir gehen nun die Einzelheiten dieser Kurven
durch. Die V-P safs anfänglich mit dem Fufs in
Wasser von 35° C.; bei N 1 in A flofs dieses Wasser
ab, so dafs der nasse Fufs nun von der verhältnismäfsig kälteren (18° C.) Luft umgeben war. Die hieraus resultierende Kälteempfindung verschwand bei N 2.
Vergleicht man den Anfang von A mit der Mitte, so
sieht man, dafs die Oszillationen verschwinden, während
die Pulshöhe kleiner wird. Bei N 3 wurde Wasser von
10° C. in den Stiefel gegossen. Die starke Abkühlung
erzeugt einen Chok, eine plötzliche unwillkürliche
Muskelbewegung, die sowohl in der Respirations-, als
in der Volumenkurve zu sehen ist; darauf folgt eine
Reihe tiefer Atemzüge, die Pulse werden noch kleiner,
es zeigen sich schwache Oszillationen. Gegen die Mitte
von B, die eine unmittelbare Fortsetzung von A ist,
verliert sich diese Wirkung. Bei N 1 flofs das kalte
Wasser aus dem Stiefel ab, was doch nicht sofort eine
wesentliche Veränderung des Plethysmogramms herbei-

führte. Es wurde nun wieder Wasser von 35° in den Stiefel gebracht, und die $V_rP$ erhielt eine Zeitlang Ruhe, damit der Normalzustand sich einstellte. Ungefähr 2 Min. nach Ende von B wurde C genommen. Der Puls ist höher geworden, die Oszillationen sind zweifelhaft, es finden sich dagegen lange Undulationen, die wohl kaum von der Respiration abhängig sind. Ungefähr da, wo die letzte starke Volumsenkung in der Kurve zu sehen ist, begann das Wasser aus dem Stiefel zu laufen. D ist die unmittelbare Fortsetzung von C; bei A wurde Wasser von 45° in den Stiefel gegossen. Dies erzeugte augenblicklich eine unangenehme Empfindung des Verbrühens, die sich jedoch gleich wieder verlor; die Nachwirkung läßt sich in einer sehr unregelmäßigen, zum Teil tiefen Atmung spüren, die im Verein mit hohen Pulsen deutliche Oszillationen erzeugt.

Das heiße Wasser blieb um den Fuß stehen. Ungefähr 1 Min. später wurde VII, A genommen. Hier zeigt sich die andauernde Wirkung der Wärme durch sehr hohe Pulse, die Oszillationen sind, anfangs wenigstens, hervortretend, werden später aber durch andere Undulationen verdeckt. (Die Lage der Nulllinie in ihrer Beziehung zu derjenigen der Tab. VI ist hier unbestimmt, da die Verbindung zwischen den Apparaten und den Schreibhebeln mittlerweile eine Unterbrechung erlitten hatte). B gibt die Situation 4 Min. später. Das warme Wasser war die ganze Zeit hindurch im Stiefel geblieben, wurde aber entfernt, kurz bevor B entstand. Bei A wurde wieder Wasser von 10° eingegossen; die Wirkung ist außer einer geringen Volumverminderung zunächst ein sehr unregelmäßiges Atmen, das nur anfangs tief ist, wo es besonders tief ist, im Plethysmogramm eine Oszillation hervorbringt. 2 Min. später ist C genommen. Das kalte Wasser hatte fortwährend den Fuß umgeben und wurde nun bei A fortgeschafft. Die Reaktion nach der Abkühlung bewirkt starke Volumsteigung mit hohen Pulsen und deutlichen Oszillationen.

Der Versuch in seiner Gesamtheit ist wohl nicht recht gelungen, teils weil hier fortwährend Undulationen anderer Art auftreten, welche die Oszillationen zum

Teil verdecken, teils weil die Blutgefäße wegen allzu
langer Einwirkung der Wärme und Kälte wahrscheinlich etwas von ihrer Beweglichkeit verloren haben. Ich
wiederholte deshalb häufig dieses Experiment mit kürzeren Einwirkungen, welche den charakteristischen Einfluß der Wärme und Kälte auf das Volumen deutlicher
hervortreten lassen. Rücksichtlich des Auftretens der
Respirationsoszillationen wird das Resultat aber immer
das nämliche; diese erscheinen nur, wenn die Pulse
sehr hoch werden, vorausgesetzt natürlich, daß die
Atmung ihre normale Tiefe behält, da sehr tiefe und
lange Atemzüge stets Oszillationen hervorzurufen vermögen. Zur näheren Beleuchtung sei noch einer dieser
Versuche wiedergegeben.

Tab. VII. D und VIII, A—D. ³/₄₀ 96 nachm. P. L.
Wirkung von Wärme und Kälte; das Plethysmogramm
ist am linken Arm genommen.

Der Versuch fängt ebenso wie der vorige damit an,
daß die V-P mit dem Fuß in Wasser von 35° sitzt.
Bei A 1 in VII. D floß das Wasser ab, bei A 2 zeigte
die V-P an, daß sie eine deutliche Kälteempfindung
spürte. Diese bewirkte eine so bedeutende Volumsenkung, daß das Müllersche Ventil mehrmals in
Thätigkeit trat, was durch die kleinen Unregelmäßigkeiten der Kurve ersichtlich ist. Bei A 3 wurde kaltes
Wasser, 6°, in den Stiefel gegossen; die Abflußröhre
war geöffnet, so daß das Wasser nur eben durchlief.
Das Aufgießen dauerte ununterbrochen bis A 4 in
VIII. A, die VII. D unmittelbar fortsetzt. Man sieht,
daß das Volumen immer mehr abnimmt, auch nachdem das Aufgießen kalten Wassers aufgehört hat: solange nämlich das Müllersche Ventil funktionierte,
ebensolange senkte sich das Volumen. Zum letztenmal
erblickt man diese Wirkung des Ventils in demjenigen
Pulse, welcher eben vor g steht, hierauf steigt das
Volumen allmählich an. Bei A 5 hörte der durch die
Kälte verursachte Schmerz auf, und nun steigt das
Volumen schnell; die Kurve B gibt die Fortsetzung
ungefähr 7 Sek. später. Das Volumen ist hier bedeutend gestiegen, und die Pulse sind viel höher.
Weder in der vorhergehenden, noch in dieser Kurve
finden sich jedoch Spuren von Oszillationen. Bei A 1

in B wurde Wasser von 44° in den Stiefel gegossen,
und dieses blieb während der ganzen folgenden Aufzeichnung stehen. N 2 zeigt an, dafs einen Augenblick
ein geringer Würmeschmerz empfunden wurde; auf
diesen Moment folgt eine starke Volumsenkung, die
sich indes bald verliert. In der Kurve C, der unmittelbaren Fortsetzung von B, steigt das Volumen stark
mit grofsen Pulsen, und hier zeigen sich die Oszillationen schwach am Schlusse von C. Die Aufzeichnungen
während der nächsten 30 Sek. sind weggelassen; hier
geht die Kurve ein wenig abwärts; darauf folgt D.
Von der Mitte an, wo die Kurve aufs neue mit sehr
grofsen Pulshöhen ansteigt, werden auch die Oszillationen sichtbar, obschon die Respiration hier nur wenig
tief ist.

Es ist indes nicht allein das direkte Einwirken der
Wärme oder Aufhören der Kälte, das im Plethysmogramme Respirationsoszillationen erzeugt, indem die
Pulse höher werden. Wir wollen uns jetzt nicht länger
dabei aufhalten, im Folgenden wird sich aber reichliche
Gelegenheit darbieten, zu sehen, dafs dasselbe jedesmal
eintritt, wenn die Höhe der Pulse merkbar steigt, ganz
ohne Rücksicht darauf, welcher äufsere Reiz dies verursachen möchte. Es braucht auch nicht notwendigerweise eine äufsere Ursache zu sein; auch innere, psychophysiologische Verhältnisse können die Pulshöhe steigern
und mithin Oszillationen hervorrufen. Dies geschieht
z. B. bei jedem Übergang aus Wachen in Schlafen. Im
Folgenden, in den Tab. XI—XIV, werden wir bald Beweise hiervon sehen. Höchst eigentümlich ist es indes,
dafs gewisse psychische Zustände stark markierte Oszillationen hervorbringen, trotzdem die Höhe der Pulse
weit unter der Norm des betreffenden Individuums ist.
Ein Beispiel in dieser Beziehung gab bereits Tab. V, F;
während einer spontan entstehenden unruhigen Stimmung werden hier die Pulshöhen kleiner (von dem 6.
Pulsschlag an zu zählen), und gerade hiermit treten die
Oszillationen hervor. Es ist nicht schwer, noch mehr
Beispiele hiervon zu beschaffen, denn es ist sehr selten,
dass jemand, der zum erstenmal als V-P Dienst leistet,
völlig normales Gleichgewicht des Gemüts besitzt.
Und die Unruhe oder Furcht, welche die Applikation

der Apparate mit sich bringt, gibt sich stets durch
Pulse von subnormaler Höhe und Respirationsoszillationen zu erkennen. Darum hört aber keineswegs die
Gültigkeit der allgemeinen Regel auf: dafs die Oszillationen um so hervortretender werden, je höher die Pulse
sind. Denn wenn die Stimmung sich zu verlieren anfängt, wachsen die Pulshöhen, mithin auch die Oszillationen. Ein vorzügliches Beispiel hiervon gibt: •

Tab. IX, A - C.  "'₉ 96 nachm. Dr. B. unruhig,
weil er zum erstenmal als Versuchsobjekt bethätigt war.
Das Plethysmogramm vom linken Arm.

Die Kurve A zeigt deutliche Oszillationen; in B,
die 1 Min. später genommen ist, ohne dafs in der
Zwischenzeit ein besonderes Experiment gemacht wäre,
steigen die Pulshöhen, indem die Furcht zu schwinden
beginnt. Damit werden auch die Oszillationen stärker.
C zeigt den Zustand nach mehreren verschiedenen
Versuchen einige Minuten später. Die Stimmung ist
fast verschwunden, grofse Pulshöhen und gewaltige
Oszillationen. Die Lage der Nulllinie in ihrer Beziehung
zu B ist unbestimmt, da die Leitung in der Zwischenzeit eine Unterbrechung erlitten hatte.

Noch eine Stimmung wollen wir im Folgenden zum
Gegenstand näherer Untersuchung machen, die ›Spannung‹ nämlich, die gespannte Erwartung. Diese ist
konstant sehr niedrige Pulshöhen und kaum
merkbare Respirationsoszillationen charakterisiert. Ist
der Affekt kein allzu gewaltiger, so wird er leicht
durch schwache Reize aufgehoben, welche die V-P veranlassen, die Aufmerksamkeit auf irgend etwas Bestimmtes zu konzentrieren; das Aufhören der Spannung
erweist sich dadurch, dafs das Volumen ein wenig anwächst und die Pulshöhen viel gröfser werden. Dann
treten auch die Oszillationen ein. Ein gutes Beispiel
hiervon ist wiedergegeben:

Tab. IX, D.  "' ‹ 96 nachm. P. L. ›Spannung‹, durch
schwache Flötentöne aufgehoben.

Der Zeitpunkt und die Dauer der Reize sind durch
die auf der Nulllinie angebrachten ⊓1 und ⊓2 bezeichnet. Wir halten uns hier nicht bei dem Umstand
auf, dafs die Volumveränderung nicht gleichzeitig mit
dem Reize, sondern erst etwas später eintritt; dies ist,

wie wir unten sehen werden, eine ziemlich konstante Erscheinung. Vorläufig interessiert uns nur die deutlich aus der Kurve hervorgehende Thatsache, dafs die Oszillationen eintreten, indem die Pulshöhe anwächst, ohne dafs die Atmung wesentliche Veränderung erlitten hätte.

Damit die Pulshöhen und somit auch die Oszillationen anwachsen, ist es übrigens gar nicht notwendig, dafs eine gewisse Stimmung aufhöre. Sobald die Pulshöhen steigen, einerlei, wie diese Veränderung hervorgebracht sein möge, werden auch die Oszillationen mehr hervortreten, selbst wenn die Stimmung ganz unverändert fortbesteht.

Tab. X, A. ¹⁰/₇ 96 nachm. A. L. stark deprimierte Stimmung infolge eines unangenehmen Ereignisses. Gegen die Mitte der Kurve ist die Aufzeichnung von 40 Sek. weggelassen, während welcher es versucht wurde, ob die Stimmung durch den Geruch des Heliotrops sich etwas besänftigen liefse.

Es liefs sich kein andrer Einflufs des angenehmen Geruchs nachweisen als der, dafs die Pulse ein wenig höher wurden; die Stimmung veränderte sich natürlich nicht im geringsten. Bei den höheren Pulsschlägen sieht man indes auch die Oszillationen gröfser werden.

Als Ergebnis dieser Betrachtungen können wir nun folgenden Satz aufstellen:

Die Respirationsoszillationen der Volumkurve sind erstens von der Tiefe und Dauer der Atmung abhängig, indem sie um so mehr hervortreten, je tiefer und länger die Respiration ist. Ferner sind sie von der Pulshöhe abhängig, indem jeder Zustand oder jedes Aufhören eines Zustandes, der eine Steigung der Pulshöhe mit sich bringt, zugleich die Oszillationen stärker hervortreten läfst. Endlich gibt es gewisse bestimmte Affektzustände, die Respirationsoszillationen erzeugen, trotzdem sie von subnormalen Pulshöhen begleitet werden*.

---

* Es möchte wohl fast überflüssig sein, zu bemerken, dafs bei Individuen, die ich nicht untersucht habe, möglicherweise Abweichungen von dieser allgemeinen Regel vorkommen können. Dieselbe Bemerkung läfst sich natürlich an alle im Folgenden nachgewiesenen Gesetz-

4*

Da die Respirationsoszillationen so leicht erkennbar
sind, weil ihre Periode stets mit der der Respiration
zusammentrifft, findet selten die Gefahr statt, daſs man
eine Undulation dieser Art mit einer auf anderem Wege
hervorgerufenen Volumveränderung verwechseln wird.
Es möchte deshalb überflüssig scheinen, daſs wir die
Bedingungen ihres Entstehens so sorgfältig zu erhellen
gesucht haben. In diagnostischer Beziehung ist es jedoch von nicht geringer Bedeutung, diese Bedingungen
zu kennen, weil man schon hierdurch ein Mittel besitzt, zu entscheiden, ob ein Individuum sich in völlig
normalem Gleichgewicht des Gemüts befindet. Aus dem
Vorhergehenden folgt nämlich:

Wenn in der Volumkurve einer bestimmten V-P Respirationsoszillationen stark hervortreten, ohne daſs das Atmen besonders
tief oder lang ist, und ohne daſs ein äuſserer
Reiz (Wärme, Kälte u. s. w.) supernormale
Pulshöhen erzeugt hat, so ist die V-P entweder schläfrig oder in Gemütsbewegung
bestimmter Art. Unter solchen Verhältnissen
angestellte Versuche werden also nicht rein,
weil die V-P nicht als in normalem Gleichgewicht des Gemüts befindlich betrachtet
werden kann.

*Das jähe Sinken der Volumkurve.* Es wurde bereits
oben S. 41 nachgewiesen, daſs das jähe Sinken der
Volumkurve nicht unter solchen Verhältnissen vorkommt, wo willkürliche Denkarbeit als ausgeschlossen
zu betrachten ist. Es liegt deshalb die Vermutung
nahe, daſs diese Undulationen die Folge psychischer
Thätigkeit sind. Diese Ursache läſst sich mit Sicherheit
offenbar nur mittels Selbstbeobachtung feststellen, und

mäſsigkeiten knüpfen, weil diese aus Beobachtungen an einer verhältnismäſsig begrenzten Anzahl Individuen induziert sind. Da dies so
selbstverständlich ist, begnüge ich mich damit, ein für allemal darauf
aufmerksam zu machen. Hiermit soll jedoch keineswegs gesagt sein,
ich sei sehr geneigt, an das Vorkommen individueller Abweichungen
zu glauben. Es wird sich im Gegenteil im Folgenden zeigen, daſs die
sogenannten individuellen Differenzen, welche frühere Verfasser nachweisen zu können geglaubt haben, um so mehr verschwinden, je mehr
man mit den Merkmalen der verschiedenen Gemütszustände, die auf
die Versuchsresultate zu influieren vermögen, vertraut wird.

jedesmal, wenn ich selbst als Versuchsperson bethätigt
war, achtete ich genau auf alle plötzlich auftauchenden
Gedanken und zeigte sogleich deren Existenz an, um
möglicherweise ihre Gleichzeitigkeit mit bestimmten
Volumschwankungen zu konstatieren. Es scheint denn
auch kein Zweifel darüber herrschen zu können, dafs
alle jähen und weniger regelmäfsigen Undulationen
wirklich von Gedanken herrühren. Die beiden folgenden
Kurven geben den ersten Fall wieder, in welchem ich
im stande war, das Verhalten zu konstatieren.

Tab. X, B. ¹³/₄ 96 nachm. A. L. normal, ruhig. Die
hier und in der folgenden Kurve auftretenden Oszillationen rühren wahrscheinlich davon her, dafs die Temperatur des Lokals ungewöhnlich hoch, 20° C., geworden war; eine andere Ursache hat sich jedenfalls
nicht nachweisen lassen.

Tab. X, C. ¹⁵/₄ 96 nachm. A. L. Spontan auftauchende Gedanken, wie einige Versuche angestellt
werden mülsten.

X, C ist 2 Min. nach X, B genommen. In der
Zwischenzeit waren einige Versuche angestellt worden,
und ich geriet nun in Nachdenken darüber, wie dieselben
hätten ausgeführt werden müssen. Der Augenblick, da
diese Gedanken auftauchten, ist nicht bezeichnet, nach
der Zeit, die verstrich, bis die Zone des Cylinders ausgeschrieben war, liefs sich aber vermuten, dafs es ungefähr
dort geschah, wo b an der Kurve steht. Ich fafste indes
den Vorsatz, bei erster gegebener Gelegenheit die genaue Bestimmung dieses nicht unwesentlichen Moments
durchzuführen. Dies ist nicht besonders schwer, da man
natürlich keinen solchen Fall abzuwarten braucht, wo
ein Gedanke von selbst auftaucht; man kann ebensowohl an etwas zu denken anfangen, wenn man eine
gewisse Zeitlang gedankenleer gesessen hat. Diesen
Versuch zeigt:

Tab. X, D. ¹³/₄ 96 nachm. A. L. Bei N 1 begann
das Ausrechnen von 19×63; bei N 2 wurde das Rechnen
durch eine Frage des Experimentators unterbrochen,
die ich beantwortete.

Der Gedanke, dafs ich mich mit Rechnen beschäftigen wollte, ist selbstverständlich entstanden, bevor
ich mir die Aufgabe geben konnte, und bevor ich mittels

— 54 —

des pneumatischen Apparats, den ich in der Hand hielt, das Zeichen an dem Cylinder anbrachte. Demgemäfs sieht man in der Kurve eine kleine Steigung drei Pulsschläge vor Ν 1. Die Unterbrechung bei Ν 2 war durchaus wider die Versuchsanordnung, die während der Versuche kein Reden gestattete; die Antwort bestand auch nur in einem kurzen Verweis. — Auch andere Versuchspersonen haben häufig die Beobachtung gemacht, dafs sie es während eines gegebenen Zeitraumes nicht unterlassen konnten, an irgend etwas zu denken; die aufgenommene Kurve zeigt dann stets jähe Schwankungen. Ein Beispiel hiervon gibt: Tab. XI, A. ''/₁₀ 95 abends. H. K. lebhafte psychische Thätigkeit.

Einen ferneren Beweis, dafs diese jähen Schwankungen von einer Denkthätigkeit herrühren, hat man an ihrer Form und an den gleichzeitig eintretenden Veränderungen der Anzahl der Herzschläge. Diese stimmen ganz mit dem überein, was wir später als aller Konzentration der Aufmerksamkeit und aller Denkthätigkeit charakteristisch antreffen werden. Den näheren Nachweis hiervon müssen wir indes aufschieben, bis wir die letztgenannten Verhältnisse in ihren Einzelheiten studiert haben. Indem wir also diesem Beweise vorgreifen, können wir folgendes Ergebnis feststellen: Das jähe Sinken der Volumkurve wird durch Gedanken, durch psychische Thätigkeit ohne hervortretende Gefühlsbetonung verursacht.

Was dies bedeutet, ist in die Augen springend. Während es nämlich einige Menschen gibt, denen es ohne Schwierigkeit gelingt, sich allenfalls eine kurze Zeit gedankenleer zu erhalten, so dafs die Pulse der Volumkurve sich sozusagen von einer geraden Linie erheben, gibt es andre, die sich anscheinend nicht in einen solchen Zustand versetzen können. Ihre Volumkurve ist in unablässiger Bewegung. Dergleichen Individuen lassen sich offenbar nur mit grofser Vorsicht als Versuchspersonen verwerten, da man ihrer nie sicher sein kann. Bei ihnen kommt es namentlich darauf an, die Versuche so geschwind wie möglich aufeinander folgen zu lassen, damit sie keine Zeit bekommen, in

Gedanken zu verfallen. Daſs auch diese Methode übrigens nicht ohne Miſslichkeiten ist, braucht wohl kaum hinzugesetzt zu werden.

*Die sanften Undulationen der Volumkurve.* Wenn ein Mensch in normalem Gleichgewicht des Gemüts sich eine Zeitlang frei von Gedanken hält, wird man sehen, daſs das Armvolumen sanfte, ziemlich regelmäſsige Veränderungen erleidet. Diese Undulationen gewahrt man am leichtesten, wenn man sich eine Linie quer durch die Fuſspunkte der Pulse im Plethysmogramm gelegt denkt; diese Linie wird keine gerade, sondern eine wellenförmige. Gute Typen geben schon Tab. III, C u. D; IV, D; X, B. Über die Ursache dieser Undulationen weiſs man nichts. Mosso, der sie namentlich in den Volumkurven des Gehirns untersuchte, hat allerdings nachgewiesen, daſs sie bald auf Veränderungen des Herzschlages, bald auf rein vasomotorischer Thätigkeit zu beruhen scheinen, was aber diese Veränderungen wieder bedingt, ist noch nicht entschieden[1]. Dagegen sagt er von analogen Veränderungen der Blutgefäſse im äuſseren Ohre des Kaninchens: »daſs sie mit den Sinnes- und Gefühlseindrücken und dem jeweiligen Geisteszustande dieser Tiere zusammenhängen«[2]. Es ist nun auch nicht wahrscheinlich, daſs die sanften Undulationen in Plethysmogrammen von Menschen rein physiologischen Ursprungs sind. Denn allerdings treten sie erst auf, wenn die psychische Thätigkeit bis zu einem gewissen Grade eingestellt ist, anderseits fehlen sie aber durchaus während des tiefen Schlafes, von dem sich gewiſs behaupten läſst, daſs er alle seelische Thätigkeit auf ein Minimum reduziert. Da es mir leider nie gelungen ist, einen Menschen während meiner Versuche in tiefen Schlaf zu bringen, vermag ich zum Beweis des völligen Mangels an Undulationen nur Mossos Tafel VIII anzuführen. In den von mir beobachteten Anwandelungen von Schlaf zeigt es sich aber ebenfalls, daſs die Undulationen fast verschwinden, was wegen des Gegensatzes zum zunächst vorhergehenden Zustande, der ausgeprägten Schläfrigkeit, die

[1] Kreislauf des Blutes. Leipzig 1881. S. 104 u. f.
[2] L. c. S. 121.

sich durch grofse, oft fast periodische Undulationen
kennzeichnet, äufserst charakteristisch ist. Zum Anfang
gebe ich den einzigen Fall wieder, in welchem es während meiner Versuche eintraf, dafs eine V-P erklärte,
wirklich geschlafen zu haben, während sie im Apparate
safs. Es ist insofern ein merkwürdiger Fall, als von
dem Augenblick an, da die V-P sich schläfrig erklärte,
bis sie die Augen wieder aufschlug und mitteilte, sie
habe ausgeschlafen, nicht mehr als 2 Min. verflossen.
Ganz aus dem täglichen Leben unbekannt ist ein so
kurzer Schlaf wohl nicht, und da die betreffende Versuchsperson ein Psychologe von Fach war, ist ihrer
Behauptung, sie habe wirklich während eines kleinen
Augenblicks das Bewufstsein verloren, gewifs einiges
Gewicht beizulegen. Wenn ich mich dennoch ihrer
Behauptung ein wenig skeptisch gegenüberstelle, so
rührt dies ausschliefslich von dem Umstande her, dafs
die Respirationskurve während der Periode, da der
vermeintliche Schlaf eingetroffen sein mufs, durchaus
nicht die langsamen, oberflächlichen Atemzüge des
Schlafes zeigt.

Tab. XI, B u. C. ". 96 vorm. KII. schläfrig, zuletzt schlafend.

XI, B zeigt den Zustand, gleich nachdem die V-P
sich schläfrig erklärt hatte, und es ihr bedeutet worden
war, sie würde Ruhe zum Schlafen bekommen. Hier ist
eine sehr gedehnte Undulation; gegen Ende steigt das
Volumen etwas mit grofsen Pulsschlägen, und die
Respirationsoszillationen werden somit stark hervortretend. C ist die unmittelbare Fortsetzung von B. Zu
Anfang der Kurve ist das Volumen noch grofs mit
hohem Puls und Oszillationen; gegen die Mitte sinkt
es plötzlich, und sowohl die Oszillationen als die langen
Undulationen verschwinden zugleich fast ganz. Bei der
erwähnten Volumsenkung mufs das Einschlafen stattgefunden haben, und es deutet denn auch alles, bis auf
das ziemlich geschwinde und unregelmäfsige Atmen,
darauf hin, dafs die V-P geschlafen haben kann. Am
Schlusse der Kurve war ein Streifen des Cylinders ausgeschrieben, und indem der Kymograph stockte, schlug
die V-P die Augen auf und erklärte, ausgeschlafen zu
haben. Es wurden hierauf verschiedene Versuche an-

gestellt, ganz ist sie die Schläfrigkeit aber gewiſs nicht
los geworden, denn wenn sie eine kurze Zeit sich selbst
überlassen wurde, stellten die langen Undulationen
nebst Oszillationen sich wieder ein. Dies sieht man
deutlich:

Tab. XI. D. ¹³/₄ 96 vorm. KII. 3 Min. nach Ende
von C.

Ein länger anhaltender Schläfrigkeitszustand, aber
ohne hinterdrein folgenden Schlaf, ist auf der nächsten
Tafel gezeigt.

Tab. XII, A—D. ·'₃ 96 nachm. C. J. schläfrig.

XII, A zeigt den Zustand, etwas bevor die Schläfrigkeit überwältigend wurde. Die Kurve ist nicht ganz
ohne Oszillationen, was entweder davon herrühren kann,
daſs die V-P schon zu diesem Zeitpunkt schläfrig war,
oder möglicherweise auch davon, daſs die betreffende
Dame sich selten ganz normal befand, wenn sie Versuchsobjekt war. Dessenungeachtet wurden einige Versuche angestellt, die hier ohne Interesse sind. 4 Min.
später erklärte sie, sie sei so schläfrig, daſs ferneres
Experimentieren fruchtlos sein würde, und es wurde
ihr sogleich mitgeteilt, daſs sie Ruhe zum Schlafen erhalten würde. Darauf wurde XII. B genommen. Die
Atmung ist langsam und oberflächlich. Das Volumen
steigt enorm mit so hohen Pulsschlägen, wie sie noch
nie an dieser V-P beobachtet worden waren. Das Druckventil muſste einmal über das andere geöffnet werden,
damit der Schreibhebel nicht so hoch steigen sollte,
daſs er die Berührung mit der Schreibfläche verlöre.
Diese Volumsteigung hielt noch 2 Min. nach Ende von
B an, doch war das Steigen natürlich fortwährend ab-
nehmend; unmittelbar nachdem es aufgehört hatte,
wurde C genommen. Hier erblickt man dieselbe regelmäſsige, lange und oberflächliche Atmung wie vorher;
das Plethysmogramm zeigt sehr langgedehnte Undulationen, über welche die Oszillationen sich als kleinere
Wellen erheben. Dieser Zustand dauerte unverändert
4 Min. lang; da die Aufzeichnungen während dieser
ganzen Zeit völlig dem entsprechen, was in C gezeigt
ist, habe ich sie hier weggelassen. Gegen Schluſs der
genannten Zeit trat eine neue Phase ein, indem die
Kurve ziemlich plötzlich flacher wurde; die Undulationen

hörten auf, und die Oszillationen wurden bedeutend
kleiner. Dies zeigt XII, D. Um zu erfahren, ob die
V-P schliefe, wurde ein schwacher Flötenton geblasen;
der Zeitpunkt und die Dauer sind durch ⊓ angezeigt.
Augenblicklich schlug sie die Augen auf, und die Kurven
zeigen, daß eine wesentliche Veränderung des gesamten Zustands vorgegangen ist. Die Respiration wird
schneller und tiefer, das Volumen sinkt stark, die Höhe
der Pulse nimmt bedeutend ab. Die V-P gab an, sie
sei dem Einschlafen nahe gewesen, wäre auch gewifs in
Schlaf gefallen, hätte man ihr nur noch ein wenig Ruhe
gelassen. Insofern ist es zu bedauern, daß der Eingriff
zu früh kam; sonst zeigt das Experiment aber alles,
was hier für uns Interesse hat. Erstens sehen wir, wie
die Oszillationen mehr hervortreten, während die Pulsschläge höher werden, obschon die Respiration mehr
oberflächlich ist. Und ferner zeigt es sich, daß die
ganze Schläfrigkeitsperiode durch die langgedehnten,
starken Undulationen gekennzeichnet wird, die indes
fast in dem Augenblick, da es dem Einschlafen nahe
kommt, beinahe verschwinden. Dies deutet stark darauf
hin, daß diese Undulationen mit psychischen Zuständen,
vagen, traumähnlichen Bewußtseinszuständen oder dgl.
in Verbindung stehen. Fast völlige Gewißheit hierüber
wurde durch eine einzelne, zufällige Beobachtung gewonnen.

Als der Dr. H. sich eines Abends im Laboratorium
einfand, machte er sogleich die Bemerkung, er sei sehr
schläfrig und eigne sich wohl kaum zur V-P. Möglichst
schnell wurden die Apparate an ihm appliziert; den
Zustand zeigt die folgende Tafel.

Tab. XIII, A—C. 9,96 abends. Dr. H. schläfrig.

XIII, A ist gleich, nachdem alles in Ordnung war,
genommen. Das Plethysmogramm zeigt ein schwach
anwachsendes Volumen mit steigenden Pulshöhen und
immer mehr hervortretenden Oszillationen. Die Aufzeichnungen während der nächsten 3 Min. sind nicht
wiedergegeben; im Laufe dieser Zeit wächst das Volumen sehr wenig, die Pulshöhen dagegen mehr, die
Undulationen sind erkennbar, obgleich sie fast von den
gewaltigen Oszillationen verdeckt werden. Der Zustand
ist während dieser ganzen Zeit durchaus der nämliche

wie der Tab. XIII, B gezeigte, die nach Verlauf der
3 Min. genommen wurde. C ist die unmittelbare Fortsetzung von B. Hier sieht man eine gewaltige Undulation; das Volumen sinkt stark und steigt darauf
wieder. Gerade bei dieser Volumsenkung beobachtete
ich, dafs die V-P mit einem Ruck die Augen aufschlug;
gleich darauf schlossen diese sich wieder. Als der ganze
Versuch beendigt war, fragte ich H. nach diesem Ereignis. Er erinnerte sich desselben sehr wohl; er war,
wie es so oft im Halbschlummer geschieht, durch einen
plötzlich auftauchenden Gedanken erweckt worden, der
ihn einen Augenblick fast ganz wach gemacht hatte.
Diese Beobachtung scheint mir recht bedeutsam. Wir
haben hier einen den Umständen nach besonders lebhaften Bewufstseinsinhalt, der von ungewöhnlich starker
Undulation begleitet wird. Hierdurch wird es in hohem
Grade wahrscheinlich, dafs auch die schwächeren Undulationen durch Bewufstseinszustände erzeugt werden,
die nur vager sind, die Aufmerksamkeit nicht stark
fesseln.

Von dieser Annahme aus verstehen wir vollkommen,
weshalb die sanften Undulationen gerade unter solchen
Verhältnissen auftreten, unter welchen sie erfahrungsgemäfs erscheinen. Erstens fanden wir sie überall, wo
ein normaler, wacher Mensch sich »gedankenleer« zu
erhalten sucht. Dies heifst ja anders nichts, als dafs
er es, soweit möglich, unterläfst, die Aufmerksamkeit
auf einen auftauchenden Gedanken zu konzentrieren.
Solange man aber wacht, ist es wahrscheinlich unmöglich, sich von jeglichem Bewufstseinsinhalt loszumachen,
und dies verrät sich eben durch die sanften Undulationen
des Volumens. Wird dagegen die Aufmerksamkeit einmal bestimmt auf einen Gedanken konzentriert, so erhalten wir die jähen Senkungen der Kurve, die wir
oben erklärt haben. — Zweitens sehen wir sanfte Undulationen während der Schläfrigkeit; hier sind gerade
alle Bedingungen ihres Auftretens vorhanden. Es fällt
dem Individuum schwer, die Gedanken zu sammeln, die
Aufmerksamkeit zu konzentrieren; deshalb entstehen
keine jähen Senkungen der Kurven. Die Gedanken
durchströmen das Bewufstsein als vage, traumhafte
Bilder, und ihre Existenz verrät sich durch die sanften

Undulationen. Dafs diese unmittelbar vor dem Einschlafen wieder verschwinden, ist ebenfalls natürlich, da
der Schlaf notwendigerweise in einem Moment eintreten
mufs, wo es an allem Bewufstseinsinhalt fehlt. Und
während des tiefen, wahrscheinlich traumlosen Schlafes
mufs auch in den Kurven völlige Ruhe walten. Da das
Auftreten der sanften Undulationen sich also von der
genannten Voraussetzung aus vollständig erklären läfst,
wird es höchst wahrscheinlich, dafs
    die sanften Undulationen der Volumkurve
von vagen Bewufstseinszuständen herrühren,
welche die Aufmerksamkeit nicht zu fesseln
vermögen.
    In dem zuletzt besprochenen Falle der Schläfrigkeit
findet sich noch ein Punkt, der näherer Beleuchtung
bedarf. Vergleicht man diesen Fall mit dem vorhergehenden (Tab. XII), so sieht man, dafs von der starken
Volumsteigung, womit letzterer beginnt, im ersteren nur
schwache Andeutungen sind. Dieser Mangel an Übereinstimmung ist indes leicht verständlich, wenn man
bedenkt, dafs die Aufzeichnungen im einen Falle erst
begannen, als die Schläfrigkeit schon längst eingetreten
war, so dafs der ganze Anfang, wo die Volumsteigung
vermeintlich stattfand, also fehlt. Es fällt nun auch
nicht schwer, zu konstatieren, dafs das Armvolumen des
Dr. H. während der Schläfrigkeit wirklich abnorm grofs
war. Wir brauchen die V-P nur in den normalen,
wachen Zustand zurückzubringen: dann wird das Volumen auch seine normale Gröfse annehmen, sich also
stark vermindern, wenn es während der Schläfrigkeit
ungewöhnlich grofs gewesen ist. Dafs dies wirklich der
Fall war, geht hervor aus:
    Tab. XIV, A—D. ‹, 96 abends. Dr. H. schläfrig,
wird durch verschiedene Reize geweckt.
    XIV, A zeigt den Zustand anderthalb Minuten nach
Schlufs von XIII, C: in der Zwischenzeit war keine
wesentliche Veränderung eingetreten, und der Anfang
von XIV, A zeigt auch ganz dieselben Verhältnisse
wie der Schlufs von XIII, C. Bei ⊓ versuchte man nun
mittels eines kräftigen Flötentons in die ziemlich un-
interessante Situation eine Abwechslung zu bringen.
Die Wirkung ist die nämliche, die früher unter ent-

sprechenden Verhältnissen beobachtet wurde; das Volumen sinkt jäh und stark, die Pulse werden kleiner, die Oszillationen nehmen ab. Es wurden hierauf eine Reihe Versuche mit ziemlich zweifelhaftem Erfolg angestellt; die V-P war und blieb so schläfrig, daß sie die Augen schloß und in den vorigen Zustand versank, sobald sie sich selbst überlassen war. Dies ist aus Kurve B zu ersehen, die ungefähr 15 Min. nach A genommen ist; vor B hatte die V-P 3 Min. lang völlige Ruhe. Es wurde nun ein kräftigeres Mittel versucht, um dieser Stumpfheit ein Ende zu machen; bei ⊓ wurde mittels einer Spray ein Ätherstrahl unter den Ärmel längs des linken Arms eingeführt. Die Wirkung war fürchterlich. Das Volumen sank plötzlich und so stark, daß der Schreibhebel die Bewegung nicht zu registrieren vermochte; 40 Sek. hindurch zeichnete er nur eine gerade Linie (auf der Tafel weggelassen). Darauf stieg das Volumen wieder, anfangs sehr langsam, wie das Ende von B zeigt, darauf schneller. C ist die Fortsetzung von B nach Verlauf von 5 Sek. Sie zeigt ein höchst sonderbares Abwechseln von Wachen, mit kleinem Volumen und geringer Pulshöhe, und Anwandelungen von Schläfrigkeit, mit steigendem Volumen und großer Pulshöhe. Da die eine Ätherbesprengung also nicht genügt hatte, wurde dasselbe noch einmal versucht, wie in D, der unmittelbaren Fortsetzung von C, zu sehen ist. Bei ⊓ wurde die Spray auf dieselbe Weise wie vorher benutzt und hatte ein neues, gewaltiges Sinken des Volumens zur Folge; zu wiederholten Malen wurde das Ventil geöffnet, damit die Volumkurve nicht zu einer geraden Linie reduziert würde.

Das Experiment zeigt zweifelsohne, daß das Armvolumen der schläfrigen V-P ein abnorm großes war. Die durch den Äther erzeugte Abkühlung wird freilich stets ein Sinken des Volumens verursachen, die Senkung wird aber, wie wir später sehen werden, bei einem normalen, wachen Menschen niemals so gewaltig.

# DIE AUFMERKSAMKEIT.

Nachdem wir nun, wenigstens in den Hauptzügen, die Entstehung der verschiedenen Formen von Undulationen, die in den Normalkurven erscheinen, erklärt haben, schreiten wir zur Untersuchung der körperlichen Äuserungen der einzelnen Bewußtseinszustände. Anfangs suchen wir diese Äuserungen bei Individuen in völlig normalem Gleichgewicht des Gemüts zu bestimmen; wir nehmen daher vorläufig keine Rücksicht auf alle solchen Fälle, wo die V-P selbst konstatierte, oder die vorher aufgenommenen Normalkurven vermuten lassen, daß ein spezieller Gemütszustand (Affekte irgend einer Art, Schläfrigkeit oder dgl.) sich geltend gemacht habe. Erst nachdem wir darüber ins reine gekommen sind, wie die verschiedenen Bewußtseinszustände sich äusern, wenn sie während normalen Gleichgewichts des Gemüts entstehen, können wir mit Erfolg diejenigen Komplikationen studieren, welche ein vorausgegebener Gemütszustand spezieller Art herbeiführen wird. Und da ferner ein bestimmter psychischer Zustand, namentlich wenn er experimentell durch eine äusere Reizung hervorgerufen werden soll, fast stets durch die Konzentrierung der Aufmerksamkeit eingeleitet werden wird, so müssen wir ganz natürlich damit anfangen, diese, soweit möglich, in ihren verschiedenen Formen als isolierte Erscheinung zu untersuchen.

*Willkürliche Aufmerksamkeit, Denken.* Es ist keineswegs leicht, die einigermaßen starke und andauernde willkürliche Konzentration der Aufmerksamkeit zuwege zu bringen, ohne daß andere psychische Zustände mit einflössen. Die häufigst angewandte Methode ist die, daß man der V-P eine Rechenaufgabe im Kopf zu lösen gibt. Allenfalls meine Versuchspersonen waren aber durchweg so wenig im Kopfrechnen geübt — obgleich sie alle studierten —, daß sogar eine leichtere Aufgabe dieser Art ihnen unangenehm war. Mithin war die Methode, streng genommen, unbrauchbar, da es die unbetonte Konzentration der Aufmerksamkeit, nicht aber einen durch peinliche Arbeit hervorgerufenen Affekt zu untersuchen galt. Verschiedenes deutet denn auch an,

dafs frühere Forscher auf diesem Gebiete in der Wahl
ihrer Mittel nicht vorsichtig genug gewesen sind; namentlich bei Binet' scheinen häufig die hervorgerufenen
Affekte die Hauptrolle in den Resultaten gespielt zu
haben. Man mufs also sehr behutsam sein; wenn man
die Versuchsperson mit angemessen kleinen Zahlen
operieren und den Abschlufs der Rechenaufgabe ohne
Nennung des Resultats anzeigen läfst, schliefst man die
schlimmsten Quellen eines Affekts aus. Ferner notierte
ich selbstverständlich in jedem einzelnen Falle, ob die
V-P deutliche Unlust an der Arbeit fühlte; diese Versuche sind vorläufig als »nicht rein« ausgesondert.
Übrigens wurden die Aufgaben bald mündlich, bald
schriftlich gegeben, indem ein Stück Karton, auf welches die Aufgabe mit grofsen Zahlen geschrieben war,
der V-P in geeigneter Entfernung vorgehalten wurde.
Diese Variation führte ich ein, um zu konstatieren, dafs
die in den Kurven beobachtete Wirkung nicht durch
einen Schallreiz allein entstand. Ich habe indes keinen
Unterschied in den Resultaten der beiden Verfahrungs-
arten entdecken können.

Aufser den Rechenaufgaben wurden auch andre
Mittel benutzt, um eine Konzentration der Aufmerksamkeit hervorzurufen. In einigen Fällen wurde der V-P
das Wiedererkennen einer Melodie zur Aufgabe gemacht; sofort nach der Wiedererkennung hielt die Spieldose auf. Eine schwache Lustwirkung ist hierbei vielleicht nicht ganz ausgeschlossen; da die Äufserungen
der Lustgefühle indes, wie wir später sehen werden,
nur wenig hervortretend sind, hat dieselbe wohl kaum
wesentlichen Einflufs auf das Resultat gehabt. In andern Fällen wurde der V-P ein Stück Karton mit 6, 8
oder 10 zusammenhangslosen Silben gezeigt; sie war
dann vorher instruiert, die Silben eine gewisse Anzahl
Male durchzulesen, worauf sie versuchen sollte, ob
sie dieselben auswendig könnte. Endlich wurde auch
das »Punktezählen« angewandt. Auf einem Stücke
Karton waren eine grofse Menge (20—40) schwarze
Punkte auf ganz unregelmäfsige Weise angebracht, und

---

' Binet et Courtier: Circulation capillaire etc. L'année psychologique II.

es war die Aufgabe der V-P, diese zu zählen, was oft ziemlich schwer war, weil die Punkte verwirrten.

In den Tab. XV — XVII wiedergegebenen Kurven kommen Beispiele aller genannten Methoden vor. Hier sind nur solche Fälle mitgenommen, in welchen die V-P vor dem Versuche in normalem Gleichgewicht des Gemüts war, und wo derselbe keine merkbare Gemütsbewegung in ihr hervorrief. Es wird sich denn auch erweisen, wenn wir nun die Kurven durchgehen, daß diese in einer Reihe wesentlicher Punkte miteinander übereinstimmen, ohne hervortretende individuelle Verschiedenheiten und von den zur Hervorrufung der konzentrierten Aufmerksamkeit angewandten Methoden unabhängig sind. Nur die größere oder geringere Dauer der psychischen Arbeit erzeugt einen merkbaren Unterschied der Kurven; sonst zeigt sich die Gesetzmäßigkeit nicht allein im Steigen und Sinken der Volumkurve, sondern auch in den Variationen des Herzschlags. Bei jedem Versuche gebe ich deshalb in tabellarischer Form eine Übersicht über die in jeder Phase vorkommende Anzahl der Pulsschläge und die durch Messung bestimmte Durchschnittslänge der Pulse.

Tab. XV, A. ¹⁶/₁₁ 95 abends. A. L. Das Punktezählen bei ∧ 1 angefangen, bei ∧ 2 beendigt.

Das Atmen wird unregelmäßig; das Volumen zeigt bei ∧ 1 eine kleine Steigung, die indes von der gleichzeitigen starken Exspiration herrühren kann; darauf eine Senkung, worauf es bis zur Norm ansteigt. Der Herzschlag zeigt in den einzelnen Phasen folgende Variationen:

| Phase . . . | a-b | b-c | c-d | d-e | e-f |
|---|---|---|---|---|---|
| Anzahl . . | 5 | 2 | 4 | 3 | 12 |
| Länge . . | 5,5 | 5,0 | 6,0 | 4,7 | 5,7 |

Tab. XV, B. ¹⁶/₉ 95 abends. Ly. Punktezählen von ∧ 1 bis ∧ 2.

Das Atmen wird unregelmäßig; das Volumen zeigt hier wie im vorigen Falle eine zweifelhafte Steigung bei ∧ 1, darauf starkes Sinken und Steigen bis zur Norm. Man hat ferner:

| Phase . . . | a-b | b-c | c-d | d-e | e-f |
|---|---|---|---|---|---|
| Anzahl . . | 9 | 2 | 6 | 9 | 6 |
| Länge . . . | 4,6 | 4,4 | 4,7 | 4,6 | 4,5 |

Tab. XV, C. ¹⁶/₉ 95 abends. Ly. Rechenaufgabe 12×21 bei Λ 1 angefangen, bei Λ 2 beendigt.

Die Volumkurve war vor Anfang des Rechnens nichts weniger als normal, indem sie eine grofse und jähe Senkung zeigt; es gelang aber wohl nicht ein einziges Mal, diese V-P mehr als nur ein paar Sekunden hindurch völlig zur Ruhe zu bringen. Da es indes sicher ist, dafs sie die gestellte Aufgabe im Zeitraum zwischen Λ 1 und Λ 2 löste, darf man die hier vorkommenden Veränderungen wohl dieser psychischen Arbeit zuschreiben. Die Veränderungen sind übrigens ganz die nämlichen wie vorher. Die Atmung wird unregelmäfsig, das Volumen steigt schwach, fällt darauf plötzlich, um wieder zu steigen; letztere Steigung ist jedoch äufserst unregelmäfsig, wahrscheinlich war die V-P hier wieder mit ihren eigenen Gedanken beschäftigt. Der Herzschlag zeigt folgende Veränderungen:

| Phase | a-b | b-c | c-d | d-e | e-f | f-g | g-h |
|---|---|---|---|---|---|---|---|
| Anzahl | 23 | 4 | 5 | 3 | 3 | 3 | 10 |
| Länge | 5,4 | 4,8 | 5,5 | 4,6 | 4,8 | 5,0 | 4,7 |

Tab. XV, D u. E. ¹/₁₀ 96 nachm. A. L. Rechenaufgabe. 87×78, bei Λ 1 angefangen, bei Λ 2 beendigt. E ist die unmittelbare Fortsetzung von D.

Man sieht, dafs diese lange dauernde und mehr anstrengende Arbeit in ihren Äufserungen etwas von den vorhergehenden abweicht. Die Atmung wird zwar unregelmäfsig, gegen Ende der Arbeit aber bedeutend oberflächlicher. Das Volumen zeigt anfänglich keine Steigung, sondern hält sich fast unverändert, darauf folgt die Senkung und ein Steigen bis zu normaler Höhe, auf welcher es sich während des gröfsten Teils der Arbeit erhält. Erst bei Angabe des Resultats tritt wieder eine kleine Schwankung ein. Die Veränderungen der Geschwindigkeit des Herzschlags sind indes sehr bedeutend:

| Phase | a-b | b-c | c-d | d-e | e-f | f-g | g-h | h-i | i-k |
|---|---|---|---|---|---|---|---|---|---|
| Anzahl | 24 | 3 | 6 | 11 | 11 | 7 | 25 | 11 | 25 |
| Länge | 5,7 | 5,0 | 5,5 | 4,6 | 4,5 | 4,6 | 4,2 | 4,1 | 5,0 |

Tab. XVI, A. ¹⁹/₁₀ 96 nachm. A. L. Rechenaufgabe, 32×42, von Λ 1 bis Λ 2. Plethysmogramm des linken, Radialis des rechten Arms.

Die Veränderungen sind ganz dieselben wie die vorher genannten. Was die Frequenz des Herzschlags betrifft, ist hier die Eigentümlichkeit, daß die Veränderung nicht sogleich eintritt, wie die Aufgabe gegeben wird, sondern erst mit dem folgenden Pulsschlag. Im nächsten Beispiel, Kurve B, verfließt noch längere Zeit, bevor die Veränderung zu spüren ist; hier war die V-P sich indessen bewußt, daß sie nicht gleich auf die Aufgabe losgegangen war, und dasselbe mag wohl auch die Verzögerung in der Kurve A verursacht haben. Der Herzschlag zeigt übrigens ähnliche Veränderungen wie in den vorhergehenden Fällen:

| Phase | a-b | b-c | c-d | d-e | e-f | f-g | g-h |
|---|---|---|---|---|---|---|---|
| Anzahl | 14 | 2 | 5 | 19 | 6 | 4 | 4 |
| Länge | 6,6 | 5,5 | 5,8 | 5,0 | 4,6 | 4,8 | 5,7 |

Tab. XVI, B. $^{11}/_{10}$ 96 nachm. A. L. Rechenexempel. 34×72, von N 1 bis N 2. Plethysmogramm des linken, Radialis des rechten Arms.

Die Veränderungen wesentlich wie vorher; stark beschleunigte, jedoch oberflächliche Atmung. Die wahrscheinliche Ursache, weshalb die Variationen des Herzschlags nicht sogleich eintreten, wurde oben erwähnt.

| Phase | a-b | b-c | c-d | d-e |
|---|---|---|---|---|
| Anzahl | 17 | 4 | 5 | 36 |
| Länge | 5,7 | 4,7 | 5,3 | 4,6 |

Tab. XVI, C. $^{7}/_{11}$ 96 vorm. J. N. Rechenaufgabe, 11×57, von N 1 bis N 2. Plethysmogramm des linken, Radialis des rechten Arms.

Die V-P war augenscheinlich nicht vollständig ruhig, als die Aufgabe gestellt wurde, und es erscheint deshalb eine kleine Abweichung von dem früher Gefundenen in betreff der Veränderungen des Herzschlags; man hat nämlich:

| Phase | a-b | b-c | c-d | d-e | e-f |
|---|---|---|---|---|---|
| Anzahl | 17 | 1 | 6 | 11 | 20 |
| Länge | 5,2 | 5,5 | 5,4 | 4,6 | 5,0 |

Mit Bezug auf die Atmung und die Volumschwankungen sind die Verhältnisse übrigens ganz wie bei den früheren Versuchen.

Tab. XVII, A. ¹⁶/₉ 95 abends. Dr. N. Rechenaufgabe, 11×14, von Λ 1 bis Λ 2.

Hier sind recht lebhafte Undulationen sowohl vor
als nach dem Stellen der Aufgabe, diese scheinen aber
durchaus keinen Einfluſs auf die Wirkung der psychischen Arbeit zu haben. Der jähe Fall des Volumens,
den die Arbeit mit sich bringt, kontrastiert deutlich mit
den sanfteren Undulationen.

| Phase | a-b | b-c | c-d | d-e | e-f |
|---|---|---|---|---|---|
| Anzahl | 12 | 3 | 4 | 11 | 16 |
| Länge | 4,8 | 4,6 | 5,0 | 4,7 | 4,9 |

Tab. XVII, B. ⁹/₁₁ 96 vorm. J. N. Volumen des
linken Arms, rechter Radialispuls. Zwischen Λ 1 und
Λ 2 wurde eine Reihe von 8 sinnlosen Silben zweimal
durchgelesen und darauf auswendig reproduziert.

Die Kurve weicht, wie zu erwarten, in ihrer Form
nicht so wenig von den vorhergehenden Versuchen ab.
Die eigentlich anstrengende psychische Thätigkeit tritt
hier ja lediglich gegen Schluſs ein, wenn die V-P sich
selbst in der Silbenreihe »verhört«; anfangs ist da weiter
nichts als die willkürliche Lenkung der Aufmerksamkeit
auf das Papier und das mechanische Durchlesen. Wir
sehen deshalb auch bei Λ 1 eine geringere Volumsenkung als gegen Λ 2. Leider ist es hier nicht bezeichnet, wann das Durchlesen aufhielt und die Reproduktion begann; wahrscheinlich geschah dies bei
der ersten schwachen Volumsenkung nach e; da wir
den Punkt aber nicht bestimmt markiert finden, ist eine
Bearbeitung dieses Teils der Kurve nicht viel wert. Der
Anfang zeigt alle gewöhnlichen Äuſserungen der Konzentration der Aufmerksamkeit:

| Phase | a-b | b-c | c-d | d-e |
|---|---|---|---|---|
| Anzahl | 15 | 4 | 5 | 11 |
| Länge | 4,9 | 4,4 | 5,0 | 4,4 |

Tab. XVII, C. ¹⁵/₁₀ 96 vorm. P. L. Wiedererkennen
einer Melodie, die sofort nach dem Wiedererkennen aufhielt. ⊓ gibt die Dauer an.

| Phase | a-b | b-c | c-d | d-e | e-f |
|---|---|---|---|---|---|
| Anzahl | 10 | 3 | 6 | 8 | 14 |
| Länge | 5,2 | 5,0 | 5,8 | 5,4 | 5,7 |

Dieser Versuch ist hier nur mitgenommen, weil die
V-P angab, dafs sie ihre Aufmerksamkeit beim Wiedererkennen wirklich aktiv angespannt habe. Das Resultat
deutet jedoch nicht hierauf hin, indem die Messung
durchweg Pulsverlängerung zeigt, die der passiven Aufmerksamkeit ebenso charakteristisch ist, wie die Pulsverkürzung der aktiven. Von einer bedeutenderen psychischen Arbeit kann hier auch keine Rede gewesen
sein: die sehr musikalische V-P mufste eine oft gehörte
Melodie wiedererkennen können, ohne »sich zu besinnen«
zu brauchen, und dafs dies der Fall gewesen ist, geht
denn auch aus der Dauer der ganzen Erscheinung deutlich hervor, vgl. die Tafel.

Tab. XVII, D. ¹/₄ 96 nachm. P. L. Rechenaufgabe,
7×27, von N 1 bis N 2. Plethysmogramm des linken
Arms.

| Phase | a-b | b-c | c-d | d-e | e-f | f-g |
|---|---|---|---|---|---|---|
| Anzahl | 11 | 4 | 8 | 4 | 3 | 25 |
| Länge | 5.7 | 5,0 | 5,8 | 5,3 | 5.9 | 5.1 |

Die hier gegebenen Beispiele lassen sich aus der
vorliegenden Materialsammlung leicht durch eine grofse
Anzahl andrer supplieren, die ganz das nämliche zeigen,
dies möchte aber gewifs als überflüssig betrachtet werden. In allen Fällen findet man:

Eine Konzentration der Aufmerksamkeit
wird unmittelbar von wenigen geschwinden
Pulsen begleitet, während welcher die Volumkurve eine Neigung zum Steigen zeigt. Darauf folgen 4 bis 8 langsame Pulse, während
welcher das Volumen sinkt; die Länge dieser
Pulse ist stets gröfser als die der zunächst
vorhergehenden, oft überschreitet sie sogar
die Norm. Schliefslich steigt das Volumen
wieder bei geschwindem Puls; die Dauer dieser Periode ist sehr abwechselnd. Fafst man
diese drei ersten Phasen zusammen, so ist
die Pulslänge stets verkürzt. Ist das normale Volumen erreicht, so wird auch die
Pulslänge ungefähr normal wie ursprünglich.
Die Atmung ist während des ganzen Verlaufs unregelmäfsig. Folgt auf die erste An-

spannung der Aufmerksamkeit eine länger
dauernde, gleichförmige psychische Arbeit,
so erhält das Volumen sich ziemlich auf der
Norm, aber mit stark verkürztem Puls; kleine
Schwankungen erscheinen gewöhnlich erst
gegen Ende der Arbeit. Während dieser Periode ist die Atmung meistens beschleunigt
und oberflächlich.

Es wird nun nicht schwer nachzuweisen sein, dafs
die früher erwähnten jähen Undulationen, die in den
Normalkurven hervortreten, wenn die V-P mit ihren
eigenen Gedanken beschäftigt ist, in allem Wesentlichen
mit den Äufserungen der Konzentration der Aufmerksamkeit übereinstimmen. Was die Form der Volumschwankungen betrifft, ist dies unmittelbar zu ersehen,
aber auch hinsichtlich der Variationen der Pulslänge
findet Übereinstimmung statt. Als Nachweis hiervon
führe ich die Ergebnisse der Messung an, die einige der
früher besprochenen Kurven lieferten. So Tab. X. C:

| Phase | a-b | b-c | c-d | d-e | e-f |
|---|---|---|---|---|---|
| Anzahl | 25 | 5 | 7 | 4 | 6 |
| Länge | 5,7 | 6,2 | 5,4 | 6,2 | 5,8 |

Ferner Tab. X, D, wo nicht einmal die erste kleine
Volumsteigung gleich zu Anfang fehlt:

| Phase | a-b | b-c | c-d | d-e | e-f | f-g | g-h |
|---|---|---|---|---|---|---|---|
| Anzahl | 11 | 3 | 7 | 7 | 3 | 13 | 11 |
| Länge | 4,3 | 4,0 | 4,3 | 3,9 | 4,5 | 4,0 | 4,2 |

Endlich Tab. XI, A, die zwei ausgeprägte, bei b. resp.
h beginnende Undulationen zeigt. Zu bemerken ist,
dafs der Buchstabe k auf der Tafel bei dem zunächst
vorhergehenden Pulsschlag, wo die Steigung anfängt,
hätte stehen sollen.

| Phase | a-b | b-c | c-d | d-e | e-f | f-g | g-h | h-i | i-k | k-l |
|---|---|---|---|---|---|---|---|---|---|---|
| Anzahl | 3 | 5 | 6 | 4 | 11 | 5 | 13 | 3 | 6 | 6 |
| Länge | 4,7 | 4,2 | 5,4 | 5,3 | 4,6 | 4,4 | 4,9 | 4,3 | 4,9 | 4,0 |

Im Gegensatz zu diesen zeigen die sanften Undulationen einen ganz andern Verlauf. Volumsenkung und
Pulsverlängerung, Volumsteigung und Pulsverkürzung
gehen allerdings auch hier fortwährend miteinander zusammen, die Veränderungen der Pulslänge sind aber

sehr klein, auch wenn die Volumschwankungen sehr grofs sind. Dies zeigt sich deutlich Tab. II, C.

| Phase | n-b | b-c | c-d | d-e | e-f | f-g | g-h | h-i |
|---|---|---|---|---|---|---|---|---|
| Anzahl | 16 | 7 | 11 | 5 | 6 | 8 | 9 | 14 |
| Länge | 4,0 | 3,9 | 3,8 | 3,9 | 3,8 | 3,8 | 4,0 | 4,0 |

Der Gegensatz der beiden Arten von Undulationen zu einander tritt in solchen Kurven besonders gut hervor, wo sie unmittelbar miteinander abwechseln. Dies ist z. B. der Fall Tab. III, D, wo die jähe Senkung am Schlufs von einer entsprechenden jähen Variation der Pulslängen begleitet wird:

| Phase | a-b | b-c | c-d | d-e | e-f | f-g | g-h | h-i | i-k | k-l |
|---|---|---|---|---|---|---|---|---|---|---|
| Anzahl | 11 | 5 | 6 | 5 | 8 | 5 | 3 | 4 | 4 | 5 |
| Länge | 5,2 | 5,1 | 5,3 | 5,4 | 5,3 | 5,4 | 5,3 | 4,6 | 5,5 | 5,4 |

Wie oben nachgewiesen, rühren die beiden Arten der Undulationen wahrscheinlich von denselben Ursachen her, von einer Vorstellungsthätigkeit, die nur mit Bezug auf die Stärke, womit sie die Aufmerksamkeit fesselt, verschieden ist. Es ist deshalb auch ganz interessant, zu sehen, dafs der schwächeren psychischen Thätigkeit weniger eingreifende Veränderungen der Frequenz des Herzschlages entsprechen.

*Unwillkürliche Aufmerksamkeit, Erschrecken.* Im Vorhergehenden betrachteten wir ausschliefslich solche Fälle, wo die Konzentration der Aufmerksamkeit durch innere Motive herbeigeführt wird, während der äufsere Reiz nur den Anlafs dazu gibt, dafs das Individuum sich in psychische Thätigkeit setzt. Wir kommen nun zu denjenigen Fällen, wo der äufsere Reiz allein den Zustand bestimmt, indem er wegen seiner Stärke sich die Aufmerksamkeit erzwingt, ganz unberücksichtigt, ob das Individuum aus inneren Gründen wünschen möchte, dieselbe nach anderen Richtungen zu lenken. Eine solche plötzliche und gewaltsame Richtungsänderung der Aufmerksamkeit kann nicht ohne Gemütsbewegung vorgehen; diese ist der stark unlustbetonte Zustand, den man Erschrecken nennt. Die Gemütsbewegung selbst, die psychische Veränderung, dauert gewöhnlich nur einen Augenblick, bis das Individuum sich auf die Ursache des Erschreckens besonnen hat und einsieht,

daſs keine Gefahr ferner droht; geschieht dies nicht, so
kann der Zustand in den chronischen Affekt des Schrecks
übergehen[1]. Bei Versuchen im Laboratorium wird selten
von etwas anderem als einem rein instantanen Erschrecken die Rede sein, dessenungeachtet halten die
körperlichen Äuſserungen oft lange an. Mitunter wird
der Zustand durch eine plötzliche, unwillkürliche Muskelbewegung eingeleitet, die sich sowohl in der Respirations-
als in der Volumkurve spüren läſst, dies ist aber in
hohem Maſse individuell verschieden und keineswegs
nur von der Stärke des Reizes abhängig. Auf den folgenden 3 Tafeln, XVIII—XX, sind häufig dergleichen
Störungen der Kurven zu sehen. Auch bei diesen Versuchen sicherte man sich natürlich, daſs die V-P sich
vorher in normalem Gleichgewicht des Gemüts befand,
so daſs der Zustand ›rein‹ und nicht mit anderen kompliziert war.

Tab. XVIII, A. ²³/₁₁ 96 abends. A. L. Erschrecken
über das plötzliche Ertönen einer Orgelpfeife.

Auſser der rein augenblicklichen Stockung der Re-
spirationsbewegung, welche der Chok herbeiführt, findet
sich kaum eine Veränderung der Atmung. Das Plethysmogramm zeigt auſser einer unwillkürlichen Muskelbewegung zugleich eine geringe Senkung, worauf es bis
zur Norm steigt. Der Puls zeigt folgende Variationen:

| Phase | a-b | b-c | c-d | d-e |
|-------|-----|-----|-----|-----|
| Anzahl | 13 | 6 | 8 | 8 |
| Länge | 6,0 | 6,3 | 6,0 | 6.0 |

Tab. XVIII, B. ²³/₁₁ 96 nachm. Kll. Erschrecken
über den starken, hohen Ton einer Orgelpfeife.

Hier ist kaum die Spur einer Einwirkung auf das
Atmen. In der Volumkurve zeigt sich ein Verhalten,
dessen Andeutung schon in A erschien, daſs die Senkung
nämlich nicht sofort, zugleich mit dem Reize, sondern
erst ein paar Pulse später eintritt. Während dieser
Pulsschläge findet sich eine ähnliche Neigung zum
Steigen des Volumens, wie bei der willkürlichen Konzentration der Aufmerksamkeit; in den folgenden Kurven
wird diese Neigung entschiedener. Meines Ermessens

---

[1] Die nähere Entwicklung hiervon ist in den ›Hauptgesetzen‹
S. 101 u. f. gegeben.

ist dies Verhalten zunächst von der Stärke des Zustands
abhängig; beim heftigen Erschrecken fehlt niemals ein
kleines Steigen vor dem Sinken, bei schwächerer Gemütsbewegung dagegen kann es zuweilen unterbleiben.
Die Veränderungen des Herzschlags sind:

| Phase | a-b | b-c | c-d | d-e |
|---|---|---|---|---|
| Anzahl | 15 | 7 | 10 | 24 |
| Länge | 5,1 | 5,6 | 5,2 | 5.3 |

Tab. XVIII, C. ¹⁰/₉ 96 nachm. P. L. Erschrecken
über ein starkes Geräusch.

| Phase | a-b | b-c | c-d | d-e | e-f |
|---|---|---|---|---|---|
| Anzahl | 13 | 4 | 6 | 8 | 25 |
| Länge | 5,0 | 5.0 | 5,8 | 4,8 | 5.5 |

Schon diese drei Versuche genügen, um das dem
Erschrecken Eigentümliche: die durchgängige Pulsverlängerung zu zeigen. Bei der Volumsenkung zeigt sich
eine starke Verlängerung des Pulses, bei der nachfolgenden Steigung sind die Pulse allerdings ein wenig
verkürzt, werden dann aber oft bedeutend länger, wenn
das Volumen die Norm erreicht hat. Dies ist insofern
merkwürdig, als es gewiß der einzig vorkommende Fall
ist, in welchem ein Unlustaffekt von Pulsverlängerung
begleitet wird. Um sicher zu gehen, daß die beobachtete
Pulsverlängerung keine nur zufällige, durch unbekannte
Komplikationen des Zustands verursachte Ausnahme
sei, wiederholte ich den Versuch in großem Umfang an
verschiedenen Personen, und die Assistierenden ent-
falteten erstaunliche Erfindsamkeit, um den erforderlichen infernalischen Lärm in allen möglichen Variationen hervorzubringen. Das Resultat wurde stets dasselbe. Bei einigen einzelnen Versuchen wandte ich
Mossos Hydrosphygmographen mit dem Arm direkt in
Wasser an, um vor Fehlern der Instrumente völlig gesichert zu sein; gerade bei diesen Versuchen tritt die
Pulsverlängerung am deutlichsten hervor, weil die Verkürzung, die in einer einzelnen Phase erscheinen kann,
sich nicht aussondern läßt, da alle Volumschwankungen
eliminiert sind. Dies sieht man z. B.:

Tab. XVIII, D. ¹⁶/₁₁ 96 nachm. P. L. Erschrecken
über einen Pistolenschuß. Hydrosphygmogramm des
linken Arms.

| Phase | a-b | b-c | c-d |
|---|---|---|---|
| Anzahl | 13 | 2 | 33 |
| Länge | 5,8 | 4,5 | 6,4 |

Von den beiden ersten Pulsen nach dem Reize abgesehen, wo sich eine bedeutende Verkürzung findet, zeigen alle übrigen Phasen zusammengefaßt eine ziemlich ansehnliche Pulsverlängerung. So groß wie hier ist sie freilich keineswegs immer, aber doch stets merkbar.

Tab. XIX, A. ⁹/₁₁ 96 vorm. J. N. Erschrecken, dadurch hervorgerufen, daß ein herabfallendes Gewicht eine Flasche in einem Blecheimer zerschmetterte. Plethysmogramm des linken Arms, rechte Radialis.

| Phase | a-b | b-c | c-d | d-e | e-f | f-g |
|---|---|---|---|---|---|---|
| Anzahl | 18 | 3 | 3 | 5 | 19 | 7 |
| Länge | 5,4 | 5,3 | 5,0 | 5,6 | 5,3 | 5,4 |

Die Normalkurve ist nicht ganz ohne Undulationen, trotz des Sinkens eben vor dem Reize sieht man aber doch sogleich nach diesem eine schwache Neigung zum Steigen; der fernere Verlauf ist typisch.

Tab. XIX, B. ¹²/₁₁ nachm. J. N. Erschrecken über einen Schuß. Hydrosphygmogramm des linken Arms.

| Phase | a-b | b-c | c-d |
|---|---|---|---|
| Anzahl | 17 | 2 | 35 |
| Länge | 5,4 | 5,2 | 5,5 |

Sogar unter recht ungünstigen Verhältnissen, Indispositionen u. dgl., unterbleibt die Wirkung des Erschreckens nicht. So im folgenden Beispiel:

Tab. XIX, C. ¹⁰/₁ 96 abends. Dr. H. Unbehaglich, da eine starke Erkältung im Ausbruch war. Erschrecken bei N.

| Phase | a-b | b-c | c-d | d-e | e-f | f-g |
|---|---|---|---|---|---|---|
| Anzahl | 18 | 4 | 5 | 14 | 6 | 10 |
| Länge | 4,0 | 4,0 | 4,1 | 4,1 | 3,8 | 4,3 |

Die beiden folgenden Kurvenreihen zeigen nichts Abweichendes; ich gebe sie nur wieder, um die Sache ferner zu beleuchten, und beschränke mich deshalb darauf, das Resultat der Messung anzuführen.

Tab. XX, A. ¹⁰/₁ 96 nachm. H. K. Erschrecken über ein heftiges Geräusch.

| Phase  . . . | a-b | b-c | c-d | d-e | e-f |
|---|---|---|---|---|---|
| Anzahl . . . | 28 | 4 | 5 | 8 | 14 |
| Länge . . . | 4,0 | 3,8 | 4,5 | 4,1 | 4,4 |

Tab. XX, B.  ¹⁹/₄₀ 96 nachm. A. L. Erschrecken.
Plethysmogramm des linken Arms, rechter Radialispuls
(unten).

| Phase  . . . | a-b | b-c | c-d | d-e | e-f |
|---|---|---|---|---|---|
| Anzahl . . | 12 | 3 | 5 | 8 | 8 |
| Länge . . . | 5,1 | 4,9 | 5,8 | 5,0 | 5,3 |

Als Gegensatz dieser Kurven kann die folgende
angeführt werden, wo der Zustand allerdings durch
heftiges Erschrecken eingeleitet wurde, kurze Zeit hindurch indes den Charakter des Schrecks annahm, weil
die V-P nicht sogleich ausfindig zu machen vermochte,
was geschehen war. Das Geräusch war auf ungewöhnliche Weise mittels einiger Schlüssel erzeugt. Der Zustand steht jedenfalls auf dem Übergang in eigentlichen
Schreck, vgl. Tab. XXXVIII. A.

Tab. XX, C. ²⁴/₉ 96 nachm. A. L. Heftiges Erschrecken, einiger Schreck.

| Phase  . . . | a-b | b-c | c-d | d-e | e-f |
|---|---|---|---|---|---|
| Anzahl . . | 19 | 3 | 6 | 11 | 13 |
| Länge . . . | 5,8 | 5,1 | 5,8 | 5,5 | 5,8 |

Schließlich gebe ich hier die einzige in meinem
Material befindliche Kurve wieder, wo der Zustand
zwar ein ungemischtes Erschrecken war, dennoch aber
eine Pulsverkürzung stattfand. Der Versuch ist jedoch
nicht ganz rein, teils weil die V-P Kälte empfand, teils
weil der Puls schon vorher so abnorm langsam war,
daß vermehrte Verlängerung kaum möglich schien.
Eine Pulslänge von 8,3 mm entspricht 43—44 Schlägen
per Minute.

Tab. XX, D. ²⁴/₉ 96 vorm. A. L. fühlte Kälte, bei
Λ Erschrecken.

| Phase  . . . | a-b | b-c | c-d | d-e | e-f |
|---|---|---|---|---|---|
| Anzahl . . | 8 | 2 | 4 | 6 | 17 |
| Länge . . . | 8,3 | 8,0 | 8,3 | 7,8 | 7,9 |

Die Ergebnisse der vorliegenden Versuche lassen
sich in folgenden Satz zusammenfassen:

Die durch einen starken und plötzlichen
äußeren Reiz hervorgerufene unwillkürliche
und unlustbetonte Fesselung der Aufmerksamkeit (das Erschrecken) influiert gewöhnlich nicht auf die Atmung, davon abgesehen,
daß eine kurze Kontraktion gewisser willkürlicher Muskeln sich auch in der Atem-
bewegung verraten kann. Das Armvolumen
zeigt gewöhnlich erst eine geringe Neigung
zum Steigen, darauf Senkung und dann Steigung bis zur Norm. Während die ersten Pulse
nach der Reizung meistens verkürzt sind,
wird der Zustand sonst als Gesamtheit durch
Pulsverlängerung charakterisiert; diese tritt
in den Volumsenkungen indes entschiedener
hervor als in den Steigungen.

Wir haben hier nur Fälle des Erschreckens untersucht, die durch Schallreize hervorgerufen wurden, weil
diese sich am leichtesten erzeugen lassen; erfahrungsgemäß wird aber jeder hinlänglich starke und plötzliche
Sinnesreiz ebensogut ein Erschrecken verursachen
können. Selten erhält man indes den Zustand so rein
wie bei Schallreizen. Wahrscheinlich werden auch starke
und unerwartete Lichtblitze ganz ähnliche Wirkung
haben; da die Erzeugung solcher Reize aber einen
ziemlich komplizierten Apparat erfordert, der sich der
V-P nicht leicht verbergen läßt, habe ich solche nicht
versucht. Bei allen andern Sinnesreizen dagegen muß
gerade der eigentümliche Charakter des Reizes neben
der Intensität und dem unerwarteten Eintreten desselben
zur Geltung kommen. Ein starker und unerwarteter
Ammoniakgeruch wird so z. B. sowohl erschreckend
wirken als wegen der Geruchsempfindung ein längeres
Unbehagen hervorrufen. Somit wird der Zustand also
mehr zusammengesetzt, und dies muß notwendigerweise
in den begleitenden physiologischen Veränderungen Ausdruck erhalten. Wir können diese Fälle deshalb nicht
recht wohl behandeln, bevor wir die allgemeinen Äußerungen der Unlust untersucht haben. Auf Tab. XLIX, C
und L, C sind ein paar Kurven wiedergegeben, die das
Erschrecken unter derartig komplizierten Verhältnissen

zeigen, und bei der Besprechung dieser Kurven werden wir also wieder auf die Sache zurückkommen.

Das Erschrecken ist zunächst als der extreme Fall einer unwillkürlichen Änderung der Richtung der Aufmerksamkeit zu betrachten, indem der Zustand wegen seiner Stärke und der Schnelligkeit, womit er eintritt, unlustbetont wird. Bekanntlich kann eine unwillkürliche Veränderung der Aufmerksamkeit aber auch verlaufen, ohne im geringsten das Gepräge eines Affekts zu erhalten. Die nähere Untersuchung dieser Fälle wollen wir indes aufschieben, bis wir einen dritten, sehr entschiedenen Zustand der Aufmerksamkeit, die Spannung, erklärt haben.

*Spannung, Erwartung.* Der aktiven, willkürlichen, durch innere Motive erzeugten Lenkung der Aufmerksamkeit und der passiven, unwillkürlichen, durch äußere Reizung hervorgerufenen Fesselung der Aufmerksamkeit schließt sich die Spannung oder Erwartung an, die mit beiden andern Zuständen etwas gemein hat. Sie ist insofern aktiv, als die Aufmerksamkeit durch innere Ursachen, nämlich das Wissen oder Vermuten, daß bald etwas geschehen werde, ihre Richtung erhält. Anderseits ist sie aber unwillkürlich, weil die Konzentration der Aufmerksamkeit durch die gegebenen Umstände herbeigeführt wird, oft ohne daß das Individuum sich dieser Konzentration bewußt ist. Zu den Affekten oder Stimmungen kann man diesen Zustand nicht rechnen, weil er im allgemeinen nicht gefühlsbetont sein wird. Ist das Erwartete besonders lust- oder unlustbetont, so erhält der Zustand allerdings den Charakter der Gemütsbewegung — für diese Affekte hat die Sprache indes besondere Namen. Der Zustand kann auch, entweder weil er zu lange dauert, oder weil die Aufmerksamkeit besonders stark konzentriert ist, unlustbetont werden: diese Gefühlsbetonung rührt aber zunächst von Ermüdung her und geht die Spannung an und für sich nichts an. Gar zu anhaltendes Denken kann ja ebenfalls ermüdend und somit unlustbetont werden, deswegen läßt sich aber doch nicht behaupten, daß eine willkürliche Konzentration der Aufmerksamkeit an und für sich unangenehm wäre. Die Spannung ist also — allenfalls innerhalb gewisser Grenzen — ein durchaus unbetonter Zustand der Aufmerksamkeit. Und eben weil

sie von seiten des Individuums keine besondere Anstrengung erfordert, sondern auf natürliche Weise durch
die gegebenen Umstände herbeigeführt wird, ist man
sich sehr selten des Zustands bewußt — ausgenommen
vielleicht, wenn er bis zu extremer Stärke anwächst.

Im täglichen Leben tritt dieser Zustand natürlich
sehr häufig ein. Ich sehe am andern Ende der Straße
einen Auflauf von Menschen, und unwillkürlich wird
meine Aufmerksamkeit nach dieser Richtung gespannt,
damit ich im Vorbeigehen bemerke, was da los ist. Ich
sehe einige Menschen, die Uhr in der Hand, den Zeit-
ball anstarren, und meine Aufmerksamkeit kehrt sich
ebenfalls dem Zeitballe zu, dessen Fallen ich abwarte,
um meine Uhr zu stellen. Auf diese Weise wird der
Zustand der Aufmerksamkeit, wenn durch die gegebenen
Umstände bestimmt, bald eine Spannung in der Richtung des Unbekannten, Unbestimmten, bald eine Erwartung von etwas Bestimmtem sein. Und im Laboratorium wird man bei Versuchen der hier vorliegenden
Art als Versuchsobjekt ununterbrochen Veranlassung
haben, in Spannung zu sein, weil man fortwährend das
sichere Wissen besitzt, daß einem bald etwas geschehen
wird. Ist man nicht im stande, sich von diesem Bewußtsein, daß etwas geschehen werde, loszumachen, so ist
man als V-P einfach unmöglich. Denn die Spannung
hat ihre bestimmten, sehr charakteristischen körperlichen
Äußerungen, und solange diese zum Vorschein kommen,
werden alle andern Reaktionen anormal. Ich gehe
schwerlich zu weit, wenn ich behaupte, daß fast ausschließlich die Spannung schuld daran ist, daß die verschiedenen Forscher auf diesem Gebiete teils so viele
untereinander abweichende Resultate aufzuweisen haben,
teils genötigt worden sind, ganze Reihen individuell
verschiedener Reaktionsformen aufzustellen. Den Beweis von der Richtigkeit dieser Behauptung werde ich
sogleich im Folgenden führen. Und daß bisher niemand
den Einfluss der Spannung entdeckt hat, scheint mir
leicht verständlich. Denn der Zustand scheint von ganz
unbegrenzter Dauer zu sein, kann sich Tag für Tag
wiederholen. Bei derjenigen V-P, mit welcher dies der
Fall ist, erhält man deshalb stets die nämlichen anormalen Reaktionen, so daß diese also das Gepräge be-

kommen, als wären sie diesem Individuum normal. Und die V-P selbst entdeckt schwerlich ihren Zustand, denn das unwillkürliche Lenken der Aufmerksamkeit auf das, was geschehen soll, ist unter den gegebenen Verhältnissen so natürlich, dafs es ihr nie einfällt, es sei nicht alles, wie es sein sollte.

Es war ein reiner Zufall, dafs ich den merkwürdigen Einflufs der Spannung auf die Reaktionen gewahrte. Erst durch zahlreiche Versuche lernte ich den Zustand aus den Kurven diagnostizieren und bei meinen Versuchspersonen beherrschen. Am leichtesten werde ich diese ganze Sache mit Hilfe einer historischen Darstellung erläutern können, zu der die vorliegenden Kurven die notwendigen Illustrationen liefern.

Eines Abends im Frühling 96 kam der stud. med. P. L. vorhergehender Verabredung gemäfs ins Laboratorium, um zu sehen, wie man hier arbeitete. Während einer Unterbrechung der Versuche wurde es ihm vorgeschlagen, den Platz der V-P einzunehmen, und hierzu war er sogleich bereit. Man nahm nun auf:

Tab. XXI. A. ⁰⁰/₃ 96 abends. P. L. anscheinend ruhig und normal.

Diese Kurve schien mir indes keineswegs befriedigend. Ich hatte an hinlänglich vielen Menschen Plethysmogramme genommen, um zu wissen, dafs zwischen dem Wuchs und Bau der betreffenden V-P und der Höhe der Pulse stets eine gewisse Proportionalität stattfindet; selbstverständlich erhält man gröfsere und kräftigere Pulse von dem Arm eines stark gebauten erwachsenen Mannes als von dem einer zarten, kleinen Frau. Und von dem wohlgewachsenen, 6 Fufs grofsen P. L. erwartete ich unwillkürlich Pulse, die wenigstens drei- bis viermal so grofs wären als diejenigen, welche Tab. XXI. A aufweist. Der Gegensatz meiner Erwartungen zur Wirklichkeit war so auffallend, dafs ich sogleich, trotz des völlig regelmäfsigen Verlaufs der aufgenommenen Kurve, das Vorhandensein eines anormalen Gemütszustandes vermutete. Ich fing deshalb an, mit der V-P zu experimentieren, um mir womöglich mittels der Reaktionen ein Urteil darüber zu bilden, was eigentlich dahinter steckte. Der kräftige, nie versagende Einflufs des Ammoniaks auf das Volumen wurde zuerst versucht:

Tab. XXI, B. ʼʼ ₎ 96 abends. P. L. Bei ⌐ Ammoniak.
Von einem ganz unregelmäfsigen Puls abgesehen.
finden sich hier nicht viele Anzeichen, dafs ein kräftiger
Reiz stattgefunden hat; die normale starke Volumsenkung infolge der Einatmung von Ammoniak fehlt
jedenfalls gänzlich. Kurz darauf wurde ein Erschrecken
versucht:

Tab. XXI, C. ʼʼ₎ 96 abends. Bei ⅄ Erschrecken
über ein plötzliches Geräusch.
Hier ist dieselbe Unveränderlichkeit des Volumens
wie oben. Die Sache fing an etwas mystisch zu werden.
und ich sann gerade darüber nach, was nun zu thun
sei. als der anwesende Dr. H.. mit dem vorher experimentiert worden war. plötzlich ein Bund Schlüssel mit
grofser Kraft an die Thür warf. Dies kam mir so überraschend, dafs ich fast vom Stuhle emporfuhr, die V-P
schien es jedoch nicht zu affizieren.

Tab. XXI, D. ʼʼ/₎ 96 abends. P. L. Unmittelbare
Fortsetzung von C. Bei g Erschrecken.
Auffallend ist es hier, dafs das Erschrecken vielmehr
eine Volumsteigung als die wohlbekannte Senkung hervorzurufen scheint. Da selbst kräftige Ursachen der
Unlust also keinen besonderen Einflufs auf die V-P
hatten, wurde ein sanfteres Mittel versucht, indem ich
ihm eine grofse und hübsch ausgeführte Photochromie
zeigte.

Tab. XXI, E. ʼʼ/₎ 96 abends. P. L. Unmittelbare
Fortsetzung von D. Bei ⅄ 1 Vorzeigen einer Photochromie, die bei ⅄ 2 entfernt wurde.
Hier findet sich ein ganz deutliches und nicht zu
bezweifelndes Steigen des Volumens zwischen den beiden
Zeichen, was um so mehr auffällt, da gerade Lustzustände selten einen merkbaren Ausschlag geben. Die
ganze Weise, wie die V-P reagierte, war und blieb ein
Rätsel. Natürlich wurde er einem scharfen Verhör
unterworfen: ob er körperlich krank sei, ob er sich in
Furcht oder einer anderen Gemütsbewegung befinde,
ob das Ammoniak ihm nicht unangenehm sei, ob der
plötzliche Lärm ihn nicht erschreckt habe u. s. w.? Die
Antworten auf alle diese Fragen gaben keinen besonderen Aufschlufs. P. L. befand sich sowohl geistig als
körperlich vollkommen wohl, war nicht im geringsten

unruhig und hatte alles, was beabsichtigt war, subjektiv
gefühlt. Während der Reizung mit Ammoniak sei er
dem Ersticken nahe gewesen, und die Thränen seien
ihm an den Wangen hinabgeflossen; beim Erschrecken,
namentlich das letzte Mal, habe ihn ein gewaltiger Ruck
durchzuckt; das hübsche Bild habe er in größter Ruhe
genossen. Da die anormalen Reaktionen hierdurch um
nichts verständlicher wurden, war nichts anderes zu
thun, als ihn einer systematischen Untersuchung zu
unterwerfen, und zu diesem Zweck wurde die erforderliche Verabredung getroffen. Die nächste Zusammen-
kunft fand indes erst 4 Wochen später statt.

Da ich nicht im geringsten bezweifelte, daß ein
anormaler psychischer Zustand vorliege, den die V-P
nicht erklären wollte oder auch nicht könnte, so mußten
die ferneren Versuche ausschließlich darauf angelegt
sein, die Beseitigung dieses Zustandes zu erreichen. Ich
beschloß deshalb, die V-P vorläufig nur durch schwache,
zunächst angenehme und hinlänglich abwechselnde Reize,
die keine psychische Anspannung hervorzurufen ver-
möchten, in Atem zu halten; während solcher Kleinigkeiten mußte die V-P zuletzt ganz gleichgültig werden,
ohne doch stumpf oder schläfrig werden zu können. Um
P. L. völlig zu beruhigen, teilte ich ihm dieses Programm
im voraus mit, und meine Erwartungen wurden nun
auch nicht getäuscht; im Laufe von anderthalb Stunden
gelang es mir wirklich, den anormalen Zustand zu heben
und dann und wann einzelne normale Reaktionen hervorzurufen. Eine reiche Auswahl aus den Versuchen
dieses Abends geben in chronologischer Ordnung:

Tab. XXII, A—E u. XXIII, A—D. ''. 96 abends.
P. L. verschiedene Reize während schließlich beseitigter
Spannung.

Wir gehen nun die Kurven einzeln durch. Die Versuche begannen mit einigen schwachen Tönen der Stimmgabel bei ⊓1 und ⊓2 in XXII, A. Die Zeichen geben
wie gewöhnlich die Dauer des Reizes an. Der erste,
kurze Ton rief eine deutliche Volumsteigung, der
nächste, längere eine kurze Senkung hervor. Gleich
zu Anfang der nächsten Umdrehung des Cylinders,
XXII, B, 1 Min. nach A genommen, zeigte sich eine
Erscheinung, die ich noch nie wahrgenommen hatte, ein

starkes, kurzes Steigen mit einzelnen hohen Pulsen,
worauf die Kurve bis auf das vorherige Niveau sank.
Bei N 1 wurde ein Stück Karton mit der Rechenaufgabe
8+16+21 vorgehalten, bei N 2 kam die Beantwortung;
die Reaktion ist durchaus anormal: ein Steigen des
Volumens mit hinterher folgendem Sinken bis zum
Niveau. In der nächsten Reihe, XXII, C (zuunterst auf
der Tafel), wiederholt sich das nämliche; das Volumen
fängt hier ziemlich hoch an bei grofsen Pulsen, worauf
es ohne äufseren Anlafs bis zum vorigen Niveau sinkt.
Hier begann sich in mir eine Vermutung von dem Zusammenhang der Sache zu regen. Es konnte kaum
zweifelhaft sein, dafs die V-P nun normal war, solange
der Kymograph sich nicht bewegte; sobald dieser aber
in Gang gesetzt wurde, war ihr dies ein Signal zum
Zurückkehren in den anormalen psychischen Zustand,
welcher sicherlich nichts anderes sein konnte als gespannte Erwartung. Dies teilte ich der V-P mit, die
indes nicht im stande war, mittels Selbstbeobachtung
einen derartigen Wechsel ihres Zustands zu konstatieren.
Die ferneren Versuche bestätigten jedoch völlig die
Richtigkeit meiner Vermutung. XXII, D ist der Anfang
der nächsten Umdrehung des Cylinders, 1 Min. nach
Ende von C genommen. Hier ist ganz dasselbe Verhalten wie zu Anfang von C: grofses Volumen mit
hohen Pulsen und darauf ein unmotiviertes Sinken bis
aufs frühere Niveau und kleine Pulse. XXII, E ist die
unmittelbare Fortsetzung von D. Bei N berührte ich
eine kurze Zeit sehr sanft das Ohr der V-P, was angenehm überraschend wirkte; ein wenig später steigt
das Volumen und hält sich eine Zeitlang hoch bei grofsen
Pulsen. Jetzt fühle ich mich meiner Sache ziemlich gewifs: das relativ grofse Volumen mit hohen Pulsen war
das Anzeichen des normalen Gleichgewichts des Gemüts,
in welchem sich die V-P befand, wenn sie kein neues
Experiment erwartete; sobald aber ein solches bevor-
stand, trat die Spannung, durch kleines Volumen und
niedrige Pulse charakterisiert, wieder ein. War dies
richtig, so brauchte man also nur einen Augenblick abzuwarten, in welchem die Spannung aufgehoben sein
würde, und die Reaktionen mufsten normal werden.

Eine Andeutung hiervon erscheint XXIII, A, 15 Sek.
nach XXII, E genommen. Bei A ein starkes Rascheln,
das einiges Erschrecken erzeugte. Die Pulse sind vorher etwas höher als früher, wenn man auch nicht sagen
kann, die Spannung sei vollständig aufgehoben; die
Reaktion ist doch am ehesten normal: kurzes Steigen,
darauf Sinken, dann ein Steigen, das hier die Norm
überschreitet. Die Messung zeigt auch die charakteristischen Pulsveränderungen des Erschreckens:

| Phase | a-b | b-c | c-d | d-e | e-f |
|---|---|---|---|---|---|
| Anzahl | 15 | 2 | 6 | 8 | 25 |
| Länge | 5,1 | 5,0 | 6,1 | 4,6 | 5,4 |

Dies eine unangenehme Experiment hatte übrigens
schicksalsschwangere Folgen, indem die V-P während
der nächsten 20 Min. sich in konstanter Spannung befand, aus der sie nicht herauszubringen war. Den Aufzeichnungen während dieses ganzen Zeitraums entnehme
ich nur einen einzigen Versuch, der den Zustand charakterisiert. Derselbe ist XXIII, B wiedergegeben. Daß
Spannung vorhanden ist, läßt sich sogleich aus den
kleinen Pulsen ersehen; bei A 1 wurde die Aufgabe
7×14 gegeben, bei A 2 kam die Beantwortung; die
Reaktion ist augenscheinlich ganz anormal. Es blieb
also nichts anderes übrig, als ganz von vorne anzufangen und durch glimpfliche und sanfte Mittel die
Spannung zu heben zu suchen. Die Wirkung derselben
hat schon XXIII, C, 15 Min. nach B genommen, angefangen. Bei ⊓1 und ⊓2 Töne der Stimmgabel, deren
Einfluß unverkennbar ist. Endlich schien die V-P so
weit gekommen zu sein, daß man normale Reaktionen
erhalten könnte, indem das Volumen sich nun längere
Zeit hindurch mit hohen Pulsen hielt. XXIII, D zeigt
dies. Bei A 1 wurde die Rechenaufgabe 11×21 gegeben, und sogleich erscheinen die normalen Äußerungen der Konzentration der Aufmerksamkeit. Bei A 2
sagte die V-P jedoch: ›Das kann ich nicht ausrechnen.‹
Ziemlich unwirsch rief ich aus: ›Ach! rechne doch nur
los, das Fazit ist ja gleichgültig.‹ Bei A 3 kam die
Antwort. Wo ein derartiges Intermezzo stattgefunden
hat, darf man natürlich nicht erwarten, einen reinen
Ausdruck der psychischen Arbeit zu finden: nach deren

Aufhören findet sich denn auch entschiedene Spannung, die erst eben am Schlusse der Kurve verschwindet. Vergleicht man aber XXIII, D mit XXIII, B, wo die Reize gleicher Art waren, so ist in D doch ein bedeutender Fortschritt zur normalen Reaktionsweise, die wir im Vorhergehenden, Tab. XV—XVII, kennen lernten. Die Messung von XXIII, D gibt auch die bekannten Pulsveränderungen:

| Phase | a-b | b-c | c-d | d-e | e-f |
|-------|-----|-----|-----|-----|-----|
| Anzahl | 5 | 4 | 7 | 10 | 20 |
| Länge | 6,6 | 5,1 | 7,0 | 5,9 | 6,8 |

Aus allen diesen Versuchen mit abwechselnden Resultaten geht nun unzweifelhaft hervor, daſs die V-P nur ausnahmsweise in normalem Gleichgewicht des Gemüts war, während ein andrer Gemütszustand durchweg vorherrschte. Daſs dieser andre Zustand Spannung oder Erwartung war, ist dagegen durchaus nicht dargethan; dies ist vorläufig nur eine wenn auch recht natürliche Annahme. Ihre Richtigkeit läſst sich indes mit Sicherheit auf die Weise feststellen, daſs man erst die V-P in normales Gleichgewicht des Gemüts bringt, darauf durch angemessene Mittel eine Spannung erzeugt, deren sie sich unvermeidlich bewuſst werden muſs; sind die körperlichen Äuſserungen dieses Zustands mit den früher beobachteten identisch, so kann wohl kaum noch Zweifel herrschen. Diesen Beweis führte ich noch an demselben Abend.

Tab. XXIV, A u. B. ¹³/₄ 96 abends. P. L. vorsätzlich hervorgerufene Spannung. B die unmittelbare Fortsetzung von A.

Der Anfang von XXIV, A zeigt, daſs die V-P hier völlig normal ist: es findet sich freilich ein augenblicklicher Anlauf zur Spannung, der sich jedoch glücklicherweise verliert. Bei 1 sagte ich: ›Bereite dich nun auf etwas weniger Ansprechendes vor.‹ Eine deutliche Wirkung hatten diese Worte nicht, und ich strich deshalb bei 2 hinter dem Rücken der V-P ein Zündhölzchen an. Sogleich tritt eine andauernde Senkung des Volumens mit kleinen Pulsen ein, und da ich also meine Absicht erreicht hatte, sagte ich bei 3: ›Nein, es geht nicht; es will nichts geschehen.‹ XXIV, B zeigt nun

ein langsam steigendes Volumen mit immer höheren
Pulsen. Die V-P gab an, sie habe wirklich erwartet,
ich würde sie mit dem Zündhölzchen brennen; kurz
nachdem ich zum letztenmal gesprochen habe, sei sie
aber vollkommen ruhig geworden.

Einen ganz ähnlichen Versuch hatte ich mit demselben Erfolg einen Monat vorher mit dem Dr. H. angestellt, bei dem ich nie eine von selbst entstandene
Spannung bemerkt hatte. Da er an jenem Abend etwas
unpäßlich war, ist das Experiment nicht so befriedigend,
wie es hätte sein können, aber das Entscheidende: die
starke, anhaltende Volumsenkung mit kleinen Pulsen
tritt deutlich hervor. Ich gebe es deshalb wieder:

Tab. XXIV, C u. D. ¹⁰/₃ 96 abends. Dr. H. vorsätzlich hervorgerufene Spannung. D ist die unmittelbare Fortsetzung von C.

Bei N 1 sagte ich nur: >Geben Sie nun acht.< Darauf
goß ich, ohne daß die V-P es sah, Wasser in ein Glas,
zündete ein Streichhölzchen an, das ich ein wenig später
ins Wasser warf, wo es stark zischte, u. s. w. Diese
verschiedenen Operationen nahmen die Zeit bis N 2 in
der Kurve D in Anspruch, wo ich bemerkte: >Es geschieht nichts.< Von hier an steigt das Volumen anfangs geschwind, später langsam mit fortwährend anwachsender Pulshöhe. Die Übereinstimmung dieses
Versuches mit dem vorigen ist nicht zu verkennen. Als
ich den Dr. H. nach seinem Gemütszustande während
des Experiments fragte, erhielt ich zur Antwort: >Bange
war mir nicht, denn ich war gleich darüber im reinen,
daß das Ganze ein Experiment war; man ist ja aber
nie sicher, was Ihnen einfallen kann, so daß ich natürlich etwas darauf gespannt war, was nun geschehen
würde.<

Nach den lehrreichen Versuchen mit P. L. wurde
vieles, was mir bei früheren Gelegenheiten rätselhaft
gewesen war, auf einen Schlag ganz klar. Nicht so
selten war es bei verschiedenen Versuchspersonen gekommen, daß sie plötzlich und anscheinend unmotiviert
auf anormale Weise reagierten. Indem ich den ganzen
Verlauf dieser Kurven untersuchte, fand ich nun in
vielen Fällen, daß ein Zustand der Spannung eingetreten war, der die abweichenden Reaktionen auf

natürliche Weise erklärte. Mehrere dieser Kurven werden im Folgenden an geeigneten Orten hervorgezogen werden. Überhaupt erwies sich die Spannung als ein Faktor, den man unablässig mitrechnen mußte, weil sie zu jeder beliebigen Zeit eintreten konnte, ohne daß die V-P im allgemeinen im stande wäre, ihre Existenz mittels Selbstbeobachtung zu konstatieren. Dies war z. B. der Fall mit einer Versuchsperson, mit der ich gerade während der Zeit arbeitete, da die erwähnten Experimente mit P. L. stattfanden. Obgleich die Arbeit mit der betreffenden Person schon mehrere Monate lang gedauert hatte, war mir noch nicht ein einziges Mal eine normale Reaktion zu Gesichte gekommen. Ein typisches Beispiel gibt:

Tab. XXV, A. ⁴⁄₄ 96 vorm. C. J. Bei ⊓ Punktezählen.

Hier ist nur ein geringes Steigen des Volumens, wo man normal ein deutliches Sinken erwarten sollte. Die Ursache dieser verzweifelten Verhältnisse war jetzt gefunden: es war die Spannung, die hier ihr Wesen trieb. Sobald die Apparate appliziert wurden, geriet die V-P in einen chronischen Zustand der Spannung, der nicht eher aufhielt, als bis die Versuche wohl und glücklich beendigt waren; deswegen hatte ich nie den Übergang der Spannung in normales Gleichgewicht des Gemüts wahrgenommen, der glücklicherweise in P. L. eintraf. Nachdem der Zustand nun aber bekannt und die Mittel dagegen gefunden waren, fiel es mir nicht so schwer, die Spannung auch bei C. J. aufzuheben. Dies ist z. B. zu ersehen:

Tab. XXV, B. ⁴⁄₃ 96 nachm. C. J. Bei ⊓ ein schwacher, angenehmer Ton.

Das langsam steigende Volumen mit anwachsenden Pulsen ist ein unverkennbares Anzeichen, daß die Spannung aufgehört hat. — Auch in mir selbst war dann und wann Spannung vorhanden, wenn ich als V-P fungierte. Dies trat immer ein, wenn minder geübte Personen die Apparate bedienen sollten. Die Spannung machte sich dann gewöhnlich vor dem Anfang der Versuche geltend, bis der Kymograph in guten Gang gekommen und fernere Fehler somit ausgeschlossen waren; dann hörte sie von selbst auf, meldete sich aber häufig wieder kurze Zeit darauf. Unter solchen Verhältnissen war ich als V-P unmöglich, und ich gab viele sonderbare Beweise eines wechselnden Gemütszustandes zum besten. Ein paar Kurven werden das Verhältnis erhellen:

Tab. XXV, C. ³¹/₃ 96 nachm. A. L. Die Spannung hört auf.

Tab. XXV, E. ⁴/₇ 96 nachm. A. L. Wiederholter Wechsel normalen Gleichgewichts des Gemüts mit Spannung.

Den Gegensatz dieses wechselnden Zustandes bildet eine andere Erscheinung, die mit demselben nicht verwechselt werden darf. Diese äufsert sich ebenfalls durch ein Steigen des Volumens, welches Steigen gewöhnlich jedoch weit bedeutender ist als das bei der Beseitigung der Spannung; aufserdem wächst die Pulshöhe garnicht oder allenfalls ganz unbedeutend. Sie zeigt sich nur, wenn die V-P viel gesprochen hat, unmittelbar bevor der Kymograph in Gang gesetzt wird, und ist folglich weiter nichts, als die Reaktion nach der Volumsenkung, die jede psychische Thätigkeit erzeugt. Ich habe die Erscheinung nur in Kurven gefunden, die an mir selbst genommen sind, was recht verständlich ist, da andere V-Personen nichts zu besprechen haben, während sie in den Apparaten sitzen, wogegen ich es nicht immer vermeiden kann, in irgend einer Richtung Anleitung zu geben. Als Beispiel führe ich an:

·Tab. XXV, D. ¹⁹/₉ 96 nachm. A. L. Reaktion nach einer Arbeit.

Höchst merkwürdig wäre es, wenn ein Zustand wie die Spannung, die in meinen Versuchen eine so grofse Rolle spielt, sich nicht auch in den Werken andrer Forscher nachweisen liefse. Natürlich ist es nicht möglich, zu beweisen, dafs in gewissen gegebenen Fällen Spannung vorhanden gewesen sei. Findet man aber, dafs eine V-P auf ganz anormale Weise gegen einen bestimmten Reiz reagiert hat, und stimmt diese Weise der Reaktion sonst mit dem überein, was sich gewöhnlich in ähnlichen Fällen während der Spannung zeigt, so wird der Schlufs aus derselben Wirkung auf dieselbe Ursache berechtigt. Jedenfalls ist eine solche Erklärung der Annahme weit vorzuziehen, dafs die anormale Reaktion etwas der betreffenden V-P Individuelles sei.

Letztere Annahme liegt allerdings sehr nahe. Die zahlreichen Kurven z. B., die Binet als Äußerungen psychischer Thätigkeit mitteilt[1], weichen in so vielen wesentlichen Punkten voneinander ab, daß man fast zu der Annahme gezwungen wird, die Verschiedenheiten beruhten auf individuellen Eigentümlichkeiten. Hat man aber erst einmal gesehen, daß viele Menschen in allem Wesentlichen auf dieselbe Weise reagieren, sofern sie sich nur in normalem Gleichgewicht des Gemüts befinden, so verliert man den Glauben an die individuellen Verschiedenheiten. Ich bin daher ganz überzeugt, daß die Differenzen der Binetschen Kurven teils von Gemütsbewegungen herrühren, welche die allzu schwierigen Rechenaufgaben in seinen Versuchspersonen erzeugten, teils auch von Spannung in verschiedenen Stärkegraden. Namentlich Fig. 32[2] scheint mir außer allen Zweifel gestellt zu sein. Vergleicht man sie mit der Tab. XXII, B wiedergegebenen Kurve, so wird man völlige Übereinstimmung erblicken. Binets Plethysmogramm hat ebenso wie das meine anfangs eine kleine Steigung mit großen Pulsen, worauf es sogleich wieder sinkt. Während der folgenden Rechenaufgabe findet sich in beiden Kurven ein Steigen des Volumens, dem ein Sinken bis zur Norm folgt. Schließlich steigt Binets Kurve sanft mit großen Pulsen; der entsprechende Teil fehlt in der meinigen, daß dieses Steigen aber ein typisches Anzeichen vom Aufhalten der Spannung ist, haben wir an mehreren Orten im Vorhergehenden gesehen. Ähnlicherweise sind unter Binets Kurven mehrere andere, welche deutliche Anzeichen der Spannung der V-P erblicken lassen. Ich erlaube mir deswegen, meine Ansicht festzuhalten, daß alle diese Kurven durchaus keine individuellen Verschiedenheiten der Reaktionen anzeigen, sondern im Gegenteil darthun, daß Herr Binet es nicht vermocht hat, Gemütsbewegungen von seinen Versuchspersonen fernzuhalten.

Auch Patrizi[3] hat Kurven mitgeteilt, welche die

[1] Binet et Courtier: Circulation capillaire. L'année psychologique II. S. 146 u. f.
[2] L. c. S. 154.
[3] Primi esperimenti intorno all' influenza della musica etc. Archivio de psichiatria. Vol. XVII, fasc. IV.

Annahme eines Spannungszustandes entschieden gestatten. Man sieht hier, dafs ein und derselbe Reiz, ein einzelner Ton, scheinbar ohne irgend einen Anlafs auf die nämliche V-P höchst verschiedene Wirkungen üben kann. Bald bleibt das Volumen unverändert, bald steigt, bald sinkt es. Letzteres ist gewifs eine normale Reaktion, die beiden ersten Fälle deuten dagegen auf Spannung verschiedener Stärke hin, die wiedergegebenen Kurvenstrecken sind leiderdessen jedoch so klein, dafs keine anderen Kennzeichen der Spannung zu finden sind. Von individuellen Verschiedenheiten kann hier glücklicherweise nicht die Rede sein, da die Kurven von einer und derselben V-P herrühren.

Bevor wir die Spannung verlassen, wird es von Interesse sein, noch einen Punkt zu untersuchen, den nämlich, wie es sich während dieses Zustands mit der Schlagzahl des Herzens verhält. Um dies zu erhellen, teile ich das Ergebnis der Messung mehrerer der früher erwähnten Kurven mit, welche den Übergang aus Spannung in normales Gleichgewicht des Gemüts zeigen. So z. B. Tab. XXII, D u. E:

| Phase | a-b | b-c | c-d | d-e | e-f | f-g | g-h | h-i | i-k | k-l | l-m |
|-------|-----|-----|-----|-----|-----|-----|-----|-----|-----|-----|-----|
| Anzahl | 3 | 5 | 5 | 8 | 38 | 6 | 3 | 8 | 11 | 16 | 13 |
| Länge | 4,1 | 6,2 | 5,6 | 5,1 | 5,2 | 4,6 | 6,0 | 4,2 | 5,1 | 5,2 | 5,1 |

Der Spannungszustand e-f zeigt die Pulslänge 5,2. der Normalzustand i-m zwischen 5,1 und 5,2. Für Tab. XXII, C hat man:

| Phase | a-b | b-c | c-d | d-e | e-f | f-g | g-h |
|-------|-----|-----|-----|-----|-----|-----|-----|
| Anzahl | 5 | 3 | 18 | 2 | 4 | 17 | 8 |
| Länge | 4,9 | 6,1 | 4,9 | 5,3 | 5,5 | 4,7 | 5,0 |

Hier ist das Verhältnis wie 4,9 (c-d) zu 5,0 (g-h). Ein wenig abweichend stellt sich die Sache Tab. XXIII, C:

| Phase | a-b | b-c | c-d | d-e | e-f |
|-------|-----|-----|-----|-----|-----|
| Anzahl | 10 | 8 | 6 | 7 | 13 |
| Länge | 6,9 | 7,0 | 7,0 | 6,4 | 6,6 |

Hier ist deutliche Verlängerung, indem die Länge von durchschnittlich 7,0 während der Spannung bis auf 6,6 während des Normalzustandes sinkt. In der folgenden Kurve, Tab. XXIV, A u. B, findet dagegen das Umgekehrte statt, indem die Länge während der Spannung kürzer ist als im Normalzustande, sowohl vorher als hinterdrein:

| Phase | a-b | b-c | c-d | d-e | e-f | f-g | g-h | h-i | i-k |
|-------|-----|-----|-----|-----|-----|-----|-----|-----|-----|
| Anzahl | 12 | 8 | 4 | 5 | 6 | 3 | 20 | 6 | 17 |
| Länge | 6,6 | 6,3 | 6,3 | 5,8 | 5,3 | 6,6 | 6,4 | 6,6 | 7,0 |

Schließlich erweist sich in der letzten Kurve, XXIV C u. D, kein wesentlicher Unterschied zwischen den Pulslängen während des normalen Zustands und den Pulslängen während der Spannung:

| Phase | a-b | b-c | c-d | d-e | e-f | f-g | g-h | h-i | i-k |
|-------|-----|-----|-----|-----|-----|-----|-----|-----|-----|
| Anzahl | 7 | 11 | 3 | 2 | 5 | 5 | 4 | 14 | 6 |
| Länge | 4,6 | 4,2 | 4,3 | 4,2 | 4,9 | 4,4 | 4,5 | 4,5 | 4,3 |

| Phase | k-l | l-m | m-n | n-o | o-p | p-q | q-r |
|-------|-----|-----|-----|-----|-----|-----|-----|
| Anzahl | 5 | 14 | 6 | 10 | 10 | 9 | 19 |
| Länge | 4,5 | 4,4 | 4,8 | 4,5 | 4,3 | 4,3 | 4,4 |

Wir können nun das Resultat aller vorhergehenden Untersuchungen zusammenfassen:

Während der Spannung, der gespannten Erwartung, ist das Armvolumen stets vermindert mit geringer Pulshöhe. Übrigens ist der Zustand am besten an der Weise zu erkennen, wie die Reaktion gegen verschiedene Reize vorgeht. Ist die Spannung sehr stark, so wird ein äußerer Reiz gewöhnlich nur Veränderungen der Frequenz des Herzens hervorrufen, während das Volumen und die Pulshöhe ganz unverändert bleiben. Bei geringerer Spannung wird ein Reiz meistens ein Steigen des Volumens bewirken, das sich sogleich wieder verliert. Hält endlich die Spannung aus irgend einer Ursache auf, so steigt das Volumen langsam mit wachsenden Pulshöhen. Eine konstante Veränderung der Frequenz des Herzschlags wird nicht durch die Spannung erzeugt; die Pulslänge kann bald größer, bald kleiner als die Norm sein, weicht aber stets nur wenig von dieser ab.

*Der Wechsel und der wechselseitige Einfluß der Aufmerksamkeitszustände.* Um die Äußerungen der einzelnen Aufmerksamkeitszustände kennen zu lernen, betrachteten wir im Vorhergehenden eine Reihe extremer Fälle, wo die verschiedenen Zustände, so weit möglich, voneinander isoliert waren. So entschieden kommen die einzelnen Zustände aber ja keineswegs immer im täglichen Leben vor; oft gleitet der eine sanft in den andern hinüber. Eine unwillkürliche Fesselung der Aufmerksamkeit braucht nicht notwendigerweise den Charakter des Erschreckens zu tragen, sie kann ebensogut einen weniger gewaltsamen Verlauf nehmen, und ein willkürliches Lenken der Aufmerksamkeit braucht keine komplizierte psychische Arbeit zum Gegenstand zu haben. Sehr oft wird ein einzelner Reiz damit anfangen, die Aufmerksamkeit unwillkürlich zu fesseln, die sich darauf dem Wahrgenommenen zukehren wird, weil dieses in irgend einer Richtung für das Subjekt Interesse besitzt. Bei dergleichen minder entschiedenen Zuständen, die überdies ineinander übergleiten, darf man natürlich nicht erwarten, dafs die körperlichen Äufserungen sich scharf markiert zeigen sollten. Dies bestätigt denn auch die Erfahrung. Bei schwachen, kurzen Reizen wird die der unwillkürlichen Aufmerksamkeit charakteristische Pulsverlängerung allerdings durchweg vorherrschend sein, wie zu erwarten stand; dies schliefst aber nicht aus, dafs eine etwas stärkere Konzentration der Aufmerksamkeit dann und wann eine Pulsverkürzung bewirkt.

. Zur Beleuchtung dieser Verhältnisse gebe ich eine Reihe von Kurven wieder, die fast alle Schattierungen der Reaktionen, welche ich unter meinem Material zu finden vermochte, repräsentieren. Vorläufig betrachten wir nur solche Fälle, wo die V-P sich in normalem Gleichgewicht des Gemüts (ohne Spannung) befand, und wo die durch den Reiz hervorgerufenen Empfindungen möglichst unbetont, gefühllos waren. Schwache Gefühlstöne sind allerdings nicht ganz zu vermeiden, und ich habe deshalb Sorge getragen, dafs die wiedergegebenen Kurven die beiden Arten der Betonung ziemlich gleichmäfsig umfassen. Wie wir sehen werden, scheint eine solche geringe Betonung auf die körperlichen Äufserungen ganz ohne Einflufs zu sein. In allen Fällen kam der Reiz plötzlich, ohne vorhergehende Benachrichtigung von dem Zeitpunkte oder der Art des Reizes.

Tab. XXVI, A. ⁱⁱ/₉ 96 abends. Dr. N. Harmonische Intervalle.

Bei ⊓ 1 wurden mittels eines Appunschen Tonmessers die Töne 256 und 384 gleichzeitig erzeugt; bei ⊓ 2 auf dieselbe Weise die Töne 384 und 512. In beiden Fällen gab der ziemlich musikalische Dr. N. an, er habe den Intervallen seine Aufmerksamkeit zugewandt, um zu hören, ob sie rein seien. Das Volumen zeigt die gewöhnlichen Schwankungen, die jede entschiedene sowohl passive als aktive Konzentration der Aufmerksamkeit begleiten; die Messung gibt indes kein reines Resultat, jedenfalls keine Pulsverkürzung nach dem ersten Reiz.

| Phase | a-b | b-c | c-d | d-e | e-f | f-g | g-h | h-i |
|---|---|---|---|---|---|---|---|---|
| Anzahl | 20 | 3 | 3 | 10 | 7 | 3 | 6 | 15 |
| Länge | 4,6 | 4,7 | 5,1 | 4,5 | 4,5 | 4,8 | 4,5 | 4,3 |

Tab. XXVI, B. ⁱⁱ/₁₁ 96 nachm. A. L. Schwacher, anwachsender Ton. Plethysmogramm des linken Arms, rechter Radialispuls.

Von willkürlicher Aufmerksamkeit ist hier wohl kaum die Rede; die Messung zeigt auch vorwiegende Verlängerung:

| Phase | a-b | b-c | c-d | d-e | e-f | f-g | g-h |
|---|---|---|---|---|---|---|---|
| Anzahl | 13 | 3 | 5 | 9 | 6 | 7 | 12 |
| Länge | 5,3 | 5,1 | 5,6 | 5,3 | 5,8 | 4,9 | 5,2 |

Tab. XXVI, C u. D. ⁱ⁹/₁₁ 95 abends. A. L. Verschiedene schwache und unerwartete Reize. D ist die unmittelbare Fortsetzung von C.

Bei ⊓ 1 ein schwacher Ton, der freilich sehr unerwartet kam, jedoch entschieden kein Erschrecken bewirkte. Inwiefern dieser kurze Reiz eine willkürliche Konzentration der Aufmerksamkeit veranlasste, findet sich nicht aufgezeichnet; die Messung zeigt die charakteristischen Pulsveränderungen der willkürlichen Aufmerksamkeit. Bei ⊓ 2 ein wenig Rasseln mit Metallplatten; hier ist keine Veränderung des Volumens, sondern nur Pulsverlängerung zu sehen. Bei ⊓ 3 wurde die V-P schwach am Ohr gezupft, wodurch wieder eine kennbare Pulsverlängerung ohne Volumveränderung eintritt.

| Phase | a-b | b-c | c-d | d-e | e-f | f-g | g-h | h-i | i-k | k-l | l-m |
|---|---|---|---|---|---|---|---|---|---|---|---|
| Anzahl | 14 | 2 | 4 | 4 | 15 | 4 | 6 | 8 | 12 | 10 | 12 |
| Länge | 6,3 | 5,5 | 6,2 | 6,0 | 6,1 | 6,5 | 6,5 | 6,4 | 6,7 | 6,9 | 6,9 |

Das Interessante dieser drei Versuche ist, daß sie zeigen, wie die Gefühlsbetonung der hervorgerufenen Empfindungen auf die Reaktion ohne Einfluß bleibt. Der erste Ton war seiner Natur zufolge zunächst angenehm, das Rasseln der Metallplatten durchaus indifferent, das Zupfen am Ohr schwach unangenehm. Nichtsdestoweniger bewirkt der Ton eine Pulsverkürzung, die sonst den starken Unlustgefühlen charakteristisch ist, und die beiden andern Reize, deren einer unangenehm war, geben nur Pulsverlängerung. Die Betonung ist bei dergleichen schwachen Reizen also ohne Belang, der Zustand der Aufmerksamkeit dominiert vollständig. — Die eigentümliche Pulsverlängerung ohne Volumschwankungen treffen wir in den drei Kurvenreihen der Tab. XXVII mehr oder weniger ausgeprägt wieder an.

Tab. XXVII, A. ⁹/₁₀ 96 nachm. A. L. Tiefer, angenehmer Ton.

| Phase | a-b | b-c | c-d | d-e | e-f |
|---|---|---|---|---|---|
| Anzahl | 17 | 2 | 5 | 11 | 17 |
| Länge | 5,7 | 5,8 | 6,1 | 5,9 | 5,7 |

Tab. XXVII, B. ¹⁹/₁₀ 96 nachm. A. L. Angenehmer Ton. Volumen des linken Arms, rechte Radialis.

Hier findet sich angezeigt, daß der Ton eben die Aufmerksamkeit anzog, indes durchaus keine willkürliche Anspannung hervorrief; Volumschwankungen fehlen gänzlich, die Pulsverlängerung ist ausgeprägt.

| Phase | a-b | b-c | c-d | d-e | e-f |
|---|---|---|---|---|---|
| Anzahl | 7 | 4 | 6 | 8 | 21 |
| Länge | 6,1 | 6,8 | 6,4 | 6,4 | 6,4 |

Tab. XXVII, C. ⁷/₁₁ 96 vorm. J. N. Hoher, aber schwacher Ton. Volumen des linken Arms, rechte Radialis.

| Phase | a-b | b-c | c-d | d-e | e-f |
|---|---|---|---|---|---|
| Anzahl | 22 | 7 | 4 | 9 | 13 |
| Länge | 5,4 | 5,3 | 5,6 | 5,4 | 5,6 |

Das Resultat dieser verschiedenen Versuche wird also zunächst folgendes:

Während normalen Gleichgewichts des Gemüts werden die körperlichen Äuserungen schwacher und nicht zu anhaltender Reize von der Gefühlsbetonung der hervorgerufenen Empfindungen unabhängig und nur durch den Zustand der Aufmerksamkeit bestimmt sein. Ist die Aufmerksamkeit eine rein unwillkürliche, ohne irgend welche aktive Anspannung, so erscheinen keine Volumveränderungen, nur Pulsverlängerung. Bewirkt der Reiz dagegen auch einige willkürliche Aufmerksamkeit, so erscheinen die diesem Zustande charakteristischen Volumschwankungen, aber mit durchgängiger Pulsverlängerung, die in gewissen Fällen jedoch auch in Pulsverkürzung übergehen kann, möglicherweise wenn die aktive Aufmerksamkeit mehr vorherrschend ist.

Diese Reaktionen sind nicht ohne Bedeutung, weil sie zu denjenigen, die sich während der Spannung zeigen, in entschiedenem Gegensatze stehen. In diesem Zustande können sich bekanntlich ganz dieselben Verhältnisse geltend machen, die wir hier unter Voraussetzung des normalen Gleichgewichts des Gemüts behandelt haben. Selbst wenn man in Spannung etwas erwartet, kann es, wie man weiß, sehr wohl geschehen, daß anderweitige Reize unwillkürlich die Aufmerksamkeit zu fesseln und von dem Erwarteten abzulenken vermögen. Besitzt das Wahrgenommene nun zufälligerweise einiges Interesse, so wird auf die erste, passive Veränderung der Aufmerksamkeit leicht eine aktive folgen können. Während dies alles geschieht, wird die Spannung sich entweder vollständig verlieren, indem das Erwartete einen Augenblick lang vergessen wird, oder auch bleibt die Spannung dämmernd im Bewußtsein zurück. Die Möglichkeit hiervon ist in dem Umstande gegeben, daß die Aufmerksamkeit sich teilen oder zerstreuen läßt; man kann sehr wohl dem Gegenwärtigen einen Teil seiner Aufmerksamkeit schenken, während der übrige Teil etwas noch nicht Vorliegendem, dessen Eintreffen erwartet wird, zugewandt ist. Die Verhältnisse müssen also recht kompliziert werden können, indem die Möglichkeit einer Menge von Kombinationen gegeben ist. Dies kommt

auch in den Kurven zum Ausdruck, da man in einer
einzigen Reaktion charakteristische Äußerungen verschiedener Zustände der Aufmerksamkeit nebeneinander
finden kann, deren bald der eine, bald der andere die
Oberhand hat.

Bevor ich dazu schreite, dies in den Kurven nachzuweisen, muß ich nur eine einzelne Bemerkung machen.
Es wird nicht leicht zu vermeiden sein, im Folgenden
von stärkerer und schwächerer Spannung zu reden.
Nun kann die V-P, wie wir sahen, selten ihren Zustand
erklären, geschweige denn die Stärkegrade angeben; an
ihrer Selbstbeobachtung haben meine postulierten gra-
duellen Unterschiede folglich nie eine Stütze. Es kommt
mir dennoch berechtigt vor, diese Variationen anzunehmen. Die Spannung verrät sich, wie wir wissen,
durch zwei leicht zu erkennende Anzeichen: kleines
Volumen und kleine Pulse. Sieht man nun in einer
Reihe von Versuchen mit einer gegebenen V-P, daß
diese beiden Faktoren alle möglichen Größen durchlaufen, von einem Maximum an, wo die V-P als normaler Mensch reagiert, bis zu einem Minimum, wo ein
anormaler Gemütszustand nicht zu bezweifeln ist, so ist
es wohl kein gewagter Schluß, daß den wahrgenommenen Quantitätsunterschieden auf dem physischen Gebiete
Intensitätsunterschiede auf dem psychischen Gebiete
entsprechen. Wie wir später sehen werden, ist dieser
Parallelismus auf einem Gebiete, wo die Selbstbeobachtung eine ziemlich feine Beurteilung der Stärkegrade
des subjektiven Zustands gestattet, vollkommen stichhaltig; prinzipiell werden sich wohl also keine Einwürfe
dagegen erheben lassen, daß wir ihn auch hier, wo die
Selbstbeobachtung versagt, voraussetzen. Wir werden
gleich in der folgenden Kurve ein Beispiel hiervon sehen.

Tab. XXVIII, A. ²³/₁₀ 96 nachm. P. L. geringe
Spannung. Bei ∧ schwache Berührung des Ohrs.

Die unmittelbar vorhergehende, hier nicht wiedergegebene Kurvenstrecke zeigt ein sehr kleines Volumen
nebst kleinen Pulsen. Gleich zu Anfang unserer Kurve
sieht man das Volumen steigen und den Puls höher
werden. Daß hier noch Spannung vorhanden ist,
schließe ich aus der bei Spannungszuständen so wohlbekannten eigentümlichen Reaktion, indem der schwache

Reiz ein Steigen des Volumens bewirkt, das sich jedoch
sogleich wieder verliert. Unmittelbar darauf sieht man,
dafs das Volumen bei anwachsender Pulshöhe wieder
sanft steigt, ein Zeichen, dafs die völlig normale Höhe
des Volumens und des Pulses nicht erreicht ist, dafs
also noch einige Spannung zurück war. Auf analoge
Weise ziehe ich im Folgenden Schlüsse über die Stärke
des Zustands, so dafs wir uns wohl nicht länger hiermit
aufzuhalten brauchen.

Dafs die. in der Kurve XXVIII, A gezeigte Reaktion gegen den Reiz nun wirklich als eine Kombination der Spannung und der unwillkürlichen Aufmerksamkeit aufzufassen ist, das nachzuweisen ist nicht
schwer. Wie oben erwähnt, kann die Aufmerksamkeit
sich freilich in verschiedenen Richtungen zerstreuen,
hierdurch wird erfahrungsgemäfs jedoch auch die Stärke
geschwächt, womit sie in den einzelnen Richtungen
wirkt; sie ist nicht im stande, mit voller Stärke an
mehreren Punkten zugleich zu wirken. Wenn jemand
also in Spannung ist, seine Aufmerksamkeit irgend
etwas Bestimmtem oder Unbestimmtem, dessen Eintreten
erwartet wird, zugekehrt hat, so kann ein äufserer Reiz
nicht einmal vorübergehend die Aufmerksamkeit fesseln,
ohne diese zu zerstreuen, oder mit andern Worten: die
bestehende Spannung mufs sich vermindern. Nun verrät sich die Spannung, wie wir wissen, durch kleines
Volumen und geringe Pulshöhe; bei Verminderung der
Spannung sehen wir das Volumen überall mit gröfseren
Pulshöhen anwachsen. Wenn also ein äufserer Reiz die
Aufmerksamkeit fesselt und mithin die Spannung vorübergehend vermindert, so mufs dies sich natürlich
durch vorübergehende Volumsteigung mit wachsenden
Pulshöhen kundgeben. Aber gerade dies sehen wir
überall, wo ein äufserer Reiz während der Spannung
überhaupt körperliche Äufserung hervorbringt. So zeigt
die erwähnte Kurve unmittelbar nach dem Reize eine
vorübergehende Volumsteigung mit etwas gröfseren
Pulsen; dies ist also der Ausdruck für die Verminderung der Spannung. Zugleich gewahren wir die der
passiven Aufmerksamkeit charakteristische Pulsverlängerung. Die Messung gibt nämlich:

| Phase . . . . | a-b | b-c | c-d | d-e |
|---|---|---|---|---|
| Anzahl . . . | 18 | 3 | 5 | 20 |
| Länge . . . . | 5,3 | 5,0 | 6,1 | 6,0 |

Daſs ein schwacher Reiz doch keineswegs stets die Verlängerung des Pulses bewirkt, ist aus den beiden folgenden Kurven zu ersehen:

Tab. XXVIII. B u. C. */s 96 nachm. C. J. Anfangs starke, später schwächere Spannung. Bei ⊓1, ⊓2 und ⊓3 schwache Töne. C ist die unmittelbare Fortsetzung von B.

| Phase . | a-b | b-c | c-d | d-e | e-f | f-g | g-h | h-i | i-k | k-l |
|---|---|---|---|---|---|---|---|---|---|---|
| Anzahl | 33 | 3 | 18 | 6 | 10 | 12 | 2 | 6 | 7 | 17 |
| Länge . | 5,3 | 5,3 | 5,2 | 5,1 | 5,0 | 5,1 | 5,0 | 5,2 | 5,0 | 5,4 |

Hieraus geht hervor, daſs die ersten beiden Reize eigentlich gar keinen Einfluſs haben; sie verändern weder das Volumen, noch die Pulslänge, von einer äuſserst geringen, doch wohl kaum zufälligen Verkürzung abgesehen. Nach ⊓2 beginnt das Volumen indes mit wachsender Pulshöhe zu steigen, und der dritte Reiz, der also eintrifft, nachdem das Abnehmen der Spannung angefangen hat, bewirkt nun die Verlängerung des Pulses. Ein ähnlicher Übergang, aus geringer Spannung in den normalen Zustand, ist in den beiden folgenden Kurvenreihen ersichtlich:

Tab. XXVIII, D u. E. **/10 96 nachm. Dr. B. Geringe, schlieſslich verschwindende Spannung. Wiederholte schwache und kurze Töne. Volumen des linken Arms, rechte Radialis. E ist die unmittelbare Fortsetzung von D.

| Phase . | a-b | b-c | c-d | d-e | e-f | f-g | g-h | h-i | i-k | k-l |
|---|---|---|---|---|---|---|---|---|---|---|
| Anzahl | 31 | 2 | 2 | 15 | 2 | 2 | 14 | 13 | 3 | 9 |
| Länge . | 3,7 | 3,7 | 3,9 | 4,2 | 4,5 | 3,8 | 4,4 | 4,5 | 4,3 | 4,6 |

| Phase . . | l-m | m-n | n-o | o-p | p-q |
|---|---|---|---|---|---|
| Anzahl . . | 6 | 13 | 8 | 7 | 10 |
| Länge . . | 4,4 | 4,8 | 4,8 | 4,9 | 4,4 |

Dei ∧1 und ∧2 in D bewirken die äuſserst kurzen Reize nur kleine Volumsteigungen, die sich bei anwachsenden Pulshöhen fortsetzen, ein Anzeichen also, daſs eine geringe Spannung vorhanden ist; beide Reize haben auſserdem Pulsverlängerung im Gefolge. Anfangs E ist der Zustand als normal zu betrachten; die Wiederholung der Reize bei ⌐1 und ⋏2 bewirkt nun Volumsenkungen ohne hervortretende Pulsverlängerung. — Noch ein andres Beispiel geben wir zur Erhellung des Einflusses, welchen Spannung verschiedener Stärke auf die Reaktionen übt:

Tab. XXIX. A u. B. ¹⁰/₉ 96 nachm. P. L. Anfangs starke, später schwache Spannung; bei ⌐1 und ⌐2 schwache Töne einer Stimmgabel von ungefähr derselben Dauer. B ist die unmittelbare Fortsetzung von A.

| Phase | a-b | b-c | c-d | d-e | e-f | f-g | g-h | h-i | i-k |
|-------|-----|-----|-----|-----|-----|-----|-----|-----|-----|
| Anzahl | 20 | 4 | 6 | 11 | 26 | 3 | 6 | 4 | 22 |
| Länge | 4,6 | 4,5 | 4,6 | 4,2 | 4,7 | 4,3 | 5,2 | 4,8 | 5,2 |

Das Eintreten der Spannung verrät sich sogleich im Anfang von A durch starke Volumsenkung und geringe Pulshöhe. Der Zustand ist ausgeprägt; der erste Reiz hat einen kaum merkbaren Einfluß auf das Volumen, wie denn auch die Pulslänge in den Phasen a-b und b-d kaum verschieden ist. Der Reiz hat aber doch den Einfluß, daß die Spannung geringer wird; das Volumen steigt, die Pulshöhe wächst. Im Anfang von B ist das Volumen bedeutend höher als während der starken Spannung (die Nulllinie ist 7 mm gehoben, vgl. die Tafel), und der nächste Reiz, von derselben Art, Stärke und Dauer wie der erste, hat nun eine ganz andere Wirkung. Es kommt eine merkbare, vorübergehende Volumsteigung und nach den drei ersten Pulsschlägen entschiedene Pulsverlängerung. Wir sehen hier also wieder, wie das Anzeichen der ferneren Verminderung der schwachen Spannung, das vorübergehende Steigen des Volumens nämlich, mit der Pulsverlängerung der passiven Aufmerksamkeit kombiniert wird.

Diese Kombination der Äußerungen findet man nun nicht allein bei schwachen Reizen; Tab. XXI—XXIII geben deutliche Beispiele, daß das nämliche unter sehr verschiedenen Verhältnissen stattfindet. Vorläufig interessiert uns nur das Zusammenspiel der verschiedenen Aufmerksamkeitszustände; ich sehe deshalb von denjenigen Fällen ab, wo starke Gefühle vorhanden waren, und betrachte nur die Kurven, in welchen aktive Auf-

merksamkeit, psychische Arbeit, sich Ausdruck gab.
Dies ist z. B. der Fall mit XXII, B. Die Messung gibt:

| Phase | a-b | b-c | c-d | d-e |
|-------|-----|-----|-----|-----|
| Anzahl | 17 | 4 | 6 | 22 |
| Länge | 4,6 | 4,1 | 4,5 | 4,0 |

Hier bewirkt die psychische Arbeit unzweifelhaft
Pulsverkürzung, während die charakteristische Steigung
des Volumens bei Verminderung der Spannung in der
Kurve angedeutet erscheint. Ganz konstant ist dieses
Resultat jedoch nicht; in XXIII, B, wo die Arbeit
länger anhielt und wahrscheinlich auch schwieriger war,
findet sich freilich die gewöhnliche Volumveränderung
der verminderten Spannung, dagegen aber auch Pulsverlängerung.

| Phase | a-b | b-c | c-d | d-e | e-f |
|-------|-----|-----|-----|-----|-----|
| Anzahl | 21 | 6 | 9 | 8 | 8 |
| Länge | 5,6 | 4,9 | 6,0 | 5,8 | 6,2 |

Anderseits findet man, dafs sogar das Erschrecken,
das unter normalen Verhältnissen Pulsverlängerung
gibt, während extremer Spannung dagegen Pulsverkürzung erzeugt. Dies geht z. B. aus den beiden Versuchen Tab. XXI, C u. D hervor. Man hat:

| Phase | a-b | b-c | c-d | d-e | e-f | f-g | g-h | h-i | i-k |
|-------|-----|-----|-----|-----|-----|-----|-----|-----|-----|
| Anzahl | 16 | 3 | 5 | 7 | 17 | 24 | 4 | 8 | 6 |
| Länge | 5,5 | 5,0 | 5,6 | 4,9 | 5,1 | 5,5 | 4,8 | 5,5 | 4,8 |

Fafst man b-f zusammen, so zeigt diese Phase entschiedene Verkürzung im Gegensatz zu a-b; dasselbe
gilt von g-k mit f-g verglichen. Bedenkt man nun zugleich, wie wir oben fanden, dafs schwache Reize während sehr starker Spannung anfänglich auch eine geringe Pulsverkürzung bewirken, so scheint diese die
allgemeine Äufserung jedes Reizes während extremer
Spannung zu sein; wird die Spannung aber schwächer,
so tritt als Reaktion gegen die Reize konstant eine
Pulsverlängerung ein.

Schliefslich gebe ich noch ein paar Kurven, welche
die Äufserungen des Erschreckens während Spannung
von verschiedener Stärke zeigen; auch aus diesen ist
sehr wohl zu ersehen, wie die Wirkungen des Aufhörens
des bestehenden Zustands mit den durch den neuen

Zustand erzeugten körperlichen Äuserungen kombiniert werden.

Tab. XXIX, C. ¹¹/₁₂ 96 nachm. P. L. Spannung, mittels des durch einen Schuſs bewirkten Erschreckens gehoben. Plethysmogramm des linken Arms.

Die Kurve zeigt die bekannten Volumveränderungen mit geringer Modifikation. Bei Λ, wo der Schuſs fiel, zeichnet der gewaltige Chok sich in der Respirations- wie auch in der Volumkurve als kleine Unregelmäſsigkeiten ab; zugleich beginnt das Volumen zu steigen und sinkt darauf wieder, doch nicht ganz bis zum vorigen Niveau, indem die Senkung in sanftes Steigen mit wachsenden Pulshöhen übergeht. Diese merkwürdige Kurve wird eben zu stande kommen, wenn man die durch das Aufhören der Spannung und die durch das Er-

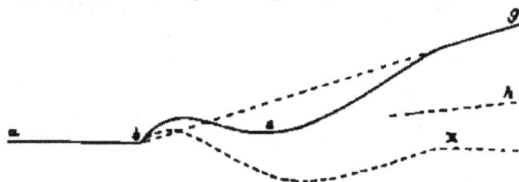

Fig. 6.

schrecken hervorgebrachten normalen Volumveränderungen als zwei gleichzeitige interferierende Bewegungen betrachtet. Fig. 6 zeigt dies. *ab* ist das ursprüngliche Niveau des Volumens. An dem Punkte *b* machen sich nun zwei Tendenzen geltend, eine aufgehobene Spannung, die für sich allein die Steigung *bg* hervorbringen würde, und ein Erschrecken, das für sich allein die Schwingung *bx* geben würde. Setzt man nun die in jedem Momente thätigen Kräfte zusammen, so resultiert die Volumveränderung *beg*, eben die von der Tafel gezeigte. So wie die Ordinaten in der Figur gewählt sind, kommt der Punkt *e* nicht auf das ursprüngliche Niveau herab, wie es mit dem übereinstimmt, was wir in der Tafel sehen. Denkt man sich nun aber, daſs die Steigung *bg* weniger schroff wird, z. B. die Richtung *bh* erhält, so muſs der Punkt *e* unter das ursprüngliche Niveau gelangen. Einen solchen Fall sieht man:

7*

Tab. XXIX, D. ¹⁵/₁₁ 96 nachm. P. L. Spannung durch Erschrecken über einen Schuſs gehoben. Plethysmogramm des linken Arms.

Die Kurve wurde 4 Min. nach C genommen; in der Zwischenzeit wurden mehrere Versuche angestellt, die V-P bekam aber fortwährend schwache Anwandlungen von Spannung. Diese ist jetzt doch geringer als vorher, das Volumen ist gröſser (die Nulllinie 6 mm gehoben, vgl. die Tafel) und die Pulse sind höher. Wenn das Volumen nun, indem die Spannung aufgehoben wird, bis zur Norm steigt, kann die Steigung nicht so stark werden wie im vorhergehenden Falle; sie wird also zunächst *b h* der schematischen Figur entsprechen. Hiermit stimmt es überein, daſs die normalen Äuſserungen des Erschreckens in diesem Falle mehr hervortreten als im vorhergehenden: die Kurve sinkt bis unter das ursprüngliche Niveau. In beiden Kurven sind ebenfalls die gewöhnlichen Pulsveränderungen des Erschreckens zu sehen. XXIX, C zeigt:

| Phase . . . | a-b | b-c | c-d | d-e | e-f | f-g |
|---|---|---|---|---|---|---|
| Anzahl . . | 26 | 3 | 3 | 7 | 7 | 5 |
| Länge . . . | 5,9 | 4,3 | 6,2 | 6,3 | 5,0 | 5,8 |

Für XXIX, D gibt die Messung folgendes Resultat:

| Phase. . | a-b | b-c | c-d | d-e | e-f | f-g | g-h |
|---|---|---|---|---|---|---|---|
| Anzahl . | 24 | 3 | 2 | 7 | 11 | 4 | 5 |
| Länge . | 5,3 | 4,7 | 7,3 | 5,6 | 4,9 | 5,1 | 5.2 |

Daſs wir nicht überall ähnliche Konstruktionen, wie die Fig. 6 gezeigte, ausführen können, rührt ausschließlich von dem Umstande her, daſs wir gewöhnlich nicht wissen, wie lange die Verminderung der Spannung während des Einflusses irgend eines Reizes andauert. Natürlich kann man sich eine Hypothese bilden und danach ein Schema anfertigen, das völlig mit der Wirklichkeit übereinstimmt. Dies ist aber durchaus ohne Interesse, denn selbstverständlich läſst sich jede Welle stets als die Resultante zweier gleichzeitiger, interferierender Wellen konstruieren. Was XXIX, C u. D Bedeutung gibt, ist gerade der Umstand, daſs wir hier keine Hypothesen zu bilden brauchen; wir wissen, daſs die V-P erschrak, und daſs ihre Spannung somit vollständig aufhielt. Ebenfalls wissen wir, welche Volum-

veränderung jede dieser Ursachen für sich hervorbringen
würde, unsre Konstruktion enthält folglich durchaus
nichts Hypothetisches. Haben wir nun aber gesehen,
dafs eine solche Konstruktion sich durchführen läfst,
wenn wir die erforderlichen Data in der Hand haben,
so darf man wohl die Hypothese aufstellen, dafs das
Nämliche in allen Fällen möglich sein würde, wenn uns
nur die Aufmerksamkeitszustände des Individuums im
gegebenen Moment genau bekannt wären. Die vorliegenden Erfahrungen scheinen durchweg die Richtigkeit dieser Hypothese zu befürworten. Wenn wir z. B.
bei maximaler Spannung fast gar keine Volumveränderung gewahren, so läfst sich dies als eine Folge davon
erklären, dafs zwei gleichzeitig wirkende Kräfte sich
gegenseitig aufheben. Der Reiz fesselt die Aufmerksamkeit und vermindert mithin vorübergehend die Spannung.
Der neue Aufmerksamkeitszustand, er möge willkürliche
oder unwillkürliche Konzentration sein, wird im allgemeinen ein kurzes Sinken des Volumens bewirken; die
gleichzeitige Verminderung der Spannung wird ein vorübergehendes Steigen des Volumens veranlassen. Diese
beiden, entgegengesetzte Richtung einschlagenden Bewegungstendenzen müssen sich in vielen Fällen gegenseitig aufheben können.

Während einer bestehenden Spannung
wird jede neue Richtung der Aufmerksamkeit,
sie sei nun willkürlich oder auch unwillkürlich bestimmt, durch eine Volumveränderung
zum Ausdruck kommen, die als Resultante
zweier gleichzeitiger Änderungstendenzen
aufzufassen ist, nämlich 1° der Volumveränderung, welche die neue Konzentration der Aufmerksamkeit für sich allein hervorbringen
würde, und 2° der Volumsteigung, welche eine
Folge der gleichzeitigen Verminderung der
Spannung ist. Bei maximaler Spannung heben
die beiden Kräfte sich gewöhnlich gegenseitig
auf, so dafs das Volumen annähernd unverändert bleibt; bei schwächerer Spannung gewahrt man ein vorübergehendes Steigen des
Volumens, das bei fernerer Verminderung der
Spannung einem Sinken weicht. Bei maxi-

maler Spannung wird eine Änderung der Aufmerksamkeit gewöhnlich von einer äußerst geringen Pulsverkürzung begleitet, bei schwächerer Spannung findet fast immer Pulsverlängerung statt.

*Die Einstellung der Aufmerksamkeit.* Im Vorhergehenden sahen wir, daß willkürliche Anspannung der Aufmerksamkeit unter normalen Verhältnissen von Pulsverkürzung begleitet wird, während ein unwillkürliches Fesseln der Aufmerksamkeit Pulsverlängerung bewirkt. Dies ist nichts Neues; es wurde bereits von P. Mentz in seiner bekannten Abhandlung: ›Die Wirkung akustischer Sinnesreize auf Puls und Atmung‹[1] nachgewiesen, und überdies tritt bei ihm die Pulsverkürzung weit deutlicher hervor, als dies der Fall selbst mit meinen besten Kurven Tab. XV—XVII ist. Dies rührt von zwei Umständen her. Erstens hat Mentz die einzelnen Phasen der Variationen der Pulslänge, welche jede Richtungsänderung der Aufmerksamkeit begleiten, nicht erblickt; in einer dieser Phasen kann die Pulslänge während der Volumsenkung, wie wir sahen, häufig die Norm überschreiten. Mentz faßt alle diese Phasen zusammen, und dann wird das Resultat durchgängige Pulsverkürzung. Zweitens hat Mentz gewöhnlich eine anhaltendere Anspannung der Aufmerksamkeit von seinen Versuchspersonen verlangt als ich. Wie wesentlich dies ist, sahen wir S. 89—93, wo es sich erwies, daß ganz kurze Anspannungen sehr geringe Verkürzung, und zwar nicht einmal immer, bewirkten. Natürlich konnte Mentz nicht umhin, zu beobachten, wie eine geringere Anspannung auch eine geringere Pulsverkürzung herbeiführt. Ausdrücklich sagt er: ›Bei leichteren Multiplikationsaufgaben ist natürlich die Verkürzung eine geringere, und dann findet auch keine Zunahme derselben im Verlauf der Rechnung statt, da eben die Aufgabe rasch abgethan wird‹[2]. Ist dem aber so, dann ist es höchst sonderbar, daß Mentz bei einigen Versuchen, wo es die Aufgabe der V-P war, die Länge von zwei durch anhaltende Töne oder Metronomschläge markierten Zeiträumen zu vergleichen,

[1] Wundt: Phil. Studien Bd. XI. Leipzig 1895.
[2] L. c. S. 569.

entschiedene Veränderung der Pulslänge fand. Er findet hier konstant Pulsverlängerung während des ersten Reizes, Verkürzung während des zweiten, und erklärt dies als eine Folge davon, daß die Aufmerksamkeit während des ersteren Zeitraums nur unwillkürlich gefesselt wird, während des letzteren aber angespannt werden muß, um den Vergleich auszuführen[1]. Ich bezweifle die Möglichkeit, daß man die Aufmerksamkeit so fein einstellen kann; jedenfalls habe ich in den Kurven keine Äußerung der kleinen Differenzen, von denen hier die Rede sein kann, zu finden vermocht. Mentz' Versuche habe ich oft wiederholt, aber weder irgend einer meiner Versuchspersonen noch mir selbst persönlich sind sie gelungen. Ich gebe ein paar Kurven wieder, die recht typisch zeigen, wie zweifelhaft dergleichen Versuche sind:

Tab. XXX, A. ¹³/₇ 96 nachm. A. L. Vergleich zweier Zeiträume, die durch gleichförmige Töne ausgefüllt wurden.

| Phase | a-b | b-c | c-d | d-e | e-f | f-g | g-h |
|---|---|---|---|---|---|---|---|
| Anzahl | 11 | 3 | 4 | 11 | 2 | 6 | 10 |
| Länge | 5,7 | 6,1 | 6,0 | 5,8 | 5,8 | 5,8 | 5,8 |

Während des ersten Reizes, Phase b-d, findet sich hier allerdings eine Pulsverlängerung, der zweite hat jedoch gar keinen Einfluß. In der nächsten Kurve ist das Verhältnis umgekehrt:

Tab. XXX, B. ¹³/₇ 96 nachm. A. L. Vergleich zweier Zeiträume, die durch gleichförmige Töne ausgefüllt wurden.

| Phase | a-b | b-c | c-d | d-e | e-f | f-g | g-h |
|---|---|---|---|---|---|---|---|
| Anzahl | 11 | 6 | 15 | 4 | 4 | 6 | 5 |
| Länge | 5,7 | 5,7 | 5,5 | 5,6 | 5,3 | 6,0 | 5,2 |

Hier ist eine geringe Pulsverkürzung als Folge des letzten Reizes, indem Phase e-h durchschnittlich 5.5 gegen 5.6 in der Phase d-e zeigt; während des ersten Reizes geschieht aber gar keine Veränderung. Da Mentz nicht angibt, wie viele Versuche dieser Art er angestellt hat, ist es unmöglich, zu entscheiden, ob seine ›konstanten‹ Resultate etwas mehr sind als ein paar einzelne glückliche Zufälligkeiten.

[1] L. c. S. 564.

# DIE GEFÜHLE.

*Unlustzustände.* Im Vorhergehenden untersuchten wir ausschließlich diejenigen körperlichen Äußerungen, welche teils andauernde Zustände der Aufmerksamkeit, teils Änderungen der Richtung der Aufmerksamkeit begleiten. Wir suchten hierbei den Einfluß des Bewußtseinsinhalts, auf den die Aufmerksamkeit notwendigerweise gerichtet sein muß, zu eliminieren. Daß eine solche Elimination gelungen ist, scheint denn auch daraus hervorzugehen, daß wir ziemlich konstante Reaktionen erhielten, wie die Beschaffenheit der angewandten Reize und die Gefühlsbetonung der hierdurch erzeugten Bewußtseinszustände auch waren; hierbei ist jedoch zu beachten, daß eben die Gefühlsbetonung stets nur eine schwache war. Sobald diese nämlich stärker wird, treten neue Erscheinungen auf, so daß die Reaktion kein reiner Ausdruck der Änderung der Aufmerksamkeit wird. Die der Gefühlsbetonung charakteristischen Äußerungen werden wir nun im Folgenden auseinandersetzen, und zwar untersuchen wir vorerst die Unlustzustände, so wie diese bei Individuen zum Vorschein kommen, die sich anfänglich in normalem Gleichgewicht des Gemüts befinden.

Nimmt man eine Reihe von Kurven vor, die unter dem Einflusse verschiedener unlusterregender Reize aufgezeichnet sind, so sieht man sofort, daß die Gefühlsbetonung eine gewisse, nicht unbeträchtliche Stärke erreichen muß, damit die Reaktion von derjenigen, welche die bloße Änderung der Aufmerksamkeit kennzeichnet, überhaupt abweichend wird. Ein Beispiel gibt:

Tab. XXX. C. "10 96 vorm. J. N. Bei N ein Theelöffel voll einer 0.25% haltigen Zitronensäure eingegeben; schwach unangenehm. Plethysmogramm des linken Arms, rechte Radialis.

Die Volumenkurve zeigt weiter nichts als die bekannten Äußerungen der willkürlichen Aufmerksamkeit. Die Messung gibt nämlich:

| Phase | a-b | b-c | c-d | d-e | e-f |
|---|---|---|---|---|---|
| Anzahl | 22 | 3 | 6 | 15 | 11 |
| Länge | 5,3 | 4,7 | 5,4 | 5,1 | 5,4 |

Hier sieht man also erst ein kurzes Steigen mit verkürztem Puls, darauf ein Sinken mit verlängerten, dann wieder ein Steigen mit verkürzten Pulsen, worauf die Pulslänge ungefähr bis zur Norm zurückkehrt. Dies enthält gar nichts Neues. Bei einem Geschmacksreize wie dem hier angewandten, wo die V-P den Stoff verschluckt, wird der Unlustzustand natürlich von verhältnismäfsig langer Dauer sein, wenn er auch nur schwach ist. Wird dagegen die Unlust nur eine ganz kurze und vorübergehende, so erhält man eine Reaktion, die mehr das Gepräge der unwillkürlichen Aufmerksamkeit trägt, mit vorwiegender Pulsverlängerung.

Tab. XXX, D. 〃 96 abends. A. L. Bei ハ kurze Einwirkung heifsen Wassers, 68° C.; nicht besonders unangenehm.

Der Wärmereiz wurde in der Weise ausgeübt, dafs auf den entblöfsten linken Arm (das Plethysmogramm ist am rechten Arm genommen) eine kleine Glaskolbe mit heifsem Wasser von der angegebenen Temperatur gesetzt wurde; die Kolbe wurde sogleich wieder entfernt, die Empfindung war aber doch zu stark, um angenehm genannt werden zu können. Die Volumschwankungen sind hier ganz dieselben wie früher, die Messung zeigt aber entschiedene Pulsverlängerung.

| Phase | ... | a-b | b-c | c-d | d-e | e-f |
|---|---|---|---|---|---|---|
| Anzahl | .. | 17 | 2 | 7 | 13 | 11 |
| Länge | ... | 5,7 | 4,9 | 6,2 | 5,9 | 6,3 |

Die beiden hier beobachteten Verhältnisse scheinen ganz konstant einzutreten, welche Art von Reizen man auch benutzen möge. Ist die Empfindung nur schwach unangenehm, so erhält man Pulsverlängerung bei kurzen, Pulsverkürzung bei längeren Reizen.

Tab. XXXI, A. 〃 96 nachm. J. N. Bei ⊓ eine geringe Menge Äthers an den rechten Arm gespritzt, etwas unangenehm. Plethysmogramm des linken Arms.

Die bekannten Volumschwankungen wiederholen sich hier. Das starke Sinken am Ende der Kurve rührt davon her, dafs die Kälteempfindung bestimmte Assoziationen der V-P erregte. Die Messung zeigt eine allerdings sehr geringe Pulsverkürzung:

— 106 —

| Phase | a-b | b-c | c-d | d-e |
|---|---|---|---|---|
| Anzahl | 18 | 2 | 7 | 11 |
| Länge | 5,4 | 5,0 | 5,6 | 5,3 |

Der Durchschnitt der Phase b-e ist 5,3, also doch kleiner als der von a-b. Es liegt wohl die Ansicht nahe, dafs wir bei den letzten beiden Versuchen nur mit der spezifischen Wirkung der Wärme und Kälte auf den Herzschlag zu thun haben. Wie wir später sehen werden, kommt ein solcher besonderer Einflufs wirklich vor, ist der Reiz aber so stark lokal begrenzt, wie es hier der Fall war, so mufs er viel kräftiger und länger sein, um direkt auf das Herz influieren zu können. Und wenn dies geschieht, erzeugt die Kälte bekanntlich Pulsverlängerung, die Wärme Pulsverkürzung, während die Versuche hier gerade das Gegenteil zeigten. Die Annahme ist deshalb berechtigt, dafs die gefundenen Reaktionen durchaus nichts andres ausdrücken, als die stattgefundenen Änderungen der Aufmerksamkeit. Wir müssen also zu verhältnismäfsig intensiveren Reizen greifen, wenn wir etwas den Unlustgefühlen Eigentümliches in den Reaktionen zum Vorschein bringen wollen.

Im Folgenden gebe ich nun erst eine Reihe von Versuchen wieder, die mit Geschmacksreizen angestellt wurden. Die verschiedenen Stoffe wurden alle in Auflösung gegeben, bei jedem Versuche ungefähr ein Theelöffel voll. Weshalb es, wie Mentz irgendwo kategorisch bemerkt, fehlerhaft sein sollte, die V-P den Stoff verschlucken zu lassen, hat mir nie einleuchten wollen. Intensive Geschmacksempfindungen erhält man selten, bevor der Stoff so tief in den Schlund hinab gelangt ist, dafs das Verschlucken schwer zu vermeiden ist; jedenfalls würde es ernstliche Störungen der Kurven herbeiführen, sollte die V-P ihn wieder aufbrechen. Und eine physiologische Intoxikationswirkung braucht man bei den geringen Mengen unschädlicher Stoffe, von deren Anwendung hier die Rede ist, wirklich nicht zu befürchten. Ich habe deshalb in allen Fällen meine Versuchspersonen die kleine dargereichte Dosis ruhig verschlucken lassen.

Tab. XXXI, B. ⁸/₃ 96 nachm. A. L. Bei N 1 eine

10% haltige Auflösung schwefelsauren Chinins, bei N 2 sehr unangenehmer Geschmack.

Hier finden sich an allen Punkten deutliche Abweichungen von der blofsen Konzentration der Aufmerksamkeit. Die Atmung zeigt gleich nach dem Reiz ein Stocken, darauf folgen einige tiefe Atemzüge; der fernere Verlauf ist ziemlich unregelmäfsig. Die Volumkurve zeigt allerdings, ebenso wie bei schwächeren Reizen, ein Sinken und Steigen, es fällt hier aber sehr in die Augen, dafs die Pulshöhe, solange das Volumen unter dem gewöhnlichen Niveau liegt, bedeutend abnimmt; erst wenn das Volumen wieder bis zur Norm emporgestiegen ist, erhalten die Pulse ihre ursprüngliche Höhe, die sie sogar noch ein wenig überschreiten. Auch an anderen Punkten finden sich Abweichungen von dem früher Wahrgenommenen. Das Sinken dauert länger, als man es gewöhnlich bei einer Änderung der Aufmerksamkeit antrifft, und die Pulsverkürzung ist viel bedeutender.

| Phase . . . | a-b | b-c | c-d | d-e | e-f | f-g |
|---|---|---|---|---|---|---|
| Anzahl . . | 21 | 2 | 11 | 10 | 7 | 11 |
| Länge . . . | 5,1 | 4,4 | 4,4 | 4,3 | 4,8 | 4,8 |

Zugleich zeigt die Messung, dafs die Pulslänge während der Volumsteigung zunimmt, so dafs die stärkste Steigung, in der Phase f-g, Pulslängen aufzeigt, welche gröfser sind als die während des Sinkens, in der Phase c-d. Dies ist ganz das Gegenteil von dem, was wir vorher antrafen; bei allen Änderungen der Aufmerksamkeit sinkt das Volumen mit relativ langen, steigt aber mit kürzeren Pulsen. Alle hier berührten Eigentümlichkeiten werden wir nun in den folgenden Kurven wiederfinden, bald kann der eine, bald der andere Zug mehr hervortreten, schwerlich wird man aber irgendwo einen einzigen derselben gänzlich vermissen.

Tab. XXXI. C. ¹⁹/₁₀ 96 vorm. A. L. Bei N 1 schwefelsaures Chinin, bei N 2 geschmeckt. Volumen des linken Arms, rechte Radialis.

| Phase . . . | a-b | b-c | c-d | d-e | e-f |
|---|---|---|---|---|---|
| Anzahl . . . | 9 | 3 | 8 | 14 | 31 |
| Länge . . . | 5,1 | 4,4 | 4,1 | 4,2 | 4,8 |

Der Versuch ist ganz derselbe wie der vorhergehende und gibt auch dasselbe Resultat, nur mit kleinen, unwesentlichen Modifikationen. In der Atmung ist dieselbe Stockung mit nachfolgenden höheren Atemzügen zu sehen; in der Volumsenkung ist die Abnahme der Pulshöhe nicht so hervortretend, um so mehr die supernormalen Pulshöhen gegen Ende des Versuchs. In der Steigung d-e ist die Pulslänge gröfser als in der Senkung c-d. An anderen Versuchspersonen findet man das nämliche, fortwährend mit geringen Variationen.

Tab. XXXI, D und XXXII, A. ¹⁶/₁₁ 96 vorm. J. N. Bei N schwefelsaures Chinin. XXXII, A ist die unmittelbare Fortsetzung von XXXI, D. Plethysmogramm des linken Arms, rechte Radialis.

| Phase | a-b | b-c | c-d | d-e | e-f | f-g |
|---|---|---|---|---|---|---|
| Anzahl | 16 | 37 | 9 | 6 | 13 | 29 |
| Länge | 5,8 | 5,2 | 5,3 | 5,3 | 5,3 | 5,4 |

Am meisten fällt hier die sehr lange und starke Volumsenkung auf; kleine Störungen der Kurve, von der Thätigkeit des Müllerschen Ventils herrührend, sind an mehreren Orten zu sehen, zum letztenmal eben vor c — so lange dauert also das Sinken. Während des folgenden Steigens findet sich deutliche Pulsverlängerung; hervortretend ist endlich die supernormale Pulshöhe in der Phase f-g. Ganz analoge Reaktionen erhält man durch andere unangenehme Geschmacksreize, was aus folgendem Versuche zu ersehen ist, der keines Kommentars bedarf.

Tab. XXXII, B u. C. ¹⁶/₁₀ 96 vorm. J. N. Bei N eine 5°/₀ haltige Zitronensäure, höchst unangenehmer Geschmack. Volumen des linken Arms, rechte Radialis.

| Phase | a-b | b-c | c-d | d-e | e-f |
|---|---|---|---|---|---|
| Anzahl | 30 | 3 | 26 | 15 | 13 |
| Länge | 5,4 | 4,3 | 4,8 | 4,8 | 4,9 |

An demselben Tage, aber nach einer längeren Pause und vorhergehendem Ausspülen des Mundes, wurde der nämliche Versuch mit einer etwas schwächeren Auflösung wiederholt; die Wirkung war dieselbe, jedoch weniger hervortretend.

Tab. XXXIII, A. ¹⁶/₁₀ 96 vorm. J. N. Bei N eine 1°/₀ haltige Auflösung von Zitronensäure.

| Phase | a-b | b-c | c-d |
|---|---|---|---|
| Anzahl | 16 | 14 | 19 |
| Länge | 5,2 | 4,8 | 5,3 |

Die Unterschiede der Intensität des Gefühls äufsern sich also wirklich durch entsprechende quantitative Unterschiede der körperlichen Äufserungen. Noch deutlicher tritt dies in den systematischen Versuchen hervor, die ich wiederholt mit allmählich anwachsender Konzentration der benutzten Auflösungen angestellt habe. Eine einzelne dieser Versuchsreihen wird zur Beleuchtung des Verhältnisses genügen:

Tab. XXXIII, B—D u. XXXIV, A. ""/₁₀ 96 nachm.
A. L. Zitronensäureauflösungen verschiedener Stärke. Volumen des linken Arms, rechte Radialis.

Wir gehen die Kurven einzeln durch. XXXIII, B zeigt die Wirkung von 0,5°/₀ haltiger Zitronensäure, die nicht übertrieben unangenehm war, aber dennoch alle eigentümlichen Äufserungen des Unlustgefühls bietet:

| Phase | a-b | b-c | c-d | d-e | e-f |
|---|---|---|---|---|---|
| Anzahl | 9 | 2 | 9 | 4 | 11 |
| Länge | 4,8 | 4,4 | 3,9 | 4,3 | 4,5 |

Nach einem Aufenthalt von ½ Min., während dessen der Mund sorgfältig ausgespült wurde, sind die Kurven C u. D genommen; D ist die unmittelbare Fortsetzung von C. Bei ∧ in der Kurve C wurde die gewöhnliche Dosis einer 1prozentigen Zitronensäure eingenommen. Die Volumsenkung hält etwas länger an als in B, und die Pulshöhe nimmt mehr ab; aufserdem ist die Pulsverkürzung stärker. Bei ∧ in D wurde ohne vorhergehendes Ausspülen des Mundes eine 2prozentige Auflösung eingenommen. Wegen des vorigen Reizes wurde der Geschmack sehr abgestumpft, jedoch noch merkbar unangenehm; die Kurve zeigt auch in allen Richtungen verminderte Wirkung, namentlich findet sich, wie die Messung zeigt, nur geringe Veränderung der Pulslänge:

| Phase | a-b | b-c | c-d | d-e | e-f | f-g | g-h | h-i | i-k | k-l |
|---|---|---|---|---|---|---|---|---|---|---|
| Anzahl | 13 | 10 | 9 | 5 | 11 | 15 | 2 | 8 | 14 | 12 |
| Länge | 5,0 | 4,0 | 4,0 | 4,0 | 4,6 | 4,5 | 4,4 | 4,1 | 4,5 | 4,8 |

Der Unterschied zwischen dem Einflusse der beiden Reize ist sehr deutlich; bei dem ersten fällt die Puls-

länge von 5,0 — 4,0, bei dem zweiten nur von 4,5 — 4,1.
Der Versuch scheint mir darum besonders interessant,
weil er zeigt, wie einem schwächeren Gefühl eine
schwächere Reaktion entspricht, trotzdem der Reiz
kräftiger ist; der psychische Zustand und die körperliche
Äuserung befinden sich in Übereinstimmung, sind von
der objektiven Gröfse des Reizes unabhängig. Sobald
die subjektive Empfänglichkeit bis zur normalen Gröfse
angewachsen ist, können wir also aufs neue eine kräftige
Äuserung erwarten. Dies sieht man auch XXXIV, A,
die nach einer kurzen Unterbrechung genommen ist,
während deren der Mund sorgfältig ausgespült wurde;
bei A 5 prozentige Zitronensäure. Die Volumsenkung
ist hier stärker und andauernder als in irgend einem
der vorhergehenden Fälle; die Pulshöhe hat ebenfalls
mehr abgenommen. Dafs dasselbe auch von der Pulslänge gilt, geht aus der Messung hervor:

| Phase | a-b | b-c | c-d | d-e | e-f | f-g |
|-------|-----|-----|-----|-----|-----|-----|
| Anzahl | 11 | 2 | 10 | 8 | 18 | 19 |
| Länge | 4,9 | 4,2 | 4,0 | 3,8 | 4,2 | 4,8 |

Ganz ähnliche Verhältnisse beobachtet man auch
bei unangenehmen Geruchsreizen, diese mögen eigentliche Geruchsempfindungen hervorrufen oder auch nur
als schmerzhafte Irritation der Schleimhäutchen der
Nase wirken. Die Reaktionen werden doch keine so
entschiedenen wie bei Geschmacksreizen, wahrscheinlich
weil selten eine so lange und intensive Reizung gelingt.
Ist der Geruch nicht sonderlich unangenehm, so wird
auch die körperliche Äuserung schwächer, dem analog,
was wir bereits über die Geschmacksempfindungen erfahren haben. Wirkt der Stoff dagegen sehr irritierend
auf die Schleimhäutchen, so unterläfst die V-P rein in-
stinktmäfsig das Atemholen und atmet nur sehr schwach
durch den Mund, weshalb der Reiz also ein verhältnismäfsig kurzer wird. In allen Fällen erzielt man deshalb
nur eine geringere Wirkung. Beispiele dieser Art sind
in den folgenden drei Kurvenreihen gegeben, wo das
Sinken des Volumens, die Abnahme der Pulshöhe und
die Verkürzung des Pulses zwar überall zu gewahren
sind, jedoch weniger entschieden und regelmäfsig als
bei den Geschmacksreizen.

Tab. XXXIV, B. ⁷/₁₀ 96 nachm. P. L. Bei ⊓ Ammoniak.

| Phase | a-b | b-c | c-d | d-e | e-f |
|---|---|---|---|---|---|
| Anzahl | 6 | 10 | 5 | 12 | 10 |
| Länge | 4,7 | 4,5 | 4,2 | 5,3 | 4,9 |

Tab. XXXIV, C. ¹³/₁₁ 96 nachm. J. N. Bei ⊓ Schwefelkohlenstoff. Volumen des linken Arms.

| Phase | a-b | b-c | c-d | d-e | e-f |
|---|---|---|---|---|---|
| Anzahl | 19 | 3 | 4 | 27 | 6 |
| Länge | 5,1 | 4,9 | 5,1 | 4,9 | 5,1 |

Tab. XXXIV, D. ¹⁹/₉ 96 nachm. A. L. Bei ⋏ Asa foetida.

| Phase | a-b | b-c | c-d | d-e | e-f | f-g |
|---|---|---|---|---|---|---|
| Anzahl | 9 | 6 | 3 | 7 | 4 | 8 |
| Länge | 4,7 | 5,1 | 4,4 | 4,4 | 4,0 | 5,3 |

Die am stärksten unlustbetonten Empfindungen, die sich durch äußere Reize hervorrufen lassen, erhalten wir im allgemeinen wohl mittels der Hautsinne; wo es sich aber um Versuche handelt, ist es mit gewissen Schwierigkeiten verbunden, diese Sinne anzugreifen. Stiche oder ähnliche schmerzhafte Eingriffe sind erstens sehr schwer an Stärke zu regulieren, und ferner geben sie leicht den Anlaß zu Gemütsbewegung verschiedener Art. Dasselbe gilt von Induktionsströmen, die den meisten Menschen ein gewisses Entsetzen einflößen. Außerdem erzeugen starke Induktionsströme fast unvermeidlich Muskelkontraktionen, welche die Kurven stören. In gewissen Fällen, namentlich bei der Untersuchung analgetischer Zustände, sind sie ein höchst wertvolles Hilfsmittel, weil ihre Stärke sich leicht regulieren läßt und sie selbst bei lange anhaltender Wirkung keine ernstliche Beschädigung nach sich ziehen; bei Versuchen an normalen Individuen habe ich indes aus den angeführten Gründen selten reine Resultate erzielt. Besser gelingen dergleichen Versuche, wenn man Wärme und Kälte in Anwendung bringt. Die Intensität läßt sich leicht angemessen machen; man kann dieselbe hinlänglich unangenehm machen, ohne daß sie Beschädigungen bewirkt, und endlich sind alle Menschen aus dem täglichen Leben

mit dergleichen Reizen so vertraut, daſs diese selten
unerwünschte Gemütsbewegungen veranlassen. In
Tab. XXXV—XXXVII gebe ich eine Reihe solcher
Versuche wieder, die in mehreren Beziehungen Interesse darbieten.

Tab. XXXV, A u. B. ¹⁹/₁₀ 96 nachm. Dr. B. Bei ⊓
Wasser von 80° C. in einer Kolbe auf den rechten Arm
gesetzt. Das Plethysmogramm am linken Arm genommen. B ist die unmittelbare Fortsetzung von A.

| Phase . . . | a-b | b-c | c-d | d-e | e-f | f-g |
|---|---|---|---|---|---|---|
| Anzahl . . | 17 | 15 | 15 | 15 | 16 | 16 |
| Länge. . . | 4,6 | 4,1 | 3,9 | 4,7 | 4,7 | 4,8 |

Die heiſse Glaskolbe war mit dem Arm in Berührung, bis die V-P selbst das Zeichen zu ihrer Entfernung gab, weil der Schmerz zu stark wurde. Die
Kurve zeigt auch sehr entschieden alle früher gefundenen Kennzeichen der Unlustgefühle, sowohl in der
Atmung als im Volumen, sowohl in der Höhe als der
Länge der Pulsschläge. Da der Reiz so stark lokal
begrenzt war und vielmehr Schmerz als eigentlich eine
Wärmeempfindung erzeugte, hat es keine groſse Wahrscheinlichkeit für sich, daſs die pulsverkürzende Wirkung der Wärme sich hier hätte geltend machen können.
Die Messung zeigt denn auch, daſs die Pulsverkürzung
schnell einer Pulsverlängerung weicht. Im folgenden
Versuch kann es dagegen kaum zweifelhaft sein, daſs
der Reiz dauerhaften Einfluſs auf den Herzschlag
hinterläſst.

Tab. XXXV, C u. D. ³/₁₁ 96 nachm. A. L. Bei ⊓
Chloräthyl an den rechten Arm; das Besprengen hörte
erst auf, als die V-P in ein brüllendes Au! ausbrach.
Volumen des linken Arms, rechte Radialis. D ist etwa
1 Min. nach C genommen.

Die Kurve zeigt starkes Sinken des Volumens, das
sich bis nach dem Aufhören des Besprengens fortsetzt.
Die Verminderung des Volumens ist so groſs, daſs der
Schreibhebel der Veränderung nicht zu folgen vermag,
und die Kurve wird deshalb zur Geraden reduziert, da
der Experimentator nicht dafür sorgte, das Ventil zu
öffnen. Auf dem gleichzeitig aufgenommenen Sphygmogramm läſst sich indes die Pulslänge während eines

Teils dieser Zeit messen. Gegen Ende der Kurve C
war eine Zone des Cylinders vollgeschrieben; man hielt
nun mit dem Aufzeichnen inne, bis der Puls in der
Volumkurve wieder sichtbar zu werden anfing, was
ungefähr 1 Min. dauerte. Darauf wurde D genommen.
Besonderes Interesse bieten die Pulslängen dar:

| Phase . | a-b | b-c | c-d | d-e | e-f | f-g | g-h |
|---------|-----|-----|-----|-----|-----|-----|-----|
| Anzahl. | 8 | 15 | 19 | 9 | | 14 | 26 |
| Länge . | 5,2 | 5,0 | 4,5 | 5,4 | | 5,3 | 5,6 |

Gleich beim Eintreten der Kälteempfindung fängt
die Pulslänge also an abzunehmen, und diese Verminderung dauert bis nach dem Aufhören des Reizes, weicht
dann aber einer sehr bedeutenden Pulsverlängerung,
welche die Norm überschreitet. Da die sehr intensive
lokale Kälteempfindung zur Folge hatte, daß die V-P
am ganzen Körper Kälteempfindungen bekam, so ist es
verständlich, daß hier eine anhaltende Pulsverlängerung
erscheint, die eine dauerhafte Abkühlung eines größeren
Teils des Körpers konstant begleitet (vgl. Tab. XX, D;
siehe S. 74).

Ist der lokale Kältereiz weniger intensiv, aber doch
hinlänglich unangenehm, so gewahrt man auch nur die
pulsverkürzende Wirkung der Unlust ohne hinterher-
folgende anhaltende Pulsverlängerung. Dies geht aus
den folgenden Kurvenreihen hervor:

Tab. XXXVI, A u. B. "·,. 96 vorm. J. N. Bei ⌐
Besprengung des rechten Arms mit Äther. Plethysmogramm des linken Arms, rechte Radialis. B ist die
unmittelbare Fortsetzung von A.

| Phase . . . | a-b | b-c | c-d | d-e | e-f | f-g |
|-------------|-----|-----|-----|-----|-----|-----|
| Anzahl. . . | 19 | 24 | 4 | 18 | 11 | 15 |
| Länge . . . | 5,6 | 5,4 | 5,6 | 5,6 | 5,2 | 5,5 |

Bei diesem Versuch war das Müllersche Ventil
in die Leitung eingefügt, was sich durch die zahlreichen kleinen Störungen der Volumkurve anzeigt. Die
letzte derselben findet sich unmittelbar vor c; die
Messung zeigt also, daß die Pulsverkürzung gerade
ebenso lange dauert wie die Volumsenkung; darauf
kehrt die Pulslänge zur Norm zurück.

Bei allen diesen Versuchen wurde der Reiz stets an
dem nicht im Plethysmographen eingeschlossenen Arm
angebracht, natürlich um zu verhüten, dafs die wahrgenommenen Volumveränderungen direkt verursachte,
rein lokale Erscheinungen würden. Da es indes auch
von Interesse war, die Wirkung der Kälte- und Wärmereize auf andere, am liebsten gröfsere Teile der Oberfläche des Organismus zu betrachten, wurden zahlreiche
Versuche mit dem oben erwähnten Stiefel angestellt,
wobei der Fufs und das Bein bis etwa zur Mitte der
Wade einer Abkühlung oder Erwärmung ausgesetzt
wurden. Zwei dieser Versuche (Tab. VI—VIII) wurden
bereits oben beschrieben (S. 46—50); ich gebe hier nur
die Messung des letzteren derselben wieder, der ein
typisches Bild der vorkommenden Pulsveränderungen
darbietet. Die Wirkung schwächerer und stärkerer
Kälte geht aus Tab. VII, D und VIII, A hervor.

| Phase | a-b | b-c | c-d | d-e | e-f | f-g | g-h |
|---|---|---|---|---|---|---|---|
| Anzahl | 16 | 5 | 5 | 23 | 12 | 16 | 25 |
| Länge | 5.5 | 6.3 | 5,6 | 5.7 | 5,3 | 5,6 | 6.2 |

In der Phase b-e findet sich eine bedeutende Pulsverlängerung infolge der schwachen Abkühlung, die
dadurch hervorgerufen wurde, dafs die Luft Zutritt zum
Fufse erhielt, der vorher mit Wasser von 35° C. umgeben
war. Die hierauf folgende stärkere Abkühlung durch
Wasser von 6° C., in der Phase e-f, bewirkt sogleich eine
Pulsverkürzung, die rasch in eine die Norm überschrei-
tende Pulsverlängerung übergeht. Es geht hieraus hervor, dafs die Kälte durchweg Pulsverlängerung erzeugt,
ausgenommen, wenn sie schmerzhaft ist, denn alsdann
hat sie, wie jeder andere unlusterregende Reiz, Pulsverkürzung zur Folge. Bei der Einwirkung der Wärme
stellt sich das Verhalten dagegen ganz anders. Sogar
ein nur wenig intensiver Wärmereiz, der nur momentan
unangenehm ist, bewirkt eine Verkürzung des Pulses
von beträchtlicher Dauer, worauf ein Zunehmen folgen
kann, was doch keineswegs immer geschieht. Ein Beispiel hiervon gibt Tab. VIII, B u. C. Die Messung zeigt:

| Phase | a-b | b-c | c-d | d-e | e-f | f-g |
|---|---|---|---|---|---|---|
| Anzahl | 13 | 21 | 10 | 13 | 24 | 21 |
| Länge | 6.1 | 5.5 | 5.1 | 5.1 | 5.7 | 6,3 |

Die bei Λ 2 eintretende Wärmeempfindung bewirkt also Verkürzung in der Phase c-e, und erst bei f ist die Pulslänge entschieden größer als in dem vorhergehenden Normalzustand, Phase a-c. Ein anderer Versuch, der genau dieselben typischen Veränderungen der Pulslänge durch Kältereize zeigt, gibt dagegen keine Zunahme der Pulslänge nach dem Wärmereize. Dieses Experiment ist wiedergegeben:

Tab. XXXVI, C u. XXXVII, A—D. S'u 96 nachm. A. L. Kälte- und Wärmereiz am Fuße. Volumen des linken Arms, rechte Radialis.

Anfänglich war der Fuß in Wasser von 35° C. angebracht. Bei ⊓1 in XXXVI. C floß das Wasser ab; die hierdurch eintretende schwache Abkühlung führt die gewöhnlichen Veränderungen herbei. Bei ⊓2 wurde 6° kaltes Wasser in den Stiefel gegossen; das Wasser floß nur hindurch, das Zeichen gibt die Dauer des Reizes an. Der fernere Verlauf ist aus XXXVII. A. der unmittelbaren Fortsetzung, zu ersehen. Die Messung zeigt ganz dieselben Resultate wie der oben besprochene Versuch:

| Phase . . . | a-b | b-c | c-d | d-e | e-f | f-g | g-h |
|---|---|---|---|---|---|---|---|
| Anzahl . . | 20 | 18 | 3 | 10 | 12 | 9 | 21 |
| Länge . . . | 5,1 | 5,2 | 4,8 | 4,9 | 5,3 | 6,3 | 5.7 |

Hier haben wir also wieder Pulsverlängerung bei der schwachen Abkühlung in der Phase b-c, Pulsverkürzung beim Kälteschmerz in der Phase c-e, darauf aber Verlängerung. XXXVII. B. die unmittelbare Fortsetzung von A. ist deshalb von Interesse, weil hier der Moment markiert ist, in welchem die bekannte Reaktion nach der Abkühlung eintrat. Bei Λ gab die V-P an, eine deutliche Wärmeempfindung zu haben, dies fällt, wie die Kurve zeigt, ungefähr in den Schluß einer Volumsteigung. Nach einer Pause von etwa 1 Min. wurde die Kurve C und als unmittelbare Fortsetzung D genommen. Bei ⊓ wurde 44° C. warmes Wasser in den Stiefel gegossen, wo es stehen bleiben durfte. Solange das Eingießen dauerte, bewirkte die Wärme ziemlich lebhaften Schmerz, der sich indes gleich verlor; sowohl die Atmung, als das Volumen, die Pulshöhe und die Pulslänge zeigen denn auch die bekannten Eigentümlichkeiten der Unlust. Die Messung gibt:

8*

| Phase . . . | a-b | b-c | c-d | d-e | e-f | f-g |
|---|---|---|---|---|---|---|
| Anzahl . . . | 10 | 2 | 10 | 11 | 15 | 25 |
| Länge . . . | 5.6 | 5,5 | 5.2 | 5,4 | 5,4 | 5,6 |

Hier erreicht die Pulslänge nur ihre ursprüngliche Norm, ohne sie jedoch zu überschreiten.

Das Resultat aller vorhergehenden Untersuchungen wird also folgendes:

Stark unlustbetonte Empfindungen bewirken sogleich ein Stocken der Atmung, gefolgt von einigen tiefen Atemzügen, worauf diese mehr oder weniger unregelmäßig wird. Das Volumen zeigt starke und oft anhaltende Senkung mit bedeutender Abnahme sowohl der Pulshöhe, als der Pulslänge. Wenn das Volumen wieder steigt, beginnt auch die Pulshöhe zuzunehmen, und diese überschreitet oft die Norm, wenn das Volumen sein ursprüngliches Niveau erreicht hat. Bei schwächerer Unlust fängt die Pulslänge ebenfalls zu wachsen an, wenn das Volumen steigt; ist die Unlust eine sehr starke, so nimmt die Pulslänge während der ersten Steigung noch ferner ab, fängt aber regelmäßig zu wachsen an, bevor das Volumen sein ursprüngliches Niveau erreicht hat; die Pulslänge ist jedoch hier gewöhnlich noch bedeutend kleiner als die Norm. Nur bei starken Kältereizen findet eine Ausnahme hiervon statt, indem die Pulslänge meistens die Norm überschreitet, sobald das Volumen zu wachsen anfängt.

Bei der Untersuchung der Spannung wies ich nach, daß die durch äußere Reize hervorgerufenen Puls- und Volumveränderungen geradezu Resultanten derjenigen Veränderungen sind, welche die beiden gleichzeitig gegebenen psychischen Zustände, nämlich die Abnahme der Spannung und die neue Konzentration der Aufmerksamkeit, jeder für sich herbeiführen würden. Es ist deshalb auch ziemlich wahrscheinlich, daß die oben nachgewiesenen Reaktionen während der Unlustzustände ebenfalls Resultanten derjenigen Wirkungen sind, welche die Änderung der Aufmerksamkeit und die entstandene

Unlust jede für sich hervorrufen würden. Dies zu beweisen, ist natürlich jedoch nicht möglich, weil ein starkes
Unlustgefühl sich nicht ohne gleichzeitige Konzentration
der Aufmerksamkeit hervorbringen läfst, und vermögen
wir also nicht, die Äuserungen jedes der beiden Zustände für sich zu bestimmen, so können wir auch nicht
ihre Resultante konstruieren. Wie wir später, namentlich
unter den Lustgefühlen, sehen werden, deutet vieles
darauf hin, dafs gleichzeitige psychische Veränderungen
wirklich voneinander unabhängig wirken, so dafs ihre
körperlichen Äuserungen in jedem einzelnen Moment
die Summe (oder Differenz) der Veränderungen werden,
welche jeder Zustand für sich hervorrufen würde. Wenden wir diesen Satz auf die gefundenen Unlustreaktionen
an, so mufs man also alles, wodurch diese sich von der
blofsen Konzentration der Aufmerksamkeit unterscheiden, nämlich ein geringes, aber anhaltendes Sinken des
Volumens, starke Pulsverkürzung und Abnahme der
Pulshöhe, eben die Äuserungen des Unlustzustandes
sein. Wir werden nun gleich im Folgenden sehen, dafs
diese Verhältnisse sich auch in mehr zusammengesetzten
Unlustzuständen wiederfinden, insofern andre gleichzeitige Veränderungen sie nicht bekämpfen und aufheben. Hierzu ist aber doch noch eins zu bemerken.

Man weifs noch durchaus nichts davon, wozu die
verschiedenen organischen Veränderungen dienen, deren
zusammengedrängtes Bild wir in den aufgenommenen
Plethysmogrammen erhalten. Wir sahen jedoch bereits
und werden dies im Folgenden ferner bestätigt finden,
dafs diese Veränderungen in hohem Grade konstant,
gesetzmäfsig sind. Es geht daher durchaus nicht an,
zu behaupten, diese körperlichen Veränderungen seien
mehr oder weniger zufällige Äuserungen derjenigen
Energieumsätze, die während der psychischen Thätigkeit
im Gehirn vorgehen'. Weit wahrscheinlicher ist die
Ansicht, dafs die organischen Veränderungen zweckmäfsige Mafsregeln sind, mittels deren das Zentral-
nervensystem seinen Blutzuflufs reguliert und sich überhaupt darauf einstellt, eben die von den vorhandenen

---

' J. Breuer und S. Freud: Studien über Hysterie. Wien 1895.
S. 176.

psychischen Zuständen erheischte Arbeit auszuführen. Unter dieser Voraussetzung wird es ebenfalls verständlich, daß jeder neue, zu den bereits bestehenden hinzutretende Zustand auch neue Maßregeln, ferner organische Veränderungen erfordert, die zu den vorher gegebenen einfach addiert werden. Dies kann wahrscheinlich aber nur eine Zeitlang so gehen. Denken wir uns eine Dampfmaschine so eingerichtet, daß sie selbst unter den Kessel heizt, und zwar um so stärker, je mehr Arbeit von ihr verlangt wird. Heizt sie nun immer stärker, so wächst der Druck des Dampfes und mithin die von der Maschine geleistete Arbeit. Hätte der Druck aber eine gewisse Größe erreicht, so würde sich das Sicherheitsventil öffnen, und von diesem Augenblick an würden wir keine vermehrte Arbeit erhalten. Ähnlicherweise scheint es im Organismus herzugehen. Hat der psychische Zustand, der erhalten werden soll, einen gewissen Grad der Komplikation erreicht, so scheint das Gehirn seine Leistungsfähigkeit nicht mehr dadurch erhöhen zu können, daß es zu den bereits bestehenden organischen Veränderungen neue hinzuaddiert; es öffnet dann ein Sicherheitsventil, und ganz neue Erscheinungen treten im Organismus ein.

Im Folgenden werden wir an mehreren Punkten Gelegenheit erhalten, dies zu beobachten. Solange der psychische Zustand kein gar zu komplizierter wird, ist die körperliche Reaktion geradezu die Summation der Reaktionen der einzelnen Teilzustände; dies ist aber nur bis zu einem gewissen Punkte gültig. Natürlich ist es nicht möglich, auf irgend eine Weise anzugeben, wie kompliziert ein Zustand sein muß, damit die Reaktion nicht mehr eine einfache Summation werde, wir werden indes erfahren, daß bei tieferen Gemütsbewegungen und Stimmungen, wo der gesamte latente Bewußtseinsinhalt des Individuums mit ins Spiel gerät, körperliche Veränderungen zum Vorschein kommen, die sich nicht durch eine Analyse des seelischen Zustandes erklären lassen. In größerer Ausdehnung habe ich dergleichen zusammengesetzte psychische Erscheinungen, die eigentlichen Affekte und Stimmungen, indes nicht untersucht. Dieselben sind auf experimentellem Wege bekanntlich ziemlich schwer hervorzurufen, und da unser Verständnis

von den Reaktionen der einfachen und nicht zusammengesetzten Zustände und von deren Bedeutung bis jetzt
noch fast gleich null ist, wird es vorläufig ziemlich
erfolglos sein, die Untersuchungen auf die komplexen
Erscheinungen auszudehnen. Ich beschränke mich deswegen im Folgenden fast ausschließlich auf die Behandlung solcher Fälle, die sich gelegentlich von selbst
darboten.

Tab. XXXVIII, A. '' 96 nachm. A. L. Schreck.
Volumen des linken Arms, rechte Radialis.

| Phase  | a-b | b-c | c-d | d-e | e-f |
|--------|-----|-----|-----|-----|-----|
| Anzahl | 12  | 4   | 8   | 9   | 21  |
| Länge  | 4.8 | 4.6 | 4.7 | 4.4 | 4.8 |

Der Versuch bezweckte eigentlich nur, einen der
gewöhnlichen Fälle des Erschreckens hervorzurufen, zu
welchem Zweck eine Flasche am Boden zerschmettert
wurde. Da es der V-P indes nicht einleuchtete, daß die
Flasche vorsätzlich zerschlagen war, erzeugte dieses
Ereignis außer dem augenblicklichen Chok zugleich
einen anhaltenderen Unlustzustand, einen Schreck, daß
ein Unfall geschehen sei. Die Messung zeigt auch, wie
die pulsverlängernde Wirkung des Erschreckens die
Pulsverkürzung des anhaltenderen Unlustzustandes bekämpft, so daß die Verkürzung nur wenig hervortritt.
Tab. XX, C zeigt einen Übergangsfall, wo der Schreck
sehr rasch verschwand, weshalb die Pulsverkürzung
noch weniger hervortritt.

Unter allen Affekten möchte wohl tiefer Kummer
derjenige sein, der sich am schwierigsten auf experimentellem Wege hervorrufen läßt — jeder Versuch,
einen solchen Zustand hervorzubringen, wird in der
V-P natürlich den Verdacht erregen, es geschehe um
des Experiments willen, und alsdann wird das Bezweckte
nicht erreicht. Da das Leben aber gar nicht so selten
derartige Affekte mit sich bringt, und da diese gewöhnlich eine deprimierte Stimmung hinterlassen, die oft von
sehr bedeutender Dauer ist, geschieht es ziemlich oft,
daß die Versuchspersonen sich in einer solchen Gemütsstimmung im Laboratorium einfinden. Ich besitze mehrere während dieses Zustands genommene Kurven; in
einigen Fällen teilte die betreffende V-P gleich bei der
Ankunft mit, ihr Gemütszustand sei nichts weniger als

normal, in andern Fällen ersah ich dies aus den Kurven
und erhielt auf Anfrage die Bestätigung meiner Diagnose.
Die deprimierte Stimmung ist sehr leicht zu erkennen;
ich gebe hier nur eine einzelne, vollkommen typische
Kurve wieder:

Tab. XXXVIII. B. ³⁰/₆ 96 vorm. J. N. Deprimierte
Stimmung. Plethysmogramm des linken Arms.

Die Kurve zeichnet sich durch ihre grofsen Undulationen und stark hervortretenden Respirationsoszillationen aus. Leider gelang es mir nie, die Stimmung so
vollständig aufzuheben, dafs eine Normalkurve zum
Vergleich genommen werden konnte; es ist folglich
nicht möglich, etwas darüber zu sagen, wie sich die
Gröfse des Volumens und der Puls im Verhältnis zur
Norm stellen. Nur ein einziges Mal habe ich eine deprimierte Stimmung während der Versuche entstehen
sehen, aber auch bei dieser Gelegenheit war es unmöglich, eine Normalkurve zu erhalten; da der Fall indes
einiges Licht über verschiedene Verhältnisse verbreitet,
gebe ich ihn hier wieder.

Tab. XXXVIII. C u. D. ³⁰/₆ 96 nachm. C. J. Spannung, von Depression abgelöst.

Wie oben S. 85 erwähnt, zeigte C. J. ebenso wie
P. L. eine hartnäckige Neigung zur Spannung, die nur
selten ganz aufhörte. Zu dem Zeitpunkt, da die hier
vorliegenden Kurven genommen wurden, war ich noch
nicht über das Verhältnis im reinen. Der Anfang von
C zeigt einen Zustand entschiedener Spannung. Im
Laufe von 4 Min. wurden verschiedene Versuche angestellt (in der Tafel weggelassen), deren Ergebnis mir
durchaus negativ vorkam, da nicht die geringste Veränderung des Volumens eintrat. Wahrscheinlich konnte
ich meinen Ärger hierüber nicht ganz verbergen, was
zur Folge hatte, dafs sich in der V-P eine deprimierte
Stimmung emporarbeitete; diese gibt sich am Ende der
Kurve C Ausdruck. Nach mehreren ebenso mifslungenen Versuchen wurde 2 Min. später D genommen. Hier
ist die Depression völlig entwickelt. Ebenso wie im
vorhergehenden Falle, Kurve B, finden sich hier grofse
Undulationen und stark markierte Respirationsoszillationen. Wir lernen aber zugleich noch mehr. Denn
während der Spannung ist das Volumen, wie wir wissen,

ein wenig vermindert, und die Pulshöhen sind unter der Norm. Da die Depression nun keine wesentliche Veränderung zeigt, weder in betreff der Größe des Volumens, noch der Pulshöhe, so wird es wohl berechtigt, zu schließen:

Während einer deprimierten Stimmung ist das Volumen vermindert und die Pulshöhe subnormal. Durch die verschiedenen Undulationen, die niemals während der Spannung vorkommen, sind die beiden Zustände leicht voneinander zu unterscheiden.

Die Furcht, die unlustbetonte Erwartung, daß etwas Unangenehmes eintreffen werde, läßt sich während der Versuche bei nicht so seltenen Gelegenheiten beobachten. Sie ist oft das erste Mal vorhanden, wenn jemand als V-P Dienste leistet, und sie zeigt sich ebenfalls häufig während der Vorbereitungen zu einem eingreifenderen Experiment an. Tab. IX, A — C gibt einen typischen, nur durch das Ungewohnte der Situation hervorgerufenen Zustand der Furcht wieder; man sieht, daß sowohl das Armvolumen, als auch die Pulshöhe und die Pulslänge anwachsen, indem die Furcht abnimmt. Folglich findet man in der Furcht alle gewöhnlichen Äußerungen der andauernden Unlust, und außerdem zeigt die Volumenkurve hervortretende Respirationsoszillationen, die ein konstantes Anzeichen gedrückter Stimmungen zu sein scheinen. Sehr ausgeprägt sind sie zu sehen:

Tab. XXXIX. A—D. ⁶ ; 95 nachm. A. L. Betäubung mittels Stickstoffoxyduls.

Wir kommen später, in anderem Zusammenhange, auf diesen Versuch zurück, der für den Augenblick zunächst wegen seines gesamten Verlaufs Interesse hat. Die Kurve A zeigt ziemlich heftige Furcht, charakterisiert durch sehr kleinen und geschwinden Puls und gewaltige Oszillationen ohne besonders tiefe Atmung. Bei Ν begann die Einatmung des Stickstoffoxyduls; diese dauerte bis Ν 1 in der Kurve B, welche die unmittelbare Fortsetzung von A ist. Bei ∏ 2 wurde ein kräftiger Induktionsstrom am linken Arm angebracht; seine Wirkung beschränkt sich wegen der bestehenden Analgesie zunächst auf einige Muskelkontraktionen, die

sowohl in der Atmungs-, als in der Volumkurve zu
sehen sind. 5 Sek. nach B ist C genommen; hier hat
die Furcht fast aufgehört, und sowohl die Pulslänge, als
die Pulshöhe ist bedeutend gröfser als zu Anfang A.
Endlich ist D die unmittelbare Fortsetzung von C; man
sieht hier die Wirkung eines ganz kurzdauernden In-
duktionsstroms von derselben Stärke wie der vorher
angewandte, nämlich: gewaltige Atmungsbewegungen
und eine plötzliche Volumsenkung, wahrscheinlich durch
Muskelkontraktionen verursacht. Auf die nähere Bedeutung des Versuches werden wir uns später einlassen;
hier ist nur die von Anfang an vorhandene Gemütsbewegung und ihr Aufhören nach der Intoxikation von
Interesse. Ganz rein erscheinen die Äufserungen der
Furcht natürlich nicht, weil wir nicht zu entscheiden
vermögen, welchen Einflufs die Intoxikation z. B. auf
die Gröfse des Volumens gehabt hat; ich habe deshalb
zu wiederholten Malen versucht, Furcht ohne Einwirkung
solcher störenden Faktoren hervorzurufen. Ein Beispiel
dieser Art, das in mehreren Beziehungen Interesse darbietet, gibt:

Tab. XL, A—D. "·· 96 nachm. P. L. Furcht vor
einer (fingierten) Betäubung mittels Stickstoffoxyduls.
Volumen des linken Arms, rechte Radialis.

Die V-P hatte keine Ahnung davon, was vorgehen
sollte. Bei ⊓ in der Kurve A sagte ich: »Werde nun nicht
bange, ich mufs eine Betäubung durch Stickstoffoxydul
versuchen.« Zugleich öffnete ich die Thür des Neben-
zimmers, wo die V-P den Gasometer aufgestellt sah,
und führte die Leitung ins Versuchszimmer, wo alles
bereit gemacht wurde. Die Kurve A zeigt eine starke
Volumsenkung, kleine und schnelle Pulse und aufserdem
die bekannten Respirationsoszillationen. Der Verabredung gemäfs bemerkte der am Kymographen sitzende
Assistent: »Der Cylinder ist fast vollgeschrieben, wir
müssen den Versuch aufschieben.« Es war hiermit
natürlich die Meinung, die V-P sollte Gelegenheit erhalten, sich wieder zu beruhigen, ehe wir weitergingen.
Man sieht denn auch gegen Ende A eine geringe Volumsteigung mit höheren und langsameren Pulsen, aufserdem einige tiefe Respirationen, offenbar ein paar Seufzer
der Erleichterung. B ist die unmittelbare Fortsetzung

von A; ganz ruhig wurde die V-P natürlich nicht
während dieser Zeit, da die Betäubung ja nur auf-
geschoben, aber nicht aufgegeben war. 20 Sek. später
wurde C genommen. Nun wußte die V-P, daß es losgehen sollte, und die Kurve zeigt denn auch anfangs
deutliche Furcht mit heftigem Herzklopfen, das in der
zackigen Form der Respirationskurve zu erblicken ist.
Bei Λ begann die fingierte Einatmung; es war nämlich
nicht die Spur von Stickstoffoxydul im Gasometer, sondern nur atmosphärische Luft. Die Einatmung wurde
bis Λ der Kurve D, der unmittelbaren Fortsetzung von
C, fortgesetzt. Während dieser Zeit wird die V-P etwas
ruhiger, aber erst nach dem Aufhören der Einatmung
sieht man den normalen Zustand mit großem Volumen,
hohen und langsamen Pulsen zurückkehren. Dieser
Versuch bestätigt also vollständig die Resultate der
früheren, zufälligen Wahrnehmungen:

Die Furcht äußert sich durch kleines
Armvolumen mit stark verminderter Pulshöhe und Pulslänge und hervortretenden Respirationsoszillationen in der Volumkurve.

Da die Respirationsoszillationen also in Depressions-
zuständen konstant vorhanden zu sein scheinen, deutet
dies offenbar darauf hin, daß unter diesen Verhältnissen
noch andres und mehr im Organismus geschieht als die
Veränderungen des Herzschlags und der Blutgefäße
an der Oberfläche des Körpers, die sich im Plethysmogramm direkt äußern. Dieses unbekannte Etwas,
das die Oszillationen verursacht, funktioniert wahrscheinlich als eine Art Sicherheitsventil, wodurch das
Hirn befähigt wird, unter den von der anhaltenden
Stimmung herbeigeführten anormalen Verhältnissen
einen Zustand des Gleichgewichts zu erhalten.

Schließlich führe ich noch zwei Fälle an, wo ein
starkes Unlustgefühl durch eine psychische Arbeit hervorgerufen wurde, die zwar an und für sich nicht besonders anstrengend war, der V-P aber unter den gegebenen Verhältnissen höchst unangenehm vorkam. In
beiden Fällen war eine Reihe weniger ansprechender
Versuche angestellt worden: die V-P saß und ruhte
aus und war soeben bis zu einem gewissen Wohlbehagen
gelangt, als diese angenehme Stimmung dadurch unter-

brochen wurde, dafs man das Ausrechnen einer Aufgabe von ihr verlangte. Die Unterbrechung wurde entschieden unangenehm empfunden, und die Kurven zeigen denn auch alle gewöhnlichen Merkmale der Unlust: die anhaltende Volumsenkung und die stark verminderte Pulshöhe und Pulslänge stehen in entschiedenem Widerspruch mit den gewöhnlichen Äufserungen psychischer Thätigkeit.

Tab. XLI. A. "₁₀ 96 nachm. Dr. B. Bei N 1 Rechenaufgabe (13 × 23), die eine unangenehme geistige Anstrengung erforderte; bei N 2 kam die Beantwortung. Plethysmogramm des linken Arms.

| Phase | a-b | b-c | c-d | d-e | e-f | f-g |
|---|---|---|---|---|---|---|
| Anzahl | 15 | 2 | 17 | 5 | 11 | 21 |
| Länge | 4.5 | 4.3 | 4.0 | 3,7 | 4.4 | 4.1 |

Tab. XLI. B. ¹₁₁ 96 nachm. A. L. Angenehme Stimmung durch die Rechenaufgabe 14 × 24 unterbrochen; bei N 2 die Antwort. Volumen des linken Arms, rechte Radialis.

| Phase | a-b | b-c | c-d | d-e | e-f |
|---|---|---|---|---|---|
| Anzahl | 19 | 3 | 5 | ·9 | 19 |
| Länge | 5.7 | 5,0 | 4.7 | 4,9 | 4.7 |

*Unlust während Spannung.* Zur Beleuchtung dieses Verhältnisses besitze ich ein sehr reichhaltiges Material, aus welchem es hervorgeht, dafs die Erscheinungen äufserst verworren sind. Die Reaktionen stellen sich verschieden, je nachdem die Spannung stärker oder schwächer ist, und überdies sind sie davon abhängig, ob die Spannung nach dem Aufhören des Reizes abnimmt oder mit unveränderter Stärke bestehen bleibt. Am leichtesten überschaulich ist das Verhältnis bei maximaler Spannung, die nach dem Aufhören des Reizes unverändert fortdauert; in diesem Falle geschieht fast gar nichts. Ein Beispiel hiervon gibt:

Tab. XLI. C. "₁ 96 vorm. C. J. Starke Spannung, bei ⊓ Ammoniak.

| Phase | a-b | b-c | c-d | d-e |
|---|---|---|---|---|
| Anzahl | 19 | 8 | 9 | 15 |
| Länge | 4.2 | 4.0 | 4,2 | 4.2 |

Die V-P gab an, der Geruch sei höchst widerlich, und sowohl die unregelmäfsige Atmung, als Störungen der Volumkurve zeigen, dafs hier eine starke Irritation stattgefunden hat. In der Volumkurve erscheint doch nur in der Phase b-c eine zweifelhafte Senkung mit Pulsverkürzung. Nimmt dagegen die starke Spannung einige Zeit nach dem Reize ab, so erhält man die Volumsteigung der verminderten Spannung nebst deutlicher Pulsverlängerung:

Tab. XLI. D. '°'; 96 nachm. H. K. Starke Spannung; bei ⊓ 1 Schwefelkohlenstoff, die Empfindung dauerte angeblich bis Λ 2.

| Phase | a-b | b-c | c-d | d-e | e-f |
|---|---|---|---|---|---|
| Anzahl | 22 | 9 | 13 | 10 | 23 |
| Länge | 3,9 | 3,7 | 3,5 | 3,7 | 4,2 |

Ebenso wie in dem vorhergehenden Falle ist es eigentlich nur die Pulsverkürzung, die anzeigt, dafs ein Reiz stattgefunden hat; das Volumen bleibt unverändert. Gegen Schlufs steigt es jedoch mit vergröfserter Pulshöhe und Pulslänge, dies ist aber sicherlich keine direkte Wirkung der stattgefundenen Reizung, sondern eine spontane Verminderung der Spannung. Ein ganz ähnlicher Fall ist Tab. XXI, B gegeben, wo ein starker Ammoniakreiz nur einen sehr unregelmäfsigen Puls erzeugt; später scheint die Spannung sich ein wenig zu verlieren, indem das Volumen mit vergröfserter Pulshöhe und Pulslänge zunimmt. Die Messung zeigt nämlich:

| Phase | a-b | b-c | c-d | d-e | e-f | f-g | g-h |
|---|---|---|---|---|---|---|---|
| Anzahl | 17 | 5 | 2 | 6 | 4 | 10 | 8 |
| Länge | 5,2 | 5,0 | 5,3 | 4,3 | 7,0 | 6,2 | 6,6 |

Zu näherer Beleuchtung der Verhältnisse gebe ich eine längere Versuchsreihe wieder, wo sowohl das Eintreten der Spannung, als deren vollständiges Aufhören sich gewahren läfst:

Tab. XLII, A—D. '°; 95 abends. Ly. Unangenehme Geschmacksreize bei normalem Zustande und während Spannung.

Es war mein Plan, eine vollständige Reihe Geschmacksversuche mit Zitronensäure von verschiedener Konzentration durchzuführen. Ein paar schwächere Auflösungen waren versucht worden, und wir waren bis zu einer 2°₀ haltigen Auflösung gelangt. Die Wirkung der letzteren zeigt die Kurve A, die mit Ausnahme von drei sehr langen Pulsschlägen in der Phase c-d nichts Ungewöhnliches darbietet; hier sind alle Reaktionen der Unlust:

| Phase | a-b | b-c | c-d | d-e | e-f |
|---|---|---|---|---|---|
| Anzahl | 20 | 2 | 3 | 9 | 12 |
| Länge | 4,8 | 4,5 | 5,9 | 3,6 | 4,3 |

B ist 1 Min. später genommen. Gleich anfangs sinkt die Volumkurve mit den bekannten Anzeichen der Spannung; ich schob deshalb die Geschmacksversuche auf und liefs eine Spieldose eine heitere Melodie intonieren, von ∧ 1 bis ∧ 2. Gröfsere Wirkung hatte dies nicht, und in mehreren nicht wiedergegebenen Kurven setzt sich trotz verschiedener angewandter Mittel die Spannung fort. Es war augenscheinlich, dafs die V-P nicht normal werden würde, bevor der letzte Versuch mit 5%haltiger Zitronensäure ausgeführt wäre. Die Wirkung ist in der Kurve C gezeigt, die ungefähr 3 Min. nach B genommen wurde. Die Spannung besteht fast unverändert; bei ∧ 1 sagte ich: ›Geben Sie nun acht, jetzt wird es schlimm.‹ bei ∧ 2 wurde die Zitronensäure eingegeben. Meine Mitteilung hatte offenbar eine fernere Zunahme der Spannung mit Verminderung des Volumens und der Pulshöhe zur Folge, so dafs der Geschmack nur wenig auf das Volumen influiert. Ein wenig später sieht man dagegen, dafs die Spannung aufhört, indem das Volumen allmählich steigt, und dies dauert in der Kurve D, der unmittelbaren Fortsetzung von C, an (die Nulllinie ist 21 mm erhoben). Die Messung zeigt Pulsverkürzung als Folge des unangenehmen Geschmacks, Pulsverlängerung beim Aufhören der Spannung:

| Phase | a-b | b-c | c-d | d-e | e-f | f-g | g-h | h-i |
|---|---|---|---|---|---|---|---|---|
| Anzahl | 9 | 14 | 4 | 2 | 19 | 21 | 28 | 29 |
| Länge | 5,2 | 5,1 | 4,6 | 4,7 | 4,0 | 4,2 | 4,6 | 5,2 |

Die beiden folgenden Kurven sind sehr instruktiv, indem sie uns das nämliche Unlustgefühl, erst während starker Spannung, darauf während schwächerer Spannung wiederholt zeigen.

Tab. XLIII, A u. B. ℧ ₊ 96 nachm. P. L. Unangenehmer Wärmereiz während Spannung. B ist die unmittelbare Fortsetzung von A.

Dafs Spannung vorhanden ist, geht aus den vorausgehenden, hier nicht mitgenommenen Kurven hervor. Bei ⌐ 1 wurde auf dem linken Arm eine Kolbe mit 80° heifsem Wasser angebracht; die Wirkung ist ebenso wie früher eine sehr geringe. Bei e hat die Spannung offenbar ein wenig nachgelassen; bei ⌐ 2 wurde die Kolbe wieder auf den Arm gesetzt. Dies bewirkt eine deutliche Volumsteigung, eine Erscheinung, die bei schwächeren Reizen während der Spannung wohlbekannt ist. Gleich darauf, im Anfang von B, sinkt das Volumen indes wieder stark, um erst beim Aufhalten der Spannung, am Schlusse von B, aufs neue zu steigen. Die Pulslänge zeigt folgenden Verlauf:

| Phase . | a-b | b-c | c-d | d-e | e-f | f-g | g-h | h-i | i-k | k-l |
|---|---|---|---|---|---|---|---|---|---|---|
| Anzahl. | 6 | 3 | 7 | 10 | 14 | 5 | 5 | 15 | 11 | 15 |
| Länge . | 6,0 | 5,2 | 5,5 | 5,6 | 6,3 | 5,2 | 6,5 | 6,1 | 6,5 | 6,4 |

In beiden Fällen erzeugt die Unlust also Pulsverkürzung, diese geht aber einige Zeit nach der Reizung in Pulsverlängerung über, während die Spannung abnimmt. Das gröfste Interesse gewährt indes zweifelsohne die vorübergehende Volumsteigung mit nachfolgender Senkung, die während der verminderten Spannung bemerkt wird; die nämliche Erscheinung findet sich in der folgenden Kurve:

Tab. XLIII. C. ⁹/₄ 96 abends. A. L. Schmerzhafter Wärmereiz während Spannung.

| Phase . . . | a-b | b-c | c-d | d-e | e-f | f-g |
|---|---|---|---|---|---|---|
| Anzahl . . | 11 | 2 | 3 | 4 | 10 | 9 |
| Länge . . . | 4,8 | 4,2 | 3,8 | 5,3 | 4,5 | 5,1 |

Der Wärmereiz wurde hier dergestalt angebracht, dafs ein tiefes Gefäfs mit 55° C. warmem Wasser von unten um den schlaff herabhängenden linken Arm geführt wurde. Bei ∧ 1 wurde die Wärme markiert, bei ∧ 2 war die Hitze so stark, dafs die V-P ein Gebrüll ausstiefs, worauf das Wasser sogleich entfernt wurde; bei ∧ 3 war der Schmerz in allem Wesentlichen verschwunden. Die Kurven zeigen denn auch, dafs die Atmung von diesem Punkte an nach den gewaltigen, den Schmerz begleitenden Respirationsbewegungen wieder regelmäfsig wird. Die Volumkurve zeigt deutlich die erwähnte Volumsteigung mit nachfolgender Senkung,

worauf das Volumen allmählich steigt, während die
Spannung nachläfst. Analoge Verhältnisse sieht man
Tab. XLII, C.

Es ist wohl kaum zu bezweifeln, dafs alle diese
Kurven uns geradezu die Summation derjenigen Äuse-
rungen zeigen, welche die gleichzeitigen psychischen
Zustände jeder für sich herbeiführen würden. Doch
scheint die Volumverminderung der Unlust häufig die
Oberhand zu haben, so dafs die Kurven ein sehr geringes
Sinken erweisen. Am besten tritt die Kombination der
gleichzeitigen Wirkungen indes hervor, wenn die anfänglich vorhandene Spannung eine verhältnismäfsig
geringe ist. Während in diesem Falle ein schwächerer
Reiz, wie wir oben sahen, nur ein vorübergehendes
Steigen des Volumens bewirkt, erhält man bei stärkeren
unangenehmen Reizen erst ein kurzes, geringes Steigen,
darauf ein Sinken. Dies ist offenbar die Folge davon,
dafs die Volumsenkung der Unlust länger andauert als
diejenige, welche durch eine Konzentration der Aufmerksamkeit allein erzeugt wird. Sie wird deshalb nur
anfänglich dem Steigen der Spannungsverminderung
weichen, gewinnt aber später die Oberhand. Besonders
Kurve XLIII, C verläuft offenbar ganz dem in Fig. 6
gezeichneten Schema gemäfs. Auch die Pulshöhe sieht
man hier in der nämlichen Richtung variieren. Unser
Resultat wird also:

Während eines bestehenden Zustands der
Spannung wird ein unlusterregender Reiz
die gewöhnlichen Äufserungen der Unlust
hervorrufen, was die Atmung und die Pulslänge betrifft, während das Armvolumen Veränderungen zeigt, welche Resultanten der
Volumsenkung der Unlust und der gleichzeitigen Volumsteigung der Spannungsverminderung sind. Ist die Spannung eine starke,
so bleibt das Volumen daher fast unverändert
mit schwacher Neigung zum Sinken; bei geringerer Spannung entsteht ein vorübergehendes Steigen, nachgefolgt von einem
Sinken.

*Lustzustände.* Es ist eine bekannte Sache, dafs die
körperlichen Äufserungen der Lustzustände sich nur

sehr schwer nachweisen lassen. Während ich früher
fand, dafs alle einfachen Lustgefühle von einer Volumsteigung nebst vergröfserter Pulshöhe begleitet werden [1],
haben die meisten späteren Forscher auf diesem Gebiete
keinen wesentlichen Unterschied zwischen lust- und
unlusterregenden Reizen nachzuweisen vermocht. Wie
wir gleich im Folgenden sehen werden, existiert nichtsdestoweniger ein solcher Unterschied, und wenn Autoren,
wie Kiesow [2], Shields [3] und Binet [4], diesen nicht zu
finden vermochten, sind wahrscheinlich eine ganze Reihe
zusammenwirkender Umstände daran schuld. Erstens
ist es schwer, starke Lustgefühle hervorzurufen; die
wahrgenommenen Wirkungen müssen deshalb auch notwendigerweise schwach sein. Hieraus folgt nun zweitens,
dafs die aufgenommenen Kurven sehr deutlich sein, besonders ziemlich grofse Pulshöhen und Pulslängen darbieten müssen, damit kleine Variationen sichtbar werden
können. An den mehr als mäfsigen Kurven, die Shields
und Binet veröffentlicht haben, wird man nur in seltenen

---

[1] Die Hauptgesetze, S. 83.
[2] Kiesow: Versuche mit Mossos Sphygmomanometer. Phil.
Stud. Bd. XI, S. 41 u. f.
[3] The effect of odours etc. Baltimore 1896.
[4] Binet et Courtier: La vie émotionelle. L'année psychologique III. 1897. Merkwürdigerweise haben die Verfasser dieser
umfassenden experimentellen Studie sich gar nicht darauf eingelassen,
den Unterschied zwischen Lust- und Unlustreaktionen zu untersuchen.
Über den früher von mir nachgewiesenen Unterschied wird bemerkt
(S. 68): »Cette distinction serait bien curieuse, si elle était vérifiée par
d'autres auteurs et pouvait être tenue pour exacte. Malheureusement
elle est démentie par un auteur récent, Shields...« Damit wird die
Sache als abgethan betrachtet; die einzigen von den Verfassern
(S. 87 u. f.) angeführten Versuche über Lustgefühle sind an Kindern
angestellt worden und betreffen Gemütsbewegungen so zusammengesetzten Charakters, dafs sie durchaus nicht geeignet sind, das vorliegende Problem zu entscheiden. Meines Erachtens müfsten die
erwähnten, sich widerstreitenden Beobachtungen für denjenigen, welcher die Sache einer Revision unterziehen will, besonderen Anlafs
enthalten, sorgfältige Untersuchungen anzustellen. Dies hat Herr
Binet jedoch nicht gethan; vielleicht möchte er sich veranlafst finden,
mir auf folgende Fragen Antwort zu geben: Kraft welches Satzes der
Logik hat derjenige, der eine Behauptung verneint, unbedingt und
unbesehen recht? Gibt es gar nicht die Möglichkeit, dafs Shields
weniger sorgfältig gearbeitet hätte, und dafs der erwähnte Unterschied
deshalb seiner Aufmerksamkeit entgangen wäre?

günstigen Fällen erwarten können, diejenigen Variationen
zu gewahren, von denen hier die Rede ist. Endlich muſs
die V-P sich anfänglich in völlig normalem Gleichgewicht
des Geistes befinden, denn jede selbst noch so unbedeutende Änderung dieses Zustandes wird gewöhnlich
Äuſserungen erzeugen, welche die schwachen Wirkungen
der Lustgefühle durchaus verwischen. Auch dies scheinen
die genannten Verfasser aber nicht beachtet zu haben:
namentlich Shields scheint für den subjektiven Zustand seiner Versuchspersonen ganz unzulässige Gleich-
gültigkeit erwiesen zu haben. Wenn der Herr Expastor
Shields die halbschlummernden Versuchspersonen
durch einen angenehmen Geruchsreiz weckt, so glaubt
er, die entstandene starke Volumsenkung sei eine Äuſserung der Lust. Es fällt ihm nicht ein, daſs sie einzig und
allein davon die Folge sein könnte, daſs das Individuum
geweckt wird, und daſs man die Erscheinungen mit ganz
andrer Vorsicht behandeln muſs, wenn man die Hoffnung hegen will, Gesetzmäſsigkeiten zu finden. Obgleich
er einmal über das andre sieht, wie das Armvolumen
sehr bedeutend steigt, weil die V-P immer schläfriger
wird, vergleicht er dennoch ohne weiteres die Äuſserungen, die er für denselben Reiz erhält, ohne Rücksicht darauf, ob die V-P übrigens normal, ganz oder
halb schläfrig ist. Und das Resultat: ›There is not one
feature common to these various curves. There is
scarcely a resemblance between any two of them‹, ist
denn auch kein andres, als was von vornherein zu erwarten stand. Wenn Herr Shields nun aber trium-
phierend dieses Resultat als Beweis gegen meine früher
angegebenen Gesetze anführt, so wird er wirklich gar zu
naiv. Denn welche Einwürfe sich auch gegen meine
älteren Versuche erheben lassen — ich selbst werde im
Folgenden deren mehrere anführen —, so habe ich doch
mit bedeutend gröſserem Verständnis dessen, worum es
sich handelt, gearbeitet, als Shields an den Tag legt.
Ich habe mit Versuchspersonen gearbeitet, die, soweit
möglich, in normalem Gleichgewicht des Geistes waren,
und ich habe niemals behauptet, daſs die unter solchen
Verhältnissen gültigen Gesetze auch für halbschlum-

¹ L. c. S. 33.

mernde Individuen gültig sein sollten. Findet er daher
keine Bestätigung meiner Gesetze, so liegt die Schuld
an ihm und nicht an mir.

Außer dem Umstande, daß starke Lustgefühle sich
nur schwer auf experimentellem Wege hervorrufen
lassen, gibt es noch ein anderes Verhältnis, welches
viel dazu beiträgt, daß die Lustreaktionen nicht so leicht
zu gewahren sind. Ein Lustgefühl läßt sich natürlich
ebensowenig wie ein Unlustgefühl durch äußeren Reiz
hervorrufen, ohne daß zugleich eine Konzentration der
Aufmerksamkeit stattfindet. Und dem früher Geschehenen
zufolge werden die Wirkungen der beiden gleichzeitigen
psychischen Veränderungen sich wahrscheinlich einfach
summieren. Deswegen treten die Unlustreaktionen so
stark hervor, denn die Unlust erzeugt an und für sich
ähnliche Veränderungen wie die reine Konzentration der
Aufmerksamkeit. Sind die Lustgefühle aber mit Bezug
auf ihre körperlichen Reaktionen das Gegenteil der Unlustgefühle, so sollte die Reaktion daher in Pulserhöhung,
Pulsverlängerung und Volumsteigerung bestehen. Jedenfalls die beiden letzteren dieser Veränderungen werden
direkt von der Pulsverkürzung und Volumsenkung der
Aufmerksamkeit bekämpft werden, und der resultierende
Ausschlag muß dann einfach davon abhängig werden,
welche der beiden Bewegungstendenzen die stärkere
ist. Eben dies erweisen aber die Versuche. Die Pulserhöhung ist fast immer hervortretend, weil die Konzentration der Aufmerksamkeit ihr nicht entgegenarbeitet,
die beiden andern Reaktionen sind aber fortwährend
Variationen unterworfen. Und diese Variationen scheinen
durchweg durch den Zustand der Aufmerksamkeit bestimmt zu sein. Bei kurzen Reizungen, welche die Aufmerksamkeit nur unwillkürlich fesseln, findet gewöhnlich nur ein geringes Sinken des Volumens statt. Die
beiden folgenden Kurven sind Beispiele hiervon:

Tab. XLIII, D. ¹⁹ ₁₁ 96 nachm. P. L. Bei ⊓ angenehmer Geruchsreiz, Safran. Volumen des linken
Arms.

| Phase | a-b | b-c | c-d | d-e | e-f |
|---|---|---|---|---|---|
| Anzahl | 14 | 2 | 6 | 20 | 7 |
| Länge | 6,1 | 6,0 | 6,1 | 5,9 | 6,4 |

9*

Hier ist eine schwache Pulsverkürzung, aber eine bedeutende hinterher folgende Volumsteigung; in der folgenden Kurve wird die Norm nicht überschritten, findet sich dagegen Pulsverlängerung:

Tab. XLIII. E. ¹⁹/₁₁ 96 nachm. P. L. Bei ⊓ angenehmer Geruchsreiz, Nitrobenzol. Volumen des linken Arms.

| Phase | a-b | b-c | c-d | d-e | e-f |
|---|---|---|---|---|---|
| Anzahl | 8 | 2 | 6 | 4 | 10 |
| Länge | 6,3 | 5,3 | 6,8 | 6,1 | 6,4 |

Wird die Aufmerksamkeit dagegen mehr aktiv angespannt, z. B. weil der Reiz nicht sogleich wieder erkannt wird, was häufig mit den Geruchsreizen der Fall ist, so findet sich meistens auch eine größere Volumsenkung, während die Pulslänge sich übrigens sehr verschieden gestalten kann. So ist in den beiden folgenden Kurven starke Pulsverlängerung:

Tab. XLIV, A. ⁴/₉ 96 nachm. A. L. Bei ⊓ angenehmer, nicht erkannter Geruchsreiz, Menthol.

| Phase | a-b | b-c | c-d | d-e | e-f |
|---|---|---|---|---|---|
| Anzahl | 21 | 3 | 6 | 10 | 18 |
| Länge | 4,7 | 4,4 | 5,5 | 5,1 | 5,5 |

Tab. XLIV, B. ¹¹/₉ 96 nachm. A. L. Bei ⊓ 1 angenehmer, nicht erkannter Geruch, Chloral. Bei Λ 2 Erschrecken.

| Phase | a-b | b-c | c-d | d-e | e-f |
|---|---|---|---|---|---|
| Anzahl | 18 | 4 | 5 | 9 | 7 |
| Länge | 5,3 | 4,8 | 6,1 | 5,8 | 5,9 |

In den beiden folgenden Kurven, wo das subjektive Verhältnis so ziemlich das nämliche war wie in den beiden vorhergehenden, sieht man dagegen Pulsverkürzung, jedoch ein Steigen des Volumens bis über das ursprüngliche Niveau:

Tab. XLIV, C. ¹/₁₀ 96 nachm. P. L. Bei ⊓ überraschender, angenehmer Geruch, Patschuli.

| Phase | a-b | b-c | c-d | d-e | e-f | f-g |
|---|---|---|---|---|---|---|
| Anzahl | 20 | 3 | 6 | 7 | 11 | 5 |
| Länge | 6,1 | 5,0 | 6,5 | 4,9 | 5,5 | 6,5 |

Tab. XLIV, D. ¹²/₉ 96 nachm. J. N. Bei ⊓ nicht sogleich erkannter, angenehmer Geruch, Rosenöl. Volumen des linken Arms.

| Phase | | a-b | b-c | c-d | d-e | e-f |
|---|---|---|---|---|---|---|
| Anzahl | . | 11 | 2 | 9 | 10 | 5 |
| Länge | . . | 5,7 | 5,1 | 5,6 | 5,2 | 5,4 |

Nur selten erhält man eine so reine Äußerung des Lustgefühls wie in der folgenden Kurve:

Tab. XLV, A. ""/9 96 nachm. A. L. Bei ⊓ erkannter, angenehmer Geruch, Safran.

| Phase | | a-b | b-c | c-d | d-e | e-f | f-g |
|---|---|---|---|---|---|---|---|
| Anzahl | . | 16 | 4 | 6 | 6 | 13 | 13 |
| Länge | . . | 5,2 | 4,9 | 5,3 | 5,2 | 4,6 | 5,4 |

Als Gegenstück gebe ich eine andere Kurve wieder, die zunächst zeigt, wie wenig dazu gehört, die eigentümliche Reaktion des Lustgefühls zum vollständigen Verschwinden zu bringen. Diese Kurve steht in meiner Materialsammlung übrigens ganz einzig da:

Tab. XLV, B. "°/10 96 nachm. Dr. B. Bei ⊓ sehr angenehmer Geruch, Menthol. Plethysmogramm des linken Arms, rechter Radialispuls.

| Phase | | a-b | b-c | c-d | d-e | e-f |
|---|---|---|---|---|---|---|
| Anzahl | . | 14 | 3 | 10 | 16 | 23 |
| Länge | . . | 4,7 | 4,2 | 4,7 | 4,2 | 4,6 |

Wahrscheinlich ist es die sehr lange und tiefe Atmung im Verein mit Anspannung der Aufmerksamkeit, die zusammen mit einiger Furcht, der Reiz möchte zu früh aufhalten, diesen merkwürdigen Ausschlag hervorgebracht hat. — Eine obschon ganz geringe körperliche Anstrengung wird stets eine Pulsverkürzung hervorrufen, welche die pulsverlängernde Wirkung des Lustgefühls vollständig überwindet. Und kommt hierzu nur einige Anspannung der Aufmerksamkeit, so läßt die Lustreaktion sich nicht mehr nachweisen. Ein derartiges Verhältnis wird fast immer stattfinden, wenn man Geschmacksreize in der Form fester Stoffe gibt, die erst im Munde aufgelöst werden müssen, weshalb die V-P einige Zeit auf die Empfindung zu warten hat. Dies illustrieren die folgenden drei Kurven:

Tab. XLV, C. ⁵/11 96 nachm. A. L. Bei ∧ 1 ein Stück Zucker, bei ∧ 2 der Geschmack. Volumen des linken Arms, rechte Radialis.

| Phase . | . | a-b | b-c | c-d | d-e | e-f | f-g |
|---|---|---|---|---|---|---|---|
| Anzahl . | . | 10 | 2 | 10 | 16 | 7 | 18 |
| Länge . | . . | 5,2 | 5,0 | 4,6 | 4,7 | 4,6 | 4,6 |

Tab. XLV. D. ¹⁹⁄₁₀ 96 nachm. P. L. Bei N.1 pulverisierte Schokolade, bei N 2 der Geschmack. Plethysmogramm des linken Arms.

| Phase . | . . . | a-b | b-c | c-d | d-e |
|---|---|---|---|---|---|
| Anzahl . | . . | 13 | 6 | 15 | 9 |
| Länge | . . . | 5,9 | 5.8 | 5,2 | 5,1 |

Tab. XLVI. A. ¹⁹⁄₁₀ 95 abends. H. K. Bei N Schokoladekuchen.

| Phase . | . . | a-b | b-c | c-d | d-e | e-f | f-g |
|---|---|---|---|---|---|---|---|
| Anzahl . | . | 20 | 4 | 2 | 6 | 25 | 32 |
| Länge . | . . | 3,4 | 3,2 | 3,3 | 3,3 | 3,3 | 3,3 |

Bei Lustgefühlen höherer Art werden die Reaktionen nicht selten so stark, dafs die gleichzeitige Anspannung der Aufmerksamkeit, die notwendigerweise ebenfalls recht bedeutend werden mufs, die Wirkung nicht gänzlich zu verdecken vermag. Beispiele hiervon geben die folgenden Kurven:

Tab. XLVI. B ¹¹⁄₉ 96 nachm. P. L. Von N 1 bis N 2 wurde eine heitere Melodie gespielt.

| Phase . | . . . | a-b | b-c | c-d | d-e |
|---|---|---|---|---|---|
| Anzahl . | . . | 5 | 14 | 17 | 24 |
| Länge | . . . | 4,5 | 4,7 | 4,7 | 5,4 |

Die Kurve zeigt von Anfang des Reizes an ein allmähliches, aber geringes Sinken, worauf sie bis über das ursprüngliche Niveau steigt, und dieses Steigen setzt sich nach dem Aufhören des Reizes fort. Ebenfalls findet sich eine fortwährende Pulsverlängerung von Anfang der Reizung an, nach derselben eine ziemlich bedeutende Pulserhöhung. Ganz das nämliche wiederholt sich im folgenden Versuche:

Tab. XLVI, C u. D. ¹¹⁄₉ 96 nachm. A. L. Von N 1 bis N 2 eine Photochromie, bei N 3 wird die angenehme Stimmung durch eine unangenehme Aufgabe unterbrochen, deren Lösung die V-P verweigerte. D ist die unmittelbare Fortsetzung von C.

| Phase . | . | a-b | b-c | c-d | d-e | e-f | f-g | g-h | h-i | i-k | k-l | l-m |
|---|---|---|---|---|---|---|---|---|---|---|---|---|
| Anzahl . | | 4 | 3 | 4 | 17 | 4 | 6 | 3 | 4 | 9 | 9 | 20 |
| Länge . | | 7.0 | 6.7 | 7.0 | 7.1 | 7.2 | 7.0 | 7.0 | 6.7 | 7,0 | 7,3 | 7,4 |

Man sieht, dafs sowohl die Volum-, als die Pulsveränderungen dieselben sind wie im vorhergehenden
Falle: namentlich ist es interessant, zu gewahren, dafs
die eigentliche Volumsteigung erst nach dem Aufhören
der Reizung eintritt. Die Betrachtung des Bildes —
einer hübsch ausgeführten sogenannten Photochromie —
verlangt offenbar so viel Aufmerksamkeit, dafs das
Lustgefühl nicht zur Geltung kommen kann; erst wenn
die psychische Arbeit — das Betrachten — aufgehört
hat, vermag die hierdurch erregte Stimmung sich zu
äufsern. Die Unterbrechung dieser Stimmung wirkt
natürlich unangenehm mit Volumsenkung und Pulsverkürzung, in der Phase h-i, darauf steigt das Volumen
aber noch mehr mit hohen und langen Pulsen. — Wenn
die Konzentration der Aufmerksamkeit sich völlig eliminieren läfst, müssen die Äufserungen des Lustgefühls
natürlich vollkommen rein hervortreten; dies sieht man
in der folgenden Kurve:

Tab. XLVI. E. $\frac{4}{7}$ 96 nachm. A. L. Von $\wedge$ 2
spontan auftauchende, sehr angenehme Erinnerung.

| Phase | a-b | b-c | c-d | d-e |
|---|---|---|---|---|
| Anzahl | 9 | 19 | 9 | 7 |
| Länge | 6,7 | 6,6 | 6,7 | 6,6 |

Hier äufsert sich die Lust durch starke Volumsteigung und Pulserhöhung, wogegen die Pulslänge eher
abnimmt, wenn auch nur sehr wenig. Endlich werde ich
einen ziemlich einzigen Fall anführen, wo eine psychische
Arbeit wegen ihrer Leichtigkeit ein entschiedenes Lustgefühl erregte:

Tab. XLVII. A. $\frac{8}{10}$ 96 nachm. A. L. Von $\wedge$ 1 bis
$\wedge$ 2 sehr leichtes Rechenexempel mit Vergnügen ausgerechnet.

| Phase | a-b | b-c | c-d | d-e | e-f |
|---|---|---|---|---|---|
| Anzahl | 7 | 3 | 4 | 8 | 7 |
| Länge | 4,9 | 4,7 | 4,9 | 5,1 | 5,4 |

Das Lustgefühl äufsert sich hier teils durch Pulsverlängerung, teils durch bedeutende Abnahme der bei
der Konzentration der Aufmerksamkeit gewöhnlichen
Volumsenkung.

Vergleicht man nun alle hier betrachteten Kurven
mit den entsprechenden durch unlusterregende Reize

entstandenen, so wird man schwerlich umhin können,
zu sehen, dafs zwischen denselben ein ziemlich wesentlicher Unterschied besteht. Am deutlichsten ist der
Unterschied hinsichtlich des Pulses: während Unlustzustände durchweg verminderte und verkürzte Pulse
erzeugen, ist die Erhöhung und Verlängerung den Lustgefühlen ebenso charakteristisch. Weniger hervortretend ist der Unterschied der Volumveränderungen. die
in beiden Fällen fast auf dieselbe Weise verlaufen:
während die Volumsenkung bei Unlustgefühlen aber
wenigstens ebenso grofs ist als bei der reinen Konzentration der Aufmerksamkeit, ist sie bei den Lustzuständen entschieden kleiner. Rein erfahrungsgemäfs
kann man also behaupten:

Einfache lustbetonte Empfindungen und
andre. nur wenig zusammengesetzte Lustzustände äufsern sich durch Pulserhöhung
und Pulsverlängerung. während das Volumen
gewöhnlich nur gleich im Anfang der Reizung
ein geringes Sinken zeigt, worauf es rasch bis
über das ursprüngliche Niveau steigt. Selten
oder nie sieht man jedoch alle drei Veränderungen in derselben Kurve hervortreten; findet
sich Erhöhung und Verlängerung des Pulses.
so wird wohl kaum ein Steigen des Volumens
erscheinen; bei Pulserhöhung und Volumsteigung wird man keine Pulsverlängerung finden
u. s. w. Je geringer die Konzentration der Aufmerksamkeit ist. um so mehr treten die charakteristischen Äufserungen der Lustgefühle hervor. Die beobachteten Veränderungen lassen
sich deswegen als eine Summation der widerstreitenden Wirkungen erklären. welche die
Konzentration der Aufmerksamkeit und das
Lustgefühl. jedes für sich, hervorbringen
würden.

*Lustgefühle während Spannung.* Im Vorhergehenden stellten wir fest. dafs jeder Reiz, der die Aufmerksamkeit zu fesseln vermag und folglich zugleich eine
bestehende Spannung vermindert, eine gröfsere oder
kleinere Volumsteigung hervorrufen wird. Ebenfalls
wurde nachgewiesen, dafs Lustgefühle die Neigung

haben, sich durch Volumsteigungen zu äufsern. Da
beide diese psychischen Erscheinungen in derselben
Richtung wirken, können wir also erwarten, dafs ein
lusterregender Reiz eine sehr bedeutende Volumvergröfserung zur Folge haben wird, wenn nur die vorhandene Spannung keine gar zu starke ist. Und was
hier von den Volumveränderungen gesagt ist, gilt
übrigens auch von den Pulshöhen, die sowohl bei Lustgefühlen, als bei Verminderung der Spannung zunehmen.
Von der Pulslänge dagegen läfst sich wohl kaum etwas
voraussagen, da die Spannung keinen konstanten Einflufs auf deren Verhalten hat und Lustgefühle keineswegs stets eine Pulsverlängerung bewirken, namentlich
nicht, wenn zugleich eine Zunahme des Volumens und
der Pulshöhe stattfindet. Die Richtigkeit dieser Betrachtung geht aus den folgenden drei Kurven hervor:
Tab. XLVII. B—D. '; 96 nachm. C. J. Verschiedene lusterregende Reize während Spannung.

Zu dem Zeitpunkte, da dieser Versuch angestellt
ward, war es mir nur ausnahmsweise gelungen, in der
betreffenden V-P die konstante, starke Spannung zum
Verschwinden zu bringen. Ich bemühte mich fortwährend, um Mittel zur Erreichung dieses Zwecks zu finden.
Dadurch, dafs ich die V-P in ununterbrochener, aber
nicht zu anstrengender Thätigkeit erhielt, glaubte ich
meine Absicht am leichtesten erreichen zu können. Eines
Tages liefs ich deshalb die ruhig sitzende V-P einen
schwachen Lichtpunkt beobachten, der wegen der unvermeidlichen Schwankungen der Aufmerksamkeit bald
aufloderte und bald wieder verschwand. Es dauerte denn
auch nicht lange, bis diese Arbeit eine sehr ersichtliche
Verminderung der Spannung bewirkte. Diesen Moment
zeigt XLVII. B. Bei ⊓ markierte die V-P gerade ein
Aufleuchten des Lichtpunktes; es erweist sich, dafs die
hierzu erforderliche Konzentration der Aufmerksamkeit
zugleich eine Abnahme der Spannung veranlafst, die
durch Steigen des Volumens und Anwachsen der Pulshöhe erkennbar ist. Die Messung gibt:

| Phase | a-b | b-c | c-d |
|---|---|---|---|
| Anzahl | 12 | 7 | 12 |
| Länge | 4,9 | 4,7 | 4,5 |

Ein wenig mehr als 2 Min. liefs ich die V-P sich
noch mit dieser Arbeit belustigen, die dann unterbrochen wurde, da die Spannung kaum mehr nachzuweisen war. Die Kurve C ist gleich nach dem Aufhören
der Thätigkeit genommen; sie zeigt anfangs eine Neigung
zu erneuerter Spannung, die indes bald wieder verschwindet. Bei N 1 gab ich das Rechenexempel 13×14,
bei N 2 kam die Beantwortung. Die auffallende Volumsteigung während dieser Arbeit — die V-P war im Kopfrechnen nicht gewandt, und dergleichen Aufgaben ge-
fielen ihr deshalb gar nicht — wird jedoch verständlich,
da die V-P lebhafte Freude darüber fühlte, dafs die
Geschichte doch nicht ärger war. Die Kurve D ist die
unmittelbare Fortsetzung von C; die Nulllinie ist 20 mm
erhoben, vgl. die Tafel. Hier ist wieder ein spontan
eintretendes Steigen. Dies rührt von einer angenehmen
Erinnerung her; die Gedanken der V-P waren auf
Sonnenschein, Bäume und Blumen geraten. Die Kurven
bestätigen unsere Erwartungen also vollständig, indem
sie sehr starke Volumsteigungen und Pulserhöhungen
als Resultat von Verminderung der Spannung und
gleichzeitigen Lustgefühlen erweisen. Die Pulslänge
dagegen bietet nichts von Bedeutung dar:

| Phase | a-b | b-c | c-d | d-e | e-f | f-g |
|---|---|---|---|---|---|---|
| Anzahl | 30 | 11 | 15 | 12 | 25 | 34 |
| Länge | 4,9 | 4,9 | 4,6 | 4,5 | 4,5 | 4,7 |

Die grofsen Ausschläge der vorhergehenden Kurven
rühren wahrscheinlich von dem Umstande her, dafs die
Spannung während der aufeinander folgenden Reize
ganz verschwunden ist. Bei maximaler Spannung dagegen werden Lustgefühle wahrscheinlich ebensowenig
als andre Zustände wesentlichen Einfluss auf die Spannung üben, und folglich kann man auch keine grofsen
Volumveränderungen erwarten. Dafs die Pulslänge dagegen in diesem Falle merkbar zunimmt, zeigt die Erfahrung. Ein Beispiel hiervon wurde schon Tab. XXI. E
gegeben, wo eine Photochromie — von N 1 bis N 2 —
nur ein geringes Steigen des Volumens bewirkt. Die
Messung, die bei dem Buchstaben I in der Kurve D anfängt, zeigt dagegen bedeutende Pulsverlängerung:

| Phase  | . . . | l-m | m-n | n-o | o-p |
|--------|-------|-----|-----|-----|-----|
| Anzahl | . . . | 18  | 2   | 30  | 7   |
| Länge  | . . . | 5,6 | 5.0 | 6.3 | 6,3 |

Ein ähnliches Verhältnis ist in der nächsten Kurve zu sehen, wo zwar eine geringere Pulsverlängerung, aber auch bedeutendere Volumveränderung ist:

Tab. XLVII, E u. XLVIII, A. "'. 96 nachm. C. J. Spannung, bei N 1 Vorzeigen einer Photochromie, die bei N 2 entfernt wird.

| Phase  | . ` | a-b | b-c | c-d | d-e | e-f | f-g | g-h | h-i | i-k |
|--------|-----|-----|-----|-----|-----|-----|-----|-----|-----|-----|
| Anzahl | .   | 8   | 8   | 18  | 40  | 16  | 5   | 19  | 5   | 16  |
| Länge  | .   | 4,4 | 4,1 | 4.2 | 4.4 | 4,3 | 4,4 | 4,5 | 4,6 | 4,3 |

Während des Betrachtens des Bildes entsteht hier, ebenso wie in mehreren früheren Fällen, keine größere Wirkung; erst hinterher, wenn die V-P sich der hervorgerufenen Stimmung überläßt, tritt eine starke Volumsteigung mit Pulsverlängerung ein (Phase f-h). Die V-P äußerte, sie habe, kurz nachdem das Bild entfernt worden sei, gänzlich vergessen, daß sie sich im Apparate befinde; deutliche Anzeichen der Spannung sind denn auch sowohl am Schluß, als am Anfange des Versuchs zu sehen. Ein ähnliches Experiment ist wiedergegeben:

Tab. XLVIII, B u. C. "'. 96 nachm. P. L. Spannung, bei N 1 Schokolade gereicht, die bei N 2 geschmeckt wird; bei N 3 verschwand der Geschmack, kam aber bei N 4 wieder.

| Phase  | . . | a-b | b-c | c-d | d-e | e-f | f-g | g-h | h-i | i-k |
|--------|-----|-----|-----|-----|-----|-----|-----|-----|-----|-----|
| Anzahl | .   | 18  | 9   | 8   | 10  | 6   | 13  | 20  | 14  | 17  |
| Länge  | .   | 5,0 | 5,3 | 4,7 | 4,7 | 4,2 | 4,8 | 5,4 | 5,3 | 5,8 |

Es ist hierbei zu beachten, daß die körperliche Arbeit, welche die Auflösung der Schokolade im Munde erfordert, stets eine Pulsverkürzung und Volumsenkung herbeiführt (vgl. S. 133). Also erst nach Beendigung dieser Arbeit kann sich das Lustgefühl geltend machen. Demgemäß sieht man, wie das Volumen von f an mit stark verlängertem Puls ein wenig steigt. Die gewaltige Volumsteigung am Schlusse der Kurve C rührt von dem Aufhören der Spannung gegen Ende des Versuchs her; analoge, an derselben V-P eingetroffene Fälle sind Tab. XXIII und XXIV wiedergegeben.

Ich habe allen möglichen Grund zu der Vermutung,
dafs meine in den ›Hauptgesetzen‹ besprochenen Versuche über die Lustgefühle keine reinen waren. Die dort
Tab. I, A u. C wiedergegebenen Kurven haben so grofse
Ähnlichkeit mit den hier gefundenen Äufserungen der
Lustgefühle während Spannung, dafs ich durchaus nicht
bezweifeln kann, dafs meine damaligen Versuchspersonen
ebenfalls an diesem Zustande litten. Dies ist um so
wahrscheinlicher, da die beiden erwähnten Kurven aus
den ersten Tagen der alten Versuche herrühren, wo
das Ganze uns noch durchaus neu war, und die Versuchspersonen sich noch nicht hatten an die Situation
gewöhnen können.

Unser Resultat wird also:

Während einer bestehenden geringen Spannung werden Lustgefühle sich durch sehr bedeutende Zunahme des Armvolumens und der
Pulshöhe äufsern, während die Pulslänge
keine wesentliche Veränderung erleidet. Ist
die Spannung dagegen eine sehr starke, so
werden die Lustgefühle nur geringe Zunahme
des Volumens und der Pulshöhe bewirken,
während die Pulslänge stark anwächst. Auch
diese Äufserungen lassen sich als eine Summation derjenigen Wirkungen auffassen,
welche das Lustgefühl und die stärkere oder
schwächere Abnahme der Spannung, jedes
für sich, herbeiführen würden.

*Die Konzentration der Aufmerksamkeit auf den
Gefühlston.* Wenn die Aufmerksamkeit im Momente
der Reizung eine neue Richtung nimmt, so kehrt sie
sich auf natürliche Weise der durch den Reiz ausgelösten Empfindung zu. Diese natürliche Richtung der
Aufmerksamkeit ist bisher stets gemeint gewesen, wo
von einer Lenkung der Aufmerksamkeit auf den Reiz
oder die erzeugte Empfindung die Rede war. Bekanntlich verhindert aber nichts, dafs man die Aufmerksamkeit willkürlich dem Gefühl, der mit der Empfindung
verknüpften Gefühlsbetonung zukehrt. Wie letztere alsdann geschwächt wird, hat Külpe auf Grundlage von
Selbstbeobachtungen auseinandergesetzt[1]. Ferner hat

---

[1] Grundrifs der Psychologie. Leipzig 1893. S. 266 u. f.

er es versucht, den durch die beiden verschiedenen
Richtungen der Aufmerksamkeit entstehenden Unterschied der körperlichen Äuserungen zu bestimmen. Er
sagt hierüber: ›In einigen Versuchen, die ich mit dem
Sphygmographen an einer Versuchsperson anstellte, die
aber natürlich gar nicht beanspruchen, einen exakten
Aufschlus über die hier vorliegenden Verhältnisse zu
geben, schien eine regelmäfsige Annäherung der Auf-
merksamkeitskurve (so nenne ich kurz das Sphygmogramm, das bei Richtung der Aufmerksamkeit auf das
Gefühl erhalten wurde) an die vor dem Versuch festgestellte normale oder Indifferenzkurve nur bei Lustgefühlen stattzufinden. Die unter der Herrschaft der
Unlust erhaltene Verlangsamung des Pulses wird dagegen durch die angegebene Richtung der Aufmerksamkeit noch vergröfsert.‹

Wenn ›Verlangsamung des Pulses‹ kein blofser
Druckfehler ist, wenn K ü l pe wirklich in Unlustzuständen langsameren Puls gefunden hat, so liefert
dies einen guten Beweis, wie wenig man sich auf diese
Art von Versuchen verlassen kann, wenn sie in Eile
von einem ungeübten Experimentator ausgeführt werden, nur um eine einzige kleine Detailfrage abgemacht
zu sehen. K ü l pe hat wahrscheinlich, wie wir unten
sehen werden, so starke und plötzliche Reize angewandt,
dafs der hervorgerufene Zustand zunächst ein Erschrecken war. Dafs alle andere Unlust geschwinderen
Puls verursacht, möchte wohl dem hier Nachgewiesenen
zufolge aufser allen Zweifel gestellt sein. Um nun, womöglich, eine etwas zuverlässigere Beantwortung des
erhobenen Problems zu erhalten, habe ich den K ü l pe -
schen Versuch häufig an verschiedenen Versuchspersonen angestellt. Es gelingt jedoch nicht leicht, denselben
unter Bedingungen auszuführen, die das Resultat auch
nur einigermafsen unangreifbar machen. Die Schwierigkeit, die es verursacht, die Aufmerksamkeit auf die Gefühlsbetonung gerichtet zu erhalten, hat K ü l pe bereits
erwähnt; sie wurde ebenfalls von meinen Versuchspersonen bemerkt. Schlimmer ist es indes, dafs es fast
unmöglich wird, bis zum Anfang des Versuches das
normale Gleichgewicht des Gemüts zu bewahren. Ist
vorher wegen einer solchen ungewöhnlichen Richtung

der Aufmerksamkeit Verabredung getroffen, so erwartet man in einer gewissen Spannung das Eintreten des Reizes; die Kurven verraten deutlich die Spannung, und es wird zweifelhaft, welches Gewicht der späteren Richtung der Aufmerksamkeit auf die Gefühlsbetonung beizulegen ist. Ist dagegen keine Verabredung getroffen. erwartet man nichts, so mufs man sich erst besinnen. um der Aufmerksamkeit eine besondere Richtung zu geben. dann zwängt dieser Gedanke sich aber in den Versuch hinein, und wieder wird das Resultat zweifelhaft. Im Folgenden gebe ich einige einzelne Kurven wieder, die ich unter diesen verschiedenen Umständen erhalten habe; ich sehe mich indes nicht im stande. ein bestimmtes Resultat hieraus abzuleiten.

Tab. XLVIII, D. ¹³⸍ 96 nachm. P. L. Verabredete Konzentration der Aufmerksamkeit auf das Gefühl. deshalb Erwartung. Bei ⊓ 76° C. warmes Wasser in einer Kolbe auf den Arm.

| Phase | a-b | b-c | c-d | d-e | e-f |
|---|---|---|---|---|---|
| Anzahl | 16 | 4 | 6 | 10 | 11 |
| Länge | 6.2 | 5,5 | 6.2 | 6,3 | 6,6 |

Die geringe Abnahme des Volumens ist gewifs ausschliefslich der Spannung zuzuschreiben; zum Vergleich dient die Kurve XLIII. A. die an demselben Tage unter ganz denselben Verhältnissen. aber ohne andre Richtung der Aufmerksamkeit als die natürliche genommen wurde. Die letztere Tafel zeigt unstreitbar eine länger anhaltende Pulsverkürzung, jedoch die nämlichen Volumverhältnisse.

Tab. XLVIII. E. ¹³ 96 abends. A. L. Erwartung des Reizes. Bei ⋀ 1 76° C. warmes Wasser in einer Kolbe auf den Arm. entfernt bei ⋀ 2; entschieden schmerzhaft. Konzentration der Aufmerksamkeit auf das Gefühl.

| Phase | a-b | b-c | c-d | d-e | e-f | f-g |
|---|---|---|---|---|---|---|
| Anzahl | 17 | 4 | 9 | 5 | 5 | 17 |
| Länge | 4.9 | 4,5 | 4,4 | 4,8 | 4,6 | 5,4 |

Der Fall ist dem vorigen ganz analog: die Spannung bewirkt, dafs das Volumen sich fast nicht verändert. Ob die Pulsverkürzung gröfser oder geringer ist, als sie ohne die ungewöhnliche Richtung der Aufmerksam-

keit sein würde. läfst sich wohl kaum entscheiden. —
Etwas besser ist der folgende Versuch, wo die Spannung
jedenfalls keine starke war.

Tab. XLIX, A u. B. ¹¹⁄₄ 96 nachm. A. L. Erwartung
des Reizes. Bei N 1 starker Ammoniakgeruch, unangenehm, die Aufmerksamkeit auf das Gefühl gerichtet.
Bei ⊓ 2 ein Ton, unwillkürliche, nicht auf das Gefühl ge-
richtete Aufmerksamkeit. B ist die unmittelbare Fortsetzung von A.

| Phase | a-b | b-c | c-d | d-e | e-f | f-g | g-h | h-i | i-k |
|---|---|---|---|---|---|---|---|---|---|
| Anzahl | 7 | 9 | 12 | 10 | 3 | 5 | 5 | 12 | 16 |
| Länge | 6,4 | 5,6 | 5,6 | 5,8 | 6,4 | 6,0 | 6,7 | 6,4 | 6,9 |

Die eintretende Erwartung ist gleich im Anfang von
A zu sehen; sie verliert sich indes ein wenig vor dem
Anfang des Versuches und ist also nicht besonders stark.
Unter diesen Verhältnissen würde ein Unlustgefühl normal eine kurze Volumsteigung mit nachfolgender Senkung herbeiführen (vgl. Tab. XLIII, A—C), davon findet
sich hier aber keine Spur. Dieser Unterschied ist gewifs der anstrengenden Konzentration der Aufmerksamkeit auf das Gefühl zuzuschreiben, wodurch die bei
Abnahme der Spannung stattfindende Volumsteigung
ausgeglichen wird. In der Pulslänge findet sich kaum
etwas, das ungewöhnliche Verhältnisse andeutete. Der
fernere Verlauf, in der Kurve B, bietet nichts von Interesse dar, indem die Pulsverlängerung der unwillkürlichen
Aufmerksamkeit hinlänglich bekannt ist; die Kurve ist
auch nur mitgenommen, um das Aufhören der Spannung
am Schlusse zu zeigen. — Ganz andre Erscheinungen
bietet der folgende Versuch:

Tab. XLIX. C. ¹¹⁄₄ 96 nachm. A. L. Bei N plötzlicher, starker Ammoniakgeruch, der ein Erschrecken
bewirkte, weil er durchaus nicht erwartet war. Die
Aufmerksamkeit gleich auf das Gefühl konzentriert.

| Phase | a-b | b-c | c-d | d-e | e-f |
|---|---|---|---|---|---|
| Anzahl | 17 | 3 | 5 | 14 | 7 |
| Länge | 6,3 | 5,3 | 6,7 | 6,2 | 6,5 |

Die Kurve C ist 1 Min. nach B genommen. Die V-P
glaubte, die Versuche seien abgeschlossen, und safs
ruhig, während eine Normalkurve aufgenommen wurde;
der plötzliche und starke Reiz bewirkte deswegen im

ersten Augenblick ein Erschrecken, die V-P erholte sich
jedoch bald und richtete die Aufmerksamkeit auf das
durch den Ammoniakgeruch erzeugte Unbehagen. In
dem Volumen und der Pulshöhe ist nichts Eigentümliches zu sehen; das Erschrecken und die hinterher
folgende Unlust wirken hier wesentlich in der nämlichen
Richtung. Dagegen zeigt es sich, daß die Pulsverlängerung des Erschreckens, in der Phase c-d, von der Pulsverkürzung des zweiten Unlustgefühls abgelöst wird, in
der Phase d-e; welchen Einfluß die Richtung der Aufmerksamkeit auf das Gefühl gehabt hat, ist wohl nicht
zu entscheiden. Ganz unmöglich ist es eben nicht, daß
die gleich darauf folgende Pulsverlängerung, in der
Phase e-f, davon herrühren kann, daß die Unlust unter
dem Einfluß der auf sie gerichteten Aufmerksamkeit
verschwindet. Wahrscheinlich sind es Versuche dieser
Art, die Külpe vor Augen gehabt hat. Durch Anwendung allzu plötzlicher und starker Reize hat er vorerst
ein Erschrecken hervorgerufen, und wegen der besonderen Richtung der Aufmerksamkeit auf die hinterher
folgende Unlust verschwindet letztere und wird von
Pulsverlängerung abgelöst. Im Sphygmogramm lassen
sich die abwechselnde Verlängerung und Verkürzung
in den einzelnen Phasen nur schwer auseinander halten,
und deshalb erblickt Külpe eine mehr ausgeprägte
Verlängerung, wenn die Aufmerksamkeit sich der Unlust zukehrt, als wenn dies nicht stattfindet, weswegen
sich die Pulsverkürzung der Unlust längere Zeit hindurch geltend macht. Dürfte man etwas auf diese einzelnen Versuche stützen, so müßte das Resultat wohl
am ehesten dies werden, daß die durch Unlust bewirkte
Pulsverkürzung bei der Richtung der Aufmerksamkeit
auf das Gefühl schneller verschwindet, als es sonst geschehen würde. Dies würde dann mit dem übereinstimmen, was die Selbstbeobachtung uns über den
psychischen Zustand lehrt; wie gesagt, ist das auf die
vorliegenden Versuche begründete Resultat aber wohl
kaum unangreifbar.

Besser gelingen dergleichen Versuche mit Lustgefühlen, deren körperliche Äußerungen durch Richtung
der Aufmerksamkeit auf das Gefühl völlig aufgehoben
werden, was mit dem durch Selbstbeobachtung über

den psychischen Zustand Erfahrenen übereinstimmt. Ich
führe nur einen einzelnen typischen Fall an, der unter
günstigen Umständen genommen wurde, indem die Erscheinung von selbst, auf natürliche Weise, ohne vorhergehende Verabredung eintrat. Der Reiz war eine
Photochromie, welche die V-P schon mehrmals gesehen
hatte, und welche deshalb keinen tieferen Eindruck
machte, die zu genießen sie sich aber dennoch an-
strengte:

Tab. XLIX, D. ⁹/₁₁ 96 nachm. A. L. Photochromie,
die Aufmerksamkeit auf das Gefühl gerichtet, um dieses
zu verstärken.

| Phase | a-b | b-c | c-d | d-e | e-f |
|---|---|---|---|---|---|
| Anzahl | 7 | 3 | 9 | 9 | 34 |
| Länge | 5,2 | 4,5 | 5,1 | 4,3 | 4,8 |

Hier ist weder im Volumen, noch im Pulse andres
als konzentrierte Aufmerksamkeit zu finden, keine Spur
wirklicher Lust.

*Der wechselseitige Einfluß der Gefühle.* Wir stehen
nun der Frage gegenüber, die mehr als irgend eine
andre theoretisches Interesse hat: Wie verhalten sich
die körperlichen Äußerungen, wenn zwei verschiedenartige Zustände sich gleichzeitig im Bewußtsein geltend
zu machen suchen? Und speziell: Wenn das Bewußtsein von einem einzelnen Zustande völlig beherrscht
wird, welchen Einfluß auf die körperlichen Erscheinungen wird dann ein äußerer Reiz haben? Wird er
im stande sein, auf den Organismus zu influieren, selbst
wenn er keine Spuren im Bewußtsein hinterläßt, oder
sind die körperlichen Veränderungen ausschließlich an
die Bedingung geknüpft, daß vorher eine Veränderung
des Bewußtseinszustandes geschehe?

A priori lassen sich diese Fragen nicht beantworten,
nicht einmal auf Grundlage des im Obigen Gefundenen.
Wir sahen freilich wiederholt, wie zwei gleichzeitige
psychische Zustände jeder für sich ihre körperlichen
Äußerungen hervorbringen, die sich dann zu einer einzelnen Resultante zusammensetzen. Die neuen Verhältnisse sind den früher betrachteten jedoch nicht analog.
Hier war nämlich der eine Zustand stets eine notwendige Bedingung, um den andern entstehen zu lassen.

Wenn z. B. während eines Spannungszustandes die Aufmerksamkeit auf einen bestimmten äufsern Reiz gelenkt
wird, so ist diese neue Richtung dadurch bedingt, dafs
die Aufmerksamkeit geteilt wird, so dafs die vorhandene
Spannung zugleich abnimmt. Es liegt deshalb nichts
Sonderbares darin, dafs sowohl die neue Konzentration
der Aufmerksamkeit, als die gleichzeitige Abnahme der
Spannung jede für sich einen Ausschlag geben, dessen
Resultante wir in der Kurve gewahren. Ähnlicherweise
verhält es sich, wenn ein Reiz einen Gefühlszustand
hervorruft. Damit dieser entstehe, mufs die Aufmerksamkeit auf den Reiz gerichtet werden. Die Aufmerksamkeit ist also die notwendige Bedingung, damit ein
bestimmter Bewufstseinszustand erscheine, die Aufmerksamkeit selbst ist aber kein Bewufstseinszustand, der
neben dem andern besteht. Dafs man auf etwas aufmerksam ist, dessen wird man sich wohl nie früher direkt
bewufst als in dem Augenblick, da die Aufmerksamkeit
im Begriffe steht, sich davon zu machen, und wo sie
willkürlich und mit Anstrengung in bestimmte Richtung
gelenkt wird. Im Vorhergehenden ist ebenfalls wiederholt hervorgehoben worden, wie schwer oder fast unmöglich es einer Person ist, festzustellen, dafs sie sich
in Spannung befindet. Der Zustand tritt unwillkürlich
ein und hinterläfst eigentlich keine Spuren im Bewufstsein; er ist nur die Bedingung eines künftigen Bewufstseinszustandes. Solange man wirklich auf etwas aufmerksam ist, dies sei nun ein Gegenwärtiges oder ein
Künftiges (Spannung, Erwartung), wird man sich seiner
Aufmerksamkeit nicht bewufst. So lange ist die Aufmerksamkeit also kein Zustand, der im Bewufstsein mit
andern Zuständen um den Platz kämpft. Erst wenn man
ihr mit Anstrengung eine den Umständen nach unnatür-
liche Richtung geben will, wird man sich ihrer bewufst,
und alsdann kann sie andre Zustände aus dem Bewufstsein verdrängen. Hierin liegt wohl die Erklärung der
oben erwähnten Erscheinung, dafs die Richtung der
Aufmerksamkeit auf ein Gefühl das Gefühl zum Verschwinden bringt. Denn diese Richtung ist eine un-
natürliche, deshalb wird man sich der Aufmerksamkeit
oder vielmehr der sie begleitenden organischen Empfindungen bewufst, und somit schwindet der andre

Bewufstseinszustand, das Gefühl, das man eigentlich festhalten wollte. Sehen wir also von solchen speziellen Verhältnissen ab, so ist die Aufmerksamkeit nur die notwendige Bedingung des gleichzeitigen Bewufstseinszustandes, und es liegt dann nichts Auffälliges darin, dafs jeder dieser Faktoren seine besonderen Äufserungen erzeugt, deren Resultante wir gewahren.

Ganz anders stellt sich die Sache in denjenigen Fällen, welche wir jetzt behandeln werden. Hier ist die Rede nicht von zwei Verhältnissen, deren eines das andre bedingt, sondern von zwei Zuständen, deren jeder für sich die Aufmerksamkeit anzuziehen und im Bewufstsein der alleinherrschende zu werden sucht. Es leuchtet unmittelbar ein, dafs das Gesetz, das wir unter ganz andern Verhältnissen geltend fanden, sich nicht ohne weiteres hierauf übertragen läfst. Wenn jeder der beiden Zustände seine besonderen körperlichen Äufserungen erzeugt, so kann es selbstverständlich keinem Zweifel unterworfen sein, dafs wir eine gemeinsame Resultante dieser gleichzeitigen Äufserungen erhalten. Die Frage ist aber die: Was ist die Bedingung, damit zwei Zustände, deren jeder für sich im Bewufstsein der alleinherrschende zu werden sucht, körperliche Veränderungen erzeugen? Dies vermögen wir nicht auf Grundlage unserer früheren Erfahrungen zu entscheiden, die uns nur Zustände zeigten, welche sich notwendigerweise gegenseitig bedingten. Es sind hier also andre Erfahrungen erforderlich. Aufserdem sind noch mehrere verschiedene Fälle einer Erhellung benötigt. I. Wenn ein Bewufstseinszustand A durch einen neuen Zustand B völlig verdrängt wird, wie geht es dann mit den körperlichen Reaktionen? Bleiben die des A unverändert neben denen des B bestehen, und fliefsen sie mit letzteren zu einer gemeinsamen Resultante zusammen, oder verschwinden die körperlichen Äufserungen des A zugleich mit A? II. Wenn der neue Zustand B nicht im stande ist, den vorhergehenden A gänzlich zu verdrängen, wie verhält es sich dann mit den körperlichen Äufserungen? Kommen diese in voller Stärke zum Vorschein, oder werden sie in demselben Mafse abgeschwächt, wie sich die Aufmerksamkeit unter die beiden Bewufstseinszustände teilt? III. Wenn ein ursprünglicher Zustand A im Bewußtsein so alleinherrschend ist, daß ein neuer Zustand B gar nicht vordringen kann, wie geht es dann mit den körperlichen Äußerungen des B? Unterbleiben diese gänzlich, oder wird der äußere Reiz, der B hervorrufen sollte, im stande sein, auf den Organismus zu influieren, trotzdem B für das Bewußtsein nicht existiert?

Wir werden nun mit Hilfe des vorliegenden Materials diese Fragen zu beantworten suchen und nehmen hierbei die einzelnen Punkte in der genannten Reihenfolge vor.

Soll es einem neuen Gefühl gelingen, ein früheres völlig zu verdrängen, so muß es wenigstens ebenso großes Gewicht und ebenso große Bedeutung besitzen wie das im voraus gegebene. Nur bei kleinen Kindern läßt sich ein wirklicher Kummer durch ein Stückchen Schokolade oder ein ähnliches Mittel kurzen Genusses aufheben; bei Erwachsenen läßt sich dies natürlich nicht thun. Bei diesen sind wir, wenn es sich um Experimente handelt, ausschließlich darauf angewiesen, mit elementaren Lust- und Unlustgefühlen zu operieren; allenfalls auf den Gebieten des Geschmacks und des Geruchs können diese indes von so langer Dauer sein, daß die Versuche nicht durchaus mißweisend werden. Die folgende Tafel, L, bietet zwei Beispiele derartiger Versuche dar, wo ein unangenehmer Geschmack oder Geruch durch eine angenehme Reizung desselben Sinnes völlig verdrängt wird.

Tab. L, A u. B. ''/., 96 nachm. P. L. Bei N 1 ein Theelöffel 10prozentiger schwefelsaurer Chininauflösung, bei N 2 eine große Dosis pulverisierter Schokolade, die den Chiningeschmack gänzlich entfernte. Plethysmogramm des linken Arms. B ist die unmittelbare Fortsetzung von A.

| Phase | a-b | b-c | c-d | d-e | e-f | f-g | g-h | h-i |
|---|---|---|---|---|---|---|---|---|
| Anzahl | 19 | 3 | 16 | 26 | 6 | 10 | | 19 |
| Länge | 5,0 | 5,0 | 4,7 | 4,9 | 6,1 | 4,8 | | 5,4 |

Es war der V-P 2 Min. vorher eine Dosis Chinin gegeben in der Absicht, das hier dargestellte Experiment auszuführen; verschiedene Umstände bewirkten indes dessen notwendiges Aufschieben, und sie erhielt deshalb aufs neue eine kleine Dosis, deren Wirkung durch die erste nicht geschwächt zu sein scheint. Sowohl das Volumen, als die Pulshöhe und die Pulslänge zeigen alle bekannten Veränderungen der Unlust. Man sieht auch, daſs die Schokolade, die höchst angenehm wirkte, indem sie fast augenblicklich den bitteren Geschmack entfernte, alle Äuſserungen eines Lustgefühls, sogar in stark vergröſsertem Maſsstabe, nach sich zog; hier ist nicht nur ein ungewöhnliches Steigen des Volumens und Pulserhöhung, sondern auſserdem auch Pulsverlängerung, die selten mit den andern Erscheinungen vereint vorkommt. Es sieht unleugbar aus, als ob diese ungewöhnliche Reaktion nicht der neuen, positiven Lust allein, sondern auch der verschwindenden Unlust ihr Entstehen verdankte. Wir haben oben bemerkt, wie die Pulslänge langsam bis zur Norm zurückkehrt, während das Volumen und die Pulslänge diese sogar übersteigen, wenn ein Unlustgefühl aufhört. Im vorliegenden Versuche scheint dies fast plötzlich zu geschehen, wenn das neue Lustgefühl auftaucht und seine Reaktionen hervorruft. Mit andern Worten: die gesamte wahrgenommene Wirkung scheint die Summe der Äuſserungen des Lustgefühls und der durch das Verschwinden des Unlustgefühls hervorgebrachten Veränderungen zu sein. Der folgende Versuch scheint dies indirekt zu bestätigen, indem aus demselben hervorgeht, daſs man nichts als die gewöhnlichen Äuſserungen des Lustgefühls erhält, wenn die Unlust in der Hauptsache schon verschwunden ist:

Tab. L, C u. D. '.₁₀ 96 nachm. A. L. Bei ∧ 1 plötzlich starkes Ammoniak, das die Nase fürchterlich kratzte; bei ∧ 2 Verschwinden des Schmerzes. Bei ⊓ 3 Einatmung von Chloroform, das alles übriggebliebene Unbehagen entfernte. D die unmittelbare Fortsetzung von C.

| Phase . | a-b | b-c | c-d | d-e | e-f | f-g | g-h | h-i | i-k | k-l |
|---|---|---|---|---|---|---|---|---|---|---|
| Anzahl . | 32 | 2 | 4 | 4 | 10 | 26 | 2 | 8 | 9 | 10 |
| Länge . | 5.2 | 5,2 | 6,3 | 4.9 | 5,1 | 5,7 | 4,8 | 6.0 | 5,4 | 5,9 |

Der Versuch ist in mehreren Beziehungen interessant. Erstens zeigt er wieder, wie ein plötzlicher starker Geruchsreiz, ebenso wie unter ähnlichen Verhältnissen ein Schall, im ersten Augenblick ein Erschrecken und damit Pulsverlängerung hervorruft (in

der Phase c-d); letztere macht jedoch sogleich einer
Pulsverkürzung Raum, indem sich das besondere Unlustgefühl geltend macht (in der Phase d-f). (Der Buchstabe f ist auf der Tafel 3 Pulsschläge zu weit nach
rechts angebracht: die Pulsverkürzung hört augenscheinlich gerade über N 2 auf.) Ferner sieht man, daß
der Puls genau von dem Augenblick an, da die V-P
das Aufhören des Schmerzes markiert hat, länger und
höher wird; ein geringes Unbehagen blieb doch immer
als Nachwirkung der starken Reizung zurück. Dieses
verschwindet völlig beim Einatmen des Chloroforms;
da Volumen und Puls indes bereits zur Norm zurück-
gekehrt sind, zeigt das Lustgefühl keine ungewöhnlichen
Äußerungen.

Betrachten wir jetzt diejenigen Fälle, in welchen der
neue Bewußtseinszustand nur eine kurze Zeit hindurch
das bestehende Gefühl vergessen läßt, dieses jedoch
nicht zu beseitigen vermag. Ein typisches Beispiel hiervon gibt:

Tab. LI, A. ¹⁹/₁ 96 nachm. A. L. Sehr deprimierte
Stimmung; bei N 1 eine Rechenaufgabe (17×67), bei N 2
die Antwort.

| Phase | a-b | b-c | c-d |
|---|---|---|---|
| Anzahl | 20 | 22 | 17 |
| Länge | 5,3 | 4,9 | 4,7 |

Es fällt in die Augen, daß die Rechenaufgabe statt
der gewöhnlichen Volumsenkung der Denkarbeit ein
Steigen des Volumens bewirkt; überdies verschwinden
die charakteristischen Respirationsoszillationen fast
während der Arbeit, was vielleicht doch davon herrührt,
daß die Atmung hier durchweg weniger tief ist. Die
Messung zeigt die gewöhnliche Pulsverkürzung der Aufmerksamkeit. Das Eigentümlichste ist also das Verhalten des Volumens. Dies scheint sich nicht wohl
anders erklären zu lassen als durch die Annahme, daß
die Depression während der Arbeit abnimmt. Nun sahen
wir aber, daß während einer deprimierten Stimmung
wahrscheinlich eine Verminderung des Volumens und
der Pulshöhe stattfindet; ein Abnehmen der Depression
muß sich also durch Zunehmen des Volumens und der
Pulshöhe äußern. Diese Zunahme des Volumens scheint

so bedeutend zu sein, dafs sie die Volumsenkung der psychischen Arbeit gänzlich überwindet, und es finden sich denn auch schwache Andeutungen einer vergröfserten Pulshöhe. Dieser Versuch stimmt also mit dem vorher Gefundenen ganz überein. Wir sahen dort, dafs ein Gefühl, welches ein andres gänzlich verdrängt, nicht nur seine eignen Reaktionen herbeiführt, sondern auch zugleich die Reaktionen des früheren Zustands zum Verschwinden bringt. Hier sehen wir, dafs schon allein das Vergessen eines Gefühlszustandes, indem die Aufmerksamkeit von einer Denkthätigkeit in Anspruch genommen wird, eine ähnliche Wirkung hat, solange diese Thätigkeit dauert. Hieraus scheint es also hervorzugehen, dafs die Äufserungen eines Zustands von der Stärke abhängig sind, mit welcher der Zustand sich im Bewufstsein zur Geltung bringt; im Folgenden werden wir dies durch mehrere verschiedenartige Beispiele bestätigt finden.

Tab. LI, B. ²³/₅ 96 nachm. C. J. Kopfschmerz, bei ⊓ eine erheiternde Melodie.

| Phase | a-b | b-c |
|---|---|---|
| Anzahl | 23 | 25 |
| Länge | 5,1 | 5,3 |

Dieses Beispiel ist insofern ein weniger geeignetes, da wir nicht wissen, wie ein körperliches Übelbefinden, wie Kopfschmerz, sich äufsert. Es ist indes wohl keine falsche Annahme, dafs dasselbe sich wie jede andre Unlust durch Pulsverkürzung, Pulsverminderung und kleines Volumen Ausdruck gibt. Nun sieht man, dafs die Melodie eine Volumsteigung, Pulserhöhung und Pulsverlängerung bewirkt. Da eine derartige Kumulation der Äufserungen des Lustgefühls unter gewöhnlichen Verhältnissen fast niemals stattfindet, wird es ziemlich wahrscheinlich, dafs die Abnahme der vorhandenen Unlust an der Entstehung dieses Resultats mitbeteiligt ist. In den folgenden Kurven ist ein derartiges Zusammenwirken unzweifelhaft.

Tab. LI, C. ¹⁰/₅ 96 vorm. A. L. Fühlt Kälte; bei ⋀ 1 ein Rechenexempel, 23×47, bei ⋀ 2 die Beantwortung.

| Phase . . . . | a-b | b-c | c-d | d-e |
|---|---|---|---|---|
| Anzahl . . . | 13 | 4 | 7 | 10 |
| Länge . . . . | 7,8 | 7,0 | 7,1 | 6,7 |

Die Kurve wurde an demselben Tage genommen wie Ll. A. jedoch vor dem Eintreffen des Ereignisses, das die Depression erzeugte. Die V-P hatte draußen das Frösteln bekommen, und es dauerte einige Zeit, bis sie »auftaute«. Die Wirkungen einer solchen anhaltenden, weitverbreiteten Kälteempfindung kennen wir; sie bestehen in Abnahme des Volumens und der Pulshöhe nebst Verlängerung des Pulses. Demgemäß sieht man denn auch, daß der Puls anfangs außerordentlich langsam ist, 46 pro Min. Die Denkarbeit bewirkt nun eine sehr geringe Veränderung des Volumens; die beiden ersten der drei bekannten Phasen: Steigen, Sinken und Steigen, lassen sich kaum gewahren, während die Kurve sich in der letzten Steigung bis über das ursprüngliche Niveau erhebt, bei vergrößerter Pulshöhe. Die Pulslänge ist bedeutend verkürzt. Dies alles ist leicht verständlich, wenn man annimmt, daß die körperlichen Äußerungen der Kälte geschwächt werden, weil die Denkarbeit die Kälteempfindung aus dem Bewußtsein verdrängt. Eine Schwächung der Wirkungen der Kälte mußte Zunahme des Volumens und der Pulshöhe nebst Pulsverkürzung bewirken. Indem diese Veränderungen sich mit den Äußerungen der Denkarbeit addieren, wird die Volumsenkung ausgeglichen, so daß nur die letzte Steigung deutlich hervortritt, ebenso wie die Pulshöhe auch in dieser Phase merkbar zunimmt; und da ferner beide Erscheinungen eine Pulsverkürzung erzeugen, muß diese eine sehr bedeutende werden. Sobald die Aufmerksamkeit nicht mehr von der Rechenaufgabe in Anspruch genommen wird, tritt wieder die Kälteempfindung mit allen ihren Äußerungen ein, wie der Schluß der Kurve zeigt. Noch eigentümlicher tritt diese Summation in dem folgenden Versuche hervor, der '' Min. später als der eben besprochene angestellt wurde.

Tab. Ll, D u. E. '''' 96 vorm. A. L. Fühlt beständig Kälte; bei N 1 bitterer Chiningeschmack, der bei N 2 wieder sehr hervortretend ist. E unmittelbare Fortsetzung von D.

| Phase . . . | a-b | b-c | c-d | d-e | e-f | f-g | g-h | h-i |
|---|---|---|---|---|---|---|---|---|
| Anzahl . . | 10 | 4 | 7 | 7 | 15 | 15 | 3 | 7 |
| Länge . . . | 7,8 | 6,4 | 6,0 | 6,3 | 6,9 | 7,5 | 7,0 | 7,6 |

Die Verhältnisse, namentlich die der Pulslänge, sind anfänglich ganz dieselben wie vorher. Ungefähr bei b wurde die gewöhnliche Dosis Chinin gegeben; nur das Eintreten der Geschmacksempfindung bei ∧ 1 wurde markiert. Die Volumveränderungen treten ein wenig mehr hervor als im vorigen Versuche. Die Pulshöhe nimmt in der Phase c-d auch merkbar ab, am meisten fällt aber die enorme Pulsverkürzung in die Augen. Das Resultat ist wie früher als ein Zusammenwirken der Äuserungen der Unlust und der aufgehobenen Kälteempfindung zu verstehen, welches namentlich Pulsverkürzung bewirken muſs, da die andern Reaktionen sich gegenseitig bekämpfen. Diese Versuche kamen mir so merkwürdig vor, daſs ich sie an verschiedenen Personen zu wiederholen suchte, indem die Kälteempfindung auf künstlichem Wege hervorgebracht wurde. Die folgenden Kurven zeigen derartige Versuche, die alle das nämliche Resultat geben, so daſs wir uns hierüber in Kürze fassen können.

Tab. LII. A u. B. ¹⁶'ʰ 96 vorm. J.N. Bei ⊓1 Äther an den rechten Unterarm gespritzt, bei ∧ 2 Rechenaufgabe, 13×27, bei ∧ 3 die Antwort. Plethysmogramm des linken Arms. B ist die unmittelbare Fortsetzung von A.

| Phase . . . | a-b | b-c | c-d | d-e | e-f | f-g | g-h |
|---|---|---|---|---|---|---|---|
| Anzahl . . | 20 | 24 | 4 | 2 | 6 | 11 | 13 |
| Länge . . . | 5,7 | 5,6 | 6,1 | 5,3 | 5,4 | 5,2 | 5,3 |

Um eine hinlänglich andauernde Kälteempfindung zu erzielen, war ein kräftiger Ätherreiz erforderlich. Die Folge ist eine sehr unangenehme Kälteempfindung mit gewaltiger Volumsenkung (das Müllersche Ventil ist in fortwährender Thätigkeit zu sehen, zum letztenmal eben vor c) und geringe Pulsverkürzung, die in der Phase c-d indes in Verlängerung übergeht. Die Denkarbeit bewirkt eine neue Volumsenkung, indem das Ventil, wie man sieht, bei den letzten drei Pulsschlägen vor f in Thätigkeit gewesen ist. Darauf bedeutende Volumsteigung. Nachdem die Arbeit aufgehört hat, tritt die Kälteempfindung mit geringem Volumen von neuem ein; schliefslich verschwindet sie jedoch ganz.

Tab. LII, C u. D. ''.. 96 vorm. A. L. Bei ⎍ 1 Ätherspray auf den rechten Arm, bei ᴧ 2 Rechenaufgabe, 96 × 48, bei ᴧ 3 die Antwort. Volumen des linken Arms, rechte Radialis. D ist die unmittelbare Fortsetzung von C.

Hier wurde das Müllersche Ventil nicht benutzt, weshalb gegen Schlufs des Ätherreizes das Druckventil geöffnet werden mufste. Sonst unterscheiden der Versuch und seine Ergebnisse sich kaum wesentlich von den früheren. Schliefslich ist noch ein Experiment derselben Art wiedergegeben:

Tab. LIII, A. '·.. 96 nachm. P. L. Bei ⎍ 1 Ätherspray auf den rechten Arm, bei ⎍ 2 Durchlesen einer Reihe sinnloser Silben, bei ᴧ 3 die Repetition beendigt. Plethysmogramm des linken Arms.

Der Ätherreiz ist hier nicht so anhaltend wie bei den früheren Versuchen, weshalb die Volumsenkung auch nicht so grofs ist. Die durch die Denkarbeit hervorgerufenen Volumveränderungen zeigen freilich die gewöhnlichen drei Phasen, aber während des Sinkens geht das Volumen nicht bis unter das unmittelbar vorhergehende Niveau, so dafs die gesamte Veränderung sich als ein vorübergehendes Steigen des Volumens ausnimmt. Dies ist leicht verständlich, wenn man voraussetzt, dafs die körperliche Äuserung der Kälte beim Vergessen der Kälteempfindung abnimmt. Denn je schwächer diese Empfindung ist, um so leichter wird sie sich aus dem Bewufstsein verdrängen lassen, und um so leichter verschwinden ihre Äufserungen. Deshalb vermag die Denkarbeit in diesem Falle nicht wie in den früheren das Volumen noch ferner zu vermindern. Der Versuch scheint mir aus dem Grunde einige Bedeutung zu haben, weil er eine andre naheliegende Erklärung widerlegt. Man könnte sich nämlich denken, dafs wir bei allen diesen Versuchen das Volumen während der Denkarbeit nicht ferner vermindert sähen, weil das Volumen überhaupt nicht kleiner werden könnte; eine Grenze mufs seine Verminderung notwendigerweise haben. Ganz davon abgesehen, wie unwahrscheinlich es ist, dafs eine kurze Abkühlung des einen Arms das

Volumen des andern bis zum Minimum bringen sollte,
ist diese negative Erklärung erstens durchaus nicht
im stande, die vorkommenden Pulsveränderungen zu
deuten. Außerdem müßte sie notwendigerweise verlangen, daß ein ferneres Sinken des Volumens um
so weniger möglich sei, je stärker die Abkühlung ursprünglich gewesen wäre. Alle meine Kurven zeigen
aber gerade das Verhalten, das hier durch ein paar
einzelne Kurven beleuchtet wurde: je schwächer der
bestehende Zustand ist, und je leichter er sich folglich
beseitigen läßt, um so leichter tritt ein Steigen statt
eines Sinkens des Volumens ein. Das Verhältnis ist
ganz dem analog, was wir von der Spannung kennen;
nur während der schwachen Spannung, die leicht aufzuheben ist, sehen wir die großen vorübergehenden
Volumsteigungen. Es scheint mir also keinen Zweifel
erleiden zu können, daß die wahrgenommenen Reaktionen wirklich zum Teil davon herrühren, daß die körperlichen Äußerungen abgeschwächt werden, indem die
Aufmerksamkeit sich von dem vorher gegebenen Bewußtseinszustand abwendet.

Falls dies richtig ist, falls es sich wirklich so verhält, daß die körperlichen Reaktionen aufgehoben oder
allenfalls abgeschwächt werden, wenn der psychische
Zustand, an welchen sie geknüpft sind, aus dem Bewußtsein verdrängt wird, so folgt hieraus, daß ein Reiz, der
nicht zum Bewußtsein gelangt, sich auch keine körperliche Äußerung gibt. Diese Konsequenz scheint in der
Erfahrung Bestätigung zu finden. Mentz beobachtete
mehrmals, daß ein zufälliges Geräusch auf den Puls
und die Atmung der V-P durchaus nicht influierte; die
nähere Untersuchung ergab, daß in allen solchen Fällen
die V-P das Geräusch gar nicht gehört hatte. Er kommt
daher zu dem Resultat: ›Ein wirkliches Durchdringen
des Reizes zum Bewußtsein scheint nötig zu sein, um
die Puls- und Atemverlängerung zu erzielen‹[1]. Um
womöglich eine fernere Bestätigung dieses äußerst
wichtigen Satzes zu erhalten, stellte ich einige Versuche
auf die Weise an, daß ich die V-P sich in eine größere

---

[1] Die Wirkung akustischer Sinnesreize auf Puls und Atmung,
Phil. Stud. Bd. XI. S. 83.

Rechenaufgabe vertiefen liefs, die ihre ganze Aufmerksamkeit beanspruchte; wenn sie gut in Gang gekommen
war, wurde der eine Arm mittels eines kräftigen Äther-
strahls abgekühlt. Kommt dieser Reiz nun nicht zum
Bewufstsein, weil die Aufmerksamkeit andere Richtungen
eingeschlagen hat, so sollten auch die körperlichen Reaktionen der Kälte nicht eintreten. Dies geht nun auch
aus den Versuchen hervor.

Tab. LIII, B u. C. ¹⁰ ₋ ᵤ ⁰6 nachm. A. L. Anfangs
einige Gemütsbewegung, Furcht, es möchte nicht gelingen, die Aufmerksamkeit ausschliefslich beim Rechnen
zu halten. Bei ⋀ 1 Rechenaufgabe, 17×342, bei ⊓ 2
Ätherbesprengung des rechten Arms. Bei ⋀ 3 das Fazit
der Rechenaufgabe angegeben; ⊓ 4 Wiederholung der
Ätherbesprengung der Kontrolle wegen. Volumen des
linken Arms, rechte Radialis. C ist die unmittelbare
Fortsetzung von B.

Das niedrige Volumen, der schnelle Puls und die
Respirationsoszillationen verraten die Gemütsbewegung,
die sich doch vor dem Beginn des Versuchs etwas verloren hat. Die Denkarbeit erzeugt die bekannten Veränderungen; die Volumsenkung ist indes nur eine geringe, wahrscheinlich als Folge davon, dafs die Gemütsbewegung zugleich abnimmt, wodurch das Volumen
etwas zunehmen mufs. Es findet sich aber keine Spur
davon, dafs die Abkühlung bei ⊓ 2 den allergeringsten
Einflufs auf das Volumen hätte: sie gelangte überhaupt
gar nicht zum Bewufstsein der V.-P. Vergleicht man
hiermit die starke Volumsenkung, welche die kürzere
und schwächere Abkühlung bei ⊓ 4 verursacht, so ist
es wohl kaum zu bezweifeln, dafs die Konzentration der
Aufmerksamkeit vollständig verhindert hat, dafs der
Reiz zum Bewufstsein kam, wodurch dessen körperliche Äuferungen mithin ausgeschlossen wurden. Ganz
unangreifbar ist der Versuch zwar nicht, weil es sich
unmöglich entscheiden läfst, welchen Anteil an diesem
Resultate die fortwährend abnehmende Gemütsbewegung
hat. Sicher ist es aber jedenfalls, dafs das Volumen
sich hier sehr weit von einem Minimum befindet, so dafs
darum die Abkühlung sehr wohl eine Senkung hätte
hervorrufen können. Es gibt deshalb nur zwei Arten,
wie sich das Unterbleiben der Reaktion erklären läfst.

Entweder kann man annehmen, dies rühre von dem
Umstande her, daß der Reiz gar nicht zum Bewußtsein gelangt sei. Oder man kann annehmen, das Abnehmen der Gemütsbewegung bewirke eine so starke
Volumsteigung, daß die Volumsenkung der Abkühlung
hierdurch ausgeglichen würde. Letzteres ist jedoch
höchst unwahrscheinlich, weil die starke Volumsteigung
mit vergröserter Pulshöhe am Ende der Kurve C darauf
hindeutet, daß die Gemütsbewegung sich erst hier verloren hat. Es bleibt also nur die erstere Möglichkeit
zurück.

Dieser eine Versuch ist so gründlich diskutiert
worden, weil es der einzige Fall ist, in welchem es der
V-P vollständig gelang, dem Empfinden des äuseren
Reizes zu entgehen, während sie sich in eine Arbeit
vertieft hatte. Bei allen meinen andern Versuchen
dieser Art gelangte der Reiz mehr oder weniger zum
Bewußtsein, und somit wurde eine Reaktion natürlich
unvermeidlich. Diese Reaktionen sind aber durchweg
so schwach, daß sie deutlich anzeigen, wie die körperliche Äuserung vom Bewußtseinszustande abhängig
ist. Ich gebe nur einen einzelnen dieser Versuche wieder, der ungefähr eine Viertelstunde nach dem oben
besprochenen mit derselben V-P angestellt wurde:

Tab. LIII, D. $^{10}/_{12}$ 96 nachm. A. L. Völlig ruhig;
bei ∧ 1 Rechenaufgabe, 23×331, bei ⊓ 2 Besprengung
des rechten Arms mit Äther; bei ∧ 3 das Fazit angegeben. Plethysmogramm des linken Arms, rechte
Radialis.

| Phase . . . | a-b | b-c | c-d | d-e | e-f |
|---|---|---|---|---|---|
| Anzahl . . | 8 | 5 | 3 | 2 | 17 |
| Länge . . . | 4,5 | 4,2 | 4,2 | 4,1 | 4,2 |

Die V-P gab an, es sei ihr nicht gelungen, sich
recht in die Aufgabe zu vertiefen, als die Besprengung
mit Äther begann, weshalb sie die Kälte einen kleinen
Augenblick empfunden habe. Diese Empfindung sei während der Denkarbeit doch gleich danach verschwunden.
Ausgenommen, daß die Kurve ein Sinken c-f zeigt,
welches weit mehr Pulse umfaßt, als die Konzentration
der Aufmerksamkeit zu bewirken pflegt, findet sich
sonst keine Spur, daß die Abkühlung sich geäußert

hätte. Dieser geringe Einfluſs eines sonst kräftigen
Reizes ist wohl zunächst als ein Beweis zu betrachten,
daſs der Bewuſstseinszustand, nicht aber der Reiz für
die körperliche Äuſserung entscheidend ist'. Alle unsre
Erfahrungen gehen also in derselben Richtung:
Ein äuſserer Reiz muſs bis zum Bewuſstsein durchdringen, um organische Reaktionen
verursachen zu können. Und je mehr ein psychischer Zustand die Aufmerksamkeit zu
fesseln und sich im Bewuſstsein Geltung zu
verschaffen vermag, um so mehr treten
auch seine körperlichen Äuſserungen hervor.
Hieraus folgt, daſs ein Bewuſstseinszustand
A, der von einem andern, B, vollständig verdrängt wird, auch seinen Einfluſs auf den
Organismus verliert, wenn B eintritt. Die
von B hervorgebrachte körperliche Reaktion wird deshalb die Resultante der Äuſserungen des B und derjenigen Veränderungen,
welche das Verschwinden des A zur Folge
hat. Wird der ursprüngliche Zustand A nicht
völlig von dem neuen Zustande B verdrängt,
sondern nur einen Augenblick lang vergessen,
so wird die gesamte Reaktion ebenfalls die
Resultante der Äuſserungen des B und der
durch Verminderung des A herbeigeführten
Veränderungen. Letzteres wird namentlich
der Fall sein, wenn der ursprüngliche Bewuſstseinszustand ein anhaltendes Gefühl, eine
Stimmung oder eine betonte Empfindung ist,
deren äuſsere Ursache zu bestehen fortführt.

' Wenn Ribot (Psychologie des sentiments, S. 32) zu dem entgegengesetzten Resultate gelangt, rührt dies wohl von seinem sonderbaren Glauben her, man könne aus einigen — nicht einmal völlig
übereinstimmenden — physiologischen Versuchen an hirnlosen Tieren
etwas über die Verhältnisse eines normalen Menschen schlieſsen.
Da dergleichen Schlüsse nicht ungewöhnlich sind, müssen die betreffenden Forscher wohl davon ausgehen, daſs entweder kein psychischer
Unterschied zwischen einem hirnlosen Frosch und einem völlig entwickelten Menschen existiere, oder auch, daſs der psychische Unterschied ganz bedeutungslos sei, weil das Psychische überhaupt im
Dasein überflüssig sei. Letzterer Ansicht scheint Ribot sich zunächst
zuzuneigen.

## ANALGESIE WÄHREND
## DER STICKSTOFFOXYDUL-NARKOSE.

Die Gültigkeit des Satzes, zu dem wir am Schlusse des vorigen Abschnitts gelangten, ist vorläufig nur mit Bezug auf solche Konflikte verschiedener Zustände dargelegt, wie sie im Bewufstsein eines normalen Menschen vorkommen können. Gilt derselbe aber hier, so ist es a priori wohl kaum zu bezweifeln, dafs er sich auch als unter anormalen Verhältnissen, wie Intoxikationen, hypnotischen Suggestionen u. s. w., welche einen äufseren Reiz daran verhindern können, bis zum Bewufstsein vorzudringen, gültig erweisen wird. In allen solchen Fällen sollte es sich also ebenfalls zeigen, dafs der Reiz keine Veränderungen des Blutkreislaufes zu erzeugen vermag. Wir beginnen nun mit der Untersuchung, ob diese Konsequenz unsrer früheren Resultate rücksichtlich der Stickstoffoxydul-Narkose stichhaltig ist.

Die erforderliche Anleitung zum Hervorrufen einer Stickstoffoxydul-Narkose findet sich in Jumon: Manuel d'anesthésie par le protoxyde d'azote. Paris 1895; die hier gegebenen Anweisungen wurden im ganzen befolgt. Da es für unsre Versuche nicht notwendig war, einen so lange dauernden anästhetischen Zustand zu erzeugen, als sich überhaupt erreichen läfst, sondern nur dasjenige Stadium der Analgesie, das gewöhnlich dem vollständigen Verlust des Bewufstseins vorhergeht, war ein verhältnismäfsig kurz dauerndes Einatmen genügend. Wie aus den Tafeln hervorgehen wird, wechselte die Dauer des Einatmens von 10 bis 14 Atemzügen, und dabei wurden durchschnittlich nur 10 Liter Gas verbraucht, ein wenig mehr als halb so viel, als gewöhnlich zur Erzeugung einer vollständigen Anästhesie für notwendig gerechnet wird. Da alle Versuchspersonen junge, kräftige Leute waren, zeigte sich während der ganzen Betäubung niemals ein einziges beunruhigendes Symptom. Übrigens war stets ein Arzt anwesend, der seinen Platz am Kymographen hatte, wo er mit Hilfe der aufgezeichneten Kurven am sichersten zu kontrollieren vermochte, ob alles normal verlief.

Mit Bezug auf den subjektiven Zustand der Versuchspersonen ist zu bemerken, daſs in keinem einzigen Falle ein Stadium der Erregung oder Heiterkeit gewahrt wurde, welches zuweilen der Analgesie vorausgeht. Der ganze Verlauf war stets ein völlig ruhiger, wenn man ausnimmt, daſs bei jedem, der zum erstenmal als Versuchsperson dienen sollte, eine ziemlich natürliche Ängstlichkeit vorhanden war. Bei späteren Wiederholungen scheint diese Gemütsbewegung sich gar nicht geltend gemacht zu haben. Die angewandte Dosis Stickstoffoxydul scheint regelmäſsig genügt zu haben, um Analgesie ohne Anästhesie hervorzubringen. Die meisten Versuchspersonen gaben nämlich an, sie hätten deutlich die Berührung der Apparate mit der Haut bemerkt, der Schmerz sei jedoch vollständig aufgehoben gewesen. Nach dem Versuche verfloſs wohl niemals mehr als 1 Minute, bis die V-P wieder durchaus normal war.

Als Mittel zur Hervorbringung des Schmerzes wurden kräftige Induktionsströme angewandt. Vor dem Beginn der Narkose nahm die V-P die eine Elektrode in die Hand; die andre wurde vom Experimentator im rechten Augenblick entweder am Arm, unmittelbar oberhalb des Handgelenks, oder an der Wurzel des Daumens angebracht, selbstverständlich an dem nicht im Plethysmographen eingeschlossenen Arm. Wie oben (S. 111) erwähnt, sind Induktionsströme wegen der durch sie erzeugten heftigen unwillkürlichen Bewegungen nicht besonders geeignet, die anderen charakteristischen Reaktionen des Schmerzes nachzuweisen; wo es aber, wie hier, nur darauf ankommt, festzustellen, daſs die eigentümlichen Reaktionen des Schmerzes unterbleiben, sind sie natürlich sehr wohl zu verwenden. Auſserdem besitzen sie den Vorzug vor jedem andern Mittel, daſs sie keine dauerhafte Verletzung nach sich ziehen, selbst wenn die Stärke oder die Dauer des Reizes zufälligerweise gar zu groſs wird, was bei einem analgetischen Individuum, das nichts fühlt und deshalb auch keine rechtzeitige Anzeige macht, wohl eintreten kann.

Bei Versuchen dieser Art, wo eine wirkliche Intoxikation hervorgebracht wird, ist es natürlich vorerst festzustellen, welchen Einfluſs das Gift selbst auf die V-P hat. Ein typisches Beispiel hiervon ist Tab. IV, A—D

wiedergegeben. Bei Λ in der Kurve A fing das Einatmen des Gases an, bei Λ in der Kurve B hielt es auf.
Die V-P wurde durchaus keinem andern Reize unterworfen. Die Kurve zeigt allmähliches Steigen des Volumens mit starken Respirationsoszillationen, solange
die Einatmung andauert; hört diese auf, so sinkt das
Volumen bis auf das ursprüngliche Niveau. Die folgenden Kurven zeigen, wie S. 43 erwähnt, daß der Zustand
schnell zum völlig normalen Gleichgewicht des Gemüts
zurückkehrt. Das eigentümliche Steigen des Volumens
während der Einatmung nebst nachfolgendem Sinken,
wenn diese aufhört, ist mehr oder weniger entschieden in
allen meinen Kurven zu finden. Speziell ist das Sinken
für uns von Bedeutung, weil es oft gerade zu dem Zeitpunkte eintritt, da die Analgesie vorhanden ist und
man folglich eingreifen muß. Weiß man nun nicht,
daß diese Senkung eine normale Folge der Intoxikation
ist, so wird sie leicht als eine Reaktion des Schmerzes
betrachtet werden können, was eine durchaus miß-
weisende Erklärung des Versuches sein würde. Das
Verhältnis ist sehr gut durch Tab. XXXIX, A—D
illustriert, die S. 121 in anderem Zusammenhange besprochen wurde. Die V-P war hier anfangs ängstlich,
was sich leicht aus der Kurve ersehen läßt. Bei Λ in
der Kurve A begann die Einatmung, die bei Λ 1 in der
Kurve B aufhielt; B ist die unmittelbare Fortsetzung
von A. Trotz der großen Oszillationen ist das Steigen
des Volumens während der Einatmung leicht zu verfolgen: von Λ 1 an beginnt das Volumen wieder allmählich zu sinken. Bei ⊓ 2 wirkte ein sehr kräftiger
Induktionsstrom, dessen Dauer durch das Zeichen angegeben ist. Derselbe bringt tiefe Atmung und eine
Muskelkontraktion des Arms hervor, übrigens setzt das
Volumen sein allmähliches Sinken fort; daß dieses
durch den Reiz verstärkt werde, ist wohl kaum angedeutet. Die V-P gab denn auch an, sie habe allerdings bemerkt, daß die Pinselelektrode die Haut berührte, jedoch gar keinen Schmerz verspürt. Die Kurve C
zeigt den Zustand 5 Sek. nach B: D ist die unmittelbare
Fortsetzung von C. Hier war die V-P wieder völlig
normal: der Kontrolle wegen wurde ein momentaner
Reiz durch einen Induktionsstrom derselben Stärke wie

vorher versucht. Trotz der äufserst kurzen Berührung mit der Elektrode ist die Wirkung eine fürchterliche: gewaltige Kontraktionen der Respirations- sowohl, als der Armmuskeln stören die Kurve vollständig. Vergleicht man diese Wirkung mit der Reaktion während der Analgesie, so mufs man doch wohl sagen, dafs letztere aufserordentlich abgeschwächt ist. Dasselbe geht hervor aus dem Versuche:

Tab. LIV. A—D. ¹¹; 95 nachm. Dr. X. Elektrische Reize vor, während und nach der Stickstoffoxydul-Narkose.

Die Kurve A zeigt die Wirkung eines momentanen elektrischen Stroms von grofser Stärke: gewaltige Kontraktionen der Atmungs- und Armmuskulatur, aufserdem bedeutende Volumsenkung. Eine halbe Minute später wurde B genommen. Die grofse Volumschwankung zu Anfang deutet vielleicht auf eintretende Spannung hin: dies ist indes zweifelhaft, da die Pulshöhe nicht abnimmt. Bei ∧ 1 begann die Einatmung des Stickstoffoxyduls, welche das gewöhnliche langsame Steigen des Volumens bewirkt. C ist die unmittelbare Fortsetzung von B. Bei ∧ 2 hielt die Einatmung auf: die Kurve zeigt, dafs die Volumsenkung bereits stattgefunden hat, so dafs hier keine fernere Veränderung zu gewahren ist. Bei ⊓ 3 ein lange dauernder Induktionsstrom der nämlichen Stärke wie vorher. Hier bemerkt man freilich einen kennbaren Einflufs auf die Atmung und das Volumen, wenn man aber die Dauer des Stromes berücksichtigt, ist die Reaktion im Vergleich mit der früheren, in der Kurve A, indes eine ganz verschwindende. 5 Sek. nach C wurde D genommen. Bei ∧ ein momentaner elektrischer Stofs: die Wirkung ist nur gering, die V-P gab aber an, sie habe fast gar nichts gemerkt: dies mag nun seinen Grund darin finden, dafs die Analgesie nicht aufgehört hatte, oder auch darin, dafs die Elektrode nicht in hinlängliche Berührung mit der Haut gebracht war. — Auf der folgenden Tafel sind ein paar Kurven wiedergegeben, welche zeigen, wie die Wirkungen des Stickstoffoxyduls von grofser individueller Verschiedenheit sind, indem die Volumsteigung bei einigen Individuen durchaus enorm ist und lange nach dem Aufhalten der Einatmung fortwährt, bei anderen dagegen nur wenig hervortritt.

Tab. LV, A u. B. ³⁄₄ nachm. Ly. Bei ∧ 1 beginnt die Einatmung von Stickstoffoxydul, die bei ∧ 2 aufhört. B ist die unmittelbare Fortsetzung von A.

In der Kurve B sieht man das Volumen unausgesetzt steigen, also lange nachdem die Einatmung aufgehört hat; darauf sinkt es wieder ohne äufseren Anlafs. Im Gegensatz hierzu steht:

Tab. LV, C u. D. ⁴⁄₅ 95 nachm. A. L. Bei ∧ 1 Einatmung von Stickstoffoxydul, die bei ∧ 2 aufhört. D ist die unmittelbare Fortsetzung von C.

Schliefslich gebe ich einen einzelnen Versuch wieder, welcher zeigt, dafs die Stickstoffoxydul-Narkose nicht nur den Schmerz bei Induktionsströmen, sondern auch die Unlust an unangenehmen Reizen anderer Art aufhebt:

Tab. LVI, A u. B. ⁴⁄₅ 95 nachm. A. L. Bei ∧ 1 hielt die Einatmung von Stickstoffoxydul auf, bei ∧ 2 wurde ein Theelöffel voll 10°⁄₀ haltigen schwefelsauren Chinins eingenommen; erst bei ∧ 3 wurde das Unangenehme des Geschmacks bemerkt. Zwischen dem Ende von A und dem Anfang von B liegt ein Zeitraum von 20 Sek.

Hier ist der erste Teil des Versuchs weggelassen, wo die Einatmung begann, da die Wirkungen des Stickstoffoxyduls nun hinlänglich bekannt sind. Die Kurve zeigt, dafs der Geschmacksreiz keine sonderlich intensive Wirkung hat; es findet sich nur eine geringe Volumsenkung nach dem Abschlufs der gleichzeitigen tiefen Atmung. Die V-P gab denn auch an, sie habe freilich einen schwachen bittern Geschmack merken können, jedoch nicht das geringste Unbehagen dabei empfunden. Erst 50 Sek. später, bei ∧ 3, trat der unangenehme Geschmack deutlich hervor; hier sieht man auch eine starke Volumsenkung.

Während der durch die Stickstoffoxydul-Narkose hervorgerufenen Analgesie vermögen schmerzhafte oder unangenehme Reize zwar Kontraktionen der willkürlichen Muskulatur auszulösen, die organischen Reaktionen sind jedoch entweder vollständig aufgehoben oder

11*

allenfalls in demselben Mafse abgeschwächt,
wie die Empfänglichkeit für Schmerz erniedrigt ist.

## DIE HYPNOSE.

Der eigentliche Zweck der Hypnotisierung war, wie
früher erwähnt, die Untersuchung, ob sich während der
durch Suggestion hervorgerufenen Analgesie und Anästhesie überhaupt Reaktionen gegen schmerzhafte Reize
nachweisen liefsen. Die rechte Erklärung derartiger
Versuche erfordert indes, dafs man zuvörderst die eigentümlichen Äufserungen der Hypnose kennen lernt. Wir
fangen also damit an, dafs wir diese bestimmen, wozu
das vorliegende Versuchsmaterial natürlich den erforderlichen Stoff bietet. Da sich aufserdem während der Versuche reichliche Gelegenheit fand, die körperlichen Äufserungen suggerierter Gefühle und Affekte zu studieren,
nehme ich auch einen Teil dieser Experimente mit, mittels
deren man weit sicherer, als dies auf irgend eine andre
Weise möglich ist, festzustellen vermag, ob ein Mensch
wirklich hypnotisiert ist oder nicht.

Als Versuchspersonen bei diesen Versuchen dienten
zwei Studenten, eine Dame und ein Herr, die als am
leichtesten hypnotisabel unter einer gröfseren Anzahl
Freiwilliger, die sich zur Verfügung gestellt hatten,
gewählt waren. Die beiden betreffenden Personen boten
übrigens keine Anzeichen von Kränklichkeit, Hysterie
u. dgl. dar. Die eine war noch nie hypnotisiert worden;
die andre war dagegen früher ziemlich oft bei dergleichen Versuchen das Medium gewesen und war dann
durch Anstarren eines blanken Gegenstandes in Hypnose gesetzt. Ich bediente mich bei beiden Versuchspersonen ausschliefslich der reinen Bernheimschen
Methode, der Hypnotisierung durch Verbalsuggestion[1].
Es ist vielleicht nicht ohne Bedeutung, zu bemerken,
dafs ich während der Hypnotisierung niemals eine vasomotorische Erscheinung[2] (angenehme Wärme der Arme

[1] Bernheim: De la suggestion. 2e éd. Paris 1888.
[2] Forel: Der Hypnotismus. 3. Aufl. Stuttgart 1895. S. 147.

und Beine) direkt suggerierte; eine solche Suggestion
würde den während der Hypnotisierung aufgenommenen
Kurven wahrscheinlich ein etwas andres Aussehen mitteilen als dasjenige, welches die meinigen darbieten.
Grofs würde die Abweichung wohl kaum werden, das
der Hypnose Eigentümliche würde aber wohl schwerlich
so rein hervortreten als in meinen Kurven. Bei allen
Versuchen während der Hypnose assistierte mir wenigstens ein Arzt.

Da nach der Bernheimschen Methode die Hypnose durch Schlafsuggestionen hervorgerufen wird, hat
man hieraus ganz natürlich den Schlufs gezogen, die
Hypnose sei überhaupt dem normalen Schlaf nahe verwandt. Selbstbeobachtungen des Dr. Bleuler[1] und
andrer Hypnotisierten[2] haben jedoch dargethan, dafs
der Hypnotisierte keineswegs im allgemeinen Sinne des
Wortes schläft. Es hat deshalb sein selbständiges Interesse, zu sehen, welche organischen Veränderungen
das Eintreten der Hypnose begleiten. Wir sahen oben,
dafs beim Eintreten des normalen Schlafs eine bedeutende Volumsteigung im Verein mit erhöhten und verlängerten Pulsen stattfindet; aufserdem bietet die Volumkurve starke Oszillationen und sanfte Undulationen dar.
Etwas Ähnliches könnte man von der Hypnose erwarten,
wenn diese nur eine Modifikation des normalen Schlafs
wäre. Aber in keiner einzigen der mir zu Gebote
stehenden zahlreichen Kurven ist etwas von all diesem
zu entdecken. Völlig typisch ist das Verhältnis zwischen
dem wachen Zustand und der Hypnose Tab. II, A u. B
gezeigt. Die Kurve A wurde unmittelbar vor dem Anfang der Hypnotisierung aufgenommen; hier sind starke
Undulationen, und die Pulslänge ist durchschnittlich 5,1
(von a-b). Die Kurve B ist 3 Min. später genommen,
während die V-P sich in einer leichten Hypnose befand.
Das Volumen ist unverändert (die Nulllinie ist 9 mm
gehoben, vgl. Tab. II), die Pulshöhe ebenfalls, und
alle Undulationen sind so gut wie verschwunden. Die
Pulslänge hat aber bis 4,4 (a-b) abgenommen. Zur voll-

---

[1] Forel: Der Hypnotismus. S. 216 u. f.
[2] Wetterstrand: Selbstbeobachtungen während des hypnotischen Zustandes. Zeitschrift für Hypnotismus. Bd. 4. S. 112 u. f.

ständigen Erhellung der Sache gebe ich ferner die Kurve, welche aufgenommen wurde, während die Hypnotisierung vorging.

Tab. LVI, C. ¹⸍₁₀ 95 abends. Ly. Wird hypnotisiert. Die Aufzeichnung der Kurve begann mit der Hypnotisierung zugleich. Da keine Veränderungen erschienen, wurde der Kymograph ungefähr 1 Min. angehalten; es war mit dem am Kymographen sitzenden Assistenten verabredet worden, dass der Cylinder sogleich wieder in Gang gesetzt werden sollte, wenn das geringste Anzeichen von Volumveränderungen zum Vorschein käme; sonst sollten nur mit Zwischenräumen von ungefähr 1 Min. kleine Kurvenstrecken aufgenommen werden, damit man den Zustand sehen könnte. Wie die Kurve zeigt, wurde der Cylinder zweimal angehalten, und es erschien nur eine einzelne, ganz vorübergehende Volumsteigung. Die Kurve ist unterbrochen, indem ihre Fortsetzung Tab. II, B von a an gegeben ist. — Die beiden folgenden Kurven zeigen ganz dasselbe Verhalten bei meinem anderen Medium.

Tab. LVI, D u. E. ⁴⸍₁₀ 95 abends. H. K. Vor und während der Hypnotisierung.

Der Anfang von D zeigt den Zustand vor dem Beginn der Hypnotisierung; die Pulslänge ist 4,7 (a-b). Während des ersten Aufenthalts von 1 Min. begann die Hypnotisierung; bei Λ 1 wurde tieferes und langsameres Atmen suggeriert. Während des nächsten Aufenthalts von 1 Min. schritt die Hypnotisierung ohne Unterbrechung weiter vor; bei Λ 2 der Befehl, die Augen zu schließen und sie nicht wieder öffnen zu können. Zwischen D und E liegt wieder ein Zeitraum von ungefähr 1 Min. Die Hypnose war jetzt eingetreten. Bei Λ 3 wurde der Arm kataleptisch ausgestreckt; die starken Volum- und Atmungsschwankungen rühren von den Bemühungen der V-P her, den Arm sinken zu lassen. Bei Λ 4 der Befehl, ihn sinken zu lassen; bei Λ 5 begann eine Suggestion, die erst später zur Ausführung kam. Die Pulslänge von c-d ist 4,2, im Vergleich mit der vorhergehenden Norm also wieder verkürzt; im Volumen und in der Pulshöhe ist keine andre Veränderung zu sehen als die, welche von dem Bestreben herrührt, einer bestimmten Suggestion zu widerstehen.

Die bei N 5 gegebene Suggestion ging darauf aus,
dafs die V-P auf ein gegebenes Zeichen anfangen sollte,
bis 20 zu zählen, ohne jedoch im stande zu sein, die
Zahlen, welche Multipla von 4 wären, nennen zu können.
Der Vollständigkeit wegen gebe ich die Ausführung der
Suggestion:

Tab. LVII, A. $\frac{1}{10}$ 95 abends. H. K. Zählt bis 20, ist
aber nicht im stande, die Zahlen 4, 8 und 16 zu nennen;
die 12 gelingt dagegen.

Die Kurve ist die unmittelbare Fortsetzung von
LVI, E. Das Zählen geschah sehr langsam; die drei
langen, sehr zackigen Atemzüge entstanden während
der Bestrebungen, die verbotenen Zahlen zu nennen;
die 12, die es der V-P zu nennen gelang, bewirkte keine
Störung der Atmung. Während dieser Hypnose wurden
noch andre Versuche angestellt, auf die wir später zurückkommen werden; hier interessiert uns am meisten
das Erwachen. Dieses ist wiedergegeben:

Tab. LVII, B. $\frac{1}{10}$ 95 abends. H. K. Ist hypnotisiert.
Übergang in den normalen Zustand.

Die Pulslänge hat ein wenig zugenommen, sie ist
4,6 in der Phase a-b. Während des in der Kurve zu
sehenden Aufenthalts wurde die gewöhnliche Suggestion
gegeben: sich nach dem Erwachen wohl zu befinden u. s. w.
Der eigentliche Befehl: Aufwachen! erzeugte eine starke
Störung der Kurve, indem die V-P eine Reihe Bewegungen machte; gleich darauf sinkt das Volumen jedoch
bis aufs vorige Niveau. Um dergleichen Störungen zu
vermeiden, gab ich bei späteren Gelegenheiten der V-P
stets den Befehl, sich beim Erwachen ruhig zu verhalten; diese Suggestionen wurden immer verwirklicht.
Ein Beispiel gibt:

Tab. LVII, C. $\frac{1}{10}$ 95 abends. Ly. Hypnotisiert; es
wird der Befehl erteilt, sich beim Erwachen ruhig zu
verhalten u. s. w. Bei N Aufwachen!

Während die Suggestion gegeben wird, bietet das
Volumen ziemlich grofse Undulationen dar; die Suggestion bewirkt indes nicht nur physische, sondern auch
psychische Ruhe, indem die Undulationen beim Erwachen wegfallen. Übrigens keine Andeutung von
Volumveränderungen, nur die Pulslänge nimmt beim
Erwachen zu: sie ist in der Phase a-b 5,4, in der

Phase b - c 5.5, was mit der durch das Eintreten der Hypnose hervorgerufenen Verkürzung in Übereinstimmung ist. Da sich in allen meinen Kurven dasselbe Verhalten zeigt, kann man also folgendes Resultat feststellen:

Der durch Schlafsuggestion hervorgerufene hypnotische Zustand eines sonst normalen (nicht hysterischen) Individuums bewirkt nur eine Pulsverkürzung, sonst aber keine nachweisbaren Veränderungen weder des Armvolumens, noch der Pulshöhe.

Ob man nach diesem Resultate noch berechtigt ist, von der nahen Verwandtschaft der Hypnose mit dem normalen Schlaf zu reden, lasse ich dahingestellt. Sicher ist es indes, daß sich während der Hypnose auf mehreren Sinnesgebieten eine ähnliche Steigung der Reizschwelle nachweisen läßt wie während des normalen Schlafes. In Ermangelung eines besseren Ausdrucks ist es deshalb ganz treffend, zu sagen, daß bei dem Hypnotisierten mehrere Sinne ›schlafen‹. Außerdem ist es leicht nachzuweisen, daß der Hypnotisierte dermaßen suggestibel ist, daß sich auf den Gebieten der ›schlafenden‹ Sinne Halluzinationen hervorrufen lassen, sogar wenn gleichzeitig ein äußerer Reiz eintritt, der unter normalen Verhältnissen einen der suggerierten Halluzination völlig widerstreitenden Bewußtseinszustand erzeugen würde. Die körperlichen Reaktionen sind in solchem Falle ausschließlich von dem faktischen Bewußtseinszustand, also von der Suggestion abhängig, während der äußere Reiz, der nicht zum Bewußtsein kommt, auch keine Spuren in den körperlichen Äußerungen hinterläßt. Ein besserer Beweis, daß die Hypnose keine Posse ist, wie einige Schriftsteller noch anzunehmen geneigt sind, ist kaum denkbar. Außerdem erhalten wir durch derartige Versuche eine fernere Bestätigung des früher gefundenen Resultats: daß ein Reiz sich nur, insofern er zum Bewußtsein kommt, körperliche Äußerung geben kann. Aus meinem sehr reichhaltigen Versuchsmaterial wähle ich einige einzelne Beispiele zur Beleuchtung der verschiedenen möglichen Verhältnisse zwischen der Suggestion und dem gleichzeitigen äußeren Sinnesreize.

Tab. LVII, D. ' 'o 95 abends. Ly. Hypnose; bei Ν
eine Dosis 10°/o haltiger schwefelsaurer Magnesia gegeben, mit der Suggestion, dafs der Geschmack ein sehr
angenehmer sein würde.

In der Kurve findet sich durchaus kein Anzeichen
der Unlust, indem weder das Volumen, noch die Pulshöhe, noch die Pulslänge abnimmt. Dagegen erscheint
nach Verlauf von 12 Pulsschlägen eine ziemlich deutliche Volumsteigung mit zunehmender Pulshöhe. Die
Suggestion scheint also trotz des widerlichen Geschmacks
des Bittersalzes vollständig realisiert zu sein. Hiernach
liegt auch nichts Sonderbares darin, dafs eine suggerierte angenehme Empfindung eine weit kräftigere Lustreaktion zu geben vermag, als die wirkliche Empfindung
im wachen Zustande hervorbringen würde, namentlich
wenn gleichzeitige äufsere Reize in entgegengesetzter
Richtung von der hypnotisierten V-P ferngehalten werden. Ein Beispiel hiervon gibt:

Tab. LVIII, A. '⁹/⁰ 95 abends. H. K. Bei Ν suggerierte Schokoladekuchen; der Löffel, aus welchem die
V-P dieselben zu empfangen glaubte, war völlig leer
und rein.

Hier ist eine nicht geringe Volumsteigung mit stark
vergrölserter Pulshöhe. Vergleicht man diese Kurve
mit der Tab. XLVI, A, welche die Wirkung wirklicher
Schokoladekuchen an demselben Abend auf dieselbe
V-P in wachem Zustande zeigt, so sieht man, dafs die
suggerierten Kuchen eine wenigstens ebenso kräftige
Äufserung der Lust erzeugten. — Natürlich steht auch
nicht das Geringste im Wege, dafs ein angenehmer Reiz
vermöge gleichzeitiger Suggestion Unlust herbeiführt:

Tab. LVIII, B. '⁹/⁰ 95 abends. H. K. Hypnose.
Bei Ν 1 Schokoladekuchen gegeben mit der Suggestion,
es seien Chininpillen, die zerkaut werden müfsten. Bei
Ν 2 der Befehl, dafs der Geschmack noch schlimmer
werden sollte. Nach dem Erwachen erklärte die V-P,
der Geschmack sei ein äufserst unangenehmer gewesen.

In der Kurve ist die Reaktion der Unlust unverkennbar; die Volumsenkung ist freilich keine grofse,
die Abnahme der Pulslänge und der Pulshöhe ist aber
leicht ohne Messung zu sehen. — Die Leichtigkeit, mit
welcher dergleichen Halluzinationen des Geschmacks

und Geruchs schon bei leichter Hypnose zu stande
kommen, ist ganz erstaunlich. Es scheint mir keinen
Zweifel erleiden zu können, daſs unter gewöhnlichen
Verhältnissen gerade diese beiden Sinne bei der Hypnotisierung zuerst ›einschlafen‹; später werden auch
allmählich, wie die Hypnose tiefer wird, die andern
Sinne einschlafen. Ich erhielt z. B. Geruchs- und Ge-
schmackssuggestionen unter Verhältnissen realisiert, wo
der Tast- und der Muskelsinn noch völlig wach waren.
Beispiele hiervon geben die beiden folgenden Kurven:

Tab. LVIII, C. ¹⁄₀ 95 abends. H. K. Sehr leichte
Hypnose. Bei N ein Theelöffel voll pulverförmiger
schwefelsaurer Magnesia eingegeben mit der Suggestion,
es seien Schokoladekuchen.

| Phase | a-b | b-c | c-d | d-e | e-f | f-g |
|---|---|---|---|---|---|---|
| Anzahl | 22 | 3 | 12 | 21 | 3 | 20 |
| Länge | 3,5 | 3,3 | 3,4 | 3,6 | 3,1 | 4,7 |

Daſs die Suggestion trotz der groſsen Dosis übel-
schmeckenden Stoffes realisiert ist, steht nicht zu bezweifeln. Anfangs zeigt die Kurve freilich eine geringe
Pulsverkürzung, hervorgebracht durch die Arbeit, welche
die Auflösung des Stoffes erfordert, darauf tritt aber
anwachsende Pulsverlängerung ein; auſserdem ist die
Pulshöhe durchweg gröſser als vor der Reizung. Am
meisten Interesse hat jedoch die Äuſserung, welche die
V-P that, als ich sie nach dem Erwecken fragte, ob sie
sich des Versuches erinnere. Ich erhielt nun folgende
Antwort: ›Ja, es schmeckte sehr gut, aber Schokoladekuchen waren es nicht, es war ein Pulver, das konnte
ich an den Lippen merken.‹ Die Suggestion hat also
den Geschmack halluziniert, während die Berührungsempfindungen noch so lebhaft waren, daſs die V-P hierdurch noch zum Teil zwischen Suggestion und Wirklichkeit zu unterscheiden vermochte. Will man einen
Hypnotisierten halluzinieren, so muſs man also dafür
Sorge tragen, die Suggestion in solcher Form zu geben,
daſs ihr Mangel an Übereinstimmung mit der Wirklichkeit sich nicht durch die wachen Sinne kontrollieren
läſst. Wird dies nur beobachtet, so wird die Suggestion
gewiſs realisiert werden. Es sei noch ein Beispiel gegeben:

Tab. LVIII. D. '½₀ 95 abends. H. K. Leichte
Hypnose; riecht bei ↳ 1 an einer suggerierten Rose, die
bei ↳ 2 dem Hypnotiseur zurückgeliefert wird.

Am Anfang der Kurve erwähnte ich eine Rose, die
ich zu besitzen vorgab; ich bat die V-P, sie zu nehmen
und daran zu riechen. Die Suggestion wurde realisiert;
die V-P nahm die völlig imaginäre Rose und begann
bei ↳ 1 daran zu riechen. Auf meine Frage erwiderte
sie, der Geruch sei wundervoll; es war also sowohl der
Tast-, als der Geruchssinn halluziniert. Ich fragte weiter:
›Meinen Sie nicht auch, daß es eine schöne Rose ist?‹
Hierauf antwortete sie lächelnd: ›Meine Augen sind ja
geschlossen.‹ Dies war unstreitbar; der Muskelsinn
muß also wohl so wach gewesen sein, daß er mit der
Gesichtshalluzination kollidierte und derselben wider-
strebte. Bei einer späteren Gelegenheit wurde während
einer tieferen Hypnose der nämliche Versuch wiederholt
und gelang vollständig; in diesem Falle müssen also
alle Sinne geschlafen haben mit Ausnahme des Gehörs-
sinnes, mittels dessen die Suggestion empfangen wurde.
Sehen wir nun von diesen merkwürdigen Fällen ab, die
für das Verständnis des hypnotischen Zustands größere
Bedeutung haben als für unsere speziellen Untersuchungen, so können wir also folgendes Resultat feststellen:

Eine durch Suggestion während einer
Hypnose hervorgerufene lust- oder unlustbetonte Empfindung ruft dieselben körperlichen Veränderungen hervor, welche die
Empfindung begleiten, wenn diese unter normalen Verhältnissen durch einen adäquaten
äußeren Sinnesreiz erzeugt wird. Die körperlichen Veränderungen treten auch dann
ein, wenn zugleich ein äußerer Reiz stattfindet, der ganz andre körperliche Reaktionen
bewirken würde, wenn er zum Bewußtsein
käme. Oder mit andern Worten: die organischen Reaktionen sind ausschließlich von
dem augenblicklichen Bewußtseinszustand
abhängig und durchaus nicht von der Reizung der Sinne.

Nach diesem Resultat kann es wohl kaum zweifelhaft sein, wie sich das Verhältnis während einer suggerierten Analgesie oder Anästhesie gestalten wird. Die
Versuche bestätigen denn auch vollständig unsre berechtigten Erwartungen. Es ist hierzu jedoch zu bemerken, daſs ich mich bei Suggestionen dieser Art stets
darauf beschränkte, zu sagen, daſs die V-P nicht im
stande sein würde, etwas zu merken. Die Anästhesie
wird deswegen allerdings weniger vollständig, als wenn
man einen positiven Bewuſstseinszustand suggeriert, der
den schmerzhaften Reiz auſserhalb des Bewuſstseins
zu halten vermag. Man wird in den folgenden Kurven
deshalb auch in einzelnen Fällen Andeutungen von
Reaktionen gewahren, welche gewiſs anzeigen, daſs die
V-P etwas gemerkt hat. Dieses gibt aber, namentlich
wenn während des wachen Zustandes Kontrollkurven
genommen werden, bessere Überzeugung, als diejenigen
Reaktionen, welche man erhalten würde, wenn man
einen bestimmten Bewuſstseinszustand suggerierte. Dieser würde ja notwendigerweise seine bestimmten Äuſserungen hervorbringen, welche die Beobachtung der
gleichzeitigen Reaktionen des Schmerzes nur erschweren
würden. Als Mittel zur Hervorrufung des Schmerzes
wandte ich hier, wie bei den Versuchen während der
Narkose, ausschlieſslich kräftige Induktionsströme an,
deren Stärke stets so groſs war, daſs sie unter normalen
Verhältnissen heftige Bewegungen bewirkten. Ein Beispiel hiervon zeigt:

Tab. LVIII, E. ³/₁₀ 95 abends. Ly. Normal, wach.
Bei ∏ Induktionsstrom durch den linken Arm.

Wir schreiten nun zu der Untersuchung, wie die
Wirkung wird, wenn Anästhesie suggeriert ist.

Tab. LIX, A. ⁷/₁₀ 95 abends. Ly. Tiefe Hypnose.
Suggestion, daſs überhaupt nichts bemerkt werden dürfe,
weder Berührung, noch Schmerz. Bei ∧ 1 und ∏ 2 Induktionsstrom.

Die Suggestion wurde während des in der Kurve
angezeigten Aufenthalts von 20 Sek. gegeben. Ihre
unmittelbare Wirkung ist eine geringe Volumsteigung
und merkbare Verminderung der Pulshöhe und der
Pulslänge. Da der erste, momentane Stromstoſs, bei ∧ 1,
nur eine sehr geringe Veränderung der Atmung und

des Volumens herbeiführte, wurde der Versuch bei ⊓2
mit einem länger dauernden Strom wiederholt. Die
Wirkung ist denn auch etwas gröfser; die Anästhesie
ist deutlich genug keine vollständige; im Vergleich mit
den gewaltigen Äufserungen des Schmerzes, die der
Strom unter normalen Verhältnissen erzeugt haben
würde, ist die Reaktion indes doch sehr abgeschwächt.
4 Min. später wurde nach dem Erwecken der V-P ein
Kontrollversuch angestellt.

Tab. LIX, B. ''/₁₀ 95 abends. Ly. Aus der Hypnose
geweckt; bei ⊓ Induktionsstrom durch den linken Arm.

Dieser Kontrollversuch ist nicht eben sehr über-
zeugend, da die Wirkung, von der unregelmäfsigen
Atmung abgesehen, kaum gröfser ist als während der
Hypnose. Ich hatte aber auch ganz vergessen, die suggerierte Anästhesie aufzuheben. Dies geschah dann und
wann, und in allen diesen Fällen zeigten die Kontroll-
versuche, sogar lange nachdem die Suggestion gegeben
war, ein erkennbares Fortdauern des anästhetischen
Zustands. Sorgt man aber dafür, die Anästhesie aufzuheben, so wird der Unterschied sehr hervortretend;
z. B. in den folgenden Versuchen:

Tab. LIX, C—E u. LX, A u. B. ''₁₀ 95 abends. H. K.
Suggerierte Anästhesie und Analgesie während der Hypnose; Kontrollversuch in wachem Zustande.

Die Hypnose war tief. Bevor die Kurve C genommen wurde, hatte ich schon angefangen, der V-P
zu suggerieren, sie würde nichts merken, weder die Berührung der Elektrode, noch den durch den Strom verursachten Schmerz. Während dieser Erklärung begann
die Aufzeichnung. Bei ⊓ fand der Reiz statt; die Stärke
des Stromes, durch die Entfernung der Nebenspule
angegeben, war 6 cm. Die Wirkung ist offenbar eine
äufserst geringe. Die Suggestion wurde nun wiederholt,
indem ich zugleich die bewegliche Nebenspule des Apparats 1 cm weiter über die Hauptspule schob, so dafs
der Strom also verstärkt wurde. D ist die unmittelbare
Fortsetzung von C. Bei ⊓ wurde der Strom durch den
Arm geleitet; die Atmung zeigt nicht die geringste
Störung, die Volumkurve dagegen eine Veränderung,
die unter normalen Verhältnissen eine geringe, unwillkürliche Lenkung der Aufmerksamkeit andeuten würde.

Hierauf wurde eine neue Suggestion gegeben, indem die V-P den Befehl erhielt, die Berührung der Elektrode merken zu können, fortwährend ohne im stande zu sein, den Schmerz zu fühlen. Zum Beweis, dafs sie die Berührung merkte, sollte sie in dem Augenblick, da die Elektrode appliziert würde, »Nun« rufen (die Augen waren völlig geschlossen). Der Versuch ist in der Kurve E gezeigt; er wurde zweimal angestellt, bei ⊓ 1 mit dem schwächeren, bei ⊓ 2 mit dem stärkeren Strom (5 cm). Beidemal wurde das »Nun« im rechten Augenblick gerufen. Die Kurve zeigt fortwährend keine Spur von Äufserungen des Schmerzes, nur, wie zu erwarten stand, Anzeichen, dafs eine schwache Empfindung zum Bewufstsein gekommen ist. Die beiden folgenden Kurven, A u. B der Tab. LX, wurden ungefähr eine halbe Stunde später genommen, nachdem die Hypnose längst aufgehört hatte. Bei ⊓ 1 wurde die Wirkung des schwächeren (6 cm), bei ⊓ 2 die des stärkeren (5 cm) Stroms versucht. Im Vergleich mit den bedeutenden Störungen sowohl der Atmung, als des Volumens, welche diese Kurven zeigen, mufs die Wirkung während der suggerierten Anästhesie und Analgesie jedenfalls eine stark verminderte genannt werden.

Aus den genannten Versuchen mit suggerierter Analgesie läfst sich nicht schliefsen, dafs der Schmerz etwas von der Berührungsempfindung Verschiedenes sei. Denn die Einwirkung geschah in der Weise, dafs der Strom in dem Moment, da die Elektrode die Haut berührte, geschlossen war. Die Berührung und der elektrische Reiz treffen also in demselben Augenblick ein. Hieraus folgt, dafs die bestehende Analgesie sich auf zweifache Weise erklären läfst. Nimmt man an, dafs der Schmerz ein von den Berührungsempfindungen Verschiedenes ist, so kann man sich denken, dafs die Suggestion wirklich die Empfänglichkeit für Schmerz aufgehoben hätte, während die Berührungssinne noch in Funktion wären. Nimmt man dagegen an, der Schmerz bestehe nur in starken, unlustbetonten Berührungsempfindungen, so liefse sich denken, die Suggestion habe nur die Wirkung gehabt, dafs die Reizschwelle der Hautsinne gesteigert sei, so dafs der starke elektrische Reiz nur eine schwache Empfindung, aber keinen

Schmerz hervorriefe. Welcher der beiden Erklärungen man nun auch beistimmt, so muſs die V-P sich in den besprochenen Versuchen auf die nämliche Weise verhalten, nämlich die Berührung merken, ohne Schmerz zu fühlen. Diese Versuche können folglich nicht zur Entscheidung darüber dienen, welche der beiden Erklärungen die rechte ist.

Nun ist es allerdings nach v. Freys Untersuchungen[1] im höchsten Grade wahrscheinlich, daſs die Schmerzempfindungen von den Druck-, Würme- und Kälteempfindungen qualitativ verschieden sind, und daſs die erstere der beiden angeführten Erklärungen eine überwältigende Wahrscheinlichkeit für sich hat. Nichtsdestoweniger würde es interessant sein, wenn man die Richtigkeit der Erklärung durch Versuche an analgetischen Individuen bestätigt finden könnte. Es scheint mir, daſs dieses auf folgende Weise thunlich wäre. Bringt man die Elektrode an der Haut an, ohne jedoch den Strom zu schlieſsen, bevor die V-P angibt, die Berührung gemerkt zu haben, so kann die Reizschwelle der Berührungsempfindungen nicht in auffälligem Maſse gesteigert sein. Und wird nun in demselben Moment, da die V-P die schwache Berührung merkt, der Strom eingeleitet, so muſs, wenn die Reaktionen des Schmerzes unterbleiben, der Schmerz offenbar etwas von den Berührungsempfindungen Verschiedenes sein. Denn es ist wohl fast für undenkbar zu halten, daſs in dem einen Augenblick völlige Empfänglichkeit für schwache Berührung, aber unmittelbar darauf Unempfänglichkeit für starke Reize derselben Sinne herrschen sollte. Nach diesem Schema stellte ich einen einzelnen Versuch an, der mir anfänglich entscheidend vorkam, bei genauerer Betrachtung der Kurve sich jedoch als nicht ganz unzweideutig erwies. Er ist wiedergegeben:

Tab. LX. C. "¹₀ 95 abends. H. K. Suggerierte Analgesie während der Hypnose; bei ⊓ schwache Berührung, die gemerkt wurde; gleich darauf wurde der Induktionsstrom eingeleitet.

Ungefähr bei b begann ich die Analgesie zu suggerieren mit dem Befehl, die Berührung anzugeben. Die

[1] Untersuchungen über die Sinnesfunktionen der menschlichen Haut. Leipzig 1896.

Pinselelektrode, die ich in der Hand hielt, war so eingerichtet, dafs der Strom unterbrochen wurde, solange
man einen Knopf am Griffe niederdrückte. Bei ⊓ brachte
ich die Elektrode an dem Arme der V-P an; ungefähr
3 Pulsschläge nachdem die Berührung angefangen hatte,
sagte sie »Nun!« In demselben Augenblick hielt ich
mit dem Niederdrücken des Knopfes auf, so dafs der
Strom also geschlossen wurde; die Dauer des ganzen
Versuchs ist durch die Ausdehnung des Zeichens angegeben. Die Kurve zeigt allerdings nur eine sehr geringe Volumsenkung, aber sowohl die Pulshöhe, als die
Pulslänge ist bedeutend vermindert. Hier ist also eine
unzweifelhafte Reaktion des Schmerzes; im Verhältnis
zur Stärke des Stroms ist sie indes sehr gering. Da
es sich nun zeigte, dafs die V-P für schwache Berührung empfänglich war, während die Empfänglichkeit
für Schmerz jedenfalls stark abgeschwächt war, spricht
der Versuch am meisten dafür, dafs der Schmerz etwas
von den eigentlichen Berührungsempfindungen Verschiedenes ist, und dafs überdies die physiologischen
Zentra dieser Zustände so weit voneinander getrennt
liegen, dafs das eine aufser Funktion gesetzt sein kann,
während das andere noch leistungsfähig ist.

Wir sahen oben, dafs eine Suggestion der Anästhesie
Verminderung des Volumens, der Pulshöhe und der
Pulslänge hervorbrachte. Im Versuche Tab. LX, C hat
die Analgesie wenigstens die beiden letztgenannten Veränderungen zur Folge; die Pulslänge ist in der Phase a-b
3,9, in der Phase b-c 3,7. Hierzu ist doch zu bemerken,
dafs ich gewöhnlich nur Anästhesie und Analgesie des
freien, linken Arms suggerierte, an welchem die Versuche angestellt werden sollten. Es läfst sich folglich
nicht entscheiden, ob die vom Plethysmogramm angezeigten Veränderungen nur sekundäre Wirkungen der
Veränderungen des linken Arms, oder ob sie gleicher
Art wie diese sind, so dafs die Wirkung also eine bi-
laterale wäre. Um dies zu untersuchen, stellte ich ein
einzelnes Experiment an:

Tab. LX. D. '' ,, 95 abends. H. K. Hypnose; Suggestion der Anästhesie beider Arme, angefangen bei ⋏.

Die Suggestion bewirkt offenbar sowohl Volumsenkung, als Pulsverkürzung und Pulsverminderung.

Ungefähr am Schlusse der Kurve wurde die Anästhesie
wieder aufgehoben, ohne dafs ein Eingriff geschehen
wäre: hier steigt das Volumen wieder mit hohen und
langsameren Pulsen. — Wir können die Resultate der
besprochenen Versuche also in folgenden Satz zusammenfassen:

Die während der Hypnose suggerierte
Anästhesie (und Analgesie) bewirkt eine geringe Verminderung des Armvolumens, der
Pulshöhe und der Pulslänge. Solange der
Zustand fortdauert, werden selbst starke,
schmerzhafte Reize fast gar nicht oder nur
in geringer Ausdehnung körperliche Reaktion
herbeiführen. Während der Analgesie können
schwache, nicht schmerzhafte Berührungen
empfunden werden; starke, schmerzliche Reize
aber führen nur Andeutungen von Reaktionen
des Schmerzes herbei; die Schmerzempfindung ist wahrscheinlich also von der Druck-,
Wärme- und Kälteempfindung qualitativ verschieden.

Ziemlich oft habe ich versucht, Wärme oder Kälte
des im Plethysmographen eingeschlossenen Arms zu
suggerieren, um zu erfahren, ob sich hierdurch entschieden vasomotorische Wirkungen erzielen liefsen.
Da die Versuche die V-P augenscheinlich anstrengten,
wurde die Suggestion selten lange fortgesetzt, und die
Wirkung war deshalb im allgemeinen nur eine geringe.
Einer der besten ist wiedergegeben:

Tab. LX, E. ¹¹⁄₁₀ 95 abends. H. K. Hypnose, bei
Λ 1 Hitze im rechten Arm suggeriert; bei Λ 2 dies
wiederholt mit dem Befehl, stärker zu empfinden; bei
Λ 3 wurde die Empfindung fortsuggeriert.

Λ 1 wurde dort angebracht, wo das Wort ›Hitze‹
kam; die Suggestion fing also in der That ein wenig
vorher an. Die Wiederholung bei Λ 2 bewirkt offenbar
eine Volumsteigung, welche verschwindet, sobald der
Befehl zum Aufhalten gegeben wird.

Dafs in einem Hypnotisierten Vorstellungen entstehen können, welche nicht von dem Hypnotiseur eingegeben sind, ist eine bekannte Sache: bei einer einzelnen Gelegenheit sah ich ein sehr überzeugendes

Beispiel hiervon. Dieses ist in den folgenden Kurvenreihen wiedergegeben:

Tab. LXI, A—C. "¹⁰ 95 abends. H. K. Hypnose
mit spontan entstehender deprimierter Stimmung; verschiedene Versuche während derselben.

Die V-P war einige Zeit hindurch sich selbst überlassen worden, weil es notwendig war, zu den folgenden
Versuchen einige Vorbereitungen zu treffen. Als alles
bereit war, warf ich einen Blick auf den Kymographen
und sah hier alle Anzeichen einer deprimierten Stimmung. Diese konnte nicht die Wirkung einer Suggestion
sein, sie mußte also spontan entstanden sein, und ich
dachte mir daher die Möglichkeit, daß sie von selbst
verschwinden würde, wenn wir nur in den Versuchen
weiter gingen. Ich suggerierte deshalb ganz ruhig Analgesie und untersuchte den Zustand mittels des elektrischen Stroms. ⊓1 und ⊓2 der Kurve A zeigen
diese Versuche. Während der folgenden Minute, deren
Aufzeichnungen nicht mitgenommen sind, kam indes
keine Andeutung, daß die Depression aufhören würde.
Hierauf wurde die Kurve B genommen. Hier suggerierte
ich Anästhesie und untersuchte den Zustand bei ⊓
mittels des elektrischen Stroms. Während der nächsten,
ebenfalls weggelassenen Minute wurde noch ferner ein
Versuch angestellt, der ebensowenig auf die vorhandene
Stimmung Einfluß übte. Es war daher nichts andres
zu thun, als die Versuche abzubrechen; ich hätte durch
eine Suggestion freilich wohl die Depression verschwinden machen können, da ich aber nicht wissen konnte,
worum es sich handelte, hielt ich diesen Ausweg für
nicht ratsam. Es wurde also Erwachen suggeriert und
besonders nachdrücklich befohlen, die V-P dürfe beim
Erwachen durchaus keine unangenehmen Folgen der
Versuche spüren. Die Kurve C fängt am Schlusse dieser Weisung an; bei N kam der Befehl: »Aufwachen!«
Die Kurve zeigt, daß die körperliche Äußerung der
Gemütsbewegung keineswegs gleich beim Erwachen
verschwindet, obschon inbetreff der Depression und
deren Ursachen völlige Amnesie vorlag. Die V-P war
nicht im stande, sich irgendwie zu entsinnen, daß ihre
Gemütsstimmung eine weniger angenehme gewesen sei,
obwohl sie beim Anblick der Kurven zugeben mußte,

dies sei zweifelsohne der Fall gewesen. Im Laufe der zwei folgenden Minuten, während wir von der Geschichte sprachen, verschwand der Zustand — oder vielmehr dessen körperliche Nachwirkungen — doch immer mehr; das Ende von C zeigt nach Verlauf der genannten Zeit den völlig normalen Zustand.

Während der folgenden Hypnose, 8 Tage später, fragte ich die V-P. was das vorige Mal die Ursache ihrer deprimierten Stimmung gewesen sei. Ohne sich zu bedenken, antwortete sie, es sei ihr plötzlich beigefallen, sie habe eine schwierige, schriftliche Ausarbeitung für einen der Professoren, die sie nicht fertig zu bringen vermöchte; dieser Gedanke sei ihr höchst unangenehm gewesen. Nachdem sie erweckt worden war, erhielt ich die Bestätigung, daß ihr wirklich eine solche schriftliche Arbeit aufgegeben sei; ob die Erklärung übrigens richtig ist, kann ich natürlich nicht verbürgen, ich habe anderseits aber gar keinen Grund, ihre Richtigkeit zu bezweifeln.

Ziemlich oft rief ich in den hypnotisierten Versuchspersonen mehr komplizierte Gemütsbewegungen hervor, was durch geeignete Suggestionen bekanntlich leicht ausführbar ist. Das Verfahren war in allen Fällen dieses, daß ich der hypnotisierten V-P eine bestimmte Situation beschrieb, in welcher sie sich befinden sollte. Diese Schilderung war vorher aufgeschrieben mit Bezeichnung der für die Stimmung entscheidenden Stichwörter. Jedesmal, wenn eins dieser Wörter genannt wurde, bezeichnete ich dies auf dem Cylinder und machte eine kleine Pause, damit die Situation Zeit erhielte, sich in der V-P zu entwickeln. Sobald die Kurve eine deutliche Reaktion zeigte, ging ich weiter. Unter diesen verschiedenen, durchweg sehr interessanten Versuchen gebe ich hier zur Beleuchtung der Sache einen einzelnen wieder. Derselbe wird genügen, um zu zeigen, wie deutlich solche suggerierten Affekte hervortreten; ich hege deshalb keinen Zweifel, daß man Hypnotisierte mit entschiedenem Erfolg zum Studium der Affektäußerungen wird gebrauchen können, wenn man von normalen Individuen keine unzweideutigen Resultate zu erreichen vermag. Der Versuch ist wiedergegeben:

12*

Tab. LXI, D u. E u. LXII, A u. B. ' ii 95 abends.
H. K. Hypnose. Die Kurve E ist die unmittelbare
Fortsetzung von D; zwischen E und A sind 5 Sek.
verflossen, B ist die unmittelbare Fortsetzung von A.
Folgende Suggestion wurde gegeben: »Sie sind ein
kleines Mädchen, du bist 7 Jahre alt. Ⅳ 1 Du sitzest
im Garten und spielst mit einer Puppe, einer wunder-
schönen, grofsen Puppe, die du soeben erhalten hast.
Es ist eine prachtvolle Puppe mit einem roten Kleid;
die Puppe kann die Augen öffnen und schliefsen. Es
ist schönes Sommerwetter, die Sonne scheint, die Vögel
singen, du bist äufserst vergnügt Ⅳ 2 über das schöne
Wetter und die neue Puppe, die dich sehr erfreut, wenn
sie die Augen schliefst .... Nun kommt ein grofser
Hund Ⅳ 3, der gerade auf dich los geht Ⅳ 4. Er sieht
sehr friedlich aus, und du fühlst daher keine Furcht vor
ihm, sondern hältst ihm die Puppe vor, damit er sie
sehen soll. Aber der Hund schnappt dir die Puppe weg
Ⅳ 5 und läuft damit fort. Du wirst hierüber sehr be-
trübt; deine schöne neue Puppe ist weg. Du weinst und
rufst dem bösen Hunde nach, dafs er dir die Puppe
zurückbringen soll. Er kommt aber nicht .... Da
kommt ein Knabe und gibt dir die Puppe Ⅳ 6, die er
dem Hund abgenommen hat. Die Puppe hat gar keinen
Schaden gelitten. Du wirst wieder vergnügt. Ⅳ 7....«

Diese Kurven kommen mir in hohem Grade ausdrucksvoll vor, indem es sich erweist, dafs das Volumen
sich mit dem Wechsel der Situation und dem hierdurch
bedingten Umschlag des Gefühls plötzlich verändert.
Da wir im Vorhergehenden dergleichen komplizierte
Gemütsbewegungen nicht an normalen Individuen untersucht haben, läfst es sich natürlich nicht mit völliger
Sicherheit entscheiden, ob die suggerierten Affekte
hypnotisierter Personen sich ganz auf dieselbe Weise
äufsern. Es zeigt sich indes, dafs die beiden Grund-
stimmungen, die Freude und der Kummer, in diesen
Kurven mit dem übereinstimmen, was wir für primitive
Lust- und Unlustzustände normaler Menschen fanden.
Es dürfte deswegen wohl kaum unberechtigt sein, zu
behaupten:

Während der Hypnose werden Affekte und
Stimmungen, sie mögen entweder spontan

entstehen oder durch Suggestion direkt hervorgerufen werden, sich auf ähnliche Weise
äufsern, wie bei normalen Individuen.


## REPRODUZIERTE AFFEKTE.

Die Schwierigkeit, die stets damit verbunden ist,
nur um eines Experiments willen einen normalen,
ruhigen Menschen in eine bestimmte Gemütsbewegung
zu bringen, hat Mentz dadurch zu vermeiden gesucht,
dafs er seine Versuchspersonen einen solchen Zustand
willkürlich reproduzieren liefs, indem sie sich in der
Erinnerung in eine bestimmte Situation zurückversetz-
ten, während deren sie in Affekt gewesen waren [1]. Dafs
diese subjektive Methode wertvolle Resultate zu geben
vermag, wage ich nicht zu bestreiten, sie erfordert aber
doch gewifs eine besondere Natur der betreffenden V-P,
eine gewisse Neigung, in Gemütsbewegung zu geraten.
Allerdings kann jeder Mensch bei auftauchender Erinnerung an eine bestimmte Situation das Gefühl wieder
erleben, das die Begebenheit auf natürliche Weise erregte. Es gibt aber doch einen nicht geringen Unterschied zwischen einer gelegentlich, gleichsam zufällig
auftauchenden Erinnerung und einem willkürlich her-
vorgezauberten Bilde. Vielen Menschen, die nicht so
leicht in Affekt geraten, wird die Anstrengung während
einer solchen willkürlichen Reproduktion so grofs werden, dafs nur das Gefühl der Anstrengung, nicht aber
der gewünschte Affekt das Bewufstsein beherrscht.
Wo dies der Fall ist, wird gewifs nur die willkürliche
Aufmerksamkeit, nicht aber die mit Anstrengung reproduzierte Gemütsbewegung in den Kurven zur Äufserung kommen; etwas andres ist jedenfalls nach allem
im Vorhergehenden Gefundenen nicht zu erwarten. Die
Richtigkeit hiervon habe ich denn auch häufig bestätigt
gefunden. Sehr oft habe ich es versucht, meine Versuchspersonen Affekte willkürlich reproduzieren zu
lassen, selten erblickte ich aber eine andre Wirkung,

[1] Mentz: Die Wirkung akustischer Sinnesreize. S. 384 u. f.

als einen geschwinderen Puls, der unstreitig eine Äußerung des Affekts sein kann, sich aber ebensowohl als
Anzeichen der Anstrengung erklären läßt. Ich werde
mich deswegen nicht auf diese Versuche einlassen, die
wohl als mißlungen zu betrachten sind.

Nur eine einzelne, unter besonderen **Verhältnissen**
angestellte Reihe von Versuchen verdient **nähere Besprechung**. Eine meiner Versuchspersonen, **die sich**
neben ihrer Stellung als Schauspieler am kgl. **Theater**
mit der Psychologie beschäftigte, wünschte sehr ange-
legentlich eine experimentelle Untersuchung des bekannten Diderotschen Paradoxons[1] angestellt zu sehen.
Es schien ihm, wie wohl den meisten, höchst unwahrscheinlich, daß ein Schauspieler wirklich kalt und
von den Gefühlen, die er darzustellen sucht, unberührt
dastehen sollte; nicht einmal die Autorität eines Co-
quelin vermag ein solches Resultat festzustellen, das
alle psychologische Wahrscheinlichkeit wider sich hat.
Es wurde also beschlossen, die Sache einer experimentellen Untersuchung zu unterwerfen, und folgendes Verfahren wurde hierbei angewandt. Die betreffende V-P
wählte in verschiedenen Dichterwerken einzelne Strophen
aus, welche ganz bestimmte Stimmungen oder einen
Umschlag der Stimmung: wehmütige und jauchzende
Freude, Erbitterung, Täuschung u. s. w., ausdrückten.
Diese Strophen lernte sie auswendig; die Anfangszeile
wurde auf ein Stück Papier notiert mit Hinzufügung
derjenigen Stimmung, welche in der Strophe Ausdruck
erhielt. Dieses Papier bekam ich. Das Verfahren war
nun einfach dies, daß die V-P in den Apparaten angebracht wurde und darauf in Gedanken, ohne lautbare
Worte und ohne Mimik, diejenige Strophe recitierte,
welche ich unter den aufgegebenen wählte. Hierdurch
war offenbar jede Möglichkeit einer vorhergehenden Einstellung auf ein bestimmtes Gefühl ausgeschlossen.

Mit Bezug auf die Folgerungen, die sich aus dem
Experimente ziehen lassen, muß ich jedoch vorher einige
Bemerkungen machen. Erstens lassen sich aus einer
einzelnen Versuchsreihe an einem einzelnen bestimmten

[1] Vgl. Binet: Le paradoxe de Diderot. L'année psychologique III.
Paris 1897. S. 279 u. f.

Schauspieler wohl keine gemeingültigen Schlüsse ziehen.
Ein Blick auf Tab. LXII. C u. D, LXIII und LXIV, wo
die Versuche wiedergegeben sind, wird zeigen, daſs die
erregten Gefühle auſserordentlich starken Ausschlag
gegeben haben. Es ist also sicher, daſs sich auf
dem hier befolgten Wege starke Gefühle reproduzieren
lassen, und ich halte es denn auch für höchst wahrscheinlich, daſs Schauspieler im allgemeinen von denjenigen Gefühlen beseelt sein werden, welche sie darzustellen suchen. Ausnahmen schlieſst dies natürlich
nicht aus, namentlich in solchen Fällen nicht, wo eine
Rolle so häufig gespielt worden ist, daſs Mimik, Gesten
u. s. w., weil sie eingeübt sind, sich fast automatisch
wiedergeben lassen. Ebenso wie ein routinierter Taschen-
spieler thatsächlich die verwickeltsten Kunststückchen
auszuführen vermag, während er an ganz andre Dinge
denkt, ebenso mag wohl auch der Schauspieler es erreichen, daſs er von dem, was er darstellt, unberührt
dasteht. Ein andres ist die Frage, ob er dann auch
wirklich gute Kunst leistet.

Zweitens findet sich bei den hier vorliegenden Versuchen ein kleiner Umstand, dessen Bedeutung für den
Augenblick kaum richtig geschätzt werden kann. Es
ist zu bedenken, daſs die V-P in den Apparaten ganz
ruhig sitzen muſste, ohne ihre Gefühle durch Mimik
oder Pantomimen auszudrücken. Welchen Einfluſs eine
derartige Hemmung natürlicher Bewegungstendenzen
hat, das wissen wir nicht. Möglich ist es freilich, daſs
die organischen Veränderungen dadurch verstärkt wurden, weil jedes Gefühl ›Luft haben‹ muſs und folglich,
wenn die Bewegungen der willkürlichen Muskeln gehemmt werden, auf die organischen Funktionen kräftiger
einwirken kann. Eine ausgemachte Sache ist dies natürlich aber nicht. Sicher ist es indes, daſs keine Hemmung
bestimmter willkürlicher Bewegungen im stande sein
wird, diejenigen Gefühle zu erzeugen, deren normale
Äuſserungen die Bewegungen sind. Sehen wir also
bestimmte organische Veränderungen zum Vorschein
kommen, so muſs, wie wir wissen, das Gefühl auch
wirklich vorhanden gewesen sein, und die erzwungene
Hemmung der äuſseren Bewegungen kann dann höchstens als Ursache einer Störung gewirkt haben. Mit

andern Worten: die vorliegenden Kurven beweisen, daſs
die V-P von gewissen Gefühlen beherrscht gewesen ist,
ohne daſs es sich übrigens entscheiden läſst, ob die
besonders kräftigen Äuſserungen dieser Gefühle trotz
oder zum Teil wegen der Hemmung der willkürlichen
Bewegungen zu stande gekommen sind.

Schlieſslich sei noch bemerkt, daſs das Interesse der
V-P für diese Versuche die Folge hatte, sie in hohem
Grade ›nervös‹ zu machen, bevor wir anfingen. Die
Aufnahme einer Normalkurve war sehr schwierig; das
Volumen schwankte fortwährend auf und ab. Aus die-
sem Grunde wartete ich lange mit dem Anfang der
Versuche, was das Übel natürlich nur verschlimmerte:
ich sah mich deshalb genötigt, anzufangen, bevor
vollständige Ruhe eingetreten war. Im Anfang der
Tab. LXII, C ist diese Unruhe noch zu sehen. Hier
finden sich mitten in ein paar Pulsschlägen einige jähe
Senkungen. In den folgenden Kurven treffen wir solche
dann und wann wieder an: diese rühren davon her, daſs
das Volumen so stark steigt, daſs das Müllersche
Ventil funktioniert und eine Luftblase entweichen läſst;
hierdurch wird das Volumen plötzlich zum Sinken gebracht. Solange dergleichen Senkungen in einer Kurve
vorkommen, findet also thatsächlich ein fortgesetztes
Steigen des Volumens statt. — Ich schreite nun zur
Beschreibung der einzelnen Versuche, woran ich keine
andren Kommentare knüpfen werde als diejenigen,
welche die V-P selbst mit Bezug auf die Stimmung und
auf das Tempo der Recitation gab.

Tab. LXII, C u. D. ¹¹⁄₄ 96 nachm. J. N. Bei A
beginnt die 5. Strophe aus Plougs ›Ich glaub' an dich‹,
die bis zum Schlusse von D, der unmittelbaren Fortsetzung von C, dauerte; die Stimmung ist ruhige
Freude.

Ich glaub' an dich, wenn unsrer Lippen Küssen
Beschlieſst der trunknen Seelen Ehebund;
Wenn deine Augen unter Thränen süſsen
Verkünden laut, was nie dein Mund that kund,
Wenn deine Träume dir zur Wahrheit werden,
Wenn du umfahest, was dir lieb mag sein,
Wenn doppelt reich und schön dir deucht's auf Erden,
Und doppelt leicht des Lebens Müh' und Pein.

Pause, während welcher die für den Ernst der nächsten Strophe geeignete Stimmung sich emporarbeitet.

Ich glaub' an dich, wenn mir des Todes Stimme . . . .

Tab. LXIII, A u. B. ¹³⁄₁₂ 96 nachm. J. N. Bei Λ 1 beginnt untenstehende Strophe aus J. P. Jakobsens ›Gurreliedern‹, abgeschlossen bei Λ 2. Erbitterung.

Weißt, o Herr, du, was du thatest,
Als du nahmst mir Tove fort?
Weißt du, daß du mich verjagtest
Aus dem letzten Zufluchtsort?
Herr! errötest du nicht vor Scham —
Sie war des Armen einziges Lamm.

Herr, o Herr! die Engelscharen
Füllen dir das Ohr mit Preis,
Keinen Freund hast du, der tadelt,
Wenn er Tadel an dir weiß.
Niemand, o Herr! ist immer klar,
Laß, o Herr! mich sein dein Narr.

Nach der nächstletzten Zeile der ersten Strophe wird das beschleunigte Tempo durch eine Pause unterbrochen, worauf die letzte Zeile in einem etwas langsameren Tempo folgt, das nach dem Schlusse der Strophe fast unmittelbar in die stürmische Eile der Erbitterung der nächsten Strophe übergeht.

Tab. LXIII, C u. LXIV, A. ¹³⁄₁₂ 96 nachm. J. N. Bei Λ 1 beginnt die 5. Strophe des Gedichtes ›Senk' dich in meine Brust‹ aus Blaumüllers ›Saul‹, die bei Λ 2 aufhört. LXIV, A ist die unmittelbare Fortsetzung von LXIII, C. Dumpfe Resignation.

Schlaf' nun, mein Herz,
Im Busen du liegst mir so wund;
Trugest du Schmerz,
Der nie einem andern ward kund.
Vergiß deine Pein,
Frieden hat ruhend' Gebein —
Nur das Leben ist Leides Grund.
Also Sterben, Saul, immer Sterben.

Nach der drittletzten Zeile eine kurze Pause, die einen im Folgenden verhallenden Seufzer einleitet.

Tab. LXIV, B u. C. ¹³⁄₁₂ 96 nachm. J. N. Bei Λ 1 beginnt Bergsöes ›Die Birke‹, die bis Ende von C andauert. Bei Λ 2 wurde der Versuch durch eine Dreh-

orgel gestört, die zu spielen anfing. Die Stimmung ist
jauchzende Freude bis — —, wo sie plötzlich in Täuschung umschlägt.

Unterm Birkenbaum
Sah ich dich im Traum
Zart und schlank wie einer Birke Ast —
Locken weich und lang
Streiften mir die Wang',
Um den Leib hielt dich mein Arm umfaßt.
Mondes Lichterguß
Schwand, und einen Kuß
Raubt' ich eilig dir im dunklen Hain.
Jedes Birkenreis
Bebt' im Nachtwind leis — —
Beim Erwachen sah ich mich allein — —
Glaubst du nicht mit mir,
Daß bei Nachte wir
Den entschwundnen Traum wohl fänden balde?
Mit des Abends Hauch
Kommt der Mondschein auch,
Und · der Birken gibt's genug im Walde.

Die Zeile zwischen — — hat ein langsameres Tempo,
dem Wechsel der Stimmung aus Freude in Täuschung
entsprechend.

Ich werde mich hier nicht näher auf eine Untersuchung der komplizierten Gemütsbewegungen einlassen, die sich in den wiedergegebenen Kurven äußern;
eine solche Untersuchung wird nur dann ein Resultat
ergeben können, wenn ein bedeutend größeres Material
vorliegt, als das mir zur Verfügung stehende. Den
Beweis zu führen, daß es wirklich verschiedenartige
Gefühle sind, die in den vorliegenden Kurven zum Ausdruck kommen, dürfte wohl kaum notwendig sein. Es
genügt gewiß ein einziger Blick, um zu zeigen, daß
die Kurven ebenso verschiedenartig sind, wie die in den
benutzten Strophen ausgedrückten Gefühle. Ein reden-
der Beweis läßt sich indes mit Hilfe der letzten Kurve,
LXIV, B u. C, führen, wo ein plötzlicher Umschlag der
Stimmung eintritt. An welchem Punkte der Kurve
dies geschieht, das wissen wir nicht, er läßt sich aber
mit großer Annäherung bestimmen. Wäre das Gedicht
in völlig gleichförmigem Tempo recitiert worden, so
würde jede Silbe gleich lange Zeit erfordern. Das Gedicht enthält 116 Silben, der Wechsel der Stimmung

findet nach den ersten 67 Silben statt. Wird also die ganze verbrauchte Zeit in zwei Teile geteilt, die sich ungefähr wie 7 zu 5 verhalten, so muſs man ziemlich zu dem Punkte der Kurve kommen, der dem betreffenden subjektiven Moment entspricht. Dieser Punkt findet sich im Anfang des vierten Atemzugs in der Kurve C. Gerade hier beginnt auch eine starke Verminderung der Pulshöhe und eine neue, plötzliche Senkung des Volumens, welches unmittelbar vorher das starke Steigen nebst den hohen Pulsen der jauchzenden Freude gezeigt hat.

Es kann hiernach wohl keinem Zweifel unterworfen sein, daſs man mit Hilfe von Schauspielern oder von andern Personen, die sich leicht in Stimmung zu setzen vermögen, im stande sein wird, im Labyrinthe der Gemütsbewegungen verhältnismäſsig sicher vorzuschreiten.

## PRAKTISCHE UND THEORETISCHE KONSEQUENZEN DER VERSUCHE.

Werfen wir nun, nachdem wir alle vorliegenden Versuche durchgegangen haben, den Blick zurück, so fällt wohl vor allen Dingen die wichtige praktische Bedeutung der ganzen Arbeit in die Augen: daſs es möglich ist, aus der Volumkurve den Bewuſstseinszustand der V-P zu diagnostizieren. Wir sahen, wie der normale Schlaf, der wache Zustand und die Hypnose sich voneinander unterscheiden; wir fanden die körperlichen Reaktionen der verschiedenen Aufmerksamkeitszustände, der primitiven Lust- und Unlustgefühle und einzelner häufig vorkommender Gemütsbewegungen. Und nicht nur wiesen wir die körperlichen Äuſerungen jedes dieser Zustände für sich nach, sondern auch, wie sie sich bei ihrem gleichzeitigen Auftreten im Bewuſstsein äuſern. So wie dies alles sich mir während der Versuche gestaltete, ist es mir selbst nach und nach von groſsem Nutzen geworden. Jeder, der sich je mit dergleichen Experimenten abgegeben hat, wird leicht verstehen, von welcher Bedeutung es ist, daſs man nach

der aufgenommenen Normalkurve, ohne dafs ein Wort
geredet wäre, beurteilen kann, ob die betreffende V-P
sich in normalem Gleichgewicht des Gemüts befindet
und zum Gegenstand der beabsichtigten Versuche eignet.
Ich bezweifle deshalb auch gar nicht, dafs meine Arbeit,
selbst wenn sie keine andre Bedeutung erhalten sollte,
denjenigen Forschern, welche künftig unsre Kenntnis
von den körperlichen Äufserungen der mehr zusammengesetzten Gemütszustände zu erweitern suchen, in diagnostischer Beziehung eine wertvolle Stütze darbieten
wird.

Liegt nun eigentlich etwas Sonderbares darin, dafs
man auf diese Weise aus einer einzelnen Volumkurve
auf den vorhandenen Gemütszustand zu schliefsen vermag? Meines Erachtens nicht. Im täglichen Leben
können wir ja alle an den Gesichtern unsrer Umgebungen nicht allein die dauerhafte Stimmung, sondern
auch sogar das flüchtige Gefühl, das sie nur augenblicklich beherrscht, ablesen. Deshalb scheint es mir auch
höchst natürlich, dafs die Volumkurve, die gleichsam
ein Resümee der Veränderungen der wichtigsten vegetativen Funktionen gibt, noch weit mehr ausdrucksvoll
ist und uns mit viel gröfserer Sicherheit Schlüsse über
den seelischen Zustand zu ziehen erlaubt. Wundts
entschiedene Äufserung: »dafs man zwar, wenn ein bestimmtes Gefühl in der psychologischen Beobachtung
gegeben ist, aus den vorhandenen Symptomen auf bestimmte Innervationswirkungen, dafs man aber niemals
umgekehrt aus den physiologischen Symptomen auf das
Vorhandensein bestimmter Gefühle schliefsen kann«[1],
scheint mir deswegen ein wenig übereilt. Wahrscheinlich hat Wundt sich hier zunächst auf die von Mentz
aufgenommenen Sphygmogramme gestützt; unter allen
Kurven ist aber das Sphygmogramm, das nur die Geschwindigkeit des Herzschlages zeigt, sicherlich eine
der am wenigsten ausdrucksvollen. Man braucht nur
die in den hier vorliegenden Tafeln wiedergegebenen
Sphygmogramme durchzugehen, um zu sehen, wie wenig
sie eigentlich sogar bei den gröfsten und bedeutendsten
Variationen des Plethysmogramms anzeigen. Es ist des-

[1] Grundrifs der Psychologie. Leipzig 1896. S. 103.

halb recht natürlich, dafs Wundt mit einem solchen
Materiale vor Augen den citierten Satz schreiben konnte.
Diese Behauptung wird allerdings von Shields gestützt, der selbst Versuche angestellt hat, und der,
trotzdem ihm zahlreiche Plethysmogramme zu Gebote
standen, dennoch in den körperlichen Reaktionen der
einzelnen Zustände keine gesetzmäfsige Verschiedenheit
zu finden vermochte. Der Grund hiervon wurde schon
früher besprochen, und überdies — weil diese Verschiedenheit wegen oberflächlichen Arbeitens oder unzweck-
mäfsiger Apparate nicht nachgewiesen wurde — ist
darum doch nicht dargelegt, dafs sie nicht existiert.
Wer unter erforderlicher Berücksichtigung meiner kritischen Bemerkungen das Werk wieder aufnimmt, der
wird gewifs einst die Richtigkeit meiner Beobachtungen
bestätigen.

Kehren wir uns nun den mehr theoretischen Konsequenzen zu, die sich aus den vorliegenden Tafeln herleiten lassen, so leisten diese wohl besonders einen
Beitrag zur Theorie der Gefühle. Es liegt selbstverständlich ganz aufserhalb des Planes meines Werkes,
eine erschöpfende Darstellung der augenblicklichen Lage
dieses verwickelten Problems zu geben. In den aller-
jüngsten Jahren sind eine solche Menge gröfserer und
kleinerer Werke über die Gefühle erschienen, dafs derjenige, welcher es dereinst unternehmen wird, das Wertvolle und Haltbare unter der grofsen Masse streitiger
Anschauungen zusammenzustellen, eine keineswegs er-
götzliche Aufgabe erhält. Aufser den bereits genannten
rein experimentalen Werken liegen erstens die gröfseren
Werke über das Gefühlsleben von Ziegler[1], Sergi[2],
Marshall[3], Ribot[4] und Rehmke[5] vor und ferner
eine Reihe kleinerer, kritischer Aufsätze, die zugleich
einen Überblick über die Stellung der verschiedenen
Verfasser zu den Problemen geben. Es erscheinen verschiedene neue Gesichtspunkte in diesen Abhandlungen

---

[1] Das Gefühl. Stuttgart 1893.
[2] Dolore e piacere. Milano 1894.
[3] Pain, pleasure and aesthetics. London 1894.
[4] La psychologie des sentiments. Paris 1896.
[5] Zur Lehre vom Gemüt. Berlin 1898.

von Lipps[1], Nichols[2], James[3], Dewey[4] und Irons[5],
um nur die bedeutenderen zu nennen. Endlich schliefst
sich hieran, gleichsam um die Sammlung vollständig zu
machen, so dafs kein Standpunkt fehlt, eine spekulativ-
philosophische Arbeit von Petrini[6]. Es kommt in

[1] Göttingische gelehrte Anzeigen. 1894 Nr. 2.
[2] The origins of pleasure and pain. Phil. Review. I, 1892.
[3] The physical basis of emotion. Psychol. Review. I. 1894.
[4] The theory of emotion. Psychol. Review. I, 1894 and II, 1895.
[5] The nature of emotion. Phil. Review. VI, 1897.
[6] Lehmanns teori om känslans förhållande till förnimmelsen.
Upsala 1897.
Über dieses Werk sei es mir hier gestattet, ein paar
Worte zu sagen, da es, nominell allenfalls, an mich adressiert ist, obschon es ebensowohl gegen jeden beliebigen andern mir bekannten
Psychologen, der sich über das genannte Verhältnis geäufsert hat,
gerichtet sein könnte. Durch eine Reihe logischer Spitzfindigkeiten
und subtiler Distinktionen hindurch, die weit über meinen naturwissen-
schaftlichen Verstand gehen, gelangt der Verfasser schliefslich zu dem
sonderbaren Ergebnis: »dafs diese (Lehmanns) Theorie weder von ihm
durch Thatsachen erhärtet ist, noch sich von unserm Denken festhalten
läfst«. Hätte mein geehrter Kritiker sich darauf eingelassen, den
Nachweis zu führen, dafs die Theorie unhaltbar sei, weil sie bestimmten
Thatsachen widerstreite, so würde ich ihm gern recht gegeben haben,
denn vor Thatsachen hege ich einen nicht geringen Respekt. Dies
thut er aber nicht; der Thatsachen sind in seinem Buche überhaupt
nicht viele zu finden. Das Verfahren ist durchweg dieses, dafs erst
meine Worte auf denkbar absurdeste Weise erklärt werden, worauf
der Verf. mit grofsem kritischen Scharfsinn zeigt, dies könne doch
unmöglich meine Meinung gewesen sein. Darauf stellt er dann als
rechte Erklärung eben die Meinung fest, die jeder vernünftige Mensch
sogleich den Worten beigelegt haben würde, und deren nähere Präzisierung ich für überflüssig hielt, da mein Werk doch nicht als Kinder-
buch dienen sollte, sondern für erwachsene Personen mit ein wenig
gesundem Sinne geschrieben ist. Unglücklicherweise geht es dem
Verf. gerade an dem entscheidenden Punkte schief, wo er das Verhältnis zwischen Empfindung und Gefühlston erklären soll. Hier bleibt
er in seinen eignen subtilen Erklärungen stecken und dringt gar nicht
bis zu meiner ganz schlichten und einfachen Auffassung vor. Aus
diesem Grunde »läfst sich die Theorie nicht von unserm Denken festhalten«, denn es ist dem Verf. gelungen, durch seine wunderbaren
Distinktionen seine eignen Begriffe darüber, was ich eigentlich gemeint
habe, in völlige Verwirrung zu bringen. Da es ihm indes nicht gelungen ist, auch mich in Verwirrung zu bringen, so glaube ich vorläufig behaupten zu müssen: dafs ein Gefühl ein zusammengesetzter
Zustand ist, nämlich der an einen bestimmten Vorstellungsinhalt geknüpfte Zustand der Lust oder der Unlust. Das Verhältnis der beiden
Momente, der Gefühlsbetonung und des Vorstellungsinhalts, zu einander
ist dieses, dafs sie erstens gleichzeitig im Bewufstsein gegeben sind,

diesen Schriften natürlich vieles und manches zur Behandlung; als das Zentrum, um welches sie alle kreisen, kann aber wohl die James-Langesche Theorie betrachtet werden, die unstreitig das Verdienst besitzt, zu allen neueren Untersuchungen auf dem Gebiete des Gefühlslebens den Anstoß gegeben zu haben. Dieser Theorie gegenüber nehmen alle Verfasser ihre Stellung, und so viel ich zu sehen vermag, ist sie es denn auch, deren Erhellung durch meine experimentellen Untersuchungen einen nicht unwesentlichen Beitrag erhält.

In derjenigen Gestalt, welche James zuerst und Lange von ihm unabhängig der Theorie gegeben haben, sagt sie: Jedes Gefühl ist eine Summe von Organempfindungen, die durch diejenigen Veränderungen des Organismus hervorgerufen werden, welche die Ursache des Gefühls herbeiführt. Hiergegen brachte ich sogleich zur Geltung, daß das Gefühl der Lust und der Unlust keine Summe von Organempfindungen sein könnte, weil die mit jeder einfachen Sinnesempfindung verknüpfte Gefühlsbetonung zugleich mit der Empfindung im Bewußtsein gegeben sei. Bestünde die Gefühlsbetonung wirklich aus Organempfindungen, so müßte sie später als die Sinnesempfindung kommen, da einige Zeit verlaufen müsse, bis die Veränderungen des Organismus zu stande kommen könnten, und bis diese Veränderungen sich ferner im Bewußtsein kundgäben'. Lust

---

und daß zweitens der Vorstellungsinhalt unserm Bewußtsein als Ursache der Lust oder Unlust dasteht; jedes Gefühl ist Lust oder Unlust an etwas.

Wie diese Auffassung eine undenkbare Theorie genannt werden kann, ist mir ein vollständiges Rätsel. Meines Erachtens ist der Satz einfach die Beschreibung einer Thatsache, ein sprachlicher Ausdruck dessen, was uns die Selbstbeobachtung zeigt. Das einzige Hypothetische des Satzes liegt in der Behauptung, daß bei jedem Gefühle stets ein Vorstellungsmoment mitbeteiligt ist, selbst in solchen Fällen, wo dieses Moment nicht speziell hervortritt. Hätte Dr. P. sich gegen diesen zweifelhaften Punkt gewandt, so wäre die Sache verständlich, denn dies ist, wie gesagt, ein bestrittener Punkt. Er findet aber die Darstellung des Verhältnisses zwischen dem Gefühlston und dem Vorstellungsinhalt im allgemeinen undenkbar. — Soweit ich verstehen kann, hat mein verehrter Kollega seinen logischen Pegasus noch nicht recht reiten gelernt; dieser hat den Zaum zwischen die Zähne genommen und ist mit ihm durchgegangen.

' Hauptgesetze. S. 124—126.

und Unlust sollten meiner Auffassung zufolge ebenso primitive und unauflösbare Bewufstseinszustände sein als die Empfindungen. Die James-Langesche Theorie enthalte indes das Richtige, dafs sie die körperlichen Veränderungen als etwas den Gefühlen und besonders den Affekten Wesentliches betrachte, welche letzteren die körperlichen Veränderungen stärker und hervortretender erscheinen liefsen. Was man ein Gefühl oder einen Affekt nenne, bestehe nicht nur in einer primären, betonten Empfindung oder Vorstellung, sondern zugleich in einer Reihe betonter Organempfindungen, hervorgerufen durch diejenigen Veränderungen des Organismus, welche das primäre Gefühl veranlasse.

Dieser Auffassung ist James später beigetreten, indem er sogar erklärt, er habe nie anders gemeint. Er sagt: ›Dr. Lehmann enters into an elaborate argument to prove, that primary feeling, as a possible accompaniment of any sensation whatever, must be admitted to exist. Such objections are a complete ignoratio elenchi, addressed to some imaginary theory, with which my own, as I myself understand it, has nothing whatever to do, all that I have ever maintained being the dependence on incoming currents of the emotional seizure or affect'.‹ Dafs ich jedoch nicht der einzige bin, der James mifsverstanden und dessen Auffassung mit derjenigen Langes identifiziert hat, davon liegen hinlänglich viele Zeugnisse in der Litteratur vor. Da Langes Theorie indes keineswegs aufgegeben ist, sondern eifrige Fürsprecher gefunden hat, z. B. sowohl an Ribot, als an Sergi und Dewey, müssen wir also untersuchen, ob sie sich den neuen, durch die vorliegenden Versuche beschafften Thatsachen gegenüber behaupten kann. Es gilt also, zu entscheiden, welche der beiden Theorien recht hat, die Langesche oder die meinige, welche letztere ich mir unter Berücksichtigung der oben citierten Worte von James die James-Lehmannsche zu nennen erlauben werde.

Der Ansicht entgegen, dafs die an jede einfache Sinnesempfindung geknüpfte Gefühlsbetonung der Lust oder Unlust eine Summe von Organempfindungen sein

---

¹ The physical basis of emotion. Psychol. Rev. Vol. I. S. 524, Anm.

sollte, steht noch fortwährend die Thatsache, dafs die
Gefühlsbetonung 'mit der Sinnesempfindung zugleich
entsteht, während die körperlichen Veränderungen erst
später zu stande kommen. Schon in den »Hauptgesetzen«
machte ich darauf aufmerksam, dafs dies aus den dort
wiedergegebenen Kurven hervorging; seitdem hat Binet
es durch eine Reihe von Versuchen ferner konstatiert[1].
Meine hier vorliegenden Tafeln enthalten zahlreiche
Kurven, die dies aufser allen Zweifel stellen. Die Tafeln
XVIII und XIX zeigen an mehreren Orten, dafs das
durch Erschrecken verursachte Zusammenfahren mehrere Sekunden früher eintritt, als das Sinken des Volumens anfängt. Mit dem Zusammenfahren des Körpers
ist aber die ganze Unlust da; sie kann folglich keine
Wirkung der vasomotorischen Veränderungen sein, die
erst weit hinterher kommen. Tab. XXXI, B u. C zeigt
zwei Versuche, wo der Augenblick markiert ist, in
welchem das Unbehagen an einer Dosis Chinin eintrat;
dieser Zeitpunkt fällt auch geraume Zeit vor Anfang
der Volumveränderung. Endlich sind in Tab. XLIII, C
die Zeitpunkte eines Wärmereizes, des Eintretens und
des Aufhörens des Schmerzes markiert. Man sieht hier,
dafs die bedeutendsten Veränderungen, sowohl des Volumens, als des Pulses, nach dem Aufhören des Schmerzes
stattfinden. Hiermit scheint die Sache eigentlich ihre
Entscheidung gefunden zu haben. Will man dennoch
darauf bestehen, dafs die Gefühlsbetonung aus Organempfindungen gebildet werde, so steht wohl kein andrer
Ausweg offen als der von Dewey eingeschlagene.

Dewey scheint anzunehmen, der Gefühlston bestehe
aus Erinnerungsbildern der körperlichen Störungen,
welche frühere Empfindungen derselben Art im Organismus erzeugt hätten[2]. Diese Störungen seien so häufig
wiederholt worden, dafs sie erblich und angewöhnt geworden seien; die Erinnerungsbilder der ausgelösten
Organempfindungen meldeten sich deshalb im Bewufstsein gleichzeitig mit der Sinnesempfindung und bildeten
deren Gefühlston. Zwei sehr wesentliche Einwürfe lassen
sich jedoch wider diese Erklärung erheben. Erstens

---

[1] Circulation capillaire etc. L'année psychologique. 1895. S. 142 u. f.
[2] The theory of motion. Psychol. Rev. II. 1895. S. 31 u. f.

wird eine bestimmte Empfindung keineswegs stets von
demselben Gefühlston begleitet; jedenfalls genügt eine
geringe Veränderung des Gesamtzustandes des Individuums, um eine und dieselbe Empfindung je den Umständen gemäfs als lust- oder als unlustbetont auftreten
zu lassen. Der Geruch einer würzigen Speise ist dem
Hungrigen sehr angenehm, während eines, wenn auch
nur leichten Anfalls der Seekrankheit dagegen höchst
unangenehm. Eben diese Verschiedenheiten der Gefühlsbetonung können doch nicht gleichfalls Erinnerungsbilder erblicher und angewöhnter Organempfindungen
sein, denn wo kommt dann die Unlust her, wenn jemand
zum erstenmal in seinem Leben seekrank ist und wür-
zige Speise riecht? — Zweitens: räumt man den Störungen, welche frühere Empfindungen bestimmter Art
im Organismus hervorgerufen haben, entscheidende Bedeutung für die Gefühlsbetonung der Empfindung ein,
so müssen die organischen Veränderungen, die thatsächlich entstehen, wenn man die Empfindung aufs neue
erhält, doch auch etwas zu sagen haben. Soviel ich zu
sehen vermag, führt die Theorie zu der sonderbaren
Konsequenz, dafs jede Empfindung zwei Gefühlstöne
hat: einen, der aus Erinnerungsbildern der organischen
Störungen früherer Zeiten gebildet wird und zugleich
mit der Empfindung entsteht, und einen andern, der
von den im Augenblicke eingetretenen Störungen herrührt und deshalb etwas später als ersterer kommt.
Selbst wenn Nr. 2 nun ganz derselben Art wäre wie
Nr. 1, müfste er jedenfalls Nr. 1 verstärken; die Selbstbeobachtung gibt jedoch nicht die geringste Andeutung
davon, dafs der Gefühlston einer Empfindung einige
Sekunden nach dem Entstehen der Empfindung an
Stärke wächst. Deweys Theorie scheint mir deshalb
ein mehr wohlgemeinter, als wohlgelungener Versuch,
Langes Auffassung durchzuführen.

Dafs Langes Theorie nicht richtig ist, geht denn
auch aus der Thatsache hervor, die uns unter den
verschiedenartigsten Umständen bei allen unsern Versuchen aufgestofsen ist, dafs nämlich nicht die Art und
die Stärke des Reizes die körperlichen Reaktionen bestimmen, sondern im Gegenteil derjenige Bewufstseinszustand (das Gefühl), welchen der Reiz veranlafst. Ist

— 195 —

man gegen Reize bestimmter Art abgestumpft, so dafs
nur ein schwaches Gefühl entsteht, dann wird auch die
körperliche Reaktion nur eine geringe (vgl. Tab. XXXIII,
D). Ist das Bewufstsein völlig von einem bestimmten
Inhalt in Anspruch genommen, so bewirkt ein äufserer
Reiz keine Empfindung, mithin auch keine körperliche
Reaktion (Tab. LIII, B—D). Und wir sahen ja, dafs es
während der Hypnose gar nicht der Reiz, sondern die
gleichzeitige Suggestion ist, wodurch die Reaktion bestimmt wird. Wie soll man dies nach L a n g e s Theorie
eigentlich erklären können? Soll das Gefühl aus Empfindungen der körperlichen Störungen bestehen, so
mufs man annehmen, dafs der Reiz direkt auf die niederen Gehirnzentren einwirkt und von hier aus die
verschiedenen organischen Veränderungen auslöst, die
als Gefühlsbetonung zum Bewufstsein kommen. Konsequent wird dies auch von S e r g i behauptet, der sich
L a n g e ohne Vorbehalt angeschlossen hat und in den
Reflexzentren der Medulla oblongata den Ausgangspunkt alles Gefühls erblickt[1]. Will man nun demgemäfs
die obengenannten Thatsachen erklären, so mufs man
also annehmen, dafs der Einflufs der Bewufstseins-
zentren auf die Reflexzentren der Medulla oblongata
ein weit gröfserer ist als derjenige, welchen ein äufserer
Reiz hervorzubringen vermag. Findet sich z. B.in dem
Bewufstsein des Hypnotisierten die Vorstellung von
Schokolade, so wirkt diese Vorstellung weit kräftiger
auf das verlängerte Mark als die gleichzeitig zerkaute
wirkliche Chininpille. Oder ist jemand mit einer Rechenaufgabe beschäftigt, so kann dieser Bewufstseinszustand
auf die Reflexzentren so kräftig wirken, dafs gleichzeitige starke Kälte gar nicht auf dieselben zu influieren
vermag. Gelingt es unter solchen Umständen dem Reiz
aber nur einen Augenblick, zum Bewufstsein vorzudringen, so zeigen die Versuche, dafs dieser Reiz dann
auch seinen Einflufs auf die Reflexzentren geltend zu
machen und eine körperliche Reaktion hervorzurufen
vermag, die dem durch ihn verursachten Bewufstseinszustand entspricht. Was wird aber bei all diesem aus
dem postulierten direkten Einflufs des Reizes auf das

---

[1] Dolore e piacere. Milano 1894.

13*

verlängerte Mark? Um mit der Erfahrung in Übereinstimmung zu kommen, hat man zugeben müssen, daß das Bewußtsein die Reflexzentren sozusagen zu blockieren vermag, so daß kein Reiz im stande ist, die Blockade zu sprengen. Und gelingt es einem Sinnesreize, ein einzelnes Mal hindurchzudringen, so geschieht dies nicht direkt, sondern nur auf dem Umwege durch das Bewußtsein. Und die Reaktion, die alsdann zu stande kommt, ist wieder nicht unmittelbar von der Art und Stärke des Sinnesreizes abhängig; sie ist bestimmt durch den mehr oder weniger gefühlsbetonten Bewußtseinszustand. Wie man die Sache auch wendet und kehrt, stets bleibt es der Bewußtseinszustand, der den entscheidenden Einfluß auf das verlängerte Mark und somit auf die körperlichen Veränderungen hat. Das Gefühl kann aber doch unmöglich ein Ergebnis der körperlichen Veränderungen sein, wenn es selbst existieren soll, damit diese Veränderungen zu stande kommen können. Mit andern Worten: Es gibt keine Möglichkeit, Langes Theorie zu behaupten, da sie in ihren Konsequenzen mit der Erfahrung in Widerspruch gerät.

Die Gefühlsbetonung ist also als ein an einen gegebenen Vorstellungsinhalt geknüpftes psychisches Moment zu betrachten, das sich nicht aus körperlichen Veränderungen ableiten läßt; im Gegenteil sind letztere zum Teil davon abhängig, ob die Gefühlsbetonung vorhanden ist oder nicht. Damit ist die Bedeutung der körperlichen Reaktionen für das Bewußtseinsleben offenbar aber nicht eliminiert. Selbst wenn sie nicht primär und für das Gefühl entscheidend sind, können sie darum ja doch als sekundäre Erscheinungen sehr wohl wesentlichen Einfluß auf den gesamten Bewußtseinszustand üben. Die James-Lehmannsche Theorie behauptet gerade die Auffassung: daß Organempfindungen, die von den körperlichen Störungen herrühren, welche durch ein primäres Gefühl hervorgerufen wurden, denjenigen komplexen Zuständen einverleibt werden, welche wir Affekte nennen. In der That zeigen unsere Versuche, daß es nicht nur die Gemütsbewegungen im engeren Sinne des Wortes sind, die von starken körperlichen Veränderungen begleitet werden, denn sogar einfache Sinnesempfindungen können oft bedeutende organische

Reaktionen zur Folge haben. Ja, wir erblicken solche sogar bei einer reinen Denkarbeit, welche die Gefühle des Individuums anscheinend durchaus nicht in Bewegung setzt. Konsequent müssen wir also die Möglichkeit eingestehen, dafs Organempfindungen an jedem Bewufstseinszustande mitbeteiligt sind; sehr oft merken wir sie natürlich jedoch nicht, wenn die Aufmerksamkeit von einem andern Vorstellungsinhalt gänzlich in Anspruch genommen wird, z. B. von einer Denkarbeit oder dergl. Eine je gröfsere Rolle sie aber im gesamten Bewufstseinszustande spielen, um so mehr erhält dieser den Charakter des Affekts.

Durch diese Auffassung der Sache wird auch eine Erscheinung verständlich, welche sich durch L a n g e s Theorie wohl kaum erklären läfst. Wir sahen, dafs während sehr starker Spannung sogar intensive Ursachen der Unlust fast keine körperlichen Veränderungen herbeiführen (vgl. z. B. Tab. XXI, B—D). Wenn die körperlichen Reaktionen aber unterbleiben, so sollte nach L a n g e s Theorie auch kein Gefühl entstehen können, das ja nur die Empfindung der Störungen des Organismus wäre. Die Konsequenz hiervon ist, dafs Ammoniak, Chinin und ähnliche unangenehme Sachen keine Unlust erregen könnten, nur weil man, in Spannung sitzend, ihr Kommen erwartet hätte. Diese Konsequenz wird wohl niemand im Ernst unterschreiben; sie widerstreitet denn auch der Erfahrung. Starkes Ammoniak ist immer äufserst unangenehm, einerlei, wie der vorhergehende Gemütszustand gewesen sein mag. Der gesamte Bewufstseinszustand ist aber nicht unabhängig hiervon. Hat man in Spannung gewartet, so wird jeder Reiz eine Erleichterung, eine Verminderung dieser Spannung herbeiführen. Dies verrät sich dadurch, dafs die körperlichen Reaktionen ganz andere werden, als wenn keine Spannung vorausgegangen wäre. Mit der Veränderung der körperlichen Reaktionen variieren aber auch die Organempfindungen, und folglich wird der gesamte Bewufstseinszustand ein andrer. Der Ammoniakgeruch ist immer gleich unangenehm, er ist aber sozusagen auf andre Weise unangenehm, wenn man sich in Spannung, als wenn man sich in völlig normalem Gleichgewicht des Gemüts befunden hat. Dies zeigt die Selbstbeob-

achtung, und die auf die Versuche sich stützende Theorie
ist im stande, es zu erklären. Dieser Punkt scheint also
ein andrer Probierstein unsrer Theorie zu sein, da die
Langesche auch hier zu unhaltbaren Konsequenzen
führt.

Endlich scheinen die vorliegenden Versuche einiges
Licht auf die eigentümlichen Gemütszustände zu werfen,
die man Stimmungen nennt. In die Tafeln sind freilich
nicht viele Kurven aufgenommen, die den Ausdruck der
Stimmungen zeigen, das Vorliegende genügt indes, um
das Verhalten zu charakterisieren. Tab. XXXVIII, B
gibt den typischen Ausdruck der deprimierten Stimmung;
dieselben Eigentümlichkeiten finden sich wieder in den
Tab. X, A und LI, A. Besonders die beiden letzteren
Kurven sind hier von Interesse. In diesen beiden Fällen
wurden nämlich Versuche angestellt, welche einige Zeit
hindurch die Aufmerksamkeit des Individuums bean-
spruchten; während dieser Versuche verschwindet die
Stimmungsreaktion mehr oder weniger, kehrt aber wieder zurück, sobald die Unterbrechung aufhört. Dieses
fortwährende Zurückkehren des nämlichen anormalen
körperlichen Zustands ist eben der Stimmung so charakteristisch. Man kann stundenlang mit einem deprimierten Individuum experimentieren und ihm keinen
Augenblick Zeit lassen, an das die Stimmung Verur-
sachende zu denken. Dennoch stellt sich der charakteristische körperliche Zustand wieder ein, sobald die
Aufmerksamkeit durch nichts anderes gefesselt wird.
In der Stimmung sind die Organempfindungen also
offenbar die Hauptsache, während die Erinnerung an
die Ursache der Stimmung nur einzelne Augenblicke
hindurch im Bewußtsein auftaucht[1]. Oder mit andern
Worten:

[1] In einer interessanten kleinen Schrift: »Zur Lehre vom Gemüt«,
Berlin 1898, kommt Rehmke zu demselben Ergebnis. Der eingehen-
den und scharfsinnigen Kritik des Verfassers über die Lehre von der
Verschmelzung der Gefühle zu gemischten Gefühlen und Gefühls-
mischungen kann ich in der Hauptsache beistimmen; weniger verständlich ist es mir dagegen, was dadurch gewonnen sein sollte, daß der
Ausdruck »Gefühlston«, der nun einmal eingebürgert ist, durch den
von Rehmke gebrauchten »Gefühlswert« ersetzt wird. Es wird hierdurch allerdings erreicht, daß der Gefühlston allen Anstrich eines
selbständigen Elements verliert, das sich zu einem Vorstellungsinhalt

Die Stimmung ist ein chronischer Gefühlszustand, der durch einen eigentümlichen organischen Zustand erhalten wird, welcher stets von neuem wieder eintritt, selbst wenn andre Bewußtseinszustände ihn zeitweilig durch die von ihnen verursachten körperlichen Veränderungen unterbrechen.

Hiermit ist es nun auch gegeben, weshalb eine vorhandene Stimmung dem neuen Bewußtseinsinhalt stets ihren eigentümlichen Gefühlston verleiht. Denn die durch den neuen Bewußtseinsinhalt hervorgerufenen körperlichen Veränderungen gestalten sich anders während der Stimmung, als wenn das Individuum sich in normalem Gleichgewicht des Gemüts befindet (vergl. Tab. LI, A). Bei solcher Verschiedenheit der körperlichen Reaktionen wird aber auch der gesamte Bewußtseinszustand ein andrer.

Wir haben nun auseinandergesetzt, welche Bedeutung für unser Bewußtseinsleben den körperlichen Reaktionen erfahrungsgemäß beigelegt werden darf. Diese Bedeutung ist, wie wir sahen, nur eine sekundäre, indem die körperlichen Veränderungen stets einen Bewußtseinszustand zur Ursache verlangen. Dieser Zustand wird freilich durch diejenigen Organempfindungen modifiziert, welche der Organismus zum Bewußtsein zurücksendet; der ursprüngliche Bewußtseinszustand, das primäre Gefühl, ist jedoch das Entscheidende, da seine Art und Stärke die körperliche Reaktion bestimmen. Welche Bedeutung haben nun aber alle diese organischen Veränderungen, wozu dienen sie? Diese Frage umgehen alle Forscher mit Vorsicht. Eben weil diese Reaktionen so äußerst regelmäßig und gesetzmäßig sind, wie die Versuche zeigten, ist es unmöglich, sich

addiert; da aber doch in der That niemand annimmt, ein psychischer Zustand sei aus Elementen auf dieselbe Weise erbaut, wie eine chemische Verbindung aus materiellen Atomen, so ist eine Polemik hiergegen nahezu überflüssig. Die psychologische Analyse zusammengesetzter seelischer Zustände läßt sich nicht vermeiden — Rehmke hat selbst diese Methode in großem Umfang angewandt —, und diese führt auf natürliche und notwendige Weise zu gewissen elementaren Zuständen; einer derselben ist das Gefühlselement und ob man diesen »Gefühlston« oder »Gefühlswert« nennt, scheint mir ziemlich gleichgiltig. Weshalb dann nicht bei der alten Bezeichnung bleiben?

dieselben nur als Ausladung der überflüssigen Energie
zu denken, die während der psychischen Thätigkeit im
Gehirn freigemacht wird. Und wo finden wir übrigens
den Beweis, dafs mehr der latenten Energie der Nervenzellen freigemacht werde, als gerade für den Augenblick
nötig ist? Noch weniger kann man annehmen, diese
organischen Veränderungen seien nur erbliche Rudi-
mente von Mafsregeln, die für den Urmenschen zweckmäfsig, jetzt aber ohne Bedeutung sind. Um einer
solchen Auffassung huldigen zu können, mufs man sich
gewifs durch jahrelanges, unverwandtes Anstarren der
Evolutionstheorie selbst hypnotisiert haben. Es kann
mit andern Worten wohl keinem Zweifel unterliegen,
dafs die organischen Veränderungen zweckmäfsig sind,
dazu dienen, einen vorhandenen psychophysischen Zustand zu erhalten oder die durch einen Bewufstseinszustand im Gehirn hervorgerufenen Störungen auszugleichen. Wie jedes andre Organ fordert auch das
Gehirn während seines Arbeitens wahrscheinlich gröfseren Blutzuflufs, als wenn es ruht, und es wird deshalb
wahrscheinlich, dafs die beobachteten organischen Veränderungen zur Regulierung des Zuflusses dienen[1].

In den vorliegenden Versuchen findet sich zwar
mehreres, das die Richtigkeit dieser Hypothese befürworten könnte, ich werde jedoch nicht hierbei verweilen,
denn das Problem ist zu wichtig, als dafs wir uns
mit Vermutungen und Wahrscheinlichkeiten begnügen
könnten. Wäre es möglich, auf irgend eine Weise darüber ins reine zu kommen, welche Veränderungen des

[1] Diese Auffassung stellte zuerst gewifs L. Hill auf: »The physio-
logy and pathology of cerebral circulation«. London 1896. Der Verf.
findet mittels physiologischer Versuche an Tieren, dafs im Gehirn
niemals vasomotorische Veränderungen vorkommen; er schliefst hieraus, dafs die Blutzirkulation im Zentralorgan ausschliefslich durch
diejenigen Veränderungen bedingt sei, welche draufsen im Organismus
umher vorgehen. Über die Richtigkeit dieser Versuche und der
hieraus gezogenen Schlüsse getraue ich mir keine Meinung zu. Wollte
man aber einmal zur Veränderung von Menschen auf Tiere schliefsen,
so läge folgender Einwurf nahe. Wir sahen, dafs bei Menschen der
Bewufstseinszustand, nicht aber der Reiz die organischen Veränderungen bestimmt. Hills Versuchstiere waren immer narkotisiert, also
ohne Bewufstsein. Dies möchte vielleicht die Ursache sein, weshalb
sich keine Reaktionen nachweisen lassen.

Blutumlaufs, namentlich des Blutzuflusses nach dem
Gehirn, während der verschiedenen psychischen Thätigkeiten stattfinden, so wäre hiermit der erste Schritt
gethan, um eine Psychodynamik zu beschaffen, deren
theoretische Konsequenzen für den Augenblick ganz
unabsehbar sind. Wirkliche Einsicht in diese Verhältnisse nebst der hier nachgewiesenen Thatsache, daß der
Bewußtseinszustand, nicht aber der äußere Reiz die
körperlichen Reaktionen bestimmt, würde zu einem weit
eingehenderen Verständnis des Verhältnisses zwischen
dem Psychischen und dem Körperlichen führen, als alle
Messungen der Psychophysik uns bisher zu geben vermocht haben. Den näheren Nachweis hiervon zu versuchen, würde zur Zeit wohl zu keinem Ergebnis führen,
da es uns noch an jeglicher Thatsache gebricht, auf die
eine solche Ausführung sich stützen ließe. Aus diesem
Grunde werde ich mich hier auch nicht auf die ferneren
theoretischen Betrachtungen einlassen, zu denen die
bereits vorliegenden Versuche den Anlaß geben könnten.
Vorerst müssen wir untersuchen, wie weit wir mit Hilfe
des uns zur Verfügung stehenden empirischen Materials
in der Beantwortung der aufgeworfenen Frage gelangen
können. Läßt das Problem sich nicht unter Anwendung
dieser Mittel lösen — was nur wenig wahrscheinlich
ist —, so müssen wir uns nach andern experimentellen
Methoden umschauen, die es ermöglichen, der Sache
näher zu Leibe zu rücken. Gelingt es uns dann, auf
irgend einem Wege ein zuverlässiges Erfahrungsmaterial
zu sammeln, so wird es an der Zeit sein, theoretische
Konsequenzen zu ziehen. Das Phantasieren auf Grundlage ungenügender Erfahrungen mag vielleicht gute
Philosophie sein. Wissenschaft ist es aber nicht.


## DIE PHYSIOLOGISCHEN URSACHEN DER KÖRPERLICHEN ÄUSSERUNGEN.

Die in unsern graphischen Aufzeichnungen erscheinenden Veränderungen des Armvolumens und des
Pulses können uns direkt keine Auskunft über die

Blutumlaufsverhältnisse in andern Teilen des Organismus geben. Soll man hierüber etwas schließen können, so muß man jedenfalls erst wissen, welche physiologischen Faktoren die wahrgenommenen Veränderungen verursacht haben, und welcher Anteil an diesen Veränderungen jedem einzelnen der thätigen Organe: dem Herzen, den Blutgefäßen, den Lungen u. s. w., zuzuschreiben ist. Aber auch wenn es gelingt, dies ins klare zu bringen, ist die Aufgabe damit doch nicht gelöst, ja es ist nicht einmal gegeben, daß sie lösbar ist. Nehmen wir ein bestimmtes Beispiel, um von etwas Positivem zu sprechen. Wir gehen also davon aus, daß die Kurve ein Abnehmen des Armvolumens zeigt. Sicher ist es dann, daß mehr Blut aus dem Arm als nach diesem geflossen ist. Wir nehmen nun an, daß wir aus den gleichzeitigen Veränderungen der Pulshöhe und der Pulslänge, aus der Form der Pulse u. s. w. erklären können, wie die Abnahme des Volumens durch langsameren Herzschlag nebst einer Gefäßkontraktion im Arm und mithin vermutlich an der ganzen Oberfläche des Körpers verursacht wird. Darum wissen wir aber offenbar nicht das geringste davon, wo das aus dem Arm und der Oberfläche des Körpers abfließende Blut geblieben ist. Möglicherweise dient es zur Unterhaltung eines geschwinderen Umlaufs durch das Gehirn, es kann aber auch in den großen Venenstämmen aufgestaut werden, oder es kann durch nicht-kontrahierte Arterien im Inneren des Organismus leichteren Abfluß finden. Alle diese Möglichkeiten stehen offen, und solange man nicht mehr Erfahrungen besitzt als diejenigen, welche uns vorläufig zur Verfügung stehen, wird man nichts mit Sicherheit sagen können. Das Gebiet der Erfahrung muß also erweitert werden, und zwar am liebsten so, daß man wirklich über die Verhältnisse, die von Bedeutung sind, Aufschlüsse erhält. Sich daran machen, den Blutdruck in einer peripheren Arterie zu messen, was man in der jüngsten Zeit versucht hat, scheint mir keinen großen Nutzen zu bringen. Ganz davon abgesehen, daß die Messung mit Mossos Sphygmomanometer sich auf eine nicht bewiesene Annahme stützt, ist der Blutdruck selbst von so vielen zusammenwirkenden Faktoren abhängig, daß wir den Anteil, den jeder ein-

zelne derselben an den Druckverländerungen hat, gar
nicht zu bestimmen vermögen. Soll es gelingen, mit
dem Blutzufluſs nach dem Gehirn ins klare zu kommen·
so muſs man direkt auf das Problem losgehen und die
Verländerungen des Kreislaufs in der Carotis zu bestimmen suchen. Wie dies sich an einem normalen, un-
verletzten Menschen thun läſst, hoffe ich in einem folgenden Teile dieser Untersuchungen zeigen zu können.

Vorläufig müssen wir also auf die Beantwortung
unserer Hauptfrage verzichten, darum ist es aber doch
nicht ohne Bedeutung, eine physiologische Auslegung
der Kurven zu versuchen. Sind wir wirklich im stande,
mittels derselben klar zu machen, welche Veränderungen
in den verschiedenen auf den Blutkreislauf influierenden
Organen stattfinden, so sind wir jedenfalls der Lösung
der Hauptfrage einen Schritt näher gerückt. Und sollte
es sich erweisen, daſs eine physiologische Deutung der
Kurven unmöglich wird, so ist dieses Ergebnis ebenfalls von Wert, weil wir daraus lernen können, an
welchen Punkten es an den erforderlichen Thatsachen
gebricht, und was man infolgedessen durch künftige
experimentelle Untersuchungen auf diesem Gebiete vorzüglich aufzuklären suchen muſs. Es leuchtet nun aber
auch ein, daſs der Versuch einer Auslegung der Kurven
nur dann von einigem Wert sein kann, wenn man sich
willkürlicher Hypothesen streng enthält, sich keinen
Schritt von dem sicheren Boden der Erfahrung entfernt.
Hypothesen aufstellen fällt nicht schwer. In den ›Hauptgesetzen‹ suchte ich, mich auf Langes klinische Beobachtungen und die von meinen Kurven dargebotenen
Anhaltspunkte stützend, eine hypothetische Erklärung
durchzuführen, um einen Überblick darüber zu erhalten,
was während der verschiedenen Gemütsbewegungen
wahrscheinlich im Organismus vorgeht. Ein derartiger
Versuch hat natürlich seine Berechtigung, wenn er
nicht den Anspruch macht, etwas mehr als eine wahrscheinliche Erklärung zu geben. Jetzt können wir aber
keine Wahrscheinlichkeiten gebrauchen, sondern nur
Gewiſsheit, diese werde nun eine positive Gewiſsheit
dessen, was vorgeht, oder die rein negative Gewiſsheit,
daſs wir nichts wissen können. Nur wenn wir fortwährend dies vor Augen haben, wird es möglich sein,

zu entscheiden, an welchem Punkte wir eine eventuelle
Erweiterung des Erfahrungsgebietes erstreben müssen.
Und der Gang der Arbeit wird ganz natürlich der
werden, dafs wir die Volumveränderungen, die Pulshöhen und die Pulsformen, jedes für sich, betrachten,
um zu untersuchen, was wir aus diesen über den Zustand der verschiedenen Organe lernen können.

*Die Volumveränderungen.* Das Volumen des Arms
ist erstens von der Frequenz des Herzschlages abhängig.
Je geschwinder das Herz arbeitet, um so mehr Blut
wird, unter sonst gleichen Umständen, aus den grofsen
Venenstämmen im Innern in das arterielle System über-
gepumpt werden, mithin wird das Armvolumen also
zunehmen. Umgekehrt wird der langsamere Herzschlag
eine Verminderung des Armvolumens herbeiführen. Aus
den Kurven sehen wir denn auch, dafs Volumsenkung
und Pulsverlängerung (langsamerer Herzschlag) gewöhnlich zusammen gehen, ebenso wie Volumsteigung
und Pulsverkürzung. Überall, wo dies stattfindet, dürfen
wir also sicher davon ausgehen, dafs die wahrgenommenen Volumveränderungen wenigstens zum Teil von
Veränderungen der Frequenz des Herzschlages herrühren; selbstverständlich vermögen wir aber nicht zu
entscheiden, ob nicht auch noch andre Ursachen mit-
wirkten. Anderseits: wo Pulsverlängerung und Volumsteigung, Pulsverkürzung und Volumsenkung gleichzeitig eintreten, dort kann man mit Sicherheit schliefsen,
dafs andre Kräfte thätig gewesen sind, die im stande
waren, die durch die Veränderungen des Herzschlages
verursachten Volumveränderungen zu überwinden.

Das Volumen des Arms ist ferner zweitens von der
gröfseren oder geringeren Weite der Blutgefäfse abhängig, und zwar kann dieses Abhängigkeitsverhältnis
wieder ein direktes oder ein indirektes sein. Direkt wird
das Armvolumen durch Veränderungen der Gefäfse des
Arms selbst beeinflufst: eine Gefäfsverengerung bewirkt
Verminderung, eine Gefäfserweiterung Vergröfserung
des Volumens. Indirekt oder passiv wird das Armvolumen durch vasomotorische Veränderungen in andern Teilen des Organismus verändert. Denn das Blut,
das bei jedem Herzschlag in den Körper ausgestofsen
wird, mufs sich der Wegsamkeit der einzelnen Bahnen

entsprechend verteilen. Findet also in irgend einem
Teile des Organismus eine Gefäfsverengerung statt, so
wächst damit der Widerstand gegen das Vordringen
des Blutes auf diesen Bahnen, weshalb eine relativ
gröfsere Menge in die nicht vtrengerten Arterien strö-
men und somit eine Volumvergröfserung der betreffenden Organe hervorrufen wird. Umgekehrt wird eine
Gefäfserweiterung in irgend einem Teile des Organismus
zur Folge haben, dafs relativ weniger Blut in die nicht-
dilatierten Arterien abfliefst, und das Volumen der betreffenden Organe abnimmt. Selbst wenn die vasomotorischen Verhältnisse des Arms ganz unverändert
bleiben, können also durch Gefäfsverengerung und
Gefäfserweiterung in andern Teilen des Organismus
Steigungen. resp. Senkungen des Volumens entstehen.
Es braucht doch wohl kaum bemerkt zu werden, dafs
man aus den Veränderungen des Armvolumens selbst
nicht ersehen kann, inwiefern diese direkt oder indirekt
durch vasomotorische Veränderungen verursacht sind.
Dies läfst sich nur entscheiden, wenn man mittels anderer Kennzeichen nachzuweisen vermag, ob die Weite
der Armgefäfse sich erweitert hat oder nicht.

Endlich ist das Armvolumen drittens von der gröfseren oder geringeren Leichtigkeit abhängig, mit welcher
das venöse Blut aus dem Arm abfliefst. Dieser Faktor
macht sich schon bei Veränderungen der Frequenz des
Herzschlags geltend. Hat das Herz kurze Zeit hindurch
rasch geschlagen, so sind die grofsen Venenstämme
verhältnismäfsig blutleer; schlägt das Herz nun plötzlich in ein langsameres Tempo um, so sinkt das Armvolumen nicht nur wegen geringeren Zuflusses arteriellen Bluts, sondern auch, weil der Abfluss nach den
blutleeren Venen in hohem Grade erleichtert ist. Das
umgekehrte Verhältnis findet selbstfolglich statt, wenn
die Frequenz des Herzschlages sich in entgegengesetzter
Richtung verändert. Den wesentlichsten Einfluss auf
die Strömung des venösen Bluts hat doch zweifelsohne
die Atmung. Während der Inspiration wächst die Ka-
pazität der Lungenkapillaren, während der Exspiration
nimmt diese ab; beim Einatmen findet das venöse Blut
folglich leichten Abfluss nach den Lungen, beim Aus-
atmen wird es dagegen in dem übrigen Teile des Orga-

nismus aufgestaut. Hiervon rühren die Respirationsoszillationen des Armvolumens her, welches während
normaler, ruhiger Atmung bei der Inspiration ein geringes Sinken, bei der Exspiration ein Steigen zeigt.
Bei besonders tiefen und langsamen Atemzügen werden
die Verhältnisse verwickelter, vgl. Tab. V, A. In diesem
Falle beginnt das Sinken des Volumens zwar zugleich
mit der Exspiration, es dauert aber die ganze Pause
hindurch bis gegen die Mitte der folgenden Inspiration,
worauf das Volumen bei einer Reihe geschwinder Pulsschläge rasch steigt. Da hier, wie die Kurven zeigen,
während der Volumsenkung der Puls stets langsam,
während der Steigung aber geschwind ist, so scheinen
diese Pulsverhältnisse im Verein mit der durch die
Atmung hervorgerufenen Veränderung im Abflusse des
venösen Bluts zu genügen, um die vorkommenden Veränderungen des Rauminhalts zu erklären. Dies schliefst
natürlich nicht aus, dafs nicht auch andre Faktoren mit-
bethätigt sein könnten. Ein positiver Beweis dafür, dafs
die Atmung vasomotorische Veränderungen erzeugt, ist
meines Wissens bisher nicht geführt worden.

Das Resultat aller dieser Betrachtungen wird in
Kürze folgendes: Wenn Volumsteigung gleichzeitig mit
Pulsverkürzung, Volumsenkung gleichzeitig mit Pulsverlängerung eintritt, was in den allermeisten Fällen
geschieht, so darf man schliefsen, dafs die Volumänderungen durch Veränderungen der Frequenz des Herzschlags verursacht sind, indem die Möglichkeit andrer
mitwirkenden Kräfte jedoch nicht ausgeschlossen ist.
Treten dagegen Volumsenkung und Pulsverkürzung,
Volumsteigung und Pulsverlängerung gleichzeitig ein —
was bei den meisten starken Unlustgefühlen, letzteres
auch in seltenen Fällen entschiedener Lust, stattfindet —,
so weifs man mit Sicherheit, dafs vasomotorische Veränderungen vorgegangen sein müssen, welche die Veränderungen des Rauminhalts, die durch Änderungen
der Frequenz des Herzschlags allein hervorgerufen sein
könnten, bekämpft und ausgeglichen haben. Ob diese
vasomotorischen Veränderungen aber direkt oder indirekt auf das Armvolumen influiert haben, das läfst
sich nicht entscheiden. Endlich können die Respirationsoszillationen auf die durch die Atmung bewirkten Ver-

Änderungen des venösen Blutabflusses nebst den Veränderungen der Frequenz des Herzschlages zurückgeführt werden: auch hier sind andre, mitwirkende Kräfte jedoch nicht ausgeschlossen.

*Die Pulshöhen.* Die Höhe sowohl des Druckpulses, als die des Volumpulses ist erstens von der Frequenz des Herzschlages abhängig. Je langsamer das Herz schlägt, um so mehr wird es mit Blut angefüllt, um so gröfser wird also auch die mittels der Kontraktion ausgetriebene Blutmenge und somit die Höhe des Pulses. Man kann also auch sagen, dafs die Pulshöhe und die Pulslänge, wenn alles andre unverändert bleibt, in derselben Richtung variieren werden; mit gröfserer Pulslänge geht gröfsere Pulshöhe zusammen. Dieses Verhalten läfst sich natürlich nicht überall nachweisen, weil die Pulshöhe auch von andern Kräften als dem Umfang der Herzbewegung abhängig ist, in gewissen Fällen tritt es aber äufserst deutlich hervor, z. B. bei allen von der Atmung herrührenden Pulsveränderungen. Dies ist aus Tab. LXV zu ersehen.

Tab. LXV, A u. B. ''₀, 96 nachm. A. L. Willkürliche Veränderungen der Atmung. Plethysmogramm des linken Arms, rechte Radialis. B ist die unmittelbare Fortsetzung von A.

Tab. LXV, C u. D. ''₂ 96 nachm. P. L. Willkürliche Veränderungen der Atmung. Plethysmogramm des linken Arms, rechte Radialis. D ist die unmittelbare Fortsetzung von C.

Diesen Kurven schliefst sich aufserdem an:

Tab. LXVIII, D. '⁹₁₁ 96 nachm. P. L. Der Valsalvasche Versuch. Plethysmogramm des linken Arms, rechte Radialis (unter dem Plethysmogramm).

Man sieht aus allen diesen Kurven, dafs die Höhe des Druck- und des Volumpulses stets in derselben Richtung variiert, zu gleicher Zeit anwächst und abnimmt, und überdies steht die Höhe in solchem Verhältnis zur Länge, dafs sie mit dieser zugleich anwächst und abnimmt. Ich habe die Gröfsen zwar nicht gemessen, weil die Variationen so grofs sind, dafs sie sich leicht ersehen lassen, findet sich aber irgendwo eine Abweichung von dem genannten Abhängigkeitsverhältnisse, so ist dieselbe jedenfalls eine so geringe, dafs sie sich

der unmittelbaren Betrachtung entzieht. Man darf also
sagen, dafs im allgemeinen die Pulshöhe mit der Pulslänge zugleich wachsen und abnehmen wird, es sei denn,
dafs andre Faktoren die Höhe des Pulses modifizieren.
Was dies bedeutet, werden wir sogleich näher erörtern.

Die Pulshöhe ist nämlich zweitens von der Weite
der Blutgefäfse abhängig, und zwar wieder auf zweifache
Weise, entweder direkt durch Veränderungen der Gefäfs-
weite im Arm oder indirekt dadurch, dafs die Gefäfse in
andern Teilen des Organismus ihr Volumen verändern,
während die Gefäfse des Arms unverändert bleiben.
Die Wirkung dieser verschiedenen Veränderungen wird
indes nicht dieselbe auf den Volumpuls wie auf den
Druckpuls; wir müssen deshalb jeden derselben für sich
betrachten. - Eine Gefäfsverengerung im Arm wird zur
Folge haben, dafs der Widerstand hier anwächst, weshalb das Blut hauptsächlich die mehr fahrbaren Bahnen
einschlagen wird. Dies mufs im Plethysmogramm,
welches eben die bei jedem Herzschlag in den Arm
gepumpte Blutmenge angibt, eine Verminderung der
Pulshöhe herbeiführen; umgekehrt wird eine Gefäfserweiterung im Arm vergröfserte Pulshöhe zur Folge
haben. Es ist nun aber leicht zu sehen, dafs man aus
Veränderungen der Pulshöhe nicht ohne weiteres auf
vasomotorische Erscheinungen schliefsen kann. Denn wie
wir oben fanden, wird auch der Herzschlag eine Ursache
der Verschiedenheit der Pulshöhe sein, indem verminderte Pulslänge verminderte Pulshöhe bewirkt. Hieraus
folgt also: Wenn eine Verminderung der Pulshöhe
gleichzeitig mit einer Verminderung der Pulslänge
stattfindet, so läfst sich kein Schlufs ziehen, weil der
Unterschied der Höhe vom Herzschlag allein, möglicherweise aber auch von gleichzeitigen vasomotorischen
Erscheinungen herrühren kann. Nimmt dagegen die
Pulshöhe ab, während zugleich die Pulslänge zunimmt,
so müssen vasomotorische Veränderungen eingetreten
sein. Ob diese vasomotorischen Veränderungen im Arme
selbst oder in andern Teilen des Organismus vorgegangen sind, das läfst sich jedoch wieder nicht entscheiden. Denn ganz denselben Einflufs auf die Pulshöhe, den eine Gefäfsverengerung im Arme hat, wird
auch eine Gefäfserweiterung in andern Teilen des Or-

ganismus haben, weil das Blut stets die wegsamsten
Bahnen aufsucht und deshalb in geringerer Menge nach
den unveränderten Gefäfsen im Arm, als nach den dilatierten Gefäfsen z. B. im Innern des Organismus abfliefst.
Mit andern Worten: In einzelnen bestimmten Fällen
können wir aus den Veränderungen der Höhe des
Volumpulses nachweisen, dafs vasomotorische Veränderungen vorgegangen sein müssen, wir können aber nicht
entscheiden, wo sie stattgefunden haben, oder welcher
Art sie sind.

Betrachten wir nun den Druckpuls, so erhalten wir
hier jedenfalls einen positiven Anhaltspunkt. Eine
Gefäfsverengerung im Arme wird allerdings, ebenso wie
es mit dem Volumpuls der Fall war, eine Verminderung der Pulshöhe zur Folge haben. Ist aber die Gefäfsverengerung keine rein lokale -- was gewifs selten
stattfindet —, sondern erstreckt sie sich über einen
gröfseren Teil des Organismus, so mufs der arterielle
Blutdruck steigen, und mithin wächst auch die Höhe
des Druckpulses, weil diese, bei meiner Konstruktion
des Sphygmographen, die Gröfse des Blutdrucks ausdrückt. In diesem Falle also, wo im Arm und in einem
bedeutenden Teile des Organismus eine Gefäfsverengerung vorhanden ist, wird das Sphygmogramm gröfsere
Pulshöhe zeigen, während das Plethysmogramm geringere Pulshöhe angibt, und wo diese beiden Erscheinungen gleichzeitig auftreten, sind wir also im stande,
auf die Ursache zurück zu schliefsen. Auf allen vorliegenden Tafeln habe ich indes nur in drei Kurven
eine in entgegengesetzter Richtung gehende Variation
der Pulshöhen finden können, nämlich Tab. XXXI, C,
Phase c-e; Tab. XXXVII, C, Phase c-e, und Tab.
XXXVIII, A, Phase c-d. Alle drei Kurven drücken
lebhafte Unlust aus, und von diesem Zustand läfst sich
also behaupten, dafs er von Gefäfsverengerung in einem
bedeutenden Teile des Organismus begleitet wird. Wahrscheinlich findet auch in Fällen schwächerer Unlust
eine Gefäfsverengerung statt, diese ist dann aber nicht
so ausgedehnt, dafs das Sphygmogramm vergröfserte
Pulshöhe anzeigt. und wir können sie deshalb nicht
konstatieren. In Analogie hiermit wird man selbstverständlich aus gleichzeitiger Vergröfserung des Volum-

pulses und Verminderung des Druckpulses auf eine
Gefäfserweiterung im Arm und in einem bedeutenderen
Teile des Organismus schliefsen können. Einen Fall die-
ser Art kann ich in meinen Kurven indes nicht finden.

Ehe wir nun zur Betrachtung der Pulsformen als
letzten Hilfsmittels zur Deutung der Kurven übergehen,
mufs ich noch eine Eigentümlichkeit der Pulshöhen. ihr
periodisches Schwanken nämlich, erwähnen. Diese Erscheinung, deren Ursache gewifs in klimatischen Verhältnissen zu suchen ist, hat mit den vorliegenden Betrachtungen allerdings nichts zu schaffen und liegt
überhaupt ganz aufserhalb des Rahmens unsrer Untersuchungen, aber eben deswegen kann sie ebensowohl
hier als an irgend einem andern Orte berührt werden,
da sie ohne Zweifel Erwähnung verdient. Schon im
Frühling 1895 bemerkte ich, dafs die Höhe des Volumpulses bei allen Versuchspersonen von der Mitte des
März an bis in den Juni, da die Versuche eingestellt
wurden, recht bedeutend zunahm. Um die Erscheinung
zu verfolgen, wachte ich darüber, dafs die Einstellung
des Schreibhebels niemals verändert wurde, zweimal
des Jahres ausgenommen, wenn es notwendig war, die
Trommeln mit neuen Gummimembranen zu versehen.
Infolgedessen lassen sich alle im Laufe eines Halbjahres
aufgenommenen Volumpulshöhen miteinander vergleichen. Damit ein solcher Vergleich aber ein zuverlässiges Resultat gebe, müssen natürlich verschiedene
Umstände berücksichtigt werden. Erstens darf man
nur Normalkurven. Kurven, die während völligen
Gleichgewichts des Gemüts genommen sind, miteinander
vergleichen, da jede Abweichung von diesem Zustande
sogleich eine Variation der Pulshöhe herbeiführt. Und
ferner mufs man auch beachten. dafs die Frequenz des
Herzschlages in diesen Kurven die nämliche ist, weil
die Pulshöhe, wie wir sahen, mit der Pulslänge variiert.
Die Erfüllung der letzteren Bedingung ist freilich ziemlich schwer, weil das Herz eines gegebenen Individuums
selbst unter anscheinend ganz denselben Verhältnissen
nicht genau die nämliche Anzahl Schläge pro Minute
ausführt. Indes habe ich alle meine Originaltafeln
durchgegangen und hierin an zwei Versuchspersonen
eine Reihe von Kurvenstrecken ausgesucht, die, soweit

möglich, die gestellten Forderungen erfüllen. Wo es
nicht möglich war, die Normalkurve eines einzelnen
Tages mit einem gewissen Durchschnitt der Pulslänge
zu finden, wählte ich zwei Kurvenstrecken, eine mit
größerer und eine andre mit kürzerer Pulslänge aus.
Diese Kurven sind in chronologischer Ordnung in der
Tab. LXVI zusammengestellt.

Tab. LXVI, Spalte 1–3, bis zum offenen Zwischenraum, zeigt die Variationen der Pulshöhe bei A. L. im
Verlaufe von ungefähr zwei Jahren. Dieser Zeitraum
ist jedoch wegen der erwähnten Veränderungen rücksichtlich der Einstellung der Schreibhebel in vier Perioden zu teilen, und nur innerhalb jeder einzelnen
dieser Perioden lassen sich die Höhen vergleichen. Periode 1, vom ⁴/₃ 95 bis ¹⁰/₆ 95, zeigt Zunahme der Pulshöhe. Periode 2, vom ¹⁰/₆ 95 bis ¹¹/₂ 95, zeigt erst fast
konstante Pulshöhe bis zum ¹⁰/₁₀, darauf Abnahme. Periode 3, vom ⁵/₁ 96 bis ⁸/₁₀ 96, zeigt ein etwas unregelmäßiges Zunehmen bis zum ¹⁰/₄, darauf ziemliche Konstanz. Periode 4, vom ⁸/₉ 96 bis ¹⁷/₁₃ 96, zeigt erst
ungefähr konstante Pulshöhe bis zum ¹⁹/₁₀, darauf
deutliches Abnehmen.

Tab. LXVI, Spalte 3 u. 4 zeigt die Schwankungen
der Pulshöhe bei Dr. N. und zerfällt in zwei Perioden.
Periode 1, vom ⁴/₃ 95 bis ¹¹/₃ 95, zeigt sehr bedeutendes
Zunehmen der Pulshöhe bis zum ²/₅, darauf ziemliche
Konstanz. Periode 2, vom ⁹/₆ 95 bis ¹⁰/₁₀ 95, zeigt fast
unveränderte Pulshöhe bis zum ¹⁹/₉, darauf merkbare
Abnahme.

An meinen andern Versuchspersonen fand ich ganz
ähnliche Verhältnisse, da die Versuche aber nicht speziell auf eine nähere Untersuchung der Erscheinung
angelegt waren, ist mein Material in dieser Beziehung
ungenügend. So viel scheint doch daraus hervorzugehen,
daß die Pulshöhe vom Mai an bis gegen den Oktober
ein Maximum zeigt; vom Oktober an sinkt sie bis auf
ein Minimum, das vom Dezember bis fast zum März
andauert, worauf sie wieder steigt. Eine nähere Untersuchung der Sache wird wahrscheinlich einen Teil dieser
Zeitbestimmungen abändern und ist gewiß auch notwendig, wenn man der Ursache der Erscheinung nach-
forschen will. Daß die Temperatur des Lokals keine

Schuld trägt, glaube ich mit Sicherheit behaupten zu können. Den Winter hindurch wurde sie immer in der Höhe von 18° C. gehalten, und selbst im Sommer stieg sie sehr selten höher. Die niedrigste Temperatur, 15 bis 16° C., haben wir gewöhnlich im September bis Oktober, bevor man mit dem Einheizen recht in Gang gekommen ist, das Minimum der Pulshöhe fällt aber keineswegs, wie wir sahen, in diesen Zeitpunkt. Es kommt mir viel wahrscheinlicher vor, daß die Erscheinung in irgend einer Weise mit dem Wechsel der Temperatur im Laufe des Jahres in Verbindung steht.

*Die Pulsformen.* Daß die Form des Pulses, die Lage des Dikrotismus und der übrigen sekundären Erhöhungen in hohem Grade von dem Zustande der Gefäße abhängig ist, steht kaum zu bezweifeln. Trotzdem recht bedeutende Arbeit an die Untersuchung dieser Verhältnisse angewandt worden ist, hat man jedoch noch lange nicht ins reine gebracht, was die verschiedenen bekannten Veränderungen der Pulsformen verursacht[1]. Es ist also keine große Hoffnung, daß wir auf diesem Wege in unserer Deutung der Kurven viel weiter kommen werden, um so weniger, da alle Studien mit Bezug auf die Pulsformen den Radialispuls betreffen; so viel ich weiß, hat nur Mosso sich eingehender mit den Formen des Volumpulses beschäftigt[2]. Unmöglich wäre es doch wohl nicht, mit Hilfe dieser Vorarbeit einen Schritt weiter zu kommen; unglücklicherweise ist aber die Pulsform in allen meinen Plethysmogrammen sehr wenig charakteristisch. Vergleicht man dieselben mit Mossos Hydrosphygmogrammen[3], so wird es der Aufmerksamkeit nicht entgehen können, daß letztere rücksichtlich der Pulsformen weit größere Variation darbieten als meine Kurven, und Veränderungen, welche Mosso für sehr konstant hält — so z. B. der Übergang aus trikuspidalem in dikroten Puls während der Thätigkeit des Gehirns —, kommen in meinen Plethysmogrammen gar nicht vor. Es ist nicht schwer, zu kon-

---

[1] Vgl. v. Frey: Die Untersuchung des Pulses. S. 222—233.
[2] Die Diagnostik des Pulses in Bezug auf die lokalen Veränderungen desselben. Leipzig 1879.
[3] Ang. Werk, die Tafeln.

statieren, dafs dies teils von dem geringen Wasserdruck, dem der Arm fortwährend unterworfen war, und
teils von dem Gummisack des Plethysmographen herrührt, der offenbar einen Teil der feineren Einzelheiten
der Pulskurven verwischt hat. Zur Erhellung dieser
Sache dient Tab. LXVII, wo Kurven zusammengestellt
sind, die teils mittels meines gewöhnlichen Plethysmographen mit Gummisack, teils mittels desselben Apparats, als Hydrosphygmograph angewandt, also mit der
Röhre nach der Wasserstandsflasche offen, aufgenommen
sind, und endlich einige Hydrosphygmogramme, die
mittels Mossos Apparat genommen wurden, wo der
Arm sich im Wasser befindet und der Druck fast gleich
null ist. Während die erstgenannten nur mit Bezug
auf die Lage des Dikrotismus Verschiedenheit aufzeigen,
haben die letzten denselben Reichtum an Pulsformen,
den wir aus Mossos Werke kennen.

Tab. LXVII. A. ¹⁶ u 96 nachm. P. L. Plethysmogramm mittels des gewöhnlich gebrauchten Apparats
am linken Arm genommen. Nachwirkung einer Dosis
Chinin, die kurz vor dem Anfang der Kurve gegeben
wurde.

In betreff der Pulsform sieht man keine andre Variation als die, dafs der Dikrotismus immer mehr verwischt wird und höher gegen die Spitze hinansteigt,
während das Volumen zugleich anwächst.

Tab. LXVII. B. ¹⁶ u 96 nachm. P. L. Hydrosphygmogramm des linken Arms, mittels des gewöhnlichen Apparats mit Gummisack genommen, die Röhre nach der
Wasserstandsflasche offen, 5 cm Wasserdruck. Bei ⊓
der Geruch von asa foetida.

Der Reiz bewirkt hier, dafs der Dikrotismus entschiedener wird und tiefer gegen die Basis hinabsinkt;
später steigt er wieder und wird verwischt. Die Veränderung stimmt also ganz mit dem überein, was obiges
Plethysmogramm zeigt. Da der direkte Druck auf den
Arm im Hydrosphygmographen ein sehr geringer war,
ist es gewifs wesentlich der Gummisack, der die feineren
sekundären Erhöhungen der Pulse verwischt. Diese sind
in den folgenden Kurven nämlich deutlich zu sehen.

Tab. LXVII. C u. D. ¹⁶ u 96 nachm. P. L. Hydrosphygmogramm, mittels des Mossoschen Apparats am

linken Arm aufgenommen; 1 cm Wasserdruck. Bei ⊓ Ammoniak. D ist die unmittelbare Fortsetzung von C.

Aufser denselben Veränderungen, die in den vorhergehenden Kurven zu sehen sind, treten hier mehrere sekundäre Erhöhungen am Schlusse von C auf. Am Ende von D finden sich ein paar trikuspidale Pulse.

Tab. LXVII. E. ¹'u 96 nachm. J. N. Hydrosphygmogramm mit Mossos Apparat, am linken Arm genommen; 1 cm Wasserdruck. Bei ⊓ Ammoniak.

Die Kurve beginnt mit Andeutungen trikuspidaler Formen, wird unmittelbar nach der Einwirkung entschieden dikrot und kurz darauf wieder deutlich trikuspidal. Vergleicht man nun diese Kurve mit dem Plethysmogramm Tab. XXXVIII, B, das an demselben Tage an derselben V-P genommen ist, so sieht man, dafs die Pulsformen im ganzen und grofsen die nämlichen sind, nur fehlen im Plethysmogramm die feineren sekundären Wellen. Es kann also nicht davon die Rede sein, dafs unser Apparat alle Pulse sozusagen aus einer Form giefst, die feineren Einzelheiten läfst er unleugbar aber nicht hervortreten. Dies ist auch deutlich zu sehen, wenn man mit Versuchspersonen operiert, die wegen eines Herzfehlers oder dgl. Pulsformen darbieten, welche vom Normalen erheblich abweichen. Dergleichen Abweichungen treten im Plethysmogramm entschieden hervor; ein Beispiel in dieser Richtung gibt:

Tab. LXVIII, A. ¹⁰'96 nachm. Dr. F. Plethysmogramm, in welchem die Form des Pulses einen vorhandenen Herzfehler verrät. Während des Aufenthalts von 3 Min., den die Kurve anzeigt, führte die im Apparate sitzende V-P schwache und langsame Übungen mit der Hantel aus, die erfahrungsgemäfs günstigen Einflufs auf das Herz hatten. Der folgende Teil der Kurve zeigt denn auch Pulse, deren Form sich dem Normalen mehr nähert.

Es geht aus allen diesen Kurven offenbar hervor, dafs die Pulsformen im ganzen richtig wiedergegeben werden, dafs die Konstruktion des Apparats aber kein Hervortreten der feineren Einzelheiten gestattet. Jetzt fragt es sich nur, ob wir dennoch nicht aus den Pulsformen Schlüsse in betreff des Tonus der Blutgefäfse

ziehen können. Am leichtesten und sichersten werden wir
die Beantwortung dieser Frage erhalten, wenn wir die
Versuche betrachten, von denen sich auf anderem Wege
darthun läfst, dafs die angewandten physischen Reize
Veränderungen der Innervation der Gefäfse hervorrufen.
Dies gilt z. B. von der Wärme und der Kälte. Tab.
VII. D, VIII, A—D, XXXVI, C und XXXVII, A—D
zeigen mehrere Versuche dieser Art. Bei aufmerksamer
Betrachtung der Kurven entdeckt man nun auch leicht,
dafs diejenigen Gefäfskontraktionen, welche durch Kälte
oder sehr starke Hitze bewirkt werden, deutliche Spuren
in der Pulsform hinterlassen, indem der Dikrotismus
sich nach der Basis des Pulses senkt und mehr markiert
wird. Anderseits sind die Erschlaffungen der Gefäfse,
die als Reaktion auf die Verengungen folgen, ebenso
unverkennbar dadurch markiert, dafs der Dikrotismus
nach dem Gipfel des Pulses zu ansteigt und mehr verwischt wird. Diese Merkmale sind nun ohne Schwierigkeit in allen denjenigen Fällen wiederzufinden, wo wir
bestimmten Grund haben, Gefäfsverengerungen mit
hinterherfolgenden Gefäfserschlaffungen zu vermuten,
z. B. bei allen starken Unlustgefühlen; die Tabellen
XXXI—XXXIV bieten zahlreiche Beispiele hiervon.
Ein untrügliches Kennzeichen sind diese Veränderungen
der Pulsform jedoch nicht, denn sie erscheinen ebenfalls
unter Verhältnissen, wo nicht der geringste Grund zur
Annahme vasomotorischer Veränderungen vorliegt. z. B.
als einfache Folge des Atmens. Tab. LXV, die uns die
Veränderungen des Herzschlages während willkürlich
variierter Atemzüge zeigt, bietet auch die erwähnten
Veränderungen der Pulsform dar; in den geschwinden
Pulsen liegt der Dikrotismus durchweg niedrig und ist
stark markiert, in den langsameren Pulsen liegt er hoch
und ist verhältnismäfsig verwischt. Und hier haben wir
nicht den geringsten Grund, vasomotorische Veränderungen anzunehmen, da diese wohl kaum so schnell
verlaufen können. Die Veränderung der Pulsform ist
also ebenfalls eine zweideutige Erscheinung: sie kann
zweifelsohne von Veränderungen des Tonus der Gefäfse
herrühren, kann aber wahrscheinlich auch aus andern
Ursachen entstehen. Aus dieser läfst sich also nichts
schliefsen.

Um eine wirklich zuverlässige physiologische Deutung der Kurven zu erzielen, muß man also vor allen
Dingen die Mittel zu finden suchen, wodurch die stattgefundenen Veränderungen der Innervation der Gefäße
festgestellt werden können. Einen Weg, auf welchem
dieses sich erreichen läßt, hoffe ich im folgenden Teile
dieser Arbeit nachweisen zu können.

## SCHLUSS.

Welche Einwürfe sich auch gegen die im Vorhergehenden aufgestellten Resultate möchten erheben
lassen, so wird doch gewiß eines darunter sein, dessen
Richtigkeit schwerlich bezweifelt werden kann, nämlich: daß jeder Bewußtseinszustand unter sonst gleichartigen Umständen von ganz bestimmten, gesetzmäßigen
körperlichen Äußerungen begleitet wird. Diese Thatsache geht so unmittelbar aus den Tafeln hervor, daß
ich jedenfalls nicht einzusehen vermag, wie sie sich
wegräsonnieren läßt. Steht dies aber fest, so wird
es offenbar von Interesse sein, die zahlreichen, mehr
komplizierten Bewußtseinszustände, die Affekte und
Stimmungen, die bisher entweder gar nicht oder allenfalls nur sehr oberflächlich behandelt worden sind,
einer Untersuchung zu unterwerfen. Daß auch diese
Zustände, trotz ihres großen Reichtums an Formen,
durchgängige Gesetzmäßigkeiten zeigen werden, scheint
mir nicht zweifelhaft zu sein. Sind alle diese Erscheinungen erst untersucht und ihre charakteristischen
Äußerungen festgestellt, so wird man am Plethysmographen ein wirkliches Psychoskop besitzen, einen Apparat, mittels dessen man mit nicht geringer Sicherheit
den Gemütszustand einer Person zu diagnostizieren
vermag.

Diejenigen Untersuchungen, welche die folgenden
Teile dieser Arbeit erörtern sollen, und die in meinem
Laboratorium bereits in vollem Gange sind, gehen jedoch nicht in dieser Richtung. Wie oben angedeutet,
schien es mir wichtiger, die Erweiterung unseres Erfahrungsgebietes nach andern Seiten zu erstreben, so

dafs sich zuverlässige Schlüsse darüber ziehen liefsen, welche Bedeutung die wahrgenommenen körperlichen Äufserungen für den Organismus, besonders für den Blutzuflufs nach dem Gehirn haben. Es liegt aber wohl kein Grund zu der Vermutung vor, dafs das grofse Interesse, welches die Psychologen in der jüngsten Zeit den plethysmographischen Untersuchungen erwiesen haben, und welches in zahlreichen umfangsreichen Werken Ausschlag gegeben hat, plötzlich aufhören werde. Es steht also zu erwarten, dafs die hier vorliegende Arbeit von andern Forschern fortgesetzt und über Gebiete ausgedehnt werden wird, die ich kaum flüchtig berührt habe. Aus Rücksicht auf diese eventuellen Untersuchungen sei es mir gestattet, einige Bemerkungen mit Bezug auf den Apparat, der hierbei sicherlich eine Hauptrolle spielen wird, den Plethysmographen nämlich, zu machen.

Bekanntlich finden sich mehrere Konstruktionen dieses Apparats, deren jede ihre Vorzüge hat, und unter denen man also wählen kann, je nachdem man das Hauptgewicht auf leichte Handhabung, genaue Registrierung der Volumveränderungen, der Pulshöhen, der Pulsformen u. s. w. legt. Alle diese Vorzüge in einem einzigen Apparate vereint zu sehen, wäre wohl auch nicht unmöglich. Welche Konstruktion man aber auch wählen möge, so sorge man vor allen Dingen dafür, dafs die Pulse in den Plethysmogrammen nicht allzu mikroskopisch werden. Zahlreiche Gesetzmäfsigkeiten, die sich mit Leichtigkeit durch unmittelbare Betrachtung grofser Pulskurven entdecken lassen, sind in den kleinen nur mittels minutiöser Messungen zu gewahren. Ferner ist dafür zu sorgen, dafs der Bau des Apparats kein gar zu komplizierter wird, weil es sonst schwer zu entscheiden ist, was eigentlich registriert wird. Ein Beispiel hiervon sieht man an dem von Shields benutzten Plethysmographen, siehe die oben citierte Abhandlung. In der Hauptsache besteht derselbe aus einer Armröhre, die mit zwei Nebenröhren versehen ist. Die eine der letzteren schreibt die Pulskurve auf gewöhnliche Weise; die andre dient dazu, den Wasserdruck konstant zu erhalten, und zugleich zeichnet sie die Volumveränderungen auf. Diese Kurven zeigen

14 **

alle beide Niveauveränderungen, die jedoch nicht zusammen gehen. Wahrscheinlich aus diesem Grunde
glaubt Shields, die eine Kurve registriere nur die
Thätigkeit des Herzens, während die andre die vasomotorischen Veränderungen gebe. Dies ist indes ein
völliges Mifsverständnis: dafs die Schwankungen der
beiden Kurven nicht zusammengehen, beruht ganz einfach auf einem Fehler des Instruments. Shields sogenannte vasomotorische Kurve wird nämlich von einer
komplizierten Vorrichtung gezeichnet, welche die Volumveränderungen erst sehr spät und in vergröfsertem
Mafsstabe registriert. Es fällt nicht schwer, dies mit
Hilfe meines Plethysmographen nachzumachen. Läfst
man nämlich die in die Niveauflasche führende Röhre
offen stehen, und bringt man in dem Hals der Flasche
eine Röhre an, die mit einem Schreibhebel in Verbindung steht, so hat man in allem Wesentlichen die von
Shields benutzte Konstruktion. Der Wasserdruck ist
nun annähernd konstant, und man erhält zwei Kurven
gezeichnet, deren eine, wie gewöhnlich, den Puls zeigt,
während die andre, von der Niveauflasche gezeichnete,
nur die Volumveränderungen gibt. Ist die Röhre nach
der Niveauflasche nun kurz und weit, so gehen die
beiden Kurven fortwährend miteinander. Dies zeigt
Tab. LXVIII. B, wo die unterste Linie eine derartige
reine Volumkurve ist. Nimmt man aber einen langen
und engen Schlauch, so fangen die beiden Kurven an,
voneinander abzuweichen, wie Tab. LXVIII. C zeigt.
Durch starke Verengerung des Schlauches zwischen
der Armröhre und der Niveauflasche kann man es dahin
bringen, dafs die beiden Kurven überhaupt gar keine
gleichzeitigen Schwankungen darbieten. Es leuchtet
indes ein, dafs man nicht im stande ist, durch die Verengerung einer Röhre die vasomotorischen Veränderungen von der Thätigkeit der Herzens zu isolieren.
Dafs Shields diese voneinander sondert, beruht deshalb nur darauf, dafs sein Apparat dermafsen kompliziert war, dafs er sich nicht zu erklären vermochte, was
denn eigentlich registriert wurde. Dergleichen Apparate
sind also mehr dazu geeignet, die Begriffe zu verwirren,
als unser Verständnis der Erscheinungen zu fördern.

Pierer'sche Hofbuchdruckerei Stephan Geibel & Co. in Altenburg

# DIE

# KÖRPERLICHEN ÄUSSERUNGEN PSYCHISCHER ZUSTÄNDE.

## Dr. ALFR. LEHMANN,

DIREKTOR DES PSYCHOPHYSISCHEN LABORATORIUMS AN DER UNIVERSITÄT
KOPENHAGEN.

---

### ZWEITER TEIL.

### DIE PHYSISCHEN. ÄQUIVALENTE DER BEWUSSTSEINS-ERSCHEINUNGEN.

MIT 30 IN ZINK GEÄTZTEN TAFELN.

NACH DEM MANUSKRIPTE DES VERFASSERS ÜBERSETZT

## F. BENDIXEN.

O. R. REISLAND.
1901.

# DIE

# PHYSISCHEN ÄQUIVALENTE DER BEWUSSTSEINSERSCHEINUNGEN.

VON

## ALFR. LEHMANN.

MIT 30 IN ZINK GEÄTZTEN TAFELN.

LEIPZIG.
O. R. REISLAND.
1901.

# VORREDE.

Als Nachwort seines Buches »In Sachen der Psychophysik« schrieb Fechner: »Der babylonische Turm
wurde nicht vollendet, weil die Werkleute sich nicht
verständigen konnten, wie sie ihn bauen sollten; mein
psychophysisches Bauwerk dürfte bestehen bleiben, weil
die Werkleute sich nicht verständigen können, wie sie
es einreißen sollen.«

Der Vater der Psychophysik hat recht gehabt.

Sein Werk steht noch. Durch die vielen, teils berechtigten, teils unverständigen Angriffe, die das große
von ihm aufgetürmte Bauwerk während fast eines
halben Jahrhunderts erfahren hat, ist es aber — wie
das alte Häuschen in Andersens Märchen — so wind-
schief und elend geworden, daß es nicht weiß, nach
welcher Seite es umstürzen soll, und eben deshalb
bleibt es stehen. Auf einer solchen Grundlage kann
eine Wissenschaft nicht weiter gebaut werden; der
jetzige Stand der Psychophysik zeigt hinlänglich, wie
das Fundament ins Schwanken geraten ist. Die experimentelle Forschung hat eine überwältigende Menge
Thatsachen beschaffen, es fehlt aber vollständig an
festen, einheitlichen Gesichtspunkten, worunter das Erfahrungsmaterial geordnet werden kann. Jeder Forscher
legt die Thatsachen in seiner Weise aus; was in der
gesamten Psychologie, außer dem empirisch Gegebenen,

als feststehend, unangreifbar angesehen werden kann,
läfst sich aller Wahrscheinlichkeit nach auf vier Oktav-
seiten schreiben. So kann es aber nicht weitergehen,
wenn die Psychologie mit Recht ·den Namen einer
Wissenschaft tragen will.

In dem vorliegenden Werke habe ich es versucht,
der Fechnerschen Psychophysik eine Stütze anzusetzen.
Dies ist einfach dadurch geschehen, dafs ich der Mafsformel Fechners ein ursprünglich empirisch gefundenes
Glied hinzugefügt habe. Dem Anschein nach ist dies
etwas recht Unbedeutendes; soweit ich aber bisher
die Berechnungen habe durchführen können, zeigt es
sich, dafs die korrigierte Mafsformel vor derjenigen
Fechners den nicht unwesentlichen Vorzug hat, mit
dem experimentell Gefundenen in vollständiger Übereinstimmung zu sein. Wie weit die Übereinstimmung
reicht, läfst sich natürlich nicht voraussagen. An
einem Punkte, in der physiologischen Farbenlehre,
wo ich schon über das in dem vorliegenden Buche
Gegebene hinausgegangen bin, hat es sich erwiesen,
dafs die Formel in das Chaos der Erscheinungen
völlige mathematische Ordnung und Gesetzmäfsigkeit
bringt. Und es liegen in dem Buche Thatsachen genug
vor, welche darauf deuten, dafs der Formel auch auf
andern Gebieten eine weitreichende Bedeutung zukommt.
Ist es mir also wirklich geglückt, das psychophysische
Fundamentalgesetz zu finden, so wird dies nicht nur
für die experimentelle Forschung, sondern auch in theoretischer Beziehung tiefgehende Konsequenzen haben
— weil die physisch-physiologische Deutung des Gesetzes
mit der Form desselben gegeben ist. Hierzu kommt
noch der fernere Nachweis, dafs die bekannten Gesetze
der elektrischen Stromverzweigung für die Energie-
transmissionen im Gehirn und die daran gebundenen
psychischen Vorgänge gültig sind. Diese Thatsache —
welche die Grundlage einer künftigen Psychodynamik

bilden wird — steht zwar nicht direkt mit dem psychophysischen Fundamentalgesetz in Verbindung, zeugt
aber ebenfalls davon, auf welchem Gebiete wir die
Gesetze des psychischen Geschehens suchen müssen.
Ein kleiner Schritt vorwärts ist damit gethan, um die
Psychologie — den Kampfplatz philosophischer Vermutungen und physiologischer Hypothesen — zu einer
exakten Naturwissenschaft zu machen.

Jedem Sachverständigen wird es aus dem Buche
einleuchten, daſs eine nicht geringe Arbeit darin nieder-
gelegt ist. Wie · groſs dieselbe eigentlich gewesen ist,
kann doch kaum beurteilt werden, weil selbstverständlich nur diejenigen Berechnungen, die zu brauchbaren
Resultaten führten, im Buche gegeben sind, während
die zahlreichen vergeblichen Bemühungen, empirische
Formeln aufzustellen, viel mehr Zeit in Anspruch genommen haben. Es würde mir deshalb gewiſs auch
nicht gelungen sein, die Arbeit durchzuführen, wenn
die Direktion des Carlsbergfonds mich nicht in die
Lage gebracht hätte, während der letzten Jahre meine
Zeit ausschlieſslich dieser Arbeit widmen zu können.
Für diese Freigebigkeit, sowie für die Unterstützung
zur Herstellung der Tafeln, statte ich der hochgeehrten
Direktion hiermit meinen besten Dank ab.

Kopenhagen, Juni 1901.

Alfr. Lehmann.

# INHALT.

# EINLEITUNG.

Im ersten Teile dieses Werkes wurde nachgewiesen, daß die vasomotorischen, die verschiedenen psychischen Zustände begleitenden Veränderungen solche Gesetzmäßigkeit zeigen, daß wohl kaum die Rede davon sein kann, sie wären nur zufällige Äußerungen der Arbeit des Zentralorgans. Sie müssen mit anderen Worten bestimmte Bedeutung haben, sie müssen zu etwas dienen, das unter gegebenen Umständen nur auf die besondere Weise zu erreichen ist, welche sich in den plethysmographischen Kurven abspiegelt. So könnte man z. B. annehmen, daß das arbeitende Zentralorgan in jedem einzelnen Falle seine Blutzufuhr seinem Bedarf anpaßte, und daß es diese Regulierung gerade durch seine Einwirkung auf das Herz und die Gefäßmuskeln vollzöge. Ob diese, oder irgend eine andere Annahme aber richtig ist, das vermochten wir wegen Mangels an hinlänglichem, empirischem Materiale nicht zu entscheiden, da sich aus der Form der Plethysmogramme keine bestimmten Schlüsse darüber ziehen ließen, welche Veränderungen des Kreislaufs stattgefunden hatten. Ich kündigte deshalb, als Fortsetzung, eine Reihe von Untersuchungen an, die besonders dazu dienen sollten, aufzuklären, wie sich die Blutzufuhr des Gehirns während der verschiedenen psychischen Zustände verändert.

Zur Beantwortung dieser Frage habe ich ein nicht geringes Versuchsmaterial herbeigeschafft, jedoch ist es dieses nicht, was uns hier beschäftigen wird. Aus rein praktischen Gründen habe ich vorgezogen, erst einen anderen, für die Lösung unserer Hauptaufgabe ebenso

wesentliche Bedeutung besitzenden Punkt zu behandeln.
Nehmen wir nämlich an, wir wären im Besitz einer
Methode, die es gestattete, die Menge und Geschwindigkeit des Blutes, das in einem gegebenen Augenblicke
bei einem normalen, unversehrten Menschen nach dem
Gehirn fliefst, mit grofser Genauigkeit zu bestimmen.
Wir würden alsdann darüber ins reine kommen, welche
Veränderungen der Ernährung des Gehirns die verschiedenen psychischen Zustände begleiten. Hiermit
würden wir aber offenbar durchaus nicht im stande sein,
zu entscheiden, ob diese Ernährungsänderungen auch
wirklich für die Arbeit des Gehirns notwendig sind.
Weil ein psychischer Zustand $A$ eine $n$ mal so starke
Blutzufuhr nach dem Gehirn mit sich bringt als ein
anderer psychischer Zustand $B$, ist damit doch nicht
unbedingt gegeben, dafs die stärkere Zufuhr für das
Gehirn wirklich notwendig ist. Es liefse sich ja sehr
wohl denken, dafs die stärkere Blutzufuhr eine dem
Gehirn höchst ungünstige Folge der Störungen des
Kreislaufs wäre, die im Organismus hervorgerufen
wären und im Dienste ganz anderer Zwecke stünden.
Es leuchtet also ein, dafs die Beantwortung der Frage
nach der Bedeutung der Kreislaufsänderungen für die
Arbeit des Gehirns die Lösung von zwei Problemen
erheischt. Wir müssen 1) die Änderungen der Ernährung des Gehirns kennen, welche die verschiedenen
psychischen Zustände, $A$, $B$ u. s. w., begleiten. Und
wir müssen 2) für diese psychischen Zustände einen
Mafsstab haben. Wir müssen wissen, wieviel der potentiellen Energie des Gehirns während der Erzeugung
der Zustände $A$ und $B$ in andere Energieformen umgesetzt wird, oder mit anderen Worten, wir müssen
wissen, wieviel es kostet, diese Zustände zu erzeugen.
Sind diese Probleme alle beide gelöst, so ist damit die
Sache klar. Wissen wir einerseits, dafs die Erzeugung
von $A$ einen $n$ mal gröfseren Energieverbrauch erfordert
als die Erzeugung von $B$, und wissen wir anderseits,
dafs $A$ ebenfalls eine $n$ mal gröfsere Blutzufuhr nach
dem Gehirn bewirkt als $B$, so wird der Schlufs gewifs
berechtigt sein, dafs das Gehirn die Blutzufuhr seinem
Bedarf gemäfs reguliert.
Leider dessen sind wir für den Augenblick noch

— 3 —

lange nicht in der Lage, irgend eine dieser Aufgaben
mit erwünschter Genauigkeit lösen zu können. Dies ist
aber doch kein Grund, weshalb wir mit den Hilfsmitteln,
welche die jetzige experimentale Technik uns zur Verfügung stellt, nicht einen Versuch unternehmen sollten.
Wird hierdurch weiter nichts gewonnen, so wird doch
jedenfalls erreicht, dafs man sieht, wo die Schwierigkeiten liegen, und je gröfser diese sind, um so zahlreicher werden die mifslungenen Anläufe sein, die gewöhnlich erfordert werden, bis die Wissenschaft zu
völliger Klarheit gelangt. Zwischen Webers ersten,
mangelhaften, Versuchen, aus denen die Möglichkeit
eines psychophysischen Gesetzes hervorging, und unserer heutigen Einsicht in die Bedeutung und Tragweite
dieses Gesetzes liegt eine überwältigende Menge Arbeit,
deren kein einziger Teil wohl als durchaus überflüssig
zu betrachten wäre. In dem Umstande, dafs es mir
ganz sicher nicht beschert ist, die endliche Lösung des
schwierigen Problems von der Bedeutung der Störungen
des Kreislaufs zu finden, sehe ich deshalb keinen Grund,
mich von der Anstellung des Versuches zurückschrecken
zu lassen.

Vorliegende Arbeit nimmt das Problem von einem
physischen Mafse der Bewufstseinszustände zur Untersuchung vor. Einige Versuche in dieser Richtung wurden bereits früher unternommen. Der erste rührt von
J. Loeb her, der in einer »vorläufigen Mitteilung« über
die »Muskelthätigkeit als Mafs psychischer Thätigkeit«[1]
nachwies, dafs der Druck, den man mit der Hand auf
ein Dynamometer auszuüben vermag, sich bedeutend
vermindert, wenn man zugleich eine psychische Arbeit
ausführt, z. B. wenn man liest, Rechenaufgaben löst
u. dergl. In der genannten Abhandlung kommt Loeb
jedoch nicht weiter als bis zum Nachweis dieser Thatsache und verschiedener Schwierigkeiten, die sich einer
naheliegenden Erklärung der Erscheinung entgegen-
stellen; es war mir nicht möglich, eine spätere, ein-
gehendere Behandlung der Sache von der Hand desselben Autors zu finden. Viel weiter gehen Férés

[1] Pflügers Archiv für Physiologie. Bd. XXXIX. 1886.

Untersuchungen[1]. Er konstatierte ebenfalls, daſs der
auf ein Dynamometer geübte Druck höchst variabel ist
und vorzüglich von den gleichzeitigen Bewuſstseins-
zustünden abhängig zu sein scheint, indem derselbe
sich sowohl mit deren Qualität als mit deren Intensität
verändert. Bei Sinnesreizen bestimmter Art, aber verschiedener Stärke glaubt Féré gefunden zu haben,
daſs die Muskelkraft mit der Stärke des Reizes anwächst; jedoch gilt dies nur bis zu einem gewissen
Punkte, denn wächst die Empfindung bis zu unangenehmer Stärke, so fällt der Druck bis unter die normale Gröſse. Überhaupt werden Zustände der Unlust
die Gröſse des Druckes vermindern, Zustände der Lust
dieselbe dagegen vermehren. »Ces faits nous montrent
que toute excitation détermine immédiatement une pro-
duction de force, et on peut en déduire légitimement
que les fonctions psycho-physiologiques,
comme les forces physiques, se reduisent à
un travail mécanique. Nos expériences montrent
en somme que dans des circonstances appropriées le
dynamomètre peut être appliqué à la mesure des sensations[2].«

Es ist sehr wohl möglich, daſs Férés Untersuchungen mit groſser Sorgfalt und mit all der Genauigkeit, die seine ziemlich unvollkommenen Meſs-
apparate gestatteten, ausgeführt wurden, ohne Arbeit
bringt aber keinenfalls diesen Eindruck hervor. Man
vermiſst erstens eine groſse Menge Voruntersuchungen,
die er hätte anstellen sollen, um die Möglichkeit auszu-
schlieſsen, daſs die beobachteten Veränderungen von
anderen Ursachen herrühren können. Ermüdung und
Übung haben, wie wir wissen, groſsen Einfluſs auf die
Muskelkraft, und die Gröſse und die Richtung dieser
Wirkungen muſs man notwendigerweise kennen, bevor
man den Einfluſs anderer Faktoren zu bestimmen vermag. Ferner ist es ebenfalls eine bekannte Sache, daſs
der Takt, in welchem die Muskelkontraktionen ausgeführt werden, für deren Gröſse von wesentlicher Bedeutung ist; aber auch die Wirkungen des Taktes

---

[1] Féré, Sensation et mouvement. Paris 1887.
[2] Ibid. S. 33.

wurden nicht speziell untersucht. Und da man nun in
den Dynamogrammen, mit denen Féré seine Aus-
führungen illustriert, häufig sieht, dafs sich der Takt
verändert, während zugleich die Gröfse des Drucks
variiert, so ist die Möglichkeit nicht ausgeschlossen,
dafs die Druckveränderungen, wenigstens in vielen
Fällen, sekundäre Erscheinungen wären, die nur von
den Taktveränderungen herrührten. Recht bedenklich
ist auch die mathematische Genauigkeit, mit welcher
die Druckveränderungen die Variationen der Sinnes-
reizungen begleiten[1]. Bei psychophysiologischen Versuchen an Menschen gibt es immer ein Gewühl störender Momente, die sich geltend machen, und man darf
gewifs behaupten, dafs einigermafsen genaue quantitative Bestimmungen nur als Mittel einer sehr grofsen
Anzahl von Messungen zu erhalten sind. Bei Féré
findet man aber nicht die geringste Andeutung, dafs
seine regelmäfsig variierenden Zahlenreihen Mittelzahlen
sind. Im Gegenteil scheint aus dem Texte an den
citierten Orten hervorzugehen, dafs die Zahlen mittels
einer einzelnen Versuchsreihe gewonnen sind. Und
wenn man nun sieht, dafs diese Versuche an hypnoti-
sabeln Hysterikern, also an den der Suggestion am
meisten zugänglichen Individuen, die zu finden sind,
ausgeführt wurden, so entsteht im kritischen Leser eine
gewaltige Vermutung, dafs die Wünsche des Experimentators nach regelmäfsigen Zahlenreihen unbewufst
auf die Entstehung dieser Resultate entscheidenden
Einflufs gehabt haben. Sehr viel erfährt man nicht in
Férés Buche über seine Versuchsmethode, und das
wenige, das durchschimmert, ist der Art, dafs es eher
das Vertrauen auf die angeführten Resultate schwächt.
Darum können diese natürlich sehr wohl richtig sein,
man wagt es aber nicht, sich auf dieselben zu verlassen,
ohne sie vorerst einer sorgfältigen Kontrolle zu unterwerfen.

Was ferner die Auslegung der gewonnenen Ver-
suchsresultate betrifft, so verrät diese einen traurigen
Mangel an Verständnis von der Schwierigkeit der Sache.
Féré glaubt, wie es aus dem oben angeführten Citate

[1] Ibid. S. 37 u. 39.

hervorgeht, dafs jede Reizung des Organismus eine
Produktion von Kraft bewirke, die sich unmittelbar
durch die Gröfse der Muskelkontraktion Ausdruck gebe,
und die sich also aus den Dynamogrammen ablesen
lasse. Wie er sich den Vorgang dieser Kraftproduktion
denkt, darüber sagt er nichts Bestimmtes: im Gegenteil
erhält der Leser an verschiedenen Stellen recht verschiedene Äufserungen. So heifst es S. 51: »On peut
donc dire, en résumé, que toutes les sensations
s'accompagnent d'un développement d'énergie potentielle qui passe à l'état cinétique et se
traduit par des manifestations motrices susceptibles
d'être mises en évidence même par des procédés gros-
siers comme la dynamométrie.« Weiter unten auf derselben Seite heifst es aber von denselben Verhältnissen:
»On peut donc dire que toute excitation péri-
phérique détermine une augmentation d'énergie potentielle.« Wenn jeder Reiz — oder jede
durch einen solchen ausgelöste Empfindung — zur
Folge hat, dafs einige potentielle Energie in kinetische
übergeht, so scheint die Menge der vorhandenen potentiellen Energie mithin abnehmen zu müssen, und es
wird schwer zu verstehen, wie der Verf. 18 Zeilen
weiter unten behaupten kann, sie nehme zu. Die Verwirrung wird aber noch gröfser, denn S. 58 liest man:
»Les expériences que j'ai rapportées . . . ont pour ré-
sultat spécial de montrer que les excitations périphériques déterminent une augmentation de l'énergie disponible, de la force utilisable.« Was hiermit
gemeint wird, ist nicht leicht zu verstehen, da der Verf.
keine nähere Bestimmung davon gibt, welchen Sinn er
diesen Worten beilegt. Versteht man indes unter »dis-
ponibler Energie« das nämliche, was in der Physik
durch den Begriff der »freien« Energie bezeichnet wird,
so gibt der Ausdruck allerdings einen Sinn, führt in
diesem Falle aber, wie wir später sehen werden, zu
einer Ansicht, die nur sehr geringe Wahrscheinlichkeit
für sich hat. Mit Sicherheit läfst sich aus diesen verschiedenen Äufserungen nur schliefsen, dafs Féré nicht
im stande ist, eine Erklärung der Sache zu geben.

Es ist nicht einmal möglich, im ganzen Werke
darüber ins reine zu kommen, ob Herr Féré sich die

erwähnten Energieveränderungen als im Zentralorgan
oder in den Muskeln vorgehend gedacht hat. Da es
die Sinnesreize — oder die durch dieselben hervorgerufenen psychophysiologischen Vorgänge — sind, die
die Energieveränderungen unmittelbar herbeiführen,
müfste man sich wohl zunächst denken, dafs diese im
Gehirn vorgehen, und dafs sie sich wegen der motorischen
Innervationen durch Muskelbewegungen äufsern. An
verschiedenen Orten eröffnet der Verf. aber die Aus-
sicht auf eine ganz andere Erklärung[1]. Der Verf.
giebt hier aufser den Dynamogrammen zugleich auch
Plethysmogramme, welche die Volumänderungen des
Arms während derselben Sinnesreize zeigen, und er behauptet nun, die Änderungen der Blutzufuhr seien mit
denen der Muskelkraft übereinstimmend (concordantes).
Was hiermit gemeint wird, ist nicht gut zu sagen, denn
über die Umstände, unter welchen die Plethysmogramme
aufgenommen wurden, erfährt man absolut nichts. Die
Stärke des Reizes, die Zeitpunkte, da er in Beziehung
zur Volumkurve anfängt und aufhört, werden nicht angegeben, ja es wird nicht einmal gesagt, ob das Plethysmogramm und das Dynamogramm gleichzeitig oder jedes
für sich genommen wurden. Und da F é r é s Plethysmogramme, wie alle anderen derartigen Kurven, Steigungen
und Senkungen zeigen, läfst es sich unmöglich entscheiden, ob er sich denkt, dafs ein Steigen des Volums
einem Steigen der Muskelkraft entspricht, oder ob möglicherweise das Steigen der einen Kurve mit einem
Sinken der anderen korrespondiert. Kurz: F é r é s Darstellung ist zunächst ein Spiel mit physiologischen
Redensarten und Abbildungen, das mit der Wissenschaft
sehr wenig zu schaffen hat. Findet sich aber wirklich
Übereinstimmung des Plethysmogramms mit dem Dynamogramm, so werden wir ganz natürlich zu einer
ganz neuen Erklärung der beobachteten Schwankungen
der Muskelkraft bewogen. Denn da jeder psychische
Zustand von Veränderungen des Blutkreislaufes begleitet ist, so sind die Variationen der Muskelkraft
möglicherweise nur Folgen der veränderten Blutzufuhr
nach dem Arm. Die Dynamogramme wären in diesem

---

[1] Ibid. S. 10, 40, 41 u. 45.

Falle nur eine andere, und zwar unvollkommenere Form
der Plethysmogramme, und als Maß für die Stärke
der psychophysiologischen Vorgänge wäre die eine
Kurve nicht brauchbarer als die andere. Es leuchtet
also ein, daß ein physischer Maßstab für die psychischen
Zustände auf dem von Féré angedeuteten Wege nicht
zu gewinnen ist, es sei denn, daß es uns gelänge, nachzuweisen, daß die Schwankungen der Muskelkraft nicht
von den Variationen der Blutzufuhr des Arms herrühren können.

Es wird, wie man sieht, eine ziemlich bedeutende
Arbeit erforderlich sein, bis man hier zu brauchbaren
Resultaten kommen kann. Alle Experimente müssen
kontrolliert werden, am liebsten mit weit vollkommneren
Meßapparaten als den früher gebrauchten, und verschiedene Erklärungsmöglichkeiten sind auszuschließen,
bevor sich sichere Schlüsse ziehen lassen. Ehe wir
aber den Weg einschlagen, der hier durch die Kritik
des Féréschen Werkes skizziert wurde, erhebt sich
ganz natürlich die Frage, ob es überhaupt denkbar ist,
daß sich ein physisches Maß für die Bewußtseinszustände sollte finden lassen. Ein solches Maß besitzen
wir bereits für eine große Gruppe psychischer Zustände, nämlich für die durch äußere Sinnesreize hervorgerufenen Empfindungen, indem diese durch die
Stärke des physischen Reizes gemessen werden können.
Zwischen der Empfindung $E$ und dem Reize $R$ besteht
ja bekanntlich das durch das Webersche Gesetz ausgedrückte Abhängigkeitsverhältnis:

$$E = c \log \frac{R}{R_0} \ \ldots \ldots \text{(Gleich. 1)},$$

wo $c$ eine Konstante und $R_0$ die größte, noch keine
Empfindung hervorrufende Reizung (den Schwellenwert) bezeichnen. Jedoch gilt Webers Gesetz auf keinem
Sinnesgebiete mit Genauigkeit, kaum einmal mit Annäherung; nirgends findet man $E$ dem log. $R$ genau
proportional. Richtiger ist es deshalb

$$E = c \log \left[ \frac{R}{R_0} \cdot \varphi(R) \right] \ \ldots \ldots \text{(Gleich. 2)}$$

zu setzen, wo $\varphi$ eine einstweilen unbekannte Funktion
ist, deren Form sich wenigstens annähernd be-

stimmen läfst. Gleich. 2 gibt uns also, wenn die Konstanten $c$ und $R_0$ bestimmt sind, ein Mafs für die Empfindungen mit Hilfe der Sinnesreize. Diese Formel kann aber durchaus keine Anwendung auf alle zusammengesetzteren Bewufstseinszustände finden, denen entweder kein äufserer Reiz entspricht, oder bei denen dieser jedenfalls für die Entstehung des Zustandes von untergeordneter Bedeutung ist. Die Frage ist daher die, ob sich ein Mafs finden läfst, das auf alle Bewufstseinszustände angewandt werden kann. Ein solches Mafs kann der Natur der Sache zufolge nur an den zentralen Hirnvorgängen gefunden werden, an welche die psychischen Zustände unmittelbar gebunden sind, denn diese physiologischen Vorgänge sind die einzigen, die jedesmal, wenn ein psychischer Zustand entsteht, mit Notwendigkeit vorausgesetzt werden müssen. Das Problem spaltet sich hier offenbar in zwei Probleme, ein theoretisches und ein praktisches. Ersteres können wir so formulieren: läfst sich die Existenz eines derartigen Abhängigkeitsverhältnisses zwischen den Veränderungen im Zentralorgane und den an dieselben unmittelbar gebundenen Bewufstseinszuständen nachweisen, dafs die physiologischen Vorgänge als Mafs der psychischen Zustände angewandt werden können? Und die mehr praktische Frage wird darauf die: läfst sich auf dem von Féré angedeuteten oder möglicherweise auf einem anderen Wege ein Mafs der physiologischen Vorgänge finden, an welche die psychischen Zustände unmittelbar gebunden sind? Letztere Frage wird uns später beschäftigen; sie hat offenbar kein grofses Interesse, jedenfalls nicht für unsere Untersuchungen, bevor wir darüber ins reine gekommen sind, ob zwischen der Intensität eines psychischen Zustandes und der Stärke der körperlichen Veränderung, an die dieselbe gebunden ist, überhaupt ein Abhängigkeitsverhältnis existiert, das sich mathematisch formulieren läfst.

Diese Frage ist in der Psychologie nicht neu; sie wurde zuerst von Fechner gleichzeitig mit der Formulierung des Weberschen Gesetzes erhoben. Der Reiz und die Empfindung sind ja nämlich die beiden äufsersten Glieder einer langen Reihe von Ursachen und Wirkungen, und es ist deswegen durchaus unbestimmt, zwischen

welchen beiden Gliedern der Kausalreihe das logarithmische Abhängigkeitsverhältnis sich in der That geltend
macht. Drei wesentlich verschiedene Deutungen, eine
physiologische, eine psychophysische und eine rein
psychologische, sind hier möglich, und jede dieser
Deutungen hat ihre Vertreter gefunden, ohne dafs der
Streit zu einem endlichen Resultate geführt hätte. Da
es indes, wie nachgewiesen, für unsere weiteren Untersuchungen die wesentliche Bedingung ist, dafs wir hier
zu einer bestimmten Entscheidung gelangen, müssen
wir die verschiedenen Auffassungen also einer näheren
Kritik unterwerfen. Und da es sich darum handelt,
zwischen bestimmten Gröfsen ein Abhängigkeitsverhältnis zu finden, wird es am einfachsten sein, dafs wir den
Anfang damit machen, die Mafseinheiten zu präzisieren,
durch welche diese Gröfsen ausgedrückt werden müssen.
Erst wenn wir uns dies klar gemacht haben, wird es
möglich sein, die verschiedenen Auffassungen exakt zu
formulieren.

Mit Bezug auf die Empfindungen herrscht kein
Zweifel. Unter der gegebenen Stärke $E$ einer Empfindung läfst sich überhaupt nichts anderes verstehen, als
die Anzahl ebenmerklich verschiedener Empfindungen,
die sich zwischen den Grenzen $0$ und $E$ unterscheiden
lassen. Unter den psychophysischen Mefsmethoden giebt
es streng genommen nur eine einzige — die Methode
der ebenmerklichen Unterschiede — die direkt darauf
abzielt, das Verhältnis zwischen der Stärke der Empfindungen und der der Reize zu bestimmen. Hier ist aber
auch deutlich zu ersehen, dafs die Stärke der Empfindung nur die Empfindungs-Anzahl bedeutet. Denn die
Messung geht gerade darauf aus, zu bestimmen, einen
wie grofsen Zuwachs der Reiz haben mufs, damit noch
eine andere Empfindung — derselben Art, jedoch von
der vorhergehenden verschieden — entstehen kann.

Dafs die Intensität einer Empfindung $E$ ist, will also
weiter nichts heifsen, als dafs zwischen $0$ und $E$ eine
Anzahl von $E$ möglichen, d. h. ebenmerklich verschiedenen Empfindungen liegen. Webers Gesetz drückt
also nur die — allenfalls annähernd richtige — Thatsache aus, dafs die Stärke der Reize mit konstantem
Quotienten anwachsen mufs, wenn die Anzahl der mög-

lichen Empfindungen mit konstanter Differenz wachsen
soll. Wäre man hierbei stehen geblieben, so hätte man
vielen Streit und viele weitläufige Diskussionen ver-
mieden. Allein das Bedürfnis der Anschaulichkeit führte
hier die Psychologen auf Irrwege. Man dachte sich die
Empfindung als eine extensive Größe, z. B. als eine
Linie von bestimmter Länge. Die Zahl $E$ wird in
diesem Bilde die Anzahl der Längeneinheiten, welche
die Linie enthält, und die Längeneinheit selbst repräsentiert wieder den Unterschied zwischen zwei aufeinander
folgenden Empfindungen, mithin den ebenmerklichen
Unterschied. Hierdurch entsteht die Fiktion, man habe
die Intensität der Empfindung mittels einer psychischen
Einheit, nämlich mittels des ebenmerklichen Empfin-
dungsunterschieds gemessen. Daß dies eine Fiktion ist,
erweist sich ganz einfach dadurch, daß eine Empfindung
sich nicht aus einer Anzahl anderer Empfindungen auf
dieselbe Weise aufbauen läßt, wie man z. B. eine Linie
hervorbringen kann, wenn man eine Anzahl Längeneinheiten in ihrer Verlängerung absetzt. Es ist deshalb zunächst sinnlos zu nennen, wenn man sagt, die
Intensität einer Empfindung werde mittels der Zahl $E$
«gemessen», denn es kann hier von einer Messung in
gewöhnlichem Sinne gar keine Rede sein, da wir keine
Maßeinheit besitzen. Dieser unbestreitbar falsche
Sprachgebrauch stiftet jedoch keinen Schaden, wenn
man nur die wahre Bedeutung der Zahl $E$ als der Anzahl möglicher Empfindungen zwischen $0$ und $E$ festhält.

Brächte das genannte Anschauungsbild nun keine
anderen Übelstände mit sich, als einen weniger geeigneten Sprachgebrauch, so läge wohl kaum Grund
vor, sich darüber aufzuhalten. Die Anwendung des
Bildes ist aber von einem anderen und viel ungünstigeren
Umstande begleitet, — man erschleicht nämlich die
Lösung eines Problems, das sich in der That nur auf
empirischem Wege entscheiden läßt. Es seien $E_1$, $E_2$,
$E_3$ und $E_4$ vier nur intensiv verschiedene Empfindungen,
so gewählt, daß sich zwischen $E_1$ und $E_2$ derselbe Unterschied wie zwischen $E_3$ und $E_4$ zeigt. Werden nun auch
die Differenzen der Zahlen, also $E_1 — E_2$ und $E_3 — E_4$,
gleich groß sein? Hierüber wissen wir von vornherein
offenbar durchaus nichts. Diese Zahlen bezeichnen nur

— 12 —

die Anzahl der zwischen $0$ und resp. $E_1$, $E_2$ u. s. w.
möglichen Empfindungen. Weil zwei Empfindungsunterschiede sich als gleich grofs erweisen, ist es aber
durchaus nicht gegeben, dafs sie auch dieselbe Anzahl
möglicher Empfindungen umfassen. Dies wird der Fall
sein, wenn alle eben merklichen Unterschiede gleich
grofs sind, hierüber wissen wir aber nichts. Hier mufs
nun unser Anschauungsbild der Empfindung als einer
extensiven Gröfse ungünstig wirken, indem dasselbe
folgerichtig eine bestimmte Lösung des vorliegenden
Problems herbeiführt. Indem die Empfindung $E$ nämlich als eine Linie von der Länge $E$ angeschaut wird,
werden alle zwischen $0$ und $E$ möglichen Empfindungen
als Strecken dieser Linie aufgefafst, und jede neue
Empfindung ist dann um eine Längeneinheit gröfser
als die zunächst vorhergehende. Somit wird also willkürlich festgestellt, dafs alle ebenmerklichen Unterschiede gleich grofs, nämlich gleich der Einheit sind;
dies ist aber eine durchaus unzulässige Erschleichung,
die allerdings so nahe liegt und so natürlich ist, dafs
man erst in der jüngsten Zeit ernstlichen Zweifel an
ihrer Berechtigung erhoben hat.

Unsere Untersuchungen sollten nun zweifelsohne
damit anfangen, die Lösung der Frage zu suchen: ob
ebenmerkliche Unterschiede zwischen Empfindungen
derselben Art ebenfalls gleich grofse Empfindungsunterschiede sind; denn die Beantwortung mufs für
alle weitere Erforschung des Verhältnisses zwischen
Empfindung und Reiz von entscheidender Bedeutung
werden. Hier können wir das Problem jedoch nicht
erschöpfend behandeln. Wie gesagt läfst es sich nur
auf empirischem, auf experimentellem Wege lösen. Bisher liegt nur ein einzelner Beitrag hierzu vor, nämlich
Aments: »Über das Verhältnis der ebenmerklichen
zu den übermerklichen Unterschieden bei Licht- und
Schallintensitäten«[1], und der Verf. kommt hier zu
dem Ergebnis, man müsse annehmen, dafs die ebenmerklichen Unterschiede mit den Reizen anwüchsen.
Eine kritische Betrachtung der Untersuchung zeigt jedoch, dafs dieses Ergebnis nur erscheint, weil bei der

[1] Wundt, Phil. Stud. Bd. XVI. S. 135 u. f.

Berechnung der unmittelbar gewonnenen Versuchsdaten
eine Reihe wesentlicher Fehler begangen wurden. Sobald die Fehler korrigiert werden, kommt mit aller
wünschenswerten Deutlichkeit das entgegengesetzte Ergebnis zum Vorschein. Es wird indes schwierig sein,
in diesem Augenblicke den näheren Nachweis hiervon
anzuführen; am rechten Orte wird dieser als natür-
liches Glied der folgenden Untersuchungen geliefert
werden. Ich greife deshalb dem Laufe der Begeben-
heiten vor und stelle die Behauptung auf:

Es läſst sich als dargethan betrachten,
daſs alle ebenmerklichen Unterschiede zwischen Empfindungen in derselben Intensitäts-
reihe gleich groſs sind, oder mit anderen
Worten, daſs gleichgroſse Empfindungsunterschiede dieselbe Anzahl möglicher, d. h.
ebenmerklicher Empfindungen umfassen.

Von dieser Voraussetzung gehen wir im Folgenden
aus, und der Beweis für unsere Berechtigung hierzu
wird später geführt werden[1].

Die Reize werden natürlich mittels ihrer Energie
gemessen. Zwei Normalkerzen in gegebener Entfernung
entsenden doppelt so viel Licht nach dem Auge als ein
einziges Licht in derselben Entfernung: bei den rotierenden Scheiben nimmt die das Auge treffende Lichtmenge
um die Gradanzahl des weiſsen Sektors zu. Meterkerzen
und das Gradmaſs der Sektoren sind in der That also
Energiemaſse. Die Stärke der Schallreize wird stets,
wenn es nur irgend thunlich ist, durch das Produkt des
Fallgewichts und der Fallhöhe gemessen, dieses Produkt
ist aber gerade der Ausdruck für die in Schallschwin-
gungen umgesetzte Bewegungsenergie. Gebraucht man
von Wärmereizen ganz einfach Grad C, so ist dies
ebenfalls ein Energiemaſs, indem man innerhalb gewisser Grenzen davon ausgehen darf, daſs ein gegebener, mit einem begrenzten Teile der Hautoberfläche
in Berührung gebrachter Körper an die Haut eine
Wärmemenge abgeben wird, die der Temperaturdifferenz
zwischen der Haut und dem berührenden Körper pro-

[1] Siehe den Abschnitt: Über die Gemeingültigkeit des Unterscheidungsgesetzes.

portional ist. Wenn man endlich als Geschmacksreiz eine konstante Menge einer Auflösung und als Maſs für die Stärke des Reizes den Prozentinhalt des aufgelösten Stoffes gebraucht, so ist auch dies ein Energiemaſs, indem ein bestimmtes Quantum eines chemisch wirksamen Stoffes eine bestimmte Energiemenge repräsentiert. Soweit ich zu sehen vermag, ist der Drucksinn unter unseren Sinnen der einzige, der in dieser Beziehung eine Ausnahme bildet; hier werden die Reize nicht durch irgend ein Energiemaſs, sondern in Kraftmaſs (Gramm) gemessen[1].

Zwischen den Reizen und den Empfindungen liegen die Nervenvorgänge. Die Feststellung einer bestimmten Art des Maſses hat in betreff derselben keine praktische Bedeutung gehabt, da man sich — mit Ausnahme vielleicht eines einzelnen, sehr mangelhaften Versuches — noch nie darauf eingelassen hat, sie zu messen. Dies überhebt uns aber nicht einer bestimmten Wahl, wenn wir mittels einer theoretischen Untersuchung die möglichen Relationen zwischen der Stärke des Reizes und der des Nervenvorgangs festzustellen wünschen. Welche Art des Maſses zu wählen ist, scheint mir keinem Zweifel zu unterliegen. Denn da die Nervenvorgänge physische Erscheinungen sind, die mit anderen physischen Erscheinungen (den Reizen) in Beziehung gebracht werden sollen, müssen beide Gröſsen durch dasselbe Maſs ausgedrückt werden. An diesem Punkte ist der menschliche Organismus wie jede andere Maschine zu betrachten und zu behandeln. Wird der Maschine ein gewisses Quantum Arbeit zugeführt, so ist es die Aufgabe, zu untersuchen, was innerhalb der Maschine aus dieser Arbeit wird, und alle hier stattfindenden Umbildungen lassen sich nur als Arbeit messen. Messen wir also die Reize der Sinnesorgane als Arbeit (Energie), so müssen die aus denselben resultierenden Nervenvorgänge ebenfalls als Energie gemessen werden[2].

[1] M. v. Frey, Untersuchungen über die Sinnesfunktionen. Leipzig 1896.
[2] Dies thut denn auch Fechner (Elemente II, S. 163 u. f.; nur unter bestimmten theoretischen Voraussetzungen — um die psychophysische Maſsformel auch auf oszillatorische Bewegungen anwenden zu können — wirft er den Zweifel auf, ob die Empfindung von der

Es ist nicht viel, was wir von den psychophysischen
Vorgängen, den Energieumsätzen im Zentralorgane,
wissen, an welche unsere Bewufstseinszustände unmittelbar gebunden sind. Es darf aber wohl als aufser
allen Zweifel gestellt betrachtet werden, dafs sie darauf
beruhen, dafs ein Teil, $C$, der potentiellen Energie, die
in der Form leicht zersetzbarer chemischer Verbindungen im Gehirn deponiert ist, in andere Energieformen, in Wärme, $V$, Elektrizität, $W$, und möglicherweise noch andere, unbekannte, Formen, $X$, $Y$, $Z$ u. s. w.,
umgesetzt wird. Dem Gesetze der Erhaltung der Energie
zufolge sind wir nun zu der Annahme berechtigt, dafs
wir überall finden werden:

$$C = V + W + \ldots + X + Y + Z \ldots \text{(Gleich. 3.)}$$

Durchaus unbestreitbar ist dies allerdings nicht, denn
da bisher noch kein Mensch die Energieverhältnisse
des Gehirns untersucht hat, haben wir keine Garantie,
dafs das Energiegesetz auch hier gültig ist. Und kann
überhaupt irgendwo die Rede davon sein, Abweichungen
von demselben zu finden, so müfste dies auch wohl hier
sein, wo das Psychische mit ins Spiel kommt. Indes ist
es berechtigt, vorauszusetzen, dafs das Gesetz auch für
das Gehirn Gültigkeit besitzt, solange für das Entgegengesetzte keine unanfechtbaren Beweise vorliegen. Wir
gehen also davon aus, dafs jeder psychische Zustand
unmittelbar an Energietransformationen gebunden ist,
die das Energiegesetz befolgen, und für die mithin
Gleich. 3 gilt. Ob der psychische Zustand nun an alle
diese verschiedenen Energiemengen gebunden ist, oder
ob nur einige oder vielleicht nur eine einzelne derselben
von Bedeutung ist, das zu entscheiden gebricht es uns
für den Augenblick offenbar an jedem Mittel. Hier
steben alle Möglichkeiten offen. Bezeichnen wir durch
die $P$-Energie die Energieentwickelung, an die ein
psychischer Zustand unmittelbar gebunden ist, so kann
man haben:

$$C = \overset{P}{\overline{V + W + \ldots + X + Y + Z}} \ldots \text{(Gleich. 4)},$$

Geschwindigkeit oder von der Geschwindigkeits-änderung (Accele-
ration) der Massenteile abhängig sei. Elemente II. S. 201 u. f.)

wo das über der rechten Seite der Gleichung angebrachte $P$ bezeichnen soll, dafs alle diese bekannten
und unbekannten Energieformen für die Entstehung des
psychischen Zustandes notwendig sind. Man kann aber
auch haben:

$$C = P + V + W + \ldots + X + Y + Z \ldots \text{(Gleich. 5)}.$$

wodurch ausgedrückt wird, dafs man sich den psychischen Zustand an eine einzelne bestimmte Energieform
besonderer Art gebunden denken kann. Zwischen den
beiden, durch die Gleichungen 4 und 5 ausgedrückten
Auffassungen sind, wie leicht zu ersehen, viele verschiedene Übergänge möglich; diese näher zu präzisieren, hat aber für uns keine Bedeutung. Hier kommt
es nur darauf an, eine hinlänglich klare Definition des
Begriffes der $P$-Energie zu erhalten, für den wir im
Folgenden häufige Anwendung finden werden. Wir verstehen also unter der $P$-Energie diejenige im
Zentralorgane entwickelte Energie, an welche
eine psychische Erscheinung unmittelbar gebunden ist, einerlei, ob diese Energie bestimmter, besonderer Art ist (Gleich. 5), oder
ob sie möglicherweise eine Summe verschiedener Energieformen ist, deren gegensei-
tiges Mengeverhältnis variieren kann
(Gleich. 4).

Wir sind jetzt im stande, die verschiedenen Deutungen des Weberschen Gesetzes genau zu formulieren.
Der physiologischen Auffassung zufolge findet zwischen
den physischen Reizen und den Nervenvorgängen, in
letzter Instanz also den Veränderungen im Zentralorgane, der P-Energie, das logarithmische Abhängigkeitsverhältnis statt. Man hat dann:

$$P = c_1 \log \left[ \frac{R}{R_0} \cdot \varphi(R) \right] \ldots \text{(Gleich. 6.)}$$

Durch Zusammenhalten der Gleich. 6 mit Gleich. 2
ergiebt sich: $E = k.P$, wo $k$ eine Konstante ist. Oder
mit anderen Worten: nach der physiologischen Deutung
des Weberschen Gesetzes mufs die Intensität des
psychischen Zustandes der P-Energie proportional anwachsen. Die psychophysische Theorie dagegen nimmt

an, daſs die Energie der Nervenvorgänge der Stärke der Sinnesreize proportional ist, durch die sie hervorgerufen wurden; nach dieser Auffassung hat man also $P = k \cdot R$, was in die Gleich. 2 eingesetzt ergibt:

$$E = c \log \left[ \frac{P}{P_0} \cdot \varphi \left( \frac{P}{k} \right) \right] \quad \ldots \ldots \text{(Gleich. 7)}.$$

Hier besteht das logarithmische Abhängigkeitsverhältnis also zwischen der psychischen Erscheinung, der Empfindung $E$, und dem zentralen Vorgange, an welchen sie gebunden ist. Welche dieser beiden Auffassungen die richtige ist, thut in sofern nichts zur Sache. Selbst wenn es uns nicht zu entscheiden gelingt, ob Gleich. 6 oder Gleich. 7 gültig ist, so wird in beiden Fällen ein physisches Maſs für die Bewuſstseinszustände theoretisch möglich. Gilt Gleich. 6, so wird der psychische Zustand der $P$-Energie direkt proportional sein; gilt dagegen Gleich. 7, so wird das Abhängigkeitsverhältnis also komplizierter; in beiden Fällen läſst sich aber die $P$-Energie als Maſs der Empfindung $E$ gebrauchen.

Anders verhält es sich mit Wundts psychologischer Deutung des Weberschen Gesetzes[1]. Wundt geht von der Thatsache aus, daſs die verschiedenen Methoden, die sich zur Prüfung der Gültigkeit des Gesetzes anwenden lassen, zu ganz verschiedenen Ergebnissen führen. Mittels einiger Methoden findet man, daſs eine arithmetische Progression der Empfindungen annähernd eine geometrische Progression der Reize erfordert, mittels andrer Methoden ergibt sich dagegen eher eine direkte Proportionalität der beiden Gruppen von Erscheinungen. Die Versuchsbedingungen sind also von wesentlicher Wichtigkeit; welches Ergebnis man erlangt, ist zunächst davon abhängig, unter welchen Verhältnissen unser Unterscheiden stattfindet. Da wir nun thatsächlich nie mit Empfindungen an und für sich, sondern stets nur mit apperzipierten Empfindungen zu schaffen haben, fällt es ganz natürlich, die gröſsere oder geringere Annäherung an das Webersche Gesetz zunächst als einen durch die Apperzeption bedingten Zufall zu betrachten. Zwischen den Empfindungen und

[1] Physiologische Psychologie. I⁴, S. 393 u. f.

deren äußeren Ursachen besteht wahrscheinlich ein bestimmtes mathematisches Abhängigkeitsverhältnis; wir sind aber nicht im stande, über die Natur dieses Verhältnisses irgend etwas zu entscheiden, da die Apperzeption der Empfindungen alle mathematische Bestimmtheit vereitelt. — Ist diese Auffassung richtig, so sehe ich nicht anders, als daß wir auf immer darauf verzichten müssen, für unsere Bewußtseinszustände ein physisches Maß zu finden. Es nützt uns nämlich nicht im geringsten, daß zwischen $E$ und $R$ wahrscheinlich ein bestimmtes mathematisches Abhängigkeitsverhältnis existiert, denn dieses Verhältnis läßt sich nicht finden, wenn $E$ eine der Beobachtung durchaus unzugängliche Erscheinung ist. Und es gibt kein konstantes Verhältnis der apperzipierten Empfindung, die wir kennen, zum Reize, denn gerade bei der Apperzeption kann die Intensität der Empfindung, allenfalls innerhalb gewisser Grenzen, sich verändern.

Es leuchtet also ein, daß die Möglichkeit, ein physisches Maß der Bewußtseinszustände zu finden, mit derjenigen Deutung des Weberschen Gesetzes steht und fällt, welche sich als die rechte erweist. Wir müssen deshalb vorerst die Beantwortung dieser Frage finden. Und das Resultat, zu dem wir gelangen werden, sollte gern so gut begründet sein, daß an seiner Richtigkeit überhaupt kein Zweifel entstehen kann. Denn alle weiteren Bestrebungen, ein physisches Maß der Bewußtseinszustände zu finden, werden offenbar völlig absurd, wenn man nicht vorher die Gewißheit erlangt hat, daß ein solches Maß überhaupt möglich ist. Wir können uns deshalb nicht damit begnügen, die verschiedenen Deutungen des Weberschen Gesetzes einer kritischen Behandlung zu unterwerfen; logische Räsonnements und apriorische Argumente können hier schon gut sein, auf diesem Wege gelingt es — glücklicherweise[1] — aber nur selten, andere als diejenigen zu

---

[1] Ich sage ausdrücklich »glücklicherweise«, denn gelänge es wirklich, jemand zu überzeugen, so sähe es wahrlich um die Wissenschaft übel aus. Ein gutes Beispiel in dieser Richtung hat man an Meinongs: »Über die Bedeutung des Weberschen Gesetzes.« (Zeitschr. für Psychol. u. Phys. Bd. XI.) Aus einigen zweckdienlich gewählten Definitionen und Symbolen schließt der Verf.: »es liegt nahe genug.

überzeugen, welche schon vorher derselben Meinung
sind. Wir haben hier mit anderen Worten eine Realitäts-
frage vor uns, die sich mit Sicherheit erst beantworten
läfst, wenn das erforderliche empirische Material vorliegt. Dies ist aber augenscheinlich noch nicht der Fall,
da die zahlreichen Diskussionen über das W e b e r sche
Gesetz bisher noch zu keinem endlichen Resultate geführt haben.

Der Weg, den wir hier einschlagen, ist nicht schwer
anzugeben. Vor allen Dingen müssen wir die genaue
Form des W e b e r schen Gesetzes kennen, den mathematischen Ausdruck, der wirklich alle vorliegenden genauen Bestimmungen der Unterschiedsempfindlichkeit
auf den verschiedenen Sinnesgebieten umfafst. Darauf
ist zu untersuchen, ob diese Formel sich nicht aus bekannten physischen und physiologischen Gesetzen ableiten läfst, was zu einer bestimmten Auffassung davon
führen kann, welche Kräfte die durch das korrigierte
W e b e r sche Gesetz ausgedrückte Gesetzmäfsigkeit bewirken. Hierdurch wird dann in der That entschieden
sein, welche der verschiedenen möglichen Deutungen
die rechte ist.

Wenn ich glaube, im Folgenden einen nicht unwesentlichen Beitrag zur Beantwortung der gestellten
Frage leisten zu können, so beruht das zunächst auf
einem Zufall. Auf einem weiten Umwege, durch die
Messung der kritischen Periode der rotierenden Scheiben,
gelangte ich zu einer Formel für die Unterschieds-

---

daraufhin auch Proportionalität zwischen Reizen und Empfindungen
zu vermuten . . .» (cit. Werk. S. 363). Mit dieser apriorischen «Vermutung» ist die Sache abgethan; aus derselben im Verein mit den
bereits festgestellten Definitionen folgt nun ganz einfach: «dafs Deutungen des Weberschen Gesetzes in der Zukunft überhaupt ent-
behrlich werden.» (S. 402.) Das werden sie ganz sicher; nur erübrigt
noch ein kleiner Schritt — wie es mir wenigstens vorkommt. Möglicherweise wird der geehrte Verfasser denn auch zugeben, dafs in
der Wissenschaft zwischen «vermuten» und «darthun» doch ein kleiner
Unterschied ist. Es bleibt den Empirikern also noch die Aufgabe
zurück, darzuthun, dafs die «Vermutungen» des Philosophen richtig
waren. Gesetzt nun aber, sie erwiesen sich als falsch? Dann wäre
es wohl eigentlich ganz glücklich, wenn es dem Philosophen nicht gelänge, jemand zu überzeugen, da dies den Fortschritten der Wissenschaft nur hinderlich sein würde.

2*

empfindlichkeit, die nicht nur mit den vorliegenden Messungen auf dem Gebiete des Lichtsinnes in Übereinstimmung zu sein schien, sondern sich leicht auch so erweitern liefs, dafs sie auf anderen Sinnesgebieten Gültigkeit erhielt. Und als ich hierauf — ebenfalls ganz zufällig — fand, dafs dasselbe Gesetz an einem ganz anderen Punkte, nämlich für die Abhängigkeit der Muskelarbeit von den zentralen Innervationen, gültig ist, glaubte ich ein physiologisch-dynamisches Fundamentalgesetz vor mir zu haben, das über zahlreiche psychophysische Probleme ein unerwartet klares Licht verbreitete. Diese verschiedenen Untersuchungen werden im Folgenden auseinandergesetzt werden. Sie bilden allerdings eine lange Einleitung zum Probleme von einem physischen Mafse der Bewufstseinszustände, da dieses aber die Lösung der anderen Probleme voraussetzt, läfst dies sich nicht ändern.

## DIE KRITISCHE PERIODE DER ROTIERENDEN SCHEIBEN.

*Die kritische Periode und die Unterschiedsempfindlichkeit.* Läfst man eine Scheibe mit abwechselnd schwarzen und weifsen Sektoren mit zunehmender Geschwindigkeit um eine Achse durch ihr Zentrum rotieren, so werden die schwarzen Sektoren scheinbar immer schmäler, indem sich das Licht von den weifsen über dieselben verbreitet. Bei einer gewissen Geschwindigkeit erhält sich nur ein ganz schmaler, schwarzer Streifen an der Grenze zwischen den Sektoren, und nimmt die Geschwindigkeit noch ferner zu, so verbreitet das Licht sich auch über die schmalen Streifen, so dafs diese allmählich immer heller werden. Zuletzt zeigen die dunklen Sektoren sich nur als ein schwacher Flimmer auf einem sonst einfarbigen, helleren Grunde, und indem der Flimmer bei immer zunehmender Rotationsgeschwindigkeit immer heller wird, läfst er sich zuletzt nicht mehr vom Grunde unterscheiden,

so dafs die Scheibe sich nun völlig einfarbig zeigt. Diejenige Zeit, während welcher ein Punkt der Scheibe in
dem Augenblicke, da der letzte Flimmer verschwindet,
eine Winkelbewegung von gerade 360° ausführt, hat
man die kritische Periode der Scheibe genannt. Aus
der Weise, wie die Scheibe sich bei zunehmender Rotationsgeschwindigkeit der Einfarbigkeit nähert, sieht man
leicht, dafs die kritische Periode von der Unterschiedsempfindlichkeit des beobachtenden Auges abhängig ist.
Unter ganz unveränderten physischen Verhältnissen
wird ein schärferes Auge den schwachen Flimmer
länger zu verfolgen vermögen als ein weniger scharfes
Auge, und folglich mufs die kritische Periode in ersterem
Falle kürzer werden (da gröfsere Rotationsgeschwindigkeit erfordert wird) als in letzterem. Die kritische Periode
mufs also, unter vielem anderen, auch von der Unterschiedsempfindlichkeit des Beobachters abhängig sein.
   Die Messung der kritischen Periode der rotierenden
Scheibe bereitet keine besondere Schwierigkeit; sie erfordert nur einen geübten Beobachter und die notwendigen genauen Instrumente. Zugleich ist man im
stande, in sehr grofsem Umfange die Helligkeit der
Sektoren zu variieren, indem man schwarze, weifse und
verschiedene graue Sektoren benutzen und die Scheiben
bei verschiedener Beleuchtung betrachten kann. Es
läfst sich also ohne Schwierigkeit ein so grofses Versuchsmaterial herbeischaffen, dafs man im stande ist,
eine mathematische Formel für die Abhängigkeit der
kritischen Periode von der Gröfse und der Art der
Sektoren aufzustellen. Hat man eine solche genaue
Formel gefunden, so mufs man aus dieser einen Ausdruck für die kritische Periode ableiten können, unter der
Voraussetzung, dafs die rotierenden Sektoren anfangs
nur einen ebenmerklichen Unterschied zeigten. Die
auf diese Weise abgeleitete Formel wird, da die kritische
Periode sich auch für diese Fälle messen läfst, als einzige Unbekannte die Unterschiedsempfindlichkeit enthalten; sie wird mit anderen Worten der bisher ver-
geblich gesuchte genaue Ausdruck des Weberschen
Gesetzes.
   In einer früheren Abhandlung: ‹Skelneloven. En
Korrektion af Webers Lov og den Ebbinghaus'ske

Kontrastlov« (Das Unterscheidungsgesetz. Eine Berichtigung des Weberschen Gesetzes und des Ebbinghausschen Kontrastgesetzes)[1] veröffentlichte ich eine Reihe derartiger Untersuchungen. In dieser 12 Jahre alten Arbeit wies ich nicht nur alle diejenigen Gesetzmäfsigkeiten nach, die Marbe viel später, aber von mir unabhängig, fand[2], sondern ich erzielte auch die mathematische Formel für die Abhängigkeit der Periode von der Gröfse der Sektoren und eine entsprechende, jedoch unvollständige Formel für die Abhängigkeit der Periode von der Helligkeit der Sektoren. Aus letzterer Formel leitete ich ferner, auf oben angedeutete Weise, einen Ausdruck für das Webersche Gesetz ab, der mit grofser Annäherung die auf verschiedenen Gebieten gemessenen Werte der Unterschiedsempfindlichkeit umfaſst. Daſs ich bisher keine Sorge dafür getragen habe, diese Arbeit einem weiteren Kreise als dem von der dänischen Sprache begrenzten zugänglich zu machen, hat seinen Grund ausschliefslich darin, daſs meine Formeln unvollständig waren und mich nicht befriedigten. Da die Sache jetzt aber, aus den in der Einleitung entwickelten Gründen, für mich sozusagen aktuelles Interesse erhielt, nahm ich diese alten Untersuchungen wieder auf. Alle Messungen wurden durch sorgfältigere Versuche kontrolliert, und letztere wurden aufserdem in gröfserem Umfange variiert, so daſs es mir möglich war, die vollständigen, bisher von mir vermifsten Formeln aufzustellen. Die folgende Darstellung wird daher keineswegs nur ein Wiederabdruck meiner früheren Arbeit, deren Existenz indes eine wesentliche Bedingung war, damit es mir überhaupt gelingen konnte, diese Untersuchungen bis zu einem relativen Abschlusse durchzuführen. Hier werden diese Versuche und deren Resultate nun in möglichster Kürze auseinandergesetzt werden.

---

[1] Schriften der Kgl. Dänischen Akademie der Wissenschaften. 6. Reihe, hist.-phil. Abt. II, 6. Köbenhavn. 1889.
[2] Marbe, Zur Lehre v. d. Gesichtsempfindungen. Phil. Stud. IX. Leipzig 1894. Theorie des Talbotschen Gesetzes. Phil. Stud. XII. Leipzig 1896. Neue Versuche über intermittierende Gesichtsreize. Phil. Stud. XIII. Leipzig 1898.

*Material und Anordnung der Versuche.* Zur Darstellung der rotierenden Scheiben benutzte ich die Heringschen grauen Papiere des Mechanikers Rothe in Leipzig. Ich zog es indes vor, statt des schwarzen zu dieser Reihe gehörenden Zeugpapiers ein mit Neutralschwarz bestrichenes Papier anzuwenden, da die Anwendung eines bestimmten Farbstoffes mir gröfsere Garantie zu bieten schien, dafs dieselbe Nüance des Schwarz sich fortwährend herstellen liefse. Als Weifs wurde reines Zinkweifs angewandt. Da die grauen Papiere übrigens gar zu wenige Schattierungen des Hellgrau enthielten, stellte ich die erforderlichen Zwischenglieder durch Bemalung mit Mischungen von Zinkweifs und Neutralschwarz dar[1]. Auf diese Weise verschaffte ich mir eine Reihe von 39 verschiedenen Papieren, die einen ziemlich sanften Übergang aus Schwarz in Weifs bildeten. Die relative Helligkeit dieser 39 Papiere wurde auf gewöhnliche Weise möglichst genau bestimmt. Hierauf wurden 7 derselben so gewählt, dafs die Helligkeit eines jeden möglichst nahe das, Doppelte der Helligkeit des zunächst vorangehenden dunkleren Papiers betrug. In der Tab. 1. deren erste Kolonne die Laufnummer der Papiere, die zweite unter der Überschrift *L* die gemessenen Helligkeiten angibt, sind die

---

[1] Wenn man quantitativ verfährt, hat man die Sicherheit, stets dieselben Schattierungen wieder darstellen zu können. Ich wäge 20 gr Zinkweifs ab und reibe dieses auf einem Stein mit 21 ccm einer 15%haltigen Lösung reinen Fischleims bis zu einer ganz gleichförmigen Masse. Dann werden verschiedene abgewägte Mengen Neutralschwarz zugesetzt. Schon 1 mgr bringt merkbare Verdunkelung hervor. Eine Reihe eben merklich verschiedener Schattierungen kann man darstellen, wenn man 1, 2, 5, 9, 14, 20, 27, 35, 44, 54, 65 u. s. w. mgr Neutralschwarz als Zusatz zu 20 gr Zinkweifs nimmt. Die Wahl des Papiers hat jedoch grofsen Einflufs; ich gebrauchte starkes, glattes Papier (dänisches Normal No. 424). Die Farbe wird mit Pinseln aus Iltishaaren in langen regelmäfsigen Strichen aufs Papier gebracht; dieses liegt ein paar Minuten zum Trocknen, worauf es noch einmal senkrecht zur vorigen Strichrichtung bestrichen wird. Mit demselben Pinsel, der zum Anstreichen gebraucht wurde, glättet man nach. Auf diese Weise erhält man eine matte, völlig ebene und gleichfarbige Fläche; da der Leim sehr zäh ist, haftet die Farbe gut. Die angegebene Stoffmenge genügt zum Anstreichen von 2000 cm² Fläche, von einem Bogen in Medianformat. Die Farbentöne stimmen mit denen der Heringschen Papiere gut überein.

7 erwähnten Papiere durch einen Stern hervorgehoben. Endlich wurden 5 andere Schattierungen etwas dunkler als die erstgenannten, diesen jedoch möglichst nahe liegend, gewählt; nur für das reine Weiſs wurde eine Reihe von 4 naheliegenden Schattierungen genommen. Im ganzen wurden bei den Versuchen, auſser Schwarz und Weiſs, also 14 verschiedene Schattierungen des Grau benutzt. Überdies wurde ein lichtloser, auf die von Kirchmann beschriebene Weise hergestellter Raum benutzt [1].

Tab. I.

| No. | L | Helligkeit | | kl. Lampe |
|---|---|---|---|---|
| | | 2 Lampen in | | in 316 cm |
| | | 31,6 cm | 316 cm | |
| 39 | * 57,55 | 1 841 600 | 18 416 | 184 |
| 38 | 56,06 | 1 793 920 | 17 939 | |
| 37 | 51,74 | 1 655 680 | 16 557 | 166 |
| 36 | 46,63 | 1 492 160 | 14 922 | 149 |
| 34 | 42,47 | 1 359 140 | 13 590 | 136 |
| 31 | * 30,84 | 986 880 | 9 869 | 99 |
| 30 | 29,27 | | 9 366 | |
| 25 | * 18,75 | 600 000 | 6 000 | 60 |
| 24 | 16,86 | | 5 395 | |
| 20 | * 9,80 | 313 600 | 3 136 | 31 |
| 19 | 9,48 | | 3 034 | |
| 15 | * 4,77 | 152 640 | 1 526 | 15 |
| 14 | 4,46 | | 1 427 | |
| 6 | * 2,88 | 92 160 | 922 | 9 |
| 3 | 1,62 | | 518 | |
| 1 | * 1,00 | 32 000 | 320 | 3 |

Um die Versuche in möglichst groſsem Umfange variieren zu können, wurden sie bei verschiedener Beleuchtung ausgeführt. Hierzu wurden zwei Petroleumlampen mit Sonnenbrennern angewandt, die zur Flammenhöhe 5 cm reguliert wurden; ihre gesamte Lichtstärke war dann die von 32 engl. Normalkerzen. Zu sehr schwacher Beleuchtung wurde eine kleine Petroleumlampe mit fadenförmigem Docht benutzt, deren Flammenhöhe sich merkwürdig konstant erhielt; sie wurde auf

[1] Phil. Stud. Bd. V. S. 294.

eine Lichtstärke von 0,32 Normalkerzen reguliert, also gerade auf $^1/_{100}$ der Lichtstärke, welche die beiden grofsen Lampen zusammen abgaben. Um nun die bei verschiedener Beleuchtung unternommenen Messungen miteinander vergleichen zu können, wird es am besten sein, alle angewandten Helligkeiten durch eine gemeinsame Einheit auszudrücken. Zur Einheit wählte ich die Helligkeit eines Stückchens neutralschwarzen Papiers, von einer einzigen Normalkerze in einer Entfernung von 10 m beleuchtet. Denkt man sich diese Normalkerze in die Entfernung von 31,6 cm vom Papier versetzt, so wird dessen Helligkeit also $\frac{1000^2}{31,6^2} = 1000$ mal so grofs,

und bringt man in der genannten Entfernung die beiden grofsen Petroleumlampen an, so wird folglich die Helligkeit des schwarzen Papiers 32000. Multipliziert man also die in der Tab. 1 angegebenen relativen Helligkeiten (*L*) mit 32000, so erhält man die Helligkeit der betreffenden Papiere bei der angegebenen Beleuchtung; diese Zahlen sind in der dritten Kolonne der Tab. 1 angeführt. Werden die Lampen nun bis zu einer Entfernung von 316 cm vom Papier gestellt, so wird dessen Helligkeit um 100 mal geringer als vorher; die Helligkeit der verschiedenen Papiere erhält man einfach durch Division der vorhergehenden Zahlen mit 100, und diese Zahlen sind in der nächstletzten Kolonne der Tab. 1 angegeben. Nimmt man endlich die kleine Lampe statt der beiden grofsen, so verringert man wieder die Beleuchtung und somit die Helligkeiten bis auf $^1/_{100}$ der vorigen; die korrespondierenden Zahlen sind in der letzten Kolonne der Tab. 1 angegeben, wo übrigens, wie ebenfalls in den anderen Kolonnen, nur diejenigen Helligkeiten angeführt sind, die thatsächlich zur Anwendung kamen. Wie aus der Tabelle zu ersehen, gelang es mir durch diese Kombination verschiedener Beleuchtungen und farbiger Papiere eine Reihe von Helligkeiten zur Verfügung zu bekommen, in der sich nirgends grofse Sprünge finden, und deren äufserste Glieder sich zu einander verhalten wie 3 zu ungefähr 2 Millionen. Der Reizumfang ist somit über 600000.

Da die Messungen innerhalb dieses ganzen Gebietes angestellt werden sollten, liefs sich voraussehen, dafs

die kritische Periode sehr verschiedene Werte erhalten
würde. Es kam daher darauf an, zum Hervorbringen
der Rotation der Scheiben einen Motor zu finden,
dessen Geschwindigkeit sich einerseits innerhalb sehr
weiter Grenzen einigermafsen leicht variieren liefs, und
der sich anderseits, wenn er erst einmal eingestellt war,
längere Zeit hindurch konstant erhielt. Nach vielen
vergeblichen Versuchen, die Erfüllung beider dieser
Forderungen durch Maschinenkraft zu erzielen, kam
ich zu dem Resultate, dafs der am leichtesten anwend-
bare, sicherste und zuverlässigste Motor meine eigene
Hand sei. Da eine Darstellung der verschiedenen mifslungenen Versuche mit Wassermotoren und Uhrwerken
wohl kein Interesse darbietet, beschränke ich mich darauf, die Anordnung zu beschreiben, bei welcher ich
schliefslich blieb.

Der Rotationsapparat wurde mittels einer Kurbel
in Bewegung gesetzt, und von dieser wurde die Bewegung ausschliefslich durch Zahnräder auf die Achse
übertragen, welche die Scheiben trug. Die Zahnrad-
verbindung war so eingerichtet, dafs eine Umdrehung
der Kurbel 30 Umdrehungen der Scheibenachse bewirkte. Um eine gleichmäfsige Bewegung zu sichern,
war an der Scheibenachse ein schweres Schwungrad,
31 cm im Durchmesser, angebracht; der Radkranz war
durch vier äufserst dünne, schwarz angelaufene stählerne
Stangen mit der Nabe verbunden. Diese wurden während der Rotation durchaus unsichtbar und störten
deshalb niemals die Beobachtung; überdies wurden sie
gewöhnlich von den Scheiben verdeckt, aber selbst wenn
sie, wie in einzelnen Versuchen, unverdeckt an dem
lichtlosen Raum vorübergingen, konnte die reflektierte
Lichtmenge ganz unbeachtet bleiben, weil sie gar zu
gering war, um gemessen werden zu können. Bei
den gröfsten Umdrehungsgeschwindigkeiten war dieses
Schwungrad übrigens überflüssig, weshalb es durch
einen kleinen Windflügel ersetzt wurde, den die Scheiben
ganz verdeckten, und der also auch keine Störungen
bewirken konnte. Um nun genau messen zu können,
wieviel Zeit jede Umdrehung der Kurbel beanspruchte,
waren an deren Achse zwei Cylinder fest angebracht,
einer aus Ebonit, der andere aus Messing; von letzterem

ging ein schmaler Streifen aus demselben Metall in den Ebonitcylinder hinein, in gleicher Höhe wie dessen Oberfläche. An diese beiden Cylinder drückten zwei Federn an, die mit den Poldrähten einer galvanischen Batterie in Verbindung gesetzt waren; in die Leitung war außerdem ein Signalhammer eingeschaltet. Dreht man nun die Kurbel um, so wird die Leitung sich in dem Momente schließen, in welchem die eine Feder den in den Ebonitcylinder eingeführten Metallstreifen berührt, und der Signalhammer markiert also genau, wann eine Umdrehung der Kurbel oder 30 Umdrehungen der Scheibenachse stattgefunden haben. Zur Messung

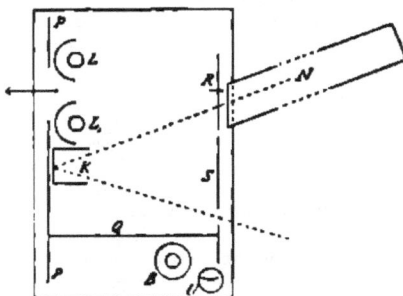

Fig. 1.

der Umdrehungszeit benutzte ich eine für solche Versuche speziell konstruierte Uhr, die das Ablesen der Zeit mit einer Genauigkeit von 0,1 Sek. gestattete; die Uhr war so eingerichtet, daß sie durch den Druck auf einen Knopf angehalten werden konnte und nach Aufhören des Druckes sogleich wieder in völlig regelmäßigen Gang kam.

Selbstverständlich wurden alle Versuche im Dunkelzimmer ausgeführt. Auf einem soliden Tische stand hier der Rotationsapparat *R* (siehe Fig. 1) festgeschraubt; diesem gegenüber waren die Lampen *L* und *L₁* angebracht. Letztere waren von schwarzen Cylindern umgeben, die nur an der Vorderseite, nach dem Rotationsapparate hin, eine passende Öffnung hatten. Neben den Lampen, 32 cm vom Rotationsapparate ent-

fernt. war in der Höhe der rotierenden Scheiben ein
innen und außen schwarz angestrichener Kasten $K$ angebracht, in dessen Boden sich ein mit Silber belegter
geschliffener Spiegel befand. Der Beobachter saß so,
daß er durch eine Spalte im Schirme $S$ die eine Hälfte
der auf $R$ angebrachten Scheibe im Spiegel sehen konnte,
während er zugleich mit der rechten Hand auf bequeme
Weise den Apparat in Gang zu erhalten vermochte.
$N$ ist der lichtlose Raum, ein fast ein Meter langer,
innen schwarz angestrichener Kasten; dieser war, wie
die Fig. zeigt, in schräger Stellung so angebracht, daß
der Beobachter im Spiegel nach dem Boden des Kastens
hinsah, der von den Lampen fast gar kein Licht erhalten konnte. Die Dunkelheit war so total, daß eine
neutralschwarze Scheibe hellgrau erschien, wenn sie,
sogar bei den schwächsten Beleuchtungen, gegen den
lichtlosen Raum gesehen wurde. Da der Spiegel in $K$
nur von der Scheibe am Rotationsapparate Licht erhielt, sonst aber durchaus nicht beleuchtet wurde, war
er auch selbst unsichtbar; wenn man durch die Spalte
in $S$ blickte, konnte man sich kaum des Gedankens er-
wehren, man sehe direkt auf den Rotationsapparat hin.
Mit Bezug auf die übrigen Anordnungen ist noch zu
bemerken, daß $P$ ein Schirm mit einer Öffnung ist, die
es gerade gestattet, daß die Lampen, wenn sie in der
Richtung des Pfeils bis zu einer Entfernung von 316 cm
verschoben wurden, die Scheibe und weiter nichts zu
beleuchten vermochten. $Q$ ist ebenfalls ein Schirm, der
das Licht der Blendleuchte $B$ von den rotierenden
Scheiben fernhält. Durch $B$ wurde die Uhr $U$ beleuchtet, die in solcher Entfernung vom Beobachter stand,
daß er leicht mit der linken Hand die Uhr anhalten
konnte, während er durch die Spalte $S$ sah und mit der
rechten Hand den Rotationsapparat in Gang erhielt.
Endlich war mittels verschiedener andrer Schirme dafür gesorgt, daß das von den Wänden reflektierte Licht
ferngehalten wurde, so daß die Beleuchtung der Scheibe
wirklich die aus der Entfernung der Lampen berechnete war.

Bei der Betrachtung der Scheiben im Spiegel geht
natürlich ein wenig Licht verloren. Es ist jedoch ganz
unnötig, deswegen die in der Tab. 1 angegebenen

Zahlen zu korrigieren, da die gewählte Einheit eine
ganz willkürliche Größe ist. Behalten wir also die
Zahlen unverändert, so wird nur die Maßeinheit so geändert, daß sie die Helligkeit bezeichnet, die ein neu-
tralschwarzes Papier hat, wenn es von einer Normalkerze in der Entfernung von 10 Meter beleuchtet und
in einem Spiegel von gegebener Beschaffenheit betrachtet wird.

Die Ausführung der Versuche geht nun in allem
Wesentlichen aus dem Gesagten hervor. Die größte
Schwierigkeit bestand unbedingt darin, die Beleuchtung
längere Zeit hindurch konstant zu erhalten. Obgleich
eine mit gutem Brenner und wohlabgeputztem Docht
versehene Petroleumlampe gewiß eine der ruhigsten
Lichtquellen ist, die man kennt, mußte hier doch noch
mehr verlangt werden, weil die zu messenden Erscheinungen eben von der Stärke der Beleuchtung in hohem
Grade abhängig sind. Eine ganz geringe Variation
der Flammenhöhe genügte, um sofort einen merkbaren
Unterschied der Dauer der kritischen Periode zu bewirken. Es war deshalb notwendig, ungefähr jede
Viertelstunde die Flammenhöhe zu messen, und wenn
diese merkbaren Unterschied zeigte, mußten die Lampen
aufs neue durch Vergleich mit der Normalkerze reguliert
werden. War die Beleuchtung in Ordnung, so gingen
die Versuche übrigens leicht von statten. Jede Messung
begann damit, daß die Uhr angehalten und der Stand
notiert wurde. Darauf wurde das Auge unbeschäftigt
gelassen, um sich während einer Zeit, die von wenigen
Sekunden bis 10 Minuten variierte, im Dunkel auszu-
ruhen, damit es an die Beleuchtung, in welcher die
Messung ausgeführt werden sollte, völlig adaptiert
werden konnte. Man sieht leicht, daß die Adaptation
hier von allergrößter Wichtigkeit ist, da es sich darum
handelt, bei einer häufig sehr schwachen Beleuchtung
zu entscheiden, wann der letzte Flimmer auf der Scheibe
verschwindet. Eine mangelhafte Adaptation verrät sich
deshalb sogleich durch eine Verlängerung der kritischen
Periode, und folglich ist es von Wichtigkeit, daß alle
im folgenden angegebenen Messungen nach äußerst sorgfältig durchgeführter Adaptation des Auges des Beobachters unternommen wurden. Da die Herstellung

dieser subjektiven Bedingung des genauen Messens eine
nicht geringe Geduld erforderte. führte ich persönlich
alle Messungen aus, und kann ich also Gewähr dafür
leisten, dafs in jeglicher Beziehung alle mögliche Sorgfalt angewandt wurde. — Nach diesen Vorbereitungen
wird der Rotationsapparat in Gang gesetzt, und sobald
die rechte Geschwindigkeit erreicht ist, wird beim ersten
Signal, das den Anfang einer neuen Umdrehung an-
deutet, das Anhalten der Uhr aufgehoben. Da der einmal in Gang gesetzte Rotationsapparat wegen seines
schweren Schwungrads längere Zeit hindurch seine
Geschwindigkeit unverändert zu behalten vermochte,
hatte der Beobachter weiter nichts zu thun, als sich zu
vergewissern, dafs die Geschwindigkeit stets die rechte
und weder zu grofs noch zu gering war. Dies liefs
sich leicht dadurch erreichen, dafs die Schnelligkeit
einen Augenblick gehemmt wurde, so dafs sich auf der
Scheibe ein schwacher Flimmer zeigte, worauf die Rotation sogleich wieder beschleunigt wurde, so dafs der
Flimmer aufs neue verschwand. Auf diese Weise konnte
man sich fortwährend ohne Schwierigkeit eben an der
Grenze halten. Um übrigens den Fehler der Messungen
möglichst klein zu machen, wurde die Kurbel bei jedem
Versuche 5 mal umgedreht, und die abgelesene Zeit war
also diejenige, während der die Scheibe $5 \cdot 30 = 150$
Rotationen ausgeführt hatte. Wird die Zeit nun mit der
Genauigkeit von 0,1 Sek. abgelesen, so erhält man die
einzelne Umdrehung der Scheibe mit der Genauigkeit
0,66 σ bestimmt; bei den meisten Versuchen kam obendrein nur ⅕ der Dauer der einzelnen Scheibenumdrehung
in Betracht, so dafs diese Zeit also mit einer Genauigkeit gröfser als 0,1 σ bestimmt ist.

*Die Abhängigkeit der kritischen Periode von der
Gradgröfse der Sektoren.* Bei diesen Untersuchungen
hatten die weifsen Sektoren konstant die Helligkeit
18 416 (siehe Tab. 1), während die schwarzen Sektoren
lichtlos waren. Dies wurde dadurch erzielt, dafs ein
oder mehrere Sektoren von bestimmter Gradgröfse aus
der Scheibe herausgeschnitten wurden, so dafs man
durch diese Ausschnitte in den lichtlosen Raum hinein-
sah. Natürlich war es nicht thunlich, die Sektoren bis
ganz ans Zentrum herauszuschneiden, da dies die

Scheibe so geschwächt haben würde, dafs sie sich
während der Rotation nicht hätte plan erhalten können
oder vielleicht sogar zerrissen worden wäre; ich wählte
deshalb folgendes Verfahren. Die Scheiben hielten sowohl bei diesen als bei allen späteren Versuchen 10 cm
im Radius. Um das Zentrum wurde mit einem Radius
von 5 cm ein anderer Kreis geschlagen, und bis an
diesen Kreis wurden die Sektoren ausgeschnitten. Die
lichtlosen Sektoren bildeten auf diese Weise Strecken
eines Kreisringes, dessen äufserer und innerer Radius
10 bezw. 5 cm waren. Diese Ordnung erwies sich als
recht zweckmäfsig, denn wenn man während der Rotation einen Punkt ungefähr in der Mitte des Ringes
fixierte, so verschwand der Flimmer fast zu gleicher
Zeit in der ganzen Breite, wodurch bei der Beurteilung
des rechten Moments nicht so wenig Unsicherheit ver-
mieden wurde. Dieselbe Form der Scheiben wurde deshalb auch bei allen anderen Versuchen benutzt, wo die
schwarzen Sektoren durch gefärbtes Papier vertreten
waren, und wo es also nichts geschadet hätte, die Sektoren bis ganz ans Zentrum zu führen.

In der Tab. 2 ist eine Übersicht über die hier angewandten Scheiben gegeben. Unter $N$ ist die Anzahl
der Sektoren angeführt; unter $s^o$ und $h^o$ die Gradanzahl der schwarzen und der weifsen Sektoren. $T$ ist
der durch die Versuche gefundene Wert für die kritische
Periode, in Tausendsteln Sekunden ($\sigma$) ausgedrückt. Die
Tabelle zeigt, dafs die kritische Periode durchweg um
so kürzer wird, in je weniger Sektoren die Scheibe geteilt ist. Bei 32 Sektoren z. B. ist $T = 600\,\sigma$, bei 2 Sektoren dagegen nur 42 $\sigma$. Aber auch bei konstanter
Anzahl der Sektoren variiert $T$ mit der Gradgröfse der
schwarzen und weifsen Sektoren. Am deutlichsten geht
dies aus der langen Versuchsreihe hervor, wo die
Scheiben in 4 Sektoren von sehr wechselnder Gröfse
geteilt waren. Man sieht hier, dafs $T$ seinen kleinsten
Wert (85 $\sigma$) hat, wenn $s = h$ ist, und dafs $T$ sowohl bei
wachsenden als abnehmenden Werten von $s$ von hier
an zunimmt, am meisten jedoch bei abnehmenden
Werten von $s$. Oder mit anderen Worten: $T$ ist verhältnismäfsig am kleinsten, wenn die weifsen Sektoren
am kleinsten sind. Dies ist ganz dasselbe, was Marbe

Tab. 2.

| $N$ | $s^0$ | $b^0$ | $T$ | $t_s$ | $t_b$ | $t = \sqrt{t_s \cdot t_b}$ |
|---|---|---|---|---|---|---|
| 32 | 11,25 | 11,25 | 600 | 18,7 | 18,7 | 18,7 |
| 16 | 22,5 | 22,5 | 321 | 20,1 | 20,1 | 20,1 |
| 8 | 45 | 45 | 168 | 21,0 | 21,0 | 21,0 |
| 8 | 60 | 30 | 178 | 29,7 | 14,3 | 20,9 |
| 8 | 78,75 | 11,25 | 189 | 41,4 | 5,9 | 15,6 |
| 6 | 60 | 60 | 127 | 21,2 | 21,2 | 21,2 |
| 4 | 10 | 170 | 153 | 4,3 | 72,2 | 17,6 |
| 4 | 20 | 160 | 124 | 7,8 | 54,2 | 20,5 |
| 4 | 30 | 150 | 117 | 9,7 | 48,8 | 21,7 |
| 4 | 45 | 135 | 109 | 13,6 | 40,9 | 23,6 |
| 4 | 60 | 120 | 99 | 16,5 | 31,0 | 22,6 |
| 4 | 75 | 105 | 92 | 19,1 | 26,7 | 22,6 |
| 4 | 90 | 90 | 85 | 21,2 | 21,2 | 21,2 |
| 4 | 105 | 75 | 87 | 25,2 | 18,3 | 21,5 |
| 4 | 120 | 60 | 87 | 29,0 | 14,5 | 20,5 |
| 4 | 135 | 45 | 93 | 34,9 | 11,6 | 20,1 |
| 4 | 150 | 30 | 98 | 41,0 | 8,2 | 18,4 |
| 4 | 160 | 20 | 108 | 48,0 | 6,0 | 17,0 |
| 4 | 170 | 10 | 140 | 66,1 | 3,9 | 16,0 |
| 2 | 180 | 180 | 42 | 21,0 | 21,0 | 21,0 |

fand und durch folgenden Satz ausdrückte: »Aus den
Tabellen ergibt sich, dafs einer gleichen Dauer der
einzelnen Reize die geringste Gesamtdauer entspricht;
mit wachsendem Unterschied der Dauer wächst auch
die Gesamtdauer. Doch ist eine geringere Gesamtdauer erforderlich, wenn der intensivere Reiz der
kürzere von beiden ist, als im umgekehrten Fall[1].«

In den Variationen der kritischen Periode ist es
schwer, eine Gesetzmäfsigkeit zu erblicken, die sich
mathematisch formulieren liefse. Eine solche tritt dagegen hervor, sobald man untersucht, wieviel Zeit auf
die einzelnen Sektoren fällt. Bezeichnet man durch $t_s$
und $t_b$ diejenigen Zeiten, die ein schwarzer und ein
weifser Sektor gebrauchen, um einen festen Punkt zu

[1] Phil. Stud. Bd. IX. S. 398.

passieren, wenn die Rotationszeit gerade die kritische Periode ist, so hat man:

$$t_s = \frac{T}{360} \cdot s \dots \text{(Gleich. 8)} \quad \text{und} \quad t_h = \frac{T}{360} \cdot h \dots \text{(Gleich. 9)}.$$

Aus den Gleichungen 8 und 9 berechnet man leicht $t_s$ und $t_h$, indem man die zusammengehörenden Werte von $T$, $s$ und $h$ einsetzt. Die auf diese Weise berechneten Werte sind in der Tab. 2 angeführt. Es zeigt sich nun, daſs das Produkt $t_s \cdot t_h$ beinahe konstant ist. Da es indes in mehreren Beziehungen bequemer sein wird, statt mit dem Produkte $t_s \cdot t_h$ mit dessen Quadratwurzel zu rechnen, so setzen wir:

$$t = \sqrt{t_s \cdot t_h} = \frac{T}{360} \sqrt{s \cdot h} \dots \text{(Gleich. 10)}.$$

Die Werte von $t$ sind in der letzten Kolonne der Tab. 2 angeführt; man sieht, daſs sie fast konstant sind, unabhängig sowohl von der Anzahl als von der Gradgröſse der Sektoren. Diesen konstanten Wert werden wir im Folgenden die **Periodenkonstante** nennen. Natürlich variiert $t$ mit der Helligkeit der Sektoren; unsere folgenden Untersuchungen bezwecken gerade, das Gesetz für diese Variationen zu finden. Ist $t$ aber einmal für eine Kombination von zwei beliebigen Helligkeiten gefunden, so läſst sich hieraus die kritische Periode $T$ für alle gegebenen, zusammengehörenden Werte von $s$ und $h$ mittels der Gleich. 10 berechnen. Für $s = h$ nimmt diese Gleichung übrigens die einfache Form an:

$$T = \frac{360}{s} \cdot t = \frac{360}{h} \cdot t = N \cdot t \dots \text{(Gleich. 11)}.$$

Eine nähere Betrachtung der in der Tab. 2 angeführten Werte für $t$ zeigt indes, daſs $t$ nicht durchaus konstant ist, indem die vorkommenden Variationen nicht ausschlieſslich als zufällige Fehler zu betrachten sind. Die längste Versuchsreihe ($N = 4$) zeigt deutlich, daſs die Fehler nach einer gewissen Regel eintreten; $t$ hat hier ein Maximum (23,6) bei $s = 45°$, und von hier nehmen die Werte nach beiden Seiten gleichmäſsig ab. Eine ähnliche Variation sieht man schon in der kurzen Versuchsreihe $N = 8$. Hier ist also noch eine Aufgabe für künftige Untersuchungen: das Gesetz für diese Variationen von $t$ zu finden. Wenn ich mich hierauf nicht eingelassen habe, ist dies ausschliefslich dadurch begründet, dafs die Lösung dieses Problems für den Zweck, den ich mir aufgestellt habe, durchaus keine Bedeutung hat. Im Folgenden bekommen wir gar keinen Gebrauch für den Einflufs der Gröfse der Sektoren auf die kritische Periode; uns genügt es also, zu wissen, dafs man letztere annähernd berechnen kann, wenn die Periodenkonstante bekannt ist, und dafs es für die Bestimmung der Konstanten ziemlich gleichgültig ist, welche Gröfse man den Sektoren gibt. Jedoch müssen diese bei allen Versuchen natürlich von gleicher Gröfse sein, da die Periodenkonstante hiervon nicht absolut unabhängig ist.

*Die Abhängigkeit der Periodenkonstante von der Helligkeit der Sektoren.* Bei diesen Untersuchungen hatten die Scheiben die oben (S. 31) erwähnte Form und Gröfse. Aus praktischen Gründen, damit die gemessenen kritischen Perioden weder zu lang noch zu kurz würden, war jede Scheibe in 8 gleich grofse Sektoren geteilt, deren jeder also 45° betrug. Laut Gleich. 11 findet man in diesem Falle die Periodenkonstante aus der gemessenen kritischen Periode ganz einfach durch Division mit $N = 8$. Auf diesen Scheiben waren die hellen Sektoren, deren Helligkeit im Folgenden als $R$ angegeben wird, in allen Fällen aus den in der Tab. 1 mit * gezeichneten Papieren hergestellt. Dieselben 7 Papiere, aufser dem lichtlosen Raum, wurden in den meisten Fällen auch zu den dunklen Sektoren benutzt, deren Helligkeit wir künftig durch $r$ bezeichnen. Man hat also fortwährend $r < R$. In einzelnen bestimmten Fällen, wo es darauf ankam, zwischen der Helligkeit der dunklen und der der hellen Sektoren einen möglichst geringen Unterschied zu haben, wurden auch die anderen in der Tab. 1 angeführten Papiere in Gebrauch genommen; diese benutzte ich aber stets nur zu den dunkleren Sektoren. Eine Übersicht über sämtliche untersuchte Kombinationen nebst den gefundenen Periodenkonstanten gibt Tab. 3. In der obersten Reihe ist hier die Gröfse $R$ der Helligkeit der hellen Sektoren angeführt, in der ersten Kolonne links die Helligkeit $r$

Tab. 3.

| R=<br>t | 1 143 600 | 946 880 | 600 000 | 313 000 | 173 640 | 93 160 | 32 000 | 18 416 | 9 664 | 6 000 | 3 136 | 1 526 | 922 | 370 | 184 | 99 | 60 | 31 | 15 |
|---|---|---|---|---|---|---|---|---|---|---|---|---|---|---|---|---|---|---|---|
| 17 939 | 45,0 | | | | | | | 59,4 | | | | | | | | | | | |
| 16 557 | 30,6 | | | | | | | 41,3 | | | | | | | | | | | |
| 14 922 | 17,0 | | | | | | | 33,9 | | | | | | | | | | | |
| 13 350 | 15,3 | | | | | | | 31,0 | | | | | | | | | | | |
| 9 860 | 14,6 | | | | | | | 28,0 | | | | | | | | | | | |
| 9 366 | 13,5 | | | | | | | | 43,5 | 43,6 | | | | | | | | | |
| 6 000 | 12,8 | | | | | | | 26,3 | 31,8 | 33,3 | | | | | | | | | |
| 5 395 | 12,8 | | | | | | | | | | | | | | | 61,7 | | | |
| 3 136 | 11,2 | | | | | | | | | 38,8 | 56,6 | | | | | 51,6 | | | |
| 3 034 | 11,0 | | | | | | | 63,9 | 28,3 | | 37,0 | | | | | 45,4 | | | |
| 1 526 | | | | | | | | 22,5 | 35,8 | 28,0 | 33,7 | 62,3 | | | | 41,6 | | | |
| 1 427 | | | | | | | | 22,1 | 26,5 | | | 41,3 | 47,9 | | | 38,7 | | | |
| 921 | | | | | | | | 21,6 | 33,3 | 26,3 | 29,5 | | 39,2 | | | 36,8 | | | |
| 528 | | | | | | | | | | | | | | | | 36,0 | | | |
| 330 | | | | | | | | | | | | | | | | 35,1 | | | |
| 180 | | | | | | | | | | | | | | | | | | | |
| 149 | | | | | | | | | | | | | | | | | | | |
| 136 | | | | | | | | | | | | | | | | | | | |
| 99 | | | | | | | | | | | | | | | | | | | |
| 60 | | | | | | | | | | | | | | | | | | | |
| 31 | | | | | | | | | | | | | | | | | | | |
| 15 | | | | | | | | | | | | | | | | | | | |
| 9 | | | | | | | | | | | | | | | | | | | |
| 3 | | | | | | | | | | | | | | | | | | | |
| 0 | 10,7 | 12,3 | 14,3 | 14,3 | 15,5 | 17,4 | 19,2 | 21,0 | 23,4 | 24,7 | 27,5 | 29,3 | 30,8 | 33,3 | 44,3 | 35,0 | 36,1 | 38,2 | 41,3 |

der dunklen Sektoren. An den Schneidepunkten der
wagerechten Reihen und der senkrechten Kolonnen
stehen die für diese Kombinationen gefundenen Periodenkonstanten angeführt, wie vorher in Tausendsteln Sekunden ausgedrückt. In der untersten Reihe sind z. B.
die Werte angeführt, welche die Periodenkonstante erhält, wenn man als schwarze Sektoren den lichtlosen
Raum $(r = 0)$ und als helle Sektoren die 19 verschiedenen,
hierzu benutzten Helligkeiten (von $R = 15$ bis $R =
1\,841\,600$) gebraucht. Übrigens zerfällt die Tabelle in
3 Gruppen, den drei verschiedenen Beleuchtungen entsprechend, deren Anwendung hier notwendig war, um
die ganze Reihe von Helligkeiten hervorzubringen. Bei
der stärksten Beleuchtung wurde nur eine einzige Reihe
von Versuchen unternommen mit $R = 1\,841\,600$ und
mit 10 verschiedenen Werten von $r$; bei der schwächsten
Beleuchtung ebenfalls nur eine einzige Reihe mit $R = 184$
und mit 9 verschiedenen Werten von $r$. Diese Begrenzung ist ausschließlich der Rücksicht auf meine
Augen zu verdanken. Die schwächste Beleuchtung
strengte das Auge entschieden an und erforderte sehr
lange Adaptationszeit, so daß eine Erweiterung der
Versuche eine im Verhältnis zur Genauigkeit der
Messungen unziemlich lange Zeit gekostet haben würde.
Die stärkste Beleuchtung war so kräftig, daß sie fast
blendend wurde, weshalb ich mich auch hier auf die
möglichst geringe Anzahl von Messungen beschränkte.
Die mittlere Beleuchtung dagegen war, sowohl was Zeit
als Anstrengung betrifft, für die Arbeit die angenehmste,
und es wird sich später denn auch erweisen, daß die
hier durchgeführten 6 Versuchsreihen unbedingt die
genauesten sind.

Wenn wir nun versuchen sollen, für die Abhängigkeit der Periodenkonstanten von $R$ und $r$ ein mathematisch formuliertes Gesetz zu finden, fällt es am natür-
lichsten, mit dem speziellen Falle zu beginnen, wo $r = 0$
ist, da hier nur eine einzige Variable, $R$, sein kann und
infolgedessen die Verhältnisse am leichtesten überschaulich sind. Es ist denn auch nicht schwer, die
Gesetzmäßigkeit dieser Zahlenreihen zu gewahren.
Während nämlich die angewandten Werte von $R$ annähernd als geometrische Reihe anwachsen, in welcher

jedes Glied fast doppelt so grofs als das zunächst vorhergehende ist, sieht man, dafs die entsprechenden Werte von $t$ in arithmetrischer Reihe abnehmen, in welcher die Differenz zwischen zwei aufeinander folgenden Gliedern so ziemlich 1,5 ist. Da wir im Folgenden fortwährend für diejenigen Werte von $t$ Gebrauch haben werden, welche $r = 0$ entsprechen, wollen wir diese durch $\tau$ bezeichnen. Nennen wir nun den Quotienten, mit welchem $R$ wachsen mufs, damit $\tau$ um $1\,\sigma$ abnimmt, $q$, und bezeichnen wir ferner den $R = 1$ entsprechenden Wert von $\tau$ durch $k$, so haben wir folgendes Verhältnis zwischen $R$ und $\tau$:

$$R = 1 \ldots q \ldots q^2 \ldots q^3 \ldots q^n$$
$$\tau = k \ldots k-1 \ldots k-2 \ldots k-3 \ldots k-n.$$

Im allgemeinen hat man also: $R = q^n$, wenn $\tau = k - n$ ist.

Wird $n$ aus letzterer Gleichung in erstere eingesetzt, und diese mit Bezug auf $\tau$ gelöst, so erhält man:

$$\tau = k - k_1 \log. R \ldots \ldots \text{(Gleich. 12)},$$

indem $k_1 = \dfrac{1}{\log. q}$ ist.

Um nun zu prüfen, ob diese Gleichung den gefundenen Werten von $\tau$ genau entsprechend sei, bestimmte ich mittels der Methode der kleinsten Quadrate die Werte von $k$ und $k_1$, durch die in der Tab. 3 angegebenen 19 Werte von $\tau$. Man findet hierdurch $k = 47,6$ und $k_1 = 6,035$, also:

$$\tau = 47,6 - 6,035 \log. R \ldots \ldots \text{(Gleich. 13)};$$

setzt man in diese Gleichung nach und nach die verschiedenen Werte von $R$ ein, und berechnet man die entsprechenden Gröfsen für $\tau$, so erhält man die in Tab. 4 in der Reihe »$\tau$ ber.« angegebenen Zahlen. Diese werden hier mit den in Tab. 3 angegebenen Werten von $\tau$ zusammengestellt, und in der dritten Reihe sind die Abweichungen der gefundenen Werte für $\tau$ von den berechneten angeführt, indem $f = \tau$ gef. $- \tau$ ber.

(Siehe Tab. 4 S. 38.)

Wie man sieht, erreicht der Fehler nur an ganz einzelnen Stellen $1,0\,\sigma$, und der mittlere Fehler ist $0,65\,\sigma$. Eine so völlige Übereinstimmung der gefundenen Werte von $\tau$ mit den berechneten darf sicherlich als Beweis

Tab. 4.

| R | 1 841 600 | 966 880 | 600 000 | 313 600 | 132 640 | 92 160 | 32 000 | 18 416 | 9 869 | 6 000 |
|---|---|---|---|---|---|---|---|---|---|---|
| τ gef. | 10,7 | 12,2 | 13,0 | 14,3 | 15,8 | 17,4 | 19,2 | 21,0 | 22,6 | 24,7 |
| τ ber. | 9,8 | 11,4 | 12,7 | 14,4 | 16,3 | 17,6 | 20,4 | 21,9 | 23,5 | 24,8 |
| f | + 0,9 | + 0,8 | + 0,3 | — 0,1 | — 0,5 | — 0,2 | — 1,2 | — 0,9 | — 1,1 | — 0,1 |

| R | 3136 | 1536 | 922 | 320 | 184 | 92 | 32 | 11 | 5 |
|---|---|---|---|---|---|---|---|---|---|
| τ gef. | 27,5 | 29,3 | 30,8 | 32,2 | 34,3 | 35,0 | 36,1 | 38,2 | 41,3 |
| τ ber. | 26,5 | 28,4 | 29,7 | 32,5 | 33,9 | 35,6 | 36,9 | 38,6 | 40,5 |
| f | + 1,0 | + 0,9 | + 1,1 | — 0,3 | + 0,4 | — 0,6 | — 0,8 | — 0,4 | + 0,8 |

betrachtet werden, dafs zwischen τ und $R$ wirklich das durch Gleich. 12 ausgedrückte logarithmische Abhängigkeitsverhältnis besteht.

Wir schreiten darauf zur Untersuchung, wie $t$ mit $r$ variiert, wenn $R$ konstant ist. Um dies zu bestimmen, besitzen wir 8 Versuchsreihen, unter denen wir vorläufig doch nur die drei ausführlichsten, nämlich $R =$ 1 841 600, 18 416 und 184, in Betracht nehmen wollen. Diese drei Zahlen haben den Quotienten 100, und da dasselbe für alle in den drei Reihen benutzten Werte von $r$ gilt, entsprechen die gefundenen Zeiten in allen drei Reihen denselben Werten von $R/r$. Dies erleichtert die Übersicht. Ebenfalls ist es von Bedeutung, dafs diese drei Versuchsreihen fast gleich viele Werte von $t$ (10, 10 und 8) enthalten; bei einer eventuellen Berechnung von Konstanten können wir dann die drei Reihen unter einem nehmen, während wir genötigt geworden wären, den verschiedenen Reihen verschiedenes Gewicht beizulegen, wenn sie eine gar zu verschiedene Anzahl von Versuchen enthalten hätten. Wir haben also Grund genug, vorläufig nur die drei genannten Reihen zu betrachten, die in der Tab. 5 so zusammengestellt sind, dafs sie eine leichte Übersicht gewähren. Die Tabelle zerfällt, den verschiedenen Werten von $R$ entsprechend, in drei Abschnitte. In der ersten Kolonne links ist das Verhältnis $R/r$ angegeben; die verschiedenen Werte dieser Gröfse sind, wie oben gesagt, den drei Versuchsreihen gemeinschaftlich. In jedem Abschnitte der Tabelle sind die benutzten Größen von *r* und die gemessenen Werte von *t* angegeben; darauf wird *t* — τ angeführt, indem für τ der durch die Versuche gefundene Wert dieser Größe, also für die drei Versuchsreihen 10,7 bezw. 21,0 und 34,3 genommen ist (vgl. Tab. 3).

Wir fanden oben, daß zwischen τ und *R* ein logarithmisches Abhängigkeitsverhältnis stattfindet, indem *r* konstant (= 0) ist; die Annahme liegt deshalb nahe, daß dasselbe für die Variationen des *t* mit *r* gelten wird, wenn *R* konstant ist. Eine Betrachtung der Tab. 5 zeigt jedoch sogleich, daß dies nicht der Fall ist. Die niederen Werte von *r* in jeder Reihe bilden annähernd eine geometrische Progression, die entsprechenden Werte von *t* aber keineswegs eine arithmetische; man sieht, daß *t* um so stärker anwächst, je mehr *r* sich *R* nähert. Da sich also keine augenfällige Gesetzmäßigkeit zeigt, können wir über die Variationen des *t* mit *r* eine Kurve zeichnen, um eine Vorstellung davon zu erhalten, mit welcher Funktion wir hier zu schaffen haben. Ob wir hierbei *t* oder *t* — τ zur Ordinate nehmen, ist offenbar gleichgültig, da dies nur auf die Lage der Kurve im Verhältnis zur Abscissenachse, nicht aber auf deren Form Einfluß erhält. Berechnet man daher die Größen *t* — τ (vgl. Tab. 5), so sieht man, daß diese in den drei verschiedenen Versuchsreihen für denselben Wert von *R·r* sehr nahe daran sind, gleich groß zu werden, und es wird folglich das Natürlichste sein, die Größe *R·r* zur Abscisse zu nehmen. Daß die drei Versuchsreihen indes nicht die nämliche Kurve ergeben, sieht man leicht, wenn man die Zeichnung in hinlänglich großem Maßstabe ausführt. Man erhält drei deutlich gesonderte Kurven, die anscheinend gleichseitige Hyperbeln mit den Koordinatachsen als Asymptoten sind. Der dem Gipfel zunächst liegende Teil dieser drei Kurven ist Pl. I wiedergegeben. Die Abscissen gehen nur bis *R·r* = 18, die Ordinaten bis *t* — τ = 22, dies ist jedoch genügend, da die weggelassenen Strecken der Kurven fast geradlinig und parallel sind. Einen guten Beweis, daß die Form der Kurven nichts Individuelles, Zufälliges ist, hat man daran, daß sowohl K l e i n e r als M a r b e zu ganz ähnlichen Kurven kamen, die auch nach dem Gutachten der genannten Forscher gleichzeitige Hyperbeln zu sein scheinen [1].

Tab. 5.

| $\frac{R}{r}$ | R = 1 841 600 | | | | |
|---|---|---|---|---|---|
| | r | t | t—τ | C | $C_1$ |
| 1,027 | 1 793 920 | 45,0 | 34,3 | 35,2 | 0,9 |
| 1,11 | 1 655 680 | 20,6 | 9,9 | 11,0 | 1,1 |
| 1,23 | 1 492 160 | 17,0 | 6,3 | 7,8 | 1,5 |
| 1,36 | 1 359 040 | 15,1 | 4,6 | 6,3 | 1,7 |
| 1,86 | 986 880 | 14,6 | 3,9 | 7,3 | 3,4 |
| 3,07 | 600 000 | 13,5 | 2,8 | 8,6 | 5,8 |
| 5,88 | 313 600 | 12,8 | 2,1 | 12,4 | 10,3 |
| 12,06 | 152 640 | 11,8 | 1,1 | 13,3 | 12,2 |
| 19,98 | 92 160 | 11,2 | 0,5 | 10,0 | 9,5 |
| 57,55 | 32 000 | 10,9 | 0,2 | 11,5 | 11,3 |

| $\frac{R}{r}$ | R = 18 416 | | | | |
|---|---|---|---|---|---|
| | r | t | t—τ | C | $C_1$ |
| 1,027 | 17 939 | 59,4 | 38,4 | 39,4 | 1,0 |
| 1,11 | 16 557 | 41,3 | 20,3 | 22,5 | 2,2 |
| 1,23 | 14 922 | 33,9 | 12,9 | 15,9 | 3,0 |
| 1,36 | 13 590 | 31,9 | 10,9 | 14,8 | 3,9 |
| 1,86 | 9 869 | 28,0 | 7,0 | 13,0 | 6,0 |
| 3,07 | 6 000 | 26,3 | 5,3 | 16,3 | 11,0 |
| 5,88 | 3 136 | 23,9 | 2,9 | 17,1 | 14,2 |
| 12,06 | 1 526 | 22,5 | 1,5 | 18,1 | 16,6 |
| 19,98 | 922 | 22,1 | 1,1 | 22,0 | 20,9 |
| 57,55 | 320 | 21,6 | 0,6 | 34,5 | 33,9 |

| $\frac{R}{r}$ | R = 184 | | | | |
|---|---|---|---|---|---|
| | r | t | t—τ | C | $C_1$ |
| 1,027 | | | | | |
| 1,11 | 166 | ∞ | | | |
| 1,23 | 149 | 61,7 | 27,4 | 33,7 | 6,3 |
| 1,36 | 136 | 51,6 | 17,3 | 23,5 | 6,2 |
| 1,86 | 99 | 45,4 | 11,1 | 20,7 | 9,5 |
| 3,07 | 60 | 41,6 | 7,3 | 22,4 | 15,1 |
| 5,88 | 31 | 38,7 | 4,4 | 25,9 | 21,5 |
| 12,06 | 15 | 36,8 | 2,5 | 25,3 | 22,7 |
| 19,98 | 9 | 36,0 | 1,7 | 34,0 | 32,3 |
| 57,55 | 3 | 35,1 | 0,8 | 46,1 | 45,2 |

[1] Marbe, Neue Versuche über intermittierende Gesichtsreize, Phil. Stud. Bd. XIII S. 107 u. f. Kleiners Arbeit war mir nicht zugänglich; ich kenne sie nur aus Marbes Citaten.

Es läfst sich indes leicht nachweisen. dafs wenigstens meine Kurven keine gleichseitigen Hyperbeln sind,
wenn sie sich solchen auch sehr nähern. Für eine
gleichseitige Hyperbel mit den Koordinatachsen als
Asymptoten ist das Produkt der Abscisse und der Ordinate konstant. Unter genannter Voraussetzung sollte
man also finden:

$$(t - \tau)\ \frac{R}{r} = C \ \ldots \ \text{(Gleich. 14).}$$

In der Tab. 5 sind die Werte von $C$ für alle drei Versuchsreihen angeführt. Man sieht, dafs $C$ ziemlich stark
variiert; in der ersten Reihe schwanken die Zahlen sogar von 6,3 bis 35,2, also bis zum Sechsfachen. Ganz
so grofs sind die Schwankungen in den beiden anderen
Versuchsreihen nun freilich nicht; dafs die Abweichungen
jedoch nicht von einer Ungenauigkeit der Messungen
herrühren, geht deutlich daraus hervor, dafs die Werte
von $C$ gesetzmäfsig variieren. In allen drei Versuchsreihen hat $C$ ein zwischen $R/r = 1,36$ und $R/r = 1,86$
gelegenes Minimum, so dafs $C$ von hier sowohl bei zunehmenden als abnehmenden Werten von $R/r$ allmählich
anwächst. Eine derartige übereinstimmende Regelmäfsigkeit in drei voneinander unabhängigen Versuchsreihen ist keine Zufälligkeit, und wir dürfen hieraus
also schliefsen, dafs die Pl. I dargestellten Kurven keine
gleichseitigen Hyperbeln sind, und dafs Gleich. 14 die
Variationen von $t$ mit $r$ nur annähernd richtig ausdrückt.
Eine Diskussion der Gleich. 14 wird uns noch mehr
überzeugen, dafs dieselbe nicht richtig sein kann. Tab. 5
zeigt nämlich, dafs $t$ stark anwächst, wenn $r$ sich $R$
nähert. Dies ist ganz in der Ordnung, denn je mehr
die verschiedenen Sektoren nahe daran sind, dieselbe
Helligkeit zu haben, um so geringer wird die Rotationsgeschwindigkeit sein, bei welcher sie zu einer einzigen
Empfindung verschmelzen. Ist $r = R$, so wird die
Scheibe ein völlig gleichförmiges Äufseres darbieten,
selbst wenn sie gar nicht rotiert, die Rotationszeit also
unendlich wird. Folglich mufs Gleich. 14 für $r = R$ ergeben: $t = \infty$. Dies ist aber nicht der Fall. Löst man
die Gleich. 14 mit Bezug auf $t$, so erhält man:

$$t = \tau + C\ \frac{r}{R} \ \ldots \ \text{(Gleich. 15).}$$

Wird hier $r = R$ gesetzt, so wird $t = \tau + C$, was falsch ist, da $\tau$ eine endliche Gröfse ist, während man haben sollte $t = \infty$. Dagegen bekommt man aus Gleich. 15 für $r = 0$, dafs $t = \tau$ ist, was man auch haben sollte, da $\tau$ gerade als der Wert definiert wurde, den $t$ annimmt, wenn $r = 0$ ist. (Vgl. S. 37). Die Absurdität, zu welcher Gleich. 15 führt, läfst sich vermeiden, wenn wir statt $R/r$ die Gröfse $(R/r) - 1$ einführen und die Gleichung so schreiben:

$$(t - \tau)\left(\frac{R}{r} - 1\right) = C_1 \quad \ldots \ldots \text{(Gleich. 16)}.$$

Hier wird $t = \tau$ für $r = 0$, und aufserdem wird $t = \infty$ für $r = R$, diese Gleichung wird aber nicht durch die gefundenen Werte von $t - \tau$ befriedigt. In Tab. 5 sind die Produkte $C_1$ für alle drei Versuchsreihen angeführt; man sieht, dafs $C_1$ mit dem Verhältnisse $R/r$ regelmäfsig anwächst; $C_1$ ist also durchaus keine konstante Gröfse. Wir haben mit anderen Worten noch keinen genauen Ausdruck für die Variationen von $t$ mit $r$; im Folgenden wird es unsere Aufgabe sein, diese Formel zu finden. Dafs es mir, meiner Meinung nach, gelungen ist, die Aufgabe zu lösen, verdanke ich wohl zunächst einem glücklichen Ungefähr. Betrachtet man die in der Tab. 5 angegebenen Werte von $C_1$, so sieht man, dafs sie mit dem Verhältnisse $R/r$ zunehmen. Multipliziert man also die linke Seite der Gleich. 16 mit einem Bruche, der um so kleiner wird, je gröfser $R/r$ ist, so mufs es gelingen können, das ganze Produkt konstant zu bekommen. Während meiner zahlreichen Bestrebungen, einen solchen Faktor zu finden, erwies es sich, dafs ein Bruch von

der Form: $\dfrac{\beta}{\gamma + \log.\frac{R}{r}}$ diese Forderung annäherend er-

füllte, so dafs man haben würde:

$$(t - \tau)\left(\frac{R}{r} - 1\right) \cdot \frac{\beta}{\gamma + \log.\frac{R}{r}} = C_2,$$

wo $\beta$, $\gamma$ und $C_2$ Konstanten sind, deren Wert mittels der vorliegenden Messungen zu bestimmen sein wird. Dieser

Bruch $\dfrac{\beta}{\gamma + \log.\frac{R}{r}}$ spielt aber in den Gesetzen für den

Helligkeitskontrast eine sehr wichtige Rolle. Es lag
also nahe, zu versuchen, ob sich aus den Gesetzen für
den Helligkeitskontrast nicht eine Formel für die Variationen von $t$ mit $r$ rationell ableiten liefse. Dies gelang
wirklich, wie wir im Folgenden sehen werden.

Vorher kehren wir indes einen Augenblick zur
Gleich. 14 zurück. Dafs sie nicht richtig ist und dies
nicht sein kann, sahen wir bereits. Wendet man sie
dennoch an, so begeht man aber doch wenigstens keinen
grofsen Fehler, solange $r$ sich nicht zu sehr dem $R$
nähert, und solange $R$ konstant ist. Aus Tab. 5 sieht
man nämlich, dafs $C$ in den drei Versuchsreihen nicht
gleich grofs ist; die mittleren Werte von $C$ in den drei
Reihen sind 12,3, resp. 21,4 und 29,0. $C$ ist also zweifelsohne eine Funktion von $R$, und folglich begeht man
einen neuen Fehler, wenn man $C$ als konstant und als
von $R$ unabhängig betrachtet. In meiner ersten Arbeit
über diesen Stoff waren meine Messungen weder zahl-
reich noch genau genug, um zu zeigen, dafs die Gleich. 14
nicht befriedigt. Ich mufste sie deshalb als den richtigen Ausdruck für $t$ betrachten, und indem die Gleichung
mit Bezug auf $t$ gelöst wird und man aus Gleich. 12 den
Ausdruck für $\tau$ einsetzt, erhält man:

$$t = k - k_1 \log. R + C \frac{r}{R} \ \ldots \ \text{(Gleich. 17)}.$$

Von diesem Ausdrucke ging ich bei einer Reihe weiter-
gehender Berechnungen aus, die also nur annähernd
richtig sein können. Im Folgenden werden wir indes
sehen, wie der richtige Ausdruck für $t$ so kompliziert
wird, dafs es gewöhnlich praktisch unthunlich ist, denselben anzuwenden, weshalb wir in mehreren Fällen
genötigt werden, zur Gleich. 17 zurückzugreifen, die
doch allenfalls brauchbar ist, selbst wenn sie keine so
genauen Resultate gibt, wie man wünschen möchte.

# DIE GESETZE
## DES HELLIGKEITSKONTRASTES.

Sieht man ein Objekt von der Helligkeit $R$ gegen einen dunkleren Hintergrund von der Helligkeit $r$, so wird ein positiver Kontrast stattfinden, indem $R$ eine induzierte (scheinbare) Helligkeit $J > R$ erhält. Die Gröfse des $J$ ist bestimmt durch das zuerst von Ebbinghaus nachgewiesene Gesetz:

$$J - R = \alpha\,(R - r) \ldots \text{(Gleich. 18)},$$

wo $\alpha$ eine Konstante ist. Hat man dagegen ein dunkles Objekt $r$ auf einem helleren Hintergrunde $R$, so wird ein negativer Kontrast stattfinden, indem $r$ die scheinbare Helligkeit $i < r$ erhält. Für die Abhängigkeit des $i$ von $r$ und $R$ hat Ebbinghaus das Gesetz angegeben:

$$i - r = \alpha_1\,(r - R)\,\frac{r}{R} \ldots \text{(Gleich. 19)},$$

wo $\alpha_1$ ebenfalls eine Konstante ist; diese mufs, wenn die Gleichung in die hier angewandte Form gebracht wird, positiv sein, da sowohl $i - r$ als $r - R$ negativ ist.

Die Richtigkeit der beiden Gesetze, Gleich. 18 und Gleich. 19, legte Ebbinghaus mittels einer Reihe quantitativer Bestimmungen des Helligkeitskontrastes dar[1]. Die Versuche wurden mittels 52 grauer Papiere, die einen möglichst sanften Übergang aus tiefem Schwarz in reines Weifs bildeten, beim Tageslichte angestellt. Die Anordnung war übrigens dieselbe wie bei meinen ersten Kontrastmessungen[2]. Auf einen gegebenen Hintergrund $J$ wurde eine Scheibe von derselben Helligkeit $J$ gelegt; diese kleine Scheibe war also von jeglicher Kontrasteinwirkung völlig ausgeschlossen. Auf einem anderen, an $J$ unmittelbar anstofsenden Hintergrunde $r$ wurde nun eine hellere Scheibe, $R$, angebracht, deren Helligkeit so gewählt war, dafs sie wegen des Kontrastes mit $r$ gleich $J$ erschien. $J - R$ ist also gerade die durch den positiven Kontrast erzeugte Zu-

[1] Sitzungsberichte der Berliner Akademie. 1887. S. 1000.
[2] Phil. Stud. Bd. III S. 516.

nahme der Helligkeit des *R*. Ganz analog ist das Verfahren bei der Bestimmung des negativen Kontrastes. Eine Scheibe von der Helligkeit *i* wird auf einem Hintergrunde von derselben Helligkeit angebracht, und man sucht diejenige Scheibe *r*, die gegen den Hintergrund *R* gesehen gleich *i* erscheint. Die Größe *i — r* wird dann das Maß der Verminderung der Helligkeit.

Da die Versuchsanordnung in allem Wesentlichen bei Ebbinghaus' Messungen dieselbe war wie bei den meinigen, müßte man zu erwarten berechtigt sein. daß auch meine Ergebnisse sich unter die beiden Gesetze einordnen ließen. Wie Ebbinghaus angibt, stimmen meine Resultate allerdings mit Gleich. 18, dagegen aber nicht mit Gleich. 19 überein. Dieser Mangel an Übereinstimmung läßt sich freilich, wie Ebbinghaus meint, durch den Umstand erklären, daß ein schwarzer Kasten während meiner Versuche eine nicht beabsichtigte und nicht ganz unbedeutende Kontrastwirkung herbeigeführt haben kann; es bleibt jedoch ein wenig rätselhaft, weshalb meine Resultate dennoch mit dem einen und gar nicht mit dem anderen Gesetze übereinzustimmen vermögen. Man müßte doch viel eher annehmen, daß ein konstanter Faktor. wie der schwarze Kasten, einen konstanten Fehler der Resultate hervorbrächte, der sich als eine Abweichung in bestimmter Richtung von den Gesetzen erwiese. Die Möglichkeit ist also nicht ganz ausgeschlossen, daß Gleich. 19 in der That nicht genau wäre. Und da Ebbinghaus selbst später die Richtigkeit dieses Gesetzes in Abrede gestellt hat[1], ohne es jedoch durch ein besseres zu ersetzen, müssen wir die Sache ins reine zu bringen suchen.

Vor allen Dingen ist nun zu bemerken, daß sich in die Berechnung meiner Kontrastversuche ein Fehler eingeschlichen hat, der zwar nicht viel zu sagen hat, jedoch auch nicht ganz ohne Bedeutung ist. Zur Bestimmung der Helligkeit der verschiedenen Scheiben und Hintergründe ist es erforderlich, daß wir das Ver-

---

[1] »Die Gesetzmäßigkeit der Kontrastverdunkelungen ist komplizierter und noch nicht genügend klargestellt.« Ebbinghaus. Psychologie. Leipzig 1897. S. 223.

hältnis zwischen den Helligkeiten des angewandten Weifs und Schwarz kennen, und dieses Verhältnis war auf 68' angesetzt. In einer späteren Arbeit wies ich aber nach, dafs die zur Bestimmung dieser Zahl angewandte Methode unzuverlässige Resultate gibt, und dafs der genaue Wert 52 wird'. Hieraus folgt also, dafs alle meine in der genannten Arbeit über den Kontrast gemachten Angaben über die Helligkeit der benutzten Papiere unrichtig werden; in dem Ausdrucke für $H$ (an cit. Orte S. 519) mufs 52 statt 68 gesetzt werden. Kommt es nun darauf an, zu prüfen, inwiefern die Ebbinghausschen Gesetze für meine Versuche gültig sind, so müssen selbstverständlich alle Berechnungen gemäfs der angegebenen Änderung der Konstanten korrigiert werden.

Wir untersuchen nun erst den positiven Kontrast. In der Tab. 6 habe ich die ausführlichste meiner früheren Versuchsreihen', auf die oben angeführte Weise umgerechnet, wiedergegeben, aufserdem in der Tab. 7 eine Versuchsreihe, die 1886 im Kopenhagener Laboratorium ganz ebenso wie die früheren ausgeführt wurde, also ebenfalls mit dem vom schwarzen Kasten herrührenden Fehler behaftet ist. Über den beiden Tabellen steht die Helligkeit $r$ des konstanten Hintergrundes angegeben, und darauf die Namen der Beobachter. Von besonderem Interesse sind hier die in der letzten Kolonne jeder Tabelle angeführten, aus Gleich. 18 berechneten Werte von a. Man sieht nun, dafs a in Tab. 6 bei $R/r = 4{,}02$ ein Maximum hat, und von hier an allmählich, wenn auch nicht stark, an Gröfse abnimmt, indem $R r$ anwächst. In Tab. 7, die allerdings keinen so grofsen Umfang hat, dafür aber eine bedeutende Anzahl Messungen zwischen den Grenzen $R/r = 2{,}00$ und $R/r = 5{,}71$ mitteilt, zeigt sich dagegen nicht die geringste Andeutung eines Maximums bei $R/r = 4$; freilich variiert a etwas, die Schwankungen scheinen aber ganz zufällig zu sein und müssen von der Unsicherheit herrühren,

' An cit. Orte. S. 510.
' Über Photometrie mittels rotierender Scheiben. Phil. Stud. Bd. IV S. 238.
' Phil. Stud. Bd. III S. 522—523.

| $r = 1,00$ | Tab. 6. | | | N. & L. |
|---|---|---|---|---|

| $R$ | $J$ | $J-R$ | $\dfrac{R}{r}$ | $a$ |
|---|---|---|---|---|
| 2,49 | 2,63 | + 0,14 | 2,49 | 0,094 |
| 4,02 | 4,73 | 0,81 | 4,02 | 0,269 |
| 5,54 | 6,68 | 1,14 | 5,54 | 0,251 |
| 9,80 | 11,79 | 1,99 | 9,80 | 0,226 |
| 13,35 | 16,05 | 2,70 | 13,35 | 0,219 |
| 16,19 | 19,46 | 3,27 | 16,19 | 0,215 |
| 20,60 | 24,57 | 3,97 | 20,60 | 0,203 |
| 25,14 | 29,97 | 4,83 | 25,14 | 0,200 |
| 31,35 | 36,93 | 5,58 | 31,35 | 0,183 |
| 37,78 | 43,60 | 5,82 | 37,78 | 0,150 |
| 45,31 | 52,00 | + 6,69 | 45,31 | 0,151 |

| $r = 1,63$ | Tab. 7. | | | G, Lo & L. |
|---|---|---|---|---|

| $R$ | $J$ | $J-R$ | $\dfrac{R}{r}$ | $a$ |
|---|---|---|---|---|
| 3,26 | 3,67 | + 0,41 | 2,00 | 0,252 |
| 4,97 | 5,75 | 0,78 | 3,05 | 0,234 |
| 5,39 | 6,48 | 1,09 | 3,30 | 0,290 |
| 3,61 | 6,68 | 1,07 | 3,44 | 0,269 |
| 5,80 | 6,82 | 1,02 | 3,56 | 0,245 |
| 6,52 | 7,53 | 1,01 | 4,00 | 0,207 |
| 7,21 | 8,43 | 1,22 | 4,42 | 0,218 |
| 7,90 | 9,25 | 1,35 | 4,84 | 0,215 |
| 8,60 | 10,22 | 1,62 | 5,28 | 0,233 |
| 8,95 | 10,75 | 1,80 | 5,49 | 0,246 |
| 9,30 | 11,10 | + 1,80 | 5,71 | 0,235 |

die diesen Schätzungen in hohem Grade anhaftet. Man
darf daher der Tab. 6 erscheinenden regelmäfsigen
Variationen von a gewifs kein zu grofses Gewicht beilegen. Und da hierzu kommt, dafs Hess und Pretori
durch spätere Untersuchungen nach einer ganz anderen
Methode die Richtigkeit des Gesetzes für den positiven
Kontrast festgestellt haben[1], so ist Gleich. 18 mithin
als dargelegt zu betrachten.

Anders verhält es sich dagegen mit dem Gesetze
für den negativen Kontrast. Um mir ein aufser allen
Zweifel gesetztes Versuchsmaterial zu verschaffen, benutzte ich ganz dasselbe Verfahren wie Ebbinghaus;
ich brachte also kleine graue Scheiben unmittelbar auf

---

[1] Messende Untersuchungen über die Gesetzmäfsigkeit des simul-
tanen Helligkeitskontrastes. Graefes Archiv f. Ophtalm. Bd. 40.

dem Hintergrunde an, mit welchem sie kontrastieren sollten. Hierdurch ist der Einfluß fremder Faktoren natürlich weit sicherer ausgeschlossen als durch die Anwendung von Scheiben, die vor dem induzierenden Hintergrund rotieren, wobei der Ständer des Rotationsapparats, die Schraubenmutter im Zentrum der Scheiben und dergl. notwendigerweise ins Gesichtsfeld geraten und nicht zu berechnende Störungen herbeiführen. Bei den Versuchen nach der Ebbinghausschen Methode benutzte ich folgende einfache Anordnung. Auf einem Stücke planen Kartons, 5 mm dick und 24 × 36 cm im Viereck, wurden zwei Stücke Papier angebracht, deren jedes 18 × 24 cm hielt, und die im Verein also den ganzen Karton deckten. Diese Papiere von der Helligkeit r und i bildeten die Hintergründe. Auf diese wurden wieder kleine kreisförmige Scheiben von 6 cm im Durchmesser gelegt; ihre Entfernung von der Linie, wo die Hintergründe zusammenstießen, war konstant 4 cm. Über das Ganze legte ich hierauf eine Glasplatte von derselben Größe wie der Karton, an den sie mittels vier photographischer Kopieklammern, eine in jeder Ecke, fest angeklemmt wurde. Die kleinen Scheiben wurden hierdurch an der Stelle festgehalten, wo sie liegen sollten, so daß man den ganzen Apparat senkrecht stellen konnte, und nachdem dieser in verschiedener Entfernung von den Lampen im Dunkelraum angebracht war, den Kontrast bei verschiedener Beleuchtung zu untersuchen vermochte. Die Messung des Kontrastes wurde übrigens auf die oben (S. 45) näher besprochene Weise ausgeführt.

Das erste Resultat der Versuche war dies, daß die absolute Größe der Beleuchtung ohne Einfluß auf den Kontrast ist. Bei starkem Tageslichte und bei den verschiedenen Lampen im Dunkelraum erhielt ich dieselben Resultate. Dagegen war es von großer Wichtigkeit, daß die Scheiben in konstanter Entfernung betrachtet wurden, denn der Kontrast wurde um so stärker, je kleiner der Gesichtswinkel war, unter welchem die Scheiben betrachtet wurden. Als geeignete Entfernung des Auges von den Scheiben wählte ich 60 cm; der Gesichtswinkel wurde hierdurch derselbe wie der, unter welchem die rotierenden Scheiben bei meinen früheren

Kontrastmessungen betrachtet worden waren, indem diese Scheiben 20 cm im Durchmesser waren und aus einer Entfernung von 200 cm beobachtet wurden. Übrigens führte ich nur eine einzige Versuchsreihe aus, da es sich sogleich ergab, dafs diese zu demselben Resultate führte wie meine älteren Kontrastmessungen. Die gefundenen Gröfsen sind in der Tab. 8 angegeben, über welcher die Helligkeit des induzierenden Hintergrundes $R$ angeführt ist; die Helligkeit der reagierenden Felder $r$ und die hierdurch induzierten Helligkeiten $i$ finden sich in den beiden ersten Kolonnen angeführt. Unter der Überschrift $a_1$ sind die aus Gleich. 19 berechneten Werte gegeben. Vergleicht man nun diese Zahlen mit den entsprechenden der Tab. 9, welche die ausführlichste meiner früheren Versuchsreihen über den negativen Kontrast gibt, so sieht man, dafs $a_1$ in beiden Versuchsreihen auf durchaus übereinstimmende Weise variiert. Die absoluten Werte des $a_1$ sind in den beiden Reihen verschieden; dies kann uns aber nicht in Erstaunen setzen, denn selbst wenn der Gesichtswinkel für die reagierenden Felder derselbe gewesen ist, gibt es bekanntlich viele andere Faktoren, die auf die Gröfse des Kontrastes Einflufs üben. Schon der Umstand, dafs die verschiedenen zu vergleichenden Flächen in der einen Versuchsreihe in demselben Plan lagen, während sie sich in der anderen Reihe entschieden auseinandertrennten, kann genügen, um den weit stärkeren Kontrast in ersterer Reihe zu erklären. Der Unterschied zwischen den absoluten Werten des $a_1$ in den beiden Reihen ist daher ohne gröfsere Bedeutung; das Wesentliche ist hier, dafs $a_1$ nicht konstant ist und in beiden

$R = 57,55$      Tab. 8.      L.

| $r$ | $i$ | $i-r$ | $\dfrac{R}{r}$ | $a_1$ | ber. $a_1$ |
|---|---|---|---|---|---|
| 53,9 | 46,6 | −7,3 | 1,07 | 2,11 | 2,03 |
| 51,7 | 42,5 | 9,2 | 1,11 | 1,73 | 1,47 |
| 44,6 | 29,3 | 15,3 | 1,29 | 1,52 | 1,79 |
| 38,2 | 16,9 | 21,3 | 1,51 | 1,66 | 1,62 |
| 29,3 | 9,5 | 19,8 | 1,96 | 1,37 | 1,43 |
| 21,6 | 4,5 | 17,1 | 2,66 | 1,28 | 1,23 |
| 8,3 | 1,6 | 6,7 | 6,93 | 0,97 | 0,87 |
| 4,5 | 1,0 | −3,5 | 11,99 | 0,64 | 0,76 |

| $r$ | $i$ | $i-r$ | $\dfrac{R}{r}$ | $a_i$ | ber. $a_i$ |
|---|---|---|---|---|---|
| 49,56 | 43,60 | −5,6 | 1,03 | 2,565 | 1,020 |
| 43,46 | 36,93 | 6,53 | 1,20 | 0,915 | 0,910 |
| 39,34 | 29,97 | 9,37 | 1,32 | 0,978 | 0,843 |
| 32,67 | 24,57 | 6,10 | 1,59 | 0,667 | 0,737 |
| 26,56 | 19,46 | 7,10 | 1,96 | 0,547 | 0,746 |
| 22,58 | 16,05 | 6,53 | 2,30 | 0,511 | 0,590 |
| 16,76 | 11,79 | 4,97 | 3,10 | 0,438 | 0,508 |
| 10,87 | 6,68 | 4,19 | 4,78 | 0,487 | 0,423 |
| 7,63 | 4,83 | 2,80 | 6,95 | 0,439 | 0,369 |
| 3,63 | 2,63 | −1,00 | 14,70 | 0,198 | 0,297 |

Reihen bei zunehmenden Werten des $R/r$ sehr entschieden abnimmt. Daß die Messungen an einiger Unsicherheit leiden, verrät sich deutlich dadurch, daß mitten unter geringeren Werten des $a_i$ einzelne größere vorkommen; die Variation ist also keine ganz gleichmäßige; die sinkende Tendenz ist aber nicht zu verkennen. Da $a_i$ nach Gleich. 19 konstant sein sollte, dies aber thatsächlich nicht ist, so muß die Gleich. 19 als unrichtig bezeichnet werden. Es findet sich aber doch bestimmte Gesetzmäßigkeit in den Variationen von $a_i$, und es muß möglich sein, dieses Gesetz zu finden. Es ist denn auch nicht schwer, nachzuweisen, daß $a_i$ sich durch folgende Formel genau ausdrücken läßt:

$$a_i = \frac{\beta}{\gamma + \log. \dfrac{R}{r}}$$

wo $\beta$ und $\gamma$ Konstanten sind. Bestimmt man diese für jede der beiden Versuchsreihen für sich mittels der Methode der kleinsten Quadrate, so findet man

für Tab. 8: 
$$a_i = \frac{1.243}{0,5853 + \log. \dfrac{R}{r}}$$

und für Tab. 9: 
$$a_i = \frac{0.474}{0,4415 + \log. \dfrac{R}{r}}$$

Werden nun die verschiedenen Werte des $R/r$ nacheinander in diese beiden Formeln eingesetzt, so läßt sich das entsprechende $a_i$ hieraus berechnen; diese Werte sind in den beiden Tabellen unter der Überschrift

›ber. $a_1$‹ angeführt. Die berechneten Werte von $a_1$ stimmen, wie man sieht, mit den gefundenen so gut überein, wie es bei der unsicheren Natur der Messungen nur zu erwarten stand. Es darf als hierdurch dargethan betrachtet werden, dafs für den negativen Kontrast folgende Formel gültig ist:

$$i - r = - \frac{\beta}{1 + \log. \frac{R}{r}} \cdot \frac{r}{R}(r - R) \quad \ldots \ldots \text{(Gleich. 20)}.$$

Für unsere weiteren Untersuchungen wird also das durch Gleich. 20 ausgedrückte Gesetz im Verein mit Gleich. 18 die Grundlage bilden.

Bisher setzten wir voraus, dafs nur eines der beiden Felder durch den Kontrast verändert würde, während das andere, der Hintergrund, keine Änderung erlitte. Dies ist natürlich nur zum Teil richtig: der Hintergrund verändert sich ebenfalls ein wenig, ist er aber grofs im Vergleich mit dem reagierenden Felde, so wird seine Veränderung durch den Kontrast eine äufserst geringe. Es leuchtet indes ein, dafs die Genauigkeit unserer Messungen nicht dadurch geschädigt wird, dafs wir die Veränderung des Hintergrundes unberücksichtigt lassen. Erleidet das reagierende Feld z. B. einen positiven Kontrast, den wir messen, so erleidet gleichzeitig der Hintergrund einen negativen Kontrast, den wir nicht messen; die unternommene Messung wird aber ja doch darum nicht weniger genau, weil wir die andere anzustellen unterlassen. Sobald dagegen die Frage entsteht, wie grofs der ganze durch den Kontrast hervorgerufene Unterschied zwischen den beiden Feldern ist, mufs selbstverständlich die Kontrastveränderung beider Felder in Betracht gezogen werden. Dies kann aber auch keine Schwierigkeit bereiten, da wir das Gesetz für den positiven wie auch das Gesetz für den negativen Kontrast kennen. Wird $R$ zu $J$, dessen Gröfse durch Gleich. 18 bestimmt ist, und gleichzeitig $r$ zu $i$, dessen Gröfse durch Gleich. 20 ergeben ist, so wird die Differenz $R - r$ aufgefafst, als hätte sie die Gröfse $J - i$, die sich aus den beiden Gleichungen berechnen läfst. Ziehen wir Gleich. 20 von Gleich. 18 ab, so erhalten wir:

4*

$$J - i - (R - r) = \alpha (R - r) + \frac{\beta}{\gamma + \log. \frac{R}{r}} \cdot \frac{r}{R} \cdot (R - r),$$

woraus folgt

$$J - i = (R - r) \left[ 1 + \alpha + \frac{\beta}{\gamma + \log. \frac{R}{r}} \cdot \frac{r}{R} \right] \quad \ldots \text{(Gleich. 21)}.$$

Man sieht also, daſs zwei gleichzeitige Gesichtsreize von der Helligkeit $R$ und $r$, die räumlich so geordnet sind, daſs sie miteinander kontrastieren, des Kontrastes wegen wirken werden, als wäre ihr Unterschied gröſser, als er wirklich ist, und daſs man den scheinbaren Unterschied erhält, wenn man $R - r$ mit dem in der Gleich. 21 gegebenen Faktor multipliziert. Theoretisch ist die Sache also völlig klar; in der Praxis kann bei der Berechnung von $J - i$ eine Schwierigkeit entstehen, weil die Konstanten $\alpha$, $\beta$ und $\gamma$ sich mit der räumlichen Ordnung von $R$ und $r$ verändern. Wir sahen oben, daſs schon ein einzelner kleiner Umstand, der die Kontrastwirkung erleichterte, sogleich eine Änderung der Konstanten herbeiführte. Hat man daher die Konstanten für den Fall bestimmt, wo das eine Objekt gegen das andere als Hintergrund gesehen wird, so lassen diese Konstanten sich nicht auf den Fall übertragen, wo die Objekte aneinandergrenzen und einander in entgegengesetzten Richtungen gleich stark induzieren. Man muſs mit anderen Worten jedesmal, wenn man neue Versuchsbedingungen einführt, auch die Konstanten aufs neue berechnen; ob diese aber groſs oder klein werden, ist für die Gültigkeit der Gleichungen 18 und 20 natürlich ohne Belang.

Wir schreiten jetzt zu dem Nachweis, wie wir mittels dieser Kontrastgesetze zu einem genauen Ausdruck für die Periodenkonstante gelangen können.

# DIE PERIODENKONSTANTE UND DAS UNTERSCHEIDUNGSGESETZ.

*Die Abhängigkeit der Periodenkonstante von dem Kontraste der Sektoren.* Es war der Versuch, für die Periodenkonstante eine genaue Formel zu finden, der uns zur Untersuchung der Kontrastgesetze bewog; da dieser Punkt nun geordnet ist, kehren wir zur anfänglichen Frage zurück. Gibt es nun irgend eine Wahrscheinlichkeit, dafs eine Kontrastwirkung der Sektoren stattfinden kann, so dafs diese auf die kritische Periode der rotierenden Scheibe irgend einen Einflufs zu üben vermöchte? Die Antwort hierauf wird offenbar davon abhängen, was in letzter Instanz die Ursache alles Kontrastes ist. Ist der Kontrast, wie Helmholtz[1] und Wundt[2] glauben, eine rein psychische Erscheinung, die darauf beruht, dafs wir kein absolutes Mafs für unsere Empfindungen haben, so dafs wir die Differenz zweier gleichzeitiger Empfindungen je nach den Umständen, unter denen diese sich darbieten, auf verschiedene Gröfse schätzen — so kann von einem Kontraste zwischen den Sektoren einer rotierenden Scheibe offenbar keine Rede sein. Denn der psychologischen Auffassung des Kontrastes zufolge mufs es für dessen Eintreten die unabweisbare Bedingung sein, dafs im Bewufstsein wirklich zwei gesonderte Empfindungen gegeben sind, deren Unterschied geschätzt wird. Die verschiedenen Sektoren einer rotierenden Scheibe, die im Bewufstsein zu einer einzigen Empfindung verschmelzen, sind folglich nicht im Besitze der notwendigsten Bedingung, um miteinander kontrastieren zu können. Es gibt aber noch eine andere Möglichkeit, die nämlich, dafs der Kontrast auf einer rein physiologischen Wechselwirkung zwischen zwei gleichzeitig gereizten Stellen der Netzhaut beruhen könnte. Ist diese Auffassung, die zuerst von Plateau und Hering aufgestellt wurde, und die vor kurzem an G. E. Müller einen Fürsprecher

[1] Physiologische Optik. 2. Aug. 1896. S. 543.
[2] Physiologische Psychologie. I⁴. 1893. S. 540.

gefunden hat[1], die richtige, so ist offenbar gar nichts
im Wege, daſs zwischen den Sektoren einer rotierenden
Scheibe Kontrastwirkung vorkommen kann. Denn während der Rotation der Scheibe wird jeder Punkt der
Netzhaut kürzere oder längere Zeit hindurch von einem
bestimmten Sektor Licht empfangen, und solange also
auf zwei Punkte, *A* und *B*, Bilder zweier verschiedener
Sektoren fallen, so lange muſs zwischen *A* und *B* auch
die Wechselwirkung vorgehen, auf welcher der Kontrast
beruht. Da der Kontrast, wie wir wissen, zur Folge
hat, daſs der Unterschied zwischen den kontrastierenden
Flächen gröſser erscheint, als er thatsächlich ist, so
wird die Kontrastwirkung zwischen *A* und *B* sich folglich den Prozessen widersetzen, von denen die Verschmelzung der Sektorenbilder abhängig ist. Die Verschmelzung zu verhindern vermag der Kontrast natürlich nicht, aber selbst nachdem die Verschmelzung eine
vollständige geworden ist, müssen zwischen den verschiedenen Stellen der Netzhaut doch noch immer
Kontrastwirkungen vorgehen. So stellt sich die Sache,
wenn der Kontrast ein in der Netzhaut verlaufender
physiologischer Prozeſs ist, und da diese Auffassung
wohl sogar die überwiegende Wahrscheinlichkeit für
sich hat[2], liegt also jedenfalls nichts Absurdes in dem
Gedanken, daſs zwischen den Sektoren einer rotierenden
Scheibe, obgleich sie nur eine einzelne Empfindung hervorrufen, Kontrastwirkungen vorgehen können. Wir
gehen nun von dieser Voraussetzung aus, um zu untersuchen, welche Konsequenzen sie herbeiführt. Sollte
es sich hierbei erweisen, daſs wir von der Annahme
einer Kontrastwirkung zwischen den Sektoren aus zu
einer befriedigenden Formel für die Periodenkonstante
gelangen können, so wäre hierdurch zugleich ein schwer
ins Gewicht fallender Beweis für die Richtigkeit der
physiologischen Erklärung des Kontrastes geführt. Denn
der psychologischen Auffassung zufolge wird die An-

---

[1] Zur Psychophysik der Gesichtsempfindungen. Zeitschr. für
Psychol. u. Phys. der Sinnesorgane. Bd. 14. S. 25 u. f.

[2] Die Thatsachen zwingen mich zu diesem Eingeständnisse, obschon ich früher die psychologische Erklärung des Kontrastes für die
natürlichere hielt.

nahme eines Kontrastes zwischen zwei Gröfsen, die für
das Bewufstsein nicht jede für sich existieren, geradezu
sinnlos sein.

Wir fanden oben (S. 42), dafs die Gleichung:

$$(t - v)\left(\frac{R}{r} - 1\right) = C_1 \ldots \text{(Gleich. 16)}$$

bei $r = 0$ und $r = R$ für $t$ diejenigen Werte ergibt, welche
man der Natur der Erscheinungen zufolge haben mufs,
dafs die Gleichung sonst aber nicht durch die gefundenen
Werte von $t$ befriedigt wird. Nun wurde indes in der
Gleich. 16 der möglicherweise vorkommende Kontrast
der Sektoren untereinander nicht berücksichtigt. Bringt
man nämlich die Gleichung in die Form:

$$(t - v)\left(\frac{R - r}{r}\right) = C_1 \ldots \text{(Gleich. 22)},$$

so sieht man, dafs sie nur die objektive Differenz $R - r$
enthält; soll also der Kontrast berücksichtigt werden,
so mufs man statt $R - r$ die durch den Kontrast hervorgebrachte Differenz $J - i$ setzen, für die wir in Gleich. 21
einen Ausdruck haben. Wird dieser in die Gleich. 22
eingesetzt, so erhält man:

$$(t - v)\left(\frac{R}{r} - 1\right)\left| 1 + a + \frac{\beta}{\gamma + \log.\frac{R}{r}} \cdot \frac{r}{R} \right| = K \ldots \text{Gleich. 23)},$$

wo $K$ eine Konstante ist. Es gilt nun, zu prüfen, inwiefern diese Gleichung durch die gefundenen, in der
Tab. 5 angegebenen Werte für $t$ befriedigt wird. Diese
Probe ist indes mit gewissen Schwierigkeiten verbunden,
da Gleich. 23 vier Konstanten, $a$, $\beta$, $\gamma$ und $K$ enthält,
die wir nicht kennen, und deren wahrscheinliche Werte
deshalb mittels der gefundenen Gröfsen von $t$ bestimmt
werden müssen. Nun ist der Ausdruck jedoch so kompliziert und findet $\gamma$ sich hier auf solche Weise, dafs
eine Bestimmung der Konstanten mittels der Methode
der kleinsten Quadrate fast endlose Berechnungen erfordert. Ich bediente mich deshalb eines etwas kürzeren
Verfahrens, wodurch ich damit davon kam, dafs das
Rechnen mir nur ein paar Wochen kostete; die auf
diese Weise gefundenen Konstanten sind aber nicht die
wahrscheinlichsten Werte. Wir können deshalb aber

auch nicht erwarten, dafs zwischen Messung und Berechnung völlige Übereinstimmung stattfinden sollte,
wenn wir die verschiedenen Werte von $t - \tau$ aus Gleich. 23
nach Einsetzung der Konstanten berechnen, und die
Summe der Quadrate der Fehler wird nicht das Minimum. Die Übereinstimmung der Messung mit der Berechnung ist nichtsdestoweniger, wie wir sogleich sehen
werden, eine sehr gute.

Für die Konstanten fand ich folgende Werte: $\alpha =$
0,000, $\beta = 0,942$, $\gamma = 0,0362$, während $K$ von $R$ abhängig
ist und folglich für jede der drei Versuchsreihen verschiedenen Wert annimmt. So finde ich für $R = 1841600$
das $K = 11,64$; für $R = 18416$ das $K = 21,13$ und für
$R = 184$ das $K = 32,48$. Werden diese Konstanten in
die Gleich. 23 eingesetzt, so erhält diese folgende Form:

$$(t - \tau)\left(\frac{R}{r} - 1\right)\left[1 + \frac{0,942}{0,0362 + \log \cdot \frac{R}{r}} \cdot \frac{r}{R}\right]$$

$$= \begin{cases} 11,64 \text{ für } R = 1841600 \\ 21,13 \text{ « } R = 18416 \quad \dots \text{ (Gleich. 24).} \\ 32,48 \text{ « } R = 184 \end{cases}$$

Hieraus läfst sich nun $t - \tau$ berechnen durch successives
Einsetzen der Werte für $R/r$. Man kommt auf diese
Weise zu den Tab. 10 unter der Überschrift »$t - \tau$ ber.«
angegebenen Werten. Übrigens ist die Tabelle wie
Tab. 5 geordnet, indem sie in der ersten Kolonne die
allen drei Reihen gemeinsamen Verhältnisse $R/r$ gibt;
darauf kommen die Werte von $r$ und die entsprechenden
gefundenen Werte von $t - \tau$. In der letzten Kolonne
endlich sind die Abweichungen der gefundenen von den
berechneten Gröfsen des $t - \tau$ unter $f$ angegeben. Man
sieht, dafs diese Fehler durchweg sehr klein sind; der
durchschnittliche Fehler beträgt 1,5$\sigma$, was als befriedigend
zu betrachten ist. besonders unter Berücksichtigung der
weniger genauen Weise, wie die Konstanten bestimmt
wurden. Nur an zwei Stellen nimmt der Fehler eine
bedenkliche Gröfse an, nämlich für $r = 149$, wo $f =$
$+ 7,4$, und bei $r = 1793920$, wo er sogar bis $f = + 13,0$
ansteigt. Diese bedeutenden Fehlergröfsen können die
Übereinstimmung der Messung mit der Berechnung
jedoch nicht zweifelhaft machen. Denn erstens ist in

Tab. 10.

| $\frac{B}{r}$ | R = 1 841 600 | | | |
|---|---|---|---|---|
| | r | t—τ | t—τ ber. | f |
| 1,027 | 1 793 920 | 34,3 | 21,3 | + 13,0 |
| 1,11 | 1 655 680 | 9,9 | 9,3 | + 0,6 |
| 1,23 | 1 492 160 | 6,3 | 7,7 | — 0,9 |
| 1,36 | 1 359 040 | 4,6 | 6,3 | — 1,7 |
| 1,66 | 985 880 | 3,9 | 5,1 | — 1,2 |
| 3,07 | 600 000 | 2,8 | 3,5 | — 0,7 |
| 5,88 | 313 600 | 2,1 | 2,0 | + 0,1 |
| 12,06 | 152 640 | 1,1 | 1,0 | + 0,1 |
| 19,98 | 93 160 | 0,5 | 0,6 | — 0,1 |
| 57,55 | 33 000 | 0,2 | 0,2 | 0,0 |

| $\frac{B}{r}$ | R = 18 416 | | | |
|---|---|---|---|---|
| | r | t—τ | t—τ ber. | f |
| 1,027 | 17 939 | 38,4 | 38,6 | — 0,2 |
| 1,11 | 16 557 | 20,3 | 16,9 | + 3,4 |
| 1,23 | 14 933 | 13,9 | 13,0 | — 0,1 |
| 1,36 | 13 590 | 10,9 | 11,5 | — 0,6 |
| 1,66 | 9 869 | 7,0 | 9,1 | — 2,3 |
| 3,07 | 6 000 | 5,3 | 6,4 | — 1,1 |
| 5,88 | 3 136 | 2,9 | 3,6 | — 0,7 |
| 12,06 | 1 526 | 1,5 | 1,8 | — 0,3 |
| 19,98 | 922 | 1,1 | 1,1 | 0,0 |
| 57,55 | 320 | 0,6 | 0,4 | + 0,2 |

| $\frac{B}{r}$ | R = 184 | | | |
|---|---|---|---|---|
| | r | t—τ | t—τ ber. | f |
| 1,027 | | | | |
| 1,11 | 166 | ∞ | | |
| 1,23 | 149 | 27,4 | 20,0 | + 7,4 |
| 1,36 | 136 | 17,3 | 17,7 | — 0,4 |
| 1,66 | 99 | 11,1 | 14,2 | — 3,1 |
| 3,07 | 60 | 7,3 | 9,9 | — 2,6 |
| 5,88 | 31 | 4,4 | 5,5 | — 1,1 |
| 12,06 | 15 | 2,5 | 2,8 | — 0,3 |
| 19,98 | 9 | 1,7 | 1,7 | 0,0 |
| 57,55 | 3 | 0,8 | 0,6 | + 0,2 |

den Fehlern keine Spur von Regelmäſsigkeit; die erwähnten groſsen Fehler stehen durchaus isoliert da und
sind nicht die äuſsersten Glieder einer Reihe immer zunehmender Fehler. Ferner ist es gerade aus der Natur

der Messungen zu verstehen, dafs wir eben an diesen
Stellen die Gefahr laufen, grofse positive Fehler zu erhalten. Denn da das Verhältnis $R \cdot r$ hier sehr annähernd
= 1 ist, finden wir also nur geringe Verschiedenheit der
Helligkeit der Sektoren; der Unterschied war in der
That kaum mehr als eben merkbar. Infolgedessen ist
es sehr schwer zu entscheiden, wann der letzte Flimmer
auf der Scheibe verschwindet, und läfst man, um keine
gar zu grofse Rotationsgeschwindigkeit zu erhalten, von
Zeit zu Zeit den Flimmer wieder entstehen, so ist es
schwer, denselben zu erblicken, weshalb die Geschwindigkeit sehr gering gemacht werden mufs. Dies will mit
anderen Worten aber nur heifsen, dafs der gemessene
Wert der kritischen Periode, mithin die Periodenkonstante, gar zu grofs wird. Die Tab. 10 ist also als hinlänglicher Beweis für die Gültigkeit der Gleich. 24 zu
betrachten.

Hierbei können wir jedoch nicht stehen bleiben.
Denn Gleich. 24 enthält eine mit $R$ variierende Konstante $K$, und wir müssen also $K$ durch $R$ auszudrücken
suchen. Dies bietet nun auch keine gröfsere Schwierigkeit dar. Vergleicht man die in der Gleich. 24 angeführten Werte für $K$ mit den entsprechenden für $\tau$ in
Tab. 3, so sieht man, dafs hier fast völlige Übereinstimmung herrscht. Für $R = 1841600$ zeigt Tab. 3
$\tau = 10,7$, während wir $K = 11,64$ fanden; für $R = 18416$
hat man $\tau = 21,0$, während $K = 21,13$ ist; endlich für
$R = 184$ ist $\tau = 34,3$ und $K = 32.48$. Die Abweichungen
der verschiedenen korrespondierenden Werte von $\tau$ und
$K$ sind hier offenbar nicht gröfser, als dafs sie sich
durch Beobachtungsfehler im Verein mit der weniger
korrekten Bestimmung der Konstanten erklären lassen.
Es wird deshalb doch allenfalls der Mühe wert sein, zu
versuchen, ob wir nicht dadurch, dafs wir in Gleich. 23
$\tau$ statt $K$ setzen, einen befriedigenden Ausdruck für $t$
sollten erhalten können. Man erhält nun, indem die
Gleichung mit Bezug auf $t$ gelöst wird:

$$ t = \tau \left[ 1 + \left( \frac{R}{r} - 1 \right) \left( 1 + a + \frac{\beta}{\tau + \log \cdot \frac{R}{r}} \cdot \frac{r}{R} \right) \right] $$

Wird hierin der aus Gleich. 12 genommene Ausdruck für $\tau$ eingesetzt, so ist

$$t = (k - k_1 \log R)\left[ 1 + \cfrac{1}{\left(\dfrac{R}{r} - 1\right)\left(1 + \alpha + \cfrac{3}{\gamma + \log.\dfrac{R}{r}} \cdot \dfrac{r}{R}\right)} \right]$$

.... (Gleich. 25).

Hier finden sich, wie man sieht, aufser Konstanten nur $R$ und $R/r$, und wir haben also den vollständigen Ausdruck für $t$. Setzen wir die gefundenen Konstanten ein, so erhalten wir also:

$$t = (47,6 - 6,035 \log R)\left[ 1 + \cfrac{1}{\left(\dfrac{R}{r} - 1\right)\left(1 + \cfrac{1}{0,0362 + \log.\dfrac{R}{r}} \cdot \dfrac{r}{R}\right)} \right]$$

.... Gleich. 26).

Wir prüfen nun die Richtigkeit der Formel mittels der fünf in Tab. 3 angeführten Versuchsreihen, die bisher noch gar nicht benutzt wurden. Da die Konstanten in Gleich. 26 ausschliefslich aus den anderen Versuchsreihen berechnet wurden, gibt es von der Gültigkeit der Gleichung in der That eine sehr gute Probe, wenn wir aus derselben die unter anderen Versuchsverhältnissen gefundenen Werte von $t$ zu berechnen im stande sind. In der Tab. 11 sind die Ergebnisse dieser Berechnungen zusammengestellt. Die Tabelle zerfällt in fünf Gruppen, den fünf in der ersten Kolonne angeführten Werten von $R$ entsprechend, mit denen die Versuche ausgeführt wurden. Unter der Überschrift »ber. $\tau$« sind darauf die aus der Formel $\tau = 47,6 - 6,035 \log R$ berechneten Werte angegeben. Diese bilden den einen, ausschliefslich von $R$ abhängigen Faktor der Gleich. 26. In den drei folgenden Kolonnen sind $r$, $R/r$ und die gefundenen, in der Tab. 3 angeführten Werte von $t$ zu finden. In der nächstletzten Kolonne hat man die aus Gleich. 26 berechneten Werte von $t$, und endlich unter $f$ die Abweichungen der gefundenen von den berechneten Gröfsen $t$.

Tab. 11.

| R | τ ber. | r | $\cdot \dfrac{R}{r}$ | t | t ber. | f |
|---|---|---|---|---|---|---|
| 9869 | 23,5 | 9366 | 1,054 | 45,8 | 49,7 | — 3,9 |
| | | 6000 | 1,64 | 31,8 | 34,7 | — 2,9 |
| | | 3136 | 3,15 | 28,3 | 30,5 | — 2,2 |
| | | 1526 | 6,46 | 25,8 | 27,2 | — 1,4 |
| | | 921 | 10,71 | 24,6 | 25,7 | — 1,1 |
| | | 320 | 30,84 | 23,3 | 24,3 | — 1,0 |
| 6000 | 24,8 | 5395 | 1,11 | 43,6 | 44,6 | — 1,0 |
| | | 3136 | 1,91 | 33,5 | 35,5 | — 2,0 |
| | | 1526 | 3,93 | 29,8 | 30,9 | — 1,1 |
| | | 921 | 6,51 | 28,0 | 28,6 | — 0,6 |
| | | 320 | 16,75 | 26,3 | 26,1 | + 0,2 |
| 3136 | 26,5 | 3033 | 1,034 | 56,6 | 66,3 | — 9,7 |
| | | 1526 | 2,05 | 37,0 | 37,4 | — 0,4 |
| | | 921 | 3,40 | 33,7 | 33,9 | — 0,2 |
| | | 320 | 9,80 | 29,5 | 29,3 | + 0,2 |
| 1526 | 28,4 | 1427 | 1,07 | 62,3 | 56,6 | + 5,7 |
| | | 921 | 1,65 | 41,3 | 41,9 | — 0,1 |
| | | 320 | 4,77 | 34,3 | 34,3 | 0,0 |
| 921 | 29,7 | 518 | 1,77 | 47,9 | 43,2 | + 4,7 |
| | | 320 | 2,88 | 39,2 | 39,2 | 0,0 |

Die Fehler sind, wie man sieht, durchweg sehr klein; der durchschnittliche Fehler beträgt 1,9 ə, was mir sehr befriedigend zu sein scheint. Überdies sind es hier wie in den anderen Versuchsreihen nur einige einzelne grofse Fehler, die den Durchschnittsfehler so stark in die Höhe treiben, und diese grofsen Fehler fallen ebenso wie vorher ausschliefslich auf diejenigen Werte des r, die sich dem korrespondierenden R so sehr nähern, dafs der Unterschied der Empfindung nahezu ebenmerklich wird. Hier müssen die Messungen daher notwendigerweise unsicher werden. Dafs die Fehler durchweg negativ sind, hat offenbar nicht viel zu bedeuten; dies deutet zunächst darauf hin, dafs die in Gleich. 26 aufgenommenen Konstanten nicht ganz genau sind — und das wissen wir ja vorher. Meines Erachtens ist die in der Tab. 11 gezeigte Übereinstimmung der Messung mit der Berechnung eine so gute, dafs die Gültigkeit der Gleich. 25 (26) als hierdurch erwiesen zu betrachten ist. Sind die Konstanten bestimmt, so kann man mittels dieser Gleichung also die Gröfse der Periodenkonstante

$t$ für jeden beliebigen aufgegebenen Wert von $R$ und $r$ finden, und durch die Gleichungen 10 und 11 läfst sich darauf die kritische Periode $T$ für alle gegebenen Gröfsen der Sektoren annähernd bestimmen.

Aufser diesem praktischen Resultate haben wir aber noch ein anderes von nicht unbedeutendem theoretischem Interesse gewonnen. Wir sahen, dafs sich in der Formel für die Periodenkonstante ein Faktor findet, der den Kontrast der Sektoren ausdrückt; erst als wir die Kontrastwirkung mit in Betracht zogen, kamen wir zu einer mit den Messungen übereinstimmenden Gleichung. Dies scheint mir notwendig zu folgendem Schlusse führen zu müssen:

Der Helligkeitskontrast ist ein wahrscheinlich in der Netzhaut verlaufender rein physiologischer Prozefs, der zu stande kommt, sobald verschiedene Stellen der Netzhaut ungleich stark beleuchtet werden; ob diese verschiedenen Beleuchtungen ebenfalls verschiedene Empfindungen hervorrufen, also als getrennte Felder von verschiedener Helligkeit aufgefafst werden, ist für das Eintreten des Kontrastes dagegen durchaus gleichgültig.

Da kaum anzunehmen ist, dafs zwischen dem Helligkeitskontraste und dem eigentlichen Farbenkontraste ein qualitativer Unterschied bestehen sollte, scheint hieraus mit Notwendigkeit hervorzugehen, dafs aller Farbenkontrast, im weitesten Sinne, auf einem rein physiologischen Prozesse beruht und davon unabhängig ist, ob die kontrastierenden Felder wirklich als getrennt aufgefafst werden.

*Das Unterscheidungsgesetz.* Im Anfange des Abschnittes ›Die kritische Periode der rotierenden Scheiben‹ wurde nachgewiesen, dafs die kritische Periode, mithin auch die Periodenkonstante von der Unterschiedsempfindlichkeit des Beobachters abhängig ist. Es wird folglich besonderes Interesse haben, zu untersuchen, welche Werte $t$ annimmt, wenn die Helligkeit der Sektoren, $R$ und $r$, nur ebenmerklich verschiedene Empfindungen hervorruft. Ich suchte deshalb bei meinen Messungen des $t$ in einer gröfseren Anzahl von Fällen

die Werte des $t$ zu bestimmen, wenn der Unterschied
der Sektoren ein nur ebenmerklicher war. Dies erwies
sich aber als praktisch unthunlich. Erstens ist es fast
unmöglich, die erforderlichen Papiere herbeizuschaffen.
Die verschiedenen Sektoren müssen aus bemalten
Papieren hergestellt werden, und nur ausnahmsweise
gelang es mir, diese mit so grofser Genauigkeit auszuführen, dafs sie bei einer bestimmten Beleuchtung einen
ebenmerklichen Unterschied zeigten. Deswegen erhielt
ich nur ein wenig umfangreiches Versuchsmaterial,
trotzdem eine unverhältnismüfsig lange Zeit zur Be-
schaffung der erforderlichen Papiere angewandt wurde.
Ferner erwies es sich, was die vorhergehenden Untersuchungen bereits durch verschiedene Beispiele gezeigt
hatten, dafs eine auch nur einigermafsen genaue Bestimmung der Periodenkonstante unmöglich wurde, wenn
der Unterschied zwischen den Helligkeiten der Papiere
so gering war. Wenn die Scheibe rotiert, erblickt man
leicht die Verschiedenheit der Sektoren, selbst nachdem
der dunklere Sektor bis zu einem ganz schmalen Streifen
eingeschrumpft ist; es ist aber nicht möglich, mit Sicherheit zu entscheiden, wann dieser Streifen verschwindet,
oder mit anderen Worten, wann die Scheibe ganz ohne
Flimmer wird. Die Beurteilung wird durchaus unsicher,
und nicht einmal der Durchschnitt einer gröfseren Anzahl Messungen wird zuverlässig, weil man sich schnell
daran gewöhnt, auf bestimmte Weise zu schätzen, so
dafs die einzelnen Messungen oft überraschend gut
übereinstimmen. Darum kann man sich aber doch nicht
auf das Resultat verlassen, wie aus den Tabellen 10
und 11 zu ersehen ist; kommt $r$ ganz nahe an $R$, so
zeigen sich die gemessenen Werte des $t$ mit auffallend
grofsen Fehlern behaftet, die gewöhnlich positiv sind,
jedoch auch negativ werden können (siehe Tab. 11).
Durch direkte Messungen können wir also zu keinem
bestimmten Ergebnisse mit Bezug auf die Werte gelangen, welche $t$ annimmt, wenn der Unterschied der
Sektoren ein ebenmerklicher ist. Darum ist es uns aber
doch nicht verwehrt, über diese Sache ins reine zu kommen,
denn diese Werte müssen sich aus Gleich. 26 berechnen
lassen, wenn wir die Unterschiedsempfindlichkeit für
verschiedene Gröfsen des $R$ bestimmen. Das that ich

denn auch. Unter Anwendung desselben Materials, das zur Messung des $t$ benutzt wurde, bestimmte ich meine Unterschiedsempfindlichkeit für sehr verschiedene Größen des $R$. Eine Übersicht über die gefundenen Resultate ist in der Tab. 12 gegeben. In der ersten Kolonne ist $R$ angeführt, in der nächsten Kolonne die entsprechenden Werte der Unterschiedsempfindlichkeit, durch das Verhältnis $R\,r$ ausgedrückt; in den beiden folgenden Kolonnen sind unter den Überschriften $\tau$ und $B$ die Werte der beiden Faktoren gegeben, in die sich der Ausdruck für $t$ (Gleich. 26) teilt. Man hat nämlich:

$$\tau = 47{,}6 - 6{,}035 \log. R \ \ldots \ldots \text{(Gleich. 13)},$$

und setzt man daher

$$B = 1 + \cfrac{1}{\left(\dfrac{R}{r}-1\right)\left(1 + \cfrac{0{,}942}{0{,}0362 + \log.\frac{R}{r}} \cdot \frac{r}{R}\right)}$$

so wird also: $t = \tau \cdot B \ \ldots \ldots \ldots \ldots$ (Gleich. 27). Die in der Tab. 12 unter der Überschrift $t$ gegebenen Zahlen sind also, der Gleich. 27 gemäß, die Produkte der in den Kolonnen $\tau$ und $B$ angeführten Größen.

Tab. 12.

| $R$ | $\dfrac{R}{r}$ | $\tau$ | $B$ | $t$ | $\dfrac{60}{\tau}$ | $\dfrac{R}{r}$ ber. |
|---|---|---|---|---|---|---|
| 1 841 600 | 1,008 | 9,3 | 6,07 | 59,5 | 6,13 | 1,008 |
| 986 880 | 1,009 | 11,4 | 5,55 | 63,3 | 5,26 | 1,009 |
| 313 600 | 1,011 | 14,4 | 4,62 | 69,4 | 4,17 | 1,014 |
| 9 369 | 1,025 | 23,3 | 2,95 | 68,2 | 2,55 | 1,032 |
| 3 136 | 1,034 | 26,5 | 2,55 | 67,6 | 2,26 | 1,045 |
| 1 526 | 1,070 | 28,4 | 1,99 | 56,5 | 2,11 | 1,057 |
| 931 | 1,091 | 29,7 | 1,87 | 55,5 | 2,02 | 1,068 |
| 99 | 1,202 | 35,6 | 1,64 | 58,4 | 1,69 | 1,183 |
| 31 | 1,291 | 38,6 | 1,58 | 61,0 | 1,55 | 1,369 |
| 9 | 2,130 | 41,3 | 1,39 | 58,3 | 1,44 | 1,337 |

Betrachtet man die berechneten Größen $t$, so erweisen diese sich als fast konstant. Allerdings zeigen die Zahlen einige Verschiedenheit, aber keine Spur einer gesetzmäßigen Variation, indem die größten und die kleinsten Werte unmittelbar aneinanderstoßen. Die Abweichungen scheinen daher ausschließlich von Zu-

fälligkeiten herzurühren, von der unvermeidlichen Unsicherheit bei der Bestimmung der Unterschiedsempfindlichkeit $R'r$ im Verein mit dem Umstande, daſs die in
Gleich. 26 aufgenommenen Konstanten nicht die wahrscheinlichsten Werte sind. Ich halte es deshalb für
berechtigt, aus den vorliegenden Messungen und Berechnungen den Schluſs zu ziehen, daſs $t$ wirklich konstant ist. Oder mit anderen Worten:

Wenn zwischen den Sektoren einer rotierenden Scheibe nur ein ebenmerklicher Empfindungsunterschied stattfindet, so wird für
einen gegebenen Beobachter die Periodenkonstante einen konstanten, von der absoluten Helligkeit der Sektoren unabhängigen
Wert haben.

Hieraus folgt nun ganz einfach die Bedingung, damit zwei gleichzeitige Lichtreize, $R$ und $r$, einen ebenmerklichen Empfindungsunterschied hervorrufen, nämlich:

$$t - (k - k_1 \log. R)\left[ t + \cfrac{1}{\left(\cfrac{R}{r} - 1\right)\left(1 + a + \cfrac{3}{r + \log. \frac{R}{r}} \cdot \frac{r}{R}\right)}\right] - K_1$$

$$\ldots \ldots \text{Gleich. 28)},$$

wo $K_1$ eine Konstante ist. Werden hierin die früher
gefundenen Konstanten eingesetzt und als der wahrscheinliche Wert $K_t = 60$ genommen, so erhält man für
die hier gefundenen Werte des $R'r$ die Formel:

$$(47,6 - 6,035 \log. R)\left[ t + \cfrac{1}{\left(\cfrac{R}{r} - 1\right)\left(1 + \cfrac{0,943}{0,0363 + \log. \frac{R}{r}} \cdot \frac{r}{R}\right)}\right] - 60$$

$$\ldots \ldots \text{(Gleich. 29)}.$$

Löst man diese Gleichung mit Bezug auf $R\,r$, so erhält
man die in der Tab. 12 unter der Überschrift »ber. $R'r$«
angegebenen Zahlen. Wie man sieht, weichen diese
nur sehr wenig von den gefundenen $R'r$ ab, und die
Abweichungen sind ganz unregelmäſsig, indem einige
Zahlen zu groſs, andere zu klein sind. Die Gleich. 29
gibt also wirklich mit groſser Annäherung die ver-

schiedenen Werte, welche die Unterschiedsempfindlichkeit dieses einzelnen Beobachters bei verschiedener
Größe des $R$ annimmt. Für andere Beobachter müssen
in Gleich. 29 natürlich andere Konstanten aufgenommen
werden, und somit werden auch die jedem gegebenen $R$
entsprechenden Werte des $R/r$ sich verändern.

Bevor wir weitergehen, wird es hier am Orte sein,
in ein paar Worten zu erklären, wie man aus Gleich. 29
die jedem gegebenen $R$ entsprechenden Verhältnisse $R/r$
zu finden im stande ist. Da in der Gleichung nicht nur
$R/r$, sondern auch $r/R$ und log. $(R/r)$ vorkommen, ist es
natürlich unmöglich, aus derselben einen expliziten Ausdruck für $R/r$ allein durch $R$ und die Konstanten abzuleiten. Dies ist aber auch nicht notwendig, da man
auf graphischem Wege $R/r$ mit der gewünschten Genauigkeit ausmessen kann. Nach Gleich. 27 kann man Gleich. 29
in die Form: $\tau \cdot B = 60$ bringen, wo $B$ die oben angegebene Bedeutung hat. Im Faktor $B$ kommt aber nur
$R/r$ nebst verschiedenen Konstanten vor. Setzt man
hierin also statt $R/r$ eine Reihe verschiedener Werte,
z. B. zwischen den Grenzen 1,005 und 2,200, ein, so
kann man leicht berechnen, welche Werte $B$ hierdurch
annimmt, und diese zusammengehörenden Größen $R/r$
und $B$ lassen sich graphisch abzeichnen. Dies ist in
kleinem Maßstabe Pl. II gezeigt. Als Abscissen sind
hier die verschiedenen Werte des $R/r$, als Ordinaten die
entsprechenden berechneten Werte des $B$ abgesetzt.
Die entstandene Kurve zeigt also, wie $B$ mit $R/r$ variiert,
und folglich kann man an der Abscissenachse den jedem
beliebigen Punkte der Kurve entsprechenden Wert des
$R/r$ ablesen. Dieses Ablesen läßt sich so genau
machen, wie man wünscht, wenn man die Kurve nur in
hinlänglich großem Maßstabe zeichnet. Mittels dieser
Kurve ist es nun nicht schwierig, die Gleich. 29 mit
Bezug auf $R/r$ zu lösen. Gibt man der Gleichung die
Form: $\tau \cdot B = 60$, so ist $B$ also $= 60/\tau$. In der Tab. 12
finden sich die den benutzten $R$ entsprechenden Werte
des $\tau$, und dividiert man diese Größen in 60, so erhält
man die in der Kolonne $60/\tau$ angeführten Zahlen. Diese
Zahlen sind mithin die verschiedenen Werte des $B$, und
man braucht nun nur in der Kurve Pl. II diejenigen
Punkte aufzusuchen, deren Ordinaten die Zahlen $B =$

60⸴ꞏ sind; die entsprechenden Abscissen sind dann die gesuchten Werte des $R\cdot r$. Im Pl. II entspricht 1 mm einem Unterschied von 0,01 in der Größe des $R/r$, und man kann daher noch eben einen Unterschied von 0,001 beurteilen; die Kurve, die ich zur Bestimmung der in Tab. 12 angeführten Zahlen für »ber. $R'r$« benutzte, war in viermal größerem Maßstabe ausgeführt, so daß die dritte Dezimale als zuverlässig betrachtet werden darf.

Die mathematische Formel, die das Abhängigkeitsverhältnis zwischen zwei Sinnesreizen ausdrückt, welche einen ebenmerklichen Empfindungsunterschied hervorrufen, werde ich im Folgenden der Kürze wegen mit dem Namen des ›Unterscheidungsgesetzes‹ bezeichnen. Eine höchst unvollkommene Formulierung des Unterscheidungsgesetzes haben wir in dem aus dem Weberschen Gesetze abgeleiteten Ausdruck: $R/r =$ konst. Wenn das Webersche Gesetz im Laufe der Zeit der Gegenstand einer so außerordentlich großen Anzahl von Untersuchungen gewesen ist, so rührt das wahrscheinlich großenteils von der Einfachheit der genannten Formel her. Man konnte ruhig losexperimentieren, die Bearbeitung des Versuchsmaterials bereitete keine große Mühe, da sie nur ein Minimum von Berechnung erforderte. Alle diese Untersuchungen haben mit hinlänglicher Deutlichkeit dargethan, daß die genannte Form des Unterscheidungsgesetzes durchaus ungenau ist; streng genommen hat sie sich nirgends als gültig erwiesen. Hierüber können wir uns nun nicht wundern, da wir in Gleich. 28 einen wenigstens annähernd genauen Ausdruck für das Unterscheidungsgesetz auf dem Gebiete des Lichtsinnes gewonnen haben. Daß diese Formel indes nicht für alle Sinnesgebiete gilt, läßt sich schon jetzt mit Sicherheit vorhersagen. Denn es kommt in der Formel ein Faktor vor, welcher der Ausdruck für den gegenseitigen Kontrast der beiden gleichzeitigen Lichtreize ist. Auf den Gebieten anderer Sinne, z. B. auf dem des Gehörs, wo wir nicht mit gleichzeitigen Reizen operieren können, wird auch kein simultaner Kontrast stattfinden können, und folglich muß der Ausdruck für die Kontrastwirkung aus der Formel entfernt werden. Dafür werden aber wahrscheinlich andere Momente auftreten, die ganz anderen

Gesetzen unterworfen sind, und die mit in Anschlag
gebracht werden müssen, wenn wir auf diesen Gebieten
eine genaue Formel für das Unterscheidungsgesetz
suchen. Dafs das Webersche Gesetz sich also überall
als unzulänglich erwiesen hat, rührt kurz und gut davon her, dafs es die Verhältnisse in gar zu grofsem
Mafse vereinfacht. Wünscht man eine genaue Formel,
so mufs man die vielen verschiedenen Momente, die auf
den verschiedenen Sinnesgebieten zur Geltung kommen,
mit in Betracht ziehen. Hieraus folgt aber wahrscheinlich, dafs man für jedes andere Sinnesgebiet einen
speziellen Ausdruck für das Unterscheidungsgesetz erhält[1].

Dem sei nun, wie ihm wolle; streng genommen wird
dadurch, dafs man ein und dasselbe Gesetz auf allen
Gebieten gültig findet, doch nicht viel gewonnen sein.
Weit schlimmer ist es, wenn die verschiedenen Formeln
wahrscheinlich so kompliziert werden, dafs man ihre
Gültigkeit meistens gar nicht zu prüfen im stande ist.
Selbst wenn man auf anderen Sinnesgebieten auf Um-
wegen zu einer vollständigen Formel für das Unterscheidungsgesetz gelangen könnte, so wie es uns hier
glückte, würde eine nähere Prüfung von deren Gültigkeit eine äufserst mühselige Arbeit werden. Mit Gleich. 28
vor Augen ist dies leicht zu verstehen. Dafs diese wirklich ein ziemlich genauer Ausdruck für die Variationen
meiner individuellen Unterschiedsempfindlichkeit ist,
vermochte ich nachzuweisen, weil die in der Gleichung
vorkommenden Konstanten bekannt sind. Zu prüfen,
ob das Gesetz auch für andere Beobachter gilt, über
deren Unterschiedsempfindlichkeit Messungen vorliegen,
wird aber so ziemlich unmöglich sein. Denn in der
Gleich. 28 kommen nicht weniger als sechs Konstanten
vor, und es ist anzunehmen, dafs sie alle mit der
Versuchsperson variieren. Und mit Sicherheit wissen

[1] Für Schallempfindungen wird später eine spezielle Formel entwickelt werden. Was die Gewichtsempfindungen betrifft, mufs die
Formel offenbar sehr kompliziert werden, wenn sie die generellen und
typischen Tendenzen umfassen soll, die hier ähnlichen Einflufs üben
wie der Kontrast auf dem Gebiete des Lichtsinnes. Vgl. L. Martin
und G. E. Müller: Zur Analyse der Unterschiedsempfindlichkeit.
Leipzig 1899.

5*

wir jedenfalls, daß diese Konstanten sich mit den Versuchsverhältnissen verändern. So sind die Konstanten $k$ und $k_1$ von der Einheit abhängig, durch welche die angewandten Lichtreize ausgedrückt sind; diese Größen variieren also mit dem absoluten Werte der Beleuchtung. Ferner sind $a$, $\beta$ und $\gamma$ von allen denjenigen Faktoren abhängig, welche auf die Größe des Kontrastes Einfluß haben, und $K_1$ wird dann wahrscheinlich von sämtlichen genannten Umständen im Verein abhängig sein. Nun kommen diese Konstanten in der Gleichung zugleich auf solche Weise vor, daß ihre Bestimmung mittels der Methode der kleinsten Quadrate für eine vorliegende Reihe von Messungen über die Unterschiedsempfindlichkeit in der Praxis so gut wie unmöglich sein wird. Es eröffnen sich künftigen Forschern auf diesem Gebiete also keine besonders glänzenden Aussichten: diejenigen Gesetze, deren Gültigkeit sich prüfen läßt, erweisen sich als unrichtig, und diejenigen Gesetze, welche wahrscheinlich richtig sind, sind zugleich so kompliziert, daß ihre Gültigkeit sich nicht prüfen läßt.

Für den Augenblick sehe ich mich deshalb nicht im stande, einen exakten Beweis dafür zu liefern, daß Gleich. 28 wirklich für andere Beobachter gilt. Bedenkt man aber, auf welche Weise wir zu dieser Formel gelangten, so läßt sich an ihrer Gemeingültigkeit wohl kaum Zweifel erheben. Gleich. 28 ist nämlich ja nur der Ausdruck für die Periodenkonstante $t$ (Gleich. 25), die sich in den speziellen Fällen, wo $R$ und $r$ ebenmerkliche Empfindungsunterschiede hervorrufen, gleich einer Konstanten erweist. Da meine Resultate mit Bezug auf die kritische Periode der rotierenden Scheiben mit dem übereinstimmen, was von der Hand anderer Forscher über diesen Punkt vorliegt, so ist Gleich. 25 zweifelsohne gemeingültig. Überdies ist es höchst wahrscheinlich, daß man $t = K_1$ haben muß, wenn zwischen den Sektoren ein ebenmerklicher Unterschied stattfindet. Denn ist der Unterschied zwischen den Sektoren ursprünglich ebenmerklich, so wird ein Minimum von Licht, das sich von dem helleren über den dunkleren Sektor verbreitet, hinlänglich sein, um ihren Unterschied unmerklich zu machen. Eine solche minimale Steigerung der Helligkeit des dunkleren Sektors muß aber gerade bei einer ganz bestimmten Rotationsgeschwindigkeit eintreten, die von der absoluten Helligkeit des helleren Sektors unabhängig ist. Es liegt also aller mögliche Grund für die Annahme vor, dafs der in der Gleich. 28 gegebene Ausdruck für das Unterscheidungsgesetz für Lichtempfindungen gemeingültig sein mufs. Und dies wird noch wahrscheinlicher, wenn man die Werte, welche andere Forscher für ihre Unterschiedsempfindlichkeit fanden, mit den meinigen vergleicht. Soweit mir bekannt, sind die beiden ausführlichsten bis jetzt vorliegenden Versuchsreihen dieser Art die von Aubert[1] und König[2] ausgeführten. Ein Vergleich der Resultate dieser beiden Forscher mit meinen eignen — sowohl den gefundenen als den berechneten — ist in der Tab. 13 gegeben.

Tab. 13.

| R | Aubert | König | Lehmann | |
|---|---|---|---|---|
| | | | gef. | ber. |
| 500 000 | | 1,017 | | |
| 800 000 | 1,007 | 1,016 | 1,008 | 1,008 |
| 100 000 | 1,003 | 1,018 | 1,009 | 1,009 |
| 35 000 | 1,010 | | 1,011 | 1,014 |
| 20 000 | 1,015 | 1,018 | | |
| 5 000 | 1,022 | 1,030 | | |
| 1 000 | | 1,042 | 1,025 | 1,032 |
| 600 | 1,030 | | | |
| 300 | | 1,048 | | |
| 150 | 1,037 | | 1,034 | 1,045 |
| 100 | 1,040 | 1,073 | 1,091 | 1,063 |
| 10 | 1,091 | 1,252 | 1,202 | 1,183 |
| 5 | 1,135 | 1,377 | | |
| 3,5 | | | 1,291 | 1,389 |
| 1 | 1,333 | 1,700 | 2,180 | 1,887 |

[1] Physiologie der Netzhaut. Breslau 1865. S. 62.
[2] König und Brodhun, Experimentelle Untersuchungen über die psychophysische Fundamentalformel. 2. Mitteilung. Sitzungsberichte der Akademie zu Berlin. 1889. Vgl. Helmholtz, Physiologische Optik. 2. Aufl. 1896. S. 408. Da Brodhuns Messungen in allem Wesentlichen dasselbe Resultat ergaben wie die von König angestellten, führe ich hier nur die eine Versuchsreihe an. Sonderbar ist es, dafs die maximale Unterschiedsempfindlichkeit beider genannten Forscher weit hinter dem zurücksteht, was andere gefunden haben. Dies scheint zunächst anzudeuten, dafs die angewandte Versuchsanordnung trotz des sinnreichen photometrischen Apparats dennoch nicht ganz zweckmäfsig war. Vgl. Simon. Über die Wahrnehmung von Helligkeitsunterschieden. Zeitschr. f. Psych. Bd. 21. S. 440.

Eine kleine Schwierigkeit beim Vergleich bereitet
der Umstand, dafs die Einheit, von der man bei der
Bestimmung der Lichtstärke ausging, bei allen drei
Versuchsreihen eine verschiedene ist, und wir besitzen
nicht einmal hinlängliche Daten, um diese Einheiten
auf ein gemeinschaftliches Mafs zu reduzieren. Dies
ist glücklicherweise aber auch nicht nötig, da es nur
darauf ankommt, die Variationen der Unterschiedsempfindlichkeit mit der Lichtstärke, nicht aber deren
Gröfse bei gegebener absoluter Intensität des Lichtes
einem Vergleich zu unterwerfen. Für alle drei Versuchsreihen nahm ich deshalb als Einheit den niedrigsten
Wert des $R$, bei welchem eine Messung ausgeführt
wurde, und reduzierte demgemäfs die Zahlen. Alle Angaben Auberts über $R$ sind daher mit 5 dividiert,
Königs Angaben mit 50 multipliziert und meine eignen
mit 9 dividiert; die unter der Überschrift $R$ in der
Tab. 13 gegebenen Gröfsen sind also nur Quotient-
zahlen. Die Tabelle zeigt uns also, wie die Unterschiedsempfindlichkeit bei den drei Beobachtern variierte, indem die Lichtstärke von der niedrigsten angewandten
Gröfse an bis zur 5-, 10-, 100- u. s. w. fachen Stärke
anwuchs. Und diese Variationen der Unterschiedsempfindlichkeit haben bei den drei Beobachtern einen
im ganzen so gleichartigen Verlauf, dafs es wohl keinen
Zweifel erleiden kann, dafs Gleich. 28, nur mit geringer
Veränderung der Gröfse der Konstanten, für sie alle
gültig ist.

Hierzu ist jedoch noch eins zu bemerken. König
dehnte seine Messungen der Unterschiedsempfindlichkeit
bis zu einer Gröfse des $R$ aus, die 100 mal gröfser ist
als der höchste in der Tab. 13 angegebene Wert. Hierdurch findet er, dafs die Unterschiedsempfindlichkeit
anfangs einige Zeit hindurch konstant ist, worauf sie
bei den höchsten Intensitäten wieder abnimmt. Es ist
eine längst bekannte Sache, dafs die Unterschiedsempfindlichkeit ihr Maximum keineswegs bei der höchsten Lichtstärke hat, die das Auge überhaupt ertragen
kann, sondern bei einer bedeutend geringeren Intensität.
Diese Abnahme der Unterschiedsempfindlichkeit bei sehr
grofsen Werten des $R$ geht nicht aus Gleich. 28 hervor,
die bei anwachsendem $R$ zu immer mehr abnehmenden

Werten des $R\,r$, mithin zu fortwährender Steigerung der Unterschiedsempfindlichkeit führt. Gleich. 28 ist insofern also unrichtig oder unvollständig. Der Grund hierfür liegt natürlich darin, dafs der Ausdruck für die Periodenkonstante $t$, aus welchem die Gleichung abgeleitet wurde, auch bei sehr grofsen Werten des $R$ keine richtigen Werte des $t$ gibt. Dafs ich die Untersuchungen nicht bis zu maximalen Gröfsen des $R$ durchführte, geschah jedoch mit gutem Bedacht. Bei den grofsen Lichtstärken, wo die Unterschiedsempfindlichkeit abzunehmen beginnt, treten nach meinen persönlichen Erfahrungen stets die eigentümlichen Empfindungen ein, die man in der täglichen Rede die »Blendung des Auges« nennt. Worauf diese »Blendung« und die begleitenden unangenehmen oder sogar schmerzlichen Blendungsempfindungen eigentlich beruhen, das wissen wir nicht; nähere Untersuchungen darüber scheinen nicht vorzuliegen. Helmholtz sagt hierüber nur: »Die Abweichung von dem (Weberschen) Gesetze an der oberen Grenze könnte man mit Fechner wohl darauf schieben, dafs das Organ zu leiden anfängt. Die inneren Veränderungen im Nerven, welche den Eindruck des Reizes auf das Gehirn übertragen, können eben eine bestimmte Gröfse nicht überschreiten, ohne das Organ zu schädigen, und jeder Wirkung des Reizes ist daher eine obere Grenze gesetzt, welcher ein Maximum der Empfindungsstärke entsprechen mufs[1].«

Die Richtigkeit dieser Bemerkungen läfst sich wohl kaum bezweifeln. Sie stimmen ganz mit meinen Beobachtungen überein, dafs die Abnahme der Unterschiedsempfindlichkeit von unangenehmen Blendungsempfindungen begleitet wird, welche andeuten, dafs das Gesichtsorgan unter den gewaltigen Reizen leidet. Das Organ vermag die von ihm verlangte Arbeit nicht zu leisten; die physiologischen Prozesse verlaufen nicht mehr auf dieselbe Weise wie bei schwächeren Reizen. Unter den veränderten Verhältnissen kann man aber nicht erwarten, dafs ein Gesetz, das sich bisher als gültig erwies, seine Gültigkeit behalten sollte. Indem neue Momente hinzutreten, müssen diese, nach be-

---

[1] Physiologische Optik. 2. Aufl. 1896. S. 390.

stimmten Gesetzen, in die vorher bestehenden Verhältnisse störend eingreifen. Die Richtigkeit dieser Betrachtungen werde ich später auf einem ganz anderen
Gebiete darlegen, wo wir, ohne gröfseren Schaden an-
zurichten, die Wirkungen zu untersuchen vermögen, die
sehr nahe an der Grenze des dem Organismus Erträg-
lichen liegen. Hier hebe ich dies nur hervor, um darauf
aufmerksam zu machen, dafs ich die Unvollständigkeit
der in Gleich. 28 gegebenen Formel für das Unterscheidungsgesetz keineswegs übersehen habe. Dieselbe
gilt für unsere Lichtempfindungen nur, solange die Verhältnisse wesentlich dieselben bleiben, nämlich bis das
Auge geblendet wird. Dafs ich die Untersuchungen
nicht weiterführte, rührt erstens von dem praktischen
Umstande her, dafs ich es nicht wagte, meinen Augen
eine so anstrengende Arbeit zuzumuten. Ferner auch
von der theoretischen Ansicht, dafs man unter neuen
Verhältnissen neue Gesetze zu finden erwarten mufs
oder allenfalls gesetzmäfsige Eingriffe in die vorher
gültigen, so dafs es völlig berechtigt ist, jede einzelne
Phase für sich zu studieren. Die Zunahme der Unterschiedsempfindlichkeit ist eine Phase für sich, die sich
allein behandeln läfst, weil wir hier gar nichts mit den
Verhältnissen zu schaffen haben, die deren Abnahme
bei sehr starken Reizen bedingen.

In einer interessanten kleinen Abhandlung: »Über
den Grund der Abweichungen von dem Weberschen
Gesetz bei Lichtempfindungen« [1] hat Ebbinghaus die
vorliegende Frage behandelt. Der Schlufsbemerkung
der Abhandlung: »Die sogenannten Abweichungen von
dem Weberschen Gesetz werden .... für eine photochemische Theorie von der Einwirkung des Lichts auf
das Auge ein völlig begreifliches und selbst ganz gesetzmäfsiges Phänomen«, kann ich durchaus beistimmen. Im
folgenden Abschnitte werde ich nachweisen, wie man
das Unterscheidungsgesetz auf rationelle Weise aus bekannten photochemischen und physiologischen Gesetzen
abzuleiten im stande ist. Insofern bin ich also mit
Ebbinghaus ganz einig. Sonst bin ich mit ihm
prinzipiell uneinig, namentlich was die Erklärung der

[1] Pflügers Archiv für Physiologie. Bd. 45.

oberen Abweichung vom Weberschen Gesetze betrifft.
Ebbinghaus sucht darzulegen, dafs die intramoleku-
laren Atombewegungen in der Netzhaut bei anwachsenden Lichtreizen ganz ebenso variierten, wie die Unterschiedsempfindlichkeit nach Königs und Brodhuns
empirischen Ergebnissen variiert. Die Lichtempfindungen
sollten also den photochemischen Vorgängen in der Netzhaut proportional werden; diese wären deshalb ausschliefslich als die Ursache der Variationen der Unterschiedsempfindlichkeit zu betrachten. Es scheint mir
nun erstens ziemlich gewagt, ein Gesetz, das für Geschwindigkeiten der Moleküle in einer Gasart gilt, auf
die organisierte Netzhaut zu übertragen. Selbst wenn
man dieser Ansicht beitreten wollte, bleibt aber ja doch
ein Punkt zurück, wo die Erklärung nicht stichhaltig
ist. Solange die Stärke der Lichtreize keine gröfseren
Forderungen an den Organismus stellt, als dieser zu
erfüllen vermag, verwehrt uns nichts, uns zu denken,
dafs im Zentralorgane psychophysische Prozesse ausgelöst würden, die den Atombewegungen in der Netzhaut proportional wären. Werden die Lichtreize aber
so stark, dafs der Organismus unter denselben leidet,
so kann dies nur eins von beiden bedeuten: entweder
wollen die Atombewegungen in der Netzhaut nicht mehr
dem Maxwellschen Gesetze gehorchen, oder auch vermag der Sehnerv die heftigen Reize nicht bis ins Gehirn
zu befördern. Welchen Ausweg man auch wählen
möchte, mufs das Resultat meiner Meinung nach das
werden, dafs die Unterschiedsempfindlickeit nicht den
durch das Maxwellsche Gesetz ausgedrückten Atombewegungen proportional variieren kann. Scheint eine
derartige Proportionalität nichtsdestoweniger zu bestehen, so kommt dies wohl von einer zufälligen Ähnlichkeit der Maxwellschen Kurve mit der Kurve her, die
den genauen Ausdruck für die Variationen der Unterschiedsempfindlichkeit gibt. Hierin liegt nichts Merk-
würdiges. Zwei Kurven können sich sehr ähnlich sein,
obwohl ihre Gleichungen äufserst verschieden sind. Es
kann wohl keinen Zweifel erleiden, dafs Gleich. 28 für
die von König gefundenen Werte der Unterschiedsempfindlichkeit gültig ist, und folglich mufs die der
Gleich. 28 entsprechende Kurve fast ganz mit dem an-

steigenden Aste der Maxwellschen Kurve zusammen-
fallen, weil gerade Königs Messungen von Ebbinghaus
benutzt wurden, um die Bedeutung der Maxwellschen
Kurve für dieses Gebiet nachzuweisen. Der Umstand,
dafs die Variationen der Unterschiedsempfindlichkeit
anscheinend dem Maxwellschen Gesetze unterstehen,
genügt also nicht, um darzuthun, dafs die physischen
Verhältnisse, für die das Maxwellsche Gesetz gilt, auch
die Ursache der Variationen der Unterschiedsempfindlichkeit sind. Es können sich thatsächlich ganz andere
Ursachen geltend machen, die aber dennoch zu einem
ähnlichen Resultate führen. In einem folgenden Abschnitte werden wir nachweisen, dafs das durch Gleich. 28
ausgedrückte Unterscheidungsgesetz sich wirklich als
Resultat des Zusammenwirkens mehrerer bekannter
physischer und physiologischer Prozesse erklären läfst.

Ebbinghaus' Fehler besteht also meines Erachtens darin, dafs er die Sache gar zu sehr von einem
physischen Standpunkte betrachtet; die physiologischen
Verhältnisse berücksichtigt er durchaus nicht. Dies
macht sich namentlich fühlbar, wenn man die Erklärung
auf andere Sinnesgebiete übertragen will. Hinsichtlich
der Schallempfindungen z. B. zeigt die Unterschiedsempfindlichkeit ähnliche Variationen wie hinsichtlich der
Lichtempfindungen; wie läfst sich hier aber die Ebbing-
haussche Erklärung durchführen? Es kann hier doch
wohl von photochemischen Prozessen keine Rede sein,
die rein physischen Gesetzen gehorchen, mithin von
aller organischen Struktur unabhängig sind. Die nämlichen Variationen der Unterschiedsempfindlichkeit
müssen also mit Bezug auf das Gehör eine ganz
andere Erklärung verlangen. Wie wir später sehen
werden, besteht zwischen den zentralen Innervationen
und der Muskelarbeit ein ganz ähnliches Abhängigkeitsverhältnis wie zwischen dem physischen Reize und der
Empfindung. Hier scheint eine physische Erklärung
ohne Berücksichtigung der physiologischen Verhältnisse
noch weniger am Platze zu sein. Ebbinghaus' Erklärung ist also höchst einseitig; sie läfst sich nur auf
einem einzigen Sinnesgebiete durchführen. Ich bin deshalb am meisten zu der Ansicht geneigt, dafs sie in der
Realität gar keine Erklärung ist; sie ist nur der Nach-

weis der zufälligen, allerdings ganz merkwürdigen Übereinstimmung eines physischen Gesetzes mit einer sehr komplizierten psychophysiologischen Erscheinung.

*Prüfung des Unterscheidungsgesetzes mittels der Methode der mittleren Abstufungen.* Wir sahen oben, dafs einem ebenmerklichen Unterschied zwischen den Sektoren einer rotierenden Scheibe ein konstanter Wert der Periodenkonstante entspricht. Das heifst mit anderen Worten: die kritische Periode der Scheibe ist konstant, ist von den absoluten Helligkeiten der Sektoren unabhängig, wenn sie anfänglich einen ebenmerklichen Empfindungsunterschied hervorrufen. Die Annahme liegt deshalb nahe, dafs ein solcher konstanter Wert der Periode nicht nur für ebenmerkliche Empfindungsunterschiede, sondern auch für alle beliebigen gleichgrofsen Empfindungsdifferenzen zu finden ist. Es seien $d$, $v$ und $h$ drei verschiedene Helligkeiten, wo $d < v < h$; die hierdurch hervorgerufenen Empfindungen bezeichnen wir $E_d$, $E_v$ und $E_h$. Ferner denken wir uns $d$, $v$ und $h$ so gewählt, dafs: $E_v - E_d = E_h - E_v$. Zwischen $d$ und $v$ ist also dieselbe Empfindungsdifferenz wie zwischen $v$ und $h$. Entsprechen nun den gleichgrofsen Empfindungsunterschieden gleichgrofse Periodenkonstanten, so sollte man also der Gleich. 25 zufolge haben:

$$t = (k - k_1 \log. v)\left[1 + \cfrac{1}{\left(\cfrac{v}{d}-1\right)\left(1 + \alpha + \cfrac{\beta}{\gamma + \log. \frac{v}{d}} \cdot \frac{d}{v}\right)}\right] -$$

$$(k - k_1 \log. h)\left[1 + \cfrac{t}{\left(\cfrac{h}{v}-1\right)\left(1 + \alpha + \cfrac{\beta}{\gamma + \log. \frac{h}{v}} \cdot \frac{v}{h}\right)}\right]$$

.... (Gleich. 30).

Die Gültigkeit dieser Gleichung für Beobachter zu prüfen, deren Konstanten wir nicht vorher auf anderem Wege kennen, ist natürlich ein Ding der Unmöglichkeit. Es würde daher auch ziemlich hoffnungslos sein, die Frage nach der Anwendung der Methode der mittleren Abstufungen an diesem Punkte zu erheben, wenn wir Gleich. 30 nicht recht bedeutend vereinfachen könnten.

Hier haben wir aber einen der Fälle, wo wir statt Gleich. 25 die Gleich. 17 mit Erfolg anwenden können. Benutzen wir diesen einfacheren Ausdruck, so wird Gleich. 30:

$$t = k - k_1 \log. v + C\frac{d}{v} = k - k_1 \log. h + C\frac{v}{h},$$

woraus folgt:

$$\frac{d}{v} = \frac{v}{h} - \frac{k_1}{C}(\log. h - \log. v) \ldots . \text{(Gleich. 31)}.$$

Setzt man hier $k_1 C = K_1$, so erhält man:

$$d = \frac{v^2}{h} - K_1(\log. h - \log. v) v \ldots . \text{(Gleich. 32)}.$$

Es ist natürlich nicht zu erwarten, daſs Gleich. 32 völlige Genauigkeit geben sollte, vor Gleich. 30 hat sie aber das voraus, daſs sie sich leicht prüfen läſst, so daſs sich entscheiden läſst, ob sie oder ob das Webersche Gesetz am besten mit den Versuchsresultaten übereinstimmt. Aus dem Weberschen Gesetze folgt nämlich:

$$\frac{d}{v} = \frac{v}{h}, \text{ also } d = \frac{v^2}{h}.$$

Als Grundlage der Prüfung benutzte ich Delboeufs Tab. III[1], die, wie früher nachgewiesen[2], als die zuverlässigste seiner Versuchsreihen zu betrachten ist. Da diese klassischen Versuche dem Weberschen Gesetze einst so groſse Stütze gewährten, lag es ja nahe, zu untersuchen, ob sie denn doch nicht besser mit dem hier formulierten Unterscheidungsgesetze übereinstimmen sollten. Eine Übersicht über die Berechnungen ist in der Tab. 14 gegeben.

(Siehe Tab. 14 S. 77.)

Die Kolonnen $d$, $v$ und $h$ geben die gemessenen Gröſsen der Reize an; als wahrscheinlicher Wert der Konstante $K_1$ wurde 0,0588 gefunden; die in der Kolonne ›ber. $d$‹ angeführten Zahlen wurden also berechnet aus der Gleichung:

$$d = \frac{v^2}{h} - 0,0588 (\log. h - \log. v) v.$$

[1] Étude psychophysique. Bruxelles 1878. S. 62.
[2] Phil. Stud. Bd. III. S. 515.

Tab. 14.

| $d$ | $v$ | $\lambda$ | $d$ ber. | $f$ | $\dfrac{v^2}{\lambda}$ | $\dfrac{v^2}{\lambda} - d$ |
|---|---|---|---|---|---|---|
| 9 | 47 | 24,4 | 7,1 | + 1,9 | 9,1 | + 0,1 |
| 13 | 27 | 55,2 | 12,7 | + 0,3 | 1,2 | + 0,2 |
| 13 | 36 | 94,8 | 12,8 | + 0,2 | 13,7 | + 0,7 |
| 13 | 41 | 123,4 | 13,5 | + 0,5 | 13,6 | + 0,6 |
| 13 | 56 | 235,8 | 11,2 | + 1,8 | 13,3 | + 0,3 |
| 21 | 60 | 157,0 | 21,5 | — 0,5 | 22,9 | + 1,9 |
| 21 | 64 | 175,8 | 21,7 | — 0,7 | 23,3 | + 2,3 |
| 22 | 36 | 56,8 | 22,4 | — 0,4 | 22,8 | + 0,8 |
| 22 | 51 | 107,4 | 23,3 | — 1,3 | 24,2 | + 2,2 |
| 22 | 58 | 139,2 | 22,9 | — 0,9 | 24,2 | + 2,2 |
| 22 | 66 | 183,2 | 22,1 | — 0,1 | 23,8 | + 1,8 |
| 43 | 64 | 94,0 | 43,0 | 0,0 | 43,6 | + 0,6 |
| 43 | 72 | 119,5 | 42,3 | + 0,7 | 43,3 | + 0,3 |
| 43 | 87 | 168,8 | 43,4 | — 0,4 | 44,8 | + 1,8 |

Die Abweichungen der gefundenen von den berechneten Werten des $d$ sind unter der Überschrift $f$ gegeben. Wie man sieht, sind diese Fehler nicht grofs, und überdies fallen sie ziemlich gleichmäfsig nach positiver und negativer Richtung. Des Vergleiches wegen berechnete ich $d$ auch aus dem Weberschen Gesetze: $d = v^2/\lambda$ und ebenfalls die Abweichung der somit gefundenen Zahlen von den gemessenen $d$; diese Gruppen von Zahlen stehen in den beiden letzten Kolonnen. Die Fehler gehen, wie ersichtlich, in betreff des Weberschen Gesetzes ausschliefslich in positiver Richtung; zudem sind sie durchweg gröfser als die Fehler, die unter der Voraussetzung eintreffen, dafs Gleich. 32 gültig ist. Für letztere ist die totale Fehlersumme: $\Sigma \pm f = 9,46$, während sie für die nach dem Weberschen Gesetze berechneten Zahlen 15,76, also gegen doppelt so grofs ist. Es scheint daher keinem Zweifel zu unterliegen, dafs die in Gleich. 32 gegebene Formel des Unterscheidungsgesetzes mit Delboeufs Versuchen übereinstimmt.

Es war indes nun nicht Gleich. 32, sondern die sehr komplizierte Gleich. 30, deren Gültigkeit dargethan werden sollte. Der Unterschied zwischen diesen Gleichungen beruht aber darauf, dafs erstens in der Gleich. 32 der Kontrast nicht berücksichtigt wurde — was hier übrigens auch von untergeordneter Bedeutung ist —, und dafs ferner die Gröfse $K_v$ als Konstante betrachtet wurde, was sie thatsächlich nicht ist. Wir setzten nämlich ja

$k_1{}'C = K_1$, $C$ ist aber eine Größe, die mit $v$ bezw. $h$ anwächst, was aus den Bemerkungen zu Gleich. 17 hervorgeht (siehe S. 43). Die Folge hiervon wird, daß Gleich. 32 sich als um so ungenauer erweisen muß, je mehr $v$ und $h$ voneinander abweichen. Eben dies geht aber aus Tab. 14 hervor. Man wird hier sehen, daß die größten Fehler (f) auf diejenigen Fälle kommen, wo $v$ und $h$ an Größe sehr verschieden sind. Folglich müßte es sich erweisen, daß Gleich. 30, wenn wir im stande wären, sie zu prüfen, noch besser mit Delboeufs Messungen übereinstimmen würde.

Bevor wir jedoch konstatieren können, daß die hier entwickelte Form des Unterscheidungsgesetzes wirklich gültig ist, müssen wir noch einen Punkt aufklären. Bekanntlich glaubte Merkel durch seine Untersuchungen der Lichtempfindungen nach der Methode der mittleren Abstufungen gefunden zu haben, daß gleichgroßen Empfindungsunterschieden — nicht gleichgroße Quotienten, sondern — gleichgroße Differenzen der Reize entsprächen[1]. Mit den hier angewandten Bezeichnungen sollte man also haben $v - d = h - v$, wenn $E_1 - E_d = E_h - E_v$. Merkel findet dieses Gesetz freilich nicht genau übereinstimmend, meint aber, es passe jedenfalls besser als das Webersche. Um zu prüfen, wie es sich hiermit verhält, stellte ich auf Grundlage der ausführlichsten Versuchsreihe Merkels[2] Berechnungen an, die ganz denjenigen entsprachen, welche oben mit Bezug auf Delboeufs Versuche durchgeführt wurden. Die Resultate gebe ich in der Tab. 15, deren ersten drei Kolonnen die gemessenen Werte der Reize $d$, $v$ und $h$ enthalten. Berechnet man aus diesen Größen den wahrscheinlichen Wert der Konstante $K_1$ in Gleich. 32, so erhält man $K_1 = 0{,}5741$, worauf $d$ sich berechnen läßt aus der Gleichung:

$$d = \frac{v^2}{h} - 0{,}5741 \ (\log. h - \log. v) \ v.$$

Die solchergestalt gefundenen Werte sind unter der Überschrift »d ber.« gegeben; unter $f$ findet man die Abweichungen von den gemessenen $d$.

---

[1] Phil. Studien. Bd. IV. S. 569.
[2] Ibid. Tab. IX. S. 567.

Tab. 13.

| d | v | h | d ber. | f | $\frac{r^2}{h}$ | $\frac{r^2}{h} - d$ | $2r - h$ |
|---|---|---|---|---|---|---|---|
| 0,5 | 8,3 | 12 | −0,64 | + 1,14 | 2,15 | + 1,65 | − 15,4 |
| 0,5 | 5,45 | 16 | 0,39 | + 0,11 | 1,86 | + 1,36 | − 5,1 |
| 0,5 | 2,98 | 8 | 0,38 | + 0,12 | 1,11 | + 0,61 | − 2,04 |
| 0,5 | 1,86 | 4 | 0,51 | − 0,01 | 0,46 | + 0,36 | − 1,28 |
| 0,5 | 1,166 | 2 | 0,52 | − 0,02 | 0,63 | + 0,18 | + 0,332 |
| 0,5 | 0,721 | 1 | 0,46 | + 0,04 | 0,52 | + 0,02 | + 0,442 |
| 24 | 472,3 | 1536 | 6,3 | + 17,7 | 145,2 | + 131,2 | − 591,4 |
| 24 | 293,8 | 768 | 42,0 | − 18,0 | 112,4 | + 88,4 | − 180,4 |
| 24 | 157,7 | 384 | 29,5 | − 5,8 | 64,8 | + 40,8 | − 68,6 |
| 24 | 93,6 | 192 | 28,9 | − 4,9 | 45,6 | + 21,6 | − 4,8 |
| 24 | 38,21 | 96 | 28,0 | − 4,0 | 35,3 | + 11,3 | + 21,42 |
| 24 | 39,79 | 48 | 31,1 | − 7,1 | 33,0 | + 9,0 | + 31,58 |

Ferner sind die nach dem Weberschen Gesetze berechneten $d = c^2/h$ und die Abweichungen dieser Zahlen von den gemessenen Werten des $d$ angegeben. Wir vergleichen nun vorerst das Unterscheidungsgesetz mit dem Weberschen Gesetze. Man sieht, dafs die unter $f$ angeführten Fehler durchweg ziemlich klein und zwar teils positiv, teils negativ sind, während die Abweichungen vom Weberschen Gesetze $(c^2/h) - d$ ausschliefslich positiv und überall gröfser sind. Es erleidet also keinen Zweifel, dafs auch Merkels Versuche besser mit Gleich. 32 als mit dem Weberschen Gesetze übereinstimmen. Ferner erweist sich hier dasselbe wie durch Delboeufs Messungen: je gröfser der Unterschied zwischen $v$ und $h$ ist, um so gröfser sind auch die Abweichungen der berechneten von den gemessenen Werten des $d$. Dies deutet nun wieder darauf hin, dafs Gleich. 30 mit den Messungen besser übereinstimmen mufs als Gleich. 32. — Hierauf kehren wir uns gegen Merkels Ansicht, dafs die Gleichung $v - d = h - r$ der genaueste Ausdruck für das Verhältnis zwischen den drei Reizen sein sollte. Aus dieser Gleichung folgt: $d = 2v - h$; die auf diese Weise berechneten Zahlen sind in der letzten Kolonne der Tab. 13 angeführt. Wie man sieht, sind diese Zahlen durchaus unsinnig; durchweg zeigen sie kolossale Abweichungen von den gemessenen Werten des $d$ und kommen diesen nur ausnahmsweise so nahe wie die nach dem Weberschen Gesetze berechneten Werte. Merkel hätte ganz sicher die Behauptung nicht auf-

stellen können, dafs sein Gesetz gültig sei, hätte er nur
eine so einfache Berechnung ausgeführt. Statt dessen
stellte er mittels einiger relativen Fehlerbestimmungen
einen Vergleich seines Gesetzes mit dem Weberschen
an; ich mufs aber gestehen, dafs ich durchaus nicht
weifs, auf welche mathematischen Prinzipien er seine
Berechtigung hierzu stützt. Ich vermag nicht anders
zu sehen, als dafs die Gültigkeit eines Gesetzes sich
nur dadurch beweisen läfst, dafs die aus dem Gesetze
berechneten Zahlen mit den wirklich gefundenen übereinstimmen, und dasjenige Gesetz mufs als das richtigste
angesehen werden, welches die gröfste Übereinstimmung
der Berechnung mit der Messung gibt. Denn was mit
einer mathematischen Formel bezweckt wird, ist ja
gerade die Berechenbarkeit der Erscheinung, für die
das Gesetz aufgestellt ist. Da die aus Merkels Formel
berechneten Gröfsen überhaupt durchaus keine Annäherung an die gemessenen zeigen, läfst sich dieser
Formel auch keine Bedeutung beilegen.

Als Resultat dieser Untersuchungen können wir
jetzt also folgende Sätze aufstellen:

Gleichgrofsen Empfindungsunterschieden
entsprechen weder gleichgrofse Differenzen
noch gleichgrofse Quotienten der Reize.

Dagegen wird es sich erweisen, dafs die
Reize mit einer für den praktischen Gebrauch
genügenden Genauigkeit folgende Formel be-
friedigen:

$$\frac{d}{v} = \frac{v}{h} - K_s (\log. h - \log. r).$$

Diese Gleichung wird jedoch um so weniger
genau, je gröfser der Unterschied zwischen
den beiden gröfsten Reizen, r und h, ist.

Letzterer Umstand deutet darauf hin, dafs nicht die
angeführte Gleichung, sondern das in Gleich. 30 gegebene, komplizierte Abhängigkeitsverhältnis sich zwischen den drei Reizen geltend macht, wenn diese gleichgrofse Empfindungsunterschiede hervorrufen. Hieraus
folgt dann wieder, dafs die hypothetische Voraussetzung,
von der wir ausgingen, nämlich dafs gleichgrofsen
Empfindungsunterschieden gleichgrofse Periodenkonstanten entsprächen, in der That richtig ist. Und da

wir oben fanden, dafs einem ebenmerklichen Empfindungsunterschiede eine von der absoluten Helligkeit der Sektoren unabhängige Periodenkonstante entspricht, so
können wir diese Thatsachen in folgenden Satz zusammenfassen:

Jedem gegebenen Empfindungsunterschied
von konstanter Größe, einerlei ob derselbe
ebenmerklich oder übermerklich ist, entspricht stets ein von der absoluten Helligkeit der Sektoren unabhängiger Wert der
Periodenkonstante.

Marbe hat offenbar eine Ahnung von diesem Verhältnisse gehabt, vermochte aber nicht, es mit seinen
übrigen Resultaten in Übereinstimmung zu bringen.
Er findet nämlich: ›Die Werte der kritischen Perioden-
dauern werden im wesentlichen durch die objektiven,
nicht durch die subjektiven Unterschiede der beiden
Reize bestimmt. Gleichen objektiven Unterschieden entsprechen ungefähr gleiche kritische Periodedauern[1].‹
Anderseits erweist es sich indes, dafs auch der subjektive Unterschied der Reize Einflufs auf die Zeit hat.
Zwischen diesen Resultaten: dafs sowohl gleichen objektiven als gleichen subjektiven Unterschieden konstante
Werte der kritischen Periode entsprechen, findet er
einen Widerspruch, was ganz natürlich ist, da eines das
andere ausschliefst. Wenn Marbe diesen Widerspruch
nicht zu lösen vermag, liegt das einfach darin, dafs er
seine Resultate nicht zum Gegenstand einer mathematischen Behandlung macht, sondern sich damit begnügt,
dergleichen sonderbare Sätze aufzustellen, wie: ›Gleichen
objektiven Unterschieden entsprechen ungefähr u. s. w.‹
Hier liegt der Fehler. Das Verhältnis der kritischen
Periode zu den Reizen ist, wie wir wissen, ein weit
komplizierteres; der genaue Ausdruck wurde in Gleich. 25
gegeben. Dagegen ist es, wie wir ebenfalls sahen, eine
Thatsache, dafs gleichgrofsen Empfindungsunterschieden
stets gleichgrofse kritische Perioden entsprechen. Hier ist
faktisch also keine Spur von Widerspruch; nur in Marbes
unmathematischer Behandlung der Sache sieht es so aus.

[1] Phil. Stud. Bd. XIII. S. 114—115.

# RATIONELLE ABLEITUNG DES UNTERSCHEIDUNGSGESETZES FÜR LICHTEMPFINDUNGEN.

Wenn Lichtstrahlen in eine nicht völlig durchstrahlbare Platte eindringen, wird ein Teil des Lichtes absorbiert werden. Wie sehr das Licht geschwächt wird, ist natürlich von der Natur des Stoffes und der Dicke der Platte abhängig, man hat indes gefunden, daß in einer Schicht von bestimmter Dicke und bestimmtem Stoffe stets ein konstanter Bruchteil der eindringenden Lichtmenge zurückgehalten wird. Denjenigen Bruchteil des Lichtes, der in einer Schicht von der Dicke 1 zurückgehalten wird, nennt man den Absorptionskoeffizienten. Bezeichnen wir diesen durch $\varepsilon$ und die Stärke des eindringenden Lichtes durch $R$, so wird in einer Schicht von der Dicke 1 folglich die Lichtmenge $\varepsilon R$ zurückgehalten, und aus dieser Schicht tritt mithin die Lichtmenge $R - \varepsilon R = R(1 - \varepsilon)$. Denkt man sich die Platte als aus mehreren Schichten, jede von der Dicke 1, bestehend, so wird also in die zweite Schicht die Lichtmenge $R(1-\varepsilon)$ eintreten, von welcher wieder der Bruchteil $\varepsilon$ absorbiert wird. Folglich wird aus der zweiten Schicht die Lichtmenge:

$$R(1-\varepsilon) - \varepsilon R(1-\varepsilon) = R(1-\varepsilon)^2$$

austreten. Hat die Platte die Dicke $D$, so wird aus der letzten Schicht also die Lichtmenge:

$$R_D = R(1-\varepsilon)^D \ \ldots \ \text{(Gleich. 33)}$$

austreten. Was aus der im Stoffe zurückgehaltenen Lichtmenge wird, beruht wesentlich auf der chemischen Beschaffenheit des Stoffes. Kann die Platte sich nicht unter dem Einflusse des Lichtes verändern, so wird die gesamte absorbierte Lichtmenge wahrscheinlich in Wärme umgesetzt. Enthält die Platte dagegen, wie es mit der lichtempfindlichen Schicht einer photographischen Platte der Fall ist, Stoffe, die sich unter der Einwirkung des Lichtes chemisch verändern, so wird wenigstens ein Teil der Lichtenergie dazu verbraucht werden, Umlagerungen der Atome zu erzeugen. Ob nun aber die sämtliche einfallende Lichtmenge oder nur ein Teil derselben zu irgend einer Art Veränderungen verbraucht wird, so wird, wie Bunsen und Roscoe nachgewiesen haben [1], das Licht stets in dem durch das Absorptionsgesetz (Gleich. 33) ausgedrückten Verhältnisse geschwächt werden.

Wir untersuchen nun näher die Absorptionsverhältnisse einer lichtempfindlichen Platte, die wir uns in Analogie mit einer gewöhnlichen photographischen negativen Platte denken. Die Erfahrung lehrt, dafs für eine derartige lichtempfindliche Schicht ein gewisser Schwellenwert existiert, den die Lichtstärke übersteigen mufs, wenn während gegebener Zeit in der Schicht eine chemische Veränderung hervorgerufen werden soll. Eine photographische Platte kann kurze Zeit hindurch einem schwachen Lichte ausgesetzt werden, ohne dafs dies auf den lichtempfindlichen Stoff irgend einen nachweisbaren Einflufs erhielte. Die Dauer der Zeit und die Gröfse des Schwellenwertes sind natürlich von der Empfindlichkeit des Stoffes abhängig; für einen gegebenen lichtempfindlichen Stoff wird es also einen Wert, $R_0$, geben, den die Lichtstärke übersteigen mufs, damit während einer Zeiteinheit, z. B. einer Sekunde, eine nachweisbare chemische Veränderung hervorgerufen werden kann. Sinkt die Lichtstärke unter $R_0$, so wird man eine chemische Wirkung nur dadurch erzielen können, dafs man die Einwirkungsdauer des Lichtes (die Expositionszeit) angemessen verlängert. Zahlreiche Erfahrungen haben gezeigt, wie zur Erzielung einer chemischen Wirkung von bestimmter Gröfse erforderlich ist, dafs das Produkt der Lichtstärke und der Expositionszeit konstant ist [2]. Wenn also die Lichtstärke $R_0$ während der Zeit 1 eben keine Wirkung hervorzurufen vermag — oder, was ganz dasselbe ist, nur ein Differential von Wirkung hervorruft --, so wird dasselbe von der Lichtintensität $R_D$ während der Expositionszeit $T$ gelten [3], sofern nur:

$$R_D \cdot T = R_0 \cdot 1 \ldots \text{(Gleich. 34)}.$$

---

[1] Poggend. Annal. Bd. CI.
[2] Nernst, Theoretische Chemie. 2. Aufl. Stuttgart 1898. S. 686
[3] $T$ und $t$ haben hier und im Folgenden nicht die früheren speziellen Bedeutungen.

6*

In der Gleich. 33 haben wir einen Ausdruck für die Stärke desjenigen Lichtes, das aus der $D$—sten Schicht der lichtempfindlichen Platte austritt, wenn das eindringende Licht die Intensität $R$ hat. Nehmen wir nun an, daß diese austretende Lichtmenge $R_D$ gerade so klein ist, daß sie während der Zeit $T$ keine Wirkung hervorzubringen vermag, so erhält man also, indem man aus Gleich. 34 den Ausdruck für $R_D$ in Gleich. 33 einsetzt:

$$\frac{R_0}{T} = R\,(1 - \epsilon)^D.$$

Die Lösung dieser Gleichung mit Bezug auf $D$ ergibt:

$$D = \frac{1}{-\log.(1-\epsilon)} \cdot \log. \frac{R \cdot T}{R_0}; \text{ setzt man } \frac{1}{-\log.(1-\epsilon)} = c,$$

$$\text{wird: } D = c \cdot \log. \frac{RT}{R_0} \quad \ldots \quad (\text{Gleich. 35}).$$

In Gleich. 35 haben wir also einen Ausdruck für die Tiefe $D$, bis zu welcher die photochemische Wirkung während der Zeit $T$ in eine photographische Platte eindringen wird, wenn das einfallende Licht die Intensität $R$ hat. Hierbei wird vorausgesetzt, daß die Dicke der empfindlichen Schicht größer als $D$ oder wenigstens gleich $D$ ist; findet dies nicht statt, so kann die Wirkung natürlich auch nicht regelmäßig fortschreiten, und die Platte wird dann, wie die Photographen sagen, »durchgebrannt«. Daß die Gleichung übrigens, wenn die genannte Bedingung erfüllt wird, einen richtigen Ausdruck für die Größe der Wirkung gibt, geht daraus hervor, daß man aus Gleich. 35 Formeln ableiten kann, die mit den bekannten Maßregeln praktischer Photographen unter verschiedenen Umständen völlig übereinstimmen.

Die Frage ist nun die: gilt Gleich. 35 auch für die Netzhaut? Ist dies der Fall, so braucht man offenbar nur anzunehmen, daß die Empfindung $E$ der Größe $D$ proportional ist[1], wodurch die annähernde Gültigkeit des Weberschen Gesetzes erklärt wird. Man kann dann setzen:

$$E = c_2\ D = c_2 \log. \frac{RT}{R_0} \quad \ldots \quad (\text{Gleich. 36}),$$

---

[1] Über die Berechtigung dieser Annahme Näheres unten im Abschnitte: Die physiologische Bedeutung der Maßformel.

welche Formel sich nur durch den Faktor $T$ von Fechners Maßformel unterscheidet. Der Umstand, daß die Zeit in die Formel aufgenommen wird, gibt jedoch durchaus keinen gewichtigen Einwurf gegen die Gültigkeit der Gleich. 36 ab, sondern scheint im Gegenteil dieselbe zu bestätigen, denn es ist eine bekannte Sache, daß Gesichtsempfindungen bis zu einem gewissen Grade wirklich mit der Zeit anwachsen. Namentlich aus Exners Untersuchungen[1] weiß man, daß die Empfindung ihre volle Stärke nicht sogleich, sondern erst nach Verlauf einer kurzen Zeit erreicht; für kleine Werte des $T$ ist es also unzweifelhaft, daß die Empfindung von der Zeit abhängig ist. Ferner ist es eine Thatsache, daß die Empfindung, unter Voraussetzung hinlänglich kurzer Reizungen, durch das Produkt $R \cdot T$ bestimmt ist; auf dieser Voraussetzung beruht alle Photometrie mittels rotierender Scheiben. Hat man zwei Sektoren, den einen von der Größe $G^o$ und der Helligkeit $R$, den anderen von der Größe $g^o$ und der Helligkeit $r$, so werden diese, wenn sie mit genügender Geschwindigkeit vor einem lichtlosen Raum rotieren, dieselbe Lichtempfindung hervorrufen, sofern:

$$R \cdot G = rg \text{ oder } \frac{R}{r} = \frac{g}{G} \ldots . \text{(Gleich. 37).}$$

Von der Richtigkeit der Gleich. 37 kann man sich überzeugen, indem man das Verhältnis $R r$ mittels andrer photometrischen Methoden bestimmt, wodurch man der Erfahrung gemäß denselben Zahlenwert erhält, der durch den Bruch $g/G$ angegeben ist[2]. Nun läßt sich aber das Verhältnis $g G$ leicht durch die Zeiten ausdrücken, während deren $R$ und $r$ aufs Auge wirken. Rotieren die beiden Sektoren nämlich um dieselbe Achse, also mit derselben Winkelgeschwindigkeit — was bei dergleichen Messungen gewöhnlich der Fall sein wird —, so ist es unmittelbar zu ersehen, daß die Zeiten, während welcher sie auf die Netzhaut wirken, sich wie die Gradmaße der Sektoren verhalten. Man hat also:

[1] Exner: Über die zu einer Gesichtswahrnehmung nötige Zeit. Sitzungsberichte d. Wiener Akademie. Bd. 58. 1868.
[2] Lehmann, Über Photometrie mittels rotierender Scheiben. Phil. Stud. Bd. IV. 1888.

$$\frac{R}{r} = \frac{g}{G} = \frac{t}{T}, \text{ folglich } R \cdot T = r \cdot t.$$

Eben dieses Resultat geht aber aus Gleich. 36 hervor. Soll der Reiz $R$ während der Zeit $T$ dieselbe Empfindung hervorrufen, wie der Reiz $r$ während der Zeit $t$, so muſs Gleich. 36 zufolge:

$$E = c_2 \log. \frac{RT}{R_0} = c_2 \log. \frac{r \cdot t}{R_0},$$

was nur möglich ist, wenn $R \cdot T = r \cdot t$.

Die photometrischen Bestimmungen mittels rotierender Scheiben legen also die relative Gültigkeit der Gleich. 36 dar. Wie oben gesagt, kann die Gleich. 36 aber nur als für sehr kleine Werte des $T$ gültig betrachtet werden. Wüchse nämlich die Empfindung mit der Dauer des Reizes ohne Begrenzung an, so würde hieraus folgen, daſs jede, sogar die geringste Gröſse des $R$ eine Empfindung von jeder beliebigen Intensität hervorrufen könnte, wenn nur die Betrachtung des leuchtenden Objektes lange genug fortgesetzt würde. Es ist leicht zu sehen, daſs ein derartiges Verhältnis, wenn es stattfände, für unsere Auffassung der Auſsenwelt äuſserst ungünstig sein würde. Ein Vergleich und eine Schätzung leuchtender Objekte von verschiedener Lichtstärke würde fast unmöglich sein, wenn unsere Empfindungen immer mehr an Intensität zunähmen, je länger wir die Objekte betrachteten. Diese Konsequenz wäre aber unvermeidlich, wenn Gleich. 36 unbedingte Gültigkeit besäſse, so daſs die photochemische Wirkung auf die Netzhaut ununterbrochen mit der Dauer anwüchse. Für die gewöhnliche photographische Platte gilt dies, indem man thatsächlich durch passende Vergröſserung des $T$ jeden beliebigen gewünschten Wert des $D$, selbst bei sehr kleinen Gröſsen des $R$ erzielen kann. Es ist z. B. bekannt, daſs man bei der photographischen Aufnahme des Sternenhimmels eine um so gröſsere Anzahl leuchtender Punkte auf der Platte erhält, je länger man die Expositionszeit macht. Dies gilt aber ja gerade nicht von der Netzhaut. Selbst wenn man irgend einen Punkt am Himmel stundenlang anstarrt, sieht man keinen einzigen Stern mehr, als gleich anfangs. Sogar diejenigen Sterne, welche eben an der Grenze der Sichtbarkeit liegen, sind

nicht im stande, bei längerer »Expositionszeit« gröfsere
Wirkung auf die Netzhaut zu üben, so dafs sie sichtbar
würden. Die Wirkung dieser gerade unsichtbaren Sterne
auf die Netzhaut mufs im ersten Momente offenbar eine
äufserst geringe sein, und sie wird auch, wenn die Expositionszeit unbegrenzt zunimmt, nicht merklich gröfser.
Es geht also hieraus hervor, dafs die photochemische
Wirkung auf die Netzhaut nach Verlauf einer gewissen,
sehr kurzen Zeit $T_m$ ihr Maximum $D_m$ erreicht hat, und
eine fernere Verlängerung der »Expositionszeit« wird
daher keine Zunahme der Intensität der Empfindung
zur Folge haben. Setzen wir diese Gröfsen in Gleich. 36
ein, so erhalten wir also folgenden Ausdruck für die
maximale Empfindung, die von einem gegebenen Reize
$R$ hervorgebracht werden kann:

$$E = c_1 D_m = c_1 \log. \frac{R \cdot T_m}{R_0} \ldots \text{(Gleich. 38)}.$$

Streng genommen wäre es wohl am richtigsten, dem
dem $D_m$ entsprechenden Maximalwerte der Empfindung
eine besondere Bezeichnung $E_m$ zu geben. Dafs ich dies
nicht that, liegt einfach darin, dafs wir eigentlich stets,
sowohl in der Wissenschaft als im täglichen Leben, mit
diesem Maximalwerte der Empfindung operieren. $T_m$ ist
nämlich so klein, nur wenige Zehntel einer Sekunde,
dafs ganz spezielle Mafsregeln zu treffen sind, wenn
man die Empfindung, bevor sie ihre volle Stärke erreicht hat, zu untersuchen wünscht. Die Rede ist denn
auch immer von der maximalen Empfindung, wenn man
sagt, dem Reize $R$ entspreche eine bestimmte Empfindung
$E$. Und da wir uns im Folgenden auf die Abhängigkeit
der Empfindung von der Zeit nicht näher einlassen
werden, können wir unbedenklich durch $E$ die dem $D_m$
entsprechende Empfindung bezeichnen.

Bei Gleich. 38 können wir nun nicht stehen bleiben,
da $T_m$ keine konstante Gröfse ist. Exner wies nach,
dafs $T_m$ selbst eine Funktion des $R$ ist, und ferner wies
er folgendes Abhängigkeitsverhältnis zwischen $T_m$ und
$R$ nach: »Wenn die Reizungs-Intensitäten in geometrischer Progression wachsen, so nehmen die Zeiten,
die zwischen Beginn der Reizung und ihrer höchsten
Intensität verlaufen, in arithmetischer Progression

ab[1].« Den mathematischen Ausdruck für ein solches Abhängigkeitsverhältnis fanden wir bereits oben (S. 37): in Analogie mit Gleich. 12 können wir setzen:

$$T_m = a - a_1 \log. R \ldots \text{(Gleich. 39)},$$

wo $a$ und $a_1$ zwei Konstanten sind, bei deren Bedeutung wir hier nicht zu verweilen brauchen, da sie dem über die Konstanten $k$ und $k_1$ in Gleich. 12 Entwickelten analog ist. Wird nun der Ausdruck für $T_m$ in Gleich. 38 eingesetzt, so erhält man:

$$E = c_1 D_m = c_1 \log. \left[ \frac{R}{R_0} (a - a_1 \log. R) \right] \ldots \text{(Gleich. 40).}$$

In Gleich. 40 haben wir also einen Ausdruck für die maximale Empfindungsstärke, die der Reiz $R$ zu erzeugen vermag, allein als Funktion von $R$ und gewissen Konstanten gegeben. Bevor wir aus dieser Formel weitere Schlüsse ziehen, wird es seine Bedeutung haben, eine Kontrolle für die Richtigkeit des Ausdrucks zu suchen. Eine solche Prüfung läfst sich mittels einer anderen Reihe von Messungen anstellen, die Exner in der oben citierten Abhandlung mitgeteilt hat. Um zu bestimmen, wie eine Lichtempfindung mit der Zeit wächst, verfuhr Exner nämlich so, dafs er einen Reiz $R$ kurze Zeit hindurch aufs Auge einwirken liefs und mafs, wie lange derselbe wirken mufste, damit die ausgelöste Empfindung gleich derjenigen würde, welche durch einen schwächeren Reiz hervorgebracht wurde, der konstant wirkte und folglich das Maximum[2] der Empfindung auslöste. Die Intensität des schwächeren Reizes war bei den verschiedenen Bestimmungen ein gewisser Bruchteil, $\frac{1}{10}$, $\frac{2}{10}$, $\frac{3}{10}$ u. s. w. des stärkeren, und für jede dieser Intensitäten fand er die Zeit, während welcher der stärkere Reiz wirken mufste, um dieselbe Empfindung wie der schwächere, konstant wirkende,

[1] An cit. Orte S. 601.

[2] Dies ist, streng genommen, nicht richtig, denn wir wissen, dafs ein fortdauernd wirkender Lichtreiz nur kurze Zeit hindurch das Maximum der Empfindung hervorruft; darauf nimmt die Empfindung wieder langsam ab. Die Verminderung ist jedoch so gering, dafs wir, um die Sache nicht gar zu kompliziert zu machen, hiervon absehen können, die abgeleitete Formel wird deswegen aber auch nicht völlig genau.

zu geben. Aus den obenstehenden Formeln können wir leicht die Bedingung für die Identität zweier solchergestalt hervorgerufener Empfindungen ableiten. Der stärkere Reiz mag $R$ sein und während der Zeit $T$ gewirkt haben. Zufolge Gleich. 36 hat er dann die Empfindung:

$$E = c_2 \log \frac{R \cdot T}{R_0}$$

hervorgerufen. Ist nun der schwächere Reiz $\frac{1}{n}$ von $R$, und hat er so lange gewirkt, daß er das Maximum der Empfindung hervorgerufen hat, so ist nach Gleich. 40:

$$E = c_2 \log \left[ \frac{R}{n R_0} \left( a - a_1 \log \frac{R}{n} \right) \right]$$

Nun sollen diese beiden Empfindungen sich gleich sein, also:

$$E = c_2 \log \frac{RT}{R_0} = c_2 \log \left[ \frac{R}{n R_0} \left( a - a_1 \log \frac{R}{n} \right) \right], \text{ woraus}$$

$$T = \frac{a - a_1 \log R + a_1 \log n}{n}$$

Da $R$ während der Messungen konstant bleibt, wird folglich auch $a - a_1 \log R$ konstant; wir können daher $a - a_1 \log R = A_1$ setzen und erhalten dann als gesuchten Ausdruck der Zeit:

$$T = \frac{A_1 + a_1 \log n}{n}$$

In der Tab. 16 sind die Resultate von Exners Messungen gegeben. Unter $\frac{1}{n}$ ist angeführt, welchen Bruchteil des stärkeren Reizes der schwächere betrug; $n$ ist der aus dem Dezimalbruche berechnete Nenner, und unter $T$ sind die gemessenen Zeitdauern in Tausendsteln Sekunden angeführt. Aus den zusammengehörenden Werten $n$ und $T$ lassen sich mittels der Methode der kleinsten Quadrate die Konstanten $A_1$ und $a_1$ im Ausdrucke für $T$ bestimmen, wodurch man $A_1 = 138$ und $a_1 = -61$ findet. Man hat also:

$$T = \frac{138 - 61 \log n}{n}$$

Werden hierin nach und nach die verschiedenen Werte des $n$ eingesetzt, so läßt sich das entsprechende $T$ berechnen; die auf diese Weise gefundenen Größen sind in Tab. 16 unter ›T ber.‹ gegeben, und unter f hat man die Abweichung der gemessenen Größen hiervon. Die Übereinstimmung der Messung mit der Berechnung ist

Tab. 16.

| $\frac{1}{n}$ | n | T | T ber. | f |
|---|---|---|---|---|
| 0,1 | 10,0 | 8 | 8 | 0 |
| 0,2 | 5,0 | 23 | 19 | + 4 |
| 0,3 | 3,33 | 37 | 32 | + 5 |
| 0,4 | 2,5 | 40 | 46 | — 6 |
| 0,5 | 2,0 | 49 | 60 | — 11 |
| 0,6 | 1,67 | 58 | 73 | — 15 |
| 0,7 | 1,43 | 81 | 89 | — 8 |
| 0,8 | 1,25 | 104 | 101 | + 3 |
| 0,9 | 1,11 | 127 | 121 | + 6 |
| 1,0 | 1,00 | 166 | 138 | + 28 |

so groß, wie es sich bei Messungen so schwieriger Art erwarten läßt. Um die Übersicht zu erleichtern, habe ich die Resultate Pl. VIII, A, graphisch wiedergegeben, wo die Zeit als Abscisse, $\frac{1}{n}$ als Ordinate abgesetzt ist. Die gebrochene Linie verbindet die durch die Messung gefundenen Punkte, die Kurve gibt die berechneten Punkte an. Da den gemessenen Größen, wie Fig. zeigt, ziemlich bedeutende Fehler anhaften, läßt sich keine größere Übereinstimmung erwarten, besonders da unsere Formeln, wie oben berührt, nicht völlig genau sind. Die Gleichungen 36 und 40 dürfen also als richtig betrachtet werden, da die hieraus abgeleiteten Ausdrücke für Exners Messungen sich als mit diesen übereinstimmend erweisen[1].

[1] Eine höchst interessante Konsequenz, auf die wir uns hier jedoch nicht näher einlassen können, läßt sich aus Gleich. 40 ableiten. Hat man zwei Farben, z. B. Rot und Violett, deren objektiven Intensitäten $R_r$ und $R_v$ so gewählt sind, daß die beiden Farben gleich hell erscheinen, so ist also $E_r = E_v$, indem $E$ nur die Stärke der Empfindung bezeichnet. Die Bedingung hierfür ist aber die, daß:

$$ c_r \log. \left[ \frac{R_r}{R_0} (a - a_1 \log. R_r) \right] = c_2 \log. \left[ \frac{R_v}{R_0} (a - a_1 \log. R_v) \right] $$

Nun ist es höchst unwahrscheinlich, daß die Konstanten $a$ und $a_1$ für die verschiedenen Farbenstrahlen dieselben sein sollten. Werden daher $R_r$ und $R_v$ mit derselben Zahl multipliziert, so wird man nicht mehr $E_r = E_v$ haben, da jede dieser Größen auf ihre Weise mit dem

Der in Gleich. 40 gegebene Ausdruck für die Abhängigkeit der Empfindung von der Intensität der
Reizung wird also, was G. E. Müller »die korrigierte
Mafsformel« nennt, und da wir nun eine gewisse Garantie
für seine Richtigkeit erhalten, läfst sich aller Wahrscheinlichkeit nach das »Unterscheidungsgesetz« auf
ähnliche Weise daraus ableiten, wie Fechner seine
»Fundamentalformel« aus der »Mafsformel« ableitet. Es
ist hierbei allerdings verschiedenes zu berücksichtigen,
wenn wir nicht nur eine mathematische Deduktion verlangen, sondern auch eine Formel wünschen, die alle
zusammenwirkenden, auf das schliefsliche Resultat des
Reizes, d. h. auf die Empfindung, influierenden Prozesse in Betracht zieht. Um aber diese Prozesse berücksichtigen zu können, müssen wir vor allen Dingen
ihre Natur kennen, müssen wir wissen, welcher Art sie
sind, und es ist dann ganz natürlich, vorerst die Ursache des bereits nachgewiesenen Unterschieds zwischen
der Netzhaut und einer gewöhnlichen photographischen
Platte aufzusuchen.

Die Frage ist also die: was ist die Ursache, weshalb
die Empfindung nicht andauernd, sondern nur innerhalb eines kürzeren Zeitraums, $T_m$, mit der Zeit zugleich
wächst? Soll sich eine rein physische Erklärung dieses
Umstands geben lassen, so kann sie nur darin gesucht
werden, dafs die photochemische Wirkung auf die Netzhaut schon nach Verlauf der Zeit $T_m$ so grofs geworden
ist, dafs sie überhaupt nicht mehr anwachsen kann. Da
Gleich. 35, wie oben erwähnt, nur unter der Voraussetzung gültig ist, dafs $D$ die Dicke der lichtempfindenden
Schicht nicht übersteigt, so liegt die Annahme nahe,
dafs diese Bedingung nach Verlauf der Zeit $T_m$ nicht

entsprechenden $R$ wächst. Die Folge wird also, dafs die beiden Farben,
die bei einer gegebenen Intensität gleich hell erschienen, dies nicht
mehr thun werden, wenn die Intensität für jede derselben in gleichem
Verhältnisse zunimmt oder abnimmt. Wir haben hier mit anderen
Worten Formeln für das Purkinjesche Phänomen erhalten. Quantitative Bestimmungen, die gegenwärtig unternommen werden, scheinen
die Richtigkeit dieser Formeln völlig zu bestätigen; da es uns hier
aber zu weit führen würde, wenn wir uns auf diesen speziellen Punkt
näher einliefsen, ziehe ich es vor, diese Untersuchungen anderswo zu
erörtern.

mehr erfüllt wird. Wegen der äußerst geringen Dicke der Netzhaut würde die Ansicht nicht so ganz unwahrscheinlich sein, daß dieselbe in einem Bruchteil einer Sekunde ›durchgebrannt‹ würde, und da $D$ folglich nicht ferner wachsen könne, auch das dem $D$ proportionale $E$ nicht zu wachsen im stande sei. Näher betrachtet ist diese Erklärung jedoch durchaus unhaltbar. Die Betrachtung der Gleich. 38 genügt, um dies zu zeigen. Dieselbe gibt einen Ausdruck für die maximale Wirkung $D_m$, die ein gegebener Reiz $R$ überhaupt auf die Netzhaut zu üben vermag. Nehmen wir nun an, daß $R$ anfänglich sehr klein ist. Nach Verlauf der Zeit $T_m$ hat $D_m$ dann eine gewisse Größe erhalten, die nun nicht mehr anwächst. Dies kann aber unmöglich davon herrühren, daß $D_m$ eine Größe gleich der Dicke der lichtempfindlichen Schichten der Netzhaut erreicht hat. Denn wenn $R$ nun zu wachsen anfängt, so wächst faktisch $E$, folglich muß auch $D_m$ zugenommen haben, was unmöglich sein würde, wenn $D_m$ schon vorher so groß wäre, daß es nicht mehr zunehmen könnte. Auf rein physischem Wege scheint die Thatsache, daß für den Einfluß der Zeit auf das Wachstum der Empfindung schnell eine Grenze eintritt, sich also nicht erklären zu lassen.

Dieses eigentümliche Verhalten muß daher zweifelsohne eine physiologische Ursache haben; es muß ein vitaler Prozeß stattfinden, der schon nach Verlauf kurzer Zeit die Einwirkung des Lichtes auf die Netzhaut am ferneren Wachsen verhindert. Was dies für eine physiologische Thätigkeit ist, läßt sich natürlich nicht apriorisch entscheiden. Wir werden aber später erfahren, daß dieselbe, den nämlichen Gesetzen unterworfene Thätigkeit sich auch bei der Muskelarbeit geltend macht. Und im letzteren Falle läßt es sich mit größter Wahrscheinlichkeit nachweisen, daß es der Stoffwechsel im arbeitenden Organe ist, der diese eigentümliche Wirkung herbeiführt. Es ist deshalb höchst wahrscheinlich, daß es auch der Stoffwechsel in der Netzhaut ist, der der Tiefe, bis zu welcher die photochemische Wirkung einzudringen vermag, so schnell die Grenze setzt. Diese Ansicht ist an und für sich auch ganz natürlich. Da das Licht nämlich geschwächt wird, indem es in die lichtempfindliche Schicht eindringt, wird die photochemische Wirkung um so schwächer, je tiefer das Licht eindringt, und sie muss also in irgend einer Tiefe so gering werden, dass der Stoffwechsel im stande ist, ihr das Gleichgewicht zu halten, da statt des verbrauchten Stoffes stets neuer zugeführt wird. Ist dieser Zustand des Gleichgewichts eingetreten, so kann die Wirkung nicht tiefer dringen, und mithin wird auch die Empfindung ihr Maximum erreicht haben, indem wir voraussetzen, dass die Empfindung der Tiefe der photochemischen Wirkung proportional ist. — Hierzu kommt noch ein anderer Umstand. Wenn ein Organ arbeitet, muss der Stoffwechsel an dieser Stelle notwendigerweise lebhafter werden, als wenn das Organ sich in Ruhe befindet. Deshalb gewahrt man auch überall, wo eine Kontrolle überhaupt möglich ist, dass der Blutzufluss stärker wird, sobald das Organ in Thätigkeit kommt. Und je lebhafter diese Thätigkeit ist, um so stärker wird auch innerhalb gewisser Grenzen der Blutzufluss und somit der Stoffwechsel. Es erweist sich aber gerade, dass dies bei dem vitalen Prozesse der Fall ist, der dem Eindringen der photochemischen Wirkung in die Netzhaut eine Schranke aufstellt. Aus dem oben angeführten Exnerschen Gesetze (vgl. Gleich. 39) geht hervor, dass die maximale Wirkung um so schneller erreicht wird, je grösser die Stärke des Reizes ist. Da nun die Menge des in der Netzhaut dekomponierten Stoffes notwendigerweise mit der Reizung anwachsen muss, so lässt sich vermuten, dass auch der Blutzufluss um so stärker und der Stoffwechsel um so lebhafter sein werden, je grösser die Reizung ist, und die Folge hiervon muss dann die werden, die eben durch das Exnersche Gesetz ausgedrückt ist, nämlich dass das Eindringen der Wirkung schneller seine Grenze erhält.

Alle hier angeführten Umstände: dass der in der Netzhaut thätige vitale Prozess sich auch auf ganz anderen Gebieten äussert, dass er überall dasselbe Gesetz befolgt, dass dieses Gesetz uns eine mit der Arbeit des Organs anwachsende Thätigkeit zeigt, und endlich, dass es sich auf einem bestimmten Gebiete darlegen lässt, wie dieser unbekannte vitale Prozess der Stoffwechsel ist — dies alles scheint es unzweifelhaft

zu machen, dafs sich hier wirklich der Stoffwechsel des
Organs geltend macht. Für mehrere der angeführten
Behauptungen bin ich allerdings noch den Beweis
schuldig, dieser wird aber nach und nach im Folgenden
gegeben werden, und mir erscheint es deswegen als
unbestreitbar, dafs es der Einflufs des Stoffwechsels
auf die photochemische Wirkung in der Netzhaut ist,
welcher durch den in Gleich. 40 aufgenommenen Faktor
($a - a_1 \log . \mathcal{R}$) mit in Anschlag gebracht ist. Es könnte
möglicherweise als ziemlich unwesentlich aussehen, ob
wir zu entscheiden vermögen, was das für eine Thätigkeit
ist, die sich hier geltend macht, wenn das Gesetz dieser
Thätigkeit nur bekannt ist. Es wird sich aber sogleich
im Folgenden erweisen, dafs die weitere Entwickelung
der Sache in hohem Grade erleichtert wird, wenn wir
eine gewisse Sicherheit besitzen, dafs wir mit dem Stoffwechsel in der Netzhaut zu schaffen haben.

An der ›korrigierten Mafsformel‹, Gleich. 40, haben
wir einen Ausdruck für $E$ durch $R$. Wir suchen nun
einen Ausdruck für den Zuwachs, den der Reiz erhalten
mufs, um die Empfindung ebenmerklich gröfser zu
machen. Man pflegt diesen Ausdruck durch Differen-
tialrechnung aus der Mafsformel abzuleiten; obschon
aber Fechner und nach ihm fast alle hervorragenden
Psychophysiker diese Methode anwandten, halte ich sie
dennoch für prinzipiell unrichtig. Ein ebenmerklicher
Empfindungsunterschied ist kein Differential und noch
weniger ist dies mit der Gröfse $dR$ der Fall, die in die
andere Seite der Gleichung aufgenommen wird. Dieser
Zuwachs des Reizes, der mathematisch als ein Differential behandelt wird, ist in der Realität eine endliche
Gröfse, die überdies oft einen beträchtlichen Wert hat.
Man wird deshalb einen nicht unwesentlichen Fehler
begehen, wenn man ihn als eine unendlich kleine Gröfse
behandelt. Der Umstand, dafs man dies bisher gethan
hat, ohne gröfsere Übelstände zu merken, beweist nichts.
Denn das Webersche Gesetz ist, wie wir jetzt wissen,
nur ein unvollständiger und durchaus ungenügender
Ausdruck der thatsächlichen Verhältnisse; ein kleiner
Fehler mehr oder weniger in diesem Ausdruck hat daher nicht viel zu sagen. Bei der genauen Behandlung
der Erscheinungen, die wir hier bezwecken, würde eine

— 95 —

unzulässige mathematische Operation sich dagegen sofort rächen. Und da zudem die mathematischen Operationen nicht schwieriger werden, weil wir die Zuwächse
der Empfindungen und der Reize als endliche Differenzen behandeln, so ist letzteres unbedingt vorzuziehen.

Dem Reize $R$ entspricht die Empfindung $E$, gegeben
durch die Formel:

$$E = c_s \log. \left[ \frac{R}{R_0} (a - a_1 \log. R) \right] \ldots \text{(Gleich. 40).}$$

Dem Reize $r$ entspricht die Empfindung $e$, gegeben
durch den analogen Ausdruck:

$$e = c_s \log. \left[ \frac{r}{R_0} (a - a_1 \log. r) \right].$$

Subtrahieren wir letztere Gleichung von ersterer, indem
wir $E > e$ voraussetzen, so erhalten wir:

$$E - e = c_s \log. \left[ \frac{R}{R_0}(a - a_1 \log. R) \right] - c_s \log. \left[ \frac{r}{R_0}(a - a_1 \log. r) \right]$$
$$= c_s \log. \frac{R(a - a_1 \log. R)}{r(a - a_1 \log. r)}$$

Nehmen wir nun an, daß die Differenz $E - e$ ebenmerklich ist, und bezeichnen wir diesen ebenmerklichen
Unterschied durch $\mu$, so haben wir:

$$E - e = \mu = c_s \log. \frac{R(a - a_1 \log. R)}{r(a - a_1 \log. r)}, \text{ woraus folgt:}$$

$$\frac{R}{r} \cdot \frac{a - a_1 \log. R}{a - a_1 \log. r} = 10^{\mu:c} = K_s \ldots \text{(Gleich. 41).}$$

In der Gleich. 41 haben wir also die Bedingung, die von
den Reizen $R$ und $r$ erfüllt werden muß, sofern diese
eine ebenmerkliche Empfindungsdifferenz hervorrufen
sollen. Selbst wenn wir nun aber auch annehmen, daß
unser Ausgangspunkt, Gleich. 40, richtig ist, und selbst
wenn die mathematische Deduktion sich unangreifbar
erweist, ist es doch mehr als zweifelhaft, ob Gleich. 41
den thatsächlichen Verhältnissen entspricht. Oder
besser: wir wissen, daß dies nicht der Fall sein wird.
Denn wenn die Netzhaut das Objekt zweier verschiedener gleichzeitiger Reizungen ist, so findet eine Kontrastwirkung zwischen diesen statt, und diese Kontrastwirkung, für die wir in Gleich. 21 einen Ausdruck

haben, muſs bei der Berechnung notwendigerweise
berücksichtigt werden, wenn unsere Formel den thatsächlichen Verhältnissen entsprechen soll. Um dies zu
erzielen, bringen wir erst Gleich. 41 in die Form:

$$\frac{R}{r} = K_s \frac{a - a_1 \log. r}{a - a_1 \log. R}$$

Hieraus folgt ganz einfach:

$$\frac{R - r}{r} = K_s \frac{a - a_1 \log. r}{a - a_1 \log. R} - 1$$

Dem oben (S. 52) Entwickelten zufolge wissen wir, daſs
für $R - r$ zu setzen ist $J - i$, wenn der gegenseitige
Kontrast in Anschlag gebracht werden soll. Wird nun
zugleich der Ausdruck für $J - i$ aus Gleich. 21 eingesetzt, so hat man:

$$\left(\frac{R}{r} - 1\right)\left[1 + e + \frac{\beta}{\gamma + \log. \frac{r}{R}} \cdot \frac{r}{R}\right] = K_s \frac{a - a_1 \log. r}{a - a_1 \log. R} - 1 \ldots \text{(Gleich. 42)}.$$

Hiermit sind wir doch noch nicht fertig. Wir sahen
oben, wie es gewisse Wahrscheinlichkeit hat, daſs der
in Gleich. 40 und 41 aufgenommene Faktor $(a - a_1 \log. R)$
den Einfluſs des Stoffwechsels auf die photochemische
Wirkung in der Netzhaut ausdrückt, und dieser Einfluſs
ist, wie der Ausdruck selbst zeigt, eine Funktion des $R$.
Verhält dies sich aber richtig, so ist es höchst unwahrscheinlich, daſs zwei gleichzeitige Reize, $R$ und $r$, ganz
voneinander unabhängig, auf den Stoffwechsel sollten
influieren können. Jeder der Reize greift unleugbar
seine Stelle der Netzhaut an, und der Stoffverbrauch
an diesen Stellen ist wesentlich durch die Stärke der
Reize bedingt, daraus folgt aber keineswegs, daſs dies
auch von der Lebhaftigkeit des Stoffwechsels gilt. Wird
der Blutzufluſs nach einem Organ wegen der Arbeit
des Organs vermehrt, so wird der Stoffwechsel wahrscheinlich an allen Stellen lebhafter vorgehen, so daſs
der am kräftigsten arbeitende Teil des Organs die gesamte Thätigkeit bestimmt. Ob im Gehirn eine stark
vermehrte Blutzufuhr nach einem einzelnen Zentrum
vorkommen kann, ohne daſs andere Stellen derselben
teilhaft würden, muſs dahingestellt bleiben, in den
peripheren Organen ist eine solche lokale Begrenzung
aber sehr wenig wahrscheinlich. Wir wissen z. B., daſs

Muskelarbeit eines Armes vermehrte Blutzufuhr nicht
nur nach dem arbeitenden Arme, sondern auch, wenngleich nicht in völlig so grofsem Umfange, nach dem
anderen Arme bewirkt. Eine derartige Erscheinung
deutet jedenfalls auf keine stark lokalisierte Vermehrung der Blutzufuhr hin, und es hat deshalb auch
nur geringe Wahrscheinlichkeit für sich, dafs die Lebhaftigkeit, mit welcher der Stoffwechsel auf einem
kleinen Areal der Netzhaut vorgeht, von den Vorgängen in den angrenzenden Arealen durchaus unabhängig sein sollte. Die natürlichste Annahme wird hier
die, dafs der stärkere der beiden gleichzeitigen Reize
die Blutzufuhr und die Lebhaftigkeit des Stoffwechsels
bestimmt, dafs letzterer sonst aber an den verschiedenen
Stellen je nach Bedarf verschieden wird.

Die Konsequenz dieser Betrachtungen, wenn sie auf
unseren speziellen Fall angewandt werden, ist die, dafs
Gleich. 42 eine Korrektion erleiden mufs. Der in der
rechten Seite der Gleichung vorkommende Faktor:

$$\frac{a - a_1 \log. r}{a - a_1 \log. R}$$

gibt einen Ausdruck für den Einflufs des Stoffwechsels
auf die photochemische Wirkung an den einzelnen
Stellen der Netzhaut unter der Voraussetzung, dafs
die einzelnen Stellen in dieser Beziehung ganz voneinander unabhängig sind. Dies darf man aber, den
obigen Betrachtungen zufolge, kaum annehmen. Es
mufs der stärkere Reiz, $R$, sein, der im ganzen den Einflufs des Stoffwechsels bestimmt, während letzterer nur
an den durch $r$ gereizten Stellen einen anderen Wert
als an den durch $R$ gereizten erhält. Wir kommen deshalb den thatsächlichen Verhältnissen gewifs am nächsten, wenn wir statt des Zählers:

$$a - a_1 \log. r \text{ den Ausdruck: } a_2 - a_3 \log. R$$

setzen, wo $a_2$ und $a_3$ zwei neue Konstanten sind. Setzt
man diese Gröfse in Gleich. 42 ein, und führt man die
Berechnungen aus, so erhält man:

$$\left(\frac{R}{r} - 1\right)\left[1 + a + \frac{\vartheta}{1 + \log.\frac{r}{r}}R \cdot \frac{r}{R}\right] = \frac{K_2 a_2 - a - (K_2 a_3 - a_1) \log. R}{a - a_1 \log. R}$$

Setzt man hier der Vereinfachung wegen:

$$K_3\,a_2 - a = a_4 \quad \text{und} \quad K_2\,a_2 - a_1 = a_5,$$

so wird die Gleich. 42:

$$\left(\frac{R}{r}-1\right)\left[1+\alpha+\frac{\beta}{\gamma+\log.\frac{R}{r}}\cdot\frac{r}{R}\right]=\frac{a_4-a_5\log.R}{a-a_1\log.R}\ \ldots \quad \text{(Gleich. 43)}.$$

was also die Bedingung sein wird, welche die beiden
Reize $R$ und $r$ erfüllen müssen, wenn sie einen ebenmerklichen Empfindungsunterschied hervorrufen sollen.
Oder mit anderen Worten: es sollte sich erweisen, daſs
Gleich. 43 nur eine andere Formulierung des in Gleich. 28
gegebenen ›Unterscheidungsgesetzes‹ für Lichtempfindungen wäre. Daſs dies wirklich der Fall ist, läſst sich
nun auch ohne Schwierigkeit nachweisen. Aus Gleich. 28
folgt nämlich erst:

$$\left(\frac{R}{r}-1\right)\left[1+\alpha+\frac{\beta}{\gamma+\log.\frac{R}{r}}\cdot\frac{r}{R}\right]=\frac{K_1}{k-k_1\log.R}-1 \qquad \text{also:}$$

$$\left(\frac{R}{r}-1\right)\left[1+\alpha+\frac{\beta}{\gamma+\log.\frac{R}{r}}\cdot\frac{r}{R}\right]=\frac{k-k_1\log.R}{K_1-k+k_1\log.R}$$

Setzt man hier: $K_1 - k = k_5$, so erhält man:

$$\left(\frac{R}{r}-1\right)\left[1+\alpha+\frac{\beta}{\gamma+\log.\frac{R}{r}}\cdot\frac{r}{R}\right]=\frac{k-k_1\log.R}{k_5+k_1\log.R}$$

welche Gleichung sich von Gleich. 43 offenbar nur
durch die in der rechten Seite der Gleichung vorkommenden Konstanten unterscheidet. Daſs diese in
den beiden Gleichungen nicht dasselbe Vorzeichen haben,
kann wohl kaum ins Gewicht fallen, da wir überhaupt
nichts darüber wissen, ob die Konstanten positiv oder
negativ sind; das Wesentlichste ist, daſs die beiden
Brüche für bestimmte numerische Werte der Konstanten
gleichgroſs sein können. — Wir sind nun im stande, die
ganze vorhergehende Entwickelung in Kürze folgender-
maſsen zu resümieren:

Wir haben, in Übereinstimmung mit einem
bekannten physischen Gesetze, diejenige
Tiefe gefunden, bis zu welcher die photochemische Wirkung in die Netzhaut eindringen muſs, wenn letztere durch Licht von
gegebener Intensität gereizt wird. Wir haben

ferner sowohl den Stoffwechsel als den Einfluſs des gegenseitigen Kontrastes auf die
photochemische Wirkung, wenn die Netzhaut
an verschiedenen Stellen zugleich durch
Licht von verschiedener Intensität gereizt
wird, berücksichtigt[1]. Und indem wir voraus-
setzten, daſs die resultierenden Lichtempfindungen den photochemischen Wirkungen proportional sind, gelangten wir zu einem mit
dem empirisch gefundenen Unterscheidungsgesetze identischen Ausdruck. Folglich
scheint diese Voraussetzung richtig zu sein,
und das ›Unterscheidungsgesetz‹, das korrigierte Webersche Gesetz, hat somit eine rein
physisch-physiologische Erklärung erhalten.

Obschon diese ganze Entwickelung recht wahrscheinlich aussieht, muſs doch an einem einzelnen
Punkte gewiſs eine wesentliche Korrektion unternommen werden. Dies verrät sich sogleich, wenn wir
nun zur Untersuchung schreiten, ob das Unterscheidungsgesetz sich nicht möglicherweise auch auf anderen
Gebieten als dem des Gesichtssinnes gültig erweisen
sollte.

---

## DIE GEMEINGÜLTIGKEIT
## DES UNTERSCHEIDUNGSGESETZES.

*Die Gültigkeit des Unterscheidungsgesetzes für
Schallempfindungen.* Die oben citierten Worte von
Ebbinghaus: daſs die sogenannten Abweichungen von
dem Weberschen Gesetze sich einer photochemischen
Theorie als völlig verständlich und gesetzmäſsig erweisen würden, haben sich durch unsere vorhergehenden
Betrachtungen wirklich bestätigt. Gegen diese — oder
jede beliebige andere — photochemische Theorie scheint
mir aber der Einwurf naheliegend zu sein, daſs die
Theorie der Natur der Sache zufolge nur für den Licht-
sinn gültig sein kann. Aber auch auf anderen Sinnesgebieten, wo genaue Messungen möglich sind, vor allen

---

[1] Über den Einfluſs der Pupillenweite, siehe Anhang.

Dingen also rücksichtlich des Gehörs, hat es sich erwiesen, dafs die Unterschiedsempfindlichkeit keineswegs
konstant ist, sondern auf ganz ähnliche Weise wie in
betreff der Gesichtsempfindungen variiert. Es ist daher
a priori auch ziemlich wahrscheinlich, dafs man für die
Schallempfindungen ein Unterscheidungsgesetz nachweisen kann, analog demjenigen, das sich oben als für
die Gesichtsempfindungen gültig erwies. Ganz genau
dieselbe Form wird das Unterscheidungsgesetz wohl
schwerlich auf den beiden Gebieten erhalten, da unsere
Lichtempfindungen gleichzeitig eintreten und deshalb
simultanem Kontrast und ähnlichen, bei Schallempfindungen unbekannten Erscheinungen unterworfen sind.
Die gleichartigen Variationen der Unterschiedsempfindlichkeit auf den beiden Gebieten bieten indes Grund zu
der Annahme, dafs die Unterscheidungsgesetze dennoch
bis zu einem gewissen Grade miteinander übereinstimmen
werden. Wie dies sich theoretisch erklären läfst, ist
schwer zu verstehen, denn wenn man auf zwei Sinnesgebieten wesentlich übereinstimmende Verhältnisse zwischen Empfindung und Reiz findet, so mufs man zu der
Annahme berechtigt sein, dafs die gleichartigen Gesetze
von gleichartigen Funktionen herrühren. Es kann von
einer photochemischen Thätigkeit im Ohre aber doch
wohl nicht recht die Rede sein. Es scheint also, dafs
wir das Unterscheidungsgesetz von gar zu speziellen
Ausgangspunkten aus entwickelt haben, und es handelt
sich deshalb darum, seine Gültigkeit auf verschiedenen
Gebieten zu prüfen, um das zu einer Korrektion erforderliche Material zu beschaffen. Zuerst untersuchen
wir nun seine Gültigkeit für Schallempfindungen.

Von Merkels Hand liegen eine Reihe Messungen
der Unterschiedsempfindlichkeit für Schallempfindungen
vor, nach der Methode der ebenmerklichen Unterschiede
ausgeführt[1]. Zur Grundlage unserer Untersuchungen
benutze ich die umfangreichste dieser Versuchsreihen[2],
die in der Tab. 17 wiedergegeben ist. Unter den Überschriften R und r sind hier die zusammengehörenden

[1] Die Abhängigkeit zwischen Reiz und Empfindung. III. Schallreize. Phil. Stud. Bd. V.
[2] Ibid. S. 514.

Werte der beiden Reize und darauf ihr Verhältnis $R\,r$ gegeben. Die ersten vier Werte des $R\,r$ zeigen allmähliche Abnahme, die zehn letzten dagegen unregelmäfsige Schwankungen, die jedoch nicht gröfser sind, als dafs sie von Unsicherheit der Beurteilung herrühren können. $R\,r$ scheint hier also konstant zu sein; das Mittel der letzten zehn Werte ist 1,300, und die Abweichung der einzelnen Werte von diesem Mittel ist in der folgenden Kolonne unter der Überschrift $f$ gegeben. Man sieht hier, dafs die Fehler sich ganz unregelmäfsig in positiver und negativer Richtung verteilen; der mittlere Fehler beträgt 0,0063. Das Webersche Gesetz scheint hier also innerhalb eines gröfseren Reizumfanges zu gelten, zugleich findet sich aber deutlich eine »untere« Abweichung, indem $R\,r$ wächst, wenn $r$ sehr klein wird. Dasselbe kommt übrigens auch in einer anderen der Merkelschen Versuchsreihen zum Vorschein. Über die Ursache dieser Abweichungen sagt Merkel: »Die Tabellen zeigen, dafs auch bei den Schallempfindungen eine untere Abweichung vom Weberschen Gesetze vorhanden ist. Dieselbe wird sich je nach der Stärke des Tagesgeräusches bis zu gröfseren beziehentlich kleineren Werten von $r$ erstrecken. Da ich meine Versuche in einem nach dem Garten zu gelegenen, von dem Lärm des Tages nach Möglichkeit abgeschlossenen Raume ausführte, so macht sich die untere Abweichung erst bei einem verhältnismäfsig schwachen Reize geltend[1].«

Die Richtigkeit dieser Erklärung hat Merkel gar nicht darzuthun versucht; dieselbe ist weiter nichts als ein Postulat. Und ein Beweis scheint doch um so dringender notwendig zu sein, da es längst festgestellt ist, dafs die unteren Abweichungen vom Weberschen Gesetze, was die Lichtempfindungen betrifft, sich nicht durch eine konstante Gröfse (das Eigenlicht des Auges) erklären lassen, die sich zu den gemessenen Reizen hinzuaddierte[2]. Es hätte doch nahe gelegen und wäre wohl nicht mit unüberwindlichen Schwierigkeiten verbunden gewesen, eine wenn auch nur kürzere Reihe

[1] Ibid. S. 515.
[2] Müller, Zur Grundlegung der Psychophysik. Berlin 1879, S. 181.

von Versuchen in der Stille der Nacht anzustellen, da
es sich dann ja erweisen müfste, ob die Abweichungen,
wenn sie auch nicht ganz wegfielen, doch nicht allenfalls auf ein Minimum reduziert würden. Auch auf dem
Wege der Berechnung hätte sich ein Beweis führen
lassen. Wirkt nämlich das Tagesgeräusch als annähernd konstanter Schall, der sich den gemessenen
Reizen hinzuaddiert, so muſs diese unbekannte Gröſse,
$z$, aus den Versuchen zu finden sein, indem man setzt:

$$\frac{R+z}{r+z}=b \ldots \text{(Gleich. 44).}$$

Hieraus folgt: $\qquad z=\frac{R-br}{b-1}$.

Setzt man hier $b=1,300$, dem gefundenen Werte der
Unterschiedsempfindlichkeit, von dem anzunehmen ist,
dafs er auch für die kleinen Werte von $R$ und $r$ gilt,
wenn zu diesen die konstante störende Ursache $z$ addiert
wird, und setzt man darauf nach und nach die zusammengehörenden Gröſsen $R$ und $r$ in die Gleichung ein, so
erhält man für $z$ die in der Tab. 17 angeführten Werte.
Diese weichen augenscheinlich so wenig voneinander
ab, dafs $z$ wirklich als eine konstante Gröſse zu be-

Tab. 17.

| $R$ | $r$ | $\frac{R}{r}$ | $f$ | $z$ | $b$ | $f_1$ |
|---|---|---|---|---|---|---|
| 0,681 | 0,412 | 1,651 | | 0,48 | 1,289 | — 0,010 |
| 1,521 | 1,030 | 1,477 | | 0,61 | 1,312 | + 0,018 |
| 2,784 | 2,025 | 1,375 | | 0,50 | 1,298 | — 0,001 |
| 5,415 | 4,050 | 1,337 | | 0,51 | 1,299 | 0,000 |
| 13,18 | 10,12 | 1,302 | + 0,003 | | 1,287 | — 0,012 |
| 32,27 | 24,96 | 1,293 | — 0,007 | | 1,287 | — 0,012 |
| 63,72 | 49,43 | 1,289 | — 0,011 | | 1,286 | — 0,013 |
| 172,4 | 132,4 | 1,302 | + 0,002 | | 1,301 | + 0,002 |
| 336,6 | 259,7 | 1,296 | — 0,004 | | 1,296 | — 0,003 |
| 640,6 | 488,6 | 1,311 | + 0,011 | | 1,311 | + 0,012 |
| 1128 | 869,4 | 1,297 | — 0,003 | | 1,297 | — 0,002 |
| 2075 | 1590 | 1,305 | + 0,005 | | 1,305 | + 0,006 |
| 3196 | 2468 | 1,294 | — 0,006 | | 1,294 | — 0,005 |
| 6476 | 4936 | 1,312 | + 0,012 | | 1,312 | + 0,013 |
| | Mittel | 1,300 | ± 0,0063 | 0,52 | 1,299 | ± 0,0078 |

trachten ist, deren mittlerer Wert 0,52 wird. Wir können
nun in Gleich. 44 $z=0,52$ setzen und darauf $b$ durch
successives Einsetzen der zusammengehörenden Werte

von $R$ und $r$ berechnen. Wir gelangen hierdurch zu
den in der Tabelle unter der Überschrift $b$ angegebenen
Größen. Vergleicht man diese Zahlen mit den in der
Kolonne $R/r$ befindlichen, so sieht man, daß die beiden
Reihen erst von $R = 336,6$ an völlig miteinander zu-
sammenfallen, was also heißen will, daß der Einfluß
des konstanten Geräusches sich bei allen schwächeren
Reizen spüren läßt. Übrigens zeigt es sich, daß die
Größen $b$ annähernd konstant sind; das Mittel beträgt
1,299 und weicht also nur ganz unwesentlich von
$R/r = 1,300$ ab. Unter der Überschrift $f_1$ ist angegeben
$f_1 = b — 1,299$; man sieht, daß diese Fehler durchweg
klein sind und unregelmäßig in positiver und negativer
Richtung schwanken; ihr Mittel ist 0,0078. Das Resultat hiervon wird also, daß Gleich. 44 wirklich für
die Merkelschen Messungen der Unterschiedsempfindlichkeit für Schallempfindungen gültig zu sein scheint,
was mit anderen Worten heißt, daß das Webersche
Gesetz, hinsichtlich des konstanten Geräusches korrigiert,
für diese Versuche gilt.

Bei näherer Erwägung wird man es auch ganz
natürlich finden, daß das Unterscheidungsgesetz für
Schallempfindungen eine Form wie Gleich. 44 annimmt,
die mit der entsprechenden für Lichtempfindungen
(Gleich. 43 oder der damit identischen Gleich. 28) verglichen sich durch ihre Einfachheit auszeichnet. Denn
daß Gleich. 43 so kompliziert wird, kommt, wie wir
sahen, daher, daß beim Gesichtssinne sowohl der Einfluß des Stoffwechsels auf die peripheren Prozesse als
der simultane Kontrast zu berücksichtigen ist. Beide
diese Faktoren sind aber wahrscheinlich ohne alle Bedeutung für das Gehör. Von simultanem Kontraste
kann der Natur der Sache zufolge bei Schallempfindungen, die notwendigerweise successive entstehen
müssen, um scharf auseinander gehalten werden zu
können, gar nicht die Rede sein. Dagegen gibt es
gewiß einen, wenngleich nur geringen successiven Kontrast, und der Einfluß desselben ist aus den die Unterschiedsempfindlichkeit angebenden Zahlen nicht eliminiert. Successiver Kontrast zwischen Schallempfindungen muß sich nämlich auf die Weise äußern, daß
ein stärkerer, auf einen schwächeren Schall folgender

Schall stärker scheint, als er eigentlich sein sollte, und
umgekehrt. Läfst man daher bei der Bestimmung der
Unterschiedsempfindlichkeit *r* den ersten Reiz sein, so
mufs der folgende Reiz *R*, weil er nach dem schwächeren
kommt, als zu stark erscheinen, weshalb *R* also einen
Wert erhält, der ein wenig kleiner ist, als er sein würde,
wenn kein Kontrast stattfände. Stellt man nun aber
eine andere Reihe von Versuchen an, bei welchen *R*
der erste, *r* der zweite Reiz ist, so wird *r* kleiner
scheinen, als es thatsächlich ist, weil es auf den stärkeren
Reiz *R* folgt, und hiervon mufs dann wieder die Folge
werden, dafs *R* einen zu kleinen Wert erhält. Das
Mittel der beiden Werte von *R* wird dann ein wenig
kleiner, als der Fall sein würde, wenn kein Kontrast
stattfände. Der successive Kontrast zwischen Schallempfindungen ist der Erfahrung gemäfs indes so gering,
dafs seine Gröfse sogar unter günstigen Verhältnissen
sich kaum messen läfst, und bei zwei einander so nahe
liegenden Reizen wie *R* und *r* kann er ganz aufser acht
gelassen werden. Deswegen wird im Unterscheidungsgesetze für Schallempfindungen keine Korrektion hinsichtlich des successiven Kontrastes unternommen.
(Über den durch die Succession verursachten Zeitfehler,
der mit dem Kontraste nichts zu thun hat, siehe S. 112.)

Was ferner den Stoffwechsel betrifft, so ist es
leichtverständlich, dafs dieser für den Gesichtssinn eine
sehr wesentliche Rolle spielen mufs, während er für
das Gehör fast ohne Bedeutung ist. Ist eine Stelle der
Netzhaut nur wenige Sekunden der Reizung durch ein
einigermafsen starkes Licht ausgesetzt gewesen, so läfst
sich erfahrungsgemäfs in der Empfänglichkeit der betreffenden Stelle für nachfolgende Reize eine Veränderung nachweisen. Eine solche Veränderung deutet
aber auf Umsatz, einen Verbrauch von Stoff
hin, und hiermit geht es nun wieder zusammen, dafs
eine mehr oder weniger lebhafte Ernährung des
arbeitenden Organs grofsen Einflufs auf die resultierenden Empfindungen erhält. Ganz anders mit dem
Ohr. Selbst wenn man 15—20 Minuten hindurch fortwährend einen und denselben Ton anhört, wird es kaum
möglich sein, eine Veränderung der Empfänglichkeit
nachzuweisen. Der Stoffverbrauch des arbeitenden

Organs muſs hier also ein so geringer sein, daſs er immer durch den Stoffwechsel völlig ausgeglichen wird. Hieraus folgt nun wieder, daſs ein Einfluſs des Stoffwechsels auf Schallempfindungen sich nicht nachweisen läſst, weshalb auch keine Korrektion des Unterscheidungsgesetzes in dieser Beziehung erforderlich ist. Von der ganzen, komplizierten Gleich. 43 bleibt daher weiter nichts übrig als $Hr = $ konst., wozu jedoch die in Gleich. 44 angegebene Korrektion hinsichtlich des unvermeidlichen äuſseren Lärms hinzuzufügen ist. Eine ähnliche Korrektion ist in betreff der Lichtempfindungen dagegen nicht erforderlich, da man mittels hinlänglicher Adaptation das »Eigenlicht des Auges« bis auf ein unmerkliches Minimum herabsetzen kann.

Wir verstehen also vollkommen, weshalb das für Lichtempfindungen äuſserst komplizierte Unterscheidungsgesetz sich für Schallempfindungen auf einen sehr einfachen Ausdruck reduzieren läſst. Dagegen ist es durchaus unverständlich, weshalb ein konstanter Unterschied zwischen Schallempfindungen $Hr = $ konst. verlangt. Was die Lichtempfindungen betrifft, war dieses Verhältnis die einfache Folge davon, daſs die photochemische Wirkung auf die Netzhaut von der Stärke des Reizes logarithmisch abhängig ist (Gleich. 38). Es scheint also zwischen den Reizungen und den Veränderungen im akustischen Apparate ein ähnliches Verhältnis zu bestehen, aber warum? Welcher Art sind diese Veränderungen? Zur Beantwortung dieser Frage gebricht es uns einstweilen offenbar an jeglichem Ausgangspunkte. Wir werden später aber dieselbe Gesetzmäſsigkeit auf einem dritten Gebiete wiederfinden, wo die speziellen Verhältnisse neues Licht auf das Problem werfen, und wo wir den Versuch anstellen werden, dasselbe zu lösen.

*Die gleiche Gröſse ebenmerklicher Unterschiede.* Bevor wir die Untersuchungen über Schallempfindungen abschlieſsen, erübrigt es noch, den Beweis für die Richtigkeit der Voraussetzung zu führen, von welcher wir bei allen unseren vorhergehenden Untersuchungen ausgingen, daſs nämlich ebenmerkliche Unterschiede zwischen Empfindungen derselben Art gleichgroſse Empfindungsunterschiede sind. Diese Voraus-

setzung wurde in der Einleitung festgestellt als ein
Postulat, auf dessen Beweis wir uns damals nicht einlassen konnten. Wir nehmen die Frage gerade hier
zur endlichen Entscheidung vor, weil die zu einer Beantwortung erforderlichen Versuche bisher nur auf dem
Gebiete des Gehörs vorliegen. Diese Versuche stellte
A m e n t[1] in Würzburg unter Beistand der bekannten
Psychologen K ü l p e und M a r b e an, deren Namen verbürgen, daſs die Messungen mit all der Sorgfalt und
Gewissenhaftigkeit, welche die Wichtigkeit der Frage
erheischt, durchgeführt wurden.

A m e n t geht von folgender Betrachtung aus. Ist
das Webersche Gesetz auf irgend einem Sinnesgebiete
innerhalb eines bestimmten Reizumfangs gültig, so hat
man hier innerhalb dieser Grenzen $E = c \log. R$. Wählt
man nun innerhalb des Gebietes, auf dem das Gesetz
gültig ist, drei Reize, $R$, $M$ und $r$, so, daſs sich mit
Bezug auf die entsprechenden Empfindungen zwischen
$E_R$ und $E_M$ derselbe Unterschied zeigt wie zwischen $E_M$
und $E_r$, so muſs man haben:

$$E_R - E_M = c (\log. R - \log. M) = E_M - E_r = c (\log. M - \log. r)$$

und folglich: $\dfrac{R}{M} = \dfrac{M}{r}$, oder $M^2 = R \, r$ . . . . (Gleich. 45).

Lehrt die Erfahrung nun, daſs Gleich. 45 nicht gilt, obschon sie eine mathematisch notwendige Konsequenz
des Weberschen Gesetzes ist, so läſst dies sich nur dadurch erklären, daſs die ebenmerklichen Unterschiede
nicht gleichgroſs sind. Sind nämlich die ebenmerklichen
Unterschiede gleichgroſs, so ist $E$ als eine Gröſse zu
betrachten, die sich in jedem einzelnen Falle als mit
dem ebenmerklichen Unterschiede zur Maſseinheit gemessen denken läſst (vgl. S. 11), und dann muſs Gleich. 45
sich notwendigerweise auch als gültig erweisen. Zeigt
es sich daher, daſs dies nicht mit der Wirklichkeit übereinstimmt, so muſs die Voraussetzung: der ebenmerkliche Unterschied als gedachte Maſseinheit, falsch sein,
oder mit anderen Worten: der ebenmerkliche Unterschied kann nicht überall dieselbe Gröſse haben.

Auf zwei verschiedenen Wegen, einem direkten und

[1] Über das Verhältnis der ebenmerklichen zu den übermerklichen
Unterschieden bei Licht- und Schallintensitäten. Phil. Stud. Bd. XVI.

einem indirekten, untersucht A m e n t nun, ob Gleich. 45
wirklich gültig ist. Beide Wege führen zu demselben
Ergebnisse, da aber nur der sogenannte indirekte Weg
Zahlengröfsen gibt, die sich mathematisch behandeln
lassen, müssen wir uns darauf beschränken, diese
Messungen zu betrachten. Sie sind nur für Schallempfindungen durchgeführt, wir werden später aber
nachweisen, dafs dieselben Konsequenzen, die sich auf
natürliche Weise aus Aments Schallversuchen ableiten
lassen, auch für die Lichtempfindungen gültig sind.
Wir beginnen also mit Aments Messungen auf dem
Gebiete des Gehörs. Hier wird vorerst die Unterschiedsempfindlichkeit zweier Beobachter. $K$ und $A$, für eine
Reihe von Reizen innerhalb der Grenzen 1 und 46,95
bestimmt. In den Tab. 18 a und 18 b sind unter der Überschrift $r$ die benutzten Reize angegeben, unter $\Delta r$ die
dem ebenmerklichen Unterschiede entsprechenden Zuwächse der Reize. Um nun die Berechnungen auf dieselbe Weise wie überall im Vorhergehenden durchführen zu können, habe ich in einer dritten Kolonne
$R = r + \Delta r$ und darauf das Mafs für die Unterschiedsempfindlichkeit $R'r$ angeführt. Man sieht, dafs letztere
Werte für Reize zwischen 11,24 und 32,78 fast konstant sind; hier hat also das Webersche Gesetz Gültigkeit. Es gibt übrigens eine untere Abweichung, ganz
in Übereinstimmung mit dem, was man bei anderen
Messungen dieser Art gefunden hat, indem die Werte
hier zu grofs sind. Aufserdem findet sich hier aber
eine ganz sonderbare obere Abweichung, indem der
dem gröfsten Wert des $r$ entsprechende Wert von $R'r$
bedeutend kleiner ist als die zunächst vorhergehenden.
A m e n t macht selbst auf dieses Faktum aufmerksam,
ohne irgend eine Erklärung zu versuchen, was doch
wohl notwendig sein möchte, da eine solche plötzliche
Verminderung des $R'r$ sonst ganz unbekannt ist. Da
sie in beiden Versuchsreihen vorkommt, mufs sie notwendigerweise von einem vom Beobachter unabhängigen,
konstanten Fehler herrühren, wahrscheinlich von einem
Fehler des ›Schallpendels‹, durch welches die Reize
hervorgebracht wurden. Da hierüber aber keine Aufschlüsse vorliegen, müssen wir die Messungen nehmen,
wie sie sind.

### Tab. 18a.

Unterschiedsschwelle für $K$.

| $r$ | $\Delta r$ | $R$ | $\dfrac{R}{r}$ | $b$ | $f$ |
|---|---|---|---|---|---|
| 46,95 | 5,85 | 52,80 | 1,125 | 1,120 | — 0,030 |
| 32,78 | 5,31 | 38,09 | 1,162 | 1,154 | + 0,004 |
| 20,76 | 3,41 | 24,17 | 1,164 | 1,152 | + 0,002 |
| 11,24 | 1,92 | 13,16 | 1,170 | 1,149 | — 0,001 |
| 4,50 | 1,06 | 5,56 | 1,236 | 1,172 | + 0,022 |
| 1,00 | 0,40 | 1,40 | 1,400 | 1,150 | 0,000 |
| | | | | 1,150 | |

### Tab. 18b.

Unterschiedsschwelle für $A$.

| $r$ | $\Delta r$ | $R$ | $\dfrac{R}{r}$ | $b$ | $f$ |
|---|---|---|---|---|---|
| 46,95 | 10,5 | 57,45 | 1,224 | 1,217 | — 0,050 |
| 32,78 | 9,88 | 42,66 | 1,301 | 1,288 | + 0,021 |
| 20,76 | 6,56 | 27,32 | 1,316 | 1,295 | + 0,028 |
| 11,24 | 3,18 | 14,42 | 1,283 | 1,250 | — 0,017 |
| 4,50 | 1,99 | 6,49 | 1,443 | 1,333 | + 0,066 |
| 1,00 | 0,55 | 1,55 | 1,550 | 1,222 | — 0,045 |
| | | | | 1,267 | |

Der nächste Schritt bezweckte nun, die Größe des Reizes $M$ zu bestimmen, der das Mittel zweier willkürlich gewählter Reize $R$ und $r$ zu sein schien. Diese Bestimmungen wurden ebenfalls von beiden vorigen Beobachtern $K$ und $A$ ausgeführt. Wir betrachten vorerst die von $K$ gewonnenen, in Tab. 19 wiedergegebenen Resultate. Unter den Überschriften $R$ und $r$ sind hier die willkürlich gewählten Grenzen, unter $M$ die durch

### Tab. 19.

Unterschiedsvergleichung für $K$.

| $R$ | $r$ | $M$ | $R_0$ | $R + 1,67$ | $r + 1,67$ | $M_1$ |
|---|---|---|---|---|---|---|
| 46,95 | 1 | 14,78 | 6,85 | 48,62 | 2,67 | 9,7 |
| 32,78 | 1 | 9,34 | 5,73 | 34,45 | 2,67 | 7,9 |
| 20,76 | 1 | 6,75 | 4,56 | 22,43 | 2,67 | 6,0 |
| 11,24 | 1 | 4,14 | 3,35 | 12,91 | 2,67 | 4,2 |
| 46,95 | 11,24 | 24,00 | 22,97 | 48,62 | 12,91 | 23,2 |
| 46,95 | 4,50 | 20,91 | 14,53 | 48,62 | 6,17 | 15,6 |
| 32,78 | 4,50 | 14,19 | 12,15 | 34,45 | 6,17 | 12,9 |

die Versuche gefundene Mitte angegeben. Die Größe
sollte, wenn Gleich. 45 gültig ist, das geometrische
Mittel von $R$ und $r$ sein; man sollte also haben:
$M = R_g = \sqrt{R \cdot r}$. In der Kolonne $R_g$ sind die berechneten Werte $R_g = \sqrt{R \cdot r}$ angeführt. Die Größen weichen,
wie man sieht, von den empirisch gefundenen $M$ so stark
ab, daß keine Rede davon sein kann, $M$ als $= R_g$ zu
betrachten. Dasselbe gilt (vgl. Tab. 20) in noch höherem
Grade von den vom Beobachter $A$ gefundenen Zahlen.
Hieraus zieht A m e n t nun den, dem Anschein nach,
berechtigten Schluß, daß ebenmerkliche Unterschiede
also nicht gleichgroß sein können.

Gegen diese Konklusion läßt sich doch mancherlei
einwenden. Erstens kann man nur erwarten, daß
Gleich. 45 innerhalb des Reizumfangs gültig ist, wo das
Webersche Gesetz gilt. Dies hebt A m e n t selbst hervor; obgleich er das Webersche Gesetz aber nur für
Reize zwischen den Grenzen 11,24 und 32,78 gültig
findet, wendet er dennoch bei allen Versuchen nach
der Methode der mittleren Abstufungen sowohl höhere
als niedrigere Werte von $R$ und $r$ an. Ich gestehe, daß
es mir ganz unbegreiflich ist, was dies bezweckt. Nur
wo das Webersche Gesetz gültig ist, kann davon die
Rede sein, Gleich. 45 gültig zu finden. Nichtsdestoweniger verlangt A m e n t, sie solle auch für Reize
gelten, hinsichtlich deren die notwendige Voraussetzung
nicht erfüllt ist. Das ist mindestens keine gute Logik.
Wenn A m e n t einen so naheliegenden und wesentlichen
Fehler in seiner Behandlung der Zahlen übersehen hat,
kann es kein Erstaunen erregen, daß er auch andere,
weniger auffallende Irrtümer begangen hat. Ich ver-
lasse nun Herrn A m e n t und seine Räsonnements und
schreite zur Untersuchung, welche Resultate sich m i t
R e c h t aus den vorliegenden Versuchen herleiten lassen.

Erstens sahen wir im Vorhergehenden bei der Betrachtung der Merkelschen Versuche, daß man für
Schallempfindungen nicht $R'r =$ konst. hat; dagegen gilt:

$$\frac{R + x}{r + x} = b \ \ldots \ \text{(Gleich. 44)}.$$

Wenden wir diese Gleichung nun sowohl auf Tab. 18a
als auf Tab. 18b an, so sind wir im stande, auf dieselbe

Weise wie oben (S. 102) einen annähernden Wert von $x$
für jede der beiden Tabellen zu bestimmen[1]. Wir erhalten dann für Tab. 18a: $x = 1,67$ und für Tab. 18b:
$x = 1,48$. Jede der beiden Versuchsreihen ergibt also
fast denselben Wert von $x$, was sie ja auch gerne
sollten, da das Tagesgeräusch eine vom Beobachter
unabhängige Größe sein muß. Werden diese Zahlen
in Gleich. 44 eingesetzt, so haben wir:

$$\text{für Tab. 18a: } b = \frac{R + 1,67}{r + 1,67}$$

$$\text{und für Tab. 18b: } b = \frac{R + 1,48}{r + 1,48}$$

Durch successives Einsetzen der zusammengehörenden
Werte von $R$ und $r$ in diese Formeln läßt sich $b$ berechnen, und die erhaltenen Zahlen sind in den Tabellen
18a und b unter der Überschrift $b$ gegeben. Für jeden
einzelnen Beobachter sind die Werte annähernd konstant; für Tab. 18a ist das Mittel 1,150, für Tab. 18b
1,267. Die Abweichungen der einzelnen Größen von
diesen Mitteln sind unter der Überschrift $f$ gegeben.
Wie man sieht, sind die Fehler ziemlich groß, besonders
wenn man sie mit den entsprechenden der Merkelschen
Versuche (Tab. 16) vergleicht; das kann uns aber nicht
in Erstaunen setzen, da hier wahrscheinlich, wie oben
bemerkt, konstante Fehler der Instrumente Einfluß
übten. Übrigens zeigen sie keine gesetzmäßigen Variationen, und man darf deshalb Gleich. 44 als auch für
diese Versuche gültig betrachten.

Wir sehen also, daß das Webersche Gesetz auch
hier nicht in seiner reinen Gestalt gültig ist, was von
Ament vorausgesetzt wurde, und daß zu den ge-

---

[1] Streng genommen hätten $x$ und $b$ mittels der Methode der
kleinsten Quadrate bestimmt werden sollen, wodurch man zugleich die
wahrscheinlichsten Werte dieser beiden Unbekannten finden würde.
Überwältigende Schwierigkeit würde dies allerdings nicht verursachen,
wohl aber eine Masse unnötiger Berechnungen erfordern, die ich mir
hier und in mehreren ähnlichen Fällen ersparen zu können glaubte.
Die genaue Bestimmung von Konstanten, die nur für ein einzelnes
Individuum unter gegebenen Bedingungen gelten, hat nur geringes
Interesse; uns kommt es nur darauf an, die Gültigkeit der Gleichungen
zu prüfen, und das kann ebensogut geschehen, ohne den großen Apparat
der Fehlerausgleichung in Anwendung zu bringen.

messenen Reizen ein konstanter Addend hinzuzufügen
ist. Hieraus folgt, daſs man nicht erwarten kann,
Gleich. 45 für gleichgroſse Empfindungsunterschiede
gültig zu finden, und daſs man dagegen haben muſs:

$$\frac{R+x}{M_1+x} = \frac{M_1+x}{r+x}, \text{ oder } M_1 = \sqrt{(R+x)(r+x)} - x \,. \text{(Gl. 46).}$$

Für die von $K$ ausgeführten Messungen fanden wir
$x = 1,67$; für die von diesem Beobachter ausgeführten
Bestimmungen nach der Methode der mittleren Abstufungen müssen wir folglich haben:

$$M_1 = \sqrt{(R+1,67)(r+1,67)} - 1,67.$$

Werden hier successiv die der Tab. 19 entnommenen
zusammengehörenden Werte von $R$ und $r$ eingesetzt, so
läſst sich das entsprechende $M_1$ berechnen; die auf diese
Weise berechneten Gröſsen sind in Tab. 19 unter der
Überschrift $M_1$ gegeben. Man sieht, daſs $M_1$ dem experimentell bestimmten $M$ bedeutend näher kommt, als
mit $R_g$ der Fall ist; jedoch wird die Abweichung des $M_1$
von $M$ um so gröſser, je gröſser $R$ ist, was anzeigt, daſs
auch Gleich. 46 für diese Versuche nicht streng gültig
ist. Noch ungünstiger wird das Verhältnis, wenn wir
die entsprechenden, von $A$ ausgeführten Messungen betrachten, die in Tab. 20 wiedergegeben sind. Hier sind

Tab. 20.

Unterschiedsvergleichung für $A$.

| $R$ | $r$ | $M$ | $R_g$ | $M_1$ | $\gamma$ |
|---|---|---|---|---|---|
| 46,95 | 1 | 19,47 | 6,85 | 9,5 | 1,90 |
| 32,76 | 1 | 11,94 | 5,73 | 7,7 | 1,46 |
| 20,76 | 1 | 8,16 | 4,56 | 6,0 | 1,30 |
| 11,24 | 1 | 4,88 | 3,35 | 4,2 | 1,11 |
| 46,95 | 11,24 | 26,12 | 22,97 | 23,3 | 1,11 |
| 46,95 | 4,50 | 23,32 | 14,53 | 15,5 | 1,46 |
| 32,78 | 4,50 | 15,11 | 12,15 | 12,8 | 1,16 |

ebenfalls $R$ und $r$ nebst dem experimentell bestimmten
$M$ angegeben, ferner das aus Gleich. 45 berechnete $R_g$
und das aus Gleich. 46 mit $x = 1,48$ berechnete $M_1$. Wie
man sieht, ist $M_1$ durchweg gröſser als $R_g$ und nähert
sich also den gefundenen $M$ mehr, die Abweichungen

sind hier jedoch überaus grofs, so dafs von der Gültigkeit der Gleich. 46 gar nicht die Rede sein kann.

Trotz des nachgewiesenen Mangels an Übereinstimmung der Berechnung mit der Messung sind wir
dennoch durchaus nicht gezwungen, der von Ament
gezogenen Konklusion beizutreten. Die gefundenen
Werte von $M$ sind nämlich mit einem sehr bedeutenden
Zeitfehler behaftet, von dem sich leicht nachweisen läfst,
dafs er die ganze Nichtübereinstimmung verursacht. In
seinem verdienstlichen Werke: »Zur Analyse der Unterschiedsempfindlichkeit« wies G. E. Müller nach, dafs
nicht jeder Zeitfehler sich eliminieren läfst, indem man
nur die Zeitfolge der Reize umkehrt. Dies weifs Ament,
der denn auch nach einem möglichen Zeitfehler späht;
obschon er einen solchen an einem einzelnen Punkte
findet, entgeht derselbe am entscheidenden Orte seiner
Aufmerksamkeit aber gänzlich. Ich werde dies nun
näher nachweisen und die nötigen Korrektionen des
Zeitfehlers einsetzen.

Mit allen früheren Forschern auf diesem Gebiete
übereinstimmend findet Ament, dafs zwei aufeinanderfolgende gleichgrofse Schallreize nicht dieselbe Empfindung hervorrufen; der zweite wird als stärker denn
der erste aufgefafst. Bei der Bestimmung der Unterschiedsempfindlichkeit hat dies zur Folge, dafs man, je
nachdem $R$ oder $r$ zuerst kommt, nicht denselben Wert
für $R$ erhält. Bezeichnen wir die beiden Werte von $R$
als $R_I$, wenn $R$ zuerst kommt, und als $R_{II}$, wenn $r$ zuerst kommt, so mufs $R_I > R_{II}$ sein, denn kommt $R$ zuerst, so wird das nachfolgende $r$ eine verhältnismäfsig
zu starke Empfindung geben, und $R$ mufs folglich einen
etwas gröfseren Wert erhalten, als der Fall sein würde,
wenn man $r$ nicht relativ zu stark auffafste. Kommt
umgekehrt $R$ zuletzt, so wird dasselbe als verhältnismäfsig stark aufgefafst, und die Differenz $R - r$ mufs
folglich verhältnismäfsig klein sein, wenn $R$ als nur
ebenmerklich von $r$ verschieden aufgefafst werden soll.
Dafs $R_{II}$ wirklich kleiner wird als $R_I$, geht auch deutlich aus Aments Tab. XV hervor, wo er diese Zeitfehler bespricht. Aus derselben Tabelle ist ebenfalls
zu ersehen, dafs der Unterschied $R_I - R_{II}$ mit $r$ anwächst. Dies heifst mit anderen Worten, dafs der Zeit-

fehler um so gröfser wird, je stärker die Reize sind.
Die Zeitfolge zweier Schallreize, $A$ und $B$, hat mithin
den Einflufs, dafs der letztere, $B$, zu betrachten ist, als
wäre er um eine mit $B$ anwachsende Gröfse vermehrt.
Man darf also nicht mit $B$ rechnen, sondern mit
$B + a \cdot B = B(1 + a) = B \cdot Q$, indem man $1 + a = Q$ setzt.
Hier mufs $Q$ der Natur der Sache zufolge $> 1$ sein, ob
$Q$ sonst aber ein konstanter Faktor ist, bleibt ganz un-
entschieden; es ist sehr wohl denkbar, dafs $Q = F(A, B)$.
Wenden wir diese Betrachtung nun auf die Bestimmungen
der Unterschiedsempfindlichkeit an, so sehen wir folgendes Verhalten. Kommt $R$ zuerst, so finden wir für dasselbe den Wert $R_I$, der einem $r$ entspricht, das als $r \cdot Q$
zu rechnen ist, weil $r$ zuletzt kommt. Umgekehrt, wenn
$r$ zuerst kommt. Dann finden wir für $R$ den Wert $R_{II}$,
der als $R_{II} \cdot Q$ zu rechnen ist, weil $R$ zuletzt kommt.
Man erhält also zwei verschiedene Ausdrücke für die
Unterschiedsempfindlichkeit: $R_I \cdot r \cdot Q$ und $R_{II} \cdot Q \cdot r$. Es ist
nun ganz einleuchtend, dafs man den Zeitfehler $Q$ nicht
dadurch eliminiert, dafs man, wie Ament, das Mittel
$(R_{II} + R_I) : 2$ nimmt. Die einzige Weise, wie $Q$ sich eliminieren läfst, ist die, dafs man setzt:

$$\frac{R_I}{r \cdot Q} = \frac{R_{II} \cdot Q}{r}, \text{ woraus } Q = \sqrt{\frac{R_I}{R_{II}}}$$

Wird $Q$ daher als $\sqrt{R_I / R_{II}}$ bestimmt, so kann man den
gefundenen Wert entweder in $R_I \cdot r \cdot Q$ oder in $R_{II} \cdot Q \cdot r$
einsetzen, und in beiden Fällen wird man zu demselben
Werte gelangen. Es leuchtet indes ein, dafs die drei
Brüche:

$$\frac{R_I}{r \cdot Q}, \quad \frac{R_{II} \cdot Q}{r} \quad \text{und} \quad {}^1 \cdot \frac{(R_I + R_{II})}{r}$$

gewöhnlich so nahe aneinander fallen werden, dafs man
nur einen unwesentlichen Fehler begeht, wenn man,
wie es meistens geschieht, mit dem letzten statt mit
einem der beiden anderen rechnet.

Ganz anders stellt sich dagegen die Sache, wenn
man drei aufeinanderfolgende Reize hat. Ament benutzt hier zwei verschiedene Zeitfolgen, nämlich $R$, $M$, $r$
und $r$, $M$, $R$. Für diese beiden Zeitfolgen findet er nur
ganz unbedeutende Unterschiede der gefundenen Werte

von $M'$, und er schliefst hieraus, dafs hier kein Zeitfehler vorkomme, so dafs er das Mittel der beiden Werte
des $M$ als den richtigen gebrauchen könne. Dieser
Schlufs verrät wieder, dafs die Logik des Herrn
Ament der von ihm behandelten Aufgabe nicht gewachsen ist. Denn freilich könnte es sich so verhalten,
wie er annimmt, anderseits läfst sich aber die Möglichkeit nicht ausschliefsen, dafs ein Zeitfehler vorkommt,
und dafs dieser in den beiden Zeitfolgen dieselbe
Wirkung auf den Wert des $M$ hat. In diesem Falle
wird man also bei beiden Zeitfolgen für $M$ dieselbe
Gröfse finden, und die Folge dieses Umstands wird
dann ganz einfach die, dafs der Zeitfehler sich hier
nicht dadurch eliminieren läfst, dafs man das Mittel der
Werte von $M$ nimmt. Ament verfährt hier mit sonder-
barem Leichtsinn, da er es unterläfst, die Haltbarkeit
seiner Folgerung zu kontrollieren; durch einen einzelnen
Versuch hätte er sich bald von seinem Irrtum überzeugen können. Findet sich nämlich kein Zeitfehler in
den Zeitfolgen $R$, $M$, $r$ und $r$, $M$, $R$, so mufs auch
jede andre Zeitfolge, z. B. $R$, $r$, $M$ denselben Wert
von $M$ herbeiführen. Hätte Ament nur eine solche
Bestimmung unternommen, so würde er sogleich gesehen haben, dafs $M$ in diesem Falle bedeutend geringeren Wert erhält als in den beiden erstgenannten
Zeitfolgen, so dafs der Zeitfehler hier also ebenso
wie bei zwei Reizen wirkt. Der Versuch ist aber insofern ganz überflüssig, da Merkel schon längst dargelegt hat, dafs bei drei successiven Schallreizen ein
ähnlicher Zeitfehler entsteht wie bei zwei Reizen, indem
der letzte in der Reihe stärker aufgefafst wird, als er
thatsächlich ist[2].

---

[1] Vgl. Tab. XVI. An citiertem Orte S. 183.
[2] Die Abhängigkeit zwischen Reiz und Empfindung. Phil. Stud.
Bd. X. S. 245 u. f. Wenn ich es vorzog, das Verhältnis auf die oben
benutzte Weise auszudrücken, so geschah das ausschliefslich, um jede
Andeutung einer bestimmten Theorie von der Ursache des Zeitfehlers
zu vermeiden. Indes sagt Merkel (ibid. S. 246): »Bemerken will
ich noch, dafs mir die Annahme näher liegen würde, die beiden ersten
Reize würden geschwächt, der dritte in seiner wahren Gröfse aufgefafst.« Will man diese Auffassung zu Grunde legen, so müssen die
vorhergehenden Reize also mit $1s$ multipliziert werden, wo $s > 1$,

Gehen wir nun von dieser Thatsache aus, so können wir leicht zeigen, dafs die von Ament gefundenen Resultate völlig erklärlich sind. Da der letzte Reiz einer Reihe stärker aufgefafst wird, als er thatsächlich ist, kann man also nicht mit seiner wirklichen Gröfse rechnen, sondern mufs diese mit einem Faktor $S$ multiplizieren, von dem wir vorläufig weiter nichts wissen, als dafs $S > 1$ ist[1]. Bei der Zeitfolge $R$, $M$, $r$ wird $r$ also wirken, als hätte es die Gröfse $S \cdot r$, und man mufs daher haben:

$$\frac{R}{M} = \frac{M}{S \cdot r}, \text{ woraus } M = \sqrt{S \cdot Rr} \ldots \text{ (Gleich. 47).}$$

Bei der Zeitfolge $r$, $M$, $R$ ist $R$ als $S \cdot R$ zu berechnen, und man erhält also:

$$\frac{SR}{M} = \frac{M}{r}, \text{ woraus } M = \sqrt{S \cdot Rr} \ldots \text{ (Gleich. 47).}$$

Man sieht also, dafs man in beiden Fällen zu demselben Werte von $M$ kommt, was Ament gerade fand; seine Zahlen kommen einander jedenfalls so nahe, dafs die Abweichungen als zufällige Fehler zu betrachten sind[2]. Diese Übereinstimmung zeigt deutlich, dafs $M$ mit einem Zeitfehler behaftet ist, der sich dadurch, dafs man das Mittel der durch die beiden Zeitfolgen erhaltenen Werte nimmt, nicht eliminieren läfst. Da Gleich. 47 ferner $M = R_g \cdot \sqrt{S}$ geschrieben werden kann, indem $R_g = \sqrt{R \cdot r}$ ist, sieht man hieraus, wie der Zeitfehler gerade zur Folge hat, dafs das experimentell gefundene $M$ gröfser wird als das geometrische Mittel der Reize, was auch nach der Erfahrung der Fall ist. Da wir

führt man aber die Berechnungen unter dieser Voraussetzung durch, so kommt man zu denselben Ergebnissen, die wir oben fanden und unten (S. 115) finden werden. Es ist also einerlei, wie man hier rechnet.

[1] Ich bezeichne den Zeitfehler hier deshalb durch $S$ und nicht wie oben durch $Q$, da keine Notwendigkeit vorliegt, dafs $S = Q$ wäre.

[2] Wenn Merkel (l. c S. 240 u. f.) nicht zu identischen Werten für die beiden Zeitfolgen gelangt, kann dies seinen Grund in der Art und Weise haben, wie er $M$ bestimmt. Da es, wie Ament nachwies, verschiedene andere Verhältnisse gibt, die auf $M$ Einflufs üben, ist es Merkel vielleicht nicht völlig gelungen, alle diese Einflüsse zu eliminieren. Aufserdem ist der Zeitfehler von dem Zeitraum zwischen den drei Reizen abhängig (vgl. unten S. 117); schon hierdurch kann die Verschiedenheit der Resultate erklärt werden.

8*

aber, um von dem konstanten Tagesgeräusche zu korrigieren, jeden der gemessenen Reize um einen konstanten
Addenden vergrößern müssen, wird es streng genommen
nicht Gleich. 47, sondern:

$$M = \sqrt{S \cdot (R + z)\,(r + z)} - z \ \ldots \ \text{(Gleich. 48)},$$

die für diese Versuche gültig ist. Da nun aber nach
Gleich. 46:

$$(R + z)\,(r + z) = (M_1 + z)^2,$$

so erhält man durch Einsetzung dieses Ausdrucks:

$$M = (M_1 + z)\,\sqrt{S} - z = M_1\,\sqrt{S} + z\,(\sqrt{S} - 1).$$

Da $S > 1$, ist auch $\sqrt{S} > 1$, und folglich wird das experimentell gefundene, mit dem Zeitfehler behaftete $M$
größer als das aus Gleich. 46 berechnete $M_1$; die Richtigkeit hiervon geht auch aus Tab. 20 hervor. Es scheint
also keinen Zweifel erleiden zu können, daß Gleich. 48,
in welchem dem thatsächlich vorkommenden Zeitfehler
Rechnung getragen ist, die von Ament nachgewiesenen
Eigentümlichkeiten völlig zu erklären vermag. Freilich
ist hierzu zu bemerken, daß es keineswegs gegeben ist,
$S$ werde als konstante Größe erweisen; es ist sehr
wohl möglich, daß $S$ eine Funktion der Reize selbst ist.
Dies scheint wenigstens aus den vorliegenden Messungen
hervorzugehen. Aus Gleich. 48 erhalten wir nämlich
folgenden Ausdruck für $\sqrt{S}$:

$$\sqrt{S} = \frac{M + z}{\sqrt{(R + z)\,(r + z)}} = \frac{M + z}{M_1 + z}$$

Nimmt man hier $z = 1{,}48$ und setzt man die aus Tab. 20
genommenen zusammengehörenden Werte für $M$ und
$M_1$ ein, so erhält man die in derselben unter der Überschrift $\sqrt{S}$ angeführten Größen. $S$ ist also keine konstante Größe; sie wächst mit $R$ und mit abnehmenden
Werten von $r$; annäherungsweise ist sie dem log. $(R\,r)$
proportional. Dieser Umstand, daß der Zeitfehler eine
Funktion eben der Größe der Reize ist, erscheint recht
merkwürdig und scheint anzudeuten, daß der Zeitfehler
u. a. von einer ›Bahnung‹ (siehe den Abschnitt ›Dynamische Erklärung der Aufmerksamkeit‹) herrührt,
welche jede Empfindung zu gunsten der nachfolgenden
ausführt. Dies schließt aber durchaus nicht aus, daß
auch die abnehmende Stärke der Erinnerungsbilder der

zuerst gehörten Empfindungen eine wesentliche Rolle
spielt [1]. Im Gegenteil scheint die von Stern aufs neue
festgestellte Thatsache, daſs der Zeitfehler bei einem,
Zwischenraum von 6 Sekunden zwischen den Empfindungen am kleinsten ist [2], zu zeigen, daſs wir hier mit
einer ziemlich komplizierten Erscheinung zu schaffen
haben, die wahrscheinlich von mehreren zusammenwirkenden Ursachen herrührt. Nimmt man an, daſs die
Erinnerungsbilder einigermaſsen gleichmäſsig an Stärke
abnehmen, und daſs die Bahnung sich mit abnehmender
Stärke während eines Zeitraums von ungefähr 6 Sekunden geltend macht, so wird ein Zusammenwirken
dieser beiden Ursachen gerade die empirisch gefundenen,
anscheinend periodischen Variationen des Zeitfehlers zur
Folge haben. Es wird offenbar ein sehr interessantes
Ziel künftiger Untersuchungen sein, die Gröſse und die
Ursachen des Zeitfehlers völlig ins reine zu bringen,
wir können uns hier aber natürlich nicht darauf einlassen. Wir müssen uns darauf beschränken, festzustellen, was für uns die Hauptsache ist:

Durch Anwendung der Methode der mittleren Abstufungen auf die Schallempfindungen wird ein Zeitfehler eingeführt, der
sich nicht eliminieren läſst, wenn man $M$ nur
durch die beiden Zeitfolgen $R. M. r$ und $r. M. R$
bestimmt. Dieser Zeitfehler bewirkt, daſs
man in jeder der beiden Zeitfolgen denselben
Wert für $M$ findet, und daſs der auf diese
Weise gefundene Wert gröſser wird als der
aus dem korrigierten Weberschen Gesetze
berechnete. Bis es entschieden dargethan
wird, daſs der Zeitfehler die Abweichung der
Berechnung von der Messung nicht völlig zu
erklären vermag, ist es deshalb ganz unberechtigt, in dieser Abweichung ein Zeichen
zu erblicken, daſs die ebenmerklichen Unterschiede keine gleichgroſsen Empfindungsunterschiede wären.

[1] Phil. Stud. Bd. VII. S. 205 u. f.
[2] Die Wahrnehmung von Tonveränderungen. Zeitschr. f. Psych.
u. Phys. Bd. XXI. S. 377 u. f.

Es hat indes nur geringe Wahrscheinlichkeit, dafs
der Zeitfehler nicht genügen sollte, um die genannte
Abweichung zu erklären. Denn wenn man rücksichtlich der Schallempfindungen zu der Annahme gezwungen
werden sollte, dafs die ebenmerklichen Unterschiede
nicht gleichgrofs wären, so müfste konsequent auch
angenommen werden, dafs dies für Lichtempfindungen
gölte. Auf diesem Gebiete gibt es für eine solche Annahme aber durchaus keinen Anhaltspunkt. Für Lichtempfindungen gilt nämlich nicht das Webersche Gesetz,
sondern das durch Gleich. 28 (oder Gleich. 43) ausgedrückte Unterscheidungsgesetz. Geht man nun davon
aus, dafs die ebenmerklichen Unterschiede gleichgrofs
sind, so folgt aus Gleich. 28, dafs man für zwei gleichgrofse Empfindungsunterschiede das in Gleich. 30 ausgedrückte Verhältnis zwischen den drei Reizen haben
mufs. Es wurde aber dargethan, dafs Gleich. 30 für
die nach der Methode der mittleren Abstufungen ausgeführten Messungen gültig ist (S. 77 u. f.). Hieraus folgt
nun geradezu die Richtigkeit unserer Voraussetzung:
die ebenmerklichen Unterschiede sind gleichgrofse
Empfindungsunterschiede.

Da der aus dem Unterscheidungsgesetze
für Lichtempfindungen abgeleitete Ausdruck
für gleichgrofse Empfindungsunterschiede
mit den vorliegenden Messungen nach der
Methode der mittleren Abstufungen übereinstimmt, so ist hierdurch hinsichtlich des
Lichtsinnes dargethan, dafs ebenmerkliche
Unterschiede gleichgrofs sind.

## DIE ERGOGRAPHISCHEN METHODEN.

*Ergographie mit konstantem und mit variablem
Gewichte.* Die ergographischen Untersuchungen haben
den Zweck, die Gesetze für die Gröfse derjenigen Arbeit
zu finden, welche ein Muskel oder eine Muskelgruppe
unter bestimmten Verhältnissen auszuführen vermag.
Bei diesen Untersuchungen verfuhr man bisher auf
zweifache Art, indem man teils eine rein physiologische,

die myographische, Methode anwandte, bei der das
Versuchsmaterial tote Tiere oder einzelne präparierte
Muskeln waren, teils eine psychophysiologische Methode,
die ergographische in engerem Sinne, benutzte, bei der
das Versuchsmaterial lebendige Menschen waren. Jede
dieser Methoden hat ihre Vorzüge und ihre Mängel.
Bei der myographischen Methode ist man der Natur
der Sache zufolge vollständig vor nicht zu berechnen-
den, störenden Faktoren geschützt, man beherrscht alle
äußeren Verhältnisse, den Stoffwechsel des Muskels
und die Stärke der motorischen Innervationen. Die
Methode hat aber den unvermeidlichen Übelstand, daß
der Muskel nach Verlauf kurzer Zeit, die sich höchstens
nach Stunden rechnen läßt, stirbt. Sie gestattet deshalb nur in sehr geringem Umfange vergleichende
Untersuchungen über den Einfluß verschiedener Verhältnisse auf denselben Muskel. Derartige Versuche
lassen sich dagegen nach unbegrenztem Maßstabe am
lebendigen Menschen anstellen, anderseits hat man hier
aber alle Mißlichkeiten zu bekämpfen, die bei jeder Art
von Versuchen an Menschen unvermeidlich sind, nämlich die zufällige, größere oder geringere Disposition,
die plötzlichen, durch äußere oder innere Umstände
veranlaßten Schwankungen der Aufmerksamkeit, die
Unsicherheit der Selbstbeobachtung, die besonders hier
die genaue Messung der motorischen Innervationen ersetzen muß, u. s. w. Hieraus folgt, daß jede der beiden
Methoden ihre Gebiete hat, wo nur sie allein zur Anwendung kommen kann, und daß beide sich auf den
gemeinschaftlichen Gebieten ergänzen und supplieren
können; es sind in der That auch bedeutende Resultate
durch das Zusammenwirken der beiden Methoden erzielt worden.

Es kann hier keine Rede davon sein, eine auch nur
kürzere Übersicht der bisher durch diese Untersuchungen
gewonnenen Resultate zu geben; dazu ist die bereits
vorliegende Litteratur gar zu umfangreich. Außerdem
wurde eine solche geschichtliche Darstellung vor kurzem
von J. Joteyko[1] gegeben; an diese Arbeit, die über-

---

[1] Revue générale sur la fatigue musculaire. L'année psychologique. Bd. V. Paris 1899.

dies ein ziemlich ausführliches Litteraturverzeichnis umfaßt, wende man sich daher, wenn man sich mit der
Lage der Sache bekannt zu machen wünscht. Wir
haben um so weniger Grund, einen geschichtlichen
Bericht über das bis jetzt Vorliegende abzustatten, da
das meiste desselben für unsere speziellen Untersuchungen ohne Bedeutung ist. Was unter den gewonnenen Resultaten im Folgenden zur Anwendung
kommt, werden wir, je nachdem es notwendig ist, zu
rechter Zeit erklären. Viel wird es außerdem nicht,
da alle früheren Untersuchungen nach einer Versuchsanordnung angestellt wurden, die an und für sich sehr
gut sein mag, die sich aber nicht zur Lösung derjenigen
Probleme eignet, welche uns hier zunächst interessieren.
Sowohl die myographischen als die eigentlich ergographischen Versuche wurden bisher nämlich auf die
Weise ausgeführt, daß man den arbeitenden Muskel
auf ein konstantes Gewicht wirken ließ. Wird nun der
Muskel innerviert — entweder auf künstliche Weise
mittels eines Induktionsstromes, oder auf natürliche
Weise, vom Zentralorgan her — und kontrahiert er
sich hierdurch möglichst stark, so wird er mithin das
Gewicht heben. Durch die auf diese Weise ausgeführte
Arbeit wird der Muskel natürlich ein wenig ermüden,
und durch fortwährende Wiederholung derselben Innervation in regelmäßigem Takte gelangt man früher oder
später bis an den Punkt, wo der Muskel so stark ermüdet ist, daß er die Last nicht mehr bis zur völligen
Höhe zu heben vermag. Jede folgende Kontraktion
wird nun kleiner als die zunächst vorhergehende, bis
der Muskel schließlich gar nicht im stande ist, die Last
zu heben. Es ist leicht zu ersehen, daß man hier an
den fortwährend abnehmenden Höhen, bis zu denen die
Last gehoben wird, ein Maß für die wachsende Ermüdung hat. Und nimmt man nur auf die ganze Summe
von Arbeit Rücksicht, welche der Muskel von Anfang
an bis er nicht mehr kann, ausführt, so wird man an
dieser totalen Arbeitsmenge ein Maß für die Arbeitsfähigkeit des Muskels haben. Auf diese Weise kann
man die Arbeitsfähigkeit des Muskels unter verschiedenen Verhältnissen untersuchen, was wenigstens
bei ergographischen Versuchen an Menschen möglich

ist. Mossos' und später Kraepelins' Untersuchungen
haben gezeigt, wie bedeutende Resultate sich auf diesem
Wege erreichen lassen.

Indes klebt diesen ergographischen Messungen mit
konstantem Gewicht doch ein Mangel an, nämlich der,
dafs der Muskel bei jeder Kontraktion nicht die möglichst grofse Arbeit verrichtet, die er im gegebenen
Augenblick zu leisten vermag. Nimmt man die Last
etwas kleiner als das maximale Gewicht, das der Muskel
überhaupt bis zur vollen Höhe zu heben vermag, so
werden die ersten Muskelkontraktionen offenbar weniger
Arbeit liefern, als der Muskel geleistet haben würde,
wenn die Last gröfser gewesen wäre. Und hören schliefslich die Kontraktionen auf, weil der Muskel ermüdet
ist, so würde er noch eine grofse Menge Arbeit geliefert
haben können, wenn er mit einem geringeren Gewichte
belastet wäre. Wie diese Versuche gewöhnlich angestellt wurden, erhält man also sowohl am Anfange
als am Schlusse des Versuches gar zu geringe Arbeitsleistung. Dieser Einwurf gegen Mossos Ergographen
mit konstantem Gewicht wurde früher bereits von
Binet erhoben und veranlafste den letztgenannten,
einen Ergographen mit variablem Gewichte zu konstruieren, der das Gewicht durch eine mehr oder weniger
gespannte Feder ersetzte, so dafs der Muskel bei jeder
einzelnen Kontraktion sein Maximum der Arbeit leistet.
Dafs diese Anordnung bei gewissen Untersuchungen
geradezu notwendig ist, werden wir sogleich sehen; es
scheint mir indes, dafs man Mossos Apparat nicht mit
Binet als falsch konstruiert betrachten kann, da derselbe bei zahlreichen Untersuchungen sehr befriedigend
zu wirken vermag.

Der Zweck der im Folgenden behandelten ergographischen Untersuchungen sollte, wie in der Einleitung
erwähnt, der sein, wo möglich ein mechanisches Mafs
unserer Bewufstseinszustände zu finden. Nun kann ein

' Mosso, Die Ermüdung. Leipzig 1892.
' Hoch & Kraepelin. Über die Wirkung der Theebestandteile
au körperliche und geistige Arbeit. Kraepelin, Psycholog. Arbeiten.
Bd. I. Leipzig 1896.
' Un nouvel Ergographe. L'année psychologique. Bd. IV.
Paris 1898.

Bewufstseinszustand wahrscheinlich nur auf eine einzige
Weise auf die Muskelarbeit einwirken, dadurch nämlich,
dafs er auf die zentrale Innervation der Muskeln einwirkt. Soll man aber den Einflufs eines psychischen
Zustandes auf die Innervation spüren können, so mufs
deren Gröfse offenbar vorher bekannt sein. Wir haben
jedoch kein direktes Mafs für die Gröfse der Innervation oder eine Empfindung von derselben. Es gibt
nur eine einzige Gröfse der Innervation, die wir zu
jeder Zeit mit Sicherheit zu leisten vermögen, und das
ist die maximale. Natürlich ist es keineswegs gegeben,
dafs diese maximale Anspannung unter allen Umständen
wirklich einer Innervation von konstanter Gröfse entspricht; jedenfalls liefse es sich sehr wohl denken, wie
Ermüdung und dgl. mit sich bringen würde, dafs durch
möglichst grofse Anspannung von seiten des Individuums
immer mehr abnehmende Innervationen hervorgerufen
würden. Dies wäre natürlich vorher zu untersuchen,
so dafs die Bedingungen, unter welchen man annehmen
dürfte, dafs der möglichst grofsen Anstrengung von
seiten des Individuums wirklich auch eine konstante
Innervation entspreche, uns bekannt wären. Selbst
wenn wir diese Bedingungen aber kennten, wäre die
Sache damit doch nicht in Ordnung. Damit man bei
jeder einzelnen Muskelkontraktion maximal innervieren
kann, mufs noch eine andre Forderung erfüllt sein,
nämlich die, dafs der Rezeptionsapparat der Ergograph,
den notwendigen Widerstand leistet. Druck und Gegendruck müssen stets gleichgrofs sein. Man kann nicht
mit einer Kraft von 10 Kilo wirken, wenn der Widerstand nur 5 Kilo beträgt. Folglich mufs der Ergograph
notwendigerweise so eingerichtet sein, dafs sein Widerstand gegen die Muskelkontraktion immer mehr wächst,
je mehr der Muskel verkürzt wird, und bevor die gröfste
Verkürzung erreicht ist, mufs der Widerstand so grofs
geworden sein, dafs der Muskel ihn nicht zu überwinden
vermag. Ein derartiger Ergograph wird offenbar jede
beliebige Arbeit annehmen können, einerlei ob diese
bei dem kräftigen und frischen Muskel sehr grofs ist,
oder ob sie wegen Ermüdung des Muskels nur klein
wird. Die Anwendung eines Apparats dieser Art wird
also die erste und unumgängliche Bedingung, damit

unsere Untersuchungen zu dem gewünschten Resultate führen können. Ich werde nun vorerst den von mir benutzten Apparat beschreiben.

Am bequemsten wäre es ja gewesen, ganz einfach den von Binet konstruierten Ergographen zu benutzen. Dies that ich jedoch nicht, weil es mir scheint, dafs derselbe noch an gewissen Mifslichkeiten leidet, die für meine Versuche unheilbar werden könnten. Sowohl an Binets als an Mossos Ergographen arbeitet nur ein einzelner Finger. Hand und Arm müssen also völlig fest liegen, damit man sicher sein kann, dafs die Arbeit wirklich von den Muskeln des Fingers ausgeführt wird. Vermag der Arm sich nur ein ganz klein wenig auf der Unterstützung zu bewegen, so wird es eine leichte Sache sein, die Last zu heben, ohne den Finger zu krümmen, indem man nur den Arm hin und her gleiten läfst. Natürlich hat sowohl Mosso als Binet dies längst eingesehen und dadurch zu verhindern gesucht, dafs der Arm unbeweglich fest an die Unterlage gespannt wurde. Dies ist aber offenbar eine ziemlich mifsliche Sache. Denn wie wir wissen, nimmt das Volum des Arms wegen des vermehrten Blutzuflusses während der Muskelarbeit ziemlich bedeutend zu. Ist der Arm daher von Anfang an völlig fest gespannt, so scheint mir hieraus folgen zu müssen, dafs die befestigenden Bänder und Riemen während der Arbeit leicht drücken können. Ein solcher Druck wird aber sowohl unangenehm werden als auch durch Hemmung der Blutzirkulation direkt auf die Muskelarbeit influieren können. Von einem idealen Ergographen ist zu verlangen, dafs er Hand und Arm völlig frei läfst, so dafs das Individuum in jedem Augenblicke die Stellung verändern kann, wenn die anfangs gewählte sich während des Verlaufs der Arbeit als weniger zweckmäfsig erweisen sollte. Diese Aufgabe suchte ich durch eine kleine Modifikation des sogenannten Regnierschen Dynamometers zu lösen, das ich aufserdem zur graphischen Registrierung der ausgeführten Arbeit einrichtete. Freilich hat auch das Regniersche Dynamometer seine Übelstände, und diese sind zum Teil sogar so grofs, dafs der Apparat jetzt nur selten mehr benutzt wird; diese Fehler lassen sich aber vermeiden. Um dies nachzuweisen, werde ich

nun erst die Form beschreiben, die ich dem Apparate
gab, und darauf auseinandersetzen, weshalb die bekannten Mängel des Dynamometers als durch meine
Konstruktion beseitigt zu betrachten sind.

*Feder-Ergograph für den Druck der Hand.* Fig. 2
gibt eine Skizze des Apparats in ⅓ nat. Größe, so wie
er sich von oben gesehen zeigt. Auf einem 60 cm langen

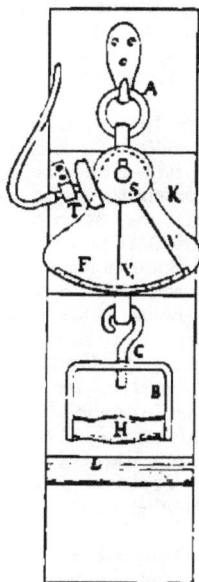

Fig. 1.

und 15 cm breiten Brette ist eine etwa
5 cm hohe feste Leiste *L* angebracht.
Diese Leiste ist an der einen Seite abgerundet, so daß sie der gegen sie an-
gepreßten Handfläche eine bequeme
Stütze gewährt. In den quadratischen
Holzklotz *K*, der mit dem Brette fest
verbunden ist und gleiche Höhe wie
die Leiste *L* hat, ist eine starke Federwage *F* eingesenkt, welche Züge bis
100 Kilogramm anzeigen kann. Die
Federwage ist, wie die Figur zeigt,
mittels eines Ringes an einen soliden
Haken *A* befestigt; unten ist in der Wage
ein anderer Haken *C* angebracht, der an
seinem unteren, geradlinigen Ende mit
einem Schraubengang versehen ist. Diese
Schraube ist durch den Bügel *B* hindurch geführt, der den Handgriff *H*
trägt. Durch Vor- oder Rückwärts-
schrauben des Bügels am Haken *C* kann
man den Abstand zwischen dem Handgriff und der Leiste *L* variieren, so daß
die an *L* gestützte Hand den Handgriff
mit den Fingern bequem umfassen kann.
(Siehe Fig. 3.) Werden nun die Finger
gekrümmt, so wird ein Zug in *H*, mithin auf die Federwage geübt werden; die Größe dieses Zuges gibt
der Zeiger *V* an. Außer diesem Zeiger findet sich ein
Maximumzeiger $V_1$, der von *V* während der Bewegung
des *V* vorgeschoben, aber nicht mit zurückgenommen
wird; er zeigt also den größten erreichten Druck
an. Die graphische Aufzeichnung geschieht übrigens
folgendermaßen. An der Achse, um die sich der Zeiger
*V* dreht, ist oben eine exzentrische Scheibe *S* angebracht.

Diese dreht sich also zugleich mit $V$ und ist so eingestellt, dafs sie während ihrer Umdrehung einen immer mehr wachsenden Druck auf die Gummimembran einer gewöhnlichen Pelotte $T$ übt. Um die Membran nicht abzuschleifsen und um den Druck gleichmäfsig zu verteilen, ist an der Mitte der Membran eine dünne, harte hölzerne Scheibe (in Fig. 3 sichtbar) angebracht, gegen die das Exzentrik andrückt. Die Bewegungen der Gummimembran werden mittels Lufttransmission auf einen Mareyschen Schreibtambour übertragen, der die Gröfse des Drucks auf der Walze des Kymographen aufzeichnet.

Um den auf der Walze registrierten Bewegungen passende Gröfse zu geben, ist es notwendig, das Exzentrik einzustellen. Zu diesem Zwecke ist die Scheibe mit einem rektangulären Ausschnitte versehen, der in einen viereckigen Zapfen oben an der die Scheibe tragenden Achse pafst. Wenn man die zirkuläre Scheibe am Zapfen vor- und rückwärts schiebt, kann man die Exzentrizität innerhalb sehr weiter Grenzen verändern, mithin also auch den Druck, den die Scheibe während ihrer Umdrehung auf die Gummimembran übt; durch Probieren findet man dann leicht eine geeignete Gröfse der Exzentrizität. Die Scheibe wird mittels einer Schraubenmutter in der rechten Stellung festgehalten. Macht man die Exzentrizität einigermafsen grofs, so bedarf es offenbar nur einer sehr geringen Vergröfserung der Bewegung durch den Schreibhebel auf dem Kymographen; hierdurch sind die Eigenbewegungen des Schreibhebels leicht zu vermeiden.

Von wesentlicher Bedeutung für die Anwendbarkeit des Ergographen ist, wie oben berührt, der Umstand, dafs der Handgriff $H$ nur einen sehr kurzen Weg durchläuft, selbst wenn sehr beträchtliche Drucke ausgeübt werden. Dies ist dadurch leicht zu erreichen, dafs die Feder der Wage hinlänglich steif gemacht wird. Die Feder des hier besprochenen Apparats ist aus zwei parallel liegenden, fest miteinander verbundenen, schraubenförmigen Federn zusammengesetzt. Indem man eine doppelte Feder anwendet und jeder einzelnen Feder eine grofse Anzahl Windungen gibt, erzielt man, dafs die Feder sich während des wachsenden Druckes regelmäſsig, dem Drucke proportional verlängert. In ihrer Totalität ist die Verlängerung nur unbedeutend; bei einem Zuge von 60 Kilogramm — dem gröſsten, bei meinen Versuchen vorkommenden — ergab sich eine Verlängerung um 3 mm. Da der Handgriff sich also, selbst bei den gröſsten Zügen, der festen Leiste nur um wenige Millimeter nähert, verändert die Stellung der Finger sich nur äuſserst wenig, und es wird deshalb möglich, sowohl die gröſsten als die kleinsten Arbeitsmengen auf den Apparat zu übertragen. Wie man nun aus den auf dem Kymographen aufgezeichneten Drucken die ausgeführte Arbeit berechnen kann, wird später erklärt werden, wenn wir zur Bearbeitung des Versuchsmaterials kommen.

Die wesentlichsten Einwürfe, die im Laufe der Zeit gegen das sogenannte Regniersche Dynamometer erhoben wurden, finden sich gesammelt in einer kleinen Abhandlung von Binet & Vaschide: ›Critique du dynamomètre ordinaire[1].‹ Ich gehe diese Einwürfe einzeln durch und weise nach, weshalb sie bei der Modifikation, die ich dem Apparate gegeben habe, ohne Belang sind.

1. ›Der Apparat ruft im Innern der Hand einen Druckschmerz hervor, der es der Versuchsperson verwehrt, mit voller Kraft zu arbeiten.‹ — Diesen Übelstand birgt allerdings das gewöhnliche Dynamometer, wo der Druck der Hand auf eine gebogene, schmale Stahlfeder wirkt. Bei meinem Ergographen wurde nie eine Unannehmlichkeit dieser Art beobachtet, die denn auch schwierig entstehen kann, wenn die Leiste und der Handgriff nur hinlänglich breit und abgerundet sind. Bei andauerndem Arbeiten mit dem Apparat kann sich freilich, wie bei aller anderen manuellen Arbeit, an der inneren Seite der Finger ein Bläschen bilden, ein derartiges Ereignis kann aber höchstens bewirken, daſs die Versuche 24 Stunden ausgesetzt werden.

2. ›Einige Menschen schwitzen stark an den Händen, wenn sie arbeiten; der Apparat kann hierdurch ins Gleiten geraten, so daſs kein maximaler Zug ausgeübt wird.‹ — Auch dies gilt nur, wenn die Hand auf

---

[1] L'année psychologique. IV. 1898.

Metallfedern wirkt; Holz dagegen wird von einer feuchten Hand fester ergriffen.

3. »Vielen Menschen fällt es schwer, sogleich die rechte Stellung zu finden, die sie der Hand geben sollen; man erhält deshalb nicht immer den maximalen Druck gleich beim ersten Versuche.« — Dieser Einwurf kann freilich Bedeutung haben, wenn man eine einzelne Messung der Stärke des Handdruckes an mehreren, zufällig versammelten Individuen anzustellen wünscht. Handelt es sich dagegen um eine lange Zeit hindurch fortgesetzte Versuchsreihe mit einzelnen, bestimmten Personen, so wird es sicher ganz unwesentlich, ob die ersten paar Züge maximal sind oder nicht. Überdies fordert der Apparat eine Einstellung für jede einzelne Person, indem die Entfernung des Handgriffes von der Leiste der Gröfse der Hand angepafst werden mufs; man mufs daher stets mit einigen vorläufigen Versuchen anfangen, um die rechte Stellung zu finden. Hat man erst für jede einzelne Versuchsperson (V-P) die rechte Entfernung des Handgriffes von der Leiste ein für allemal bestimmt, so wird man mit geübten Individuen immer davon ausgehen können, dafs die folgenden Versuche mit maximalen Drucken beginnen, was die Erfahrung auch bestätigt.

4. »Bei dem Drucke der Hand handelt es sich nicht um die Arbeit eines einzelnen Muskels, sondern um das Zusammenspiel einer grofsen Menge von Muskeln. Der ausgeführte Druck ist deshalb nicht nur von der Stärke der Muskeln abhängig, sondern auch von der Behendigkeit, mit welcher ihre Koordination bewerkstelligt wird. Auch aus diesem Grunde ist es denkbar, dafs die V-P den maximalen Druck nicht sogleich erreicht, sondern erst, wenn sie den Apparat auf rechte Weise ergreift.« — Dieser Einwurf ist ebenso wie der vorige als bedeutungslos zu betrachten, sobald von andauernden Versuchsreihen mit einzelnen V-P die Rede ist. Alle psychologischen Versuche erfordern bekanntlich eine Einübung der V-P, so dafs ähnliche Einwürfe sich streng genommen gegen sämtliche existierende psychophysische und psychophysiologische Mefsapparate erheben liefsen.

5. »Wenn man, z. B. um die Muskelermüdung zu

untersuchen, eine Reihe aufeinanderfolgender Drucke ausführt, so ist die Möglichkeit nicht ausgeschlossen, daſs bald eine, bald eine andere Muskelgruppe in Thätigkeit tritt. Hierdurch bekommen die für den Augenblick unthätigen Muskeln Zeit zum Ausruhen, so daſs sie später wieder mit erneuter Kraft anfassen können, und folglich wird das Bild, das man von der fortschreitenden Ermüdung erhält, ein völlig falsches werden.« — Diese Betrachtung bewog Mosso, seinen Ergographen so zu konstruieren, daſs nur ein einzelner Finger arbeitet, weshalb man annehmen muſs, daſs gegenseitige Unterstützung verschiedener Muskelgruppen ausgeschlossen ist. Es scheint mir indes, daſs die genannte Gefahr nur

Fig. 3.

auf dem Papiere existiert; in der Praxis ist es ganz einfach unmöglich, systematisch einige Muskeln ruhen zu lassen, während andere arbeiten. Faſst man den Handgriff mit den vier Fingern an, und bestrebt man sich ehrlich und redlich, den möglichst groſsen Zug zu üben, so müssen alle Finger zugleich gebraucht werden. Mit zwei Fingern allein zu arbeiten, während die anderen ruhen, ist eine äuſserst schwierige Sache, die sich überdies sogleich durch eine starke Verminderung des Zuges verrät. Folglich wird man hierdurch wohl kaum jemals getäuscht werden können; denn selbst wenn eine V-P von Anfang an die Methode systematisch benutzte, würde dies sich sogleich durch den höchst ungewöhnlichen Verlauf seiner Ergogramme kundgeben. — Eine Vorsichtsmaſsregel ist jedoch zu beachten: der Daumen muſs auf der Leiste neben den vier anderen Fingern liegen. Hält man ihn nämlich hinter der

— 129 —

Leiste, wie in Fig. 3 gezeigt, so kann man leicht durch
kleine Drucke mit diesem Finger die anderen in ihrer
Arbeit unterstützen, wenn sie ermüdet sind. Es ist
also genau zu beachten, daſs der Daumen richtig liegt;
geschieht dies aber, so ist wohl kaum Gefahr vorhanden,
daſs die Ergogramme falsche Bilder von der Entwickelung der Ermüdung geben sollten.

Einen Übelstand hat der hier beschriebene Ergograph selbstverständlich mit allen Apparaten, bei denen
Lufttransmission angewandt wird, gemein: die benutzten
Gummimembranen erschlaffen im Laufe der Zeit, wodurch die auf den Kymographen gezeichneten Kurven
sich verändern. Da es sich aber äuſserst leicht kontrollieren läſst, ob einem bestimmten Drucke, z. B.
60 Kilo, stets dieselbe Exkursion des Schreibhebels
entspricht, und da eine Abweichung hiervon sich leicht
korrigieren läſst, hat dieser Mangel keine groſse Bedeutung. Jeder Meſsapparat muſs, wenn er unablässig
benutzt wird, zuweilen aufs neue geprüft werden.

*Die Bearbeitung des Materials.* Bei allen im Folgenden zu besprechenden Versuchen wurden stets eine
gröſsere oder kleinere Reihe maximaler Muskelanstren-
gungen in bestimmtem Takte ausgeführt. Da der Takt
in den meisten Fällen von wesentlicher Bedeutung ist,
war es notwendig, die Zeit auf der Walze aufzuzeichnen,
um später kontrollieren zu können, ob der Takt auch
gehalten wurde. Die Registrierung der Zeit auf der
Walze des Kymographen geschah auf die im 1. Teile
dieses Werkes S. 6—7 näher beschriebene Weise. Um
Raum zu sparen, wurde der Kymograph in sehr langsame Bewegung gesetzt, ca. 1,7 mm pr. Sekunde. Bei
so langsamer Umdrehung war die Geschwindigkeit freilich keineswegs konstant, dies hatte aber nicht viel zu
sagen, da zugleich die Zeit eingezeichnet wurde. Von
den unter solchen Verhältnissen aufgezeichneten Ergogrammen zeigt Pl. IX zwei genau in natürlicher Gröſse
wiedergegebene Beispiele. Der Takt war verschieden,
wie die Figur zeigt; A wurde bei 12 Zügen pr. Min.,
B bei 40 Zügen pr. Min. ausgeführt. Der Kontrolle
wegen ist unter A die hinzugehörende Registrierung
der Zeit angegeben; jede Marke entspricht 1,5 Sekunden,
und an der verschiedenen Länge der Zeitmarken kann

man ohne Schwierigkeit sehen, dafs die Umdrehung der
Walze keineswegs gleichmäfsig war. Übrigens sieht
man am Ergogramme B eine Eigentümlichkeit, von der
in A höchstens Andeutungen vorkommen, dafs nämlich
die Niveaulinie sich anfangs stark senkt bis auf ein
Minimum, wo sie stehen bleibt. Sobald die Arbeit aufhört, steigt die Niveaulinie schnell wieder bis zur ursprünglichen Höhe. Dies im Verein mit dem Umstand,
dafs die Senkung um so entschiedener wird, je geschwinder die einzelnen Züge aufeinander folgen, zeigt
mit genügender Deutlichkeit, dafs die Senkung von den
Gummimembranen herrührt, die eine gewisse Zeit verlangen, um in ihre ursprüngliche Lage zurückzukehren.
Dies wird durch langsam aufeinanderfolgende Züge erreicht; deshalb zeigt Pl. IX. A nur eine sehr geringe
Senkung, während diese in B stark hervortritt.

Es wird nun vor allen Dingen notwendig, zu entscheiden, welchen Einflufs die besprochene Senkung
der Niveaulinie des Ergogramms auf die Gröfse der
einzelnen Exkursion hat. Mit einer für den praktischen
Gebrauch genügenden Genauigkeit läfst dies sich
folgendermafsen machen. Man führt in schnellem Takte
eine Reihe gleichgrofser Züge am Ergographen aus;
arbeitet man mit beiden Händen, so kann man ohne
Schwierigkeit ziemlich grofse Züge (z. B. 60 Kilo) leisten,
und sie fast genau auf derselben Gröfse halten. Da die
Drucke gleichgrofs sind, sollten auch die am Kymographen aufgezeichneten Exkursionen gleichgrofs sein,
und das müfsten sie notwendigerweise auch werden,
wenn die Niveaulinie nicht sänke. Es zeigt sich indes,
dafs sogar ein sehr bedeutendes Sinken keinen Einflufs
auf die Gröfse der einzelnen Exkursionen hat. Durch
zahlreiche, stark variierte Proben habe ich mich davon
überzeugt: dafs einem Drucke von bestimmter Gröfse
stets eine konstante Exkursion am Kymographen entspricht, ohne Rücksicht auf das Niveau, in welchem das
Ergogramm sich gerade befindet. Hierdurch wird die
Ausmessung des Ergogramms offenbar wesentlich erleichtert: man braucht nur die Gröfse der einzelnen
Exkursionen zu messen, ihre Lage auf dem Papier ist
gleichgültig.

Unser nächstes Werk wird nun die Bestimmung,

wie viele Millimeter Exkursion einer bestimmten Anzahl Kilogramm Druck entsprechen. Proportionalität der Größe des Drucks mit der der Exkursion läßt sich nicht erwarten, da das Abhängigkeitsverhältnis zwischen den beiden Größen teils durch die Exzentrizität der Scheibe, teils durch die hierdurch verursachte Spannung der Gummimembranen bestimmt wird; es bleibt folglich nichts andres übrig, als rein empirisch die zusammengehörenden Werte für eine Reihe verschiedener Fälle zu finden und hieraus die dazwischenliegenden zu berechnen. Durch die Versuche erhielt ich folgende Reihe:

Druck      10  20  30  40  50  60 Kilogramm,
Exkursion  10  22  36  52  65  78 Millimeter,

welche Skala selbstverständlich nur für die gewählte Einstellung des Exzentriks, des Schreibhebels u. s. w. gültig ist. Es ist indes mit keiner besonderen Schwierigkeit verbunden, an gleichartig gebauten Apparaten dieselbe Einstellung zuwege zu bringen, so daß man bei den verschiedenen Apparaten dasselbe Verhältnis zwischen Druck und Exkursion erhält. Bei mehreren der im Folgenden besprochenen Versuche wurden zwei Ergographen angewandt, und es gelang mir leicht, beide so einzustellen, daß die oben angeführte Skala für alle beide galt. Dies ist gewiß nicht ohne Bedeutung, da man alsdann für alle Ergogramme dieselbe Reduktionstabelle benutzen kann.

Hiermit sind wir jedoch noch nicht fertig, denn es kommt nicht darauf an, die Größe des Druckes, sondern die hierdurch verrichtete Arbeit zu bestimmen. Diese findet man indes mittels folgender Betrachtung. Da die Feder der Federwage sich dem Drucke proportional verlängert, wird der Weg, längs dessen der Widerstand überwunden wird, sich berechnen lassen, sobald der einem einzelnen, bestimmten Druck entsprechende Weg bekannt ist. Da nun, wie oben erwähnt, einem Druck von 60 Kilogramm eine Bewegung von 0.3 cm entspricht, hat man also, wenn der Druck $d$ und der Weg $e$ genannt werden: $e \cdot d = 0.3 \cdot 60$ oder $e = 0.005 \, d$. Ferner sieht man leicht, daß die Arbeit $A$, die verrichtet wird, wenn man am Ergographen den

9*

Druck $d$ hervorbringt, $A = v \cdot d \cdot 2$ sein wird. Setzt man hier den durch $d$ ausgedrückten Wert von $v$ ein, so erhält man folglich: $A = 0{,}0025\ d^2$, indem als Einheit der Arbeit das Centimeter-Kilo gebraucht wird, welche Einheit hier der 100 mal größeren Einheit, dem Meter-Kilogramm, vorzuziehen ist, weil man es hierdurch vermeidet, fortwährend Brüche zu schreiben. Aus dem gefundenen Ausdruck für die Arbeit folgt $d = 20 \cdot \sqrt{A}$. Legt man hier $A$ successiv eine Reihe verschiedener Werte bei, so kann man aus der Gleichung die Drucke berechnen, die ausgeübt sein müssen, wenn gerade die betreffenden Arbeitsmengen geleistet sein sollen. Und aus der oben angeführten Skala für das Verhältnis zwischen den Drucken und der Größe der graphischen Exkursionen kann man darauf ferner die Exkursion berechnen, die jeder angegebenen Arbeitsmenge entspricht. Auf diese Weise kann man sich, wenn auch mit einigem Rechnen, eine Tabelle anfertigen, aus der man sieht, wie große Arbeit einer bestimmten Exkursion in den graphischen Aufzeichnungen entspricht. Diese Tabelle ist Pl. IX in der Form eines kleinen Maßstabs wiedergegeben. Man kann den Maßstab auf Glas ätzen oder auf ein Gelatineblättchen einritzen[1]; in dieser Form ist er leicht zu gebrauchen, da man nur nötig hat, ihn über das Ergogramm zu schieben, wo die Größe der einzelnen Exkursionen dann direkt in Centimeter-Kilo abzulesen ist. Verfährt man auf diese Weise, so wird die Ausmessung sogar eines größeren Versuchsmaterials keine unüberwindlichen Schwierigkeiten darbieten.

Da ich natürlich alle im Folgenden näher zu untersuchenden Ergogramme ausmessen mußte, wird es nicht allein nicht notwendig, sondern auch nicht zweckmäßig sein, diese in der Form der Originalaufzeich-

[1] Ein Gelatineblättchen ist jedoch nicht geeignet, da es hygroskopisch ist und sich während des Gebrauches zwischen den Fingern krümmt. Ich stelle dergleichen spezielle Maßstäbe auf die Weise her, daß ich eine wagerecht gestellte Glasplatte mit einer 6prozentigen Gelatineauflösung übergieße. Nachdem letztere getrocknet ist, graviere ich den Maßstab in die Gelatine ein und fülle die Linien mit Zinnober. Die roten Linien sind auf den schwarzen Kurventafeln deutlich zu sehen, und der Maßstab wird nicht von der Feuchtigkeit der Luft beeinflußt und erhält sich jahrelang.

nungen wiederzugeben. Dergleichen Wiedergaben würden dem Leser, der sich veranlafst finden möchte, sie zu irgend einem Zwecke zu benutzen, die Arbeit nur erschweren. Ich zog es deshalb vor, die Ergogramme in schematischer Form zu geben, indem jeder einzelne Zug durch eine Linie abgebildet ist, deren Länge in Centimeter die Gröfse der verrichteten, in Centimeter-Kilo gemessenen Arbeit bezeichnet. Alle Pl. X u. f. abgebildeten Ergogramme sind auf diese Weise dargestellt. Hierdurch wird erstens der Gebrauch erleichtert, indem man mittels eines in Millimeter geteilten Mafsstabes im stande ist, die Gröfse der einzelnen Arbeiten in Zehnteln der Arbeitseinheit abzulesen. Ferner erhält man durch diese Wiedergabe ein weit richtigeres Bild von den Variationen der Arbeit, als die originalen Kurven zu geben vermögen. Denn, wie oben nachgewiesen, stellen letztere nicht die ausgeführten Arbeitsmengen, sondern nur die geübten Drucke dar, und diese Drucke sind nicht einmal durch der Gröfse der Drucke proportionale Linien angegeben. Die hier gewählte schematische Darstellung scheint mir deshalb einen grofsen Vorzug zu haben. Sie hat nur den einen Übelstand, dafs der Takt, in welchem die einzelnen Züge ausgeführt wurden, nicht direkt zu ersehen ist. Dies wäre zu erreichen gewesen, wenn man z. B. den Zwischenraum zwischen den einzelnen Linien dem Zeitraum zwischen den successiven Zügen proportional gemacht hätte. Hierdurch würden viele Ergogramme aber ganz übermäfsige Ausdehnung angenommen haben, wodurch der Überblick verloren gegangen wäre. Ich beschränkte mich deshalb darauf, den Takt durch Angabe der pr. Min. ausgeführten Züge anzuführen. Wo sich keine Angabe findet, war der Takt immer 40 Züge pr. Min.

Die nähere statistische Bearbeitung des Materials läfst sich hier nicht im allgemeinen besprechen, da sie sich natürlich nach den zu untersuchenden Verhältnissen richtet. Sie wird im Folgenden also der Gegenstand einer speziellen Behandlung werden.

# DIE MUSKELARBEIT.

*Die Abhängigkeit der Muskelarbeit vom Takte.* Aus
dem täglichen Leben ist es wohlbekannt, dafs es dem
Organismus keineswegs gleichgültig ist, wie lange Zeit
gebraucht wird, um eine gegebene körperliche Arbeit
zu verrichten. Eine Arbeit, deren Leistung während
einer Minute durchaus unerreichbar wäre, kann im
Laufe einer Stunde sehr leicht zu verrichten sein, indem
sie in eine Reihe Partialarbeiten mit dazwischenliegenden
Ruhezeiten eingeteilt wird. Physiologisch betrachtet
läfst die Arbeit sich nicht einfach durch das Produkt
des zurückgelegten Weges und des Widerstands messen,
denn sie ist auch eine Funktion der Zeit. Läfst man
daher einen Muskel oder eine Muskelgruppe in regel-
mäfsigem Takt bis zu völliger Ermüdung arbeiten, so
wird nicht in allen Fällen dieselbe Arbeit geliefert
werden: je schneller der Takt ist, je kürzere Zeit zur
Erholung zwischen den einzelnen Partialarbeiten gewährt wird, um so geringer mufs die totale Arbeitsleistung werden. Dies wird denn auch durch die myographischen und ergographischen Werke von Kron-
ecker[1], Funke[2] und Maggiora[3] völlig bestätigt.
Aus den von diesen Forschern angestellten genauen
Messungen geht zugleich hervor, dafs es sich hier nicht
um reine Kleinigkeiten handelt. Wird der Takt z. B.
von 10 bis auf 4 Sekunden beschleunigt, also 5.2 mal so
schnell gemacht, so kann die Arbeitsleistung in ungünstigen Fällen von 34,6 bis 1,1 Kilogrammmeter in
der Stunde, also bis auf 1.32 sinken. Indes ist das
Verhältnis nicht immer so ungünstig, da der Einflufs
des Taktes mit der Gröfse der vom Muskel zu hebenden
Last variiert; für jede gegebene Belastung wird es

---

[1] Über die Ermüdung und Erholung der quergestreiften Muskeln.
Berichte der sächsischen Gesell. d. Wissenschaften. 1871.
[2] Über den Einflufs der Ermüdung auf den zeitlichen Verlauf
der Muskelthätigkeit. Pflügers Archiv für Physiologie. Bd. 8.
[3] Les lois de la fatigue étudiées dans les muscles de l'homme.
Arch. ital. de Biol. Bd. 13. Archiv für Anat. u. Physiol. Phys.
Abt. 1890.

einen bestimmten Takt geben, nach welchem das Maximum der Arbeit verrichtet werden kann.

Wie wertvoll diese Untersuchungen nun auch sein mögen, ist hierdurch die Frage nach der Abhängigkeit der Arbeit von dem Takte doch nicht gänzlich aufgeklärt. Alle genannten Messungen wurden nämlich bei konstanter Belastung des Muskels angestellt. Hieraus folgt, dafs man nur über die Variationen der totalen Arbeitsleistung Aufschlüsse erhalten kann, während die Methode uns nichts darüber lehrt, in welchem Verhältnisse die successiven Partialarbeiten abnehmen. Denn diese Partialarbeiten, die einzelnen Züge, sind anfänglich alle gleichgrofs, weil jede einzelne derselben kleiner ist als das Maximum von Arbeit, das zu leisten der Muskel im stande ist. Erst wenn der Muskel bis zu einem gewissen Grade ermüdet ist, beginnen die einzelnen Züge an Stärke abzunehmen. Wünscht man also Aufschlüsse über die Abnahme der einzelnen Partialarbeiten, so mufs der Muskel bei jedem einzelnen Zuge das Maximum der Arbeit liefern, was nur durch einen Feder-Ergographen zu erreichen ist. Da derartige Untersuchungen bis jetzt nicht vorliegen, habe ich diese Frage zu besonderer Behandlung vornehmen müssen.

Die Versuchsanordnung, in allem Wesentlichen übrigens dieselbe, die bei den meisten der folgenden Versuche angewandt wurde, war nicht sehr kompliziert. Der Takt wurde mittels eines Metronoms angegeben, das auf 80 bis 8 Taktschläge pr. Minute eingestellt werden konnte. Wurde ausnahmsweise ein noch langsamerer Takt (6 pr. Min.) angewandt, so wurde derselbe vom Experimentator nach einer gewöhnlichen Taschenuhr angegeben. Der Experimentator hatte sonst weiter nichts zu thun, als den Kymographen in Gang zu setzen, wenn die V-P sich zum Anfangen bereit erklärte. Und für die V-P handelte es sich nur darum, den Takt innezuhalten und bei jedem einzelnen Zuge die möglichst grofse Muskelanspannung zu leisten. Die auf den Kymographen aufgezeichnete Kurve konnte sie nicht sehen; hierdurch war es ausgeschlossen, dafs sie vorsätzlich oder unvorsätzlich eine gewisse Regelmäfsigkeit der successiven Arbeiten hervorrief. Dagegen konnte

sie die eingeteilte Scheibe am Ergographen sehen, deren
Maximumzeiger den größten, von ihr geleisteten Zug
markierte. Diese Ordnung erwies sich als ganz praktisch, weil man nun ein bestimmtes Ziel zu erstreben
hatte. Der Maximumszug erschien als ein ›Rekord‹,
den zu ›schlagen‹ man immer bemüht sein mußte. Da
die sowohl langweilige als anstrengende Muskelarbeit
sich nicht wohl als ein Spiel betrachten ließ, schadete
es jedenfalls nichts, daß sie zum Sport gemacht wurde.
Wenigstens wurde hierdurch erreicht, daß die V-P
anfangs ihre Kräfte nicht schonte, um desto länger aus-
halten zu können, wozu namentlich die eine meiner
Versuchspersonen stark geneigt war.

Eine wesentliche Schwierigkeit bei der Bestimmung
des Einflusses des Taktes besteht darin, daß sich leicht
andre, störende Faktoren gleichzeitig geltend machen.
Unter diesen ist die Ermüdung wohl die hervortretendste.
Wollte man dieselbe V-P mit kurzen Zwischenräumen
eine Reihe von Ergogrammen in verschiedenem Takte
ausführen lassen, so würden die Kurven ein durchaus
falsches Bild von dem Einflusse des Taktes geben.
Denn die arbeitenden Muskeln würden immer mehr er-
matten, so daß nicht nur der Takt, sondern auch die
vorhandene Ermüdung dazu beitragen würde, den verschiedenen Ergogrammen verschiedene Form zu geben.
Soll der Einfluß des Taktes rein hervortreten, so müssen
die zu vergleichenden Ergogramme in demselben Stadium
der Ermüdung ausgeführt sein. Dies kann man aber
nur dann mit Sicherheit sagen, wenn vorher überhaupt
keine Arbeit verrichtet worden ist, so daß die Muskeln
nach vollständiger Erholung ganz frisch sind. Um dies
zu erreichen, wurde gewöhnlich nur ein Versuch des
Tages gemacht; wenn an ganz einzelnen Tagen zwei
Versuche angestellt wurden, trat zwischen den beiden
Versuchen stets eine wenigstens zweistündige Pause
mit völliger Ruhe ein. Ferner wurde bei fast allen
meinen ergographischen Versuchen nur die linke Hand
gebraucht, weil diese bei den Arbeiten des täglichen
Lebens lange nicht so sehr in Aktivität ist wie die
rechte Hand; hierdurch sicherte ich mir also, daß die
Hand sich während der Erholungspausen wirklich aus-
ruhte.

Durch die genannte Ordnung der Versuche entsteht jedoch ein neuer Übelstand. Da eine längere
Versuchsreihe über den Einfluß des verschiedenen
Taktes auf die Arbeit notwendigerweise über eine
größere Anzahl von Tagen verteilt werden muß, so
wird daher die immer mehr wachsende Übung sich
geltend machen. Dieser Umstand hat glücklicherweise
aber doch nicht viel zu bedeuten. Allerdings wächst
die Größe der Arbeit, die unter gegebenen Verhältnissen geleistet werden kann, fortwährend mit der
Übung, den größten und eingreifendsten Einfluß hat
die Übung jedoch während der ersten Tage. Unterläßt
man also nur, die während der ersten Tage ausgeführten
Versuchsreihen mitzunehmen, so hat es nicht viel zu
sagen, zu welchem späteren Zeitpunkte der einzelne
Versuch angestellt wurde. Überdies kann man den
Einfluß der Übung bis zu einem gewissen Grade eliminieren, indem man die früher ausgeführten Versuche
auf einer späteren Übungsstufe wiederholt, um zu
sehen, ob in den gewonnenen Resultaten wesentliche
Abweichung zum Vorschein kommt. Werden diese verschiedenen Vorsichtsmaßregeln beachtet, so kann man
darauf rechnen, daß man einen genauen Ausdruck für
den Einfluß des Taktes auf die Arbeit zu erhalten vermag. Wir schreiten nun zur näheren Untersuchung
der Resultate der angestellten Versuche.

Pl. X—XII sind eine Reihe Ergogramme wiedergegeben, alle von derselben V.-P, A. L., ausgeführt; sie
unterscheiden sich nur durch den verschiedenen Takt, in
welchem die einzelnen Züge aufeinander folgten. Da,
wie oben berührt, die größere oder geringere Übung
aber nicht ganz ohne Bedeutung ist, gebe ich hier zugleich das Datum jedes einzelnen Ergogramms an[1].

Pl. X, A. d. ¹₂. 6 pr. Min. Pl. X, B. d. ⁸₁. 80 pr.
Min. Pl. X, C. d. ¹₁. 10 pr. Min. Pl. XI, A. d. ¹¹₁.
20 pr. Min. Pl. XI, B. d. ¹¹₁. 40 pr. Min. Pl. XII, A.
d. ¹⁴₁. 30 pr. Min. Pl. XII. B. d. ⁷₁. 60 pr. Min. Die
7 genannten Ergogramme bieten, wie man sieht, eine
ziemlich gleichmäßige Variation des Taktes dar, von

---

[1] Alle meine ergographischen Messungen wurden im Laufe des
Jahres 1900 ausgeführt.

6 bis 80 pr. Min. Bei näherer Betrachtung zeigt es
sich, dafs sie in zwei Gruppen zerfallen, die sich durch
die Form der Ergogramme voneinander unterscheiden.
In der einen Gruppe konvergieren die Ergogramme
gegen die Abscisse, während sie in der anderen Gruppe
nahe daran sind, der Abscisse parallel zu verlaufen.
Dafs das Ergogramm gegen die Abscisse konvergiert,
will offenbar weiter nichts heifsen, als dafs die successiven Partialarbeiten immer kleiner werden, so dafs die
Arbeit zuletzt ganz ins Stocken gerät. Dies zeigt sich
denn auch in der Praxis, bei der Leistung der Arbeit;
die V-P hört auf, weil sie überhaupt nicht im stande
ist, fortzusetzen. Ganz anders verhält es sich in der
anderen Gruppe, wo das Ergogramm fast parallel zur
Abscissenlinie verläuft. Hier nähern die Partialarbeiten
sich also einer konstanten Gröfse, was mit anderen
Worten heifsen will, dafs die Arbeit, dem Anschein nach,
bis ins unbegrenzte fortgesetzt werden kann. Buch-
stäblich darf man dies natürlich nicht nehmen, innerhalb einer passenden Zeit wird die V-P aber im stande
sein, fortzufahren, ohne dafs die Partialarbeiten bedeutende Verminderung zeigen. Bei allen diesen Ergogrammen geschah der Abschlufs nun auch nicht damit,
dafs die V-P die »Arbeit einstellte«; die Initiative wurde
in allen Fällen vom Experimentator genommen, der die
verrichtete Arbeit für genügend erklärte. Wäre es der
V-P gestattet worden, fortzusetzen, so wären die Ergogramme ohne Zweifel vielmal länger geworden. Den
wesentlichsten Unterschied zwischen den beiden Gruppen
können wir dadurch ausdrücken, dafs wir letztere die
»unbegrenzten« Ergogramme nennen als Gegenteil der
ersteren Gruppe, der »begrenzten« Ergogramme.

Aus Pl. X—XII geht nun ferner hervor, dafs die
gröfsere oder geringere Geschwindigkeit des Taktes
entscheidet, ob ein Ergogramm begrenzt oder unbegrenzt
wird. Fangen wir mit dem langsamsten Takt, 6 pr.
Min., an, so zeigt Pl. X. A. dafs die Ordinaten fast gar
nicht an Gröfse abnehmen, oder mit anderen Worten:
die successiven Partialarbeiten sind annähernd gleichgrofs. Beim Takte 10 pr. Min. findet sich aber schon
eine deutliche, wenn auch langsame Verminderung der
Ordinaten (Pl. X. C), und bei 20 pr. Min. ist die Senkung

im Anfang des Ergogramms stark hervortretend
(Pl. XI, A). Der absoluten Höhe der Ordinaten, namentlich im Anfange der Ergogramme, darf kein Gewicht
beigelegt werden, da dieselbe, wie wir später sehen
werden, vorzüglich von der Übung abhängig ist; da
Pl. XI, A 6 Wochen später als die Kurven Pl. X ausgeführt wurde, genügt dieser Umstand, um zu erklären,
weshalb ersteres Ergogramm mit viel grölseren Ordinaten anfängt als letztere. Die absolute Höhe der
Ordinaten kann jedoch für die Form der Ergogramme
keine wesentliche Bedeutung haben, und wir können
deshalb davon absehen, dals die Kurven auf verschiedenen Übungsstufen ausgeführt wurden. Gehen wir
nun zu einem schnelleren Takt, so sehen wir, dals 30
pr. Min. (Pl. XII, A) noch ein unbegrenztes Ergogramm
geben, 40 pr. Min. (Pl. XI, B) dagegen das erste begrenzte; solche werden nun auch alle folgenden, mit 60
und 80 Zügen pr. Min. ausgeführten.

Einen jähen Übergang kann es der Natur der Sache
zufolge zwischen den begrenzten und den unbegrenzten
Ergogrammen nicht geben. Bei einem gewissen Takte,
der für die hier untersuchte V-P zwischen 30 und 40
pr. Min. liegen mufs, wird man freilich finden, dals
kleine, zufällige Umstände entscheidenden Einflufs darauf bekommen, ob das Ergogramm die eine oder die
andre Form erhält. Bei diesem Takt wird ein Ergogramm z. B. im Anfange der Versuche begrenzt sein,
während es nach einiger Übung in ein unbegrenztes
übergeht. Von einem solchen Übergang aus einer in
die andre Form habe ich für diese V-P kein Beispiel,
man braucht übrigens aber nur den Einflufs der Übung
auf ein begrenztes Ergogramm zu betrachten, um sich
zu überzeugen, dals dessen Übergang in die unbegrenzte
Form nicht ganz undenkbar ist. Vergleicht man z. B.
Pl. XI, B., das d. ⁸¹ᵣ ausgeführt wurde, mit Pl. XIII, C,
das d. ⁴¹₄, ebenfalls mit 40 pr. Min. genommen wurde,
so sieht man, wie das Ergogramm nicht nur an Höhe,
sondern auch an Ausdehnung so stark gewachsen ist,
dals nicht viel dazu gehört, es unbegrenzt zu machen.
Die kleine Strecke der Kurve, die Pl. XIII, C unten
rechts über der Hauptkurve abgesetzt ist, gibt die unmittelbare Fortsetzung der letzteren; wird diese Strecke

mitgerechnet, so sieht man, daſs die Kurve stark ten-
diert, zur Abscissenachse parallel zu werden. Für eine
gegebene V-P ist der Takt, bei welchem der Übergang
aus dem begrenzten in das unbegrenzte Ergogramm
stattfindet, augenscheinlich also keine konstante Gröſse;
er verändert sich durch Übung, wenigstens innerhalb
gewisser Grenzen. Wir werden uns auf dieses Verhältnis näher einlassen, wenn wir später die Bedeutung
der Übung speziell untersuchen.

Als eine interessante Thatsache, die mit dem Gesagten durchaus übereinstimmt, ist anzuführen, daſs
nicht einmal beide Hände derselben V-P sich auf gleiche
Weise zu verhalten brauchen. Jeder, der nicht linkisch
ist, wird gewöhnlich seine rechte Hand zu bedeutend
stärkerer Entwickelung gebracht haben als die linke.
Obschon nun bei meinen ergographischen Versuchen
die rechte Hand fast niemals gebraucht wurde, weshalb
sie also für derartige Arbeit auch nicht besonders trainiert war, zeigte es sich dennoch, daſs sie ein unbegrenztes Ergogramm bei einem Takte gab, bei dem die
linke Hand trotz aller Übung nur ein begrenztes lieferte.
Dies geht aus *Pl. XIV, A* hervor. Dieses Ergogramm
wurde d. ⁸⁰⁴ von A. L. mit der rechten Hand ausgeführt, also an demselben Tage wie Pl. XIII, C, und
der Takt ist derselbe für beide Kurven, 40 pr. Min.
Das mit der rechten Hand ausgeführte Ergogramm ist
augenscheinlich unbegrenzt; während einer längeren
Strecke — die kleine Strecke oben rechts ist die unmittelbare Fortsetzung der Hauptkurve — haben die
Partialarbeiten annähernd konstante Gröſse, und die
Arbeit hätte thatsächlich noch lange fortgesetzt werden
können. Hieraus folgt offenbar, daſs es auch in hohem
Grade individuell verschieden werden muſs, bei welchem
Takte der Übergang aus den begrenzten in die unbegrenzten Ergogramme stattfindet. So gab eine einzelne
meiner Versuchspersonen, Dr. B., konstant unbegrenzte
Ergogramme mit der linken Hand beim Takte 40 pr. Min.;
erst bei 60 pr. Min. stockte die Arbeit von selbst. Zur
näheren Erhellung der Sache sind drei Ergogramme
wiedergegeben:

*Pl. XIV, B*, d. ⁸⁸ ₴. 60 pr. Min.  *Pl. XV, A*, d. ⁸¹ ₴. 40 pr. Min.
*Pl. XV, B*, d. ¹⁷ ₴. 20 pr. Min.

Da diese Kurven, wie aus der Datierung hervorgeht,
auch etwas verschiedene Übungsstufen repräsentieren,
kann den absoluten Höhen der Ordinaten kein Gewicht
beigelegt werden. Die Kurve XIV, B (60 pr. Min.) befindet sich hier gerade am Übergange zwischen den
begrenzten und den unbegrenzten; es gelang dieser
V-P zuletzt wirklich, als ihre Einübung den Gipfel erreicht hatte, sogar bei diesem schnellen Takte die Arbeit
unbegrenzt zu erhalten. Während des Übergangs
zeigten sich häufig höchst eigentümliche Schwankungen
der Kurven, und diese haben zweifelsohne so grofses
theoretisches Interesse, dafs sie ein eingehenderes,
spezielles Studium verdienen. Da es uns hier jedoch
zu weit führen würde, wollten wir dergleichen Details
verfolgen, beschränke ich mich darauf, die Aufmerksamkeit auf diese Verhältnisse zu lenken.

Die Resultate unserer vorhergehenden Untersuchungen lassen sich nun in folgenden Sätzen zusammenfassen:

Bei langsamem Takte, also bei grofsen
Zeiträumen zwischen den einzelnen Partialarbeiten, vermindert sich die Gröfse der
letzteren verhältnismäfsig wenig und nähert
sie sich einem konstanten Werte, der um so
gröfser ist, je langsamer der Takt wird; wenn
die Gröfse der successiven Partialarbeite
auf diese Weise konstant wird, sind die Ergogramme unbegrenzt. Bei hinlänglich schnellem Takte nähern die Partialarbeiten sich dagegen an Null, und folglich werden die Ergogramme begrenzt. Der Takt, bei welchem
der Übergang zwischen den beiden Formen
stattfindet, ist individuell verschieden, kann
sogar für die rechte und die linke Hand desselben Individuums verschieden sein, und ist
übrigens nur innerhalb eines kürzeren Zeitraums konstant, da er sich bei fortschreitender Übung verändert.

Über die Ursache von dem Einflusse des Taktes
auf die Form der Ergogramme scheint wohl kein Zweifel
herrschen zu können. Alle vorliegenden Umstände
deuten darauf hin, dafs der mehr oder weniger voll-

ständige Stoffwechsel die durch den Takt hervorgebrachte Verschiedenheit der Form der Ergogramme
bedingt. Genau auseinanderzulegen, was im arbeitenden
Muskel vorgeht, vermag man allerdings noch nicht, das
Wenige aber, das wir wissen, scheint zu genügen, um
die oben nachgewiesenen Verhältnisse zu erklären. Da
mechanische Arbeit, Muskelarbeit, nur mit Aufwand
andrer Energieformen zu erhalten ist, muls also im
arbeitenden Muskel fortwährender Stoffverbrauch stattfinden. Der Stoffwechsel hat nun die Aufgabe, teils
die verbrauchten Stoffe zu entfernen, teils neue zuzu-
führen, durch deren Dekomposition chemische Energie
sich in mechanische umsetzen läfst. Je vollständiger
dies stattfindet, um so mehr werden die successiven
Arbeitsleistungen des Muskels sich unverändert erhalten. Es ist ferner einleuchtend, dafs je schneller der
Takt ist, in welchem gearbeitet wird, der Verbrauch
während gegebener Zeit um so gröfser wird, und der
Stoffwechsel um so weniger im stande ist, den Verbrauch zu ersetzen. Es ist daher leicht verständlich,
dafs die Höhe der Partialarbeiten um so geschwinder
abnehmen mufs, je schneller der Takt ist, was mit den
Ergebnissen der Versuche auch ganz übereinstimmt.
Näher können wir uns hier nicht auf die Sache einlassen; später, wenn wir für die Gröfse der Arbeit einen
mathematischen Ausdruck gefunden haben werden, wird
der gesetzmäfsige Einfluls des Taktes, mithin des Stoffwechsels, auf die Arbeitsleistung eingehender nachgewiesen werden.

Es gibt indes noch einen Punkt, den wir uns schon
hier verständlich zu machen suchen müssen, nämlich
die Ursache von der Entstehung der begrenzten Ergogramme. Scheinbar widerstreitet die Existenz dieser
Kurven dem geradezu, was oben über den Einflufs des
Stoffwechsels auf die Muskelarbeit gesagt wurde. Denn
wie schnell auch gearbeitet wird, so mufs der Stoffwechsel doch immer einigen Ersatz des verbrauchten
Stoffes bringen, und die Muskelkraft wird also nicht
völlig erschöpft. Selbst wenn die Partialarbeiten bei
schnellem Takte schliefslich sehr klein werden, gibt es
anscheinend doch keinen Grund, weshalb sie Null werden sollten, so dafs die Arbeit völlig ins Stocken ge-

riete, was doch thatsächlich der Fall ist. Nur als Resultat des Verhältnisses zwischen Verbrauch und Zufuhr scheinen die begrenzten Ergogramme sich also nicht erklären zu lassen. Ohne Zweifel müssen noch andre Ursachen mitwirken, was die Erfahrung auch bestätigt. Wenn ein begrenztes Ergogramm entsteht, wird es stets von einer psychischen Erscheinung begleitet, die bei den unbegrenzten, wenigstens nach meiner Erfahrung, nie vorkommt, nämlich von einer schmerzhaften Empfindung der Ermüdung. Und durch Selbstbeobachtung überzeugt man sich leicht, daß dieser Schmerz auf die Anstrengung direkt hemmend wirkt; während des anwachsenden Schmerzes vermag man den Muskel nicht so stark wie vorher anzuspannen. Vieles spricht nun wirklich dafür, daß der subjektiv wahrgenommenen Verminderung der Anspannung eine Hemmung der zentralen Innervation entspricht. Kraepelin kam schon früher, auf Grundlage seiner ergographischen Untersuchungen, zu dem Ergebnisse, daß das Aufhören der Muskelarbeit bei wachsender Ermüdung sich ohne die Annahme einer solchen zentralen Hemmung kaum erklären lasse[1]. Bei der vollständigen mathematischen Behandlung des Problems, die im Folgenden durchgeführt werden wird, wird es sich zeigen, wie das begrenzte Ergogramm sich dadurch von dem unbegrenzten unterscheidet, daß von einem gewissen Zeitpunkte an eine Kraft wirkt, die jede folgende Partialarbeit um eine konstante Größe erniedrigt. Und dieser Zeitpunkt trifft gerade mit dem Moment zusammen, da die Selbstbeobachtung das Auftauchen der schmerzhaften Ermüdung konstatiert. Endlich erweist es sich auch, daß jeder andere körperliche Schmerz eine entsprechende Verminderung der Muskelarbeit zur Folge hat. Alle diese Thatsachen, die wir später ausführlich erörtern werden, lassen sich kaum anders deuten als durch die Annahme, daß jeder vorherrschende unlustbetonte Bewußtseinszustand die zentrale Innervation hemmt. Diese in gewissen Fällen eintretende Hemmung bewirkt,

[1] Hoch u. Kraepelin: »Über die Wirkung der Theebestandteile auf geistige und körperliche Arbeit«, in Kraepelin: Psychologische Arbeiten. I. S. 477.

dafs die Ergogramme begrenzt werden. — So wie ich
diese Erklärung hier darstellen konnte, beruht sie natürlich nur auf einer Reihe von Postulaten; allmählich, wie
unsere Untersuchungen fortschreiten, werden erst die
Beweise für deren Richtigkeit geliefert werden. Ich
glaubte, sie aber schon hier andeuten zu müssen, um
zu zeigen, dafs die Verschiedenheit der begrenzten Ergogramme von den unbegrenzten uns doch nicht ganz
unverständlich ist.

Bevor wir nun zur mathematischen Behandlung der
ergographischen Untersuchungen schreiten, werde ich
in Kürze ein einzelnes Experiment besprechen, mittels
dessen die Bedeutung des Stoffwechsels für die Muskelarbeit sich leicht nachweisen läfst. Der Versuch ist
wohlbekannt und sowohl bei den myographischen als
den ergographischen Untersuchungen in grofsem Umfang variiert worden. Es ist deshalb nicht nötig, uns
näher auf denselben einzulassen, da seine Resultate uns
aber bei der mathematischen Behandlung des Problems
zu statten kommen werden, verdient er kurze Erwähnung.

Wenn der Stoffwechsel in den arbeitenden Muskeln
für die Gröfse der geleisteten Arbeit Bedeutung hat, so
mufs man im stande sein, durch Hemmung oder Förde-
rung des Blutumlaufs die Ergogramme innerhalb gewisser Grenzen verkürzen oder verlängern zu können.
Eine Hemmung des Blutumlaufs ist jedenfalls nicht
schwer zu bewerkstelligen. Legt man ein breites, ein
wenig elastisches Band straff um den Arm dicht oberhalb des Ellbogens, so wird der Blutzuflufs nach dem
Unterarm und der Hand zwar nicht völlig gehemmt,
aber doch stark vermindert werden. Hiervon mufs die
Folge sein, dafs die Ergogramme bedeutend verkürzt
werden. Löst man hierauf das Band in dem Augenblicke, da die Arbeit stockt, so mufs es sich zeigen, dafs
bei dem vermehrten Blutzuflusse die Arbeit sogleich
wieder beginnen kann. Die Erfahrung bestätigt vollständig die Richtigkeit hiervon, wie aus folgenden drei
Kurven hervorgeht:

*Pl. XII, C.* d. ⁸ˢ. A. L. rechte Hand. *Pl. XIII, A.*
d. ¹³ˢ. A. L. linke Hand. *Pl. XIII, B.* d. ¹⁰ˢ. Fnn.
linke Hand.

Die drei Versuche wurden genau auf die beschriebene Weise angestellt. Sobald die V-P nicht mehr mit dem umbundenen Arme arbeiten konnte, wurde vom Experimentator das Band gelöst, worauf die V-P sofort wieder zu arbeiten anfing. Mehr als 3—4 Sekunden verliefen wohl kaum zwischen den beiden Teilen der Kurven. Nach Lösung des Bandes wurde die Arbeit nur so lange fortgesetzt, bis der Einfluß des lebhafteren Blutumlaufes unzweifelhaft war. Der Takt, in welchem diese drei Kurven ausgeführt wurden, war 60 pr. Min.; wenn ich ihn auf den Planen als $x$ pr. Min. bezeichnet habe, ist dies natürlich eine rein nominelle Größe, wodurch ich nur auszudrücken beabsichtigte, daß die Wirkung im Verhältnisse zum Stoffwechsel fast dieselbe war, als wenn die Arbeit mit unendlicher Geschwindigkeit ausgeführt worden wäre. Die drei Ergogramme zeigen in der That auch, wie zu erwarten stand, daß die Partialarbeiten schneller auf Null hin abnehmen, als bei irgend einem anderen Takte.

Wir wollen jetzt einen mathematischen Ausdruck für die Größe der verrichteten Arbeit suchen. Da die Ergogramme, wie man sieht, keine regelmäßigen geometrischen Kurven sind, sondern zahlreiche Schwankungen, die Wirkungen mehrerer unbekannten, störenden Faktoren, darbieten, müssen diese Unregelmäßigkeiten natürlich eliminiert werden. Dies ist nun auch mit keiner größeren Schwierigkeit verbunden; statt mit der Größe der einzelnen Partialarbeiten zu rechnen, braucht man nur mit dem mittleren Werte einer hinlänglich großen Anzahl derselben zu rechnen. Die Aufgabe selbst läßt sich auf verschiedene Weise angreifen; ich versuchte auf verschiedenen Wegen, die wahrscheinlich sämtlich ans erwünschte Ziel führen können, vorwärts zu kommen. Am leichtesten scheint es mir indes, das Problem folgendermaßen zu formulieren: Wenn die Arbeit mit konstanter Differenz wächst, wie wächst dann die Anzahl der Partialarbeiten? Um zur Beantwortung dieser Frage zu kommen, braucht man nur die Größen einer Reihe successiver Partialarbeiten zu addieren, bis die Summe einen konstanten, willkürlich gewählten Wert erhält, worauf man einen mathematischen Ausdruck für dasjenige Verhältnis findet, in welchem die entsprechenden Anzahlen von Partialarbeiten wachsen.

Um diese Aufgabe lösen zu können, müssen wir zuvörderst für den konstanten Zuwachs der Arbeit eine passende Größe wählen. Diese darf nicht zu klein gewählt werden, da wir dann die zufälligen Unregelmäßigkeiten nicht eliminiert bekommen; wird sie aber zu groß genommen, so erhalten wir zu wenig Zahlen zum Operieren. Da die Größe der einzelnen Partialarbeiten äußerst selten, und nur im Anfang der Ergogramme, 5 Centimeter-Kilogramm übersteigt, und da man, wenn die Unregelmäßigkeiten ausgeglichen werden sollen, wohl kaum weniger als 4 Partialarbeiten addieren darf, wählte ich diese Größe $4 \cdot 5 = 20$ cm-K. zur konstanten Arbeitsdifferenz. Ich addiere also die Größe so vieler successiven Partialarbeiten, daß die Summe 20 cm-K. möglichst nahe kommt, und notiere die entsprechende Anzahl Partialarbeiten. Selbstverständlich ist es unmöglich, jede einzelne Summe genau 20 cm-K. groß zu machen, das hat aber auch nicht viel zu bedeuten, erstens, weil unseren Ergogrammen zufällige Fehler anhaften, und ferner, weil die erwähnte Berechnung nur dazu dienen soll, uns einen Überblick über das wahrscheinliche Verhältnis zwischen der Größe der Arbeit und der Anzahl der Partialarbeiten zu verschaffen. Bei der Ausführung der genannten Additionen ist es offenbar ziemlich gleichgültig, von welchem Ende des Ergogramms man beginnt; man kann ebenso gut mit den größsten als mit den kleinsten Partialarbeiten anfangen. Ich zog indes letzteres vor, und zwar aus folgendem Grunde. Der Natur der Sache zufolge ist es ein reiner Zufall, ob die ganze Summe der in einem Ergogramm aufgezeichneten Arbeit gerade ein Multiplum von 20 cm-K. ist. Es wird also, wenn man das Ergogramm in Summen von dieser Größe einteilt, gewöhnlich ein Rest übrigbleiben, der bei der Berechnung nicht mitgenommen wird. Fängt man nun die Addition mit den größsten Partialarbeiten an, so kann eine sehr große Anzahl derselben übrigbleiben, die nicht die Summe von 20 cm-K. ergeben. Beginnt man dagegen von unten, mit den kleinsten Partialarbeiten, so können höchstens 3 oder 4 der größeren übrigbleiben, deren

Summe nicht 20 cm-K. erreicht. Es ist deshalb unbedingt am zweckmäßigsten, die Addition mit den
kleinsten zu beginnen.

In den Tab. 21 und 22 sind nun die Resultate der hinsichtlich aller einzelnen Ergogramme der Plane X, XI,
XII und XIII. A & B durchgeführten Berechnungen
wiedergegeben. Die beiden Tabellen fallen in 10 Abschnitte, den 10 ausgemessenen Ergogrammen entsprechend. Über jedem einzelnen Abschnitt ist die Art
des betreffenden Ergogrammes und dessen Platz in den
Planen angegeben. Übrigens zerfällt jeder Abschnitt in
vier Kolonnen. Unter der Überschrift $A$ ist die Größe der
verrichteten Arbeit angeführt, unter $B$ diejenige Anzahl
Partialarbeiten, die verrichtet werden mußten, um die

(Siehe Tab. 21 und 22 S. 148 und 149.)

unter $A$ gegebenen Arbeitsgrößen zu erreichen. Ferner
sind unter $\triangle A$ die Differenzen zwischen den einzelnen
Werten von $A$ angeführt. Man sieht, daß diese Differenzen beinahe gleichgroß sind und um das Mittel
20 cm-K. schwanken; diese Differenz mit größerer Annäherung innezuhalten war nicht möglich. Die in den
Kolonnen $A$ angeführten Zahlen bilden also überall
annähernd arithmetische Reihen, und es ist folglich
unsere Aufgabe, zu untersuchen, ob sich für die Art
und Weise, wie die entsprechenden Werte von $B$, der
Anzahl der Partialarbeiten, anwachsen, ein Gesetz
finden läßt. Es liegt ja verhältnismäßig nahe, zu untersuchen, ob diese Größen nicht möglicherweise eine geometrische Reihe bildeten. Zu diesem Zwecke bilden wir
die Quotienten $B\cdot r$, indem wir jeden Wert von $B$ mit
dem in der Reihe zunächst vorausgehenden dividieren;
diese Quotienten sind unter der Überschrift $B\cdot r$ angeführt. Eine nähere Betrachtung der Quotienten zeigt
nun, daß diese annähernd konstant sind; ihr größter
Wert übersteigt nur ausnahmsweise 2,0, und mehr
oder weniger nähern sie sich 1,0. Vergleicht man diese
Quotienten mit den entsprechenden, die für die Unterschiedsempfindlichkeit auf verschiedenen Sinnesgebieten
gefunden wurden (siehe Tab. 13 und 16), so sieht man,
daß $B\cdot r$ überall innerhalb derselben Grenzen liegt. Mit
derselben Annäherung, mit der das Webersche Gesetz

10 *

Tab. 21.

| 6 pr. Min. Pl. X, A | | | | 10 pr. Min. Pl. X, C | | | | 20 pr. Min. Pl. XI, A | | | | 30 pr. Min. Pl. XII, A | | | | 40 pr. Min. Pl. XI, H | | | |
|---|---|---|---|---|---|---|---|---|---|---|---|---|---|---|---|---|---|---|---|
| A | ΔA | R | R/r | A | ΔA | R | R/r | A | ΔA | R | R/r | A | ΔA | R | R/r | A | ΔA | R | R/r |
| 34,8 | 21,7 | 7 | 1,714 | 27,0 | 18,3 | 7 | 1,714 | 19,5 | 17,5 | 3 | 3,000 | 39,1 | 20,3 | 7 | 1,571 | 31,4 | 18,5 | 4 | 3,000 |
| 56,5 | 20,5 | 12 | 417 | 45,3 | 18,7 | 13 | 417 | 37,0 | 14,0 | 6 | 1,667 | 59,4 | 19,1 | 11 | 363 | 39,9 | 20,6 | 8 | 1,625 |
| 77,0 | 19,9 | 17 | 294 | 63,9 | 18,6 | 17 | 394 | 56,9 | 19,1 | 10 | 400 | 78,5 | 21,9 | 13 | 334 | 60,5 | 18,3 | 13 | 185 |
| 96,9 | 19,3 | 22 | 227 | 82,5 | 21,4 | 22 | 273 | 76,0 | 20,9 | 14 | 357 | 100,4 | 19,0 | 20 | 350 | 78,8 | 19,7 | 24 | 333 |
| 116,7 | 20,2 | 27 | 185 | 103,9 | 20,1 | 28 | 214 | 96,9 | 20,2 | 19 | 363 | 119,4 | 18,6 | 25 | 350 | 98,5 | 18,7 | 30 | 250 |
| 137,2 | 20,7 | 32 | 156 | 124,0 | 20,5 | 34 | 177 | 117,1 | 20,3 | 24 | 379 | 138,0 | 21,6 | 30 | 300 | 117,2 | 19,7 | 37 | 310 |
| 157,9 | 20,2 | 37 | 135 | 144,5 | 16,9 | 40 | 175 | 136,8 | 19,7 | 29 | 303 | 158,6 | 19,2 | 35 | 107 | 136,9 | 20,0 | 45 | 200 |
| 178,1 | 15,8 | 43 | 119 | 164,4 | 20,8 | 45 | 115 | 156,4 | 21,6 | 35 | 143 | 178,8 | 21,3 | 42 | 167 | 156,9 | 19,3 | 54 | 210 |
| 196,9 | 18,3 | 47 | 107 | 184,2 | 21,8 | 51 | 133 | 177,3 | 18,9 | 40 | 150 | 200,6 | 21,1 | 48 | 143 | 176,2 | 19,3 | 65 | 200 |
| 215,2 | 19,1 | 53 | 096 | 206,0 | 21,2 | 57 | 118 | 198,0 | 20,7 | 46 | 130 | 221,7 | 20,4 | 56 | 135 | 195,4 | 20,4 | 80 | 274 |
| 234,3 | 19,8 | 57 | 1,058 | 227,2 | 21,8 | 63 | 105 | 218,8 | 20,8 | 52 | 115 | 242,1 | 18,0 | 64 | 153 | 215,8 | 19,4 | 98 | 231 |
| 254,1 | | 62 | | 246,3 | 19,2 | 70 | 095 | 239,0 | 20,1 | 58 | 104 | 260,0 | 21,0 | 77 | 153 | 235,2 | 19,9 | 124 | 215 |
| | | | | 265,5 | 20,8 | 78 | 093 | 258,1 | 19,1 | 71 | 109 | 283,0 | 20,4 | 95 | 145 | 255,1 | | | 1,265 |
| | | | | 286,3 | 21,0 | 86 | 085 | 278,7 | 20,6 | 75 | 099 | 303,7 | 20,7 | 107 | 126 | | | | |
| | | | | 307,3 | 19,3 | 91 | 057 | 297,5 | 18,8 | 78 | 101 | 323,1 | 20,4 | 119 | 113 | | | | |
| | | | | 326,6 | 19,7 | 95 | 074 | 317,5 | 20,6 | 86 | 095 | 343,4 | 20,3 | 131 | 101 | | | | |
| | | | | 346,3 | 21,4 | 102 | 080 | 338,1 | 20,8 | 94 | 083 | 363,2 | 20,8 | 144 | 101 | | | | |
| | | | | 367,7 | 21,1 | 110 | 1,073 | 358,9 | 18,8 | 103 | 068 | 384,0 | 20,6 | 158 | 100 | | | | |
| | | | | 388,8 | | 118 | | 377,7 | 18,1 | 109 | 064 | 404,6 | 20,5 | 173 | 097 | | | | |
| | | | | | | | | 396,5 | 20,4 | 116 | 069 | 425,1 | | | 1,035 | | | | |
| | | | | | | | | 416,9 | 19,7 | 124 | 069 | | | | | | | | |
| | | | | | | | | 436,6 | 21,3 | 133 | 058 | | | | | | | | |
| | | | | | | | | 457,9 | 19,5 | 141 | 064 | | | | | | | | |
| | | | | | | | | 477,4 | 20,1 | 150 | 053 | | | | | | | | |
| | | | | | | | | 497,5 | 20,3 | 166 | 051 | | | | | | | | |
| | | | | | | | | 517,8 | 19,3 | 174 | 1,048 | | | | | | | | |
| | | | | | | | | 537,1 | | | | | | | | | | | |

Tab. 22.

| 60 pr. Min. Pl. XII, D | | | | 80 pr. Min. Pl. X, D | | | | z. A. L. b. Pl. XII, C | | | | ∞. A. L. v. Pl. XIII, A | | | | ∞. Fus. Pl. XIII, B | | | |
|---|---|---|---|---|---|---|---|---|---|---|---|---|---|---|---|---|---|---|---|
| $A$ | $\Delta A$ | $R$ | $\frac{R}{r}$ | $A$ | $\Delta A$ | $R$ | $\frac{R}{r}$ | $A$ | $\Delta A$ | $R$ | $\frac{R}{r}$ | $A$ | $\Delta A$ | $R$ | $\frac{R}{r}$ | $A$ | $\Delta A$ | $R$ | $\frac{R}{r}$ |
| 36,3 | | 8 | | 19,7 | | 5 | | 34,2 | | 8 | | 23,2 | | 5 | | 27,4 | | 8 | |
| | 21,1 | | 1,750 | | 20,6 | | 2,200 | | 21,7 | | 1,750 | | 19,1 | | 2,000 | | 19,5 | | 2,000 |
| 57,4 | | 14 | | 40,3 | | 11 | | 55,9 | | 14 | | 47,3 | | 10 | | 46,9 | | 16 | |
| | 19,9 | | 439 | | 21,0 | | 1,636 | | 20,4 | | 430 | | 20,8 | | 1,600 | | 20,0 | | 1,700 |
| 77,3 | | 20 | | 61,3 | | 18 | | 76,3 | | 20 | | 63,3 | | 16 | | 66,9 | | 27 | |
| | 20,1 | | 350 | | 21,0 | | 444 | | 21,0 | | 400 | | 21,5 | | 438 | | 20,4 | | 1,740 |
| 97,4 | | 27 | | 82,3 | | 26 | | 97,3 | | 28 | | 84,8 | | 23 | | 87,3 | | 47 | |
| | 20,8 | | 296 | | 20,3 | | 346 | | 21,3 | | 393 | | 19,2 | | 348 | | | | |
| 118,2 | | 33 | | 102,6 | | 35 | | 118,6 | | 39 | | 104,0 | | 31 | | | | | |
| | 18,8 | | 257 | | 19,7 | | 314 | | 20,4 | | 1,187 | | 20,3 | | 1,184 | | | | |
| 137,0 | | 44 | | 122,3 | | 46 | | 139,0 | | 58 | | 124,3 | | 46 | | | | | |
| | 20,3 | | 296 | | 20,4 | | 326 | | | | | | | | | | | | |
| 157,3 | | 57 | | 142,7 | | 61 | | | | | | | | | | | | | |
| | 19,6 | | 1,281 | | 20,2 | | 1,492 | | | | | | | | | | | | |
| 176,9 | | 73 | | 162,9 | | 91 | | | | | | | | | | | | | |

als für die Abhängigkeit der Empfindung vom Reize
gültig betrachtet werden kann, findet man also auch
das Gesetz für die Abhängigkeit der Muskelarbeit von
der Anzahl der Partialarbeiten gültig. Sofern man es
mit der Genauigkeit nicht gar zu streng nimmt, kann
man daher sagen: wenn die Größe der Muskelarbeit
in arithmetischer Progression wächst, so wächst die
entsprechende Anzahl der Partialarbeiten in geometrischer Progression.

Die genannte Gesetzmäßigkeit ist jedoch, wie gesagt,
keineswegs eine genaue. Es kann natürlich nicht die
Rede davon sein, hierbei stehen zu bleiben, und wie wir
sogleich sehen werden, wird es auch nicht schwer fallen,
für die Abhängigkeit des $A$ von $B$ eine erschöpfende
Formel zu finden. Es ist indes von vornherein einzusehen, daß der vollständige mathematische Ausdruck
ziemlich kompliziert werden muß, weshalb es jedenfalls
sein Interesse hat, daß man in Fällen, wo es nicht auf
große Genauigkeit ankommt, den genannten annähernden Ausdruck gebrauchen kann. Hierzu kommt noch,
daß man dem Gesetze eine Formulierung geben kann,
die demselben gewisse praktische Bedeutung gewährt.
Wenn nämlich die Verrichtung einer Arbeit von bestimmter Größe in einem Falle eine gewisse Anzahl Partialarbeiten erfordert, in anderen Fällen aber unter ganz
unveränderten äußeren Verhältnissen z. B. die doppelte
oder dreifache Anzahl. so wird man die Anzahl der
erforderlichen Partialarbeiten offenbar als Maß für die
Ermüdung des Muskels benutzen können. Die Ermüdung ist die Ursache, weshalb durch jede einzelne
maximale Anspannung nicht dieselbe Arbeitsleistung
erreicht wird; folglich muß die Ermüdung um so größer
sein, je mehr maximale Anspannungen nötig sind, um
dieselbe Arbeitsmenge zu liefern. Es ist mithin berechtigt, diejenige Anzahl maximaler Anspannungen
(Partialarbeiten), die in jedem einzelnen Falle zu einer
bestimmten Arbeitsleistung erforderlich ist, als Maß
für die Ermüdung des Muskels zu gebrauchen. Wir
können also jetzt das Gesetz so formulieren:

Wenn die Größe der Muskelarbeit in
arithmetischer Progression wächst, so

wächst die Ermüdung des Muskels annäherungsweise in geometrischer Progression.

Es ist freilich nicht sehr ermunternd, dafs es sich
somit zeigt, wie die Ermüdung viel stärker wächst als
die Menge der geleisteten Arbeit; man hüte sich aber,
hieraus gar zu weit führende philanthropische Kon-
klusionen zu ziehen. Denn es ist zu bedenken, dafs
das Gesetz erstens nur annäherungsweise gültig ist,
und ferner nur unter der bestimmten Bedingung, dafs
die arbeitenden Muskeln bei jeder einzelnen Kontraktion maximal angespannt werden. Dies kommt im täglichen Leben aber fast niemals vor, weil jedermann, der
mit körperlicher Arbeit zu thun hat, aus Erfahrung
weifs, dafs man viel besser aushält und mithin auf die
Dauer viel mehr Arbeit liefert, wenn man die Kräfte
schont. Es wird keinem Maurergehilfen, der den Ge-
sellen Steine bringt, der Einfall kommen, jedes einzelne
Mal die möglichst grofse Last zu nehmen, die er überhaupt zu tragen vermag. Thäte er das, so würde —
unserem Gesetze zufolge — die Ermüdung in geometrischer Progression fortschreiten, und er würde im
Laufe eines Arbeitstages gar zu wenig Arbeit liefern.
Deshalb nimmt er anfangs, während die Kräfte frisch
sind, keine gröfsere Last, als solche, die ihm gestattet,
bis zum Schlusse mit ungefähr demselben Gewicht aus-
zuhalten; für dergleichen Verhältnisse ist das Gesetz
aber durchaus nicht gültig. Dagegen erhält dasselbe
z. B. bei Sportleistungen Bedeutung, wo kurze Zeit
hindurch mit maximaler Anspannung gearbeitet wird;
die reifsende Geschwindigkeit, mit welcher die Ermüdung
unter solchen Verhältnissen der Erfahrung gemäfs zunimmt, ist mit dem Gesetze durchaus in Übereinstimmung.

Interessant ist es übrigens, dafs ein ähnliches Gesetz
für intensive geistige Arbeit gültig zu sein scheint.
Friedrichs Experimente mit Schulkindern[1] haben
gezeigt, dafs die Ermüdung der Kinder, die durch die
Anzahl der in Probaufgaben gleichartiger Natur be-

---

[1] Untersuchungen über die Einflüsse der Arbeitsdauer u. s. w.
auf die geistige Leistungsfähigkeit der Schulkinder. Zeitschr. f. Psych.
Bd. 13.

gangenen Fehler gemessen wurde, als geometrische
Reihe anwächst, wenn die Arbeitszeit als arithmetische
Reihe wächst. So erhielt man in einer Versuchsreihe
47 Fehler vor Anfang der 1 Stunde, nach Schlusse
der 1. Stunde 70 Fehler; am Schlusse der 2. Stunde
158 und am Schlusse der 3. Stunde 183 Fehler. Diese
Zahlen wachsen annähernd mit dem Quotienten 7:4;
nur wird die letzte Anzahl der Fehler gar zu klein.
Dies läfst sich jedoch ohne Schwierigkeit erklären, denn
wenn man Kinder auf so widernatürliche Weise zu
dreistündigem, durch keine Pause unterbrochenem Arbeiten zwingt, werden sie sich zuletzt zweifellos im
Halbschlummer befinden. Da infolgedessen während
der letzten Stunde wohl kaum mit derselben Kraft gearbeitet wurde wie während der ersten Stunden, wird
die Ermüdung auch nicht in demselben Verhältnisse
fortschreiten. Weil diese Fehlerquelle und wahrscheinlich noch viele andre auf die Resultate influieren müssen,
kann man auch nicht erwarten, in den gefundenen
Zahlen mehr als eine Andeutung des Gesetzes zu erblicken.

Wir kehren nun zur Muskelarbeit zurück, um wo
möglich ein genaueres Gesetz als das genannte logarithmische Abhängigkeitsverhältnis zwischen der Gröfse
der Arbeit und der Anzahl der Partialarbeiten zu finden.
Um nun vorerst einen besseren Überblick über die
Variation der Quotienten $R:r$ zu erhalten, stellen wir
dieselben graphisch dar. Dies ist Pl. III gezeigt. Als
Abscisse wurde hier $R$ abgesetzt, als Ordinate der entsprechende Wert $R:r$ für 8 der in den Tab. 21 und 22
angegebenen Ergogramme. Nur die beiden ersten, mit
dem Takte 6 und 10 p. Min., sind weggelassen, weil die
Zahlen für diese Ergogramme so nahe an die des dritten,
mit dem Takte 20 pr. Min., fallen, dafs die Kurven in
der Zeichnung zusammenlaufen würden. Es genügt
daher, nur eine derselben aufzuzeichnen, und da die
dritte die vollständigste ist, wählte ich diese.

Aus der graphischen Darstellung Pl. III gehen nun
sogleich zwei Umstände hervor. Erstens ist $R:r$ bei
weitem nicht konstant. Wäre dies der Fall, so würden
alle Kurven gerade Linien werden, was man streng
genommen doch nicht von ihnen sagen kann. Ferner

zeigt es sich, dafs die Kurven in zwei Gruppen fallen; in der einen nimmt $R'r$ immer mehr ab, während in der anderen der Quotient bis zu einem Minimum abnimmt, um darauf wieder zu wachsen. Erstere Gruppe mit immer mehr abnehmendem $R\,r$ umfafst alle Ergogramme mit langsamem Takte, von 6 bis 30 pr. Min. Die andre Gruppe enthält die in schnellem Takte ausgeführten Ergogramme, von 40 pr. Min. und aufwärts. Diese Verschiedenheit ist um so interessanter, da es sich erweist, dafs sie gerade derjenigen Sonderung unter unbegrenzten und begrenzten Ergogrammen entspricht, die wir früher einzig und allein wegen der Form der Ergogramme einführten. Es wurde nämlich (vgl. S. 139) nachgewiesen, dafs für die hier betrachtete V-P alle Ergogramme mit schnellerem Takt als 30 pr. Min. begrenzt waren, und bei diesem Takt hört gerade die fortwährende Abnahme des $R'r$ auf. Wir haben an diesem Verhältnisse also zweifelsohne einen numerischen Ausdruck für die Verschiedenheit der Form der Kurven. Dafs diese Übereinstimmung der Form der Ergogramme mit der Variation von $R'r$ nichts Zufälliges, möglicherweise Individuelles ist, geht — wenn es anders eines Beweises bedarf — deutlich aus Tab. 27 und 29 hervor, wo die Ausmessung von Dr. B's Ergogrammen angeführt ist. Rücksichtlich dieser V-P gaben noch 40 pr. Min. unbegrenzte und erst 60 pr. Min. begrenzte Ergogramme. Aus den genannten Tabellen ist nun zu ersehen, dafs $R\,r$ beim ersteren Takte fortwährend abnimmt, während beim letzteren Takte der Quotient ein Minimum erreicht und darauf wieder steigt.

Aus Untersuchungen über die Unterschiedsempfindlichkeit für Lichtempfindungen weifs man, dafs der Quotient $R\,r$ bei schwächeren Reizen mit wachsendem Werte von $R$ bis zu einem Minimum abnimmt, worauf er (vgl. S. 70) bei sehr starken Reizen wieder steigt. Wir sehen nun, dafs hinsichtlich der Muskelarbeit eine ganz entsprechende Variation von $R\,r$ bei den begrenzten Ergogrammen stattfindet, während $R\,r$ bei den unbegrenzten fortwährend abnimmt. Und da diese Verschiedenheit von Umständen herrührt, die wir vollständig zu beherrschen vermögen, gibt es hier eine Möglichkeit, dafs wir uns die Ursache dieses eigentümlichen Verhält-

nisses erklären können. Ferner leuchtet es ein, dafs
die grofse Übereinstimmung der Variationen von $R\,r$
auf den beiden Gebieten zur Folge haben mufs, dafs
dasselbe mathematische Gesetz sich als an beiden Orten
gültig erweist. Für die Unterschiedsempfindlichkeit
fanden wir die Variationen von $R\,r$ ausgedrückt durch
Gleich. 43 (28), dieses Unterscheidungsgesetz war aber
als Differenzgleichung aus Gleich. 40, der korrigierten
Mafsformel, abgeleitet. Es hat nun alle mögliche Wahrscheinlichkeit für sich, dafs wir in Gleich. 40 für die
Empfindung $E$ nur die Gröfse $A$ der Muskelarbeit zu
setzen brauchen, wodurch wir bekommen:

$$A = c_2 \log.\left[\frac{R}{R_0}(a - a_1 \log. R)\right] \text{ oder, indem } \frac{a}{R_0} = a_4 \text{ und} \frac{a_1}{R_0} = a_1:$$

$$A = c_2 \log. [R (a_4 - a_1 \log. R)] \ldots . \text{ (Gleich. 49)}$$

als Ausdruck für die Abhängigkeit der verrichteten
Muskelarbeit von der Anzahl der Partialarbeiten. Da
Gleich. 40 aber für Lichtempfindungen nur gültig ist,
solange $R\,r$ mit wachsenden Werten von $R$ abnimmt,
so kann Gleich. 49 auch nur für die unbegrenzten
Ergogramme und für denjenigen Teil der begrenzten
gültig sein, in welchem $R\,r$ abnimmt. Wie die Sache
sich für den übrigen Teil der begrenzten Ergogramme
stellt, das mufs natürlich der Gegenstand einer besonderen Untersuchung werden. Bevor wir die Stichhaltig-
keit dieser Betrachtungen darlegen, müssen wir aber
notwendigerweise noch ein anderes Verhältnis, die remanente Ermüdung nämlich, ins reine bringen. Sie ist
für die Muskelarbeit von so wesentlicher Wichtigkeit,
dafs wir uns keine Hoffnung machen dürfen, eine genaue Formel für die Gröfse der Muskelarbeit zu finden,
wenn wir sie nicht mit in Rechnung bringen können.

Bevor ich aber die Betrachtungen über die Kurven
im Pl. III abschliefse, mufs ich auf noch einen Umstand
aufmerksam machen. Wie man sieht, verläuft der letzte
Teil der unbegrenzten Ergogramme fast geradlinig und
parallel zur Abscissenachse. Dies will mit anderen Worten
heifsen, dafs das Webersche Gesetz für diese Äste der
Kurven beinahe gültig ist. Nun sind die Psychologen bekanntlich nicht verwöhnt, was die Gültigkeit dieses Gesetzes betrifft; da man keine Übereinstimmung mit dem-

selben erreichen konnte, war man gewöhnlich hoch-
erfreut, wenn die Zahlen auch nur innerhalb eines be-
scheidenen kleinen Umfangs paſsten. Untere und obere
Abweichungen hat man sich im Laufe der Zeit als der-
maſsen selbstverständlich zu betrachten gewöhnt, daſs
man zuletzt gar nicht sah, in wie groſsem Umfange
solche zu finden waren. Ich bezweifle deshalb auch
nicht, daſs der geradlinige Teil der Kurven im Pl. III
als ein guter Beweis für die Gültigkeit des Gesetzes
auf diesem Gebiete betrachtet werden wird, indem man
— wie gewöhnlich — den ganzen übrigen Ast der Kurven
ignoriert. Dies ist natürlich aber eine durchaus ver-
werfliche Betrachtung der Sache. Stellt man die Frage
auf: welche der Kurven im Pl. III entsprechen dem
Weberschen Gesetze am meisten, so sind dies unbedingt
die drei kleinen: $x F$, $x r$ und $x h$. Denn für diese drei
Kurven sind sämtliche Werte von $R r$ am wenigsten
verschieden. Diese drei Kurven rühren aber, wie oben
(S. 144) beschrieben, von den Ergogrammen her, die mit
umbundenem Arm, wo die Blutzirkulation möglichst
gehemmt war, hervorgebracht wurden. Es kann natürlich keine Rede davon sein, eine völlige Hemmung des
Stoffwechsels auf diese Weise zu bewirken, alle unsere
Versuche zeigen aber, daſs wir uns konstanten Werten
von $R r$ um so mehr nähern, je geringeren Einfluſs der
Blutumlauf erhält. Je schneller der Takt ist, in welchem
gearbeitet wird, um so langsamer sinkt der Wert von
$R r$, und um so früher beginnen die Werte wieder zu
steigen. Und dies geschieht am geschwindesten, wenn
wir durch künstliche Mittel den Stoffwechsel zu hemmen
suchen. Es scheint also keinem Zweifel unterworfen zu
sein, daſs die Gröſse der Muskelarbeit sich wirklich nach
dem Weberschen Gesetze richten würde, wenn der
Muskel gar keine Nahrung erhielte. Dies läſst sich
natürlich nur durch myographische Messungen erreichen; die bisher vorliegenden sind aber nicht zu gebrauchen, um das Verhältnis nachzuweisen, da sie,
meines Wissens, alle mit konstanter Belastung ausgeführt wurden, was nicht fortwährend die maximale
Arbeit ergibt. Gehen wir aber davon aus, daſs man
für den nichtgenährten Muskel die Arbeit $A = c \cdot \log R$
haben wird, was recht wahrscheinlich ist, und ver-

gleichen wir diesen Ausdruck mit Gleich. 49, die für den genährten Muskel gilt, so sehen wir, dafs diese Formeln sich nur durch den Faktor $a_0 - a_1 \cdot \log R$ voneinander unterscheiden, der also von dem Einflusse des Stoffwechsels auf die Gröfse der Muskelarbeit herrühren mufs. Dies stimmt völlig mit dem überein, was wir früher fanden. Bei der rationellen Entwickelung des Unterscheidungsgesetzes für Lichtempfindungen wurde nachgewiesen, dafs der Faktor $a - a_1 \log R$ als Ausdruck für einen vitalen Prozefs, der wahrscheinlich der Stoffwechsel war, mitkam. Bei der Muskelarbeit sehen wir nun, dafs dieser Faktor aller Wahrscheinlichkeit nach verschwindet, wenn der Stoffwechsel ausgeschlossen wird. Die Bedeutung des Faktors scheint somit festgestellt zu sein.

*Die remanente Ermüdung.* Wenn eine Muskelgruppe bis zu völliger Ermüdung gearbeitet hat, dauert es gewisse Zeit, bis sie sich wieder erholt, so dafs sie aufs neue ebenso grofse Arbeit wie vorher leisten kann. Wie lange Zeit erforderlich ist, hängt wahrscheinlich davon ab, ein wie grofser Teil der Muskeln des Körpers in Thätigkeit gewesen ist. Ist der ganze Körper ermüdet, z. B. nach einer anstrengenden Bergwanderung, so wird bekanntlich das Ausruhen während einer einzigen Nacht nicht immer zur völligen Erholung genügen. Handelt es sich dagegen nur um eine kleinere Muskelgruppe, wie die bei den ergographischen Versuchen thätige, so wird eine ungefähr dreistündige Ruhe hinreichen, um den ursprünglichen Status wiederherzustellen. Dies geht z. B. aus den beiden Ergogrammen Pl. XVI, A und Pl. XI, B hervor, die an demselben Tage, letzteres 3 Stunden nach ersterem, von derselben V-P, A. L., ausgeführt wurden; der Takt war bei beiden Versuchen selbstverständlich derselbe, 40 pr. Min. Nun ist es offenbar unmöglich, sich durch blofse Betrachtung zweier solcher Ergogramme mehr als ein ungefähres Gutachten zu bilden, ob dieselben sich an Gröfse und Form ähnlich sind. Zu genauer Vergleichung wird es notwendig sein, die eine Kurve über die andere zu legen. Hierbei ist es ganz überflüssig, alle kleinen, zufälligen Unregelmäfsigkeiten mitzunehmen, da diese den Vergleich eher erschweren würden. Ich verfuhr deshalb

folgendermafsen. Ich teile das Ergogramm in Gruppen
von 10 Partialarbeiten; ist der Rest kleiner als 5, so
wird er zur letzten Gruppe gezählt, sonst bildet er eine
Gruppe für sich. Für jede Gruppe nehme ich das Mittel
der Gröfse der Partialarbeiten. Diese Mittelzahlen geben
dann ein ziemlich genaues Bild von dem Verlaufe der
Kurve. Werden die beiden genannten Ergogramme auf
diese Weise behandelt, so erhält man die in der Tab. 23
angegebenen Werte für die successiven Mittelzahlen.
Einen besseren Überblick als den von der blofsen Betrachtung der Zahlen gewährten erhält man durch das
graphische Aufzeichnen der Resultate. Dies ist Pl. IV. A

Tab. 23.

| Pl. XVI, A | 4,8 | 4,0 | 3,3 | 2,7 | 2,0 | 1,5 | 1,3 | 1,7 | 0,9 | 0,7 | 0,6 | |
| Pl. XI, B | 4,9 | 3,7 | 3,3 | 2,8 | 2,3 | 1,9 | 1,6 | 1,3 | 1,1 | 1,0 | 0,9 | 0,7 |

gezeigt. Die Ordinaten sind gleich weit abstehend mit
10 mm Zwischenraum, und ihre Höhen sind
die in der Tab. 23 angeführten Mittel. Die gebrochenen
Linien durch die Endpunkte der Ordinaten zeigen also
den Verlauf der beiden Ergogramme. Die Figur zeigt,
dafs die beiden Kurven sehr nahe aneinanderfallen,
ohne sich jedoch während irgend einer Strecke zu decken.
Man lernt also hieraus, dafs selbst, wenn man Sorge
trägt, alle äufseren und inneren Umstände möglichst
gleich zu behalten, doch stets so viele zufällige Verhältnisse auf die Gröfse der Muskelarbeit influieren,
dafs die Ergogramme sich gewöhnlich nicht decken
werden. Dieses Ergebnis erhält wesentliche Bedeutung
für unsere folgenden Betrachtungen.

Wir erheben jetzt die Frage: wie wird das Verhältnis zwischen den Ergogrammen, wenn man die
Muskeln sich nicht völlig ausruhen läfst, sondern neue
Arbeit von ihnen verlangt, während nach der vorhergehenden Arbeit noch einige Ermüdung remanent ist?
Dies läfst sich leicht durch eine Reihe von Versuchen
beantworten. Nach Ausführung eines Ergogramms läfst
man die Hand z. B. 10 Min. ruhen; darauf wird ein
neues Ergogramm ausgeführt, dann 10 Min. Pause,
u. s. w. Die durch eine solche Versuchsreihe entstan-

denen Ergogramme sind Pl. XVI, B—E wiedergegeben.
Als V-P that A. L. Dienste; der Takt war 40 pr. Min.,
der zeitliche Zwischenraum zwischen den einzelnen Arbeiten 10 Min. Des näheren Vergleiches wegen berechnete ich wie oben das Mittel für Gruppen von
10 Partialarbeiten; diese Mittel sind für jedes der vier
Ergogramme in der Tab. 24 angeführt. Im Pl. V ist
aufserdem eine graphische Darstellung der Ergebnisse
gegeben, die indes zu verschiedenen Bemerkungen veranlafst. Erstens ist Pl. V in doppelt so grofsem Mafsstabe gezeichnet als Pl. IV, A, da die Kurven sonst zu
nahe aneinanderfallen würden. Ferner ist jede Kurve
mit ihrer besonderen Linie, vollständig aufgezeichnet
oder verschiedenartig punktiert, abgebildet, damit man
die Kurven leichter auseinanderhalten kann. Endlich
legte ich, wie aus der Figur zu ersehen, die Kurven
auf bestimmte Weise im Verhältnis zu einander. Zuerst
wurde das gröfste Ergogramm, durch eine ununterbrochene Linie angegeben, mit einem Abstande von
20 mm zwischen den Ordinaten, gezeichnet. In dieser
Kurve suchte ich darauf die Punkte auf, deren Ordinaten
den gröfsten Mitteln der anderen drei Ergogramme entsprechen. Diese Punkte wurden zu Ausgangspunkten
der drei letzteren gewählt, deren Ordinaten übrigens ebenfalls gleich weit, 20 mm, voneinander abstehend gelegt
wurden. Die vier Kurven unterscheiden sich, wie man
sieht, eigentlich nur dadurch voneinander, dafs sie mit
verschiedener Höhe anfangen. Wegen des grofsen Mafsstabs treten die kleinen Verschiedenheiten derselben als
unverhältnismäfsig grofs hervor; in der Wirklichkeit
weichen die vier Kurven nirgends mehr voneinander
ab, als die beiden im Pl. IV, A. Die Abweichungen sind
daher zunächst als von zufälligen Umständen herrührend zu betrachten; der einzige bedeutende Unterschied ist der, dafs das Ergogramm in immer geringerer

Tab. 24.

| Pl. XVI, B | 4,3 | 3-4 | 2,6 | 2,0 | 1,5 | 1,2 | 0,8 | 0,6 |
|---|---|---|---|---|---|---|---|---|
| Pl. XVI, C | | 3-4 | 2,5 | 2,6 | 2,2 | 1,5 | 1,3 | 0,9 |
| Pl. XVI, D | | | 2,8 | 2,5 | 1.8 | 1.4 | 1,2 | 1,0 |
| Pl. XVI, E | | | | 2,1 | 1,6 | 1,4 | 1,2 | 1,0 |

Höhe anfängt, je gröfsere Fortschritte die remanente Ermüdung macht. Nennen wir das mit ungeschwächten Kräften ausgeführte Ergogramm das vollständige, die übrigen die unvollständigen, so wird also jedes unvollständige Ergogramm aus dem vollständigen dadurch zu erhalten sein, dafs man sich einen immer gröfseren Teil des letzteren weggeschnitten denkt. Dafs diese Übereinstimmung zwischen Ergogrammen, die in verschiedenen Stadien remanenter Ermüdung hervorgebracht werden, kein reiner Zufall ist, läfst sich leicht nachweisen.

Pl. XVII, A—E zeigt 5 von Fnn ausgeführte Ergogramme; der Takt war 40 pr. Min., der Zeitraum zwischen zwei aufeinanderfolgenden Kurven betrug 15 Min. Behandeln wir diese Ergogramme ebenso wie die vorigen, indem wir für jede Gruppe von 10 Partialarbeiten das Mittel nehmen, so erhalten wir die in der Tab. 25 angeführten Werte. Graphisch sind die Resultate Pl. V wiedergegeben, wo die Kurven auf dieselbe Weise ein-

Tab. 25.

| Pl. XVII, A | 3,2 | 2,2 | 1,6 | 1,6 | 1,2 | 1,0 | 0,7 | 0,6 | |
| Pl. XVII, B | | 2,2 | 1,5 | 1,4 | 1,2 | 0,8 | 0,8 | 0,6 | 0,5 |
| Pl. XVII, C | | 2,7 | 1,8 | 1,3 | 1,1 | 1,0 | 0,9 | 0,8 | 0,6 |
| Pl. XVII, D | | 3,3 | 1,5 | 1,4 | 1,1 | 0,8 | 0,6 | | |
| Pl. XVII, E | | | 1,9 | 1,7 | 1,1 | 0,8 | 0,6 | | |

gezeichnet sind wie die vier im Pl. XVI, B—E. Das vollständige, durch eine ununterbrochene Linie wiedergegebene Ergogramm wurde also zuerst gezeichnet, die vier anderen von denjenigen Punkten des vollständigen Ergogramms aus, deren Ordinaten den Anfangsordinaten der unvollständigen entsprechen. Wie man sieht, kreuzen diese fünf Kurven sich an so vielen Punkten, dafs ihre gegenseitigen Abweichungen als rein zufällig betrachtet werden dürften.

Die bisher betrachteten beiden Versuchsreihen wurden um einen verhältnismäfsig frühen Zeitpunkt ausgeführt, als die Übung der V-P noch gering war. Die entstandenen Ergogramme sind deshalb klein, sowohl die Höhe als die Länge ist unbeträchtlich. Bei fortschreitender Übung verändert sich dies; der Einflufs

der remanenten Ermüdung wird darum aber doch nicht
geringer; eher wird er auffallender, weil die grofsen
Ergogramme die Möglichkeit weit gröfserer Veränderungen öffnen. Dies geht z. B. aus den beiden d. 's
von A. L. ausgeführten Kurven Pl. XVIII, A und B
hervor. Der Takt war 40 pr. Min. Die Kurve A wurde
5 Min. nach dem Pl. XIII, C wiedergegebenen vollständigen Ergogramm aufgenommen, die Kurve B wieder
5 Min. nach Abschlufs von A. Die Mittel der successiven Gruppen von 10 Partialarbeiten sind Tab. 26 angeführt. Die Zahlen selbst zeigen sogleich den grofsen

Tab. 26.

| Pl. XIII, C | 6,3 | 5,6 | 4,7 | 4,2 | 3,7 | 3,2 | 2,7 | 2,1 | 1,8 | 1,5 |
|---|---|---|---|---|---|---|---|---|---|---|
| Pl. XVIII, A | | | | 3,6 | 3,6 | 3,4 | 2,9 | 2,7 | 2,1 | 1,6 |
| Pl. XVIII, B | | | | | | 3,4 | 3,0 | 2,5 | 2,0 | 1,7 |

| Pl. XIII, C | 1,4 | 1,3 | 1,1 | 1,0 | 0,8 | 0,6 | 0,5 | 0,4 | 0,3 |
|---|---|---|---|---|---|---|---|---|---|
| Pl. XVIII, A | 1,5 | 1,4 | 1,2 | 1,0 | 0,7 | 0,5 | 0,4 | | |
| Pl. XVIII, B | 1,4 | 1,0 | 0,9 | 0,6 | | | | | |

Einflufs der remanenten Ermüdung; die graphische
Darstellung, Pl. IV, B. wurde ebenso ausgeführt wie
in den vorhergehenden Fällen. Das erste unvollständige
Ergogramm weicht allerdings eine Strecke lang ziemlich bedeutend von dem vollständigen ab, später fallen
sie aber fast ganz miteinander zusammen, und dies gilt
auch von dem zweiten unvollständigen Ergogramme in
dessen ganzem Verlauf. Die Nichtübereinstimmung
scheint also auch hier auf zufälligen Umständen zu
beruhen; unserer früheren Erfahrungen eingedenk
können wir kaum bezweifeln, dafs eine Wiederholung
der Versuche eine ganz andere gegenseitige Lage der
beiden Kurven ergeben würde. Fassen wir diese verschiedenen Beobachtungen zusammen, so kommen wir
also zu folgendem Resultate:

Das in irgend einem Stadium der remanenten Ermüdung hervorgebrachte unvollständige Ergogramm beginnt mit geringerer
Höhe als das vollständige Ergogramm, hat
sonst aber annäherungsweise denselben Verlauf wie letzteres. Die remanente Ermüdung

wirkt also wie eine — gröfsere oder geringere
— Anzahl von Partialarbeiten, die unmittelbar vor Anfang des unvollständigen Ergogramms ausgeführt wurden.

*Das Arbeitsgesetz.* Wir sind nun so weit gelangt,
dafs wir im stande sind, einen Ausdruck für die Abhängigkeit der verrichteten Muskelarbeit von der Anzahl der Partialarbeiten zu formulieren. Es wurde oben
(S. 152) nachgewiesen, dafs der Quotient $R/r$ zwischen
der Anzahl der successiven Partialarbeiten auf gesetzmäfsige Weise variiert, wenn die verrichtete Arbeit wie
eine arithmetische Progression anwächst. Und ein Vergleich mit entsprechenden Verhältnissen auf anderen
Gebieten führte zu dem Resultat, dafs man wahrscheinlich als Ausdruck für die Gröfse der Arbeit haben
würde:

$$A = c_1 \log.[R (a_0 - a_1 \log. R)] \ldots . \text{(Gleich. 49)},$$

wo $R$ diejenige Anzahl Partialarbeiten bezeichnet, welche
zur Lieferung der Arbeitsmenge $A$ erforderlich ist,
während $c_1$, $a_0$ und $a_1$ Konstanten sind. Dieser Ausdruck
kann natürlich aber nur für ein vollständiges Ergogramm gültig sein, da wir ja sahen, dafs während
remanenter Ermüdung weniger Arbeit geleistet wird.
Gleich. 49 mufs jedoch leicht so erweitert werden können,
dafs sie auch die unvollständigen Ergogramme umfafst,
da man sich stets denken kann, statt der remanenten
Ermüdung eine gewisse Anzahl unmittelbar vorher ausgeführter Partialarbeiten zu haben. Setzen wir also in
Gleich. 49 $R + y$ statt $R$, indem $y$ diejenige Anzahl
Partialarbeiten bedeutet, welche dieselbe Wirkung haben
würde wie die vorhandene remanente Ermüdung, so
mufs die Gleichung auch für alle dem vollständigen
Ergogramm entsprechenden unvollständigen gültig sein.
$y = 0$ würde dann wieder das vollständige Ergogramm
geben — wenn vor dessen Ausführung jede Spur einer
remanenten Ermüdung entfernt wäre. Es ist übrigens
die grofse Frage, ob ein solcher Fall jemals im täglichen Leben eintritt, wenn man keine besonderen Mafsregeln trifft, um ihn herbeizuführen. Unter gewöhnlichen Verhältnissen ist es ja kaum möglich, den Gebrauch der linken Hand gänzlich zu vermeiden, und

selbst wenn man dies zu verhüten sucht, weils man ja,
dals der starke Gebrauch einiger Muskeln die Arbeitsfähigkeit der nicht benutzten Muskeln schwächt. Alle
diese Umstände im Verein scheinen mit Notwendigkeit
bewirken zu müssen, dals völlige Abwesenheit der
remanenten Ermüdung sich im täglichen Leben leichter
denken als nachweisen läfst. Die Folge hiervon wird
daher, dals wir selbst für die vollständigen Ergogramme
$y > 0$ haben müssen, so dals das »Arbeitsgesetz« also
folgende Form erhält:

$$A = c_2 \log. \left[ (R + y) (a_6 - a_7 \log. (R + y)) \right].$$

Wollen wir nun die Gültigkeit dieser Gleichung an
den vorliegenden Ergogrammen prüfen, so zeigt sich
sogleich die Schwierigkeit, dals wir nicht im stande
sind, die Gröfse der Konstanten zu bestimmen. Wir
können die Gleichung freilich ein wenig umformen:

$$A = c_2 \log. \left[ (R + y) a_7 \left( \frac{a_6}{a_7} - \log. (R + y) \right) \right] =$$
$$c_2 \log. (R + y) + c_2 \log. a_7 + c_2 \log. \left[ \frac{a_6}{a_7} - \log. (R + y) \right]$$

Setzt man hier $c_2 \log. a_7 = q$ und $a_6/a_7 = q_1$, so erhält man:

$$A = q + c_2 \log. (R + y) + c_2 \log. [q_1 - \log. (R + y)]$$
$$\dots \dots \text{(Gleich. 50).}$$

In dieser Gleichung lassen $q$ und $c_2$ sich allerdings mittels
der vorliegenden Messungen bestimmen, $y$ und $q_1$ dagegen, die in logarithmischen Funktionen vorkommen,
können nicht direkt bestimmt werden. Was $y$ betrifft,
ist die Schwierigkeit nicht so grofs, solange man sich
nur mit vollständigen Ergogrammen beschäftigt, wo $y$
eine ganze Zahl ist und einen von 0 nur wenig verschiedenen Wert hat. Prüft man durch successives
Einsetzen von 1, 2, 3 u. s. w. für $y$, welcher Wert mit
den Messungen am besten übereinstimmt, so wird man
schnell zu einem Resultat gelangen. Schlimmer geht
es mit $q_1$, von dessen Gröfse man von vornherein keine
Vorstellung haben kann, und dessen hinlänglich genaue
Bestimmung durch blofses Probieren deshalb äufserst
beschwerlich sein wird. Zum Teil kann indes Abhilfe
verschafft werden. Gleich. 50 zufolge sollten beide
Glieder nämlich denselben Faktor $c_2$ haben; setzt man

nun statt des letzten $c_4$ ein $q_7$, so daß die Gleichung folgende Form erhält:

$$A = q + c_4 \log. (R + y) + q_4 \log. [q_1 - \log. (R + y)]$$
$$\ldots \text{ (Gleich. 51)},$$

so hat man also drei Konstanten, $q$, $c_4$ und $q_4$, die sich mit Genauigkeit bestimmen lassen, und hierdurch wird also der Fehler zum Teil ausgeglichen, den man durch eine weniger angemessene Wahl des $q_1$ einführt. Es ist der in Gleich. 51 gegebene Ausdruck, dessen Gültigkeit für die vorliegenden ergographischen Messungen wir jetzt prüfen sollen.

Wie früher (S. 154) erwähnt, läßt sich die Gültigkeit der Gleich. 49 und 51 indes nur erwarten, solange $R r$ mit wachsenden Werten von $R$ abnimmt; die Formel kann mit anderen Worten nur für die unbegrenzten Ergogramme und für den einen Ast der begrenzten gültig sein. Es wird nun ganz natürlich sein, mit der Untersuchung der Gültigkeit rücksichtlich der unbegrenzten Ergogramme anzufangen, da wir hier sicher gehen können, keine Komplikationen anzutreffen. Zu diesem Zwecke wählen wir zwei der früher besprochenen, von verschiedenen Versuchspersonen bei verschiedenem Takte ausgeführten Ergogramme. Die Ausmessungen derselben sind Tab. 27 und 28 angegeben; wir nehmen nun jede für sich.

### Tab. 27.

#### Dr. B. 40 pr. Min. Pl. XV, A.

| $A$ | $\triangle A$ | $R$ | $\frac{R}{r}$ | $A$ ber. | $f$ |
|---|---|---|---|---|---|
| 5,0° | 18,1 | 1 | | 5 / 28 | 0,0 |
| 23,1 | 24,3 | 5 | 2,0?? | 28 | — 4,9 |
| 43,4 | 24,3 | 10 | 1,600 | 50 | — 6,6 |
| 65,2 | 21,8 | 16 | 1,375 | 71 | — 5,8 |
| 83,4 | 18,2 | 22 | 1,318 | 87 | — 3,6 |
| 103,2 | 19,8 | 29 | 1,276 | 105 | — 1,8 |
| 123,1° | 19,9 | 37 | 1,243 | 123 | + 0,1 |
| 144,0 | 21,0 | 46 | 1,217 | 141 | + 3,0 |
| 164,8 | 20,8 | 56 | 1,232 | 159 | + 5,8 |
| 184,0 | 20,? | 69 | 1,232 | 180 | + 4,0 |
| 203,6 | 19,6 | 83 | 1,203 | 203 | + 0,6 |
| 223,1 | 19,5 | 97 | 1,169 | 222 | + 1,1 |
| 243,5 | 20,4 | 112 | 1,155 | 242 | + 1,5 |
| 263,3° | 19,8 | 129 | 1,151 | 263 | + 0,3 |
| 283,6 | 20,3 | 147 | 1,140 | 284 | — 0,4 |

11*

## Tab. 28.

A. L.  10 pr. Min.  Fl. XII, A.

| A | R | A ber. | r |
|---|---|---|---|
| 17,0 | 3 | 15 | + 2,0 |
| 39,3 | 7 | 42 | — 2,9 |
| 59,4 | 11 | 64 | — 4,6 |
| 78,5 | 15 | 84 | — 4,5 |
| 100,4 | 20 | 104 | — 3,6 |
| 110,4 | 25 | 123 | — 3,6 |
| 118,0 | 30 | 145 | — 2,0 |
| 150,0 | 36 | 162 | — 3,4 |
| 178,8 | 42 | 180 | — 1,2 |
| 200,6 | 49 | 202 | — 1,4 |
| 221,2 | 50 | 213 | ÷ 2,7 |
| 242,3 | 64 | 238 | + 4,1 |
| 261,0 | 72 | 258 | + 3,0 |
| 282,0 | 83 | 280 | + 2,0 |
| 302,7 | 95 | 304 | — 1,1 |
| 321,1 | 107 | 326 | — 2,9 |
| 342,4 | 119 | 347 | — 4,6 |
| 363,2 | 131 | 366 | — 2,8 |
| 384,0 | 144 | 384 | 0,0 |
| 404,6 | 158 | 407 | — 2,4 |
| 425,1 | 171 | 426 | — 0,9 |

Tab. 27 ist wie Tab. 21 und 22 geordnet, indem die
successiven Werte von A soweit möglich eine konstante
Differenz, 20 cm-K. haben, was aus der Kolonne $\Delta A$
hervorgeht, wo diese Differenzen angeführt sind. Unter
R ist die Anzahl der Partialarbeiten mitgeteilt, die erforderlich sind, um die entsprechende, unter A angegebene Arbeitsmenge hervorzubringen. Aus dem
Quotienten $Rr$ ist zu ersehen, daß das Ergogramm
unbegrenzt ist, da $Rr$ mit wachsenden Werten von R
fortwährend abnimmt. Um nun die Gültigkeit der
Gleich. 51 zu prüfen, müssen wir Werte für $q_1$ und $y$
wählen. Ziemlich willkürlich setzte ich $q_1 = 3,05$, während es sich erweist, daß $y = 3$ eine passende Größe
ist. Darauf lassen sich also $q$, $c_3$ und $q_0$ bestimmen;
will man die wahrscheinlichsten Werte haben, so muß
die Bestimmung mittels der Methode der kleinsten
Quadrate geschehen. Dies würde zu einer unverhältnismäßig großen Berechnung mit zum Teil sehr großen
Zahlen zwingen; ich zog es deshalb vor, mich auf eine
viel bequemere, eigentlich aber mehr überzeugende
Methode zu beschränken. Die drei in der Tab. 27 mit *

bezeichneten Werte von $A$ wurden nebst den entsprechenden Werten von $R$ in Gleich. 51 eingesetzt. Man erhält hierdurch drei Gleichungen, in denen nur $q$, $c_1$ und $q_2$ als Unbekannte vorkommen; diese drei Grölsen lassen sich folglich finden. Auf diese Weise erhält man $q = 488$, $c_1 = -122$ und $q_2 = -1053$, also bekommt man für dieses Ergogramm folgende Formel:

$$A = 488 - 122 \log. (R + 3) - 1053 \log. [3,05 - \log. (R + 3)].$$

Aus der Gleichung läfst sich $A$ berechnen, wenn man die verschiedenen Werte von $R$ einsetzt; die auf diese Weise gefundenen Grölsen sind in der Tab. 27 unter »$A$ ber.« angeführt. Unter $f$ ist überdies die Abweichung der gemessenen von den berechneten Werten angegeben. Abweichungen sind zu finden, wie man sieht; dieselben sind aber erstaunlich klein, wenn man bedenkt, dafs zwei der in der Formel vorkommenden Konstanten ziemlich willkürlich gewählt sind, während drei andere nur mittels drei Gruppen von Werten für $A$ und $R$ bestimmt wurden, mithin an zufälligen Fehlern leiden. Bestimmte man die wahrscheinlichen Werte von $q$, $c_1$ und $q_2$, so müfsten die Abweichungen der Berechnung von der Messung bedeutend kleiner werden, und wäre es möglich, für sämtliche fünf Konstanten in Gleich. 51 die wahrscheinlichen Werte zu finden, so würden diese Abweichungen zweifellos bis auf rein verschwindende Grölsen reduziert werden. Im Folgenden werden wir sehen, dafs eine glücklichere Wahl des $q_1$ und des $y$ die Fehler wirklich sehr bedeutend vermindert.

Wir nehmen nun die Tab. 28 vor. Dieses Ergogramm findet sich bereits Tab. 21 angeführt, deshalb gebe ich hier nur die zusammengehörenden Werte von $A$ und $R$ an. In Gleich. 51 ist $q_1 = 4,00$ und $y = 4$ gesetzt. Um nun gar zu grofse Fehler der Konstanten $q$, $c_1$ und $q_2$ zu vermeiden, bestimmte ich diese wie oben durch drei Gruppen willkürlich gewählter Werte von $A$ und $R$, diese Bestimmung führte ich jedoch zweimal mit verschiedenen Gruppen von Werten aus, worauf ich das Mittel der gefundenen Grölsen nahm. Ich erhalte hierdurch $q = 2378$, $c_1 = -434$ und $q_2 = -4000$. Die Formel wird also:

$$A = 2378 - 434 \log. (R + 4) - 4000 \log. [4,00 - \log. (R + 4)].$$

Die hieraus berechneten Werte für $A$ nebst den Abweichungen zwischen $A$ und »ber. $A$« sind in Tab. 28 angegeben. Wie man sicht, sind die Fehler ungefähr von derselben Gröfse wie in Tab. 27, und überdies variieren sie fast auf dieselbe Weise. Wie grofs die Übereinstimmung der berechneten Werte mit den gemessenen ist, läfst sich am besten aus der graphischen Darstellung Pl. VI erschen. Als Abscisse wurde $R$, als Ordinate $A$ abgesetzt; die einzelnen gemessenen Werte von $A$ sind durch kleine Kreise bezeichnet, während die berechnete Kurve ohne besondere Markierung der eingeführten Ordinaten abgesetzt ist. Die beiden Kurven fallen so nahe aneinander, dafs die Gültigkeit der Gleich. 51 wohl keinen Zweifel erleiden kann, namentlich wenn man bedenkt, dafs ihre Abweichung voneinander durch eine genaue Bestimmung der Konstanten beträchtlich reduziert werden würden.

Es erübrigt nun, die Gültigkeit der Gleich. 51 für die begrenzten Ergogramme zu prüfen. Wir wählten auch hier zwei von verschiedenen Versuchspersonen bei verschiedenem Takte ausgeführte Ergogramme; die Messungen sind Tab. 29 und 30 angegeben. Die nähere

Tab. 29.

Dr. B. 60 pr. Min. Pl. XIV, B.

| $A$ | $\triangle A$ | $R$ | $\dfrac{R}{r}$ | $A$ ber. | $f$ | $A_1$ | $f_1$ |
|---|---|---|---|---|---|---|---|
| 20,7 * | | 4 | | 20 | + 0,7 | | |
| 40,7 | 20,0 | 8 | 2,000 | 38 | + 2,7 | | |
| 59,3 | 18,6 | 12 | 1,500 | 57 | + 2,3 | | |
| 80,1 | 20,8 | 17 | 1,417 | 80 | + 0,1 | | |
| 100,0 | 19,9 | 22 | 1,294 | 98 | + 2,0 | | |
| 118,5 | 18,5 | 27 | 1,237 | 119 | — 0,5 | | |
| 139,1 * | 20,6 | 33 | 1,222 | 139 | + 0,1 | | |
| 158,2 | 19,1 | 39 | 1,182 | 158 | + 0,2 | | |
| 176,9 | 18,7 | 45 | 1,154 | 174 | + 2,9 | | |
| 196,3 | 19,4 | 52 | 1,156 | 193 | + 3,3 | | |
| 216,9 | 20,6 | 60 | 1,154 | 218 | — 1,1 | | |
| 236,2 * | 19,3 | 68 | 1,133 | 236 | + 0,2 | | |
| 255,8 | 19,6 | 78 | 1,147 | 261 | — 5,2 | 258,0 | — 2,2 |
| 276,1 | 20,3 | 90 | 1,151 | 285 | — 8,9 | 274,8 | + 1,3 |
| 296,6 | 20,5 | 105 | 1,161 | 315 | — 18,4 | 295,8 | + 0,8 |
| 316,3 | 19,7 | 121 | 1,152 | 343 | — 27,7 | 316,6 | — 0,3 |
| 336,9 | 20,6 | 140 | 1,157 | 380 | — 43,1 | 339,8 | — 2,9 |
| 357,6 | 20,7 | 160 | 1,145 | 409 | — 51,4 | 356,8 | + 0,8 |

Tab. 30.

A. L. 40 pr. Min. Pl. XI, B.

| A | R | A ber. | f | A₁ | f₁ |
|---|---|---|---|---|---|
| 21,4 * | 4 | 21 | + 0,4 | | |
| 39,9 | 8 | 40 | — 0,1 | | |
| 60,5 | 13 | 59 | + 1,5 | | |
| 78,8 | 18 | 78 | + 0,8 | | |
| 98,5 * | 24 | 99 | — 0,5 | | |
| 117,2 | 30 | 115 | ± 2,2 | | |
| 136,9 | 37 | 134 | ± 2,9 | | |
| 156,9 | 45 | 154 | + 2,9 | | |
| 176,2 * | 54 | 176 | + 0,2 | | |
| 195,4 | 65 | 202 | — 6,6 | 198,0 | — 2,4 |
| 215,8 | 80 | 230 | — 14,2 | 214,0 | + 1,8 |
| 235,2 | 98 | 264 | — 28,3 | 233,6 | + 1,6 |
| 255,1 | 124 | 308 | — 52,9 | 256,8 | — 1,7 |

Ordnung der Tabelle ist ebenso wie vorher. Aus dem Quotienten $R r$ in Tab. 29 sieht man, daſs das Ergogramm ein begrenztes ist, indem $R r$ bis auf ein Minimum sinkt, worauf es wieder, obschon etwas unregelmäſsig, steigt. Es läſst sich also erwarten, daſs Gleich. 51 nur für den ersten Teil gültig ist. Zur Berechnung der Konstanten sind deshalb selbstverständlich nur solche Werte von $A$ zu gebrauchen, die innerhalb der Grenzen der Gültigkeit des Gesetzes liegen; die mit * bezeichneten wurden benutzt. Setzt man nun in der Gleich. 51 $q_1 = 4,00$ und $y = 4$, so findet man wie oben mittels der drei Gruppen von zusammengehörenden Werten für $A$ und $R$ die Konstanten $q = 2946$, $c_1 = — 591$ und $q_2 = — 4871$. Man hat folglich die Gleichung:

$$A = 2946 — 591 \log. (R + 4) — 4871 \log. [4,00 — \log. (R + 4)],$$

woraus sich $A$ durch successives Einsetzen der Werte von $R$ berechnen läſst. Die auf diese Weise bestimmten Gröſsen sind unter ›A ber.‹ angeführt; die Berechnung ist auch bis über die Grenzen der Gültigkeit des Gesetzes hinaus durchgeführt. Aus der Kolonne $f$ sind die Abweichungen der Berechnung von der Messung zu ersehen. Hieraus geht hervor, daſs die Gleichung sehr gut paſst, solange $R r$ abnimmt: die Fehler sind hier sehr klein. Daſs dieselben sich nicht gleichmäſsig nach positiver und negativer Richtung verteilen, hat hier

nichts zu bedeuten; dies findet seinen Grund ausschliefslich darin, dafs bei der Bestimmung der Konstanten der
Gleichung keine Dezimalstellen mitgenommen wurden,
weshalb alle Werte unter »ber. A‹ nur mit ganzen
Zahlen angeführt sind. Diese sind sämtlich um ungefähr 0,4 zu klein; wird diese Dezimale zu den berechneten Werten von A hinzugefügt, so werden mehrere
Fehler, die mit kleinen positiven Gröfsen angeführt sind,
negativ werden. Dasselbe gilt übrigens auch von den
früher berechneten Ergogrammen (Tab. 27 und 28), wo
der Fehler indes weniger auffällt. Es findet hier also
fast verblüffende Übereinstimmung zwischen Messung
und Berechnung statt und zwar gerade so weit, wie
diese Übereinstimmung sich erwarten liefs; darauf gehen
die Zahlen aber völlig voneinander ab, indem die berechneten Werte gar zu grofs sind, und ferner sieht
man, dafs die Abweichungen immer mehr zunehmen.
Die Divergenz beginnt ungefähr bei $R = 78$, und die
Fehler sind den Zuwächsen des $R$ annähernd proportional. Man hat mit anderen Worten: $f = q_3 \cdot (R - q_4)$,
wo $q_3$ und $q_4$ zwei Konstanten sind. Bestimmt man die
wahrscheinlichen Werte dieser Konstanten, so erhält
man $q_3 = 0,6$ und $q_4 = 73$. Aus der Formel $f = 0,6 \cdot (R - 73)$
lassen sich also die wahrscheinlichen Fehler berechnen,
und zieht man diese Gröfsen von den »ber. A‹ ab, so
bekommt man die in der Kolonne $A_1$ angeführten Zahlen.
Man sieht, dafs diese mit den gemessenen Werten von
$A$ sehr wohl übereinstimmen; die Abweichungen $f_1$ sind
durchweg nicht gröfser als $f$ für den ersten Teil der
Kurve. Es geht also hieraus hervor, dafs wir für denjenigen Teil des Ergogramms, wo $R r$ mit wachsenden
Werten von $R$ zunimmt, die Arbeit aus folgender Formel
berechnen können:

$$A_1 = 2946 - 591 \log \cdot (R + 4) - 4871 \log \cdot [4,00 - \log \cdot (R + 4)] - 0,6 (R - 73).$$

Dafs wir hier mit keinem Zufalle zu thun haben, ist
leicht nachzuweisen; für jedes andere begrenzte Ergogramm gilt dasselbe. In der Tab. 30 sind die gemessenen
Werte rücksichtlich eines anderen Ergogramms angegeben, bei dessen Ausführung sowohl die V-P als der
Takt anders war als in Tab. 29. Das Ergogramm der
Tab. 30 wurde bereits früher benutzt (siehe Tab. 21):

ich führe hier deshalb nur die Werte von $A$ und $R$ an. $R_U$ nimmt mit wachsendem $R$ ab bis $R=54$; für diesen Teil der Kurve muss folglich Gleich. 51 gültig sein, während für den übrigen Teil der Kurve folgender Ausdruck zu finden ist:

$$A_1 = q + c_1 \log.(R + y) + q_1 \log.[q_1 - \log.(R + y)] - q_2 (R - q_4)\,..(\text{Gleich. } 32).$$

Die Berechnungen wurden nun ganz ebenso wie früher durchgeführt; um Wiederholungen zu vermeiden, teile ich deshalb nur die Ergebnisse mit. Für den ersteren Teil des Ergogrammes erhält man folgende Formel:

$$A = 1483 - 372 \log.(R + 4) - 2713 \log.[3,50 - \log.(R + 4)].$$

Für den letzteren Teil dagegen:

$$A_1 = 1483 - 372 \log.(R + 4) - 2713 \log.[3,50 - \log.(R + 4)] - 0,8(R - 60).$$

Die aus diesen Ausdrücken berechneten Werte sind nebst den Abweichungen $f$ und $f_1$ der Berechnung von der Messung in der Tabelle angeführt. Wie man sieht, findet auch hier völlig befriedigende Übereinstimmung statt.

Um besseren Überblick zu gewinnen, als die Betrachtung der Zahlen allein über die Verhältnisse der begrenzten Ergogramme zu geben vermag, habe ich die Resultate der Tab. 29 im Pl. VII graphisch dargestellt. Als Abscisse wurde $R$, als Ordinate $A$ abgesetzt. Die gemessenen Werte von $A$ sind durch einen kleinen Kreis markiert. Bis $R=73$, welcher Punkt durch einen kleinen Strich, senkrecht zur Abcissenachse, angegeben ist, gilt Gleich. 51; die daraus berechnete Kurve ist eingezeichnet, fällt aber in der gröfsten Strecke so nahe an die Kurve, die sich durch die gemessenen Werte legen läfst, dafs es nur möglich war, eine einzige Linie zu zeichnen. Von $R=73$ an gilt Gleich. 52; die daraus berechnete und eingezeichnete Kurve fällt ebenfalls aufserordentlich nahe an die experimentell gefundene. Die punktierte, bei $R=73$ beginnende Kurve zeigt den Verlauf, den die Kurve haben würde, wenn Gleich. 51 für das ganze Ergogramm gültig wäre. Es erweist sich, dafs dieser Ast der Kurve von den gemessenen Werten so sehr abweicht, dafs keine Möglichkeit vorliegt, die Gleich. 51 als für das ganze Ergogramm gültig zu betrachten.

Aus diesen Resultaten geht also zweifellos hervor,
daß die Sonderung zwischen begrenzten und unbegrenzten Ergogrammen keine willkürliche ist, die sich
nur auf eine unwesentliche Verschiedenheit des Aus-
sehens der Ergogramme stützte, und daß im Gegenteil
die begrenzten Ergogramme ihre eigentümliche Form
dadurch erhalten, daß in einem gewissen Stadium ein
neues Moment hinzutritt, weshalb die Arbeit von diesem
Augenblick an einem anderen Gesetze gemäß anwächst
als vorher. Was die Ursache dieser Veränderung ist,
das wissen wir nicht. Es läßt sich einzig und allein
nachweisen, daß der Punkt, an welchem die Veränderung
eintritt, fast ganz mit dem Momente zusammentrifft, da
die Selbstbeobachtung konstatiert, daß die Ermüdung
schmerzhaft wird. Ein genaues Zusammentreffen der
beiden Erscheinungen, der subjektiven Wahrnehmung
und des objektiven Punktes, wo $Rr$ zu wachsen beginnt,
darf man natürlich nicht zu finden erwarten. Denn da
die Ermüdung des arbeitenden Armes fortwährend zunimmt, fällt es der V-P sehr schwer, den Zeitpunkt
anzugeben, da die Empfindung schmerzhaft wird. Bei
einer größeren Anzahl von Versuchen, die ich hierüber
anstellte, erwies es sich aber stets, daß die Anzeige der
schmerzhaften Müdigkeitsempfindung sehr nahe — bald
ein wenig früher, bald ein wenig später — an den Punkt
in der Reihe der Partialarbeiten fällt, wo $Rr$ wieder zu
wachsen anfängt. Welche Verbindung nun zwischen
dieser Schmerzempfindung und der veränderten Zunahme der Arbeit stattfindet, vermögen wir hier nicht
zu entscheiden; erst wenn wir im Folgenden dahin gelangen, den Einfluß der Bewußtseinszustände auf die
Muskeltätigkeit zu untersuchen, werden wir die zur
Beantwortung dieser Frage erforderlichen Daten erhalten. Hier interessiert uns die Sache nur, insofern
sie die früher aufgestellte Betrachtung völlig bestätigt.
Es wurde oben (S. 153) erwähnt, daß die mittels des
Bruches $Rr$ gemessene Unterschiedsempfindlichkeit für
Lichtempfindungen ganz ähnliche Schwankungen zeigt
wie bei den begrenzten Ergogrammen die Größe $Rr$.
Anfangs nimmt $Rr$ mit wachsenden Werten von $R$ ab,
darauf beginnt es wieder zuzunehmen. Und der Punkt,
wo $Rr$ zu wachsen beginnt, liegt der Erfahrung zufolge

da, wo das Auge durch die starken Lichtreize geblendet zu werden anfängt. Die Verhältnisse der Lichtempfindungen scheinen denen der Muskelthätigkeit also ganz analog zu sein. Der veränderte Verlauf der Unterschiedsempfindlichkeit trifft mit dem Eintreten eines neuen Moments, der schmerzhaften Blendung zusammen. Von der Muskelarbeit, von der man sich ohne Schwierigkeit ein größeres Material verschaffen kann, sahen wir nun, daß der an einem bestimmten Punkte hinzutretende Schmerz ein gesetzmäßiges Abweichen von dem vorher gültigen Gesetze für die Zunahme der Arbeit herbeiführt. Es läßt sich daher vermuten, daß dasselbe auch mit der Unterschiedsempfindlichkeit der Fall ist. Gerade deshalb sah ich es, wie S. 71—72 erwähnt, für berechtigt an, das Gesetz für die eine Phase der Variationen der Unterschiedsempfindlichkeit zu suchen, ohne Rücksicht darauf, daß dieses Gesetz nicht für die andere Phase paßt. Denn der Umstand, daß *Kr* zu wachsen anfängt, ist zweifellos dadurch bedingt, daß neue Kräfte hinzutreten, und folglich weder kann noch soll dasselbe Gesetz für den ganzen Verlauf gültig sein. Dies hat sich als für die Muskelarbeit stichhaltig erwiesen, und alles deutet darauf hin, daß es auch für die analogen Verhältnisse der Unterschiedsempfindlichkeit gilt.

Noch einen Punkt müssen wir untersuchen. Gleich. 51 gilt für alle Ergogramme; aus dieser allein oder in Verbindung mit Gleich. 52 läßt sich die Größe der Arbeit berechnen, sobald die Konstanten der Gleichung bekannt sind. Hierbei ist aber der Takt, in welchem die Ergogramme ausgeführt werden, durchaus nicht berücksichtigt. Und doch wissen wir, daß der Takt einen wesentlichen Einfluß auf die gelieferte Arbeitsmenge hat; je langsamer der Takt ist, um so mehr wird in einer gegebenen Anzahl Partialarbeiten geleistet. Hieraus folgt also, daß man für die Konstanten der beiden Gleichungen verschiedene, von dem Takte, in welchem die Ergogramme ausgeführt wurden, abhängige Werte finden muß, oder mit anderen Worten: die Konstanten der Gleichungen müssen Funktionen des Zeitraumes zwischen den successiven Partialarbeiten sein. Es kann nicht schwer fallen, dies nachzuweisen. Man braucht nur unter sonst gleichen Verhältnissen eine Reihe Ergo-

gramme in verschiedenem Takte auszuführen; berechnet
man aus diesen die Konstanten der Gleich. 51, so müssen
dieselben notwendigerweise verschiedene Werte erhalten,
da in jedem einzelnen Ergogramme einer gegebenen
Größe von $H$ verschiedene Werte des $A$ entsprechen
sollen. Das leuchtet so unmittelbar ein, daß es keines
experimentellen Beweises bedarf. Dagegen könnte es
natürlich von Interesse sein, zu untersuchen, wie die
Konstanten mit dem Takte, mit dem Zwischenraume
zwischen den Partialarbeiten variieren. Dies wird indes
größere Schwierigkeiten bereiten, denn um die Gesetzmäßigkeit zu finden, wird es offenbar eine notwendige
Bedingung sein, daß bei der Ausführung der Ergogramme alle Umstände, mit Ausnahme eben des Taktes,
die gleichen sind. Sich dessen zu sichern, ist aber kaum
möglich, oder besser, wir wissen mit Sicherheit, daß es
nicht thunlich ist. Denn da die verschiedenen Ergogramme nacheinander ausgeführt werden müssen, wird
es nicht zu vermeiden sein, daß die Übung, wenn auch
nur ganz wenig, zunimmt, so daß die Bedingungen also
nicht mehr genau dieselben sind. Man könnte sich den
Einfluß der Übung allerdings auf die Weise eliminiert
denken, daß man nach der Ausführung einer Reihe
von Ergogrammen dieselben Arbeiten in umgekehrter
Reihenfolge wiederholte und darauf das Mittel der
beiden in demselben Takte ausgeführten Ergogramme
nähme. Hierdurch würde dann aber die Schwierigkeit
entstehen, daß es keineswegs gegeben ist, wie man
diese »Mittel« eigentlich berechnen sollte. Zur Ver-
meidung dieser Schwierigkeit bediente ich mich des
Umstands, daß jede nicht erhaltene Übung sich allmählich verliert. Führt man die zu vergleichenden
Ergogramme mit einem Zwischenraume von mehreren
Tagen aus, während dessen natürlich keine anderen
Ergogramme genommen werden dürfen, so kann man
einigermaßen darauf rechnen, daß das am einen Tage
Gewonnene in der dazwischenliegenden Zeit beinahe
verloren geht. Nach diesem Schema wurden die folgenden vier Ergogramme ausgeführt:

*Pl. XIX, A.* d. ". 40 pr. Min.   *Pl. XIX, B.* d.' ". 10 pr. Min.
*Pl. XX, A.* d. ". 80 pr. Min.   *Pl. XX, B.* d. ". 20 pr. Min.

Die Ausmessung dieser vier Ergogramme ist in der Tab. 31 gegeben, wo aufser $A$ und den entsprechenden $R$ zugleich $R:r$ für die beiden begrenzten Ergogramme mitgeteilt ist, damit man sehen kann, bis wieweit Gleich. 51 gilt. Mit Bezug auf die beiden letzten Ergogramme ist nur zu bemerken, dafs ich, um gar zu lange Zahlenreihen zu vermeiden, die Differenz zwischen den successiven Werten von $A$ doppelt so grofs wie gewöhnlich, nämlich 40 cm-K. nahm.

Tab. 31.

| 80 pr. Min. | | | 40 pr. Min. | | | 20 pr. Min. | | 10 pr. Min. | |
|---|---|---|---|---|---|---|---|---|---|
| $A$ | $R$ | $\frac{R}{r}$ | $A$ | $R$ | $\frac{R}{r}$ | $A$ | $R$ | $A$ | $R$ |
| 22,7 * | 4 | | 18,4 | 3 | | 38,3 * | 6 | 38,4 * | 6 |
| 42,2 | 8 | 2,000 | 35,9 * | 6 | 2,000 | 78,0 | 13 | 79,1 | 13 |
| 63,5 | 13 | 1,625 | 57,6 | 10 | 1,667 | 117,1 | 21 | 117,0 | 20 |
| 81,6 * | 18 | 1,385 | 79,3 | 14 | 1,400 | 157,2 | 30 | 155,5 | 28 |
| 102,1 | 23 | 1,280 | 99,6 | 18 | 1,285 | 196,4 | 40 | 196,6 | 37 |
| 122,2 | 29 | 1,261 | 119,4 | 22 | 1,222 | 237,2 | 51 | 237,7 | 47 |
| 140,8 * | 35 | 1,207 | 142,2 * | 27 | 1,228 | 276,8 * | 63 | 278,3 | 57 |
| 160,6 | 47 | 1,343 | 161,9 | 32 | 1,185 | 316,1 | 76 | 318,1 * | 67 |
| 181,1 | 58 | 1,234 | 180,2 | 37 | 1,137 | 356,7 | 91 | 359,7 | 78 |
| 200,7 | 73 | 1,260 | 199,9 | 43 | 1,162 | 395,1 | 108 | 399,7 | 89 |
| | | | 220,5 | 50 | 1,163 | 434,6 | 128 | 441,1 | 101 |
| | | | 240,3 * | 58 | 1,160 | 474,0 * | 149 | 481,7 | 114 |
| | | | 260,3 | 69 | 1,190 | 512,5 | 175 | 521,2 | 127 |
| | | | 280,2 | 84 | 1,217 | | | 560,0 * | 140 |
| | | | 300,2 | 105 | 1,250 | | | 601,5 | 154 |
| | | | 320,1 | 153 | 1,457 | | | | |

Für jedes dieser Ergogramme wurden ferner die Konstanten der Gleich. 51 berechnet, indem in allen vier Gleichungen $q_1 = 4,00$ und $y = 4$ gesetzt wurden, welche Werte sich bei den oben ausgeführten Berechnungen als die geeignetsten erwiesen hatten. Wir gelangen hierdurch zu folgenden vier Gleichungen:

80 pr. Min.: $A = 2410 - 463 \log. (R + 4) - 4010 \log. [4,00 - \log. (R + 4)]$

40 pr. Min.: $A = 2749 - 516 \log. (R + 4) - 4607 \log. [4,00 - \log. (R + 4)]$

20 pr. Min.: $A = 3269 - 634 \log. (R + 4) - 5444 \log. [4,00 - \log. (R + 4)]$

10 pr. Min.: $A = 3924 - 1397 \log. (R + 4) - 9599 \log. [4,00 - \log. (R + 4)]$

Die Berechnung der Konstanten wurde auf Grundlage der in der Tab. 31 mit * bezeichneten Werte unternommen. Aus den Gleichungen geht hervor, dafs die Konstanten, wie zu erwarten stand, mit dem Zeitraume

zwischen den Partialarbeiten zunehmen; je langsamer
der Takt ist, um so gröfser werden alle drei Konstanten.
Um nun über das Gesetz, nach welchem die drei Konstanten $c_i$, $q$ und $q_1$ zunehmen, einen Überblick erhalten
zu können, sind sie in der Tab. 32 zusammengestellt.
Zuerst ist der Takt angegeben, darauf. unter $F$, das
Verhältnis zwischen den zeitlichen Zwischenräumen
der successiven Partialarbeiten. Diese Zahlen haben
indes eine etwas gröfsere Bedeutung, als wenn sie nur
Verhältniszahlen wären. Der Takt 80 pr. Min. ist nämlich der schnellste, dessen Anwendung die Erfahrung
als möglich erweist, wenn jede einzelne Partialarbeit
ihre völlige Gröfse erlangen soll. Arbeitet man noch
schneller, so wird es geradezu unmöglich, mit voller
Kraft zu arbeiten, man mufs sich überhasten. Dies
gilt natürlich nur von der Bewegung, die am hier angewandten Ergographen ausgeführt wird; wäre es z. B.
nur ein einzelner Finger, der gebeugt werden sollte, so
liefse die Arbeit sich möglicherweise schneller ausführen,
und sollte der ganze Arm maximale Kontraktionen
unternehmen, so würde dies ganz gewifs längere Zeit
beanspruchen. Wie die Verhältnisse aber bei den hier
betrachteten Ergogrammen vorlagen, erhält die Gröfse
$F$ eine gewisse absolute Bedeutung, nämlich als die
Länge des Zeitraumes zwischen den Partialarbeiten,
mit dem möglichst kurzen Zeitraum als Einheit gemessen. Offenbar ist es diese Gröfse, als deren Funktion sich unsere Konstanten erweisen müssen.

Tab. 32.

| pr. Min. | $F$ | $D$ | $q$ | $\dfrac{q}{c_t}$ | $c_t$ | $q_1$ | $\dfrac{q_1}{c_t}$ | $c_t$ ber. | $f$ |
|---|---|---|---|---|---|---|---|---|---|
| 80 | 1 | 25/9 | 2410 | 5,205 | 463 | 4010 | 8,661 | 459 | + 4 |
| 40 | 2 | 19/9 | 2749 | 5,327 | 516 | 4607 | 8,928 | 500 | + 16 |
| 20 | 4 | 27/9 | 3269 | 5,156 | 634 | 5444 | 8,587 | 600 | — 26 |
| 10 | 8 | 1/10 | 5924 | 4,532 | 1307 | 9599 | 7,620 | 1302 | + 5 |

Nach $F$ ist das Datum der Ausführung der einzelnen
Ergogramme angegeben, was sich sogleich als nicht
ohne Bedeutung zeigen wird. Darauf folgen die Kon-
stanten $q$, $c_t$ und $q_1$, ferner die Brüche $q c_t$ und $q_1 c_t$, die
sich als annähernd konstant erweisen. Dafs sie nicht

völlig konstant sind, ist zweifelsohne eine Folge der zu- oder abnehmenden Übung, denn die Tabelle zeigt, dafs die beiden Brüche für das zuerst (d. 19 9) ausgeführte Ergogramm am gröfsten sind, und dafs sie darauf gerade in der Ordnung, in welcher die Ergogramme entstanden, abnehmen. Da die Variation keine grofse ist, leidet es wohl keinen Zweifel, dafs wir diese Brüche konstant finden würden, wenn es möglich wäre, den Einflufs der Übung gänzlich zu eliminieren. Setzt man daher $q\,r_9 = q_5$ und $q_6\,c_9 = q_4$, und werden die faktisch vorkommenden Vorzeichen eingeführt, damit man mit positiven Konstanten rechnen kann, so kann man Gleich. 51 in die Form:

$$A = c_9 \left[ q_5 - \log.\,(R+y) - q_6 \log.\,[q_1 - \log.\,(R+y)] \right] \quad .. \text{(Gl. 53)}$$

bringen, wo $q_5$ und $q_6$ von dem Zeitraume zwischen den Partialarbeiten unabhängig sind. Wir haben folglich nur zu untersuchen, wie $c_9$ mit diesem Zeitraum variiert. Die Werte von $c_9$ in der Tab. 32 zeigen nun keine augenfällige Gesetzmäfsigkeit, wir können aber sehr leicht folgern, wie $c_9$ mit $F$ variieren mufs. Denn die Zeit zwischen den Partialarbeiten kann, wie S. 141—42 erwähnt, nur auf die Weise Einflufs auf die Gröfse der Arbeit erhalten, dafs der Stoffwechsel den Verbrauch mehr oder weniger vollständig ersetzt. Werden nun in einem Falle pr. Min. a, in einem anderen Falle 2a Partialarbeiten ausgeführt, so wird im letzteren Falle der Verbrauch doppelt so grofs als im ersteren, und überdies wird der Stoffwechsel nach jeder Partialarbeit nur halb so lange wirken können. Wird die Anzahl der Partialarbeiten pr. Min. also doppelt so grofs, so kann die durch den Stoffwechsel bewirkte Restitution nur 1 4 werden u. s. w. Mit anderen Worten: die Arbeit mufs mit dem Quadrate des $F$, des Zeitraumes zwischen den Partialarbeiten, zunehmen. Man mufs daher finden:

$$c_9 = q_7 + q_8 \cdot F^2 \quad .... \text{(Gleich. 54)}.$$

Werden die wahrscheinlichen Werte von $q_7$ und $q_8$ bestimmt, so erhält man:

$$c_9 = 446 + 13{,}37\,F^2.$$

Setzt man hier successiv die Werte von $F$ ein und berechnet man die entsprechenden Gröfsen für $c_9$, so bekommt man die unter »ber. $c_9$« angegebenen Gröfsen.

Da die Abweichungen $f$ der letzteren von den gefundenen $c_s$ nicht größer sind, als sich unter Berücksichtigung der weniger genauen Weise, wie $c_7$ bestimmt wurde, erwarten ließ, so muß Gleich. 54 als richtig betrachtet werden. Setzt man diesen Ausdruck in Gleich. 53 ein, so erhält man für das Arbeitsgesetz die vollständige Form:

$$A = (q_1 + q_8 \cdot F^2) \left[ q_6 - \log. (R + y) - q_6 \log. (q_1 - \log.(R + y)) \right]$$
$$\dots \text{(Gleich. 55)}.$$

Es wird sich im Folgenden erweisen, daß diese Formel nicht so gänzlich alles psychologischen Interesses entbehrt, wie es vorläufig scheinen könnte. Bevor wir zur näheren Erwägung dieser mehr theoretischen Frage schreiten, erübrigt es noch, die Bedeutung der Übung für die Muskelthätigkeit in Kürze zu erörtern.

*Der Einfluß der Übung.* Im Vorhergehenden konnten wir nicht umhin, an verschiedenen Punkten die Übung zu berücksichtigen, weil diese bei der Untersuchung der Wirkung anderer Faktoren leicht störend hinzutritt. Es könnte deshalb auch als recht natürlich erscheinen, wenn wir damit angefangen hätten, den Einfluß der Übung zu bestimmen, um denselben, wo er störend eingreift, um so leichter eliminieren zu können. Dies betrachtete ich indes als überflüssig, weil die Bedeutung der Übung für die Muskelthätigkeit aus dem täglichen Leben so wohlbekannt ist, daß spezielle Untersuchungen hierüber nicht nötig sind. Wir wissen, daß die Muskeln durch Übung in einer bestimmten Arbeit nicht nur kräftiger werden, so daß durch eine einzelne maximale Anstrengung eine größere Arbeitsmenge geliefert werden kann, sondern auch, daß sie zugleich schwieriger ermüden, so daß die Arbeit längere Zeit hindurch fortgesetzt werden kann. Dies wird durch die zahlreichen, bereits vorliegenden ergographischen Untersuchungen denn auch völlig bestätigt, und bedeutende neue Resultate werden auf diesem Gebiete wohl kaum zu erzielen sein. Die hier vorliegenden Untersuchungen zeigen nun auch, wie zu erwarten stand, weder mehr noch weniger. Nehmen wir, für eine bestimmte V-P, Ergogramme, die zu verschiedenen Zeiten in demselben Takte ausgeführt wurden, so erweist es sich, dafs diese bei wachsender Übung sowohl höher als länger werden. Beispielsweise wählen wir drei von A. L. beim Takte 40 pr. Min. ausgeführte Ergogramme, Pl. XVI, B, d. $^{9}/_{9}$, Pl. XI, B, d. $^{15}/_{9}$, Pl. XIII, C, d. $^{4}/_{9}$. Diese sind im Pl. VIII, B wiedergegeben, und die Figur zeigt deutlich, wie die Ergogramme im Laufe der Zeit sowohl an Höhe als Länge bedeutend zunehmen. Z. B. bietet das erste Ergogramm ($^{9}/_{9}$), wo die Partialarbeiten nicht höher als 4,3 cm-K. reichen und deren ganze Anzahl 70 beträgt, eine nicht unbedeutende Verschiedenheit vom letzten Ergogramme ($^{4}/_{9}$) dar, das mit einer Arbeit von 6,2 cm-K. anfängt und mehr als 180 Partialarbeiten umfafst.

Bekanntlich genügt es nicht, sich geübt zu haben, man mufs mit dem Üben fortfahren, sonst verliert man die gewonnene Geschicklichkeit wieder. Auch dies geht aus Pl. VIII hervor, wo noch ein viertes, durch die punktierte Linie angegebenes Ergogramm eingezeichnet ist. Letzteres wurde d. $^{15}/_{9}$ ausgeführt und ist das erste, das von der genannten V-P geliefert wurde, nachdem die Versuche mehr als 4 Monate hindurch eingestellt gewesen waren. Im Vergleich mit dem Ergogramm vom $^{4}/_{9}$ erweist dasselbe sich sowohl weniger hoch als lang; in beiden Richtungen hat also ein Verlust stattgefunden. Man mufs sich ›trainiert‹ haben, um das möglichste leisten zu können.

Neue Erfahrungen hinsichtlich des Einflusses der Übung vermögen unsere Versuche also nicht zu bringen. Dagegen scheinen sie einen nicht unwesentlichen Beitrag zu geben, um verstehen zu können, worauf dieser Einflufs beruht. Bisher war man zu der Ansicht geneigt, die Höhe der Partialarbeiten werde vorzüglich durch den Zustand des Muskels bestimmt, während deren Anzahl wesentlich durch den Zustand des Zentralorganes bedingt sei[1]. Mit Bezug auf ersteren Punkt habe ich nichts zu bemerken. Alle Erfahrungen deuten darauf hin, dafs die Verringerung der Partialarbeiten während der Ermüdung eine periphere Erscheinung ist,

---

[1] Vgl. die gute Übersicht über die hierhergehörenden Thatsachen in Hoch und Kraepelin: Über die Wirkung der Theebestandteile u. s. w. Kraepelin: Psychologische Arbeiten. I. S. 467 u. f.

die der Anhäufung von ›Ermüdungsstoffen‹ im Muskel
ihr Entstehen verdankt. Die durch Übung bewirkte
Zunahme der Größe der Partialarbeiten läßt sich ebenfalls als eine natürliche Folge davon verstehen, daß
der Muskel bei fortwährendem, nicht überanstrengendem
Gebrauche wächst. Was dagegen die Bedeutung des
Zentralorgans für die Anzahl der Partialarbeiten betrifft, bin ich weniger geneigt, dieselbe als entschieden
zu betrachten. Daß zentrale Erscheinungen hier eine
Rolle spielen können, steht außer Zweifel; die schmerzhafte Ermüdung, die mit dem jähen Abschluß der begrenzten Ergogramme in Verbindung steht, ist ja jedenfalls eine psychische Erscheinung, die als solche zentrale Vorgänge erfordert. Wir sahen aber im Vorhergehenden, daß der Stoffwechsel sehr wesentlichen
Einfluß auf die Anzahl der Partialarbeiten übt. Je
langsamer der Takt ist, in welchem gearbeitet wird,
um so weniger sinken die Partialarbeiten, und um so
länger wird die Thätigkeit fortgesetzt werden können,
bis die Partialarbeiten, praktisch genommen, den Wert
Null erhalten. Also je länger der Stoffwechsel wirken
kann, um so mehr nimmt die Anzahl der Partialarbeiten
zu, und bei künstlicher Hemmung des Stoffwechsels
nimmt deren Anzahl stark ab. Es leuchtet daher ein,
daß eine Zunahme sich ebenfalls erreichen ließe, wenn
der Stoffwechsel auf irgend eine Art lebhafter würde,
so daß sich während einer gegebenen Zeit eine völlige
Wiederherstellung erzeugen ließe. Gerade dies wird
aber zweifelsohne durch fortwährende Übung erzielt.
Ein arbeitender Muskel wird, wie wir wissen, besser
ernährt als ein ruhender; der Blutzufluß ist stärker,
die Gefäße sind beträchtlich erweitert. Wird nun dieselbe Arbeit unablässig geübt, so scheint die Erweiterung der Gefäße zum Teil andauernd zu werden; hierauf deutet wenigstens die Geschwindigkeit hin, mit
welcher eine bisher nicht viel benutzte Muskelgruppe
anschwellen kann, wenn sie in stetige Thätigkeit kommt.
Die größere Weite der Gefäße bewirkt die Möglichkeit
besserer Ernährung, die dann wieder zur Folge hat,
daß der Muskel weniger schnell ermüdet, d. h., daß
die Anzahl der Partialarbeiten zunimmt. Diese rein
peripherische Ursache, weshalb die Länge der Ergo-

gramme mit der Übung wächst, scheint mir jedenfalls
ebenso wohlbegründet als die gewöhnlich angenommene
zentrale, selbst wenn man natürlich nicht geradezu bestreiten kann, dafs auch die Arbeitsfähigkeit der motorischen Zentren durch Übung entwickelt wird.

## DIE PHYSIOLOGISCHE BEDEUTUNG DER MASSFORMEL.

Unsere Untersuchungen haben jetzt einen Punkt
erreicht, an welchem die Frage sich von selbst einstellt: was bedeuten alle diese Formeln? Empirisch
festgestellte Formeln können allerdings an und für sich
Wert besitzen, insofern nämlich jemand Interesse daran
haben möchte, die Erscheinungen oder Verhältnisse,
für die sie gültig sind, zu berechnen. Derartiges praktisches Interesse werden unsere Formeln aber wohl
schwerlich jemals erregen; ihre Bedeutung ist ausschliefslich theoretischer Natur. Wert besitzen sie nur,
insofern wir aus ihnen zu folgern vermögen, was das
für Kräfte sind, die thätig waren. Deshalb erhebt sich
die unabweisbare Frage: was bedeuten diese Formeln,
für welche physischen, physiologischen oder psychischen
Prozesse sind die gefundenen Quantitätsrelationen
gültig?

Alle unsere Formeln sind, wie wir sahen, einer
gemeinschaftlichen Wurzel entsprossen, lassen sich auf
eine und dieselbe Grundform zurückführen, auf die
»korrigierte Mafsformel«:

$$E = c_1 \cdot D_m = c_2 \log \left[ \frac{It}{It_0} (a - a_1 \log. It) \right] \ldots \text{(Gleich. 40)}.$$

Zu dieser Gleichung gelangten wir, indem wir auf
theoretischem Wege einen Ausdruck für die Gröfse
der photochemischen Wirkung suchten, welche Licht
von gegebener Intensität $It$ in der Netzhaut hervorzubringen vermag; $D_m$ in Gleich. 40 bezeichnet gerade die
maximale Tiefe, bis zu der diese Wirkung eindringen
kann. Hierauf nahmen wir an, dafs die hervorgerufene

Empfindung $E$ der maximalen Tiefe der photochemischen
Wirkung proportional sei. Von dieser Voraussetzung
aus waren wir im stande, einen Ausdruck für das Verhältnis zwischen zwei Reizen zu berechnen, die einen
ebenmerklichen Empfindungsunterschied hervorrufen.
Bei dieser Berechnung war natürlich der Kontrast und
der wahrscheinliche Einfluß gleichzeitiger Reize auf
den Stoffwechsel zu berücksichtigen; indem wir aber
diese Rücksichten nahmen, gelangten wir gerade zu
dem auf einem ganz anderen Wege empirisch gefundenen
›Unterscheidungsgesetze‹. Mithin schien also die Voraussetzung: die Empfindung ist der Tiefe der photochemischen Wirkung proportional, berechtigt zu sein.
Die Möglichkeit läßt sich aber offenbar nicht aus-
schließen, daß das richtige Ergebnis auf einem Zufall
beruhen könnte; es wäre sehr wohl denkbar, daß es
einen anderen physiologischen Prozeß gäbe, der ebenso
wie die photochemische Wirkung durch log. $R$ bestimmt
wäre, und daß die Empfindung eben diesem anderen,
unbekannten Prozesse proportional anwüchse. In einem
solchen Falle muß man ganz gewiß zu dem richtigen
quantitativen Ausdruck gelangen, selbst wenn man von
der falschen Annahme ausgeht.

Ganz unwahrscheinlich ist es jedoch nicht, daß der
Nervenprozeß von der Tiefe der photochemischen Wir-
kung abhängig wäre. Jedenfalls ist es eine bekannte
Sache, daß in dem durch einen konstanten elektrischen
Strom gereizten Nerv die Wirkung innerhalb gewisser
Grenzen mit der Länge der zwischen den Elektroden
liegenden Strecke des Nervs zunimmt. Dieser Thatsache scheint unsere Annahme ganz analog zu sein.
Je tiefer die durch das Licht verursachte chemische
Umbildung in die empfindlichen Elemente der Netzhaut
eindringt, um so größer muß, wie anzunehmen, die
ausgelöste Nerventhätigkeit werden, und mit dieser ist
wieder der Energieumsatz im Zentralorgan und somit
die Empfindung proportional. Die Annahme einer Proportionalität zwischen der Empfindung und der Tiefe
der photochemischen Wirkung ist also keineswegs ganz
unbegründet; wie wir sehen, kann sie sich auf eine
analoge, experimentell festgestellte Thatsache stützen.

Hieraus folgt indes noch nicht, daß die Annahme

richtig ist. Aus der ›Maßformel‹ leiteten wir nicht nur das Unterscheidungsgesetz für Lichtempfindungen ab, sondern auch das entsprechende Gesetz für Schallempfindungen. Letzteres wird etwas weniger kompliziert als ersteres, teils weil successive Schallreize keine Kontrastwirkung hervorrufen, und teils weil der Stoffverbrauch bei adäquater Reizung des Nervus acusticus der Erfahrung nach ein so geringer ist, daß man den Einfluß des Stoffwechsels auf den Nervenprozeß nicht mit in Anschlag zu bringen braucht. Das Grundverhältnis zwischen dem Reize und dem hervorgerufenen psychophysiologischen Prozesse ist aber für beide Sinnesgebiete dasselbe. Da nun die Reizung des Hörnervs durch keine photochemischen Wirkungen bedingt ist, muß es offenbar einen anderen physiologischen Prozeß geben, der ebenfalls in logarithmischem Abhängigkeitsverhältnisse zum Reize steht. Auf Grundlage unserer gegenwärtigen Kenntnis von dem Bau der Nerven und der Natur der nervösen Prozesse scheint die Erklärung dessen, was hier vorgeht, denn auch nicht schwer zu sein.

Alles deutet darauf hin, daß die durch Reizung eines Nervs hervorgerufene Thätigkeit elektrolytischer Natur ist. Von direkter Leitung eines elektrischen Stromes kann in einer halbflüssigen, nicht isolierten, aus leicht spaltbaren chemischen Stoffen bestehenden Masse wohl kaum die Rede sein. Die geringe Geschwindigkeit des ›Nervenstroms‹ schließt ebenfalls die Möglichkeit einer elektrischen Leitung derselben Art wie die eines metallischen Leiters aus. Die Bewegung im Nerv ist deshalb als eine von Strecke zu Strecke fortschreitende elektrolytische Umlagerung der Ionen aufzufassen. In einem durchaus gleichförmigen Elektrolyt wird eine solche Bewegung nicht zu stande kommen können; zwischen zwei sich berührenden Stellen ist ein Unterschied der Konzentration erforderlich. Wird dieser hergestellt, so entsteht hierdurch ein elektrischer Potentialunterschied, der nach Zustandekommen des Stromes Energie aus der Stelle mit höherer nach der Stelle mit niedrigerer Konzentration führen wird, bis der Unterschied der Konzentration aufgehoben ist. Von der Größe der auf diese Weise entstandenen elektromotorischen

Kraft wissen wir, dafs sie dem log. *(C.c)* proportional
ist, indem *C* und *c* die Konzentration der beiden Stellen
oder die hierdurch bestimmten osmotischen Drucke bezeichnen[1]. Von diesen Thatsachen aus scheint der
Nervenprozefs sich ohne Schwierigkeit erklären zu
lassen. Die Reizung eines peripheren Nervenendes
spaltet die chemischen Verbindungen im Nerv; es entsteht hierdurch ein Konzentrationsunterschied zwischen
der erregten Stelle und der unmittelbar anstofsenden
Strecke, der einen Potentialunterschied herbeiführt. In
einem leitenden Organ wie einem Nerv wird dieser
Unterschied schwerlich ohne Ausladung der Elektrizität
bestehen können, und es entsteht mithin ein elektrolytischer Strom. Die elektrische Ausladung geschieht
wahrscheinlich eben zwischen den beiden Punkten, die
einen Potentialunterschied bekommen haben. Die unter
dem Namen des Elektrotonus bekannte Erscheinung, die
sich an einem unorganischen Elektrolyte mit verschiedener Leitungsfähigkeit des Kerns und der Peripherie
völlig nachahmen läfst[2], zeigt uns nämlich, dafs in einer
Strecke eines Nervs gleichzeitig Ströme in entgegengesetzter Richtung verlaufen können. Folglich verwehrt
uns nichts, in einem Nerv einen geschlossenen Strom-
kreis zwischen zwei aneinandergrenzenden Stellen anzunehmen, die einen Potentialunterschied haben. Wegen
des elektrolytischen Stroms wird aber notwendigerweise
die Konzentration an der zweiten Stelle vermindert,
so dafs nun zwischen dieser und der dritten, näher am
Zentrum gelegenen Stelle ein Potentialunterschied entsteht, u. s. w. Auf diese Weise mufs die Bewegung
sich aus der erregten Stelle durch die ganze Nervenleitung hindurch bis ins Zentralorgan fortpflanzen.
Und die Stärke dieses elektrolytischen Stromes wird
offenbar durch den Potentialunterschied zwischen dem
Zentralorgan und der erregten peripheren Stelle bestimmt werden, also von den Konzentrationen der bei-

[1] Ostwald: Grundrifs der allgemeinen Chemie. 3. Aufl. Leipzig
1899. S. 442 u. f. Nernst: Theoretische Chemie. 2. Aufl. Stuttgart 1898, S. 659 u. f.
[2] Gruenhagen: Lehrbuch der Physiologie. 7. Aufl. Hamburg
1885. Bd. I. S. 557 u. f.

den Punkte abhängig sein. Die Konzentration $C$ im Zentralorgane kann als Konstante betrachtet werden, wegen der dort angehäuften Massen chemischer Energie. Die Konzentration $c$ der erregten Nervenfaser wird selbstverständlich von dem Reize $R$ abhängig, denn je stärker dieser ist, um so mehr Stoff wird in der Nervenfaser gespalten, und somit sinkt $c$. Ist $c$ aber dem $R$ umgekehrt proportional, so folgt hieraus also, dafs der Potentialunterschied zwischen dem Zentralorgan und der erregten Nervenfaser dem $\log. C \cdot R$ proportional wird. Die Stromstärke im Nerv und somit die im Zentralorgane hervorgerufene Bewegung werden also von $\log. R$ abhängig. Nimmt man nun an, dafs die Empfindung der im Zentralorgan ausgelösten Bewegung proportional ist, so wird die Empfindung in logarithmischem Abhängigkeitsverhältnisse zum Reize stehen müssen.

Hiermit sind wir indes noch nicht fertig. Wie das Verhältnis hier dargestellt wurde, wird es nur in einer von der Verbindung mit dem Organismus getrennten Nervenfaser stattfinden. Der normal funktionierende Nerv dagegen wird während seiner Thätigkeit genährt[1]. Durch den Stoffwechsel ändert sich offenbar die Konzentration des Stoffes im arbeitenden Nerv, weil die gebildeten Spaltungsprodukte entfernt werden und neuer Stoff sich einlagert. Welchen Einfluss dieser doppelte Prozels auf die Konzentration und somit auf den Potentialunterschied im Nerv hat, läfst sich natürlich nicht ganz im allgemeinen entscheiden; es gibt die Möglichkeit sowohl einer Vergrölserung als einer Verminderung des Potentialunterschieds. Diese durch den Stoffwechsel bewirkte Veränderung des Potentialunterschieds kann aber nicht selbst als eine konstante Gröfse betrachtet werden. Wir wissen nämlich, dafs der Stoffwechsel in einem arbeitenden Organ gewöhnlich um so lebhafter vorgeht, je kräftiger das Organ arbeitet, und es ist wohl keine gar zu gewagte Annahme, dafs dies auch in einem arbeitenden Nerv stattfindet. Welches Gesetz diese Vergrölserung des Stoffwechsels befolgt, das

---

[1] Lenhossek: Der feinere Bau des Nervensystems. Berlin 1895. S. 109 u. f.

wissen wir einstweilen nicht, da die Thätigkeit des
Nervs aber von der Stärke des Reizes abhängig ist, so
muſs auch der mit der Thätigkeit anwachsende Stoffwechsel eine Funktion des Reizes sein. Wegen des
Stoffwechsels wird der Potentialunterschied zwischen
dem Zentralorgan und der erregten Nervenfaser also
gewöhnlich nicht dem log. $R$ proportional sein, sondern
entweder geschwinder oder langsamer zunehmen. Diese
durch den Stoffwechsel bedingte Abweichung ist indes,
wie wir sahen, selbst eine Funktion von $R$: wir
können also den Potentialunterschied proportional dem
log. $[R \cdot \varphi (R)]$ setzen. Hier muſs $\varphi (R)$ so beschaffen sein,
daſs die Gröſse je nach den Umständen mit wachsenden
Werten von $R$ ab- oder zunimmt. Gerade dies wird
aber der Fall sein, sofern $\varphi (R) = a — a_1$ log. $R$, was die
Funktion ist, die wir empirisch als Ausdruck für den
Einfluſs des Stoffwechsels fanden. Ist $a_1$ positiv, so
sieht man, daſs $\varphi (R)$ mit wachsenden Werten von $R$
abnimmt; ist $a_1$ dagegen negativ, so wird $\varphi (R)$ mit $R$
wachsen. Es braucht wohl kaum bemerkt zu werden,
daſs es natürlich viele andere Funktionen von $R$ geben
kann, die je nach den Vorzeichen der vorkommenden
Konstanten mit $R$ zu- oder abnehmen werden; da die
angeführte Funktion aber nicht nur unsere theoretischen Forderungen erfüllt, sondern sich auch zugleich
als mit den Erfahrungen übereinstimmend erweist, liegt
ja aller mögliche Grund vor, mit derselben zu rechnen.
Unter Rücksichtnahme auf den Stoffwechsel erweist es
sich also, daſs der Potentialunterschied zwischen den
beiden Nervenenden dem log. $[R \cdot (a — a_1$ log. $R)]$ proportional ist. Mit anderen Worten: es zeigt sich, daſs die
Maſsformel ein Ausdruck für die elektromotorische
Kraft ist, die die Stärke des Nervenprozesses und somit die im Zentralorgane hervorgerufene Veränderung
bestimmt. Nehmen wir nun an, daſs die Empfindung
derselben proportional ist, so folgen unsere Unterscheidungsgesetze mit logischer Notwendigkeit hieraus,
und wir haben mithin deren rein physiologische Erklärung gewonnen.

Die hier durchgeführte Auslegung der Maſsformel
ist von der Natur des Sinnesorganes unabhängig, indem
sie sich ausschlieſslich auf die allgemeinen physiolo-

gischen Verhältnisse der Nerven stützt und von speziellen Eigentümlichkeiten irgend eines Sinnesorgans keinen Gebrauch macht. Es scheint denn auch kein Grund für die Annahme vorzuliegen, dafs die Sache sich auf verschiedenen Sinnesgebieten verschieden verhalten sollte. Wir können also mit Bezug auf das Auge dieselbe Erklärung festhalten, die sich hinsichtlich aller anderen Sinnesorgane wird durchführen lassen, nämlich dafs es die dem Reize proportionale Menge zerteilter Verbindungen in den peripheren Nervenfasern ist, die für die Stärke des Nervenstroms und somit für den Energieumsatz im Zentralorgane bestimmend wird. Es ist nun auch leicht zu sehen, dafs zwischen dieser Auffassung und der früheren Ansicht, nach welcher die Tiefe der photochemischen Wirkung in der Netzhaut für den ausgelösten Nervenprozefs bestimmend sein sollte, kein Mangel an Übereinstimmung ist. Denn mit der Menge des zersetzten Stoffes nimmt natürlich auch das Eindringen der Wirkung in die Tiefe zu, und da sowohl die Tiefe der Wirkung als die Stärke des ausgelösten Stroms von der Menge des zersetzten Stoffes logarithmisch abhängig ist, wird es ganz gleichgültig, welche dieser Gröfsen man zum Ausgangspunkte wählt. Unsere beiden anscheinend verschiedenen Erklärungen sind in der That also nur verschiedene Ausdrücke für eine und dieselbe Sache. Als Resultat dieser Betrachtungen können wir also feststellen:

Das durch die ›Mafsformel‹ ausgedrückte Abhängigkeitsverhältnis zwischen Empfindung und Reiz hat rein physiologische Bedeutung, indem die Formel unmittelbar nur die Gröfse des Potentialunterschieds angibt, der zwischen dem Zentralorgan und der durch einen gegebenen Reiz erregten peripheren Nervenfaser entsteht. Diesem Potentialunterschiede wird die im Zentralorgan umgesetzte Energiemenge proportional. Die Annahme ist indes berechtigt, dafs die Empfindung dieser umgesetzten Energiemenge proportional ist, denn indem die Mafsformel hierdurch einen Ausdruck für die Abhängigkeit der Empfindung von dem Reize gibt, kann man hieraus die auf verschiedenen Sinnesgebieten empirisch gültigen Unterscheidungsgesetze ableiten.

Wir schreiten nun zur Untersuchung der Bedeutung der Mafsformel für die Muskelarbeit. Im Vorhergehenden sahen wir, dafs wir nur nötig haben, in der Gleich. 40 statt $E$ die Arbeitsmenge $A$ zu setzen; die Formel wird dann der Ausdruck für die Gröfse der verrichteten Arbeit, indem zugleich $R$ die Anzahl der Partialarbeiten bezeichnen wird. Dafs eine solche Übereinstimmung zwischen zwei ganz verschiedenen Gebieten kein Zufall sein kann, ist einleuchtend; sie mufs notwendigerweise auf gewissen gemeinschaftlichen Eigentümlichkeiten der arbeitenden Organe beruhen. Es ist ferner klar, dafs das »Arbeitsgesetz«, d. h. die Mafsformel als Ausdruck für die Gröfse der Arbeit, ein rein physiologisches Gesetz sein mufs, da es ausschliefslich die Abhängigkeit der Arbeit von der Anzahl der Partialarbeiten betrifft. Die psychische Anspannung, die Stärke der Innervation, kommt in der Formel gar nicht vor; diese hat offenbar mit psychischen Erscheinungen gar nichts zu thun. Da dasselbe Gesetz sich nun auch auf dem Gebiete der sinnlichen Wahrnehmung als gültig erweist, kann es wohl kaum bezweifelt werden, dafs es auch hier der Ausdruck für ein physiologisches Verhältnis ist. Die Übereinstimmung zwischen zwei so äufserst verschiedenen Gebieten dient daher als Beweis, dafs wir recht hatten, wenn wir unseren Unterscheidungsgesetzen eine rein physiologische Auslegung gaben.

Suchen wir nun zu einem Verständnisse der Bedeutung des Arbeitsgesetzes zu gelangen, so zeigt es sich sogleich, dafs dieses mehr als eine Deutung zuläfst. Weshalb werden die successiven Partialarbeiten nicht gleichgrofs? Das rührt von der Ermüdung her, diese kann ihren Sitz aber entweder im Zentralorgane haben, so dafs die successiven Muskelinnervationen abnehmen, oder auch im Muskel, so dafs dessen Kontraktionen immer mehr abnehmen, obgleich die Innervationen gleichgrofs sind. Endlich läfst es sich auch denken, dafs sowohl das Zentralorgan als der Muskel ermüdete, so dafs die abnehmende Gröfse der Partialarbeiten eine Wirkung dieser beiden vereinten Ursachen wäre. Eine

wahrscheinliche Erklärung des Arbeitsgesetzes erfordert
vor allen Dingen, dafs wir darüber im reinen sind, wo
wir die Ursache des im Gesetze gegebenen Verhältnisses zwischen der Arbeitsmenge und der Anzahl der
Partialarbeiten zu suchen haben.

Gröfsere Schwierigkeit kann dieses Problem uns
indes nicht bereiten. Alle Erfahrungen deuten darauf
hin, dafs das Zentralorgan nicht ermüden kann, wenigstens nicht bei derartiger Arbeit. Die maximalen motorischen Innervationen werden deshalb gleichgrofs. Dagegen wird der grofse Stoffverbrauch im Muskel, den
der gleichzeitig vorgehende Stoffwechsel nicht zu
kompensieren vermag, zur Folge haben, dafs sich
»Ermüdungsstoffe« anhäufen, welche die Arbeit des
Muskels hemmen. Bei fortgesetzter Thätigkeit nimmt
deshalb die vom Muskel geleistete Arbeit immer mehr
ab, obschon die Innervationen konstante Gröfse haben.
Wir haben keinen besonderen Anlafs, uns näher auf
die zahlreichen und verschiedenartigen Erfahrungen
einzulassen, welche diese Auffassung des Einflusses
der Ermüdung auf die Muskelarbeit herbeigeführt
haben; eine gewifs vollständige Übersicht über die
hierher gehörenden Beobachtungen und Versuche gab
G. E. Müller[1]. Der Genauigkeit halber mufs jedoch
sogleich bemerkt werden, wie diese Auffassung, dafs die
durch Ermüdung bewirkte Verminderung der Arbeit
von einer im Muskel thätigen Ursache herrührt, sich
nur so lange behaupten läfst, bis eine schmerzhafte
Empfindung der Ermüdung hervorgerufen wird. Die
von diesem Augenblick an eintretende fernere Verminderung der Arbeitszuwächse (vgl. Gleich. 52) rührt
nachweisbar von einer zentral wirkenden Ursache her.
Da wir dieses Verhältnis aber erst an einem späteren
Punkte unserer Untersuchungen genau erklären können,
sehen wir vorläufig ganz hiervon ab und berücksichtigen
nur diejenige Form des Arbeitsgesetzes, welche für die
unbegrenzten und den ersten Teil der begrenzten Ergogramme gültig ist. Es ist also Gleich. 55:

$$A = (q_7 + q_6 \cdot F^2) \left[ q_5 - \log.(R + y) - q_6 \log. [q_1 - \log.(R + y)] \right]$$

[1] Zur Psychophysik der Gesichtsempfindungen. Zeitschr. f. Psych.
u. Phys. Bd. 14. S. 46 u. f.

deren Bedeutung wir hier zum Gegenstand unserer
Untersuchung machen, und von der wir dem Obigen
zufolge annehmen dürfen, dafs sie ein Ausdruck für die
nur im Muskel thätigen Kräfte ist.

Gleich. 55 ist zum Teil, wie wir wissen, nur eine
Umschreibung der Mafsformel, die wir aus praktischen
Gründen zu unternehmen gezwungen waren, um es
überhaupt zu ermöglichen, die Gültigkeit des Gesetzes
für die vorliegenden Messungen zu prüfen, zum Teil
aber auch eine Erweiterung. Um die remanente Ermüdung bei der Berechnung mitnehmen zu können, erwies es sich als notwendig, den Addenden $y$ einzuführen;
ferner kommt in der Gleich. 55 der Faktor $(q_7 + q_8 \cdot F^2)$
vor, dessen Bedeutung ebenfalls schon früher völlig
erklärt wurde. Wir sahen (S. 175), dafs die verrichtete
Arbeit um so gröfser wird, je längere Zeit der Muskel
zur Ruhe zwischen den einzelnen Partialarbeiten erhält.
Dies ist eine Folge des Stoffwechsels, der den Verbrauch
um so besser kompensiert, je länger er zu wirken vermag, bis eine neue Arbeit neuen Verbrauch erfordert.
Von dieser Voraussetzung aus fanden wir, dafs die
Arbeit mit dem Quadrate der Zeit wachsen müsse, was
sich als mit der Erfahrung übereinstimmend erwies und
deshalb als der Faktor $q_7 + q_8 \cdot F^2$ in die Formel aufgenommen wurde. Für einen gegebenen Takt, also für
einen konstanten Wert von $F$, wird $q_7 + q_8 \cdot F^2 = c_2$, so
dafs dieses Glied hinsichtlich jedes gegebenen Ergogrammes nur als konstanter Faktor auftritt, von dem
wir folglich durchaus absehen können. Zurück bleibt
also nur der Ausdruck:

$$q_3 - \log. R - q_4 \log. (q_1 - \log. R) = q_5 - \log. [R \cdot (q_1 - \log. R)^{q_4}],$$

um dessen Erklärung es sich handelt.

Indem ich es nun versuche, diese Aufgabe zu lösen,
mufs ich doch sofort gestehen, dafs ich mich nicht im
stande sehe, eine so durchgeführte Erklärung zu liefern,
wie die oben von der Bedeutung der Mafsformel auf
dem Gebiete der sinnlichen Wahrnehmung gegebene.
Während die Natur der Nerventhätigkeit schon so gut
aufgeklärt zu sein scheint, dafs wir ohne besondere
hypothetische Annahmen die Mafsformel aus bekannten

physischen und physiologischen Thatsachen abzuleiten
vermochten, ist die Art und Weise, wie die kontraktile
Muskelsubstanz ihre eigentümlichen Wirkungen hervorbringt, an vielen wesentlichen Punkten noch ganz un-
aufgeklärt. Eine völlig befriedigende Auseinandersetzung zu geben bin ich deshalb nicht im stande; ich
kann nur andeuten, wie ich ›mir die Sache denke‹.

Wegen der grofsen Übereinstimmung der elektrischen Verhältnisse des Muskels mit denen des Nervs
haben wir Grund, zu vermuten, dafs in beiden diesen
Organen durch Erregungen gleichartige Wirkungen
hervorgerufen werden, von den dem Muskel eigentümlichen Kontraktionen natürlich abgesehen. Wird der
Muskel durch seinen motorischen Nerv gereizt, so findet
eine Veränderung des Gewebes statt, und die gereizte
Stelle wird im Verhältnisse zu den nichtangegriffenen
Stellen negativ elektrisch. Diese Thatsache zeigt, dafs
also auch durch Reizungen des Muskels ein Potentialunterschied hervorgerufen wird, der ohne Zweifel die
Bedingung für die Kontraktion des Muskels ist. Bei
maximaler Innervation erreicht dieser Potentialunterschied eine durch den log. $(Cc)$ bestimmte Gröfse, indem
$c$ und $C$ ebenso wie beim Nerv die osmotischen Drucke
an dem gereizten Punkte des Muskels und in der übrigen
Muskelmasse bezeichnen. Von dem Stoffwechsel und
von allen anderen Faktoren, die auf den Potentialunterschied im Muskel Einflufs haben mögen, sehen wir
nun einstweilen ab. Jede Wiederholung der maximalen
Innervation des Muskels wird alsdann denselben Stoffumsatz in der erregten Stelle des Muskels herbeiführen,
und nach $R$ Innervationen mufs der osmotische Druck
folglich hier bis auf $cR$ gesunken sein. Hierdurch wird
der Potentialunterschied im Muskel bis log. $(RCc)$ angewachsen sein, oder mit anderen Worten: der Potentialunterschied wächst logarithmisch mit der Anzahl
der Innervationen. Der fortwährenden Vergröfserung
des Potentialunterschieds wirkt nun der Stoffwechsel
entgegen, dessen Einflufs ebenso wie beim Nerv mit $R$
wachsen mufs. Die Folge hiervon wird, dafs der Potentialunterschied langsamer zunimmt als log. $R$; wird
stets die Analogie mit dem Nerv festgehalten, so läfst
sich annehmen, dafs er einer Gröfse von der Form:

$$\log. \left[ \frac{RC}{c} (q_1 - \log. R) \right]$$

proportional ist.

Nun kommt indes ein ganz anderer Umstand in Betracht, dem nichts Ähnliches beim Nerv entspricht, der aber beim Muskel weitaus den größten Einfluß zeigt. Durch Reizung eines Sinnesnervs wird im Gehirn ein Energieumsatz hervorgerufen, dieser mag aber im Verhältnis zur großen potentiellen Energie des Gehirns als verschwindend klein betrachtet werden. Deshalb konnten wir im Ausdrucke für den Potentialunterschied des Nervs $C$ als eine konstante Größe betrachten, und der Potentialunterschied erwies sich also als nur von $R$ abhängig. Beim Muskel verhält es sich ganz anders. Der maximal erregte Muskel verrichtet eine bedeutende mechanische Arbeit, die nur auf Kosten der potentiellen Energie des Muskels geleistet werden kann. Es geht also ein Stoffumsatz vor, weshalb $C$ abnehmen muß; nach welchem Gesetze dies aber geschieht, läßt sich vorläufig wohl unmöglich angeben. Das Verhältnis muß ein ziemlich kompliziertes sein, weil die Verminderung von $C$ nicht direkt von der Anzahl der Muskelkontraktionen, sondern von der hierdurch geleisteten Arbeit abhängig ist, die für die successiven Kontraktionen nicht die gleiche Größe hat. Hierzu kommt ferner, daß auch der Stoffwechsel auf $C$ Einfluß erhält, indem die Ablagerung neuen Stoffes diese Größe vermehren muß. Alle diese Faktoren in die Berechnung aufzunehmen, ist offenbar ganz unmöglich; einstweilen können wir weiter nichts über die Sache sagen, als daß unser empirisch gefundenes Arbeitsgesetz darauf hindeutet, daß der Potentialunterschied nach einer Anzahl von $R$ Kontraktionen dem $\log. [R \cdot (q_1 - \log. R)^*]$ proportional ist. Es erweist sich nun empirisch, daß diese Größe für alle Ergogramme abnimmt, wenn $R$ wächst. Hieraus geht also hervor, daß die potentielle Energie des Muskels, die wegen der verrichteten mechanischen Arbeit stets abnimmt, den wesentlichsten Einfluß darauf übt, wie groß der Potentialunterschied des Muskels bei einer neuen Innervation werden kann. Der der Größe $\log. [R \cdot (q_1 - \log. R)^*]$ proportionale Potentialunterschied wird also zunächst das Maß für die im Muskel übrig-

bleibende potentielle Energie. Folglich muſs die zur
Verrichtung der mechanischen Arbeit verbrauchte
Energiemenge die ursprüngliche, konstante Energie
des Muskels minus der übrigbleibenden Energiemenge
werden. Als Ausdruck für die verrichtete Arbeit erhält man also eine Gröſse von der Form:

$$A = c_i \left[ q_k - \log. \left[ R \cdot (q_i - \log. R)^k \right] \right].$$

Dies ist aber gerade das Arbeitsgesetz, das in der That
also nur besagt: die verrichtete Arbeit ist proportional
dem Verluste des Muskels an potentieller Energie. Die
Richtigkeit dieses Satzes läſst sich schwerlich bestreiten.
Ebenfalls ist es verständlich, daſs man die verrichtete
Arbeit nicht ohne weiteres gleich der Energievermin-
derung setzen kann, was seinen Grund natürlich darin
findet, daſs der Muskel ebensowenig wie irgend eine
andere Maschine vollen Nutzeffekt zu geben im stande
ist; ein Teil der umgesetzten Energie geht ganz gewiſs
in der Form von Wärme, durch Überwindung verschiedener Hindernisse u. s. w. verloren.

Enthält diese Darstellung nun auch nicht so wenig
Hypothetisches, so verbürgt uns anderseits das unbestreitbare Resultat, zu dem unsere Betrachtungen uns
führten, daſs wir uns nicht weit von der Wahrheit entfernt haben können. Selbst wenn es uns also aus guten
Gründen nicht gelungen ist, die im arbeitenden Muskel
verlaufenden Prozesse genau auseinanderzusetzen,
können wir doch folgendes feststellen:

Das Arbeitsgesetz, welches das Verhältnis
zwischen der Anzahl der Partialarbeiten und
der Gröſse der hierdurch verrichteten Arbeit
angibt, ist nur eine spezielle Form für das
Gesetz von der Erhaltung der Energie, indem
es aussagt, daſs die verrichtete Arbeit dem
Verlust des Muskels an potentieller Energie
proportional ist.

# DER EINFLUSS DER BEWUSSTSEINS-ZUSTÄNDE AUF DIE MUSKELARBEIT.

*Psychische Zustände und Thätigkeiten.* Unsere vorhergehenden Untersuchungen bewogen uns zu einer, wie es scheint, wohlbegründeten Auffassung des Verhältnisses zwischen den psychischen Zuständen und den körperlichen Veränderungen, an welche dieselben unmittelbar gebunden sind: es ist anzunehmen, daß die Empfindung der im Zentralorgan umgesetzten Energiemenge proportional ist. Unter dieser Voraussetzung muß es, wie in der Einleitung nachgewiesen, möglich sein, auch für solche Bewußtseinserscheinungen, die nicht durch Sinnesreize hervorgerufen werden, die physischen Äquivalente zu bestimmen, wenn anders die seiner Zeit von Loeb und Féré angestellten Versuche nicht durchaus mißweisend sind. Wir kommen nun zu dem eigentlichen Kern, dem Hauptpunkt unserer Untersuchungen: zu einer weiteren und genaueren Durchführung der genannten Versuche, um hierdurch zu brauchbaren quantitativen Bestimmungen zu gelangen. Es läßt sich nämlich durchaus nicht behaupten, daß dies durch die bis jetzt vorliegenden, zerstreuten und ziemlich zweifelhaften Versuche erreicht wäre.

Bevor wir indes zur experimentellen Lösung der Aufgabe schreiten, wird es zweckmäßig sein, zu erwägen, in welchem Umfange dieselbe sich wahrscheinlich lösen läßt. Verschiedene fruchtlose Bemühungen können möglicherweise erspart werden, wenn man von vornherein damit im reinen ist, in welchen Fällen positive Resultate zu erreichen sind und in welchen nicht. Es leuchtet nun ein, daß nur dann die Rede davon sein kann, für eine psychische Erscheinung ein physisches Maß zu finden, wenn sie überhaupt mit dem Energieumsatze im Gehirn in Verbindung steht, mit demselben verknüpft ist. Alle >transcendenten< psychischen Kräfte und Thätigkeiten, alle dergleichen psychischen Erscheinungen, die gar nicht von materiellen Bedingungen abhängig sind, müssen der Natur der Sache zufolge jedem Versuche, für sie ein physisches Maß zu finden, Trotz

bieten. Es wird also ganz praktisch sein, wenn wir
vorher zu entscheiden suchen, welche psychischen Erscheinungen wahrscheinlich dieser Art sind.

Diese Frage wurde in einer gediegenen Abhandlung:
»Psychische Arbeit« von Höfler eingehend behandelt[1].
Allerdings hat die Abhandlung ihre Bedeutung wesentlich in der Konsequenz, mit welcher der Verfasser eine,
meiner Ansicht nach, grundfalsche Auffassung durchgeführt hat, da Höfler mit dieser Auffassung aber
gewifs nicht allein steht, müssen wir uns mit derselben
abfinden, und diese Arbeit wird freilich durch die kon-
sequente Durchführung sehr erleichtert. Der Verf.
weist erst nach, dafs der Ausdruck »psychische Arbeit«
nicht schlecht und recht eine aus der physischen Welt
entlehnte Redensart ist, dafs man dagegen die psychische
Arbeit mit gutem Recht als der körperlichen parallel
betrachten kann. Wie die Gröfse der körperlichen
Arbeit durch das Produkt des Widerstands und des
Weges, längs dessen der Widerstand überwunden wurde,
gemessen wird, so wird dasselbe mit der psychischen
Arbeit der Fall sein. Bei der Addition von Zahlenreihen
z. B. bezweifelt niemand, dafs die Arbeit um so gröfser
wird, je länger die Zahlenreihe ist, und die Summation
wird um so mehr Mühe kosten, je weniger man darin
geübt ist; dem Ungeübten wird die Arbeit daher viel
gröfser als dem Geübten. Die Frage ist nun, welche
psychischen Erscheinungen speziell das Gepräge geistiger
Arbeit tragen. Die Antwort hierauf lautet, dafs Vorstellungen und Gefühle Zustände, Urteile und Begierden
dagegen Thätigkeiten, Arbeit sind. Soweit kann man
dem Verf. jedenfalls gern recht geben. Da nun jede
Arbeit eine Kraft voraussetzt, welche die gegebenen
Widerstände überwindet, so müssen den beiden Haupt-
formen psychischer Arbeit also auch zwei Kräfte entsprechen: die Urteilskraft und der Wille. Es wird nun
ferner entwickelt, wie die Vorstellungen sich als Massen
betrachten lassen, auf welche die Urteilskraft wirkt,
und der Verf. macht sich das Vergnügen, die Begriffe
der physischen Mechanik recht eingehend an diesen
psychischen Verhältnissen durchzuführen. Dergleichen

kann der Abwechselung halber natürlich ganz unter-
haltend sein, es ist mir aber nicht klar, was eigentlich
dadurch gewonnen wird, dafs man von der Bewegung
der Vorstellungen im psychischen Kraftfelde, von
geistigen Niveauflächen u. s. w. redet. Für alle diejenigen Verhältnisse, die hier eintreten können, und auf
die sich die Bezeichnungen der Mechanik übertragen
lassen, hat die Psychologie seit langem ihre eigne festgestellte Terminologie. Die ganze Entwickelung macht
daher zunächst den Eindruck eines übrigens ziemlich
harmlosen Spieles mit Worten. — Schliefslich stellt der
Verf. die Frage auf: ›Gehen psychische und physiologische Arbeit dermafsen parallel, dafs überall, wo
letztere geleistet wird, auch erstere als geleistet wahrgenommen werden kann, und umgekehrt?‹ Dies mufs
natürlich verneint werden, denn wir können doch nicht
umhin, anzunehmen, dafs Empfindungen und Vorstellungen, die eben keine psychischen Arbeiten sind, an
Energieveränderungen im Gehirn gebunden sind. Welches
Verhältnis man sich nun übrigens als zwischen den
eigentlichen ›psychischen Kräften‹ und den materiellen
Veränderungen bestehend zu denken habe, darüber
läfst der Verf. uns in einer gewissen Unsicherheit
schweben. Aus seiner weiteren Entwickelung[1] scheint
jedoch hervorzugehen, dafs er am meisten geneigt ist,
die psychischen Kräfte als von allen materiellen Veränderungen unabhängig zu betrachten.

Wie Höfler die Sache dargestellt hat, kann es sich
vielleicht verhalten; ist es aber wirklich notwendig, anzunehmen, dafs jede Hauptform psychischer Arbeit auch
eine spezielle psychische ›Kraft‹ voraussetze? Ist dies
der Fall, so müssen wir die vollen Konsequenzen nehmen,
und in dieser Beziehung ist es nun ziemlich unglücklich,
dafs Höfler trotz aller Gründlichkeit dennoch nicht
alles mitbekommen hat. Dies gilt z. B. vom Auswendiglernen, dessen Charakter als psychische Arbeit der Verf.
geradezu bestreiten zu wollen scheint. Etwas auswendig
lernen ist doch ganz unbestreitbar eine Arbeit, obendrein vielleicht eine der am allermeisten anstrengenden
psychischen Arbeiten, welche viele, besonders ältere

---

[1] Cit. Ort. S. 225—26; Sep.-Abd. S. 124—125.

— 195 —

Leute durchaus nicht bewältigen können. Hier müssen
wir konsequent sein. Wenn ein Kind, obgleich der
Lehrer ihm das ganze erforderliche Vorstellungsmaterial
zurechtgelegt hat, dennoch das hierauf gebaute Urteil
nicht auszusprechen vermag, so schliefst Höfler, ›dafs
es eben an — Urteilsfähigkeit fehle‹ [1]. Folglich müssen
wir auch, wenn ein Mensch trotz aller Anstrengung und
des besten Willens nicht im stande ist, eine lange
Wörterreihe auswendig zu lernen, schliefsen, ›dafs es
eben an — Auswendiglernenfähigkeit fehle‹. Und
damit sind wir unzweifelhaft nicht fertig; eine ganze
Reihe psychischer Kräfte wird sich nach und nach als
notwendig erweisen. Es ist offenbar die alte Lehre von
den Vermögen der Seele, die hier in modernisierter
Gestalt ihren Spuk treibt; über diese Methode sollten
wir aber doch am liebsten hinausgekommen sein. Glücklicherweise ist dieselbe denn auch ganz überflüssig.

Von Thätigkeit, Arbeit, kann nur da die Rede sein,
wo Veränderungen vorgehen. Empfindungen, Vorstellungen und Gefühle sind eben aus diesem Grunde keine
Arbeit zu nennen, da sie mehr oder weniger andauernde
Zustände sind. Nur Veränderungen des Zustands können
Arbeit sein, darum braucht aber nicht jede Veränderung
des Bewufstseinszustandes eine psychische Arbeit zu
sein. Dies ist z. B. nicht mit dem freien Vorstellungs-
laufe der Fall, den wir aus dem sogenannten ›wachen
Traume‹ kennen, wo die Gedanken aus Belieben
kommen und gehen, wie auch aus dem scheinbar gesetz-
losen Wechsel der Vorstellungen im wirklichen Traum.
Es wird keinem Menschen beifallen, diese Erscheinungen
zu psychischer Arbeit zu rechnen; im Gegenteil nennt
man das wache Träumen im täglichen Leben ›die Gedanken ruhen lassen‹. Eine psychische Arbeit erhalten
wir erst, wenn in den freien Vorstellungslauf Eingriffe
geschehen, so dafs derselbe auf einen Zweck gelenkt
wird, indem sich die Aufmerksamkeit auf bestimmte
Vorstellungen richtet, die man festhält, während man
andere beseitigt. Das Auswendiglernen, Phantasieren,
das logische Denken u. dgl. werden mithin psychische
Arbeit, weil zu allen diesen Thätigkeiten fortwährendes

[1] Cit. Ort. S. 96; Sep.-Abd. S. 53.

13*

Eingreifen in den Vorstellungslauf und das Kontrollieren desselben erforderlich sind. Wodurch diese verschiedenen Thätigkeiten sich übrigens voneinander unterscheiden, brauchen wir hier nicht näher zu erörtern; dies läfst sich aus jedem Lehrbuche der von Höfler so tief verachteten ›Associations-Psychologie‹ ersehen. Für uns ist es nur die Hauptsache, festzuhalten, dafs jede Veränderung des Zustandes eine psychische Arbeit ist, sobald sie auf einen bestimmten Zweck gerichtet wird, was ein Eingreifen in den freien Vorstellungslauf voraussetzt. Und dieses Eingreifen beruht auf, oder besteht in der Konzentration der Aufmerksamkeit auf bestimmte Zustände, die hierdurch auf Kosten andrer Zustände festgehalten werden. Die Aufmerksamkeit wird also, wenn man so will, die eigentliche ›psychische Kraft‹, welche die Arbeit verrichtet.

Hiermit soll natürlich durchaus nicht gesagt sein, dafs diese ›psychische Kraft‹ von allen materiellen Verhältnissen unabhängig sei —, ja, es ist nicht einmal gegeben, dafs die Aufmerksamkeit überhaupt etwas Psychisches ist. Die Selbstbeobachtung zeigt uns nämlich niemals die Aufmerksamkeit selbst; wir beobachten nur deren Motive — gefühlsbetonte Vorstellungen — und deren Wirkung: dafs gewisse Bewufstseinszustände festgehalten, andre dagegen verdrängt werden. Das Wort ›Aufmerksamkeit‹ bezeichnet also nur die Thatsache, dafs wir auf gegebenen Anlafs im stande sind, bestimmte psychische Zustände festzuhalten, für die wir zu irgend einem Zwecke Gebrauch haben. Die Thatsache selbst ist unbestreitbar und gehört zu unseren allgemeinsten psychologischen Erfahrungen; jedes Kind weifs ja, was das heifst, auf etwas aufmerksam sein. Wie die Aufmerksamkeit aber ›wirkt‹, was da geschieht, wenn wir aufmerksam sind, darüber sind die Psychologen sich bis jetzt nicht einig geworden. Dies zeigt an, dafs der Aufmerksamkeitsprozefs sich nicht unmittelbar beobachten läfst; wir sehen die Wirkungen, also es geschieht etwas, dies Etwas liegt aber offenbar aufserhalb unseres Bewufstseins. Die Möglichkeit läfst sich daher jedenfalls nicht ausschliefsen, dafs die Aufmerksamkeit ein physiologischer Prozefs wäre, der auf bestimmte Weise auf die psychischen Zustände influierte. Sollte

dies sich als richtig bestätigen — und a priori ist die
Möglichkeit, wie gesagt, nicht abzuweisen — so müssen
sowohl für die psychischen Thätigkeiten als für die
psychischen Zustände mechanische Mafse zu finden
sein, da beide diese Gruppen der Erscheinungen alsdann von Energieumsätzen im Gehirn abhängig werden.
Hat Höfler dagegen recht darin, dafs psychische Kräfte
von allen materiellen Verhältnissen unabhängig sein
können, so werden sich für die von derartigen Kräften
verrichteten Arbeiten keine mechanischen Äquivalente
finden lassen. Hier liegt also eine Möglichkeit, dafs wir
auf experimentellem Wege zur Entscheidung kommen
können. welche dieser beiden Auffassungen die richtige ist.

*Der Einflufs der Denkarbeit auf die Muskelarbeit.*
Wenn wir gleich anfangs eine der kompliziertesten
psychischen Erscheinungen zur Untersuchung vornehmen, könnte es leicht scheinen, als widerstritte dies
aller wissenschaftlichen Methode, die ein Fortschreiten
vom Einfacheren zum mehr Zusammengesetzten als
das Natürliche verlangt. Den hier betretenen Weg
schlage ich jedoch aus guten Gründen ein. Wie wir
später sehen werden, ist der Einflufs, den die psychischen
Zustände — Empfindungen, Vorstellungen und gewisse
Gefühle — auf die Muskelarbeit haben, ganz verschwindend klein. Hofft man deshalb darauf, welche klare
darüber zu kommen, welche Bedeutung der Einwirkung
der Bewufstseinserscheinungen auf die Muskelarbeit
überhaupt beizulegen ist. so mufs man notwendigerweise mit der Untersuchung derjenigen Fälle anfangen,
in welchen sich unzweifelhafte und entschiedene Resultate erreichen lassen. Es erweist sich nun, dafs dies
von solchen komplizierten Erscheinungen wie dem
Denken gilt, und können wir aus praktischen Gründen
ohnehin nicht rationell verfahren, so machen wir den
Anfang ebenso gut mit dieser als mit irgend einer
anderen Erscheinung.

Wenn von Denkarbeit als Gegenstand experimenteller Untersuchung die Rede ist, wird man in seiner
Wahl ziemlich beschränkt sein. Dies wird namentlich der Fall, wenn man die Resultate schwierigerer
Arbeit mit denen weniger schwieriger Arbeit zu

vergleichen wünscht. Man wird dann fast ausschliefslich auf Rechenaufgaben hingewiesen sein, deren
Schwierigkeit allerdings mit der Gröfse der Zahlen, mit
denen man operiert, zunimmt. Der Mafsstab ist selbstverständlich für jedes einzelne Individuum verschieden,
von der Übung des Betreffenden im Rechnen mit Zahlen
abhängig; was der eine im Handumdrehen zu stande
bringt, kann für den anderen eine ganz unlösliche Aufgabe sein, wenn er sie im Kopf rechnen soll. Weil der
Anfangspunkt der Schwierigkeiten aber individuell verschieden ist, wird es darum doch nicht weniger sicher,
dafs die Schwierigkeit mit der Gröfse der Zahlen wächst.
Hierdurch wird es also möglich, sich eine Reihe von
Arbeiten zu verschaffen, die an Schwierigkeit einigermafsen sanft zunehmen, und aufserdem kann man durch
blofses Variieren der Zahlen eine fast unendliche Menge
gleichartiger Arbeiten von derselben Schwierigkeit erzielen. Meines Wissens gibt es keine andre Art Denkarbeit, die sowohl so grofse Abwechselung als so feine
Anmessung der Schwierigkeit gestattet; ich blieb deswegen ausschliefslich beim Kopfrechnen, das alle billigen
Forderungen befriedigt.

Die Versuchsanordnung bei diesen Versuchen war
ganz einfach. Die Aufgaben, die benutzt werden sollten,
waren mit grofsen, deutlichen Zahlen auf Karton geschrieben; die Zahlen waren so untereinander angebracht, wie man sie gewöhnlich stellt, wenn man sich
die Operation möglichst erleichtern will. Aus unten zu
erörternden Gründen wurden fast alle Versuche paar-
weise angestellt, indem kurz aufeinander zwei gleichartige Aufgaben von möglichst gleicher Schwierigkeit,
aber mit verschiedenen Kombinationen der Zahlen, gegeben wurden, so dafs die letztere durch das eben
vorhergehende Ausrechnen der ersteren keine Erleichterung fand. Neben dem Ergographen war vor
der V-P ein kleines Stativ angebracht, auf welchem
der Experimentator geschwind das Papier mit der Aufgabe anbringen konnte. Der Verlauf der Versuche war
nun folgender. Wenn die V-P sich klar zur Arbeit ge-
meldet hatte, wurde der Kymograph in Gang gesetzt,
worauf die V-P zu arbeiten begann. Sobald eine passende
Anzahl, 15—20, Partialarbeiten ausgeführt waren, brachte

der Experimentator den Karton mit der Aufgabe im
Stative an, und die V-P machte sich sogleich an die
Lösung der Aufgabe. Dieser Moment wurde vom Experimentator mittels des hierzu eingerichteten Signal-
apparats (siehe I. Teil, S. 31) auf der Walze des Kymographen markiert. War die Aufgabe gelöst, so gab die
V-P dies durch ein Nun! an, und der Experimentator
machte wieder ein Zeichen; zugleich wurde die benutzte
Aufgabe entfernt. Die V-P setzte mittlerweile die Arbeit
am Ergographen fort, ohne sich stören zu lassen. Nachdem wieder eine Anzahl von etwa 15 Partialarbeiten
ausgeführt war, wurde die zweite Aufgabe derselben
Art wie die erste im Stativ angebracht, und mit dieser
verfuhr man ganz wie mit der ersten. Nach ihrer
Lösung wurde der Versuch durch 15 - 20 Partialarbeiten
abgeschlossen. Wo nichts andres angegeben ist, war
der Takt in allen Fällen 40 pr. Min. — Wir betrachten
nun die Ergebnisse der solchergestalt angestellten Versuche.

Löst man eine Aufgabe im Kopfrechnen, während
man zugleich auf den Ergographen wirkt, so zeigt es
sich sofort, dafs diese beiden Arbeiten, die geistige und
die körperliche, nicht voneinander unabhängig sind; sie
influieren gegenseitig aufeinander. Auffallend ist der
Einflufs der geistigen Arbeit auf die körperliche; die
Größe der Partialarbeiten nimmt ab, man kann keine
maximalen Muskelkontraktionen mehr ausführen. Dies
geht aus Pl. XXI—XXIII deutlich hervor. Alle hier
wiedergegebenen Ergogramme zeigen mehr oder weniger
entschiedene Abweichungen vom normalen Verlauf, und
diese Abweichungen sind einer gleichzeitig ausgeführten
Denkarbeit zu verdanken. Die beiden Pfeile, die in
allen erwähnten Ergogrammen am Anfang und am
Ende einer Senkung stehen, markieren die Momente
des Anfangs und des Abschlusses eines Rechenexempels.
Die Verminderung der Partialarbeiten dauert also genau
so lange an wie die Denkarbeit; die beiden Erscheinungen
sind in jeder Beziehung gleichzeitig, und es kann daher
keinen Zweifel erleiden, dafs die Denkarbeit auf irgend
eine Weise die Verminderung der Arbeit verursacht.
Dies ist indes nur die eine Seite der Sache. Die körperliche Arbeit influiert ebenfalls auf die Denkarbeit; dies

läßt sich natürlich aber nicht veranschaulichen, sondern
nur durch Selbstbeobachtung konstatieren. Glücklicherweise läßt sich zugleich aber doch ein entscheidender
Beweis für die Richtigkeit der Selbstbeobachtung führen.
Der Einfluß der Muskelarbeit auf die Denkarbeit erweist sich nämlich als wesentlich darin bestehend, daß
es schwierig wird, die Resultate der einzelnen Rechenoperationen im Gedächtnisse zu behalten. Nehmen wir
ein bestimmtes Beispiel. Hat man auf einem Stücke
Papier vier dreistellige Zahlen untereinander stehen,
so wird jeder, der nur einigermaßen im Rechnen geübt
ist, im stande sein, in wenigen Sekunden diese vier
Zahlen zu addieren und das erschienene Resultat zu
nennen. Dies ist aber so gut wie unmöglich, wenn man
zugleich mit dem Ergographen arbeitet. Natürlich läßt
es sich thun, die herausgekommenen Zahlen zu behalten,
dann wird die Größe der Partialarbeiten aber noch viel
kleiner. Arbeitet man dagegen so stark, wie die Rechenoperationen es nur gestatten, so zeigt es sich sogleich,
daß man die Summe der ersten Zahlenreihe vergessen
hat, wenn man die Summe der zweiten bekommt. Eine
Addition kann zwar völlig gelingen, indem man alle
einzelnen Zahlen zusammenlegt, das Resultat als Totalität läßt sich jedoch nicht angeben. Die Folge hiervon
ist, wie leicht zu ersehen, daß eine größere Multiplikation gar nicht vollführt werden kann. Handelt es
sich z. B. darum, eine dreistellige Zahl mit einer zwei-
stelligen zu multiplizieren, so kann man verfahren, wie
man will; während man eine Multiplikation ausführt,
vergißt man das Resultat der vorhergehenden, so daß
man die herausgekommenen Größen nicht addieren
kann. In Wirklichkeit gelingt es also gar nicht, die
Multiplikation auszuführen; man löst sie in eine Reihe
einzelner Multiplikationen auf, und weiter kommt man
nicht.

Für die Richtigkeit dieser auf Selbstbeobachtung
gestützten Darstellung haben wir nun einen guten Beweis an der Thatsache, daß es unter gewöhnlichen
Verhältnissen keiner meiner Versuchspersonen gelang,
das Resultat der ausgerechneten Exempel richtig anzugeben. Dr. B., unbedingt derjenige, der das beste
Zahlengedächtnis hatte, und der deshalb am schnellsten

und sichersten rechnete, gab mitunter das gefundene Resultat an, das aber nicht ein einziges Mal richtig war. Die anderen Versuchspersonen stellten nie einen Versuch in dieser Richtung an, da sie ein deutliches Gefühl von dessen Hoffnungslosigkeit hatten. Infolge dieser eigentümlichen Verhältnisse bestand die Denkarbeit bei fast allen, jetzt näher zu besprechenden Versuchen ausschließlich in der Ausführung solcher Rechenoperationen. die nicht erforderten, daß die bereits gewonnenen Resultate im Gedächtnisse blieben. Da man sie nicht zu behalten vermochte, hatte man guten Grund, nicht weiter damit zu rechnen. Diese praktische Konsequenz hat indes bei weitem nicht so großes Interesse wie das in theoretischer Beziehung wichtige Resultat, daß die Muskelarbeit auf die Denkarbeit influiert und namentlich das Erinnern erschwert. Bei der Lösung einer Aufgabe im Kopfrechnen werden die eigentlichen Rechenoperationen nur in geringem Grade von gleichzeitiger Muskelarbeit beeinflußt werden, während das Behalten der Resultate des Rechnens jedenfalls äußerst schwierig wird.

Die angeführte Thatsache öffnet, wie leicht zu sehen, die Möglichkeit, eine Art Maß für wenigstens zwei verschiedene Gattungen psychischer Arbeit zu finden, nämlich für die eigentlichen Rechenoperationen und für die Gedächtnisarbeit. Man braucht nur die beiden folgenden Versuche anzustellen. Einmal führt man ein Rechenexempel auf die oben beschriebene Weise aus, so daß man die Operationen unternimmt, ohne einen Versuch zu machen, die partiellen Resultate im Gedächtnisse zu behalten. Ein andermal rechnet man ein Exempel derselben Art und Schwierigkeit, und zwar so. daß man zugleich das richtige Resultat anzugeben vermag. Dies wird der obigen Darstellung zufolge nur dadurch möglich, daß die gleichzeitige Muskelarbeit sehr beträchtlich vermindert wird. Die Verminderung der Arbeit, die man auf diese Weise in den beiden Fällen findet, ist dann offenbar der Ausdruck für die relative Schwierigkeit der beiden psychischen Arbeiten. Später werden wir auf Versuche dieser Art näher eingehen. hier wollen wir den Gedanken nicht weiter verfolgen. Wenn ich gleich anfangs auf die Schwierigkeit auf-

merksam machte, welche das Erinnern der Resultate
des Rechnens darbietet, so geschah dies nur, um genau
angeben zu können, in welchem Umfange die gestellten
Rechenaufgaben gelöst — oder vielmehr: nicht gelöst
wurden. Denn wegen der grofsen Schwierigkeiten, die
Resultate zu behalten, verlangte ich dies nicht. Wie
schon gesagt, wurde nur verlangt, dafs die Rechenoperationen genau und sicher ausgeführt würden, und
zwar in so grofsem Umfang, wie es möglich war, wenn
die partiellen Resultate des Rechnens ebenso schnell,
wie sie gefunden waren, wieder vergessen wurden.

Nachdem wir nun die Beschaffenheit der verrichteten psychischen Arbeit erörtert haben, betrachten wir
die einzelnen Versuche und die Resultate, die sich hieraus ableiten lassen. Dafs die psychische Arbeit in allen
Fällen eine Verminderung der gleichzeitigen körperlichen herbeiführt, ist durchaus unzweifelhaft. Dies
genügt aber nicht; um die Verminderung der Arbeit
als Mafs für die psychische Arbeit gebrauchen zu
können, mufs zwischen den beiden Thätigkeiten ein
gesetzmäfsiges Verhältnis bestehen. Vor allen Dingen
müssen wir daher in Erfahrung bringen, wie die einer
bestimmten psychischen Arbeit entsprechende Verminderung der Arbeit mit der Ermüdung der Muskeln
variiert. Ist hier kein bestimmtes Gesetz zu finden, so
wird die Verminderung der Arbeit offenbar auch nicht
zum Mafs der psychischen Thätigkeit brauchbar, weil
wir dann verschiedene Werte für eine und dieselbe,
aber in verschiedenen Stadien der Ermüdung verrichtete
psychische Arbeit finden würden. Zu diesem Zwecke,
um die Abhängigkeit der Verminderung der Arbeit von
der Ermüdung zu bestimmen, wurde die oben beschriebene
Ordnung der Versuche mit zwei gleichartigen Rechenaufgaben im Laufe jedes Ergogramms durchgeführt.
Sehen wir nun erst, welche Resultate sich hieraus ableiten lassen.

Wollen wir uns nicht darauf beschränken, nur eine
Verminderung der Arbeit zu konstatieren, sondern verlangen wir zugleich ein Mafs für deren Gröfse, so
müssen wir notwendigerweise bestimmen, wie das Ergogramm ausgesehen haben würde, hätte nicht zu gleicher
Zeit eine psychische Thätigkeit stattgefunden. Wegen

der vielen kleinen Unregelmäfsigkeiten der Ergogramme
ist es nicht ganz ratsam, einfach die Endpunkte der
Ordinaten miteinander zu verbinden. Denn da die
beiden Ordinaten unmittelbar vor und nach der Ausführung der psychischen Arbeit zweifelsohne mit zufälligen Fehlern behaftet sind, wird eine die Endpunkte
dieser beiden Ordinaten verbindende Linie ganz gewifs
nicht dem wahrscheinlichen Verlaufe des Ergogramms
zwischen den beiden Punkten entsprechen. Um von
dem wahrscheinlichen Verlauf der Kurve ein möglichst
genaues Bild zu erhalten, bediente ich mich der früher
beschriebenen Eliminationsmethode (vgl. S. 157). Die
drei Strecken des Ergogramms, welche vor, zwischen
und hinter den ausgeführten psychischen Arbeiten liegen,
wurden jede für sich in Gruppen von 5—7 Partialarbeiten eingeteilt. Für jede Gruppe nahm ich das
Mittel der Gröfse der Partialarbeiten und dieses Mittel
setzte ich als Ordinate mitten in der Gruppe ab. In den
auf diese Weise bestimmten Ordinaten sind die zufälligen
Variationen gewifs nach Möglichkeit eliminiert, und
durch die Endpunkte dieser Ordinaten wird eine kon-
tinuierte Kurve gelegt. Diese zeigt also den Verlauf,
den das Ergogramm wahrscheinlich gehabt haben würde,
wäre keine psychische Arbeit verrichtet [1]. In alle Ergogramme der Plane XXI—XXIV sind diese wahrscheinlichen Kurven eingetragen; bei den Details ihrer Bestimmung werde ich nicht verweilen.

Haben wir auf diese Weise den wahrscheinlichen
Verlauf der Ergogramme gefunden, so ist es eine leichte
Sache, die Verminderung der Arbeit während der psychischen Thätigkeit zu bestimmen. Die wirklich verrichtete Arbeit, $A_r$, erhält man nämlich durch einfache
Summation der Höhen der Partialarbeiten. Die wahrscheinliche Arbeit, $A_s$, findet man, indem man die
Gröfsen der Ordinaten der wahrscheinlichen Kurve
mifst und zusammenlegt, oder leichter, indem man das
Areal der Figur berechnet, die von der ersten und der
letzten Ordinate zwischen den beiden Pfeilen begrenzt

---

[1] Ein naheliegender Einwurf, der sich gegen diese Bestimmung
des wahrscheinlichen Verlaufs erheben läfst, wird unten besprochen
werden.

wird. Da die wahrscheinliche Kurve kürzere Strecken
hindurch als eine Gerade betrachtet werden kann, wird
das von zwei Ordinaten begrenzte Areal ein Parallel-
trapez, dessen Größe sich aus der Höhe der begrenzen-
den Ordinaten und der gesamten Anzahl der zwischen
den beiden Grenzen gelegenen Ordinaten berechnen
läßt. Auf diese Weise bestimmte ich alle im Folgenden
angegebenen Werte von $A_i$. Es ist nun also die Aufgabe, ein gesetzmäßiges Verhältnis zwischen $A_i$ und
$A_i$ zu finden; zu diesem Zwecke gehen wir die Ergogramme einzeln durch.

*Pl. XXI*, *A. d.* ¹⁶ *i.* A. L. Addition von vier dreistelligen Zahlen.

Dieser Versuch ist der erste dieser Art, den ich
ausführte. Er ist zunächst als völlig mißlungen zu
betrachten und forderte eigentlich nicht zu weiteren
Bemühungen in dieser Richtung auf. Es läßt sich nämlich denken, daß zwei Größen als Maß für die psychische
Arbeit anwendbar wären: entweder die absolute Verminderung der Arbeit, $A_i - A_i$, oder auch die relative
Verminderung der Arbeit, $(A_i - A_i)/A_i$. Wir müssen
deshalb erst sehen, wie es sich mit diesen Größen
verhält.

|  | $A_i$ | $A_i$ | $A_i - A_i$ | $(A_i - A_i)/A_i$ |
|---|---|---|---|---|
| Arbeit I | 48.0 | 42.7 | 5.3 | 0.11 |
| , II | 31.2 | 23.5 | 7.7 | 0.25 |

Hieraus geht hervor, daß weder die Differenz noch
das Verhältnis zwischen den beiden Arbeiten eine konstante Größe ist. Das gesetzmäßige Verhältnis, das
zweifelsohne zwischen der psychischen Arbeit und der
Verminderung der körperlichen Arbeit stattfinden muß,
ist also nicht so leicht zu gewahren. Aus diesem
Grunde wurden die hierauf bezüglichen Versuche vorläufig eingestellt und erst wieder aufgenommen, als
ein großer Teil der früher besprochenen ergographischen
Versuche vollführt war. Diese Ordnung erwies sich
als ganz praktisch, denn als die Versuche wieder aufgenommen wurden, trat die gesuchte Gesetzmäßigkeit
sogleich hervor. Daß ich bei diesem ersten, miß-
lungenen Versuche verweile, geschieht eigentlich nur,
um hieraus die Lehre zu ziehen, daß man auch auf

diesem Gebiete zu falschen Resultaten kommen wird,
wenn man die Sache verkehrt anfaßt. Und ganz besonders gilt hier wie bei den meisten anderen experi-
mentell-psychologischen Untersuchungen: sind die Versuchspersonen in der speziellen Art der Arbeit nicht
gut eingeübt, so ist kein brauchbares Versuchsmaterial
zu erhalten. Der hier besprochene Versuch mißlang
gerade, weil die betreffende V-P in der Arbeit mit dem
Ergographen keine hinlängliche Übung besaß: sie ermüdete zu schnell. Dies ist direkt aus dem Verlaufe
des Ergogramms zu ersehen. Während der psychischen
Arbeit ruhen die Muskeln ein wenig, da sie keine maximale Arbeit verrichten. Die Folge hiervon wird die,
daß die Ermüdung der Muskeln nach Ausführung der
psychischen Arbeit nicht so groß ist, wie sie geworden
wäre, wenn keine psychische Arbeit stattgefunden hätte.
Nach Abschluß der letzteren werden die Partialarbeiten
also verhältnismäßig groß, diese Wirkung wird sich
aber beim ungeübten Muskel sogleich wieder verlieren,
so daß das Ergogramm darauf jäh herabsinkt. Wie
man sieht, ist eben dies mit dem Ergogramm Pl. XXI, A
der Fall, während es in allen folgenden, auf späteren
Übungsstufen ausgeführten Ergogrammen fast gar nicht
vorkommt. Hier sind die Partialarbeiten nach den Senkungen natürlich auch relativ groß, diese Höhe erhält
sich aber, es tritt kein jäher Sturz ein, weil die Muskeln
nicht so geschwind ermüden. In diesem Falle tritt nun
auch die Gesetzmäßigkeit hervor, die wir beim ersten
Experimente vergeblich suchten.

*Pl. XXI, B. d. **'i. A. L.* Addition von vier dreistelligen Zahlen.

| | $A_1$ | $A_2$ | $A_1 - A_2$ | $(A_1 - A_2)/A_1$ |
|---|---|---|---|---|
| Arbeit I | 53,9 | 42.2 | 11.7 | 0.22 |
| „ II | 34,5 | 27,5 | 7.0 | 0,20 |

Während die absolute Verminderung der Arbeit bei
den beiden Arbeiten einen sehr bedeutenden Unterschied aufzeigt, ist die relative Verminderung $(A_1 - A_2)/A_1$
dagegen konstant. Es erweist sich nun, daß dieses
Verhältnis gemeingültig ist, und es tritt um so deutlicher und unzweifelhafter hervor, je größer die psychische Arbeit wird.

*Pl. XXI, C.* d. $^{3}$₁. A. L. Addition von sechs fünfstelligen Zahlen.

Selbst wenn man nicht darauf ausgeht, das Resultat
der Berechnung im Gedächtnisse zu behalten, wird die
Addition von sechs fünfstelligen Zahlen nicht nur längere
Zeit erfordern als die Addition von vier dreistelligen,
sondern sie wird auch eine schwierigere Arbeit sein,
da man mit gröfseren Zahlen operieren mufs. Dafs
8 + 5 gleich 13 ist, weifs jedermann; wer aber nicht alle
Tage grofse Zahlenreihen summiert, mufs doch ein
wenig nachdenken, um zu wissen, dafs 28 + 5 = 33. Die
Schwierigkeit wächst also, wenngleich in sehr geringem
Grade, je höher man in der Reihe der Zahlen gelangt,
was natürlich darin liegt, dafs die Associationen nicht
so geläufig gehen, weil sie weniger häufig vorkommen.
Die gröfsere Schwierigkeit dieses Rechenexempels im
Vergleich mit dem vorhergehenden kommt nun auch
in den Zahlen zum Vorschein.

|  | $A_0$ | $A_1$ | $A_1 — A_1$ | $(A_1 — A_1)$ $^{.}A_1$ |
|---|---|---|---|---|
| Arbeit I | 82.5 | 55,1 | 27,4 | 0,33 |
| » II | 47.3 | 29,4 | 17,9 | 0,38 |

Hier ist, wie man sieht, ein so grofser Unterschied
zwischen den Werten der absoluten Arbeitsverminderung, dafs nicht davon die Rede sein kann, diese Gröfse
als konstant zu betrachten. Dagegen weichen die
Gröfsen der relativen Arbeitsverminderung in den beiden Fällen nur sehr wenig voneinander ab, und diese
Zahlen sind ein wenig gröfser als die entsprechenden
des vorigen Versuches. Dies stimmt völlig mit dem überein, was von der Gröfse der verrichteten psychischen
Arbeiten nachgewiesen wurde. Je gröfser dieselbe ist, um
so kleiner mufs $A_1$ werden, und mithin nimmt $(A_1 — A_1)$ $A_1$
zu. Der gröfsten psychischen Arbeit entspricht folglich
der gröfste Wert von $(A_1 — A_1)$ $A_1$, und es zeigte sich,
dafs gerade dies der Fall war. Noch deutlicher tritt
dies hervor, wenn wir eine schwierigere Rechenaufgabe,
z. B. eine gröfsere Multiplikation nehmen, was aus
folgendem Versuche hervorgeht.

*Pl. XXII, A.* d. $^{3}$₄. A. L. Arbeit I: 657 × 34.
Arbeit II: 392 × 43.

Schon der blofse Anblick der Ergogramme zeigt

hier, dafs die psychischen Arbeiten nicht nur ziemlich
lange Zeit erforderten, sondern auch, dafs sie mit bedeutender Schwierigkeit verbunden waren; die verrichtete Muskelarbeit ist sehr klein. Infolge dessen
wird die Art und Weise, wie wir den wahrscheinlichen
Verlauf des Ergogramms bestimmen, höchst unzuverlässig. Denn wenn die Muskeln während längerer Zeit
nur so geringe Arbeit verrichten, wie das Ergogramm
hier anzeigt, so nimmt die Ermüdung nicht besonders
zu. Deshalb werden die Partialarbeiten nach der
psychischen Arbeit viel gröfser, als sie zu diesem Zeitpunkte gewesen wären, wenn keine psychische Arbeit
stattgefunden hätte. Die eingezeichnete wahrscheinliche
Kurve ist deshalb aufser allem Zweifel unrichtig, sie
liegt nicht so wenig höher, als sie eigentlich sollte. Die
hieraus berechnete wahrscheinliche Arbeit $A$, wird also
zu grofs, und mithin wird auch $(A_i - A_i)/A_i$ zu grofs.
Es ist in dieser Beziehung ohne Bedeutung, in welchem
Stadium der Muskelermüdung wir die psychische Arbeit
ausführen; die Partialarbeiten müssen nach dem Rechenexempel jedenfalls gröfser werden, als sie eigentlich sein
sollten. Bei beiden ausgeführten Rechenaufgaben wird
die eingezeichnete wahrscheinliche Kurve daher um gar
nicht so wenig zu hoch liegen. Ob nun der Fehler, den
wir somit bei der Berechnung von $(A_i - A_i)/A_i$ begehen,
für Arbeit I und II gleich grofs wird, das wissen wir nicht,
grofs kann der Unterschied aber gewifs nicht werden,
da der Wert von $(A_i - A_i)/A_i$ doch annähernd konstant
wird. Das Wesentlichste ist also, dafs diese Gröfse
nach der Weise, wie sie berechnet wird, thatsächlich
ein wenig zu grofs werden mufs, wenn die psychische
Arbeit eine so bedeutende Arbeitsverminderung bewirkt,
wie es hier der Fall ist.

| | $A_i$ | $A_i$ | $A_i - A_i$ | $(A_i - A_i)/A_i$ |
|---|---|---|---|---|
| Arbeit I | 159,6 | 72,6 | 87,0 | 0,54 |
| » II | 105,3 | 40,0 | 65,3 | 0,62 |

Um nun sicher sein zu können, dafs die gefundene
Gesetzmäfsigkeit hier nicht rein individuell ist, untersuchen wir einige von einer anderen V-P ausgeführte
Ergogramme, indem wir zugleich psychische Arbeiten
von wesentlich verschiedener Schwierigkeit wählen.

— 208 —

*Pl. XXI, D. d. ⁴ₐ. Dr. B.* Summation von sechs fünfstelligen Zahlen.

| | $A_1$ | $A_2$ | $A_1 - A_2$ | $(A_1 - A_2)'A_1$ |
|---|---|---|---|---|
| Arbeit I | 61,2 | 51,0 | 10,2 | 0,17 |
| » II | 45,9 | 35,3 | 10,6 | 0,23 |

Dieses Experiment ist lehrreich, weil es zeigt, wie die zufälligen Fehler so grofs werden können, dafs $A_1 - A_2$ nahe daran ist, eine konstante Gröfse zu werden, wodurch $(A_1 - A_2) A_1$ für die beiden gleichartigen psychischen Arbeiten selbstverständlich verschiedenen Wert erhalten mufs. Die Ursache dieser zufälligen Fehler wird gleich im Folgenden erörtert werden. Hier führe ich nur noch einen Versuch mit derselben V-P an, aus welchem deutlich hervorgeht, dafs es wirklich nur auf einem Zufall beruht, wenn die absolute Arbeitsverminderung sich im vorigen Versuche konstant zeigte.

*Pl. XXII, B. d. ⁴ₐ. Dr. B.* Arbeit I: 657×34. Arbeit II: 392×43.

| | $A_1$ | $A_2$ | $A_1 - A_2$ | $(A_1 - A_2)'A_1$ |
|---|---|---|---|---|
| Arbeit I | 156,8 | 96,7 | 60,1 | 0,38 |
| » II | 88,2 | 47,3 | 40,9 | 0,46 |

Hier ist, wie man sieht, der Unterschied zwischen den beiden Werten von $A_1 - A_2$ ein so bedeutender, dafs sich nicht wohl denken läfst, er sollte auf einem Zufall beruhen, dagegen kommen die beiden Werte für die relative Arbeitsverminderung sich sehr nahe. Gleichgrofs sind sie allerdings nicht, und geht man alle im Vorhergehenden angeführten Ausmessungen durch, so wird man fast überall finden, dafs die Arbeit II mit dem gröfsten Werte auftritt. Wenn wir aber später zur Untersuchung der Fehlerquellen bei diesen Experimenten gelangen, wird es sich erweisen, wie dieselben gerade bewirken müssen, dafs die letzte psychische Arbeit etwas gröfser wird als die erste. Ebenfalls werden wir sehen, dafs man durch eine ein wenig veränderte Arbeitsweise diesen Fehler fast gänzlich zu eliminieren vermag. Es wird deshalb berechtigt, die Abweichung der zusammengehörenden Werte $(A_1 - A_2) A_1$ voneinander als einen durch die Versuchsanordnung eingebrachten Fehler zu betrachten, und wir können daher als Resultate dieser Versuche folgendes feststellen:

Wenn eine psychische Arbeit, wie Kopfrechnen, gleichzeitig mit einer körperlichen, maximale Muskelanspannung erfordernden Arbeit ausgeführt wird, so wird die psychische Arbeit eine Verminderung der gleichzeitigen körperlichen zur Folge haben, und die Verminderung wird um so gröſser, je schwieriger die psychische Arbeit ist. Das Verhältnis zwischen dem absoluten Werte der Arbeitsverminderung und der Gröſse der körperlichen Arbeit, die ausgeführt worden wäre, wenn keine psychische Arbeit stattgefunden hätte, erweist sich als eine von der Muskelermüdung unabhängige, konstante Gröſse, so daſs dieses Verhältnis, die relative Arbeitsverminderung, sich also als Maſs für die Gröſse der psychischen Arbeit gebrauchen läſst.

Der Bequemlichkeit halber bezeichnen wir im Folgenden die relative Arbeitsverminderung $(A. - A.)^l A.$ durch $M$. Vergleichen wir, in den oben besprochenen Versuchen, die für die beiden Versuchspersonen gefundenen Werte von $M$ miteinander, so stellt es sich dar, daſs gleichartige Aufgaben keineswegs für beide Versuchspersonen denselben Wert von $M$ ergaben. Dr. B., der unbedingt am schnellsten und sichersten rechnete, und dem eine gegebene Aufgabe daher thatsächlich verhältnismäſsig geringere Schwierigkeit bereitete, erhält denn auch fortwährend geringere Werte von $M$. Diese Gröſse, $M$, läſst sich also nicht nur als Maſs für die relative Schwierigkeit verschiedener psychischer Arbeit für dieselbe V-P gebrauchen, sondern kann ebenfalls auch dazu dienen, verschiedene Versuchspersonen mit Bezug auf die ihnen durch dieselbe Arbeit bereitete Schwierigkeit miteinander zu vergleichen. Dies fällt besonders auf, wenn wir eine V-P nehmen, deren Ergogramme von den bisher untersuchten bedeutend abweichen. Dies gilt z. B. von Fnn, der d. [10]? einen ziemlich heftigen Anfall der Influenza erlitt, welcher eine ganz erstaunliche Abnahme der Muskelarbeit bewirkte. Sowohl die

Höhe als die Länge der Ergogramme nahm stark ab,
und es verlief fast ein Monat, bis es ihm wieder gelang,
Ergogramme von derselben Größe wie vor der Krankheit zu leisten. Er eignete sich deshalb auch nicht zum
Objekt weitläufigerer Versuche, die wenigen an ihm
angestellten sind in diesem Zusammenhang aber sehr
illustrierend. Ich gebe einen derselben wieder.
*Pl. XXV, A.* d. ⁵⁴. Fnn. Summation von sechs fünfstelligen Zahlen.

Die V-P rechnete ziemlich leicht und sicher, das
Ausrechnen nahm aber so viel Zeit in Anspruch, dafs
nur ein Versuch angestellt werden konnte. Das Eigentümliche des Ergogramms ist die geringe Höhe der
Partialarbeiten, die bei einem Vergleich mit den Ergogrammen in den Pl. XXI—XXIV auffällt. Dennoch
erhalten wir einen ganz passenden Wert der Arbeitsverminderung:

$$A_t = 75.2 \quad A_r = 43.9 \quad A_t - A_r = 31.3 \quad M = 0.42.$$

Für ganz dieselbe Arbeit fanden wir oben mit Bezug
auf A. L. (Pl. XXI, C) $M = 0.33$ und 0,38, so dafs Fnn's
Geschicklichkeit im Rechnen demnach ein wenig geringer sein sollte, was sie gewifs auch ist. Zu dem
oben angegebenen Satze können wir jetzt daher folgendes hinzusetzen:

Die relative Arbeitsverminderung, die
eine gegebene Aufgabe bewirkt, ist individuell verschieden, von der Schwierigkeit abhängig, welche die bestimmte psychische
Arbeit jedem einzelnen Individuum darbietet.
Hieraus folgt, dafs die relative Arbeitsverminderung auch dazu dienen kann, verschiedene Individuen hinsichtlich ihrer Fähigkeit,
eine vorgelegte psychische Arbeit zu lösen,
miteinander zu vergleichen.

Streng genommen, haben wir so viel indes noch
nicht bewiesen. Freilich fanden wir, dafs M unter verschiedenen Umständen sehr verschiedene Werte erhält,
ob dies aber von der psychischen Arbeit, von den
geistigen Thätigkeiten oder möglicherweise nur von
den verschiedenen Vorstellungen, mit welchen operiert
wird, herrührt, kam noch nicht zur Entscheidung. Es

wäre ja sehr wohl denkbar, daſs eben die psychischen
Thätigkeiten, die logischen und die associativen Prozesse, von allen materiellen Erscheinungen unabhängig
wären, mithin keinen Einfluſs auf die Muskelarbeit hätten;
die wahrgenommene Arbeitsverminderung müſste dann
von den im Bewuſstsein auftretenden Vorstellungen
herrühren, die ohne Zweifel von Energieumsätzen im
Gehirn abhängig sind. Welche dieser Auffassungen die
rechte ist, muſs offenbar durch einen vergleichenden
Versuch zu entscheiden sein. Wir brauchen nur eine
Reihe von Vorstellungen in unserem Bewuſstsein entstehen zu lassen, in einem Falle als Resultat einer sinnlichen Wahrnehmung, in einem anderen Falle als Resultat einer logischen Operation. Erhalten wir in beiden
Fällen dieselbe relative Arbeitsverminderung, so ist
hiermit gegeben, daſs die psychische Thätigkeit gar
keinen Einfluſs hat; es müssen dann die Vorstellungen
sein, die an und für sich die Arbeitsverminderung bewirken. Wie ein solches Experiment ausgeführt werden
kann, läſst sich leicht durch ein Beispiel zeigen. Nehmen
wir an, daſs wir eine Addition der vier Zahlen 385,
672, 913, 485 ausführen, und daſs diese auf gewöhnliche
Weise untereinander aufgeschrieben sind. Während des
Rechnens entstehen nun successiv folgende Vorstellungen: $5 + 2$ macht 7, $+ 3$ macht 10, $+ 5$ macht 15,
und indem nun der Zehner zur nächsten Reihe gefügt
wird: $1 + 8$ macht 9, $+ 7$ macht 16 u. s. w. Schreiben
wir nun alle diese successiven Zahlen auf ein Stück
Papier, so leuchtet es ein, daſs man ganz dieselben
Vorstellungen beim Durchlesen dieser Zahlen wie bei
der Ausführung der Berechnung erhalten wird. In
beiden Fällen ist der Vorstellungslauf derselbe, in einem
Falle sind die Vorstellungen nur durch Anschauung
gegeben, im anderen entstehen sie durch logisch-associa-
tive Thätigkeit. Die Frage ist also nur, ob wir denselben Wert von $M$ erhalten, gleichviel ob die Vorstellungen auf die eine oder die andere Weise kommen.
Die Antwort hierauf erhalten wir, wenn wir das Ergogramm Pl. XXI, B, welches uns das Resultat der
Addition der vier dreistelligen Zahlen zeigt, vergleichen
mit:

*Pl. XXIII, A.* [10] [10]. A.L. Durchlesen einer Zahlenreihe.

14*

Die bei diesem Experimente durchgelesene Zahlenreihe war eben diejenige, welche auf oben beschriebene
Weise durch Addition der vier Zahlen herauskommt.
Damit der Experimentator kontrollieren konnte, daſs
die Zahlenreihe wirklich klar aufgefaſst sei, wurde die
ganze Reihe halblaut hergesagt. Das Hersagen fand
während des Zeitraums statt, der zwischen den beiden
Pfeilen im Ergogramm liegt. Man sieht hieraus, daſs
das Hersagen keinen nachweisbaren Einfluſs auf die
Muskelarbeit hatte, wogegen die Addition der Zahlen
eine sehr meſsbare Arbeitsverminderung bewirkte.
Dieser Versuch wurde auf mancherlei Weise variiert,
hatte aber immer dasselbe Resultat. Nicht-gefühls-
betonte Empfindungen jeder beliebigen Art und Dauer
bewirken also nie eine meſsbare Arbeitsverminderung.
Es gibt namentlich einen Versuch, der sich sehr leicht
anstellen läſst, und der deutlich zeigt, daſs die Lenkung
der Aufmerksamkeit auf sinnliche Empfindungen nicht
auf die Muskelarbeit influiert. Wenn man mit dem
Ergographen arbeitet, wird man gewöhnlich die Aufmerksamkeit ausschlieſslich auf die Muskelarbeit konzentriert halten, so daſs man sich kaum bewuſst ist, die
die einzelnen Züge auslösenden Taktschläge des Metronoms zu hören. Dennoch hört man dieselben, denn
kommt man einen Augenblick aus dem Takt, so hält
man unwillkürlich ein, um wieder in Takt zu kommen.
Arbeitet man nun in regelmäſsigem Takte, mit voller
Aufmerksamkeit auf die Muskelbewegungen, so kann
man plötzlich die Aufmerksamkeit willkürlich auf die
Taktschläge richten und diesen horchen — was jedoch
keine nachweisbare Verminderung im Ergogramme herbeiführt. Die Kurve Pl. XXIII, A ist daher völlig
typisch, und wir können also folgendes Resultat feststellen:
Unbetonte Empfindungen und Vorstellungen haben keinen meſsbaren Einfluſs auf
die gleichzeitige körperliche Arbeit. Es sind
nur die psychischen Thätigkeiten, die eine
Arbeitsverminderung bewirken, und die
Gröſse der letzteren ist unabhängig von den
Vorstellungen, mit welchen man operiert.
Man bekommt also wohl schwerlich Gebrauch für die

von Höller angedeuteten psychischen Kräfte, die mit
materiellen Erscheinungen in keiner Verbindung stehen
sollten. Die Arbeitsverminderung rührt, wie wir sahen,
gerade von den psychischen Thätigkeiten her, folglich
müssen diese auch auf irgend eine Weise mit den körperlichen Prozessen in Verbindung stehen und auf dieselben
influieren. Liegt nun übrigens etwas Berechtigtes in
der oben dargestellten Auffassung, daß alle psychische
Thätigkeit nur in verschiedenen Äußerungsformen der
Aufmerksamkeit besteht, so ist es also eigentlich die
Stärke der letzteren, die durch die relative Arbeitsverminderung gemessen wird. Eine ganz interessante Konsequenz läßt sich hieraus ziehen. Eine psychische Arbeit,
z. B. die Lösung einer Rechenaufgabe, kann von dem
hierin Geübten auf höchst verschiedene Weise ausgeführt
werden. Man kann langsam und gründlich, mit voller
Aufmerksamkeit rechnen, so daß man der Richtigkeit
des Fazits ganz sicher ist; man kann aber auch schnell
und oberflüchlich rechnen, indem man die Zahlen schnell
überblickt; das Fazit kann auch in diesem Falle richtig
werden, nur fühlt man sich dessen nicht ganz sicher.
Zwischen diesen beiden Äußerlichkeiten liegen natürlich viele Zwischenstufen, mit größerer oder geringerer
Gründlichkeit des Ausrechnens und den daraus folgenden Graden der Sicherheit, was die Richtigkeit des
Fazits betrifft. Alle diese vielen Stadien sollten sich
also — der dargestellten Auffassung zufolge — eigentlich nur durch die stärkere oder schwächere Konzentration der Aufmerksamkeit unterscheiden, und für
diese sollten wir nun an $M$, der relativen Verminderung
der gleichzeitigen körperlichen Arbeit, ein Maß besitzen. Es wird gewiß von Interesse sein, diese Konsequenz einer experimentellen Prüfung zu unterwerfen.

Bekanntlich ist es nicht leicht — oder vielmehr, es
ist ganz unmöglich, — eine Arbeit mit einem willkürlich
festgestellten Grade der Aufmerksamkeit auszuführen.
Man kann die Aufmerksamkeit völlig auf eine Arbeit
konzentriert halten, oder man kann diese mit einem
Minimum der Aufmerksamkeit verrichten, zwischen
diesen beiden Grenzen einen bestimmten Grad der Aufmerksamkeit mit Sicherheit festzustellen, ist aber nicht
möglich. Bei einem Experimente der erwähnten Art

wird man deshalb ganz natürlich darauf angewiesen
sein, die beiden Grenzfälle, das Maximum und das
Minimum der Aufmerksamkeit, und darauf irgend ein
Zwischenstadium zu prüfen, von dem man indes durchaus nicht mit Sicherheit wissen kann, ob es in den beiden
Versuchen das gleiche wird. Besteht die psychische
Arbeit in der Lösung einer Aufgabe im Kopfrechnen,
so sichert man sich das Maximum der Aufmerksamkeit
am besten, wenn man verlangt, daß das Fazit der Aufgabe behalten und richtig angegeben wird. Das Minimum der Aufmerksamkeit erlangt man leicht, wenn
man die Aufgabe möglichst schnell durchläuft, ohne die
geringste Gewißheit von der Richtigkeit der Berechnung.
Endlich wird man als Zwischenstadium zwischen den
beiden Grenzen passend das Verfahren benutzen können,
das bei allen unseren vorhergehenden Versuchen zur
Anwendung kam, indem man nämlich die Aufgabe
sicher rechnet, ohne jedoch darauf auszugehen, sich
des Fazits zu erinnern. Wir betrachten nun eine Versuchsreihe, die sämtliche drei genannte Fälle umschließt.

*Pl. XXIII, B.* d. $^{11}$/$_{10}$. A. L. Arbeit I: 8372 × 17.
Arbeit II: 4591 × 18. Sehr flüchtig durchgerechnet.

|  | $A_s$ | $A_r$ | $A_s - A_r$ | $M$ |
|---|---|---|---|---|
| Arbeit I | 56.7 | 46,5 | 10,2 | 0,18 |
| » II | 26,4 | 21,4 | 5.0 | 0,19 |

*Pl. XXIII, C.* d. $^{14}$/$_{10}$. A. L. Arbeit I: 8392 × 17.
Arbeit II: 7654 × 18. Sicher gerechnet ohne Erinnerung
des Fazits.

|  | $A_s$ | $A_r$ | $A_s - A_r$ | $M$ |
|---|---|---|---|---|
| Arbeit I | 53,9 | 39,4 | 14,5 | 0,27 |
| » II | 39,9 | 25,1 | 14,8 | 0,37 |

*Pl. XXIII, D.* d. $^{19}$/$_{10}$. A. L. Arbeit I: 4672 × 18.
Arbeit II: 3791 × 17. Die Fazite richtig angegeben.

|  | $A_s$ | $A_r$ | $A_s - A_r$ | $M$ |
|---|---|---|---|---|
| Arbeit I | 92,5 | 48.2 | 44,3 | 0,48 |
| » II | 68,9 | 33,5 | 35,4 | 0.51 |

Diese Versuche sind in mehreren Beziehungen interessant. Da die Aufgaben in allen Fällen gleicher Art
und möglichst gleicher Schwierigkeit waren, lassen die
verschiedenen Resultate sich direkt miteinander ver-

gleichen. Es erweist sich nun erst, wie zu erwarten stand, daß die Werte von $M$ mit dem Grade der zur Lösung der Aufgabe angewandten Aufmerksamkeit variieren. $M$ wird am kleinsten bei dem flüchtigen Durchrechnen, am größten bei dem sorgfältigen Ausrechnen mit Erinnerung des Fazits. Zwischen diesen Grenzen liegt der dritte Fall, und der Unterschied zwischen den Werten von $M$ ist kein geringer; das Maximum ist fast dreimal so groß als das Minimum.

Ganz von unseren theoretischen Erwartungen abgesehen, kann dieses Resultat uns durchaus nicht in Erstaunen setzen; dasselbe wurde schon längst auf einem ganz anderen Wege als dem hier eingeschlagenen experimentell festgestellt. In einer sehr sorgfältigen Untersuchung über »Ablenkbarkeit und Gewöhnungsfähigkeit«[1] wies R. Vogt, der norwegische Psychiater, nach, wie die verschiedenen psychischen Arbeiten in höchst verschiedenem Grade dadurch beeinflußt werden, daß man zugleich andere, mehr mechanische Arbeiten ausführt. Als störende Nebenarbeiten wurden die Reaktion gegen bestimmte Schläge des Metronoms, das Hersagen auswendig gelernter Gedichte u. dgl. angewandt. Die Hauptarbeiten, die untersucht wurden, waren teils Wahrnehmungen (das Auffassen sinnloser Silben oder einzelner Buchstaben eines Textes), teils Additionen von Zahlenreihen, teils das Auswendiglernen von Zahlen oder Silben. Als Maß für den störenden Einfluß der Nebenarbeit auf die Hauptarbeit benutzte Vogt das Verhältnis zwischen dem Quantum Arbeit, das geleistet wurde, wenn keine Störung stattfand, und derjenigen Menge, die geliefert wurde, wenn zugleich die störende Nebenarbeit vorging. Es erwies sich nun hierdurch, daß die bloße sinnliche Wahrnehmung durch eine gleichzeitige Nebenarbeit gar nicht beeinflußt wurde; dagegen trat bei den logisch-associativen Prozessen, auf denen das Rechnen mit Zahlen beruht, eine Störung deutlich hervor, und diese wurde überdies um so größer, je größere Forderungen an das Gedächtnis gestellt wurden. Ihr Maximum erreichte die Störung bei der reinen Gedächtnisarbeit, dem Auswendiglernen.

---

[1] Kraepelin: Psychologische Arbeiten. Bd. III. S. 62 u. f.

Es ist leicht zu ersehen, daſs die Reihenfolge, die
Vogt für die verschiedenen psychischen Arbeiten fand,
ganz dieselbe ist, die oben mittels der Verminderung
der körperlichen Arbeit nachgewiesen wurde. In der
That untersuchten Vogt und ich dieselben Erscheinungen; nur wandten wir auf den gegenseitigen Einfluſs der Haupt- und der Nebenarbeit verschiedenes
Maſs an. Wir bestimmen beide, um wieviel die Menge
der Hauptarbeit dadurch vermindert wird, daſs die
Nebenarbeit gleichzeitig stattfindet; der Unterschied ist
nur der, daſs sowohl Haupt- als Nebenarbeit bei Vogt
psychischer Art war, während ich als Hauptarbeit
körperliche Leistungen vorzog. Thatsächlich wird also
die Wechselwirkung der beiden Arbeiten gemessen, und
das Resultat wird daher ganz natürlich dasselbe. Ob
man die eine oder die andere Methode vorzieht, möchte
wohl zunächst davon abhängen, was man aufzuklären
wünscht. Hier, wo es sich nur um die Feststellung der
Reihenfolge der verschiedenen psychischen Arbeiten
handelt, ist diese Frage jedenfalls ohne allen Belang,
da beide Methoden zu genau demselben Resultate führen.
Wir können deshalb, da die Richtigkeit des Resultats
auf zweifache Weise verbürgt ist, folgenden Satz aufstellen:

Die relative Arbeitsverminderung wird
um so gröſser, je mehr die psychische Arbeit
die Aufmerksamkeit beansprucht. Namentlich erweist es sich, daſs vorzüglich die Gedächtnisarbeit die Konzentration der Aufmerksamkeit erheischt, weshalb diese Art
Arbeit auch die gröſste Verminderung der
körperlichen Arbeit bewirkt.

Noch ein anderer wichtiger Schluſs läſst sich aus
der angegebenen Versuchsreihe ableiten. Vergleichen
wir nämlich die für die beiden Arbeiten in demselben
Ergogramme gefundenen Werte von $M$ miteinander, so
zeigt sich ein wesentlicher Unterschied in der Genauigkeit der Bestimmungen bei den verschiedenen Graden
der Aufmerksamkeit. Beim Minimum der Aufmerksamkeit fanden wir für $M$ 0.18 und 0.19; beim Maximum
0.48 und 0.51. In beiden diesen Fällen stimmen die
beiden Werte so gut miteinander überein, wie es sich

überhaupt nur irgend erwarten lieſs. Denn kleine Zufälligkeiten sind bei diesen Versuchen ja keineswegs
ausgeschlossen. Selbst wenn die Rechenaufgaben so
gemacht sind, daſs sie gleiche Schwierigkeiten darzubieten scheinen, kann man doch nicht sicher sein, daſs
nicht einzelne der darin vorkommenden Multiplikationen
der V-P leichter fallen als andre. Kommt hierzu noch
ferner die ganz unberechenbare gröſsere oder geringere
Aufgelegtheit u. dgl., so wird es einleuchten, daſs man
identische Zahlen in zwei Versuchen dieser Art nicht
erwarten darf. So kleine Unterschiede wie die oben
gefundenen (0.01 und 0.03) fallen ganz gewiſs innerhalb
der Grenzen der zufälligen Fehler, und wir finden bei
diesen beiden Graden der Aufmerksamkeit also wirklich konstante Werte von $M$. Anders verhält es sich
dagegen im dritten Falle, der eine nicht näher bestimm-
bare Zwischenstufe zwischen dem Maximum und dem
Minimum der Aufmerksamkeit repräsentiert. Man besitzt, wie oben gesagt, durchaus kein Mittel, um sicher
zu gehen, daſs man genau denselben Grad der Aufmerksamkeit hervorbringt, sobald es sich nicht um das
Maximum oder das Minimum handelt. Der Versuch
zeigt denn auch, daſs wir gerade in diesem Falle ziemlich groſse Differenzen zwischen anscheinend ganz gleichartigen Arbeiten erhalten; jedenfalls ist der Unterschied
zwischen 0,27 und 0,37 zu groſs, um als rein zufälliger
Fehler betrachtet werden zu können. Und selbst wenn
dieser Fehler ungewöhnlich groſs ist, zeigen doch
alle unsere früheren, auf dieselbe Weise ausgeführten
Messungen, daſs der Unterschied zwischen den zusammengehörenden Werten von $M$ durchgängig zwischen 0,05
und 0,08 liegt. Es geht also hieraus hervor, daſs die
Art und Weise, wie die psychische Arbeit bei allen
diesen früheren Versuchen ausgeführt wurde, streng
genommen so ungeeignet war, wie nur irgend möglich.
Da nichtsdestoweniger bestimmte Gesetzmäſsigkeiten
· deutlich zum Vorschein kommen, fand ich mich nicht
bewogen, die Versuche zu verwerfen.

Wir verstehen jetzt also, weshalb die zusammengehörenden Werte von $M$ bei allen vorhergehenden
Versuchen durchweg ziemlich groſse Abweichungen
zeigen; dies liegt ganz einfach daran, daſs es nicht

möglich ist, denselben Grad der Aufmerksamkeit herzustellen, wenn nicht entweder das Maximum oder das
Minimum verlangt wird. Hierin liegt nichts Sonderbares; seit den ersten Tagen der psychophysischen Versuche weifs man dies, weshalb man stets das Maximum
der Aufmerksamkeit verlangt, da man sich hierdurch
nicht nur einen konstanten Grad der Aufmerksamkeit,
sondern auch zugleich die genaueste Auffassung der zu
beobachtenden Erscheinung sichert. Es erübrigt noch
die Erklärung, weshalb der gröfsere Wert von $M$ fast
immer der Arbeit II zufällt. Wenn der Grad der Aufmerksamkeit von einem Versuche zum anderen variiert,
müfste man eigentlich erwarten, den gröfseren Wert
von $M$ ebenso häufig in Arbeit I als in Arbeit II zu
finden; es zeigt sich indes empirisch, dafs dies nicht der
Fall ist. Die Frage ist also die: weshalb würde Arbeit II
durchweg mit gröfserer Aufmerksamkeit ausgeführt als
Arbeit I? Die Selbstbeobachtung beantwortet diese
Frage auf sehr befriedigende Weise. Nach Ausführung
der Arbeit I hat man das Gefühl, dafs man die Aufgabe
nicht mit so grofser Sicherheit gelöst hat, wie man es
hätte thun können. Dies »Gefühl« ist ganz richtig, denn
da die Aufmerksamkeit nicht maximal konzentriert war,
müfste man bei gespannterer Aufmerksamkeit gröfsere
Sicherheit erreichen können. Da nun stets das sichere
Ausrechnen der Aufgabe verlangt wurde, strengt man
sich unwillkürlich bei der Arbeit II gründlicher an, eben
weil man erkennt, dafs man das erste Mal vielleicht
nicht ganz befriedigend arbeitete. Und da zwischen
den einzelnen Ergogrammen wegen der Ermüdung der
Muskeln gewöhnlich eine Pause von etwa einer Stunde
gemacht werden mufs, wiederholt sich dasselbe beim
nächsten Doppelversuche, weil man aufser stande ist,
den zuletzt angewandten Grad der Aufmerksamkeit in
der Erinnerung festzuhalten. Es wird daher verständlich, dafs man bei der Arbeit II fast immer gründlicher,
mit etwas mehr gespannter Aufmerksamkeit, als bei
Arbeit I arbeiten wird, und somit ist der gröfsere Wert
von $M$ gegeben.
    Eine rein praktische Konsequenz hiervon ist es, dafs
man bei vergleichenden Versuchen dieser Art, wo es
auf gröfsere Genauigkeit ankommt, stets entweder mit

dem Maximum oder dem Minimum der Aufmerksamkeit
arbeiten sollte. Gleich im Folgenden werden wir hiervon Gebrauch machen.

Wir haben jetzt gesehen, wie die relative Arbeitsverminderung mit der psychischen Arbeit variiert; es
erübrigt noch die Untersuchung, ob sie nicht auch von
der körperlichen Arbeit, speziell von dem Takte, in
welchem diese ausgeführt wird, abhängig ist. Bei allen
angeführten Messungen war der Takt beständig 40
pr. Min., und die Zahlen lassen sich deshalb miteinander
vergleichen, weil sie unter diesen Verhältnissen von
der psychischen Arbeit allein abhängig werden. Es ist
nun die Frage, ob diese Zahlen nur relative Bedeutung
haben, so dafs man bei einem anderen Takte andere
Zahlengröfsen finden würde, oder ob die gefundenen
Werte des $M$ von dem zufällig gewählten Takte unabhängig sind, so dafs sie als konstante Mafse der ausgeführten psychischen Arbeiten Bedeutung erhalten.
Wie es sich hiermit verhält, kann natürlich nur durch
Versuche entschieden werden, von deren wahrschein-
lichem Ausfalle wir uns indes a priori eine Vorstellung
zu bilden vermögen. Solange der Takt so schnell ist,
dafs die psychische und die körperliche Arbeit gleichzeitig ausgeführt werden müssen, kann der Takt keinen
Einflufs erhalten. Jede einzelne Partialarbeit mufs in
diesem Falle um eine bestimmte, von der gleichzeitig
ausgeführten psychischen Arbeit abhängige Gröfse vermindert werden, und die relative Verminderung der
gesamten körperlichen Arbeit wird mithin konstant,
ganz davon unabhängig, ob in einem mehr oder weniger
schnellen Takte gearbeitet wird. Anders dagegen, wenn
der Takt so langsam wird, dafs man sich in der Hauptsache nur mit der psychischen Arbeit zu beschäftigen
hat, während die körperliche blofs als kurze, regelmäfsige Störung eintritt. In letzterem Falle mufs die
relative Arbeitsverminderung zweifelsohne viel geringer
werden als im ersteren, eben weil man während der
längeren zeitlichen Zwischenräume ziemlich ungestört
arbeiten kann und nur in einem einzelnen Momente die
Aufmerksamkeit auf die störend eingreifende körperliche Arbeit zu richten braucht. Die beiden verschiedenartigen Arbeiten werden hier zunächst abwechselnd

ausgeführt, so daß sie in weit geringerem Grade aufeinander zu influieren vermögen.

Daß diese Betrachtungen richtig sind, geht aus den
Versuchen nun auch deutlich hervor. Ich führe erst zwei
Ergogramme an, die zur Illustration des Einflusses
dienen, welchen ein geringer Unterschied des Taktes
auf die relative Arbeitsverminderung erhält.

*Pl. XXIV, A.* d. $^{10}/_{14}$. A. L. Takt 30 pr. Min.
Arbeit I: 52941 × 14; Arbeit II: 64783 × 13. Beide
Arbeiten möglichst schnell durchgerechnet.

|          | $A_i$ | $A_r$ | $A_i - A_r$ | $M$  |
|----------|-------|-------|-------------|------|
| Arbeit I | 58,2  | 45,1  | 13,1        | 0.22 |
| II       | 37,2  | 29,8  | 7,4         | 0.20 |

*Pl. XXIV, B.* d. $^{10}/_{10}$. A. L. Takt 40 pr. Min.
Arbeit I: 64783 × 14; Arbeit II: 52941 × 13. Beide
Arbeiten möglichst schnell durchgerechnet.

|          | $A_i$ | $A_r$ | $A_i - A_r$ | $M$  |
|----------|-------|-------|-------------|------|
| Arbeit I | 68,8  | 57,9  | 10,9        | 0,16 |
| ▸ II     | 34,3  | 27,3  | 7,0         | 0,20 |

In diesen Versuchen wurde, wie angegeben, ein
Minimum der Aufmerksamkeit bei den psychischen Arbeiten angewandt, um möglichst konstante Werte zu
erhalten. Die Schwankungen von $M$ innerhalb der einzelnen Versuchsgruppen sind denn auch nicht groß,
0,04, bzw. 0,02. Diese Größen, die also als zufällige
Fehler zu betrachten sind, übersteigen die Abweichung
zwischen den beiden Gruppen. Der mittlere Wert von
$M$ in den beiden Versuchsgruppen ist nämlich 0,21,
bzw. 0,18, die Differenz derselben 0,03. Das heißt mit
anderen Worten, daß der verschiedene Takt keinen
nachweisbaren Unterschied der relativen Arbeitsverminderung bewirkt hat, was mit unseren oben angestellten Betrachtungen völlig übereinstimmt. Nehmen
wir dagegen einen sehr langsamen Takt, so stellt sich
die Sache anders. Die V-P selbst merkt den langsamen
Takt als eine Erleichterung, indem es nun keine
Schwierigkeit bereitet, sogar größere Rechenaufgaben
vollständig zu lösen und das Fazit zu behalten. Trotzdem werden die Werte von $M$ sehr klein.

*Pl. XXIV, C. d. "'a. A. L.* Takt 12 pr. Min. Aufgabe 657×34; vollständig ausgerechnet mit Angabe des Fazits.

$$A_1 = 71,3 \quad A_2 = 55,8 \quad A_1 - A_2 = 15,5 \quad M = 0,22$$

*Pl. XXIV, D. d.* $^{10}$a. Dr. B. Takt 12 pr. Min. Arbeit I: 657×34; Arbeit II: 392×43; Arbeit III: 876×35. Alle drei Arbeiten ausgerechnet mit Angabe des Fazits.

|          | $A_1$ | $A_2$ | $A_1 - A_2$ | $M$  |
|----------|-------|-------|-------------|------|
| Arbeit I | 51,1  | 42,3  | 8,9         | 0,17 |
| » II     | 41,5  | 31,4  | 10,1        | 0,24 |
| » III    | 44,3  | 33,3  | 11,0        | 0,25 |

Vergleichen wir diese Bestimmungen mit den Ergogrammen Pl. XXII, A und B, wo Aufgaben von derselben Schwierigkeit bei einem Takte von 40 pr. Min. gelöst wurden (siehe S. 206—8), so zeigt es sich, dafs der Wert von $M$ bei dem langsameren Takte bis auf die Hälfte oder ein Drittel des Wertes bei dem schnelleren Takte sinkt. Und bei dem langsameren Takte bleibt obendrein das Fazit im Gedächtnisse, was sich in dem anderen Falle als unmöglich erwies. Wären die Aufgaben in beiden Fällen auf dieselbe Weise gelöst worden, so würden die Werte von $M$ einen noch gröfseren Unterschied zeigen. Soll die relative Arbeitsverminderung als Mafs für die psychische Thätigkeit zu gebrauchen sein, so mufs man also dafür sorgen, den Takt so schnell zu nehmen, dafs die psychische und die körperliche Arbeit wirklich gleichzeitig ausgeführt werden. Bleibt diese Bedingung unerfüllt, so werden die beiden Arbeiten, die physische und die psychische, zunächst abwechselnd ausgeführt werden, und ihr gegenseitiger Einflufs aufeinander ist dann sehr gering.

Die relative Arbeitsverminderung, die eine gegebene psychische Thätigkeit bewirkt, ist unabhängig vom Takte, von dem zeitlichen Zwischenraum zwischen den einzelnen Partialarbeiten, wenn dieser nur so kurz gemacht wird, dafs die körperliche und die psychische Arbeit gleichzeitig vorgehen. Wird die Pause dagegen so lang, dafs die Aufmerksamkeit konstant auf die psychische Arbeit

konzentriert werden kann und nur in einzelnen Momenten auf die körperliche gerichtet ist, so wird die Arbeitsverminderung
sehr klein und läfst dieselbe sich schwerlich
als Mafs der psychischen Thätigkeit anwenden.

*Verschiedene Versuche einer Erklärung.* Die gesetzmäfsige Weise, wie die relative Arbeitsverminderung
mit der psychischen Thätigkeit variiert, macht es ganz
unzweifelhaft, dafs die Bewufstseinserscheinungen auf
irgend eine Art die Arbeitsverminderung bewirken. Es
wird also die Frage, wie diese Einwirkung zu stande
kommt. Hier gibt es verschiedene Möglichkeiten. Ein
Weg, auf dem die Einwirkung möglicherweise vorgehen
könnte, sind die durch die psychische Thätigkeit hervorgebrachten Störungen des Blutumlaufs. In der Einleitung wurde erwähnt, dafs Féré glaubt, eine Übereinstimmung zwischen der Arbeitsänderung und der
Änderung des Volumens des Armes, die von einer gegebenen psychischen Thätigkeit herrührt, gefunden zu
haben. Nun ist diese Übereinstimmung allerdings ein
reines Postulat, für welches durchaus kein Beweis geführt wird, und überdies ist die Erklärung eine höchst
unwahrscheinliche, da es weit näher liegt, zwischen den
zentralen Prozessen (der motorischen Innervation und dem
psychophysiologischen Vorgang) eine direkte Wechselwirkung anzunehmen; nur auf Grundlage apriorischer
Vermutungen läfst die Möglichkeit sich aber doch nicht
abweisen. Es ist also zu untersuchen, ob die plethysmo-
graphisch nachgewiesenen Veränderungen des Blutumlaufs im Arm möglicherweise die Ursache der Verminderung der Muskelarbeit sein könnten.

Die sicherste Entscheidung dieser Frage wird auf
experimentellem Wege zu erreichen sein, indem gleichzeitig Plethysmogramme und Ergogramme von derselben Hand aufgenommen werden. Die praktischen
Schwierigkeiten, die hier eintreten könnten, lassen sich
leicht überwinden. Nichts verwehrt uns, einen Plethysmographen an beiden Enden offen zu machen, so dafs
er um den Arm geführt werden könnte und die Hand
frei liefse; somit wäre es also möglich, ein Plethysmogramm des gleichzeitig am Ergographen arbeitenden

Armes aufzunehmen. Es ist aber nicht nötig, einen derartigen Versuch anzustellen, denn wir haben bereits hinlängliche Erfahrungen, daſs kein brauchbares Resultat herauskommt. Jede noch so kleine Bewegung des im Plethysmographen eingeschlossenen Arms bewirkt der Erfahrung gemäſs Volumschwankungen, welche die durch Veränderungen des Blutumlaufs bewirkten weit übersteigen. Wollte man daher ein Plethysmogramm aufnehmen, während zugleich die Muskeln der Hand maximal angespannt würden, so würde das Plethysmogramm nur die Volumveränderungen der Muskeln zeigen, und alle anderen Veränderungen würden völlig verwischt werden. Es würde deshalb auch unmöglich zu ersehen sein, welche Veränderung des Armvolumens eine gleichzeitige psychische Arbeit hervorriefe. Eine direkte experimentelle Beantwortung der Frage vermögen wir also nicht zu erzielen.

Glücklicherweise bedürfen wir, meines Erachtens, auch keines neuen empirischen Materials, um die Sache zu entscheiden; unser Wissen ist völlig genügend, um hier sichere Schlüsse ziehen zu können. In dem arbeitenden Arm sind die Gefäſse gespannt, stark mit Blut angefüllt, und die Zirkulation ist lebhaft. Die Ausführung einer psychischen Arbeit bewirkt Veränderungen des Armvolumens, deren gesetzmäſsiger Verlauf uns wohlbekannt ist (vgl. I. Teil, S. 62—69). Sollen diese Volumverländerungen nun die Verminderung der körperlichen Arbeit verursachen, so leuchtet es ein, daſs sie wenigstens mit der verursachten Arbeitsverminderung gleichzeitig sein müssen, und jedenfalls nicht später als diese eintreten dürfen. Alle unsere Ergogramme zeigen indes, daſs die Arbeitsverminderung in demselben Momente beginnt, da die Aufmerksamkeit auf die psychische Arbeit gerichtet wird. Sogleich nach Anfang der letzteren zeigt die erste Partialarbeit eine Verminderung, so daſs die längste Zeit, die zwischen dem Anfang der psychischen Thätigkeit und deren Äuſserung im Ergogramme verflossen sein kann, also der Zeitraum zwischen zwei Partialarbeiten, bei allen unseren Versuchen höchstens 1.5 Sek. beträgt. Meistens wird die Zeit doch wahrscheinlich nur Bruchteile einer Sekunde betragen. Alle unsere Plethysmogramme (vgl. I. Teil, Atlas, Tab. XV bis XVII) zeigen aber, dafs mehrere, durchschnittlich 3—4 Sekunden verlaufen, bis sich eine Verminderung des Armvolumens spüren läfst. Es mufs deshalb als unmöglich betrachtet werden, dafs die Veränderungen des Blutzuflusses nach dem Arm die Ursache der Arbeitsverminderung sein können, denn diese tritt mehrere Sekunden früher ein, als die Störungen des Blutumlaufs sich nachweisen lassen. Hierzu kommt noch ein anderer Umstand. Genau in dem Augenblick, da die psychische Arbeit vollendet ist, steigen die Partialarbeiten wieder, was aus allen unseren Ergogrammen hervorgeht. Die Plethysmogramme zeigen aber keine besondere Volumveränderung in demselben Momente. Mitunter hat der Arm lange vor der Beendigung der psychischen Arbeit sein normales Volumen erreicht; mitunter befindet sich das Armvolumen beim Aufhören der psychischen Arbeit in allmählichem Steigen, man findet aber nie eine jähe Volumveränderung in diesem Augenblick. Wie ist es möglich, dafs die Zirkulationsveränderungen die plötzliche Vermehrung der körperlichen Arbeit verursachen können, wenn solche Veränderungen gar nicht in dem Moment, da die Arbeitsvermehrung eintritt, vorgehen? Von einem Kausalitätsverhältnisse zwischen diesen beiden Erscheinungen kann offenbar gar keine Rede sein.

Da zwischen den Störungen des Blutumlaufs im Arm und den Veränderungen der Gröfse der körperlichen Arbeit, die durch eine gegebene psychische Thätigkeit hervorgerufen werden, durchaus keine zeitliche Übereinstimmung stattfindet, können die Änderungen der Arbeit nicht durch Schwankungen der Ernährung der arbeitenden Muskeln verursacht sein.

Nach diesem Ergebnisse steht eigentlich nur die Möglichkeit offen, dafs der zentrale psychophysiologische Prozefs auf irgend eine Weise die motorische Innervation direkt hemmt, was natürlich eine Verminderung der Muskelarbeit zur Folge hat. Welchen Gesetzen gemäfs diese Hemmung vorgeht, und wie sie überhaupt zu stande kommt, wird im Folgenden die Aufgabe unserer Untersuchung werden. Da man von den zentralen Prozessen aber so äufsert wenig Zuverlässiges

weifs, wollen wir den Anfang damit machen, dafs wir
eine psychologische Erklärung der Erscheinung suchen,
die uns möglicherweise den zu Grunde liegenden physiologischen Prozessen auf die Spur bringen kann.

Eine psychologische Erklärung der besprochenen
Thatsachen würden wir erlangt haben, wenn es uns
nachzuweisen glückte, dafs die Variationen der relativen Arbeitsverminderung sich als einfache Konsequenzen aus bekannten Gesetzen für irgend eine
psychische Thätigkeit ableiten liefsen. Die psychische
Thätigkeit, von der hier die Rede sein kann, ist wohl
keine andere als die Aufmerksamkeit; wir haben ja
direkt nachgewiesen, dafs die relative Arbeitsverminderung, $M$, um so gröfser wird, je mehr die Aufmer-
samkeit sich auf eine gegebene psychische Arbeit konzentriert. $M$ scheint aber doch nicht ausschliefslich von
der Aufmerksamkeit abhängig zu sein, denn wir fanden
ja ebenfalls, dafs $M$ um so gröfser wird, je schwieriger
die psychische Arbeit ist. Näher betrachtet haben wir
hier jedoch mit gar keinem neuen Faktor zu thun, denn
dafs eine psychische Arbeit schwieriger ist als eine
andere, bedeutet nur, dafs sie gröfsere Anspannung,
d. h. stärkere Konzentration der Aufmerksamkeit erfordert. In wie hohem Grade eine Arbeit die Aufmer-
samkeit beansprucht, das ist also teils von der Natur
der Arbeit abhängig, teils aber auch von den mannig-
fachen, subjektiven Momenten, die wir in eine einzige
Bezeichnung: »das Interesse« zusammenfassen können.
Genauer können wir das Verhältnis so ausdrücken:
der Grad der Aufmerksamkeit ist eine Funktion zweier
unabhängiger Variabeln, nämlich der Art der Arbeit
und des Interesses des Individuums. Beide diese Gröfsen
können, wie leicht zu ersehen, ganz voneinander unabhängig variieren, und somit variiert auch der Grad der
Aufmerksamkeit. Je gröfser das Interesse ist, mit dem
man sich an eine gegebene Arbeit macht, um so mehr
wird sich die Aufmerksamkeit auf dieselbe konzentrieren; bei konstantem Interesse bewirken die verschiedenen Arbeiten verschiedene Konzentration der
Aufmerksamkeit. Von dieser Auffassung aus ist es
verständlich, dafs wir für den Grad der willkürlichen
Aufmerksamkeit und die Schwierigkeit der verschiedenen

psychischen Arbeiten ein gemeinschaftliches Mafs, die
Gröfse $M$, haben können. Schon der Umstand, dafs
diese Verhältnisse kommensurabel sind, zeigt deutlich
genug, dafs es hier ein gemeinschaftliches Begründendes
geben mufs. Dieses Gemeinschaftliche ist also, der hier
aufgestellten Auffassung zufolge, die Aufmerksamkeit,
deren Konzentrationsgrad durch alle beide genannten
Verhältnisse im Verein bestimmt wird. Und da experimentell nachgewiesen ist, dafs die relative Arbeitsverminderung von dem Grade der Aufmerksamkeit abhängt,
wird dieselbe folglich auch von den Verhältnissen abhängig, welche den Grad der Aufmerksamkeit bestimmen, mithin zugleich ein Mafs für diese Verhältnisse.
Hierdurch wird es also verständlich, dafs wir $M$ früher
als Mafs für die Schwierigkeit der verschiedenen psychischen Arbeiten anwenden konnten.

Wir können leicht einen klaren Überblick über die
Verhältnisse erhalten, wenn wir alle im Vorhergehenden
angegebenen Bestimmungen von $M$ in einem einzigen
Schema sammeln. Dieses ist in der Tab. 33 gegeben,
welche die Mittel der von der V-P A. L. ausgeführten
Messungen enthält. Die Kolonne links gibt die verschiedenen Arten der Arbeit an, nach abnehmender
Schwierigkeit von oben abwärts geordnet. In den
wagerechten Reihen sind die drei verschiedenen Grade
der Aufmerksamkeit angeführt, die sich überhaupt zum
Gegenstand der Untersuchung machen lassen, und jede
einzelne Rubrik enthält das Mittel der ausgeführten
Bestimmungen nebst dem mittleren, den Bestimmungen
anhaftenden Fehler. So bezeichnet z. B. $0.58 \pm 0.04$,
dafs $M = 0.58$, und dafs die mittlere Schwankung der
einzelnen Bestimmungen 0.04 ist. Die darunter stehenden ganzen Zahlen bezeichnen die Anzahl der Messungen,
deren Mittel genommen wurde. Zur Berechnung der
Tabelle benutzte ich das gesamte Versuchsmaterial,
das mir überhaupt hinsichtlich der betreffenden V-P
zur Verfügung stand; vieles wurde hier also mitgenommen, das in den beigeschlossenen Planen nicht
wiedergegeben ist und also auch nicht im Vorhergehenden besprochen wurde [1].

---

[1] Diese kleine Tabelle ist natürlich nur als erster Entwurf zu
einer Messung der verschiedenen psychischen Thätigkeiten zu be-

— 227 —

Aus der Tab. 33 geht nun erstens der früher erwähnte Unterschied der Genauigkeit der Bestimmungen
hervor. Beim Maximum und Minimum der Aufmerksamkeit — den beiden Graden, die sich mit Sicherheit
festhalten lassen — ist der mittlere Fehler nur klein
und annähernd eine konstante Gröfse. Bei den dazwischenliegenden Graden, die sich nicht präzisieren
lassen, und die deshalb von Versuch zu Versuch wech-
seln, wird der mittlere Fehler demgemäfs durchweg viel
gröfser. Was für uns indes die gröfste Bedeutung hat,

---

trachten; hier ist noch viel auszurichten. Ich suchte z. B. zu bestimmen, eine wie grofse Arbeitsverminderung das blofse Behalten
eines Rechnungsfazits bewirkt. Hierbei ging ich von folgender Betrachtung aus. Da es möglich ist, eine Aufgabe sicher zu rechnen und
das Fazit zu behalten, mufs es auch möglich sein, flüchtig zu rechnen
und die herausgekommenen Zahlen zu behalten. Bewirkt nun die
reine Gedächtnisarbeit eine bestimmte Arbeitsverminderung, so sollte
also der Umstand, dafs man das Fazit behält, in beiden Fällen die
gefundene Arbeitsverminderung um eine konstante Gröfse vermehren.
Um dies zu prüfen, versuchte ich es, eine Aufgabe (Addition von vier
dreistelligen Zahlen) möglichst schnell zu lösen, zugleich aber das
Fazit zu behalten. Dies war schwer, weil die beiden Operationen, das
Rechnen und das Behalten, sehr verschiedene Anspannung der Aufmerksamkeit erforderten. Das Resultat wurde denn auch, wie zu erwarten stand, eine ziemlich unsicheres; als Mittel von zwei Versuchen
erhielt ich $M = 0,17 \pm 0,03$. Wird diese Gröfse mit den in Tab. 33
angeführten Zahlen für dieselbe Art Arbeit zusammengestellt, so bekommen wir folgendes Schema:

| | ohne Behalten | mit Behalten | Differenz |
|---|---|---|---|
| flüchtig gerechnet | 0,10 | 0,17 | 0,07 |
| sicher gerechnet | 0,19 | 0,26 | 0,07 |

Die Gedächtnisarbeit scheint also, ohne Rücksicht darauf, wie man
rechnet, die Arbeitsverminderung um eine konstante Gröfse zu vermehren, die mithin das Mafs für die Gedächtnisarbeit selbst wird.
Diese wird natürlich um so gröfser, je mehr zu behalten ist, und man
wird folglich durch Zahlen angeben können, wie die Arbeit mit der
Menge des zu behaltenden Stoffes anwächst. Es war meine Absicht,
diese Untersuchung weiter zu führen, aus Eifer und Interesse für die
Versuche strengte ich meine linke Hand aber so übermäfsig an, dafs
ich jetzt nicht im stande bin, ein Ergogramm ohne starke Schmerzen
im Arm auszuführen. Vorläufig habe ich deshalb weitere Versuche
einstellen müssen, welches traurige Faktum ich nur anführe, um
anderen Forschern Vorsicht zu empfehlen. Nicht zu viele Ergogramme täglich, und kundige Behandlung der Hand und des Arms
mit Massage nach jedem Ergogramm, es sei denn, dafs man gerade
die remanente Ermüdung zu untersuchen wünsche.

15*

Tab. 33.

| An der Arbeit | Die Aufmerksamkeitskonzentrationen | | |
|---|---|---|---|
| | Minimum | unbestimmte Zwischenstufe | Maximum |
| Multiplikation 3-stelliger Zahlen mit 2-stelligen über 20 | $0,21 \pm 0,02$ 2 | $0,58 \pm 0,04$ 2 | |
| Multiplikation mehrstelliger Zahlen mit 2-stelligen unter 20 | $0,19 \pm 0,015$ 6 | $0,32 \pm 0,05$ 2 | $0,50 \pm 0,015$ 2 |
| Addition von sechs 5-stelligen Zahlen | $0,18 \pm 0,02$ 3 | $0,31 \pm 0,04$ 4 | |
| Addition von vier 3-stelligen Zahlen | $0,10 \pm 0,013$ 3 | $0,19 \pm 0,03$ 3 | $0,26 \pm 0,005$ 2 |

ist die aus der Tabelle klar hervorgehende Thatsache, dafs jede psychische Arbeit einen Grad der Aufmerksamkeit erfordert, der ausschliefslich durch die Natur der Arbeit bestimmt wird und von der durch das Interesse bestimmten willkürlichen Konzentration der Aufmerksamkeit ganz unabhängig ist. Die Tab. 33 zeigt nämlich, dafs selbst wenn die Aufmerksamkeit im Minimum ist, $M$ dennoch mit der Schwierigkeit der Arbeit zunimmt. Es gelingt also gar nicht, eine bestimmte psychische Arbeit auszuführen, wenn man derselben nicht einen gewissen, mit der Schwierigkeit der Arbeit variierenden Grad der Aufmerksamkeit schenkt. Oder mit anderen Worten: man sieht, dafs das Minimum der Aufmerksamkeit nur so lange eine konstante Gröfse ist, wie es sich um eine Arbeit ganz bestimmter Beschaffenheit handelt; verändert sich die Art der Arbeit, so variiert hiermit auch das Minimum der Aufmerksamkeit, unter welches die Arbeit sich überhaupt nicht ausführen läfst. Wir können nun also feststellen:

Der Wert, den $M$ bei der Ausführung einer gegebenen psychischen Arbeit annimmt, ist ausschliefslich von dem Grade der Aufmerksamkeit abhängig, mit welchem die Arbeit ausgeführt wird, weshalb er sich als Mafs dieses Grades anwenden läfst. Der Grad der Aufmerksamkeit ist wieder bestimmt teils durch die Natur der Arbeit, indem jede ein-

zelne Arbeit ein notwendiges Minimum erheischt, und teils durch das Interesse, das
eine vermehrte Konzentration der Aufmerksamkeit bewirkt.

Da die relative Arbeitsverminderung mithin ausschliefslich von der Aufmerksamkeit abhängig ist, lautet
die Frage also, ob wir aus den bekannten Gesetzen für
die Aufmerksamkeit die Thatsache ableiten können, dafs
die körperliche Arbeit abnimmt, wenn gleichzeitig eine
psychische Arbeit ausgeführt wird. Aufserdem sollte
es zu erklären sein, weshalb die körperliche Arbeit um
so geringer wird, je mehr die Aufmerksamkeit sich auf
die psychische richtet. Eine solche psychologische Erklärung zu geben, scheint nun auch nicht schwer zu
sein. Denn, wie wir wissen, äufsert sich die Aufmerksamkeit besonders dadurch, dafs sie durch ihre Konzentration auf einzelne Vorstellungen andere aus dem
Bewufstsein verdrängt, und dafs sie durch ihre Ver-
teilung unter mehrere Bewufstseinszustände jeden derselben weniger klar hervortreten läfst. Dieses Verhalten ist bisher zwar nur rücksichtlich der eigentlichen
Bewufstseinszustände, der Vorstellungen und Gefühle,
nachgewiesen, indes liegt die Annahme nahe, dafs dasselbe auch von anderen zentralen Erscheinungen, u. a.
also von den motorischen Innervationen der willkürlichen Muskeln gilt. Es wird um so mehr berechtigt,
dem Gesetze auch auf diesem Gebiete Gültigkeit beizulegen, da die Innervation der willkürlichen Muskeln
nach der wahrscheinlichsten Erklärung gerade auf die
Weise zu stande kommt, dafs die Aufmerksamkeit sich
auf ein Bewegungsbild, auf das muskuläre Erinnerungs-
bild früher ausgeführter Muskelbewegungen konzentriert. Ist diese Auffassung richtig, so ist hiermit ganz
gewifs auch die Erklärung aller im Vorhergehenden
nachgewiesenen Thatsachen gegeben. Wenn die maximale Innervation einer bestimmten Muskelgruppe die
volle Konzentration der Aufmerksamkeit auf ein Bewegungsbild erfordert, so leuchtet es ein, dafs man die
Aufmerksamkeit nicht zugleich auf eine psychische
Arbeit gerichtet halten kann, ohne die Innervation —
und somit die ausgeführte Muskelarbeit — zu vermindern. Und zugleich ist es klar, dafs je mehr die

Aufmerksamkeit auf die psychische Arbeit gerichtet wird, folglich um so weniger Aufmerksamkeit für die körperliche Arbeit übrigbleiben kann, weshalb diese um so mehr abnehmen muß. Demnach scheinen also die wesentlichsten unserer experimentell nachgewiesenen Thatsachen den bekannten Gesetzen für die Aufmerksamkeit direkt unterworfen zu sein. Es wird mittels einer mehr exakt mathematischen Darstellung sogar leicht nachzuweisen sein, weshalb es die relative und nicht die absolute Arbeitsverminderung werden muß, die bei wachsender Ermüdung der Muskeln konstant ist, wenn eine konstante »Menge« Aufmerksamkeit von einer bestimmten psychischen Arbeit beansprucht wird. Ich werde mich jedoch nicht näher hierauf einlassen, denn obschon die Erklärung sich sogar in Kleinigkeiten durchführen läfst, solange von Arbeiten mit nur einer Hand die Rede ist, erweist sie sich doch beim Arbeiten mit beiden Händen als ganz unzulänglich, mithin als unhaltbar.

Wenn wir mit der einen Hand maximal arbeiten, scheint diese Arbeit die völlige Konzentration der Aufmerksamkeit zu verlangen. Dies deutet wenigstens der Umstand an, daß eine wenn auch nur sehr geringe Zerstreuung der Aufmerksamkeit, das flüchtige Durchrechnen einer leichten Aufgabe, sogleich eine nachweisbare Arbeitsverminderung bewirkt. Die Konsequenz hiervon scheint die werden zu müssen, daß wir nicht gleichzeitig mit beiden Händen maximal arbeiten könnten. Die Arbeit jeder einzelnen Hand müfste abnehmen, wenn die Aufmerksamkeit auf die beiden Arbeiten verteilt wird. Dies ist absurd, denn die weitere Verfolgung des Gedankens führt dahin, daß je mehr Muskeln gleichzeitig innerviert würden, jeder einzelne um so weniger Arbeit leisten könnte, was den Erfahrungen des täglichen Lebens durchaus widerspricht. Es fällt auch nicht schwer, nachzuweisen, dafs die Arbeiten der beiden Hände durchaus voneinander unabhängig sind. Von einer kleinen Störung im Anfangsmomente abgesehen, wird die maximale Arbeit der einen Hand gar nicht auf die der anderen influieren. Ich habe mit Experimenten dieser Art nicht so gar wenig Zeit verloren, weil die psychologische Erklärung der Erscheinungen

mir so natürlich und einfach vorkam, daß es lange
dauerte, bis ich mich mit dem Gedanken versöhnte, sie
sei dennoch unhaltbar. Sie fordert notwendigerweise,
daß die Arbeit der einen Hand, wenn auch nur ganz
wenig, auf die der anderen Hand influiere, die Erfahrung
zeigt aber das Gegenteil. Die Plane XXV—XXVII
geben eine Reihe von Ergogrammen zur Aufklärung
der Sache wieder. Bei diesen Versuchen benutzte ich
zwei Ergographen, die dicht nebeneinander auf zwei
Tischen angebracht wurden, so daß die Richtungen
der Züge an den beiden Apparaten einen Winkel von
ungefähr 60° bildeten. Bringt die V-P sich nun im
Scheitelpunkte des Winkels an, so wird sie bequem mit
beiden Apparaten zugleich arbeiten können, und man
kann die Versuche nun mannigfach variieren, um den
gegenseitigen Einfluß der beiden Arbeiten aufeinander
zu prüfen. Man kann z. B. anfangs beide Hände arbeiten
lassen; während darauf die eine aufhört, arbeitet die
andere ungestört weiter, worauf die erstere wieder anfaßt. Oder auch kann man mit einer Hand allein anfangen; etwas später tritt die andere hinzu, um bald
wieder aufzuhören. Endlich kann man auch mit einer
Hand allein anfangen, die andere hinzutreten lassen
und dann etwas später mit ersterer aufhören u. s. w.
Diese verschiedenen Methoden wurden bei den Ergogrammen der Plane XXV—XXVII angewandt. Bei
meinen Versuchen setzte immer die linke Hand als die
geübtere die Arbeit fort, während die rechte nur in
geeigneten Augenblicken hinzutrat. Wir bekommen
also stets zwei zusammengehörende Ergogramme, ein
ununterbrochenes für die linke und ein unterbrochenes
für die rechte Hand. In den genannten Planen ist das
Ergogramm der linken Hand überall unten angebracht,
während das der rechten Hand in der rechten Stellung
darüber steht, so daß die gleichzeitigen Partialarbeiten
in derselben Linie übereinander stehen. Ich bemerke
noch, daß die hier aufgenommenen Ergogramme nur
einen sehr geringen Teil des ganzen mir zur Verfügung stehenden Materials betragen. Ich wählte
diejenigen aus, welche am meisten auf einen gegenseitigen Einfluß der beiden Arbeiten deuteten: indem wir nun diese Kurven einzeln durchgehen, wird

es sich erweisen, dafs das Resultat dennoch ziemlich
zweifelhaft ist.

*Pl. XXV, B. d. "'s.* Fnn. Arbeit abwechselnd mit
der einen und mit beiden Händen.

*Pl. XXV, C. d.* "'s. Fnn. Anfangs die linke, später
auch die rechte Hand.

Ich stelle diese beiden Ergogramme an die Spitze,
weil sie die einzigen sind, in denen der gegenseitige
Einflufs ganz unbestreitbar ist. Diese spezielle Stellung
verdanken die beiden Kurven wahrscheinlich dem Umstand, dafs die V-P noch an den Folgen der früher erwähnten Influenza litt. Diese Krankheit bewirkt gewifs
nicht so gar selten eine Schwächung des Zentralorgans,
und eine solche deuten die beiden Kurven auch an. Im
Pl. XXV, B zeigt sich der wechselseitige Einflufs der
beiden Arbeiten zunächst darin, dafs die Partialarbeiten
im Ergogramme der rechten Hand übermäfsig klein
geworden sind. Obgleich die rechte Hand nicht ermüdet war, und das Ergogramm folglich mit Partialarbeiten von annähernd derselben Höhe wie die der
Partialarbeiten der linken Hand beginnen sollte, ist die
Höhe dennoch durchweg weit geringer, indem die Partialarbeiten ungefähr dieselbe Gröfse haben wie die
gleichzeitigen Partialarbeiten der ermüdeten linken
Hand. Aufserdem zeigt das Ergogramm der linken
Hand eine geringe Verminderung, solange die rechte
Hand arbeitet. Pl. XXV, C gibt uns ein ganz anderes
Bild. Das Ergogramm der rechten Hand beginnt hier,
wie zu erwarten stand, mit Partialarbeiten derselben
Gröfse wie das Ergogramm der linken Hand, und im
letzteren ist auch kein Einflufs der gleichzeitigen Arbeit
der rechten Hand zu spüren, von einer geringen
Senkung abgesehen, die gleich beim Eingreifen der
rechten Hand zu sehen ist. Später, wenn die linke
Hand aufhört, steigen die Partialarbeiten der rechten
Hand aber ziemlich bedeutend. In beiden diesen Versuchen ist ein wechselseitiger Einflufs der Arbeit der
beiden Hände also unzweifelhaft, er ist allerdings aber
so klein, dafs es schwer halten wird, seine Gröfse zu
bestimmen. Dies hat denn auch kein grofses Interesse,
da die Erscheinung rein vorübergehend war; in dem
letzteren der beiden Ergogramme, das 14 Tage später

— 233 —

als das erstere genommen wurde, hat die Wirkung augenscheinlich schon abgenommen. Und bei den anderen Versuchspersonen, deren Ergogramme wir jetzt betrachten werden, läfst sich keine Spur von einem derartigen wechselseitigen Einflusse nachweisen.

Pl. XXVI, A. d. ¹¹/₂. Dr. B. Arbeit abwechselnd mit beiden Händen und mit der linken Hand allein.

Pl. XXVI, B. d. ¹/₄. Dr. B. Arbeit abwechselnd mit der linken Hand allein und mit beiden Händen.

Diese beiden Ergogramme sind völlig typisch, nicht nur für diese V-P, sondern auch für die folgende, A. L. Man sieht, dafs das Ergogramm der linken Hand ebenso gleichförmig und regelmäfsig ist, wie es sein würde, wenn es für sich allein ausgeführt wäre. Ob die rechte Hand zugleich arbeitet oder auch nicht, hat gar keinen Einflufs hierauf. Nur eben am Übergange, indem die rechte Hand eingreift, findet sich eine kurze Senkung im Ergogramm der linken Hand, das gleich darauf wieder bis zur normalen Höhe ansteigt. An einer einzelnen Stelle sieht man aufserdem eine kleine Störung derselben Art eintreten, indem die rechte Hand aufhört. Ganz dasselbe ist, wie gesagt, in den ziemlich zahlreichen, von A. L. ausgeführten Versuchen zu gewahren. Es liegt folglich kein Grund vor, auch für letztere V-P Kurven wiederzugeben. Die beiden Ergogramme Pl. XXVII wurden nur mitgenommen, weil sie Ausnahmen sind, die vielleicht einen geringen Einflufs andeuten könnten.

Pl. XXVII. A. d. ¹¹/₄. A. L. Arbeit abwechselnd mit beiden Händen und mit der linken Hand allein.

Hier findet sich ein deutliches Steigen des Ergogramms der linken Hand während des Zeitraums, in welchem die rechte Hand nicht arbeitet. Ich glaube jedoch, dafs dieses Steigen eine rein illusorische Erscheinung ist, die nur von einer Unregelmäfsigkeit im Ergogramm der linken Hand herrührt. Man sieht nämlich, dafs das Steigen beginnt, bevor die rechte Hand mit dem Arbeiten aufhört, und es ist daher nicht besonders wahrscheinlich, dafs das Steigen hierdurch verursacht sein sollte. Wahrscheinlich hat irgend ein zufälliger Umstand die im Ergogramme der linken Hand sichtbare Senkung bewirkt, und indem diese Senkung fast gleichzeitig damit aufhört, dafs die rechte Hand die Arbeit einstellt, hat es den Anschein, als ob dieser Umstand auf die Arbeit der linken Hand influierte. Etwas Ähnliches ist mit dem anderen Versuche der Fall.

*Pl. XXVII, B.* d. *˙˙.* A. L. Arbeit abwechselnd mit der linken Hand allein und mit beiden Händen.

Es zeigt sich hier eine kleine Senkung im Ergogramme der linken Hand während des Arbeitens der rechten Hand. Diese Senkung fängt aber später an und hört früher auf als die Arbeit der rechten Hand, so dafs ein Kausalnexus der beiden Erscheinungen wenigstens zweifelhaft ist. Das Ergebnis dieser Versuche wird also:

Maximale Arbeit der einen Hand wird nicht durch gleichzeitige maximale Arbeit der anderen Hand beeinflufst. Nur im Augenblicke des Übergangs, indem die eine Hand anfängt oder aufhört, zeigt sich meistens eine kleine Störung im Ergogramm der anderen Hand. Ein länger anhaltender gegenseitiger Einfluss der Arbeit der beiden Hände läfst sich jedenfalls mit Sicherheit nur bei Personen nachweisen, die durch Krankheit geschwächt sind.

Soweit ich zu sehen vermag, läfst dieses Ergebnis sich nicht durch das Gesetz von der Teilung der Aufmerksamkeit psychologisch erklären, da letzteres mit Notwendigkeit gegenseitigen Einflufs erfordert. Jedenfalls ist das Gesetz durch die Klausel zu beschränken, dafs gleichzeitige gleichmäfsige Innervation symmetrisch gelegener Muskelgruppen keine Teilung der Aufmerksamkeit verlangt. Die Arbeit der einen Hand erhält man also ganz unentgeltlich. Wie wird es aber gehen, wenn man mit beiden Händen arbeitet und zugleich eine Rechenaufgabe löst? Es bedarf hierzu eines gewissen Grades der Aufmerksamkeit, und folglich wird die körperliche Arbeit vermindert werden, wie wird die Verminderung sich aber unter die beiden Hände verteilen? Wird das eine Ergogramm unverändert bleiben, während sich im anderen die gesamte Verminderung zeigt, oder verteilt die Verminderung sich gleichmäfsig

auf beide Ergogramme? Nur die Erfahrung kann diese
Frage beantworten; zu welchem Resultate wir aber
auch gelangen möchten, so leuchtet es ein, daſs dasselbe
sich psychologisch nicht erklären läſst. Denn das Resultat erklären, will nur heiſsen: nachweisen, daſs es
mit Notwendigkeit aus bekannten Sätzen hervorgeht.
Aus dem Gesetze von der Teilung der Aufmerksamkeit
läſst sich aber über dieses Verhältnis durchaus nichts
folgern, mithin kann das Gesetz auch das empirisch
gefundene Resultat nicht erklären. — Die beiden folgenden Versuche werden genügen, um zu erhellen, wie es
thatsächlich um die Sache steht.

Pl. XXVIII, A und B. d. ⁱⁱ³. Dr. B. Addition von
sechs fünfstelligen Zahlen. A das Ergogramm der
rechten, B das der linken Hand.

|  | $A_1$ | $A_2$ | $A_1 — A_2$ | $M$ |
|---|---|---|---|---|
| Rechte Hand | 57.0 | 46,9 | 10,1 | 0,18 |
| Linke » | 66,5 | 53,6 | 12,9 | 0,19 |

Während sowohl die wahrscheinliche als die thatsächlich verrichtete Arbeit, mithin auch die absolute Arbeitsverminderung, ziemlich verschiedene Werte für die beiden
Hände zeigt, erhalten wir doch fast identische Werte
für $M$, die relative Arbeitsverminderung. Die psychische
Arbeit hat also auf beide Ergogramme gleich stark influiert.
Wir vergleichen nun die gefundenen Gröſsen von $M$
mit den Werten, die man für psychische Arbeit derselben
Art erhalten würde, wenn nur die eine Hand gearbeitet
hätte. Pl. XXI, D zeigt ein unter diesen Verhältnissen
von derselben V-P ausgeführtes Ergogramm. Hier ist
$M = 0,17$ und 0,23 (vgl. S. 208); hiermit stimmen unsere
neuen Werte offenbar völlig überein. Wird mit beiden
Händen gearbeitet, so bewirkt eine gegebene psychische
Arbeit also dieselbe relative Arbeitsverminderung in
jedem einzelnen Ergogramm, die man bekommt, wenn
mit nur einer Hand gearbeitet wird. Dieses Resultat
erweist sich als konstant.

Pl. XXVIII, C und D. d. ⁱⁱ³. A. L. Addition von
sechs fünfstelligen Zahlen. C das Ergogramm der
rechten, D das der linken Hand.

| | $A_1$ | $A_2$ | $A_2 - A_1$ | $M$ |
|---|---|---|---|---|
| Rechte Hand | 81,6 | 60,8 | 20,8 | 0.26 |
| Linke   » | 85,2 | 61,6 | 23,6 | 0.28 |

Wir erhalten also wieder identische Werte für $M$. Die
Größe von $M$, wenn die linke Hand allein arbeitet, geht
aus Pl. XXI, C (vgl. S. 206) hervor. Hier fanden wir
$M = 0,33$ und $0,38$. Die Übereinstimmung ist hier freilich keine so große wie bei dem oben erwähnten Versuche, da der Unterschied zwischen 0,28 und 0,33 aber
nicht größer ist als der zufällige Fehler, 0,05, mit dem,
wie wir sehen, die Messungen der Arbeit einer Hand
behaftet sind, dürfen wir diese verschiedenen Werte
dennoch als gleichgroß betrachten. Da es sehr schwierig
ist, den Grad der Aufmerksamkeit, bei welchem alle
diese Messungen ausgeführt wurden, unverändert zu
erhalten, läßt sich eine bessere Übereinstimmung
eigentlich nicht erwarten.

Wenn mit beiden Händen zugleich gearbeitet wird, bewirkt eine bestimmte psychische Arbeit in beiden Ergogrammen dieselbe relative Arbeitsverminderung, und
deren Größe ist dieselbe, die man erhält,
wenn nur mit der einen Hand gearbeitet wird.

Dieses Resultat kann man, wenn man will, gern
als eine Folge des oben nachgewiesenen Verhältnisses
betrachten, daß gleichzeitige, gleichartige Innervation
symmetrisch gelegener Muskelgruppen keine Teilung
der Aufmerksamkeit erfordert. Die eine Hand führt
ganz dasselbe aus, wie die andre, ohne zu verlangen,
daß die Aufmerksamkeit sich ihr speziell zukehrte.
Aber weshalb? Psychologisch läßt diese Thatsache sich
offenbar nicht erklären. Es kann wohl keinen Zweifel
erleiden, daß das psychologische Gesetz, auf welches
wir uns stützten, nur annäherungsweise richtig ist.
Dasselbe ist der unvollständige und ungenaue Ausdruck,
den die Selbstbeobachtung für die Veränderungen findet,
welche während einer sogenannten Konzentration der
Aufmerksamkeit im Zentralorgan vorgehen. Da wir
die Aufmerksamkeit durchaus nicht beobachten können,
sondern nur deren psychische Resultate kennen, ist es
leicht verständlich, daß wir zu keinem genauen psycho-

logischen Ausdruck dessen, was vorgeht, gelangen
können. Ein wirkliches Verständnis werden wir erst
dann haben, wenn wir im stande sind, die physiologischen Veränderungen anzugeben, deren psychische
Wirkungen wir als das Unbekannte: die Aufmerksamkeit, zu bezeichnen pflegen. Im folgenden Abschnitte
wird nun auf Basis der hier gewonnenen Erfahrungen
ein Versuch gemacht werden, der Natur der Aufmerksamkeit auf den Grund zu kommen.

## DIE PSYCHODYNAMISCHEN GRUND-
## THATSACHEN.

*Hydrodynamische Analogien.* Alle im Vorhergehenden hervorgezogenen Thatsachen in betreff des wechselseitigen Einflusses verschiedener psychischer und körperlicher Arbeiten aufeinander befinden sich in völliger
Übereinstimmung mit dem, was man an jeder Kraftmaschine beobachten kann, deren freie Energie angewandt wird, um verschiedene Arbeiten zugleich zu
verrichten. Um dies nachzuweisen, können wir als Beispiel eine Dampfmaschine, ein galvanisches Element,
eine fließende Wassermasse oder irgend eine beliebige
Einrichtung nehmen, die während jeder Zeiteinheit eine
konstante Energiemenge zu freier Verfügung liefert.
Da die Sache aber um so leichter verständlich wird, je
weniger zusammengesetzt die Maschine ist, und je
leichter wir deshalb den Energieumsatz zu verfolgen
vermögen, wählen wir die möglichst einfache Maschine:
zwei miteinander in Verbindung stehende Wassermassen
in verschiedenem Niveau. Der kleine Apparat, den wir
nun beschreiben werden, hat vor komplizierteren Apparaten überdies den Vorteil voraus, daß er sich zu Versuchen bei Vorlesungen gebrauchen läßt, indem er den
wechselseitigen Einfluß der verschiedenen Arbeiten unmittelbar veranschaulicht.

Wir nehmen eine große Mariotteflasche *F* (Fig. 4)
und bringen sie mit Wasser angefüllt in der Höhe von

ein paar Meter über dem Tische an. Wegen ihres Platzes repräsentiert sie jetzt eine gewisse Energiemenge; wir würden die gesamte Energie in Arbeit umgesetzt erhalten können, wenn wir die Flasche aus derselben Höhe, bis zu der sie emporgehoben wurde, hinabfallen liefsen. Das thun wir aber nicht: dagegen setzen wir eine seitliche Öffnung unten an der Flasche mit einem langen, weiten Gummischlauch, *S*, in Verbindung. Lassen wir das Wasser durch diesen abfliefsen, so verstreicht gewisse Zeit, bis die Flasche geleert ist. Von der gesamten in der Flasche enthaltenen potentiellen Energie wird in jeder Sekunde folglich nur eine gewisse Menge zur Arbeitsleistung disponibel. Die disponible oder freie Energie[1] ist bestimmt durch $mv^2/2$, wo *m* die pr. Sekunde abfliefsende Menge der Flüssigkeit, *r* die Geschwindigkeit des Abflusses bezeichnet. Wir können die strömende Flüssigkeit auf ein Wasserrad oder eine Turbine wirken lassen und hierdurch Arbeit geliefert erhalten, wir können aber auch die Flüssigkeit direkt arbeiten lassen, indem wir sie zu einem Springbrunnen gebrauchen. Zu diesem Zwecke

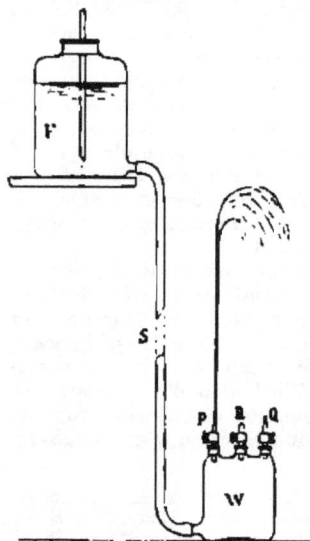
Fig. 4.

[1] Wenn ich im Folgenden die Ausdrücke ·disponible· und ·freie· Energie ohne Unterschied gebrauche, geschieht dies nicht aus Unachtsamkeit, sondern weil wir auf dem physiologischen Gebiete doch nicht im stande sind, die feinen Unterscheidungen der Physik durchzuführen. Indem ich die beiden Wörter als gleichbedeutend gebrauche, wollte ich zunächst nur pointieren, dafs ich unter freier Energie nicht den scharf definierten Begriff der Physik verstehe, denjenigen Teil der Totalenergie, welcher sich frei in andere Energieformen umsetzen

setzen wir die untere Öffnung des Gummischlauches in
Verbindung mit einer dreihalsigen Flasche *W*, in deren
drei Hälsen Röhren von verschiedener Weite, *P*, *Q* und
*R* angebracht sind. Diese Röhren können durch Hähne
verschlossen werden. Zwei der Röhren, *P* und *Q*, sind
zu sehr feinen Haarröhrchen ausgezogen, die dritte hat
durchweg eine Weite von einigen Millimetern. Ist die
Flasche *W* nun ganz mit Wasser gefüllt und sind die
Hähne geschlossen, so befindet sich die Flüssigkeit in
Ruhe. Öffnen wir aber z. B. die Röhre *P*, so strömt
hier die Flüssigkeit aus, und verrichtet eine Arbeit, indem der Strahl sich bis zu einer gewissen Höhe erhebt.
Ist die Öffnung der Röhre *P* im Vergleich mit dem
Querschnitte des Gummischlauchs *S* nun sehr klein, so
leuchtet es ein, dafs während jeder Sekunde durch *P*
nicht so viel Wasser fliefsen kann als durch *S*. Es
kann daher nur ein geringer Teil der gesamten disponiblen Energie sein, der zur Erzeugung des Springbrunnens bei *P* verbraucht wird.

Durch Versuche können wir uns leicht überzeugen,
dafs unsere Betrachtungen richtig sind, dafs wirklich
nur ein geringer Teil der disponibeln Energie zum
Springbrunnen angewandt wird. Eine gewisse Energiemenge kann nämlich, wie wir wissen, nur ein bestimmtes
Quantum Arbeit leisten. Wird also die gesamte disponible Energie zur Erzeugung des Springbrunnens
verbraucht, so kann dieselbe Energie nicht auch zu-

---

läfst. Eine derartige Sonderung hat ihre Bedeutung, solange man
weifs, dafs wirklich ein Unterschied besteht. Dies gilt z. B. von
unseren Maschinen, wo wir genau anzugeben vermögen, ein wie
grofser Teil der Totalenergie frei umgesetzt werden kann. Beim galvanischen Elemente z. B. wird die elektromotorische Kraft als freie
Energie bezeichnet, weil sie sich umsetzen läfst, was mit der zugleich
entwickelten Wärme dagegen nicht der Fall ist. Wie es sich in
dieser Beziehung aber mit dem Gehirn verhält, das wissen wir durchaus nicht. Es ist denkbar, dafs die Erwärmung des Gehirns während
der psychischen Thätigkeit ein reiner Energieverlust wäre, es ist aber
ebenfalls möglich, dafs die Wärmentwickelung für die Entstehung
der psychischen Phänomene wesentliche Bedeutung hätte und folglich
als freie Energie zu betrachten wäre. Da uns hierüber gar nichts
bekannt ist, ziehe ich daher den neutralen Begriff der »disponibeln«
Energie vor und gebrauche das Wort »freie« Energie nur der Abwechselung wegen.

gleich eine andere Arbeit liefern. Dann muſs der
Springbrunnen daher notwendigerweise niedriger werden, wenn wir einen Teil der Energie zu anderer Arbeit
gebrauchen. Wird dagegen nur ein sehr geringer
Bruchteil der disponibeln Energie zur Erzeugung des
Springbrunnens verbraucht, so müssen wir einen Teil
der überschüssigen freien Energie zu einer anderen
Arbeit verwenden können, ohne daſs diese einen nachweisbaren Einfluſs auf den Springbrunnen erhielte. Es
erweist sich nun, daſs eben dies der Fall ist. Um uns
hiervon zu überzeugen, müssen wir die Höhe des Springbrunnens messen. Dies ist nicht ganz leicht, weil der
oberste Teil der Wassermassen sich in einen Fächer
von Tropfen auflöst; stellt man aber einen Maſsstab
senkrecht dicht an den Strahl, so kann man dennoch
mit der Genauigkeit von ca. 1 cm beurteilen, wie hoch
die obersten Tropfen steigen. Hierauf öffnen wir die
zweite Sprungöffnung Q und erhalten aus dieser noch
einen Springbrunnen. Es zeigt sich, daſs dieser auf die
Höhe des ersten keinen meſsbaren Einfluſs erhält.
Hierdurch ist also bewiesen, daſs zu dem ersten Springbrunnen, P, nur ein sehr geringer Teil der totalen
disponibeln Energie verbraucht wird, und ferner ziehen
wir aus dem Versuche folgende Lehre:

Wenn zur Ausführung einer Arbeit nur
ein geringer Teil der gesamten disponibeln
Energie einer Maschine verbraucht wird, so
hat der gleichzeitige Verbrauch einer anderen geringen Energiemenge keinen meſsbaren Einfluſs auf die Gröſse der ersteren
Arbeit.

Es erweist sich, daſs dieses Resultat völlig mit dem
übereinstimmt, was wir vorher von dem wechselseitigen
Einflusse gewisser gleichzeitiger, körperlicher und psychischer Arbeiten aufeinander fanden. Nehmen wir an,
daſs zur maximalen Innervation der Muskeln der Hand
nur ein sehr geringer Teil der gesamten freien Energie
des Gehirns erforderlich sei. Aus dem angeführten
Satze folgt dann direkt, daſs der gleichzeitige Verbrauch
einer anderen geringen Energiemenge (z. B. zur Innervation der Muskeln der anderen Hand oder zur Leistung
einer fortgesetzten Reihe von sinnlichen Wahrneh-

mungen) keinen Einfluſs auf die Arbeit der ersteren Hand erhält. Gerade dies zeigten uns aber unsere früheren Versuche. Weder sinnliche Wahrnehmung noch Arbeit mit der rechten Hand hatte Einfluſs auf das Ergogramm der linken Hand. Deshalb konnten wir mittels der ergographischen Methode auch kein Maſs für diese Arbeiten bekommen; hieraus darf man sich aber natürlich nicht zu der Annahme verleiten lassen, diese Arbeiten seien ohne Energieverbrauch zu erhalten. Der Vergleich mit den Springbrunnenversuchen zeigt gerade, daſs ein kleiner Energieverbrauch sehr wohl stattfinden kann, ohne auf einen anderen, gleichzeitigen Energieverbrauch meſsbaren Einfluſs zu bekommen. Selbstverständlich ist nur die praktische Messung unmöglich, denn in der Wirklichkeit müssen gleichzeitige Energieverbrauche stets einigen Einfluſs aufeinander üben. Eine theoretische Betrachtung, die wir an unsere Springbrunnenversuche knüpfen, wird uns leicht hiervon überzeugen.

Es sei die disponible Energie der Flasche $= e$, und es möge die Röhre $P$, wenn sie allein offen steht, hiervon $1/p$ verbrauchen. Öffnen wir nun zugleich die Röhre $Q$, so verbraucht auch diese ein wenig, sagen wir $e/q$. Zurück bleibt also $e - e q = (q - 1) e/q$. Dies ist also der übrigbleibende Teil der freien Energie, nachdem die Röhre $Q$ das ihrige verbraucht hat; davon nimmt die Röhre $P$ der Voraussetzung zufolge $1/p$, also:

$$\frac{q-1}{q} \cdot \frac{e}{p}$$

Wäre dagegen die Röhre $P$ allein geöffnet, so würde sie die Energiemenge $e/p$ verbrauchen. Es ist nun leicht zu ersehen, daſs:

$$\frac{e}{p} > \frac{q-1}{q} \cdot \frac{e}{p}$$

Folglich hat der Verbrauch bei $Q$ eine Verminderung der Arbeit bei $P$ bewirkt. Ist $1/q$ aber sehr klein, $q$ also eine groſse Zahl, so muſs der Bruch $(q-1)/q$ sehr nahe an 1 liegen, und dann würden die beiden ungleichen Gröſsen praktisch genommen gleichgroſs sein, weil wir nicht im stande sind, den Unterschied zu messen. Wie groſs $q$ sein muſs, damit ein Energieverbrauch keinen nachweisbaren Einfluſs auf den anderen erhalte, hängt natürlich nur davon ab, wie fein wir messen. Dafs man aber in der Praxis, bei weniger feinen Mefsmethoden, leicht an den Punkt gelangt, wo wechselseitiger Einflufs nicht zu spüren ist, zeigten uns sowohl die Springbrunnenversuche als die ergographischen Messungen.

Die Übereinstimmung unserer Springbrunnenversuche mit den ergographischen Messungen, die wir hinsichtlich eines einzelnen Falles nachwiesen, läfst sich mit Bezug auf alle Punkte darthun. Sie läfst sich sogar bis in unwesentliche Einzelheiten verfolgen. Der angeführte Satz, dafs gleichzeitige kleine Energieverbrauche keinen nachweisbaren Einflufs aufeinander haben, ist nicht ganz richtig. Geben wir genau acht, wenn wir die Röhre $Q$ öffnen, so werden wir sehen, dafs der Strahl $P$ in demselben Augenblicke, da der andere Strahl emporschiefst, ein wenig sinkt. Dies dauert aber nur wenige Sekunden, dann erhebt er sich wieder bis zur vorigen Höhe. Die Erscheinung ist leicht zu erklären. Solange nur die Röhre $P$ offen steht, strömt das Wasser mit bestimmter Geschwindigkeit aus $F$ nach $W$. Öffnet man nun $Q$, so wird eine gröfsere Wassermasse verbraucht werden, weshalb der Druck in $W$ geringer wird. Hieraus folgt nun teils, dafs die Höhe des Strahles $P$ abnimmt, und teils, dafs das Wasser sich mit gröfserer Geschwindigkeit aus $F$ nach $W$ bewegt, weil diese Geschwindigkeit gerade von dem Unterschiede des Druckes an den beiden Punkten abhängig ist. Sobald das Wasser die durch die veränderten Druckverhältnisse bedingte Geschwindigkeit erreicht hat, steigt mithin der Strahl $P$ wieder bis zur vorigen Höhe. Etwas ganz Ähnliches konstatierten wir oben von der Arbeit am Ergographen. Wenn die rechte Hand plötzlich anfafst, sieht man gewöhnlich im Momente des Überganges eine geringe Senkung im Ergogramme der linken Hand, das aber sogleich wieder bis zur normalen Höhe steigt. Dies ist natürlich nur ein unwesentlicher Umstand, dem keine gröfsere Bedeutung beigelegt werden darf; indes zog ich diese Thatsachen hervor, um zu zeigen, wie vollständig die Übereinstimmung ist. Wir schreiten jetzt zur Betrachtung wichtigerer Ähnlichkeitspunkte.

Zuerst wollen wir den Einflufs untersuchen, den ein bedeutender Energieverbrauch auf die Höhe unseres

Springbrunnens erhält. Um die Verhältnisse in größerem
Umfange variieren zu können, bringen wir an unserem
Apparate eine kleine Verbesserung an. Diese besteht
darin, daß die Springbrunnenröhre *P* mit Haarröhrchen
von verschiedener Länge und Weite versehen wird.
Dies läßt sich leicht machen, wenn *P* nicht selbst in
ein Haarröhrchen ausgezogen, sondern überall gleich
weit und oben gerade abgeschnitten ist. Ziehen wir
nun eine Glasröhre so aus, daß sie in der Mitte ein
Haarröhrchen wird, wie in Fig. 5 gezeigt, und durch-
schneiden wir dieselbe bei *c*, so haben wir also
zwei Stückchen Glasröhre, die jedes für sich
mittels eines kleinen Endchens Gummischlauch
leicht mit *P* in Verbindung gebracht werden
können, und die in Haarröhrchen mit genau derselben äußeren Öffnung enden. Da der Schnitt
*c* aber so gelegt ist, daß ein Stück Haarröhrchen
viel länger als das andere ist, so erhalten wir
durch diese Röhren Springbrunnen von verschiedener Höhe, denn in dem längeren Haarröhrchen ist die Friktion größer als in dem
kürzeren, und der Strahl aus ersterem muß deshalb notwendigerweise geringere Höhe erreichen
als der Strahl aus letzterem, indem das Wasser
größeren Widerstand antrifft. Hiervon überzeugen wir uns leicht durch Versuche, indem
wir abwechselnd das kurze und das lange Haarröhrchen an *P* anbringen und in beiden Fällen
die Höhe des Springbrunnens über der Sprungöffnung
messen. Nehmen wir an, daß wir für das kurze Haarröhrchen (I) die Steighöhe 93 cm, für das lange (II)
42 cm finden. Wir untersuchen nun, welchen Einfluß
ein größerer Energieverbrauch auf unsere Springbrunnen hat, indem wir die weite Röhre *R* und darauf
den Springbrunnen *P* völlig öffnen. Bildet nun das
kurze Haarröhrchen (I) die Öffnung von *P*, so finden
wir eine Höhe von 81 cm; die Steighöhe ist also um
12 cm vermindert[1]. Wie zu erwarten stand, hat also
der größere Energieverbrauch durch die weite Röhre *R*

Fig. 5.

---

[1] Eigentlich ist es wohl überflüssig, zu bemerken, daß die hier
angeführten Zahlen keine erdichteten sind, sondern aus Messungen
hervorgeben; sonst würden sie ja durchaus nichts beweisen.

auf die anderweitig ausgeführte Arbeit influiert. Wir
suchen nun ein Maß für diese Arbeitsverminderung.

Die Arbeit, die eine strömende Flüssigkeit verrichtet,
indem sie fast senkrecht durch eine feine Öffnung empor-
springt, besteht darin, daß ein gewisses Gewicht Wasser
bis zu einer bestimmten Höhe gehoben wird. Die Arbeit
wird also gemessen durch das Produkt des Gewichtes
des Wassers und der Höhe, bis zu welcher dasselbe
gehoben wird. Solange man dieselbe Sprungöffnung,
mithin dieselbe Wassermenge hat, wird also die verrichtete Arbeit der Höhe proportional sein. In dem
oben angeführten Beispiele wird folglich der Unterschied der Höhe, 12 cm, das Maß der Arbeitsverminderung sein, die dadurch verursacht wird, daß wir
einen gewissen Teil der disponiblen Energie zu anderem
Zwecke anwenden. Wie stellt sich aber das Verhältnis,
wenn unser Springbrunnen gleich anfänglich eine andere
Höhe gehabt hätte? Um dies zu untersuchen, bringen
wir das Haarröhrchen II (das lange) an P an und öffnen
R, ganz wie vorhin. Wir erhalten nun die Steighöhe
36 cm; wäre R nicht offen gewesen, so hätten wir, wie
oben angegeben, die Höhe 42 cm gefunden. Der Unterschied der Höhe ist also 6 cm, nur die Hälfte der Größe,
die wir für den anderen Springbrunnen fanden. Es ist
aber leicht zu ersehen, daß der relative Höhenunterschied konstant ist. Um den Überblick zu erleichtern,
können wir die Zahlen zu einem Schema ordnen.
Nennen wir die anfängliche Steighöhe $A_1$, die Höhe, die
wir finden, wenn wir zugleich R öffnen, $A_2$, so haben wir:

| | $A_1$ | $A_2$ | $A_1 - A_2$ | $(A_1 - A_2) : A_1$ |
|---|---|---|---|---|
| Haarröhrchen I | 93 | 81 | 12 | 0,13 |
| » II | 42 | 36 | 6 | 0,14 |

Hieraus geht hervor, daß der relative Unterschied der
Höhe, d. h. die Höhenverminderung dividiert mit der
anfänglichen Höhe, eine konstante Größe ist. Oder mit
anderen Worten: die Verminderung der Höhe beträgt
einen konstanten Bruchteil der anfänglichen Höhe. Daß
wir bei den beiden Versuchen nicht genau denselben Wert
für den Bruch fanden, rührt natürlich davon her, daß
wir die Höhe der Springbrunnen nicht mit völliger
Genauigkeit messen konnten. Folglich werden auch
die daraus berechneten Größen mit kleinen Fehlern

behaftet. Die Gröfse der Brüche selbst ist natürlich davon abhängig, ein wie grofser Energieverbrauch zugleich in anderen Richtungen stattfindet. Geben wir der Röhre $R$ eine andere Weite, so werden wir auch für den relativen Höhenunterschied einen anderen Wert finden. Hiervon kann man sich leicht durch Umdrehen des Hahns an $R$ überzeugen. Dadurch wird die Röhre verengert und der Energieverbrauch mithin verringert; zugleich nimmt die Höhe des Springbrunnens bei $P$ zu. Nimmt aber $A_1$ zu, so mufs die Gröfse $(A_1 - A_1)^1 A_1$ abnehmen; der relative Höhenunterschied ist also davon abhängig, wie grofs der gleichzeitige andere Energieverbrauch ist. Als Resultat dieser Versuche können wir also folgendes feststellen:

**Wenn zur Verrichtung einer Arbeit nur ein geringer Teil der gesamten disponibeln Energie einer Maschine verbraucht wird, so wird ein gleichzeitiger Verbrauch einer gröfseren Energiemenge zur Folge haben, dafs die erste Arbeit um einen konstanten Bruchteil vermindert wird; die Gröfse des Bruchteils ist davon abhängig, wie grofs der gleichzeitige Energieverbrauch ist.**

Diese Versuche bieten augenfällige Übereinstimmung mit unseren ergographischen Messungen der Gröfse der psychischen Arbeiten dar. Von einer gegebenen psychischen Arbeit fanden wir, dafs sie eine Verminderung der gleichzeitigen körperlichen Arbeit bewirkt, und dafs diese Verminderung einen konstanten Bruchteil der Gröfse der körperlichen Arbeit beträgt, ohne Rücksicht auf das Stadium der Ermüdung, in welchem die arbeitenden Muskeln sich befinden. Dies stimmt völlig mit dem überein, was die Springbrunnenversuche zeigen. Die beiden verschiedenen Haarröhrchen entsprechen dem Muskel in zwei verschiedenen Stadien der Ermüdung. Das lange Haarröhrchen gibt gröfsere Friktion als das kurze, mithin geringere Steighöhe, ganz wie ein ermüdeter Muskel der Arbeit mehr widerstrebt als ein frischer Muskel, und deshalb Partialarbeiten von geringerer Höhe leistet als letzterer. Bei einem bestimmten Energieverbrauche wird die relative Arbeitsverminderung dennoch konstant — dies gilt vom Muskel,

wenn wir zu einer psychischen Arbeit Energie gebrauchen, ebensowohl als vom Springbrunnen, wenn
wir zu einem anderen Springbrunnen Energie anwenden.

Theoretisch läßt dieses Resultat sich nun auch
leicht begründen. Ist der Energieverbrauch durch die
Röhre $P$, wenn diese allein offen steht, $A_1 = e/p$, so wird
der Verbrauch sinken bis auf:

$$A_r = \frac{q-1}{q} \cdot \frac{e}{p}$$

wenn gleichzeitig eine andere Röhre geöffnet und durch
diese $eq$ verbraucht wird. Die Arbeitsverminderung,
welche das Öffnen der anderen Röhre bei $P$ bewirkt,
ist folglich:

$$A_1 - A_r = \frac{e}{p} - \frac{q-1}{q} \cdot \frac{e}{p} = \frac{e}{p}\left(1 - \frac{q-1}{q}\right) = \frac{1}{q} \cdot \frac{e}{p}$$

$$\dots \text{(Gleich. 56)}.$$

Dividieren wir diese Größe mit der anfänglichen Arbeit
$ep$, so bekommen wir die relative Arbeitsverminderung $M$:

$$\frac{A_1 - A_r}{A_1} = M = \frac{1}{q} \cdot \frac{e}{p} : \frac{e}{p} = \frac{1}{q} \dots \text{(Gleich. 57)}.$$

Hieraus geht hervor, daß:

die relative Arbeitsverminderung $M$ gerade
der Bruchteil der gesamten disponibeln
Energie ist, der zur anderen Arbeit angewandt wird.

Es liegt also nichts Sonderbares darin, wenn wir
überall, sowohl bei den Springbrunnenversuchen als
bei den ergographischen Messungen, fanden, daß $M$ mit
der Größe der gleichzeitig verrichteten Arbeit variiert.
$M$ ist, wie wir sehen, kein willkürliches Maß, sondern
gibt gerade denjenigen Bruchteil der gesamten disponibeln Energie an, der von der zu messenden Arbeit
verbraucht wird. Daß dem wirklich so ist, können wir
leicht durch einen Versuch mit dem Springbrunnen erfahren, wo wir im stande sind, die Größe der disponibeln Energie wie auch diejenige Menge derselben,
welche durch eine der Röhren entladen wird, zu berechnen.

Gesetzt, wir finden durch Messungen, daß die Leitung zwischen unseren beiden Flaschen durchweg eine

Weite von genau 9 mm hat. Nehmen wir nun ein kleines
Stückchen einer Glasröhre, die eine Weite von gerade
4.5 mm hat, so wird das Querschnittsareal derselben also
¼ von dem der Leitung sein. Setzen wir diese Glasröhre in die Flasche bei $R$, so leuchtet ein, daſs eben
¼ der ganzen Wassermasse, die durch die Leitung
flieſst, durch $R$ abgeführt werden kann. Läſst man $R$
ganz geöffnet bleiben, so wird also gerade ¼ der gesamten disponibeln Energie verbraucht werden, um den
Springbrunnen durch diese Röhre zu bilden. Bei $P$ und
$Q$ bringen wir zwei Haarröhrchen von ganz verschiedener Länge und Weite an. Wir messen nun successiv
die Steighöhe $A_1$ durch $P$ bez. $Q$, während die beiden
anderen Röhren verschlossen sind. Darauf öffnen wir
$R$ und messen die Steighöhe $A_2$ für $P$ bei verschlossenem
$Q$ und für $Q$ bei verschlossenem $P$. In untenstehendem
Schema sind die Ergebnisse dieser vier Messungen nebst
den hieraus berechneten Gröſsen, $A_1 - A_2$ und $M$, angegeben.

|                  |     | $A_1$ | $A_2$ | $A_1 - A_2$ | $M$  |
|------------------|-----|-------|-------|-------------|------|
| Springbrunnen    | $P$ | 91    | 68    | 23          | 0,25 |
| »                | $Q$ | 76    | 58    | 18          | 0,24 |

Wir sehen wieder, daſs die beiden Werte von $M$ gleichgroſs und auſserdem gleich ¼ sind, was sie der Theorie
zufolge auch sein sollten, da wir gerade ¼ der disponibeln Energie durch $R$ verbrauchten. Die Erfahrung
bestätigt unsere theoretischen Erwartungen also vollständig.

An diesen Versuch müssen wir indes einige Er-
wägungen knüpfen. Aus Gleich. 56 und 57 geht näm-
lich hervor, daſs $M = \frac{1}{q}$, wenn wir den Energieverbrauch
der Röhre $P$ messen, während diese allein oder auch
zugleich die Röhre $R$ geöffnet ist, und darauf $M$ aus
der Gleichung:

$$M = \frac{A_1 - A_2}{A_1} = \left( \frac{e}{p} - \frac{q-1}{q} \cdot \frac{e}{p} \right) : \frac{e}{p} \quad \ldots \ldots \text{(Gleich. 58)}$$

berechnen. Dies thaten wir aber ja, streng genommen,
gar nicht. Wir maſsen nicht die beiden Energieverbrauche, sondern die aus denselben resultierenden Steighöhen, die allerdings, wie oben erwähnt, den bezüglichen
Energieverbrauchen proportional sind. Es ist indes leicht
zu ersehen, daſs man zu demselben Resultate, $M = \frac{1}{q}$,

gelangen mufs, wenn man mit diesen Größen statt mit
den Energiemengen rechnet. Hierdurch hat man nämlich in der That nur die drei Größen der Gleich. 58
mit einem konstanten Faktor multipliziert, der auf den
Wert des $M$ keinen Einfluß erhalten kann. Es ist also
einerlei, ob man zur Berechnung der relativen Arbeitsverminderung $M$ die Energiemenge selbst oder damit
proportionale Größen benutzt. Dagegen leuchtet es
ein, daß man nicht statt der wirklichen Energiemengen
solche Größen setzen darf, die willkürliche Funktionen
derselben sind. Dann würde Gleich. 58 die Form annehmen:

$$M \frac{A_1 - A_2}{A_1} = \left[ \varphi\left(\frac{e}{p}\right) - \varphi\left(\frac{q-1}{q} \cdot \frac{e}{p}\right) \right] : \varphi\left(\frac{e}{p}\right) \dots \text{(Gl. 59)}.$$

Man sieht sogleich, daß der aus Gleich. 59 berechnete
Wert von $M$ durchaus von der Beschaffenheit der
Funktion $\varphi$ abhängig sein würde. Ist letztere alge-
braisch, z. B. eine Potenz der bezüglichen Größen, so
kann $M$ konstant, von $e/p$ unabhängig, dagegen aber
nicht gleich $1/q$ sein. Ist die Funktion keine algebraische,
sondern z. B. logarithmisch, so wird $M$ von $e/p$ abhängig
werden, und also keine konstante Größe sein. Es ist
daher durchaus notwendig, darüber im reinen zu sein,
in welchem Verhältnisse die gemessenen Größen zu
den thatsächlich stattfindenden Energieverbrauchen
stehen, da man sonst nicht im stande ist, die Bedeutung
des aus der Berechnung resultierenden $M$ zu entscheiden.

Diese Betrachtungen haben, wie leicht zu verstehen,
besonders die ergographischen Messungen der Größe
der psychischen Arbeiten vor Augen. Wir fanden an
jedem Punkte völlige Übereinstimmung der ergographischen Messungen mit den Springbrunnenversuchen, so daß es keinen Zweifel erleiden kann, daß
eine psychische Arbeit auf die gleichzeitige Muskelinnervation influiert, und zwar ganz denselben Gesetzen
gemäß, die für jede Maschine gültig sind, welche für
zwei verschiedene Arbeiten zugleich Energie liefert.
Die relative Arbeitsverminderung, welche eine gegebene
psychische Arbeit bewirkt, würde folglich gerade denjenigen Bruchteil der freien Energie des Gehirns angeben, der zur bestimmten psychischen Arbeit ver-

braucht wird, wenn die geleistete Muskelarbeit der zentralen Innervation proportional wäre. Wie wir zur Berechnung des $M$ die Steighöhen statt der wirklichen Energieverbrauche anwenden können, so müssen wir auch statt der Energieentladungen in den motorischen Zentren die Gröfse der Muskelarbeit benutzen können — wenn nur die Bedingung erfüllt wird, dafs die Gröfse der Muskelarbeit stets den zentralen Energieentladungen, den motorischen Innervationen proportional ist. Hierüber wissen wir leider dessen aber nichts.

Die Frage nach der Abhängigkeit der Muskelarbeit von der Stärke der Innervation ist schon der Gegenstand physiologischer Untersuchungen gewesen. Fick fand, dafs die Kontraktionshöhe des Muskels innerhalb ziemlich weiter Grenzen proportional zur Stärke der Stromstöfse, durch welche der motorische Nerv gereizt wurde, anwuchs. Da Preyer indes gegen die Anwendung der Muskeln, welche Fick zu seinen Untersuchungen gewählt hatte, Einwürfe erhob, fand Fick in einer anderen Versuchsreihe, dafs die Gröfse der Muskelkontraktion bei zunehmender Intensität des Stromes anfangs geschwind, später langsam zunimmt[1]. Die Sache ist also noch nicht entschieden worden, und spätere Untersuchungen über die Frage scheinen nicht vorzuliegen. Und selbst wenn derartige physiologische Versuche uns ganz unzweifelhafte Resultate gegeben hätten, wäre damit nicht einmal gesagt, dafs wir uns auf dieselben stützen dürften. Jedenfalls haben wir gar keine Garantie, dafs die künstliche Reizung eines motorischen Nervs dieselbe Wirkung hat wie die normale Innervation aus dem Zentralorgan. Es wäre z. B. sehr wohl denkbar, dafs die Muskelarbeit in annähernd logarithmischem Verhältnisse zur künstlichen Reizung, der normalen Innervation dagegen proportional zunehme. Denn es würde sogar ziemlich wahrscheinlich sein, dafs die Reizung des motorischen Nervs mit der Stärke des zur Reizung angewandten elektrischen Stromes nur logarithmisch anwüchse. Es ist uns also durchaus verwehrt, auf diesem Wege zur Lösung der uns interessierenden Frage zu gelangen.

[1] Untersuchungen über die elektrische Nervenreizung. 1869.

Da es sich darum handelt, zu erfahren, wie die
Muskelarbeit mit der zentralen Innervation zunimmt,
scheint folgendes Verfahren ans Ziel führen zu können.
Man führt am Ergographen einen kleinen Zug von willkürlicher Größe, darauf einen ein wenig größeren Zug
aus. Nach diesem sucht man einen dritten auszuführen,
der No. 2 ebensoviel an Größe übertrifft, wie der zweite
den ersten. Auf diese Weise fährt man fort, indem man
der Innervation bei jedem Zuge denselben Zuwachs zu
geben strebt. Die hieraus resultierenden successiven
Arbeitsgrößen werden also zeigen, wie die Muskelarbeit
anwächst, wenn die Innervation um eine konstante Differenz zunimmt. Auf diese Weise ließ ich einige Versuche
von einer Reihe von Versuchspersonen ausführen, die
alle gute Beobachter und in psychologischen Experimenten geübt waren. Mit Bezug auf die meisten waren
die gewonnenen Resultate erstaunlich regelmäßig —
leider sind sie zur Beantwortung der Frage aber gar
nicht zu gebrauchen. Unter allen Versuchspersonen
herrschte nämlich die schönste Einigkeit darüber, daß
für die Größe der successiven Züge rein periphere
Empfindungen, Druck- und Muskelempfindungen, bestimmend waren. Auf andere Weise war eine An-
passung der Innervation gar nicht möglich. Die Versuche lehren uns also durchaus nichts über das
Verhältnis der Muskelarbeit zur Innervation, dagegen
zeigen sie, wie die Muskelarbeit zunehmen muß, wenn
die aus derselben resultierenden Druck- und Muskelempfindungen mit annähernd konstanter Differenz zunehmen sollen. Dies kann natürlich ebenfalls von
Interesse sein. hat aber mit dem vorliegenden Probleme
nichts zu thun, weshalb ich mich hier nicht näher darauf
einlasse.

Da eine Entscheidung also nicht direkt zu erzielen
war. verdiente es, untersucht zu werden, ob denn keine
der im Vorhergehenden besprochenen Untersuchungen
einen Beitrag zur Beantwortung leisten könnte. Es
braucht wohl kaum bemerkt zu werden, daß das oben
nachgewiesene Gesetz für die Abhängigkeit der Arbeit
von der Anzahl der Partialarbeiten zur Lösung des
vorliegenden Problems durchaus nicht zu gebrauchen
ist. Bei konstanter Innervation werden die successiven

Partialarbeiten wegen steigender Ermüdung der Muskeln an Gröfse abnehmen, hieraus läfst sich aber offenbar gar nichts darüber ableiten, wie die Gröfse der Arbeit eines Muskels mit der Innervation variiert. Dagegen scheint eben der Umstand, dafs die relative Arbeitsverminderung für eine gegebene psychische Arbeit konstant ist, in bestimmter Richtung zu deuten. Denn wir sahen oben, dafs man die Konstanz dieser Gröfse nur dann erwarten darf, wenn die gemessenen Gröfsen, aus denen sie berechnet wird, algebraische Funktionen derjenigen Energieverbrauche sind, welche eigentlich die Grundlage der Berechnung bilden sollten. Nun mafsen wir die Muskelarbeit, während wir die zentralen, motorischen Innervationen hätten messen sollen; nichtsdestoweniger erwies die relative Arbeitsverminderung sich als konstant. Dies würde unmöglich sein, wenn die Muskelarbeit in logarithmischem Verhältnisse zur Innervation zunähme; es wird hier ein einfaches algebraisches Verhältnis der beiden Gröfsen vorausgesetzt. Eine derartige Relation würde denn auch stattfinden, wenn die Muskelarbeit irgend einer Potenz der Intensität der Innervation proportional wäre; für die Annahme eines so sonderbaren Verhältnisses kann ich freilich aber keinen triftigen Grund finden.

Einstweilen ist es also die natürlichste Annahme, dafs die Muskelarbeit der Gröfse der Innervation proportional zunimmt, und unter dieser Voraussetzung wird die durch eine bestimmte psychische Arbeit bewirkte relative Arbeitsverminderung gerade denjenigen Bruchteil der freien Energie des Gehirns angeben, der zur betreffenden psychischen Arbeit verbraucht wird.

Es erübrigt noch, zu untersuchen, welchen Einflufs ein gröfserer Energieverbrauch auf jeden der beiden Springbrunnen haben wird, wenn beide zugleich springen. Durch einen Versuch wie den zuletzt (S. 247) erwähnten können wir dies leicht finden, indem wir die Steighöhen messen, während sowohl P als Q geöffnet, R aber geschlossen ist. Da die beiden Röhren sehr fein sind, also nur wenig Energie verbraucht wird, können wir keinen wechselseitigen Einflufs nachweisen, oder mit anderen

Worten: wir finden genau dieselben Höhen, wenn beide
Springbrunnen zugleich springen, die wir finden, wenn
jeder derselben allein springt. Öffnen wir nun die
Röhre *A* und messen wir aufs neue die Höhen, so finden
wir wieder dieselben Zahlen, die wir erhielten, als wir
jede der Höhen für sich maßen. Die im Schema (S. 247)
angeführten Zahlen gelten also in beiden Fällen, sowohl
wenn beide Springbrunnen zugleich springen, als wenn
nur einer derselben springt. Folglich wird auch das
für jeden der Springbrunnen berechnete *M* zu identischen Werten führen, trotzdem die gemessenen Höhen
sehr verschieden waren. Daß dies völlig mit der Theorie
übereinstimmt, ist so leicht zu ersehen, daß wir hierbei
nicht zu verweilen brauchen. Ob wir 2, 3 oder irgend
eine größere Anzahl Springbrunnen zugleich springen
lassen, ist ganz gleichgültig. Findet in anderer Richtung ein größerer Energieverbrauch statt, so muß die
Steighöhe jedes Springbrunnens um einen konstanten
Bruch vermindert werden, welcher gerade den zur
anderen Arbeit verbrauchten Teil der disponibeln
Energie beträgt. Wir haben also:

Wenn zwei oder mehr Arbeiten, die nur
einen geringen Teil der freien Energie einer
Maschine beanspruchen, zugleich verrichtet
werden, so hat ein größerer Energieverbrauch zur Folge, daß jede der einzelnen
Arbeiten um einen konstanten Bruchteil vermindert wird, welcher gerade denjenigen Teil
der freien Energie der Maschine angibt, den
der größere Verbrauch erfordert.

Wie man sieht, findet wieder völlige Übereinstimmung der Springbrunnenversuche mit den ergographischen Bestimmungen statt. Durch letztere gelangten
wir nämlich (S. 236) zu folgendem Resultat: wird mit
beiden Händen zugleich gearbeitet, so bewirkt eine bestimmte psychische Arbeit dieselbe relative Arbeitsverminderung in beiden Ergogrammen, und deren Größe
ist dieselbe, die man erhält, wenn nur mit einer Hand
gearbeitet wird. Letzterer Umstand, daß *M* denselben
Wert erhält, man möge es nun aus zwei gleichzeitig
ausgeführten Ergogrammen oder nur aus einem einzelnen berechnen, ist offenbar die notwendige Folge

davon, dafs $M$ nur von der Gröfse der psychischen Arbeit abhängig ist; ob wir diese einmal oder mehrmals an verschiedenen Stellen messen, kann auf $M$ keinen Einflufs erhalten. Alle eigentümlichen Verhältnisse der Arbeit mit zwei Händen, welche das psychologische Aufmerksamkeitsgesetz durchaus nicht zu erklären vermochte, gehen also aus der hier durchgeführten dynamischen Betrachtung als einfache Konsequenzen hervor. Es wird nun zu untersuchen sein, erstens, inwiefern diese Auffassung sich mit dem, was wir sonst über die zentralen Prozesse wissen, überhaupt in Übereinstimmung bringen läfst, und zweitens, wie man von diesem Gesichtspunkte aus die Aufmerksamkeit zu erklären vermag.

Bevor wir hierzu schreiten, wird es doch angesichts der Wichtigkeit der Sache in der Ordnung sein, dafs für die Richtigkeit der oben aufgestellten Sätze von der wechselseitigen Einwirkung gleichzeitiger Arbeiten aufeinander ein fernerer Beweis geführt wird. Man könnte sich sonst leicht der Annahme zuneigen, die Übereinstimmung der Springbrunnenversuche mit den ergographischen Bestimmungen sei eine ganz zufällige, indem die beiden Reihen von Versuchen nur eine oberflächliche Ähnlichkeit darböten, durch die sich nichts begründen lasse. Der Springbrunnenapparat wäre vielleicht sogar die einzige Anordnung, für welche die aufgestellten Sätze gölten. Zu bestreiten ist es jedenfalls nicht, dafs die Gemeingültigkeit der Sätze hierdurch keineswegs bewiesen ist. Viele möchten sogar wohl meinen, ein Stück Spielzeug wie der Springbrunnenapparat, der nicht einmal genaue Messungen gestatte, sei in einer ernstlichen wissenschaftlichen Diskussion nicht als Argument zu gebrauchen. Um diese verschiedenen Einwürfe zu widerlegen, werde ich folgenden Satz beweisen:

Die früher gefundenen Gesetze von der wechselseitigen Einwirkung verschiedener, von einer Maschine verrichteter gleichzeitiger Arbeiten sind auch für das galvanische Element gültig, indem es sich erweist, dafs sie sich aus dem Ohmschen Gesetze direkt ableiten lassen.

Möglicherweise ist hierin gar nichts Neues enthalten; ich halte es sogar für wahrscheinlich, daß die Elektrotechniker mit der Sache vertraut sind, da man aber nicht einmal in den größeren Handbüchern der Physik etwas hierüber finden kann, wird eine kurze Beweisführung hier am Platze sein.

In der Fig. 6 seien $B$ und $D$ die Pole einer konstanten galvanischen Batterie, deren elektromotorische Kraft $e$ ist. Mit dem Pole $B$ verbinden wir einen Metalldraht, $BC$, und die Elemente der Batterie werden so geordnet, daß der innere Widerstand dem äußeren gleich wird; der gesamte Widerstand sei $m$. Bildet dieser Draht allein die äußere Leitung, indem der Punkt $C$ mit $D$ in Verbindung gesetzt wird, so wird die Stromstärke $A_m$ durch den Draht das Maximum sein, weil der innere und der äußere Widerstand sich gleich sind; $A_m$ ist also die maximale Stromenergie, welche die Batterie unter diesen Umständen zu leisten vermag. Dem Ohmschen Gesetze zufolge ist nun $A_m = e\,m$. Wir schalten nun zwischen den Punkten $C$ und $D$ einen langen dünnen Draht mit dem Widerstande $r$ ein: diese Leitung durchläuft dann ein Strom $A_r$, der ebenfalls dem Ohmschen Gesetze gemäß durch $A_r = e(m + r)$ bestimmt ist. Wir untersuchen darauf, welchen Einfluß es auf den Strom durch den Widerstand $r$ erhält, wenn wir einen Teil des Stromes durch den kurzen starken Draht $CD$ ablenken, dessen Widerstand $w$ ist. Nach den bekannten Sätzen von der Stromverzweigung, die sich übrigens sämtlich aus dem Ohmschen Gesetze ableiten lassen, wird die Stromstärke $A_t$ in dem Zweige, der den Widerstand $r$ leistet, folgende sein:

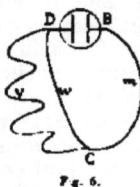

Fig. 6.

$$A_t = \frac{w \cdot e}{m\,(r + w) + r \cdot w}$$

Bevor der Widerstand $w$ eingeschaltet wurde, hatten wir in der Leitung $r$ die Stromstärke $A_r$, jetzt ist die Stromstärke $A_t$, es hat folglich eine Stromverminderung stattgefunden von der Größe:

$$A_r - A_t = \left( \frac{1}{m + r} - \frac{w}{m\,(r + w) + r \cdot w} \right) e$$

Die relative Stromverminderung erhält man durch Division von $A_s - A_z$ mit $A_s$, folglich hat man:

$$M = \frac{A_s - A_z}{A_s} = 1 - \frac{w(m+r)}{m(r+w) + r \cdot w} = \frac{m \cdot r}{m(r+w) + r \cdot w}$$

Dieser Bruch sollte also gerade denjenigen Bruchteil der maximalen Stromenergie angeben, der die Leitung $w$ durchläuft. Die maximale Stromenergie fanden wir oben durch $A_m = e \cdot m$ ausgedrückt; die Leitung $w$ durchläuft ein Strom, dessen Stärke $A_w$ gegeben ist durch:

$$A_w = \frac{r \cdot e}{m(r+w) + r \cdot w}, \text{ folglich ist}$$

$$\frac{A_w}{A_m} = \frac{m \cdot r}{m(r+w) + r \cdot w}$$

Man sieht, daß dieser Bruch mit dem Ausdruck für $M$ identisch ist. Hierdurch ist also bewiesen, daß in der einen Leitung eine Stromverminderung stattfindet, wenn gleichzeitig ein Strom die andere Leitung durchläuft, und ferner sieht man, daß die relative Stromverminderung den durch die Nebenleitung abgelenkten Bruchteil der gesamten Stromenergie des Elementes angibt. Da der Satz somit für eine Zweiteilung des Stromes bewiesen ist, wird er sich auch leicht auf den Fall erweitern lassen, daß der Strom von Anfang an verzweigt war. Alle diese Ströme werden ohne Rücksicht auf ihre Anzahl und Stärke um denselben Bruchteil vermindert, wenn eine neue Nebenleitung eingeschaltet wird. Die Gemeingültigkeit unserer Gesetze dürfte mithin wohl als dargethan zu betrachten sein.

*Dynamische Erklärung der Aufmerksamkeit.* Rein empirisch fanden wir, daß eine psychische Arbeit, die mit einer oder mit mehreren körperlichen Arbeiten zugleich ausgeführt wird, die Größe derselben auf gesetzmäßige Weise beeinflußt. Hierauf wiesen wir nach, daß eben dieselben Gesetze für die wechselseitige Einwirkung verschiedener, von irgend einer Maschine verrichteter Arbeiten gültig sind. Da es nicht anzunehmen ist, daß eine solche Übereinstimmung nur ein Zufall sei, schlossen wir ohne weiteren Vorbehalt aus gemeinschaftlicher Wirkung auf gemeinschaftliche Ursache. Es wurde deshalb ohne nähere Begründung vorausgesetzt, daß gleichzeitige Energieverbrauche im Gehirn auf irgend eine, übrigens unbekannte Weise aufeinander einwirkten, ganz ebenso wie gleichzeitige Energieverbrauche jeder beliebigen Maschine. Ferner wurde angenommen, daß die gleichartigen Verhältnisse uns berechtigten, die gleichen Schlüsse zu ziehen. Da wir in betreff einer Maschine aus den gemessenen Veränderungen der Größe der einen Arbeit die Größe des anderen gleichzeitigen Energieverbrauchs zu berechnen im stande sind, nahmen wir an, daß dasselbe auch von gleichzeitigen Hirnarbeiten gelten müsse. Es wurde daher als gegeben betrachtet, daß man — unter Voraussetzung der Proportionalität zwischen der Muskelarbeit und der motorischen Innervation — aus den gemessenen Veränderungen in den Ergogrammen den relativen Energieverbrauch bei der gleichzeitigen psychischen Arbeit berechnen könne. Unsere Berechtigung, diese Annahmen zu machen, beruht nun offenbar auf der unbewiesenen Voraussetzung, daß das Gehirn — in physischer Beziehung — eine Kraftmaschine ist, und deshalb denselben Gesetzen unterworfen ist, die für derartige Maschinen Gültigkeit haben. Nun ist der Umstand, daß das Gehirn thatsächlich diesen Gesetzen gehorcht, unleugbar ein gewichtiges Argument, und ich gestehe, daß es mir unmöglich ist, einzusehen, wie man eigentlich eine solche Übereinstimmung erklären soll, wenn man keine gegenseitige Einwirkung gleichzeitiger Energieentladungen im Gehirn annehmen will. Dennoch müßte eine solche Auffassung verworfen werden, wenn es sich erweisen sollte, daß sie dem Wenigen, was wir über die zentralen Prozesse wissen, völlig widerstritte. Es ist daher notwendig, vorerst zu untersuchen, inwiefern unsere Kenntnis dieser Verhältnisse eine derartige Annahme gestattet.

Es darf als festgestellte Thatsache betrachtet werden, daß die Zellen des Gehirns, die Neuronen, Energiebehälter sind, in denen die Energie unter der Form äußerst komplizierter und deshalb leicht zerteilbarer Moleküle aufgespeichert ist. Durch Zerteilung dieser Stoffe entstehen der Erfahrung gemäß Wärme und Elektrizität, möglicherweise auch noch andere, unbekannte Energieformen. In jedem einzelnen Neuron

wird während der Zeiteinheit wahrscheinlich nur eine
verhältnismäfsig geringe Menge Energie umgesetzt
werden können, durch gleichzeitige Arbeit einer grofsen
Anzahl von Neuronen mufs es aber doch möglich sein,
in jedem einzelnen Augenblicke bedeutende Energiemengen zu entwickeln. Die ganze Summe von Energie,
welche das Gehirn in jedem einzelnen Augenblicke zu
leisten vermag, nannten wir im Vorhergehenden die
disponible oder freie Energie des Gehirns.. Diese mufs
notwendigerweise nur ein sehr geringer Teil der in
chemischer Form im Gehirn aufgespeicherten Energiemenge sein. Hierauf deutet wenigstens der Umstand
hin, dafs das Gehirn nur durch sehr angestrengte, lange
andauernde Arbeit ermüdet. Wäre es möglich, während
jeder Zeiteinheit einen gröfseren Bruchteil der gesamten
Energie des Gehirns zu verbrauchen, so scheint hieraus
folgen zu müssen, dafs man durch sehr grofse geistige
Anstrengungen das Gehirn während verhältnismäfsig
kurzer Zeit völlig erschöpfen könnte. Es müfste dann
ein ähnlicher Zustand totaler Ermüdung entstehen, wie
wir ihn von den Muskeln kennen. Unsere ergographischen
Versuche zeigten — was die tägliche Erfahrung übrigens
völlig bestätigt — dafs es möglich ist, während kurzer
Zeit einen Muskel so müde zu arbeiten, dafs er überhaupt unfähig wird, sich trotz aller willkürlichen Anstrengung zusammenzuziehen. Dies geschieht, wie wir
wissen, obschon der Stoffwechsel bei der Muskelarbeit
bedeutend zunimmt. Einen ähnlichen Zustand der Er-
schöpfung der Energie des Zentralorgans — der wahrscheinlich den Tod des Individuums zur Folge haben
würde — kennen wir nicht. Dies deutet offenbar darauf
hin, dafs die disponible Energie, die in jedem Augenblick
verbraucht werden kann, nur ein geringer Teil der gesamten aufgespeicherten Energiemenge ist. Wie diese
Transformation der Energie, der Umsatz chemischer
Energie in andere Energieformen, sich unter gegebenen
Verhältnissen unter die verschiedenen Neuronen verteilt, wird nun im Folgenden die Aufgabe unserer Untersuchung werden.

Die Energie des Gehirns ist also über eine sehr
grofse Anzahl von kleinen Energiebehältern, von Neuronen verteilt. Stehen diese nun in solcher Verbindung

miteinander, dafs man annehmen kann, eine Veränderung an einem Punkte übe auch auf den Zustand
anderer, fernerer Stellen Einflufs? Dies kann durchaus keinen Zweifel erleiden. Der Bau des Neurons ist
gerade ein solcher, dafs er im höchsten Grade die Verbindung der einzelnen Zelle mit zahllosen anderen, sowohl näher als ferner liegenden erleichtert. Die einzelne
Zelle entsendet teils mehrere äufserst fein verästelte
Ausläufer, Dendriten, teils eine oder zwei unverästelte
Nervenfasern, Achsencylindervorsprünge, die oft, zum
Teil von anderen Nervenelementen isoliert, lange
Strecken durchlaufen, bis sie sich schliefslich in einen
verzweigten Büschel auflösen. Alle diese Verästelungen,
sowohl die Dendriten als die eigentlichen Nervenfasern,
bilden ein dichtes Geschlinge mit unzähligen gegenseitigen Berührungen. Der Unterschied zwischen den
beiden Arten von Nervenelementen, den Achsencylinder-
vorsprüngen und den Dendriten, besteht darin, dafs
diese die Bewegung cellipetal, jene dagegen cellifugal
leiten. Eine Bewegung bestimmter Art, die in einem
einzelnen Neuron entsteht, wird sich also durch die
Nervenfaser aus diesem Neuron und dann auf diejenigen Neuronen fortpflanzen, mit deren Dendriten die
Nervenfaser kommuniziert. Aus den empfangenden
Dendriten geht die Bewegung weiter durch die betreffenden Zellen und deren Nervenfasern u. s. w. Die
Kommunikationen sind so vielfach, dafs es fast unbegreiflich ist, weshalb nicht das ganze Zentralorgan
durch jede Zustandsänderung des einzelnen Neurons in
Bewegung gesetzt wird[1]. Gegenwärtig läfst sich wohl
nicht viel mehr darüber sagen, als dafs jedes Neuron
nicht für Zustandsänderungen jeder Art gleich empfänglich zu sein braucht. Die Bewegung pflanzt sich daher
vorzüglich bis zu denjenigen Neuronen fort, welche der
bestimmten Art der Bewegung angepafst und deshalb
gerade für dieselbe empfänglich sind. Im Folgenden
kommen wir übrigens auf diese Frage zurück.

Das Zentralorgan ist also so gebaut, dafs eine an
einem einzelnen Punkte entstandene Bewegung die
reichlichste Gelegenheit hat, sich bis an die äufsersten

---

[1] Lenhossék: Der feinere Bau des Nervensystems. S. 143.

Grenzen fortzupflanzen. Die Frage ist nun die, ob wir irgend einen Beweis dafür haben, dafs eine Bewegung, die sich im Zentralorgan ausbreitet, auf andere, gleichzeitige Bewegungen einwirken kann. Dieses Problem ist der Gegenstand verschiedener physiologischer Untersuchungen gewesen, und alle Forscher scheinen hier über die Resultate einig zu sein: gegenseitige Einwirkung gleichzeitiger oder kurz nacheinander folgender Bewegungen findet immer statt, und die Einwirkung kann teils hemmend, teils bahnend sein. Eine kurze und klare Auseinandersetzung der wichtigsten hierhergehörenden Untersuchungen wurde von Goldscheider[1] gegeben; nach seiner Arbeit führe ich hier die wesentlichsten Punkte an, die für uns Bedeutung haben.

Wir nehmen jedes der beiden Verhältnisse, die Hemmung und die Bahnung, für sich, und fangen mit ersterer an, die offenbar mit der Erscheinung, für die wir eine Erklärung suchen, nämlich mit dem hemmenden Einflusse der psychischen Arbeit auf die Muskelarbeit, am nächsten verwandt ist. Die physiologischen Untersuchungen über die Hemmung beschäftigten sich ganz natürlich zunächst mit den Reflexäufserungen, da man an der Muskelbewegung ein sichtbares Anzeichen hat, ob der Reflex ungestört verlaufen ist, oder ob er möglicherweise unter gegebenen Umständen gehemmt wurde. Die Resultate, zu denen man hier gelangt ist, lassen sich in Kürze folgendermafsen angeben. Jedes Zentrum, durch welches ein bestimmter Reflexakt ausgelöst wird, verliert an Fähigkeit zum Auslösen des Reflexes, wenn es zugleich durch irgend eine Nervenbahn beeinflufst wird, die mit dem betreffenden Reflexakte nichts zu schaffen hat. Am sichersten und regelmäfsigsten wird deshalb ein Zentrum eine bestimmte Reflexfunktion ausüben, wenn seine Kommunikation mit allen anderen Zentren aufgehoben ist. Je zahlreichere Kommunikationen es dagegen mit anderen Zentren hat, um so leichter wird der Reflexakt gehemmt werden. Deshalb werden Reizungen, die bei einem Tiere mit gröfseren oder geringeren Hirndefekten

---

[1] Die Bedeutung der Reize für Pathologie und Therapie. Leipzig 1898. Kap. IV.

mit Leichtigkeit Reflexe auslösen, diese Reflexe beim
normalen, unversehrten Tiere oft gar nicht hervorrufen[1]. Was ferner die Reizungen betrifft, durch welche
die Reflexhemmungen hervorgerufen werden, so erweist
es sich, daſs dieselben keineswegs begrenzter Art sind;
jeder beliebige, hinlänglich starke Sinnesreiz wird gewöhnlich einen gegebenen Reflex zu hemmen vermögen.
Die Hemmung scheint mithin nicht an bestimmte Bahnen
gebunden zu sein; eigentlich kommt es nur darauf an,
ob die Reizung des Sinnesorgans im stande ist, ihre
Wirkung bis in das reflexauslösende Zentrum gelangen
zu lassen. Starke Sinnesreize werden deshalb auch
leichter als schwache die Reflexe hemmen können, die
Stärke ist augenscheinlich aber etwas sehr Relatives,
da die Leichtigkeit, mit welcher der Reiz sich den Weg
bis zum Zentrum bahnt, und die Empfänglichkeit des
letzteren das Wesentlichste sind. In einzelnen Fällen
können daher sogar verhältnismäſsig sehr schwache
Reize reflexhemmend wirken.

Diese Ergebnisse der physiologischen Untersuchungen
stehen offenbar in genauester Übereinstimmung mit dem,
was unsere Kenntnis des anatomischen Baues des

---

[1] Hiermit ist offenbar auch die Erklärung der Thatsache gegeben,
deren Nachweis der Hauptinhalt des 1. Teiles vorliegender Arbeit
war, daſs nämlich vasomotorische Reflexe bei normalen Menschen
nicht vorkommen. Weil Störungen des Kreislaufes sich bei Tieren,
deren Nervensystem durch Operation versehrt wurde, oder bei Menschen, die an entschiedenen Krankheiten der höheren Hirnzentren
leiden, leicht reflektorisch hervorrufen lassen, dürfen wir darum doch
nicht annehmen, daſs dergleichen Reflexe auch bei normalen Menschen
vorkommen sollten, da es möglich ist, daſs die höheren Zentren stets
diese Reflexe hemmen. Meine Versuche legten nun gerade dar, daſs
besonders vasomotorische Störungen des Kreislaufs bei normalen
Individuen nur dann zu stande kommen, wenn der auslösende Reiz
bis ins Bewuſstsein gelangt, oder bis in — das Bewuſstseinsorgan,
was man ja gern sagen kann, um die Physiologen zu erfreuen, da die
erstere Ausdrucksweise ihnen gar zu ·metaphysisch· deucht. Da
meine Untersuchungen die ersten sind, die überhaupt über die Existenz
vasomotorischer Reflexe bei normalen, unversehrten Menschen angestellt wurden, und da das angeführte Ergebnis durchaus keiner
physiologischen Thatsache widerstreitet, begreife ich nicht, weshalb
ein bekannter Physiolog wegen dieser Sache hysterische Anfälle bekommen hat. Sollte dies vielleicht seinen Grund darin haben, daſs
es einer der verachteten Psychologen ist, der die Physiologie um eine
wohlbegründete Thatsache bereichert hat?

Gehirns uns gelehrt hat. Einerseits sehen wir, wie das Organ so gebaut ist, dafs die Reizung eines einzelnen Punktes die Möglichkeit hat, sich über das Ganze auszubreiten; anderseits erfahren wir, dafs ein solches Ausbreiten meistens auch wirklich stattzufinden scheint, indem ein Sinnesreiz jeder beliebigen Art einen gleichzeitigen Reflexakt zu hemmen vermag. In völliger Übereinstimmung hiermit befindet sich ferner das Resultat unserer psychologischen Untersuchungen, indem wir sahen, dafs eine psychische Thätigkeit sehr verschiedener Art (Denken, Gedächtnisarbeit) die Muskelarbeit, die zugleich willkürlich verrichtet wird, vermindert, d. h. sie hemmt. Wir können daher die Resultate unserer auf ergographischem Wege ausgeführten Bestimmungen den physiologischen Erforschungen der Reflexhemmung direkt unterordnen:

Wie eine Reflexäufserung bei einem Tiere mit gröfserem oder geringerem Defekt des Gehirns durch irgend einen gleichzeitigen Sinnesreiz gehemmt werden kann, so wird auch die von einem normalen Individuum ausgeführte willkürliche Muskelarbeit durch eine gleichzeitige psychische Thätigkeit verschiedener Art gehemmt werden.

Hierbei brauchen wir aber doch nicht stehen zu bleiben; ohne Zweifel können wir noch eine gute Strecke weiter kommen. Wie die Reflexhemmung vorgeht, wie die Bewegung, die das Reflexzentrum trifft, im stande sein kann, die auf anderem Wege eingeleitete Reflexäufserung zu hemmen, darüber haben die Physiologen bis jetzt nichts anzugeben vermocht; sie haben sich darauf beschränkt, die Thatsache zu konstatieren. Hier scheinen die ergographischen Bestimmungen ergänzend hinzuzutreten. Gibt es keinen fundamentalen Unterschied zwischen der Hemmung der willkürlich verrichteten Muskelarbeit durch die psychische Thätigkeit und der Hemmung der Reflexäufserung durch den Sinnesreiz, so wird die für den einen Fall gültige Erklärung sich auch auf den anderen übertragen lassen. Nun legten wir aber im Vorhergehenden dar, dafs die Hemmung der Muskelarbeit durch psychische Arbeit Gesetzen gemäfs vorgeht, die durchaus keinen spezifisch physio-

logischen Charakter haben. Dieselben sind rein physischer Art, ganz dieselben, die für jede gegenseitige
Einwirkung der von derselben Kraftmaschine ausgeführten Arbeiten gelten. Ist dies aber in solchen
Fällen gültig, wo psychische Thätigkeit mitbeteiligt ist,
so würde es doch höchst sonderbar sein, wenn es nicht
auch von den weit mehr maschinenmäfsigen Reflexäufserungen gelten sollte. Die Annahme dürfte daher
wohl kaum als zu gewagt erscheinen, dafs alle verschiedenen Hemmungen, die rein physiologischen sowohl
als die psychophysiologischen, ganz derselben Art wären,
denselben Gesetzen gehorchten und sich deshalb auf
dieselbe Weise erklären liefsen. Was die Erklärung
betrifft, so ist diese bereits insofern im Vorhergehenden
gegeben, als wir sahen, dafs die Hemmung durchaus
keine speziell physiologische Erscheinung ist; soll eine
Maschine für zwei Arbeiten zugleich Energie liefern,
so wird stets jede derselben kleiner, als sie geworden
wäre, wenn sie allein verrichtet würde. Zurück steht
also nur die Erörterung, wie wir uns auf Grundlage
unserer heutigen Kenntnis des Zentralorgans das Stattfinden solcher wechselseitigen Einwirkung zweier gleichzeitiger Energieentladungen im Gehirn zu denken haben.

Am leichtesten gelangen wir zu einem Verständnisse der Verhältnisse, wenn wir uns eine Bewegung
im Zentralorgane von aufsen her, durch einen Sinnesreiz in Gang gesetzt denken. Was wir hiermit besprechen werden müssen, ist doch kein spezieller Fall,
denn alle psychische Thätigkeit ist früher oder später,
direkt oder indirekt, durch äufsere Einwirkungen auf
den Organismus hervorgerufen, und es liegt kein Grund
für die Vermutung vor, dafs der Energieumsatz in den
Neuronen anderer Art werden sollte, weil die ursprüngliche Ursache der Bewegung in der Zeit weiter zurück
liegt. Wir gehen also von einem Sinnesreize aus, wodurch es uns möglich wird, die weitere Erörterung unmittelbar an das oben über die Veränderungen im
Sinnesnerv Aufgestellte (S. 181—82) zu knüpfen. Die
elektrolytische Bewegung, aus welcher der Nervenstrom
besteht, bewirkt eine Wanderung positiv geladener
Ionen nach der gereizten Stelle des Nervs, während
negative Ionen nach dem Zentralorgane hin gedrängt

werden. Die von den Veränderungen des Sinnesnervs
unmittelbar getroffene Gruppe von Neuronen wird folglich in ihrer Beziehung zu den Umgebungen negativ
elektrisch. Diese Potenzialsenkung wird zur Folge
haben, daß aus den Stellen mit höherem Potenzial
Energie nach der Stelle mit niederem Potenzial strömt,
oder mit anderen Worten: die im Nerv vorgehende
Bewegung pflanzt sich intercellulär weiter zu allen
denjenigen Neuronen fort, mit welchen die ursprünglich
gereizten im Kontakt stehen. Die Bewegung wird sich
also mit immer mehr abnehmender Stärke nach außen
verbreiten. Je größer die Potenzialsenkung ist, oder
je größer die Anzahl der Neuronen ist, deren Potenzial
ursprünglich vermindert wurde, um so stärker wird
auch der Strom nach einem solchen Arbeitszentrum
werden. Entsteht nun gleichzeitig ein zweites Arbeitszentrum im Zentralorgane, so muß der Umstand, daß
die disponible Energie beschränkt ist, zur Folge haben,
daß die beiden Ströme sich gegenseitig schwächen[1].
Die nach dem einen Zentrum strömende Energie wird
dem anderen einfach genommen. Die Verhältnisse sind
offenbar denjenigen ganz analog, welche uns vom Springbrunnenapparate bekannt sind: der Zufluß nach der
einen Röhre wird dadurch vermindert, daß der anderen
Wasser entströmt.

Es ist also nicht ganz unverständlich, wie gleichzeitige Bewegungen im Gehirn aufeinander influieren
können. Trotz des komplizierten Baues des Organs ist
dasselbe dennoch den allgemeinen physischen Gesetzen
unterworfen, und die Verhältnisse lassen sich daher mit
denjenigen parallelisieren, die wir von unseren Maschinen
kennen. Weniger verständlich ist es, wie es möglich
wird, daß ein solcher Energiestrom nicht alle Funktionen des Gehirns auf einmal auslöst. Man müßte ja
fast erwarten, daß ein einzelner Sinnesreiz z. B. alle
Vorstellungen auslösen würde, die das Bewußtsein des
Individuums überhaupt zur Verfügung hat; dies geschieht aber doch nicht. Die Schwierigkeit, die uns hier

---

[1] Natürlich braucht die eine Arbeit keine motorische zu sein;
Vogts früher (S. 215) erwähnte Versuche zeigen, daß auch zwei
psychische Arbeiten sich gegenseitig hemmen.

aufstöfst, haben auch die Anatomen und die Physiologen
gewahrt, welche verschiedene Ansichten aufgestellt
haben, um über dieselbe hinwegzukommen. So meint
Lenhossék, die einzelnen Neuronen seien für verschiedene Arten der Bewegung abgestimmt[1]; Goldscheider betrachtet die Empfänglichkeit der verschiedenen Zellen für gegebene Bewegungen als verschieden[2].
In der Realität scheinen diese Erklärungen ungefähr
dasselbe zu sagen, da die verschiedene Empfänglichkeit
ja doch zunächst darauf beruhen mufs, dafs nicht alle
Neuronen für jede Art der Bewegung gleich gut geeignet sind. Und trotz der elektrolytischen Natur der
Bewegungen müssen diese doch wesentliche Verschiedenheiten darbieten. Zwei verschiedene Farbenstrahlen
können z. B. in der Netzhaut keine Nervenströme auslösen, die nur an Stärke verschieden wären, denn es
wäre dann unbegreiflich, wie sie verschiedene Farben-
empfindungen verursachen können. Worin die Verschiedenheit der Nervenströme besteht, das ist uns
natürlich durchaus unbekannt. Es ist aber jedenfalls
zulässig, sich zu denken, die Verschiebung der Ionen
geschehe nicht kontinuierlich, sondern stofsweise mit
verschiedener Periode, von der Natur der verschiedenen
Reizungen abhängig. Etwas Ähnliches mufs ja ebenfalls stattfinden, wenn man durch einen Elektrolyt eine
Reihe regelmäfsiger, schnell aufeinanderfolgender Stromstöfse sendet; es mufs dann gleichfalls eine periodische Verschiebung der Ionen vorgehen. Übrigens ist
es einerlei, wie man sich die Sache denken möchte; das
Wesentliche ist, dafs zwischen den zum Gehirn fort-
gepflanzten Nervenbewegungen Verschiedenheit bestehen mufs. Sind nun nicht alle Neuronen gleich empfänglich für jede periodische Bewegung, so wird diese
sich freilich bis zu allen fortpflanzen, nur in einzelnen
wird sie aber so grofse Stärke erreichen, dafs sie die
spezielle Funktion des Neurons auszulösen vermag.
Unleugbar ist dies eine rein hypothetische Erklärung,
für die wir nicht den geringsten Beweis beizubringen
im stande sind, da aber weiter nichts damit bezweckt

[1] L. c. S. 143.
[2] L. c. S. 8.

ist, als zu zeigen, wie die thatsächlich bestehenden
Verhältnisse sich überhaupt als möglich denken lassen,
können wir gern hierbei stehen bleiben.

Es erübrigt noch, das andere Verhalten zu erörtern,
das zwischen gleichzeitigen Bewegungen im Zentral-
nervensystem eintreten kann, nämlich deren gegenseitige Bahnung. Auch diese ist von verschiedenen
Physiologen zunächst mittels der Reflexbewegungen
untersucht worden. Die Erscheinung äufsert sich im
Gegensatz zur Hemmung dadurch, dafs eine Bewegung
in einem Reflexzentrum einer anderen, gleichzeitigen
oder kurz darauf eintretenden Bewegung den Weg
bahnen, dieselbe verstärken oder fördern kann, so dafs
letztere einen Reflex auszulösen vermag, wozu sie ohne
Hilfe der ersteren sonst nicht fähig sein würde. Mit
Bezug auf die Bedingungen für das Eintreten einer
Bahnung zeigen die Versuche, dafs durchweg nur
schwache und kurze Reizungen bahnend wirken. So
wird die künstliche Reizung eines Reflexzentrums für
einen Sinnesreiz bahnend wirken können, der durch
dieses Zentrum den Reflex auslöst, oder umgekehrt,
der Sinnesreiz kann für die künstliche Reizung des
Zentrums bahnend wirken. Ebenfalls findet man, dafs
der erste Sinnesreiz für den folgenden derselben Art
bahnend wirkt; aufserdem hat man Beispiele, dafs zwei
Reize, die gar nichts miteinander zu thun haben, wie
z. B. ein Schallreiz und eine Berührung, einander unterstützen können. Die Reizung der Vorderpfote eines
Tieres kann für eine Reizung der Hinterpfote bahnend
wirken, ebenfalls eine Reizung der linken für die der
rechten Pfote. Diese Versuche zeigen, dafs jeder Reiz,
je nach den Umständen, bahnend oder hemmend wirken
kann; welches Resultat er erzeugt, beruht zunächst
auf seiner Stärke und Dauer. Dies ist nach der Erklärung der Hemmung, die wir oben gaben, denn auch
leicht zu verstehen. Ist ein Reiz so stark und andauernd, dafs er einen starken intercellulären Energiestrom nach einem bestimmten Punkte des Zentralorgans
hervorruft, so wird dieser Strom auf andere gleichzeitige Bewegungen notwendigerweise hemmend wirken.
Ist der Reiz aber nur schwach und kurz, so wird der
im Zentralorgan hervorgerufene Strom seiner geringen

Stärke wegen keinen merklichen hemmenden Einfluſs
üben können. Die Verhältnisse sind offenbar ganz
denen analog, die wir vom Springbrunnenapparate
kennen; öffnen wir eine weite Röhre, so nimmt die
Steighöhe merklich ab, wogegen es keinen nachweisbaren Einfluſs erhält, daſs wir ein Haarröhrchen öffnen.
Ein Strom im Gehirn wird aber doch nicht ganz ohne
Bedeutung, selbst wenn er nicht hemmend wirkt. Denn
er erzeugt stets schwache Veränderungen in den Neuronen, und kommt nun an einem einzelnen Punkte ein
Stoſs von anderer Seite, so wird dieser Reiz sich zu
der schon bestehenden Bewegung addieren, und dies
kann genügen, um die Funktionen des Neurons auszulösen. Auf diese Weise hat ersterer Reiz mithin dem
letzteren die Bahn bereitet.

Bei der Bahnung handelt es sich nun augenscheinlich um eine Summation von Reizen — darüber scheinen
die Physiologen auch einig zu sein. Dieses Vermögen,
die Reize zu summieren, das eine konstante Eigenschaft
der Nervenzellen ist, steht jedoch nicht als eine so
rätselhafte Erscheinung da, wie sie gewöhnlich dargestellt wird. Die Arbeit der Nervenzellen ist durch
eine elektrolytische Dissociation bedingt; diese macht
deren Energie frei. Wie jeder chemische Prozeſs erfordert die Dissociation aber ganz bestimmte Bedingungen, um überhaupt zu stande zu kommen, eine
bestimmte Intensität des dissociierenden Reizes u. s. w.;
deshalb hat jedes einzelne Neuron seinen Schwellenwert
(Goldscheider), den der Reiz übersteigen muſs, damit
die Funktion des Neurons ausgelöst werden kann. Wie
die notwendigen Bedingungen aber herbeigeschafft werden, muſs für das Eintreten der Wirkung ganz gleichgültig sein. Verlangt ein Stoff z. B. eine bestimmte
Temperatur, um dissociiert zu werden, so macht es
keinen Unterschied, ob man die ganze erforderliche
Wärmemenge auf einmal zuführt, oder ob die Temperatur durch eine Reihe successiver kleiner Zufuhren
von Wärme gesteigert wird. Wenn nur der zeitliche
Zwischenraum kein so langer ist, daſs der Körper die
empfangene Wärme wieder abgeben kann, bevor neue
Zufuhr eintrifft, wird man auch auf diese Weise die
Dissociation zu stande bringen können. Bei einem

solchen rein chemischen Versuche würde man ganz
gewifs mit vollem Recht von einer Summation der
Reize reden können. Auf rein physischem Gebiete hat
man übrigens dasselbe; ein Körper kann durch einen
einzelnen kräftigen Stofs oder durch eine Reihe kleiner
taktfester Stöfse in Schwingung gesetzt werden. Hier
findet also ebenfalls eine Summation statt. Diese Erscheinung ist mithin nichts den Nervenzellen Eigentümliches; unter allen Verhältnissen, wo die durch einen
Reiz hervorgerufene Zustandsänderung nicht aufgehört
hat, bevor ein neuer gleichartiger Reiz eintrifft, wird
eine Summation stattfinden. Es liegt also nichts sehr
Sonderbares darin, dafs zwei Bewegungen, die mit
kurzen Zwischenräumen ein Neuron treffen, sich summieren und verstärken. Ebenso wie die Hemmung ist
die Bahnung also nur eine spezielle Äufserung bekannter physischer Gesetze.

Kennen wir nun auf dem psychischen Gebiete irgend
eine der Bahnung verwandte Erscheinung? Dies ist
wohl nicht zu bezweifeln. Unsere ergographischen
Messungen zeigten uns, dafs eine und dieselbe psychische Thätigkeit um so gröfseren Energieverbrauch
beanspruchen wird, je mehr die Aufmerksamkeit auf
die Thätigkeit konzentriert ist. Hieraus geht also direkt
hervor, dafs die Aufmerksamkeit von gesteigertem
Energieumsatz in einem Arbeitszentrum begleitet wird.
Die psychische Wirkung des gröfseren Energieverbrauchs wird primär die sein, dafs die betreffenden
Vorstellungen deutlicher hervortreten, und sekundär
wird der starke Energiezufluls zum arbeitenden Zentrum zur Folge haben, dafs alle anderen gleichzeitigen
Bewegungen im Zentralorgan gehemmt werden. Die
bekannten Wirkungen, die wir der Aufmerksamkeit zuschreiben, lassen sich also erklären, wenn die Aufmerksamkeit als eine Verstärkung einer bestimmten Bewegung im Zentralorgan aufgefafst wird, als eine
Bahnung in Analogie mit der von den Physiologen
nachgewiesenen Bahnung von Reflexbewegungen.

Es wird also nur fraglich, was denn die Bahnung
bewirkt. Die Aufmerksamkeit ist es natürlich nicht,
denn da diese selbst die psychische Wirkung der stattfindenden Bahnung ist, kann sie selbstverständlich nicht

wohl deren Ursache sein. Die Selbstbeobachtung zeigt uns hier klar und deutlich, wie sich die Sache verhält. Was die Bahn bereitet oder die Konzentration der Aufmerksamkeit herbeiführt, ist stets das Interesse, eine Gruppe gefühlsbetonter Vorstellungen, welche alle an eine bestimmte Vorstellung gebunden sind, die sie deshalb im Verein reproduzieren. Gerade weil diese Vorstellung ›Interesse hat‹, und weil sie von mehreren Seiten zugleich hervorgerufen wird, tritt sie besonders deutlich hervor, im Gegensatze zu anderen gleichzeitig reproduzierten Vorstellungen, die nur mit einzelnen der vorhergehenden Vorstellungen Anknüpfung haben. Mit fast handgreiflicher Deutlichkeit erweist die Aufmerksamkeit sich als eine Bahnung, wenn es irgend etwas zu Beobachtendes ist, woran sich das Interesse knüpft. Alsdann entsteht gewöhnlich vor der sinnlichen Wahrnehmung ein Erinnerungs- oder Phantasiebild dessen, was man wahrzunehmen erwartet. Hier zeigt uns die Selbstbeobachtung also geradezu, daß von vornherein eine Bewegung eben der Art erregt ist, die der Sinnesreiz der Erwartung nach herbeiführen wird. Daß hiermit außerdem eine Einstellung der Sinnesapparate auf den erwarteten Reiz verbunden ist, mag der Vollständigkeit wegen noch bemerkt werden. Das Zentrale der Aufmerksamkeit ist aber doch die durch das Interesse bewirkte Verstärkung der Vorstellung, was physiologisch geredet nur heißt, daß vorhergehende Bewegungen im Zentralorgan im Verein eine Bewegung an einem neuen Punkte anbahnen, weshalb der Energieumsatz hier besonders stark wird. — Das Ergebnis dieser Betrachtungen wird also:

Die Erscheinungen, die psychologisch gewöhnlich als Folgen der Konzentration der Aufmerksamkeit in bestimmter Richtung ausgelegt werden, sind leicht als Resultat einer Bahnung, einer Summation von Bewegungen in einem einzelnen Zentrum zu erklären, die durch vorhergehende psychophysiologische Zustände (›das Interesse‹) hervorgerufen wurde. Die Bahnung bewirkt unmittelbar einen vermehrten Energieumsatz im betreffenden Zentrum, der die an die

Bewegung gebundenen psychischen Zustände
mit größerer Stärke und Deutlichkeit hervortreten läßt. Ferner wird der vermehrte
Energieverbrauch eine starke Energiezufuhr
zum arbeitenden Zentrum veranlassen, weshalb andere gleichzeitige Bewegungen im
Zentralorgane in größerem oder geringerem
Grade gehemmt werden, so daß die im
Arbeitszentrum ausgelösten psychischen Zustände im Bewußtsein mehr oder weniger
alleinherrschend werden.

An einem wesentlichen Punkte trifft diese Erklärung
mit der Hypothese zusammen, die ich bereits vor zehn
Jahren näher entwickelte[1], daß nämlich die Aufmerksamkeit als die psychische Folge eines vermehrten
Energiezuflusses zum arbeitenden Zentrum aufzufassen
sei. Die ältere Hypothese enthielt indes den Fehler,
daß das Blut als Träger der Energie betrachtet wurde,
so daß die Aufmerksamkeit näher bestimmt auf einer
vermehrten Blutzufuhr zum Arbeitszentrum beruhen
mußte. So stark lokalisierte vasomotorische Veränderungen, wie diese Auffassung sie erforderte, sind jedoch
wohl kaum physiologisch möglich, und somit wird die
Hypothese unhaltbar. In dieser Beziehung hat die oben
gegebene Darstellung einen unbestreitbaren Vorzug,
indem sie wohl keine einzige rein hypothetische Annahme enthält, sondern sich durchweg auf festgestellte
physiologische und psychologische Thatsachen stützt.
Da ein sehr großer Teil der Untersuchungen, die das
solide Fundament der neuen Auffassung abgaben, indes
erst im Laufe des letzten Dezenniums erschien, ist es
leicht verständlich, daß ich mich mit einer zweifelhaften
Hypothese begnügen mußte, während wir jetzt, wenn
wir die Erfahrungen aus vielen verschiedenen Gebieten
miteinander zusammenhalten, mit nicht geringer Sicherheit den wirklichen Zusammenhang der Sache nachzuweisen vermögen.

*Die seitliche Verschiebung gleichzeitiger Reizungen
bei der Aufmerksamkeit.* Aus der im Vorhergehenden

---

[1] Die Hypnose und die damit verwandten normalen Zustände.
Leipzig 1890. S. 26.

dargestellten Erklärung der Aufmerksamkeit läſst sich eine recht sonderbare Konsequenz herleiten, daſs nämlich zwei gleichzeitige Erregungen verschiedener Sinnesorgane nicht gleichzeitig zum Bewuſstsein kommen können, wenn die Aufmerksamkeit auf eine derselben konzentriert wird. Damit eine Empfindung zum Bewuſstsein gelange, ist, wie wir sahen, in einem bestimmten Zentrum ein Energieumsatz von gewisser Gröſse erforderlich. Ist die Aufmerksamkeit nun auf eine erwartete Reizung *A* gerichtet, so ist die entsprechende Bewegung im Zentralorgan vorher angebahnt, und folglich muſs diese Bewegung geschwinder ihre volle Gröſse erreichen, wenn *A* eintritt, als die gleichzeitig erregte Bewegung *B*, die nicht angebahnt wurde. Die psychische Folge hiervon muſs daher die werden, daſs der Reiz *A* früher als *B* einzutreffen scheint, obschon sie die Sinnesorgane faktisch in demselben Momente treffen. Daſs diese Konsequenz der Theorie sich mit der Erfahrung in Übereinstimmung befindet, wies Weyer[1] nach. Er sagt: ›Was die Kurven uns zeigen, ist, in Worten ausgedrückt, daſs, wenn die Aufmerksamkeit auf irgend einem der beiden Reize ruht, der andere Reiz, wenn er dem fixierten in einem nicht zu groſsen Intervall vorangeht, als nachfolgend wahrgenommen wird[2].‹ Hieraus geht also hervor, daſs der Reiz *B*, auf den die Aufmerksamkeit nicht gerichtet ist, scheinbar nach *A* kommen wird, nicht nur, wenn sie faktisch gleichzeitig sind, sondern sogar auch, wenn *B* ein wenig vor *A* kommt; nur darf der Zwischenraum natürlich kein gar zu groſser sein. Die von Weyer gegebene Erklärung der Sache ist ganz kurz gefaſst und unklar: da wir das wirkliche Verhältnis kennen, haben wir keinen Grund, uns näher hierauf einzulassen. Ebensowenig werde ich mich hier mit den übrigens richtigen Versuchen des genannten Forschers beschäftigen, da ich es vorziehe, zur ferneren Bestätigung der Sache mein eignes auf eine von der Weyerschen abweichende Methode gewonnenes Versuchsmaterial darzustellen.

---

[1] Die Zeitschwellen gleichartiger und disparater Sinneseindrücke. Phil. Stud. Bd. XIV u. XV.
[2] L. c. Bd. XV. S. 136—137.

Zu Untersuchungen über die Auffassung gleichzeitiger, disparater Sinnesreize konstruierte ich vor
mehreren Jahren den unten beschriebenen Apparat.
Gleich bei den ersten Versuchen mit demselben (wohl
im Frühjahr 1893) zeigte es sich, wie es ausschließlich
von der Richtung der Aufmerksamkeit abhängt, welcher
von zwei gleichzeitigen Reizen zuerst zum Bewußtsein
kommt. Später ist der Apparat wiederholt zur Anwendung gekommen, weil ich fand, daß derartige Versuche sich besonders dazu eigneten, Anfänger in dem
Konzentrieren der Aufmerksamkeit nach bestimmter
Richtung trotz distrahierender Einwirkungen zu üben.
Es erweist sich nämlich empirisch, daß nicht jedermann
ohne weiteres dazu fähig ist, selbst wenn die Reize
ganz gleichgültig sind, so daß das Individuum durchaus
kein Interesse daran hat, einen dem anderen vorzuziehen. Eben die Verhältnisse, unter denen der eine
Reiz gegeben ist, können für die Lenkung der Aufmerksamkeit entscheidend sein, so daß viele Menschen
geradezu belehrt, erzogen werden müssen, wie sie die
Aufmerksamkeit nach anderer Richtung lenken sollen.
Es traf sogar ein, daß es einzelnen Versuchspersonen
nie gelang, sich von dem dominierenden Einflusse des
einen Reizes zu befreien; trotz aller Anstrengung, um
den anderen Reiz festzuhalten, schwankte die Aufmerksamkeit dennoch fortwährend hin und her. Dies war
natürlich aber nur ausnahmsweise; die meisten lernen
verhältnismäßig schnell die Aufmerksamkeit nach bestimmter Richtung konzentrieren, und sobald dies erreicht ist, geben die Versuche konstante Resultate. Die
häufige Wiederholung dieser Versuche hat im Laufe
der Jahre ein nicht geringes Material geliefert, das in
verschiedenen Beziehungen Interesse darbietet. Ich
werde mich indes nicht näher auf die verschiedenen
Fragen einlassen, die eine vollständige Bearbeitung des
Materials hervorrufen könnte, sondern mich darauf beschränken, solche Versuchsreihen hervorzuziehen, welche
die genannte Frage direkt erhellen.

Der angewandte Apparat ist in der Fig. 7 in zwei
Projektionen gezeigt. Derselbe besteht aus einer Achse
A, die mit geringer Friktion in dem von den Ständern
PP getragenen Lager L läuft. An der Achse ist eine

Scheibe *S* befestigt; um diese und um eine entsprechende
Scheibe an einem Kymographen ist ein Schnurtrieb
gelegt, mittels dessen die Achse in Umdrehung gesetzt
wird. Ferner trägt die Achse die Friktionsscheibe *F*,
gegen welche die Bremse *B* wirkt. Die Bremse dreht
sich um einen Zapfen bei *U*, wenn der an deren anderem Ende befindliche Anker vom Elektromagnet *E*
angezogen wird. Außerdem trägt die Achse an jedem
Ende einen Zeiger, *Z* und *V*, die in jeden beliebigen
Winkel zu einander gestellt werden können und sich

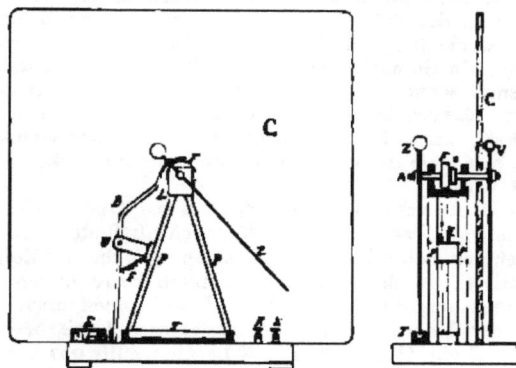

Fig. 7.

in jeglicher Stellung durch Mutterschrauben an der
Achse festhalten lassen. Beide Zeiger sind durch Kontra-
gewichte so abbalanciert, daß ihre Schwerpunkte in die
Umdrehungsachse fallen; hierdurch erzielt man, daß
ihre gegenseitige Stellung zu einander keinen Einfluß
auf die Umdrehung erhält. Der Zeiger *V* ist eine leichte,
steife hölzerne Stange, die sich vor dem Schirm *C* bewegt, an welchem ein in 60 Teile eingeteilter Kreis angebracht ist; das Zentrum des Kreises liegt in der
Umdrehungsachse des Zeigers. Der Zeiger *Z* ist aus
Metall und mit einer Spitze aus Platin versehen. Während seiner Umdrehung passiert er durch die mit Quecksilber gefüllte Ebonitschale *T* und schließt somit einen
Strom, der von der einen Klemmschraube *K* durch den

Ständer *P* nach dem Zeiger, von hier durch das Quecksilber in *T* und den Elektromagnet *E* nach der anderen
Klemmschraube *K* zurückgeht. In dem Augenblick,
da der Elektromagnet den Anker der Bremse *B* anzieht,
wird das andere Ende derselben gegen *F* andrücken,
wodurch die Bewegung der Zeiger augenblicklich stockt,
wenn nur der elektrische Strom hinlänglich stark ist.
Schaltet man zwischen den Elektromagnet und dessen
Anker ein Stückchen Holz von passender Dicke ein, so
wird die Bremse verhindert, auf die Friktionsscheibe zu
wirken, und dann setzt sich die Umdrehung unverändert
fort trotz der Schliefsung des Stromes, wenn *Z* durch
das Quecksilber passiert. Wird daher in die Strom-
leitung ein Signalhammer eingeschaltet, so gibt dieser
jedesmal, wenn der Strom geschlossen wird, ein Schallsignal; darum braucht die Umdrehung aber nicht zu
stocken, denn dies geschieht erst, wenn der Hemmer
zwischen dem Elektromagnet und dessen Anker entfernt wird.

Die Anwendung des Apparats ist nun leicht zu
verstehen. Der Leiter des Versuchs befindet sich an
derjenigen Seite des Schirmes *C*, an welcher der Zeiger
*Z* rotiert; an der entgegengesetzten Seite haben die
Versuchspersonen ihren Platz. Diese sehen also, wie
sich der Zeiger *V* über den eingeteilten Kreis bewegt.
Wenn *Z* das Quecksilber in *T* berührt, fällt das Schallsignal, und es ist nun die Aufgabe der Beobachter, zu
entscheiden, bei welcher Stellung des Zeigers *V* der
Schall eintraf. Dies läfst sich der Erfahrung gemäfs
nicht sogleich beurteilen; man mufs mehrmals den
Schall bei derselben Stellung des Zeigers gehört haben,
bevor man ein entschiedenes Urteil zu fällen vermag.
Ist die V-P zu einem endlichen Resultate gelangt, so
notiert sie dies und benachrichtigt den Experimentator,
dafs sie fertig ist. Der Experimentator entfernt hierauf
den Hemmer zwischen dem Elektromagnet und dessen
Anker, worauf die Rotation bei der nächsten Strom-
schliefsung stockt. Alsdann liest man die Stellung
des Zeigers *V* ab, bei der das Schallsignal thatsächlich
eintraf.

Hierbei sind indes noch verschiedene Umstände zu
berücksichtigen. Es ist nämlich nicht notwendigerweise

gegeben, dafs der Zeiger eben in demselben Augenblicke stockt, in welchem das Schallsignal eintrifft. Ist
das Inertiemoment der rotierenden Teile nur gering,
die Friktionsscheibe grofs und der Elektromagnet hinlänglich stark, so ist nichts im Wege, dafs die Bewegung
der Zeiger ohne zu schleppen plötzlich in dem Momente
stocken kann, da die Bremse an die Friktionsscheibe
anschlägt. Es gilt also nur, sich zu vergewissern, dafs
die Bremse und der Signalhammer, die beide durch den
Strom in Gang gesetzt werden, auch zu gleicher Zeit
wirken. Da der Inertiewiderstand beider dieser Apparate zu überwinden ist, und da die beweglichen Teile
verschiedene Strecken zu durchlaufen haben, müssen
daher besondere Mafsregeln getroffen werden, damit
der Anschlag des Hammers an die Glocke und die Einwirkung der Bremse auf die Friktionsscheibe gleichzeitig eintreffen. Zu diesem
Zwecke finden sich an beiden Apparaten schrauben-
förmige Federn, F (siehe Fig.
7 u. 8), die angespannt oder
schlaff gemacht werden können, wodurch man die Be-
wegungen der Hebelarme geschwinder oder langsamer
zu machen im stande ist. Man ändert also die Spannung
dieser Federn so lange, bis die beiden Anschläge, der
der Bremse und der des Signalhammers, als ein einziger
gehört werden; dann ist man sicher, dafs der Zeiger
wirklich in demselben Augenblicke stockt, da der Schall
gehört wird.

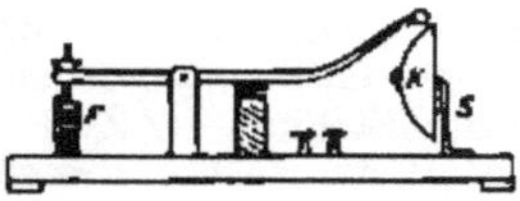

Die Umdrehungsgeschwindigkeit der Zeiger läfst
sich teils dadurch variieren, dafs man den Gang des
Kymographen verändert, teils durch Anwendung verschiedener Schnurscheiben an der Achse des Kymographen. Auf diese Weise kann man die Umdrehungsgeschwindigkeit ungefähr so klein machen, wie man
will; in dieser Richtung gibt es eigentlich keine Grenze,
nur wird die sehr geringe Geschwindigkeit wegen der
ungleichartigen Friktion mithin auch verhältnismäfsig
unregelmäfsig. In der Richtung der maximalen Geschwindigkeit dagegen steckt die Konstruktion des
Apparats eine bestimmte Grenze ab. Da nämlich von

Fig. 8.

dem Augenblicke an, da der Strom geschlossen wird, bis die Bremse wirkt, gewisse Zeit verstreicht, so wird der Zeiger Z notwendigerweise eine um so längere Strecke durch das Quecksilber zurücklegen, je größer die Geschwindigkeit der Zeiger ist. Bei sehr großer Rotationsgeschwindigkeit wird es daher eintreffen können, daß Z außer Kontakt mit dem Quecksilber gekommen ist, bevor die Bremse ihre Wirkung geübt hat, und dann kann der Strom die Bewegung folglich gar nicht hemmen. Dies traf bei einer Umlaufszeit von 0,9 Sek. ein; es war deshalb nicht thunlich, die Geschwindigkeit größer als einen Umlauf pr. Sek. zu machen, welche übrigens auch völlig genügte. Nimmt man einen größeren Quecksilbernapf, so kann man natürlich auch größere Geschwindigkeit anwenden.

Bei meinen Versuchen kamen stets fünf bestimmte Umlaufszeiten zur Anwendung, nämlich 1,0—1,7—2,8—5,9 und 10,0 Sek. Mit jeder dieser Zeiten wurden an jeder V-P zehn Versuche angestellt, indem nach jedem einzelnen Versuche die gegenseitige Stellung der Zeiger verändert wurde, so daß die V-P nie vorher wissen konnte, bei welcher Stellung des Zeigers V das Schallsignal zu erwarten sei. Die Aufgabe der V-P war in allen Fällen dieselbe, nämlich die Schätzung, auf welchem Teilstriche der Zeiger beim Hören des Signales stand. Diese Schätzung wurde aber unter zwei verschiedenen subjektiven Bedingungen abgegeben. In einer Versuchsreihe hatte die V-P ihre Aufmerksamkeit ausschließlich auf den Zeiger zu konzentrieren und das Schallsignal kommen zu lassen, wie es sich nun treffen möchte. In einer anderen Reihe sollte die Aufmerksamkeit auf das erwartete Signal konzentriert werden, während die Augen mit möglichst geringer Aufmerksamkeit die Bewegung des Zeigers verfolgten. Der Kürze wegen nenne ich den ersteren Fall die ›visuelle‹, letzteren die ›auditive‹ Aufmerksamkeit. In zwei anderen Versuchsreihen, die übrigens nur mit zwei Versuchspersonen angestellt wurden, wandte ich statt des Schallsignals einen Schlag auf die Hand an. Der Signalhammer diente zur Erzeugung dieses Schlages. Die Glocke K (siehe Fig. 8) wurde abgeschraubt, und die V-P brachte an deren Platz ihre Hand an, indem sie

18*

mit der Hand den Stünder $S$ umfaßte. Beim Nieder-
schlagen trifft der Hammer jetzt die Hand, und statt
einer Schallempfindung erhält man eine Tastempfindung.
Mittels dieser Anordnung wurde ebenfalls eine doppelte
Versuchsreihe durchgeführt, teils mit visueller, teils mit
›taktiler‹ Aufmerksamkeit. Im ersteren Falle war die
Aufmerksamkeit also auf den Zeiger, im letzteren auf
die erwartete Tastempfindung konzentriert.

Als unmittelbares Resultat der Versuche gehen nun
die längst bekannten Thatsachen hervor, daß 1) gewöhnlich eine Verschiebung der Reize stattfindet, indem das Signal (der Schall oder die Berührung) nicht
bei derjenigen Stellung der Zeiger aufgefaßt wurde,
bei welcher es thatsächlich eintraf, 2) daß diese Verschiebung bald positiv (in der Umlaufsrichtung des

Fig. 9.

Zeigers), bald negativ ist, und 3) daß die Verschiebung
gewöhnlich von der Rotationsgeschwindigkeit abhängig
ist[1]. Das Neue, das aus den Versuchen hervorgeht,
ist die oben berührte Eigentümlichkeit, daß die Richtung der Verschiebung ausschließlich durch die Richtung der Aufmerksamkeit bestimmt wird. Ist die Aufmerksamkeit visuell, auf den Zeiger gerichtet, so wird
die Verschiebung stets positiv sein, d. h., das Signal
wird gleichzeitig mit einer späteren Stellung des Zeigers
als derjenigen, mit welcher es thatsächlich gleichzeitig
war, aufgefaßt. Ist die Aufmerksamkeit dagegen auf
das Signal gerichtet, also entweder auditiv oder taktil,
so wird die Verschiebung negativ, d. h., das Signal
wird bei einer früheren Stellung des Zeigers aufgefaßt
als derjenigen, mit welcher es wirklich gleichzeitig eintraf. Dies stimmt ganz mit unseren theoretischen Erwartungen und mit Weyers Versuchen überein, wie
sich mittels einer bildlichen Darstellung leicht nachweisen läßt. In der Fig. 9 sei die Linie $AB$ die laufende

---

[1] Wundt: Phys. Psych. II. Aufl. 4. S. 394 u. f.

Zeit; die kleinen Querstriche bezeichnen die successiven Stellungen des Zeigers, welche die Einteilungen des Kreisringes verdecken. Der angebrachte * gibt an, wo das Schallsignal eintritt. Die Frage ist nun die, wann diese verschiedenen Sinnesreize zum Bewußtsein gelangen. Da die Nervenleitung aus dem Sinnesorgane bis zum Gehirn stets einige Zeit erfordert, leuchtet es ein, daß die Empfindung nicht in demselben Moment entstehen kann, in welchem das Sinnesorgan gereizt wird. Der Lichtreiz $A$ wird also erst ein wenig später ein Gesichtsbild hervorrufen; diesen Zeitpunkt mag $C$ bezeichnen. Alle folgenden Stellungen des Zeigers kommen daher um ebensoviel später zum Bewußtsein; dies ist in der Figur durch die schrägen parallelen Linien angegeben, welche $AB$ mit $CD$ verbinden. Nehmen wir nun an, daß die Aufmerksamkeit visuell, auf die Bewegung des Zeigers gerichtet war, so sollen der Theorie zufolge die Lichtreize verhältnismäßig geschwind zum Bewußtsein kommen, während das Schallsignal längere Zeit erfordern soll. Dies ist in der Figur dadurch angegeben, daß die schräge Linie *$E$ länger als die mit $AC$ parallelen ist. Das Schallbild entsteht also erst im Zeitmomente $E$, zu diesem Zeitpunkte entsteht aber zugleich das Gesichtsbild einer Zeigerstellung $L$, die faktisch erst weit später eintraf als das Schallsignal bei *. Die Theorie verlangt, daß der Lichtreiz, auf den die Aufmerksamkeit gerichtet ist, früher zum Bewußtsein komme als der gleichzeitige Schallreiz, auf den sich die Aufmerksamkeit nicht richtet. Und die Figur zeigt, wie die Folge hiervon werden muß, daß der Schall gleichzeitig mit einer Zeigerstellung aufgefaßt wird, welche in der That später eintraf als das Schallsignal, oder mit anderen Worten: die Schallverschiebung muß positiv werden, in der Umlaufsrichtung des Zeigers gehen. Eben dies geht aber aus den Versuchen hervor: bei visueller Aufmerksamkeit ist die Verschiebung positiv.

Ist die Aufmerksamkeit dagegen auf das erwartete Schall- (oder Berührungs-)signal gerichtet, so soll dieses der Theorie zufolge verhältnismäßig schneller zum Bewußtsein kommen als die successiven Zeigerstellungen. Im zweiten Teil der Fig. 9 bezeichnet $FG$ die

Zeigerstellungen; diese kommen, verhältnismäßig spät,
um die Zeitpunkte *HI* zum Bewußtsein. Bei * trifft
das Signal ein, auf welches die Aufmerksamkeit gerichtet ist; dasselbe kommt deshalb relativ früh, um
den Zeitpunkt *K*, zum Bewußtsein. Zugleich entsteht
aber das Gesichtsbild der Zeigerstellung *M*, die faktisch
stattfand, bevor das Schallsignal fiel. Dieses Signal
wird also als mit einer thatsächlich vorhergehenden
Zeigerstellung gleichzeitig aufgefaßt, oder mit anderen
Worten: das Schallsignal hat sich in negativer Richtung verschoben. Eben dies zeigten auch die Versuche,
und Theorie und Praxis befinden sich an diesem Punkte
mithin in der schönsten Übereinstimmung.

Wenn, wie wir sahen, die Richtung der Verschiebung
ausschließlich von der Richtung der Aufmerksamkeit
abhängig ist, so wird wahrscheinlich auch die Größe
der Verschiebung nur davon abhängig sein, ob die Aufmerksamkeit mehr oder weniger stark in bestimmter
Richtung konzentriert ist. Dies eben hat Wundt nachgewiesen; wenn die Aufmerksamkeit nicht willkürlich
in bestimmer Richtung gelenkt'ist, wird die negative Zeit-
verschiebung bei wachsender Rotationsgeschwindigkeit
immer kleiner, weil die schnellere Bewegung der Zeiger
eine mehr visuelle Aufmerksamkeit erfordert. Bei
konstantem Grade der Aufmerksamkeit sollte die Verschiebung dagegen konstant werden, von allen äußeren
Verhältnissen, besonders der Rotationszeit, unabhängig.
Dies scheint auch der Fall zu sein. Natürlich wird die
Verschiebung, in Graden des eingeteilten Kreises ausgedrückt, um so größer werden, je größer die Geschwindigkeit des Zeigers ist; durch die Zeitdauer ausgedrückt wird die Verschiebung indes annähernd eine
konstante Größe. Der Kreis war, wie oben angegeben,
in 60 Teile geteilt; findet man nun in einem gegebenen
Falle, daß die Verschiebung a Teile beträgt, während
die Umlaufszeit des Zeigers *t* ist, so wird die Verschiebung, durch die Zeit ausgedrückt, also *at* 60 sein.
Die Tab. 34 gibt eine Übersicht über die Verschiebung
bei den im Vorhergehenden besprochenen Versuchen;
um Brüche zu vermeiden, ist die Zeit hier in Tausendsteln Sekunden angegeben. In der Kolonne links ist
die in Sekunden angegebene Umlaufszeit des Zeigers

angeführt. Übrigens zerfällt die Tabelle in drei Abschnitte, deren jeder einer der drei Versuchspersonen entspricht. Für eine derselben sind nur zwei kürzere Versuchsreihen mit bezw. visueller und auditiver Aufmerksamkeit angegeben; für die beiden anderen haben wir vier Reihen, nämlich teils mit visueller und auditiver, teils mit visueller und taktiler Aufmerksamkeit. Jede der angegebenen Zahlen ist die Mittelzahl von zehn selbständigen Versuchen mit Umstellung des Zeigers nach jedem einzelnen Versuche.

Tab. 34.

| t | VL | | Fbn. | | | | G. | | | |
|---|---|---|---|---|---|---|---|---|---|---|
| | vis. | aud. | vis. | aud. | vis. | takt. | vis. | aud. | vis. | takt. |
| 10 | | | + 167 | — 100 | + 133 | — 117 | + 184 | — 133 | + 467 | — 200 |
| 5,9 | + 70 | — 40 | + 108 | — 59 | + 98 | — 118 | + 157 | — 118 | + 419 | — 157 |
| 2,8 | + 18 | — 40 | + 98 | — 75 | + 61 | — 89 | + 196 | — 117 | + 327 | — 173 |
| 1,7 | + 40 | — 56 | + 82 | — 60 | + 79 | — 116 | + 119 | — 145 | + 264 | — 224 |
| 1,0 | + 40 | — 50 | + 153 | — 62 | + 133 | — 120 | + 122 | — 165 | + 270 | — 277 |
| M. | + 29,5 | — 46,5 | + 122 | — 71 | + 101 | — 112 | + 156 | — 136 | + 339 | — 206 |
| M.V. | 10,5 | 6,5 | 31 | 13 | 26 | 9 | 28 | 16 | 83 | 35 |

Aus der Tabelle geht nun erstens hervor, daß die Verschiebung bei visueller Aufmerksamkeit positiv, in allen anderen Fällen aber negativ ist; dies wurde bereits im Vorhergehenden erörtert. Ferner sehen wir, daß die Zahlen jeder einzelnen Kolonne bei verschiedener Rotationszeit aber konstanter Richtung der Aufmerksamkeit zwar nicht so wenig schwanken, jedoch durchaus keine Gesetzmäßigkeit darbieten. Die Variation muß deshalb gewiß von Schwankungen der Stärke der Aufmerksamkeit herrühren, und hierin liegt nichts Sonderbares, da es äußerst schwierig ist, die Aufmerksamkeit mit konstanter Stärke in einer gegebenen Richtung konzentriert zu halten, wenn man weiß, daß in einer ganz anderen Richtung ein Reiz erwartet werden kann, den man ebenfalls auffassen soll. Der Mittelwert der Zahlen jeder einzelnen Kolonne darf deswegen als der genaueste Ausdruck für die Größe der Verschiebung betrachtet werden; diese Mittelwerte sind in der Reihe

*M* angegeben, und unter dieser, in der Reihe *MV*, ist
die mittlere Variation, d. h. das Mittel der Abweichung
der einzelnen Größen vom mittleren Werte angeführt.
Hier zeigt sich nun eine andere Gesetzmäßigkeit, indem
die mittlere Variation bei den mit visueller Aufmerksamkeit unternommenen Versuchen durchweg größer
ist als bei den anderen Versuchen. Dies ist auch begreiflich, denn bei visueller Aufmerksamkeit findet sich
die fortwährende Geneigtheit, die Aufmerksamkeit zum
Teil auf das erwartete Signal zu richten; deshalb
schwankt die Stärke der Aufmerksamkeit bedeutend,
wozu sich dagegen keine Ursache findet, wenn die Aufmerksamkeit auf das Signal gerichtet sein soll, denn
den Zeiger hat man stets vor Augen, dieser kann der
Aufmerksamkeit nicht entgehen, selbst wenn letztere
auf das Signal konzentriert ist. Folglich werden die
mittleren Variationen im letzteren Falle kleiner als im
ersteren.

Was die große Verschiedenheit der Zahlen betrifft,
die sich hinsichtlich der drei Versuchspersonen zeigt,
so darf dieselbe nicht als eine individuelle Verschiedenheit betrachtet werden, die ihren Grund in der größeren
oder geringeren Geschwindigkeit der Vorgänge bei dem
einzelnen Individuum fände. Die Verschiedenheit ist
einfach eine Folge der Art und Weise, wie jede V-P
bei den Beobachtungen mit vollem Bewußtsein verfuhr.
Vi. bestrebte sich fortwährend, seine Aufmerksamkeit
einigermaßen gleich unter die beiden Reize zu verteilen; G. ging zur entgegengesetzten Äußerlichkeit
und konzentrierte sich mit voller Stärke auf einen derselben; Fnn. schlug eine passende Mittelstraße ein.
Offenbar ist es hiermit übereinstimmend, daß Vi. für
die Verschiebung kleine Werte erhielt, da der eine Reiz
nicht auf Kosten des anderen sehr begünstigt wurde,
während G. dagegen bis 10 mal so große Verschiebungen
erhält, da die Aufmerksamkeit so stark nach einer einzigen Richtung konzentriert ist, daß der andere Reiz
sich nur mit Mühe den Weg zum Bewußtsein bahnt.
Zwischen diesen beiden Äußerlichkeiten liegen die Zahlen
für Fnn. In all diesem liegt aber nicht notwendigerweise etwas Individuelles; Vi. hätte ebenso große Zahlen
wie G. erhalten können, wäre er auf dieselbe Weise

verfnhren. Die Zahlen legen nur dar, dafs die Gröfse
der Verschiebung durch den Grad der Aufmerksamkeit
bestimmt ist. Wir können somit feststellen:

Bei der Auffassung gleichzeitiger Reizungen verschiedener Sinnesorgane findet
der Erfahrung gemäfs zwischen den ausgelösten Empfindungen eine zeitliche Verschiebung statt. Es erweist sich, dafs die Richtung und die Gröfse dieser Verschiebung
ausschliefslich durch die Richtung und die
Stärke der Aufmerksamkeit bestimmt sind,
indem der Reiz, auf den die Aufmerksamkeit
gerichtet ist, zuerst zum Bewufstsein kommt
und zwar um so früher, je mehr die Aufmerksamkeit auf denselben konzentriert wird.
Diese Verhältnisse sind als natürliche Konsequenzen der oben dargestellten Theorie
von der Aufmerksamkeit zu verstehen.

## DIE DYNAMISCHEN VERHÄLTNISSE DER GEFÜHLE.

*Lust und Unlust.* Im Vorhergehenden berücksich-
tigten wir ausschliefslich solche psychischen Zustände
und Thätigkeiten, die entweder ganz ohne Gefühlsbetonung sind, oder bei denen diese doch nur so wenig
hervortritt, dafs man, ohne einen gröfseren Fehler zu
begehen, von derselben abstrahieren kann. Wir schreiten
nun zur Untersuchung der Energieverhältnisse bei den
eigentlichen Gefühlen, den entschiedenen Zuständen der
Lust oder Unlust. Hier müssen wir ganz gewifs darauf
vorbereitet sein, höchst eigentümliche Erscheinungen
anzutreffen. Denn Férés Untersuchungen zufolge sollten
Unlustgefühle allerdings eine Verminderung der gleichzeitigen Muskelarbeit bewirken — was an und für sich
nicht sonderbar wäre — Lustgefühle dagegen sollten
eine Vermehrung der Muskelarbeit herbeiführen. Da
diese Erscheinung in entschiedenem Widerspruche mit
allem früher von uns Gefundenen steht, wird es gewifs

der Mühe wert sein, sie einer weit eingehenderen Untersuchung zu unterwerfen, weil eine genaue Feststellung
der Bedingungen für eine derartige Vermehrung der
Muskelkraft durch gleichzeitige psychische Zustände
zweifelsohne neues Licht über die Natur der Gefühle
verbreiten wird.

Alle die Schwierigkeiten, die stets mit der experimentellen Erzeugung von Lustgefühlen verbunden sind,
und die ich im 1. Teile dieses Werkes S. 129 u. f. näher
erörtert habe, treffen wir bei diesen Versuchen wieder
an. Hierzu kommen aber noch mehrere andre, die durch
die eigentümlichen Verhältnisse bedingt sind, unter
welchen sich die V-P befindet. Sitzt jemand in einem
Sessel, ohne sonst etwas zu thun zu haben, als nur,
sich sowohl psychisch als physisch möglichst ruhig zu
verhalten, so ist es jedenfalls nicht schwer, ihn zum
Objekte verschiedener Reizungen zu machen. Man kann
ihm ein Riechfläschchen unter die Nase halten, ihm
wohl- oder übelschmeckende Stoffe löffelweise eingeben,
ihn Bilder betrachten lassen u. s. f. Weit ungünstiger
stellen sich die Verhältnisse dagegen, wenn die V-P am
Ergographen arbeitet. Ihre Aufmerksamkeit wird schon
vorher durch die gewaltige Muskelanspannung stark
beansprucht, sie sitzt selten vollkommen ruhig, so daß
es oft schwierig ist, eine hinlänglich kräftige Reizung
hervorzubringen, und in vielen Fällen wird der Reiz
die Aufmerksamkeit in so hohem Grade von der Muskelarbeit ablenken, daß die Änderung des Ergogramms
durchaus nicht als Ausdruck des hervorgerufenen
Gefühlszustandes betrachtet werden kann. Nur durch
Geruchsreize war ich im stande, diesen verschiedenen
Schwierigkeiten zu entgehen, indem der Stoff mittels
einer Spray in einem kräftigen Strahl an dem Gesichte
der V-P vorbei gesandt wurde. Da die Atmung wegen
der Muskelarbeit stets ein wenig beschleunigt war,
wurde die V-P hierdurch gezwungen, den Stoff in reich-
licher Menge einzuatmen, ohne daß dies ihr besondere
Anstrengung kostete oder die Aufmerksamkeit beanspruchte. Auf diese Weise gelang es meistens, ein
den Umständen nach recht kräftiges Lustgefühl hervorzurufen, dennoch war das Ergebnis der Versuche aber
durchweg negativ. Nur ausnahmsweise war es möglich,

die von F é r é gefundene Vermehrung der Muskelarbeit
festzustellen. Wir gehen nun erst eine Reihe von Versuchen im einzelnen durch und untersuchen darauf, was
diese Abweichung von Férés Resultaten verursachen
kann.

Pl. XXIX, A. d. ᵐᵉˢ. Dr. B. Lavendelöl. Takt 40
pr. Min.

Die Reizung fand zwischen den beiden Pfeilen statt,
und es erscheinen hier ein paar kleine Senkungen,
welche andeuten, daſs die Aufmerksamkeit der Muskelarbeit entzogen wurde, eine Vermehrung der letzteren
ist jedoch nicht zu spüren, weder während der Reizung,
noch nach derselben. Die Kurve ist übrigens völlig
typisch; ich besitze eine Reihe ähnlicher, von verschiedenen Versuchspersonen ausgeführter Kurven, die sich
alle durch ein ebenso negatives Resultat auszeichnen.
Das Verhältnis ist hier offenbar ganz das nämliche, das
wir oben hinsichtlich nicht-gefühlsbetonter sinnlicher
Wahrnehmungen fanden; diese zeigten ebenfalls keinen
meſsbaren Einfluſs auf die gleichzeitige Muskelarbeit.
Indes äuſserte eine meiner Versuchspersonen einst, der
Grund des negativen Resultates liege wahrscheinlich
darin, daſs die V-P die Reizung nicht in guter Ruhe
genieſsen könne; führe man dagegen das Ergogramm
bei langsamerem Takte aus, so könne das Ergebnis
möglicherweise ein anderes werden. Dies verdiente
wenigstens einen Versuch, und es wurden deshalb eine
Reihe Ergogramme im Takte 12 pr. Min. ausgeführt,
was der V-P etwa 4 Sek. lang völlige Ruhe zwischen
den einzelnen Partialarbeiten gewährte. Irgend eine
wesentliche Verbesserung scheint diese Veränderung
doch nicht herbeigeführt zu haben, wie aus den folgenden Kurven hervorgeht.

Pl. XXIX, B. d. ᵐᵉˢ. Dr. B. Menthol. Takt 12
pr. Min.

Pl. XXIX, C. d. ᵐᵉˢ. Fnn. Menthol. Takt 12 pr. Min.

Keines dieser Ergogramme zeigt entschiedene Wirkung des Lustgefühls, obgleich dieses nach Angabe
beider Versuchspersonen sehr deutlich war; die Einatmung der Pfeffermünzessenz wirkte höchst erfrischend
und ermunternd. In der letzteren der beiden Kurven
wurde die Reizung wiederholt, was die V-P ein wenig

beunruhigte, da sie nicht wufste, was die Absicht war;
diese Unruhe verrät sich durch die unmittelbar nach-
folgende Senkung, die sich später verliert. Ein positives
Resultat der lusterregenden Reizung wird sich in diesen
Ergogrammen aber wohl schwerlich nachweisen lassen.
Nur in einem einzigen Falle erhielt ich entschiedene
Vermehrung der Muskelarbeit unter diesen Verhält-
nissen. Das Ergogramm ist wiedergegeben:

Pl. XXIX, D. d. ⁸¹⁄₄. A. L. Menthol. Takt 12 pr. Min.

Hier findet sich, wie man sieht, eine unbestreitbare
Steigerung, die kurz nach dem Anfange der Reizung
beginnt und bis lange nach dessen Abschlusse andauert.
Die Ursache dieses Resultates ist möglicherweise die,
dafs die V-P von der Arbeit des Tages etwas ermüdet
war, weshalb der erheiternde Einflufs der Pfefferminze
sich mit besonderer Stärke geltend machte. Rein individuell war diese Erscheinung jedenfalls nicht, denn bei
der Wiederholung desselben Versuches an einem anderen Tage wurde das Resultat ebenso negativ wie
hinsichtlich der anderen Versuchspersonen. Damit ein
lusterregender Reiz überhaupt auf das Ergogramm influiere, scheint die Bedingung also erfüllt werden zu
müssen, dafs das Lustgefühl recht bedeutende Stärke
erhält; in diesem Falle bewirkt dasselbe eine merkliche
Vermehrung der Muskelarbeit[1].

Trotz des äufserst geringen positiven Erfolgs dieser
Versuche ziehe ich dennoch nicht in Zweifel, dafs Férés
Wahrnehmung richtig ist, und dafs das erwähnte Ergogramm, Pl. XXIX, D, demgemäfs erklärt werden mufs.
Aus dem täglichen Leben ist es ja eine bekannte Sache,
dafs starke Lustgefühle wirklich die Innervation der
willkürlichen Muskeln verstärken. Man sieht dies an
den Kindern, die vor Freuden tanzen und in die Hände

---

[1] Es mufs übrigens möglich sein, eine Vermehrung der Muskelarbeit auch bei schwächeren Lustgefühlen nachzuweisen. Wenn man
nämlich statt mit der ganzen Hand nur mit einem einzelnen Finger
arbeitet (wozu mein Ergograph sich leicht einrichten läfst), so mufs
die zur Innervation erforderliche Energie geringer sein, und folglich
mufs ein durch Bahnung aus einem Lustgefühl hervorgerufener Zuwachs in der ausgeführten Arbeit zu spüren sein. Leider fiel mir
dieser Ausweg erst so spät ein, dafs es mir nicht möglich war, denselben zu prüfen.

klatschen. Und jeder Turner weifs aus Erfahrung, welchen Einflufs Musik, Zuschauer und überhaupt eine festliche Stimmung auf seine Leistungen haben können; unter solchen Verhältnissen springt man leicht ein paar Centimeter höher als gewöhnlich. Die Thatsache selbst, dafs Lustgefühle die gleichzeitig ausgeführte Muskelarbeit vermehren, scheint also unbestreitbar zu sein. Es wird daher nur die Frage, weshalb Féré derartige Versuche in so grofsem Umfange gelangen, während die meinigen nur ausnahmsweise ein unzweifelhaftes Resultat gaben. Viele Aufschlüsse giebt Féré freilich nicht über die Verhältnisse, unter denen seine Versuche angestellt wurden, an diesem Punkte läfst er uns aber doch nicht im Stiche. Soweit ich zu sehen vermochte, geht nämlich aus seinem Werke hervor, dafs nur ein einziger dieser Versuche mit einem normalen Menschen angestellt wurde[1], alle anderen wurden an Hysterikern unternommen. Dies macht die Sache verständlich, denn Hysteriker sind nicht nur für alle lusterregenden Reizungen höchst empfänglich, sondern auch sehr suggestibel. Dieser Umstand erklärt, dafs die Vermehrung der Muskelkraft bei Férés Versuchen nicht nur die starken Gefühle begleitet, sondern auch als Folge solcher Sinnesreize zum Vorschein kommt, die bei normalen Menschen nur schwach betonte Empfindungen hervorrufen, z. B. einzelne Töne und Farben. Die Regelmäfsigkeit, mit welcher bestimmte Töne und Farben auf Férés Versuchspersonen wirken, und die enorme Zunahme der Muskelkraft, die durch diese Reize verursacht wird[1], würden ganz unverständlich sein, wenn man nicht wüfste, dafs es sich hier um Hysteriker handelt, die wahrscheinlich unter dem Einflusse kräftiger Suggestionen standen. Hierdurch verlieren die Versuche allerdings an überzeugender Kraft, anderseits gelangen wir aber zum Verständnisse, weshalb etwas Derartiges sich mit normalen Individuen nicht nachmachen läfst. Als Resultat dieser verschiedenen Erfahrungen können wir nun folgendes behaupten:

---

[1] Sensation et mouvement. S. 63.
[2] Ibid. S. 33—50.

Bei normalen Menschen werden einfache,
lustbetonte Empfindungen nur ausnahmsweise, nämlich wenn das Gefühl wegen besonderer Verhältnisse ungemein stark wird,
einen nachweisbaren Einfluss auf die gleichzeitige Muskelarbeit üben. Wird ein Lustgefühl irgend einer Art aber so stark, dafs
es auf die Muskelarbeit influiert, so scheint
es der Erfahrung nach deren Zunahme zu
bewirken.

Bevor wir zur Untersuchung schreiten, wie diese
eigentümliche Wirkung zu stande kommt, wird es
zweckmäfsig sein, vorerst die entsprechenden Verhältnisse der Unlustgefühle zu erörtern, weil man bei einer
Erklärung der Wirkungen des Gefühls natürlich beide
Gefühlsarten zugleich berücksichtigen mufs. Was den
Einfluss der Unlustgefühle auf die Muskelarbeit betrifft,
so bietet es keine Schwierigkeit dar, denselben zu konstatieren. Erstens ist es ja viel leichter, starke Unlustgefühle experimentell zu erzeugen, und ferner scheinen
die Verhältnisse überhaupt mehr ausgeprägt zu sein.
Zu den Reizungen benutzte ich teils Geschmacksstoffe
(doch nur in geringem Umfang, weil deren Applikation
auf die Muskelarbeit störend einwirkte), und teils hohe
Temperatur, indem eine kleine Kolbe mit heifsem Wasser
an dem entblöfsten rechten Arm angebracht wurde,
während der linke Arm am Ergographen arbeitete.
Die Versuche ergeben die völlige Bestätigung von
Férés Resultaten. Schon ein unangenehmer Geschmacksreiz genügt, um eine deutliche Arbeitsverminderung zu
bewirken; dies geht z. B. hervor aus:

*Pl. XXIX, E. d.*⁹⁰. A. L. Ein Theelöffel voll 10°⁺
haltiger Chininauflösung.

Beim Pfeile wurde der Stoff eingegeben. Die sogleich eintretende kleine Senkung rührt wahrscheinlich
nur von der durch die Annahme des Stoffes verursachten Störung her, nach drei gröfseren Partialarbeiten
erblickt man aber eine sehr entschiedene Senkung. Da
der Geschmack, wie es so oft geht, plötzlich aufhörte,
stieg die Kurve sogleich, um wieder zu sinken, als der
unangenehme Geschmack von neuem eintrat. Sehr
häufig wurde diese Erscheinung konstatiert, dafs das

Aufhören der unangenehmen oder schmerzlichen Empfindung sofort ein Steigen des Ergogramms bewirkte,
das aufs neue sank, wenn die Empfindung sich wieder
einstellte. Besonders der Schmerz bei Hitze zeichnet
sich durch seinen periodischen Charakter, sein Aufflammen und plötzliches Erlöschen aus, so daſs das
Ergogramm bei derartigen Versuchen fast immer Schwankungen zeigt, die mit den Variationen der Empfindung
gleichzeitig sind. Dies tritt hübsch hervor:

Pl. XXIX, F. d. **'s. Dr. B. Wasser 84° C. am
rechten Arm.

Die Senkung ist hier eine so entschiedene, daſs man
ohne Schwierigkeit die Arbeitsverminderung zu berechnen vermag. Zu diesem Zwecke zeichnete ich auf
gewöhnliche Weise den wahrscheinlichen Verlauf des
Ergogrammes ein, wonach ich die verschiedenen Gröſsen
berechnete. Man findet:

$$A_i = 57.5 \quad A_r = 51.2 \quad A_i - A_r = 6.3 \quad M = 0.11.$$

Es ist also kein ganz verschwindender Bruchteil der
disponibeln Energie, der zur Erzeugung der schmerzhaften Hitzeempfindung verbraucht wird. Natürlich wird
dieser Energieverbrauch ganz von der Stärke des Gefühls abhängig sein. Dies geht aus den beiden folgenden Kurven hervor:

Pl. XXX, A. d. **'s. A. L. Wasser 76° C. am rechten
Arm, kaum schmerzhaft.

Pl. XXX, B. d. **'s. A. L. Wasser 84° C. am rechten
Arm; schmerzhaft.

Im ersteren Falle dauerte die Reizung ziemlich lange.
weil das heiſse Wasser der Verabredung gemäſs erst
entfernt wurde, wenn die V-P klagte. Trotz der langen
Dauer der Reizung war der Schmerz doch nur ein geringer, und demgemäſs zeigt das Ergogramm auch keine
entschiedene Senkung. In der Kurve B dagegen, wo
das Wasser so heiſs war, daſs es fast augenblicklich
wieder entfernt werden muſste, sehen wir zwei stark
markierte Senkungen. Es wurde hier konstatiert, daſs
der Schmerz während des Zwischenraums, der die
Senkungen trennt, verschwunden war. Das periodische
Aufflammen des Schmerzes ist bei diesen Versuchen fast

die Regel; als eine Ausnahme ist der folgende Fall zu
betrachten:

*Pl. XXX, C.* d. **⁶/₃.** Fnn. Wasser 84° C. am rechten
Arm.

Hier ist nur eine einzige Senkung, die bei fast konstanter Höhe der Partialarbeiten andauert, bis der
Schmerz sich verloren hat. Der Schluß des Ergogramms bildet offenbar die natürliche Fortsetzung von
dessen Anfange. Übrigens war der Schmerz, den dieser
Versuch der betreffenden V-P verursachte, ein ganz
ernstlicher; jedenfalls wünschte die V-P keine Wiederholung. Als ich nach einiger Zeit den Versuch nichtsdestoweniger wiederholte, erhielt ich folgendes, interessantes Resultat:

*Pl. XXX, D.* d. **¹⁰/₄.** Fnn. Wasser 84° C. am rechten
Arm.

Das Ergogramm als Totalität ist ganz abnorm. Es
beginnt mit einer längeren Reihe verhältnismäßig kleiner
Partialarbeiten von konstanter Größe, und ein wenig
vor dem Eintreten der Reizung findet ein starkes Sinken
statt. Die Kurve erschien mir so merkwürdig, daß ich
die V-P ausfragte, was denn los gewesen sei. Sie ge-
stand, daß sie gleich von Anfang des Versuches an
eine nicht unbedeutende Angst gefühlt habe, und dieses
Gefühl sei in dem Augenblicke, da ich mich mit dem
heißen Wasser nahte, also kurz vor der Applikation
des Reizes, stark hervortretend geworden. Der Versuch ist daher ganz interessant, weil er deutlich zeigt,
daß ein Unlustaffekt wie die Furcht lähmende Wirkung
auf die willkürlichen Muskeln übt. Dies wußte man
freilich schon vorher, die experimentelle Bestätigung
der Sache kann aber doch nichts schaden. Das Ergebnis dieser Versuche wird also:

Einfache unangenehme und schmerzhafte
Empfindungen, wie auch Unlustaffekte
(Furcht) bewirken eine Verminderung der
gleichzeitigen Muskelarbeit, die um so beträchtlicher wird, je stärker das Gefühl ist.

Wir sehen also, daß Unlustgefühle, Schmerz u. dgl.
eine meßbare Arbeitsverminderung bewirken, deren
Größe von der Stärke des Gefühls abhängig ist. An
der relativen Arbeitsverminderung haben wir folglich

ein Maſs für die Stärke des Gefühls, indem die relative Arbeitsverminderung $M$ hier ebenso wie bei den intellektuellen Erscheinungen denjenigen Bruchteil der freien Energie des Gehirns angeben muſs, der zur Erzeugung des psychischen Zustandes verbraucht wird. Hierdurch sind wir so weit gelangt, daſs wir eine Thatsache zu erklären vermögen, die im Vorhergehenden dargestellt wurde, deren erschöpfende Behandlung wir aber vorläufig aufschieben muſsten. Wir meinen hiermit den eigentümlichen Verlauf der begrenzten Ergogramme. Für die unbegrenzten Ergogramme und den ersten Teil der begrenzten fanden wir nämlich folgenden Ausdruck für die Gröſse der Arbeit:

$$A = y + c_0 \log.(R + y) + q_0 \log. \left[ q_1 - \log.(R + y) \right] \, . . (\text{Gl. 51}).$$

Es zeigt sich indes, daſs diese Formel von dem Augenblicke an, da die Muskelermüdung schmerzhaft zu werden anfängt, nicht mehr gültig ist; man erhält dann folgenden Ausdruck:

$$A_1 = q + c_0 \log.(R + y) + q_0 \log. \left[ q_1 - \log.(R + y) \right] - q_0(R - q_0)$$
$$. . . . (\text{Gleich. 52}).$$

Die Formel zeigt, daſs von dem Eintritt des Müdigkeitsschmerzes an eine Kraft wirkt, welche den Arbeitszuwachs vermindert, und eben dieser Umstand bewirkt, daſs die Ergogramme begrenzt werden, indem die Partialarbeiten gegen Null konvergieren. Oben (S. 143 u. 170) konnten wir uns nicht darauf einlassen, die Ursache dieser Erscheinung zu untersuchen; auf unserem gegenwärtigen Standpunkte scheint die Sache dagegen durchaus keine Schwierigkeit darzubieten. Denn wenn jede Unlust einen Energieverbrauch verursacht, der sich durch eine Verminderung der gleichzeitigen Muskelarbeit kundgibt, so muſs dies zweifelsohne auch für den von der Muskelermüdung herrührenden Schmerz gelten. Oder mit anderen Worten: wenn die Muskelermüdung einen gewissen Grad erreicht, wird der hierdurch ausgelöste zentrale Prozeſs einen so grofsen Energieverbrauch erfordern, daſs dieser die zentrale Innervation des Muskels direkt hemmt und sich folglich durch eine Verminderung der geleisteten Arbeit äuſsert. Es ist daher ganz natürlich, daſs die Arbeit nicht nach dem-

selben Gesetze weiter anwachsen kann, das gültig ist,
solange keine Hemmung der Innervation stattfindet.
Gehen wir nun von der Richtigkeit dieser Erklärung
aus, so können wir aus Gleich. 52 einen Ausdruck dafür ableiten, wie der Schmerz zunimmt, wenn die Arbeit
fortgesetzt wird.

Da $A$ und $A_1$ in Gleich. 51, bezw. 52 die gesamte in
$R$ Partialarbeiten geleistete Arbeitsmenge ausdrückt,
können wir leicht die Größe der $R^{ten}$ Partialarbeit finden.
Diese sei $P_R$ unter der Voraussetzung, daß sich kein
Müdigkeitsschmerz geltend gemacht hat. Man findet
nun $P_R$, indem man die in $R-1$ Partialarbeiten gelieferte Arbeit von der in $R$ Partialarbeiten geleisteten
Arbeit abzieht; die Differenz muß gerade die Größe
der $R^{ten}$ Partialarbeit werden. Setzt man daher in
Gleich. 51 $R-1$ statt $R$, und zieht man den somit entstandenen Ausdruck von Gleich. 51 ab, so erhält man:

$$P_R = c_0 \log. \frac{R+y}{R-1+y} + q_2 \cdot \log. \frac{q_1 - \log.(R+y)}{q_1 - \log.(R-1+y)}$$

Hat dagegen ein die Muskelarbeit hemmender Müdigkeitsschmerz gewirkt, so wird die $R^{te}$ Partialarbeit die
Größe $p_R$ erhalten, und diese bekommt man aus
Gleich. 52 auf dieselbe Weise, wie $P_R$ aus Gleich. 51
abgeleitet wurde. Also:

$$p_R = c_0 \log. \frac{R+y}{R-1+y} + q_2 \log. \frac{q_1 - \log.(R+y)}{q_1 - \log.(R-1+y)} - q_0 = P_R - q_0.$$

Hieraus folgt:

$$P_R - p_R = q_0 \ \ \ \ \ \text{(Gleich. 60).}$$

In Worten ausgedrückt sagt Gleich. 60, daß die durch
den Müdigkeitsschmerz hervorgerufene Verminderung
der Größe der einzelnen Partialarbeiten eine Konstante
ist. Nun ist $P_R - p_R$ die absolute Arbeitsverminderung,
die der Schmerz hervorgebracht hat; die relative Arbeitsverminderung, die das Maß für die Stärke $S$ des
Schmerzes ist, erhält man hieraus durch Division mit
$P_R$, also:

$$\frac{P_R - p_R}{P_R} = S = \frac{q_0}{P_R}.$$

Oder mit anderen Worten: der Müdigkeitsschmerz ist
umgekehrt proportional zur Größe der Partialarbeiten.

Dieses Resultat, das mithin eine einfache mathematische Konsequenz der Gleich. 52 ist, stimmt mit der Erfahrung völlig überein. Setzt man die Muskelarbeit bis über den Punkt hinaus fort, wo die Ermüdung schmerzhaft wird, so wird der Schmerz fortwährend an Stärke zunehmen[1]. Die Selbstbeobachtung kann natürlich keine gesetzmäfsige Zunahme des psychischen Phänomens feststellen, sie gibt uns jedoch auch keinen Anlafs, die Richtigkeit des gefundenen Ausdrucks zu bezweifeln. Da dieser also als mit der Erfahrung übereinstimmend zu betrachten ist, spricht diese Konsequenz für die Richtigkeit der Erklärung, die oben von der Ursache der begrenzten Ergogramme gegeben wurde. Wir stellen daher fest:

Wenn die Ermüdung durch Muskelarbeit schmerzhaft wird, so wird dieser Schmerz, wie jede andere starke Unlust, eine Hemmung der Muskelarbeit bewirken; dies ist die Ursache, weshalb begrenzte Ergogramme entstehen. Der fortwährend zunehmende Schmerz wird nämlich zur Folge haben, dafs jede einzelne Partialarbeit um eine konstante Gröfse vermindert wird, weshalb die Partialarbeiten nach Null konvergieren.

Kraepelins Vermutung, dafs das Aufhören einer Muskelarbeit von einer zentralen Hemmung herrühre (vgl. S. 143), hat hierdurch also ihre völlige Bestätigung gefunden, und wir haben nicht nur diese Hemmung nachgewiesen, sondern wir wissen auch, wodurch sie entsteht, und welchem Gesetze gemäfs sie anwächst. Überdies sehen wir, dafs diese Hemmung gar keine alleinstehende Erscheinung ist, sondern nur ein spezieller Fall des hemmenden Einflusses der Unlustgefühle auf gleichzeitige Muskelarbeit.

*Die dynamische Gefühlstheorie.* Nachdem wir nun über die eigentümlichen Energieverhältnisse ins reine

---

[1] Ich sehe hier von der unbestreitbaren Thatsache ab, die den meisten wohl aus dem täglichen Leben bekannt ist, dafs die Fortsetzung der Arbeit unter gewissen Verhältnissen die Überwindung der Müdigkeit bewirken kann. Die Erscheinung wurde oben (S. 141) berührt, mufs aber zum Gegenstand besonderer Untersuchungen gemacht werden.

gekommen sind, an welche die Entstehung der Gefühle
sich der Erfahrung gemäfs als gebunden erweist, wird
es natürlich zu untersuchen sein, in welchem Umfang
diese Thatsachen zu unserem Verständnisse der Natur
der Gefühle beitragen. Eine solche Untersuchung kann
nicht wohl unterbleiben, da viele Psychologen gerade
in der Lust und Unlust die psychische Äufserung des
Verhältnisses zwischen der Leistungsfähigkeit des
Zentralorgans und dem von einem gegebenen psychischen Zustand erforderten Energieverbrauch erblicken[1].
Für eine derartige Theorie werden die hier hervorgezogenen Thatsachen augenscheinlich entweder in
positiver oder negativer Richtung von nicht geringer
Bedeutung sein. Wir können nun auch nicht umhin,
auf solche theoretischen Betrachtungen zu geraten, sobald wir die Frage stellen, wie man sich denn zu denken
hat, dafs die Vermehrung der Muskelarbeit, welche die
Lustgefühle begleitet, zu stande kommt.

Um diese merkwürdige Erscheinung zu erklären,
sind zwei verschiedene Hypothesen aufgestellt worden.
Die eine ist die schon in der Einleitung erwähnte Féré-
sche: »les excitations périphériques déterminent une
augmentation de l'énergie disponible, de la force utilisable«. Wie ich dort bemerkte, ist es durchaus nicht
klar, was Féré mit diesen Worten meint; es ist nicht
einmal zu ersehen, ob man sich zu denken habe, dafs
die Energie der Muskeln oder die freie Energie des
Gehirns zunehme. Es scheint sich nicht der Mühe zu
lohnen, eine so verschwimmende Hypothese näher zu
untersuchen; findet man sie unhaltbar in dieser oder
jener Form, so wird der Urheber ja stets einwenden
können, er habe sich die Sache auf ganz andere Weise
gedacht. Unter allen den vielen möglichen Hypothesen,
die sich unter Férés Worten verbergen, werde ich nur
eine einzige hervorziehen, die mir doch einigen Sinn zu
geben scheint, nämlich: dafs die freie Energie des
Gehirns zunehme. Dies ist keineswegs undenklich. Ein
wie grofser Teil der Totalenergie einer Kraftmaschine
sich frei umsetzen läfst, hängt von verschiedenen Umständen ab und variiert deshalb mit diesen. So ist die

[1] Die Hauptgesetze des menschlichen Gefühlslebens. S. 153 u. f.

freie Energie einer Dampfmaschine keineswegs mit der
Totalenergie gegeben, mit der Temperatur des Dampfes;
sie ist in hohem Grade von dem Fallen der Temperatur
abhängig; eine Veränderung der Temperatur des Kon-
densators wird daher auch das Verhältnis der freien
Energie zur Totalenergie ändern. Bei den galvanischen
Elementen ist dieses Verhältnis ebenfalls Schwankungen
unterworfen, indem es sowohl kleiner als auch gleich
mit und größer als 1 sein kann; übrigens ist es durch
die Beschaffenheit der wirkenden chemischen Stoffe bedingt, weshalb man es zu beherrschen vermag. Hiermit in Analogie könnte man sich auch denken, daß die
freie Energie des Gehirns variierte, und da wir die
Energie im Gehirn unter chemischer Form gegeben
haben, müßte eine Veränderung des Verhältnisses
zwischen der freien Energie und der Totalenergie auf
der Beschaffenheit der Stoffe beruhen. Eine Veränderung in dieser Richtung scheint aber eine Änderung
der Ernährungsthätigkeit vorauszusetzen, die also die
primäre Wirkung des äußeren Reizes würde. Diese
Hypothese würde mithin zu der Annahme führen, daß
die primären Wirkungen Störungen des Blutumlaufs
wären, die dann wieder so auf das Gehirn influierten,
daß eine vermehrte Innervation der willkürlichen
Muskeln möglich würde.

So könnte sich die Sache freilich verhalten, es gibt
aber, meines Wissens, nichts, das dafür spricht, daß
nur die Änderungen des Blutumlaufs primäre Wirkungen
des lusterregenden Reizes sein sollten. Bekanntlich hat
Lange auch angenommen, daß die Freude nicht nur
eine Erweiterung der Blutgefäße, sondern auch eine
Steigerung der Funktion des willkürlichen Bewegungs-
apparates primär herbeiführe[1]. Was auf diese Weise
von dem Affekt der Freude angegeben wird, wird sich
mit Recht aber auch so erweitern lassen, daß es von
den mehr normalen Lustgefühlen gilt, da diese Zustände
sich wohl einzig und allein durch den Grad der Stärke
voneinander unterscheiden. Es fällt nun auch nicht
schwer, den Nachweis zu liefern, daß die psychophysiologischen Prozesse, an welche die Entstehung der Lust-

[1] Über Gemütsbewegungen. S. 19.

gefühle gebunden ist, solcher Art sind, daß sie als
andere Prozesse anbahnend wirken müssen. Denn sowohl die Versuche als die tägliche Erfahrung zeigt,
daß während der Lustgefühle jedenfalls keine Verminderung der Muskelarbeit stattfindet. Dies lehrt uns,
daß der Energieverbrauch des arbeitenden Zentrums nur
ein geringer sein kann, wenn ein Lustgefühl entsteht,
denn jeder größere Energieverbrauch muß, wie wir
oben sahen, notwendigerweise auf andere gleichzeitige
Vorgänge hemmend wirken, mithin eine Verminderung
der Muskelarbeit erzeugen. Ein kleinerer Energieverbrauch an einem einzelnen Punkte wirkt aber gewöhnlich bahnend, indem die Bewegung sich nach anderen
Stellen verbreitet, ohne einen andauernden Energie-
zufluß nach dem Ausgangspunkte hervorzurufen. Wenn
eine derartige bahnende Bewegung sich zu den willkürlichen Bewegungstendenzen addiert, wird die Folge
natürlich werden, daß die Muskelinnervation zunimmt,
und dies zeigt sich im Ergogramm als eine Vermehrung
der Arbeit, im täglichen Leben als raschere und leb-
haftere Bewegungen. Wird die Bahnung in den verschiedenen motorischen Zentren während einer Gemütsbewegung besonders stark, so werden leicht Bewegungen
ausgelöst, die ohne diese Bahnung nicht zu stande
kommen würden; deshalb werden Singen, Pfeifen, Tanzen
und viel überflüssiges Reden die fast unvermeidlichen
vernehmlichen Äußerungen eines solchen Affekts.
Die Zunahme der gleichzeitigen Muskelarbeit, die
ein einigermaßen starkes Lustgefühl begleitet, ist
also leicht als durch eine Bahnung verursacht zu verstehen, die wiederum dadurch bedingt ist, daß der
psychophysiologische Vorgang, an den das Gefühl gebunden ist, nur einen geringen Energieverbrauch erfordert. Dies stimmt auch damit überein, daß es
gewöhnlich die schwächeren Sinnesreize sind, die lustbetonte Empfindungen hervorrufen; ein zu starker Reiz
wird einen größeren Energieverbrauch bewirken, der
Unlust und Hemmung der Muskelarbeit zur Folge hat.
Jedoch braucht dies nicht immer stattzufinden; ist die
Reizung nur sehr kurz, so kann sie sehr wohl bedeutende Stärke erreichen, ohne darum eine Verminderung der Muskelarbeit herbeizuführen. In physio-

logischer Beziehung liegt hierin nichts Sonderbares. Der
starke, aber kurzdauernde Reiz wird im empfangenden
Zentrum allerdings ein bedeutendes Fallen des Poten-
zials hervorrufen, wenn der Reiz aber sogleich aufhört,
kann kein andauernder Energiestrom nach dem Zentrum
entstehen. Die Bewegung verbreitet sich also nur und
nimmt somit ein Ende; zunächst müßte sie dann bahnend
wirken. Die Versuche bestätigen dies. Jeder starke,
aber hinlänglich kurze Reiz, dessen psychische Wirkung
zunächst als Erschrecken zu bezeichnen ist, bewirkt
Vermehrung der Arbeit. Als Beispiel führe ich an:
*Pl. XXX, E.* d. **""** *r.* Dr. B. Erschrecken bei einem
Schuls.

Der Chok war ziemlich bedeutend, da die V-P vorher gar keine Ahnung hatte, dals mit ihr experimentiert
werden sollte. Der Pfeil gibt den Augenblick an, da
der Schuls fiel, und die Kurve zeigt, dals nicht nur die
einzelne, mit dem Reize gleichzeitige Muskelkontraktion
hierdurch verstärkt wurde, sondern dals auch in den
beiden nächstfolgenden Partialarbeiten die Wirkung
noch deutlich zu spüren war[1]. Besonders interessant
ist dies, weil es zeigt, dals das Lustgefühl und die
Arbeitsvermehrung nicht untrennbar sind. Normal
gehen sie allerdings zusammen, man kann aber auch
bei Unlustgefühlen, nämlich beim Erschrecken, Arbeitsvermehrung haben. Hier findet offenbar ein tieferer
Zusammenhang statt, denn, wie wir wissen, ist das Erschrecken auch die einzige Unlust, die eine Pulsverlängerung hervorruft, welche sonst die Lustgefühle
charakterisiert (vgl. I. Teil. S. 73). Dieselbe Ursache,
die in den motorischen Zentren eine Bahnung bewirkt,
scheint also ebenfalls eine Erregung des Nervus vagus
zu erzeugen, und diese Verbindung scheint konstant.

[1] Die Bahnung bewirkt also hier noch 4 Sek. nach dem Eintreffen
des Reizes eine melsbare Zunahme der Muskelarbeit. Wenn dies
thatsächlich vorkommen kann, liegt wohl kaum etwas Unwahrschein-
liches in der Annahme, dals die Bahnung bis 6 Sek. lang die Verstärkung einer nachfolgenden Empfindung bewirken wird, selbst wenn
der Reiz auch ein bedeutend schwächerer ist als der im besprochenen
Versuche angewandte. Durch diese Annahme läfst sich die bei Schallempfindungen vorkommende Periodizität des Zeitfehlers erklären (vgl.
S. 117).

von dem psychischen Zustand unabhängig zu sein, der
von diesen Äuserungen begleitet wird. Für das Verständnis, welche Bedeutung die körperlichen Äuserungen psychischer Zustände für den Organismus als
Totalität haben, wird dieser Zusammenhang offenbar
ziemlich wesentlich sein; wenn wir in einem folgenden
Teile zur Untersuchung dieser Verhältnisse gelangen,
müssen wir diese eigentümliche Verbindung deshalb
besonders berücksichtigen. Hier, wo wir nur mit den
Bedingungen für das Entstehen gewisser psychischer
Erscheinungen zu schaffen haben, können wir uns nicht
näher darauf einlassen.

Betrachten wir jetzt die Unlustgefühle, so hinterlassen die Versuche uns keinen Zweifel, dafs die Unlust
gewöhnlich an psychophysiologische Prozesse gebunden
ist, welche einen bedeutenden Energieverbrauch erfordern. Indes ist ein grofser Energieverbrauch keine
notwendige und genügende Bedingung für das Entstehen von Unlust. Denn einerseits wissen wir, dafs
verschiedene psychische Thätigkeiten, wie das Denken,
Auswendiglernen u. s. w., weit gröfseren Energieverbrauch erfordern können, ohne dafs der Zustand deshalb unlustbetont würde. Anderseits sahen wir, dafs
wenigstens ein einzelnes Unlustgefühl, das Erschrecken,
nur geringen Energieumsatz bewirkt. Es leuchtet daher
ein, dafs ein gröfserer Energieverbrauch an und für
sich nicht notwendigerweise unlustbetonte psychische
Zustände erzeugt, und es entsteht nun die Frage,
welche ferneren Bedingungen erfüllt sein müssen, damit
die Unlustbetonung eintrete. Die Beantwortung dieser
Frage stellt sich fast von selbst ein, wenn wir die
Verschiedenheit derjenigen psychischen Erscheinungen
untersuchen, welche, wie die Erfahrung zeigt, bedeutenden Energieverbrauch beanspruchen. Bei der
psychischen Arbeit operiert man stets mit einer gröfseren
Anzahl von Vorstellungen: es entstehen zahlreiche
Associationen, deren einige festgehalten, andere verdrängt werden, und das ganze Gewühl sich kreuzender
Vorstellungen und Urteile durchzieht stets, wie der
leitende Faden im Labyrinth, die Vorstellung von dem
zu erreichenden Zweck. Ein solcher Reichtum an
wechselnden psychischen Zuständen erfordert unzweifel-

haft die Arbeit einer sehr grofsen Anzahl von Neuronen, deren jedes für sich einen geringen Teil der umgesetzten Energie liefert. Ganz anders scheint sich die Sache dagegen zu stellen, wenn wir mit unlustbetonten Zuständen zu thun haben. Wir sahen, wie ein einzelner Sinnesreiz, die erhöhte Temperatur an einem stark begrenzten Teile der Oberfläche des Körpers, denselben Energieverbrauch bewirken kann wie eine ziemlich umfassende psychische Arbeit. Nur wird ein derartiger einfacher Sinnesreiz, der nur eine Empfindung von Hitze hervorruft, aller Wahrscheinlichkeit nach unmittelbar nur eine geringe Anzahl Neuronen in Thätigkeit setzen, und wenn nichtsdestoweniger ein ziemlich bedeutender Energieverbrauch stattfinden soll, mufs jedes einzelne Neuron daher einen sehr grofsen Teil dieser Energie liefern. Hier treffen wir folglich einen Unterschied an, der, wenn er auch rein quantitativ ist, für den Organismus als Totalität doch eine bedeutende Rolle spielen mufs. Soll ich eine Last von 50 Kilo heben, wird dies keine nachteiligen Folgen haben, wenn ich mit beiden Händen anpacken und alle Muskeln des Körpers anspannen kann; übt dasselbe Gewicht aber seine Wirkung auf einen einzelnen Finger, so wird dies wahrscheinlich eine Verstümmelung nach sich ziehen. Ebenso mit dem Gehirn. Wird ein Energieverbrauch über eine gröfsere Anzahl Neuronen verteilt, so ist dies eine Arbeit, die ohne Schwierigkeit geleistet werden kann und keine besonderen Folgen erhält; soll dieselbe Arbeit aber von einer stark begrenzten Anzahl Neuronen geleistet werden, so werden diese aufs äufserste angestrengt, und die psychische Folge wird Unlust.

Diese Auffassung der Sache scheint eine so exzeptionelle Erscheinung wie das Erschrecken leicht und natürlich erklären zu können. Da dieselbe durch einen plötzlichen, kurzen aber starken Sinnesreiz hervorgerufen wird, mufs dieser im Zentralorgan eine grofse Arbeitsleistung von einer begrenzten Anzahl Neuronen verlangen, die folglich stark angestrengt werden — somit ist die Unlust gegeben. Da der Reiz aber sofort wieder aufhört, wird der totale Energieverbrauch nur gering, es findet kein Energiezuflufs nach den arbeitenden Neuronen statt, die Bewegung breitet sich nur aus

und bewirkt eine Bahnung in anderen Zentren — somit
ist die Vermehrung der Muskelarbeit gegeben. Für die
Richtigkeit der Erklärung spricht sicherlich die bekannte Erfahrung, daß man gewöhnlich nur über das
Unerwartete erschrickt, schwerlich dagegen über etwas
Erwartetes, auf das die Aufmerksamkeit schon vorher
gelenkt war. Die Lenkung der Aufmerksamkeit auf
einen erwarteten Reiz bedeutet nämlich, wie früher
nachgewiesen, eine Bahnung der Bewegung in den
empfangenden Neuronen. Ist die Bewegung aber im
voraus angebahnt, so befindet sich mithin eine größere
Anzahl Neuronen in gleichartiger Erregung, und beim
Eintreten des Reizes wird die hervorgerufene Bewegung
sich sogleich über die größere Gruppe von Neuronen
ausbreiten können, so daß jedes einzelne nicht so stark
angestrengt wird. Hierdurch wird sowohl die Unlust
als der vom Unerwarteten hervorgerufene Chok ver-
mieden.

Das Resultat dieser Betrachtungen wird also, daß
es für die Gefühlsbetonung eines psychischen Zustands
ohne Bedeutung ist, ob während des psychophysiologischen Prozesses eine größere oder geringere Menge
Hirnenergie umgesetzt wird. Das, worauf es ankommt,
ist ausschließlich, eine wie große Arbeit das einzelne
Neuron leisten soll. Sogar ein sehr geringer Energieverbrauch kann eine Unlustbetonung bewirken, wenn
die Arbeit von einer stark beschränkten Anzahl Neuronen geliefert werden soll (das Erschrecken), während
sogar großer Energieverbrauch Lustzustände zu erzeugen vermag, wenn nur der Verbrauch über eine
hinlängliche Anzahl Neuronen verteilt ist. Die Frage
ist nun, ob sich nicht eine etwas schärfere Grenze
zwischen Lustzuständen und Unlustzuständen angeben
läßt, denn Begriffe wie wenig und viel, klein und groß
sind doch gar zu relativ, um eigentlich etwas zu be-
sagen. Wünschenswert wäre es natürlich, wenn die
Grenze sich einfach durch die durchschnittliche Anzahl
der während 1 Sek. pr. Neuron verbrauchten Gramm-
kalorien angeben ließe, auf dergleichen absolute Bestimmungen müssen wir einstweilen aber wohl verzichten. Dagegen scheinen die Versuche zu zwei Bestimmungen zu führen, die, obschon nicht in Zahlen

ausgedrückt, dennoch auf ihre Art ebenso scharf sind.

Gehen wir erstens davon aus, daſs Lustgefühle stets von einer Bahnung, also u. a. von einer Vermehrung der gleichzeitigen Muskelarbeit, begleitet werden, so scheint das Maximum des Lustgefühls hierdurch bestimmt zu sein, denn die Bahnung andrer Prozesse von einem arbeitenden Zentrum aus ist, wie wir sahen, nur dann möglich, wenn keine Energieströmung nach dem Arbeitszentrum stattfindet. Wie gering der Energieverbrauch während eines Lustzustandes auch sein mag, so muſs doch immer etwas Energie verbraucht werden. Andauernder Verbrauch ohne Zufuhr ist aber unmöglich. Geht während eines Lustzustandes vom Arbeitszentrum daher fortwährend eine Bahnung aus, so ist dies nur denkbar, wenn der Energieverbrauch auf anderem Wege gedeckt wird. Es muſs dann der Stoffwechsel sein, der unablässig die verbrauchte Energie ersetzt; wir kennen wohl keine andere Thätigkeit, die im stande wäre, dies zu thun. Wir kommen also zu dem Ergebnisse, daſs ein psychophysiologischer Prozeſs einen lustbetonten psychischen Zustand herbeiführen wird, solange die im Prozesse umgesetzte Energie durch den Stoffwechsel ersetzt werden kann. Nun wissen wir aber, daſs das Lustgefühl bis zu einem gewissen Punkte mit dem Reize anwächst. Sehr schwache Reize erzeugen gewöhnlich nur geringe Lust; wächst die Stärke des Reizes, mithin der Umsatz im Zentralorgane, so wächst auch das Gefühl bis zu einem Maximum, worauf es abzunehmen beginnt. Es wird daher eine höchst natürliche Annahme, daſs der psychische Kulminationspunkt gerade mit dem Wendepunkte des physiologischen Prozesses zusammentrifft, an welchem der Stoffwechsel nicht mehr im stande ist, den Verbrauch zu ersetzen. Wird diese Grenze nämlich überschritten, so muſs die Bahnung schnell abnehmen, weil das Arbeitszentrum jetzt Energiezufuhr aus den Umgebungen verlangt. An dieser Verminderung der Bahnung haben wir daher das physiologische Anzeichen, daſs das Lustgefühl abnimmt. Wie man sieht, gibt es also vollständigen Parallelismus der beiden Reihen, der psychischen und der physiologischen.

Wir suchen nun ferner das Verhältnis zwischen
dem psychischen Zustand und dem zentralen Energieumsatze zu bestimmen, wenn letzterer fortwährend zunimmt. Was die psychische Reihe betrifft, so macht
die Selbstbeobachtung uns die Sache völlig klar. Nach
Überschreitung des Maximums des Lustgefühls nimmt
das Gefühl schnell ab, und es tritt ein zwischen Lust
und Unlust schwankender Zustand ein, der oft neutral
sein wird. Ist die Ursache des Gefühls ein Sinnesreiz,
so wird es meistens zwar nicht möglich sein, den neutralen Übergangspunkt nachzuweisen, dies rührt bekanntlich aber aus anderen Ursachen her[1]. Dagegen
ist ganz gewiß der größte Teil dessen, was man im
täglichen Leben ›Arbeit‹ nennt, die angewohnte routine-
mäßige Arbeit, ziemlich neutral. Dieselbe ist zu anstrengend, um ein Genuß zu sein, wenn aber keine
besonderen Umstände hinzutreten, ist sie zu gut eingeübt, um geradezu unangenehm zu werden. Ein derartiger Zustand ist schwankend; kleine Zufälligkeiten
können im einen Augenblick eine schwache Lust hervorrufen, im nächsten eine mehr oder weniger deutliche
Unlust, gerade durch diese Schwankungen verrät sich
aber der durchweg neutrale Charakter des Zustands.
Bei stärkerer Reizung, größerer Anstrengung geht der
Zustand schließlich in entschiedene Unlust über[2].

---

[1] Die Hauptgesetze des menschlichen Gefühlslebens. S. 177 u. f.

[2] Diese Thatsache wird nicht im geringsten durch die ebenso
unbestreitbare Thatsache umgestoßen, daß eine unvorhergesehene
Schwierigkeit, die während der routinemäßigen, langweiligen Arbeit
eintritt, mitunter fast als Annehmlichkeit gefühlt werden kann. Für
energische Naturen, welche die aus der Überwindung von Schwierigkeiten resultierende Befriedigung kennen, wird eine solche Unterbrechung der einförmigen Arbeit oft Anziehung enthalten. Darum
ist die Schwierigkeit der Arbeit, solange dieselbe nicht überwunden
ist, aber dennoch unlustbetont; lockend ist nur die künftige Befriedigung durch Überwindung der Schwierigkeit. Bekanntlich ist
jedermann sogar mit Freuden willig, sich einer schwierigen und unangenehmen Arbeit zu unterziehen, wenn nur die Belohnung hierfür
hinlänglich groß zu sein scheint. Welche Belohnung aber als für
ein gewisses Quantum Ungemach hinlänglich betrachtet wird, das ist
in höchstem Grade individuell verschieden. Die weitere Entwickelung
dieses Problems ist in der Theorie der Nationalökonomie vom Grenz-
nutzen gegeben.

Die physiologischen Prozesse, an welche die erwähnten psychischen Erscheinungen gebunden sind, haben wir zum Teil bereits erörtert. Wenn der Stoffwechsel allein die Arbeit nicht zu unterhalten vermag, hört die Bahnung auf, indem der intercelluläre Energiestrom eintritt. Hiermit ist doch keineswegs Unlust gegeben, denn die Versuche zeigten, daß sehr bedeutender Energieverbrauch stattfinden kann, ohne daß die Arbeit deshalb unlustbetont wird. Ebensowenig tritt bei einer bestimmten Größe des Energieverbrauches Unlust ein, denn ein kleiner Energieverbrauch kann lebhafte Unlust erzeugen, wenn die Arbeit von einer beschränkten Anzahl Neuronen geliefert werden soll. Dies deutet offenbar darauf hin, daß die Unlust erst beginnt, wenn eine Gruppe von Neuronen nicht mehr im stande ist, die von ihr verlangte Arbeit zu leisten. Können der Stoffwechsel und die intercelluläre Energieströmung im Verein dem Arbeitszentrum keine so große Energiemenge zuführen, wie in jedem Augenblick wegen der eintreffenden Reize verlangt wird, so ermüden die Neuronen, und hiermit scheint die Unlust gegeben zu sein. Ob der Energieverbrauch, absolut genommen, dann groß oder klein ist, wird ganz davon abhängen, über einen wie großen Umfang die Bewegung sich ausbreitet, oder mit anderen Worten, wie viele Neuronen an der Arbeit direkt beteiligt sind.

Wir können diese Betrachtungen nun in folgenden Satz zusammenfassen:

Wenn ein psychophysiologischer Prozeß keinen größeren Verbrauch der Energie jedes einzelnen arbeitenden Neurons erfordert, als daß der Stoffwechsel fortwährend den Verbrauch zu ersetzen vermag, so wird die psychische Wirkung hiervon ein Lustgefühl sein, während die physiologische Wirkung die Bahnung von Bewegungen in anderen Zentren wird. Das Maximum des Lustgefühls wird erreicht, wenn der Stoffwechsel den stattfindenden Verbrauch gerade zu decken vermag. Bei Überschreitung dieser Grenze nimmt sowohl das Lustgefühl als die Bahnung schnell ab, indem der Verbrauch im Arbeits-

zentrum nun einen Energiestrom aus den
Umgebungen bewirkt, wodurch gleichzeitige
Prozesse in letzteren gehemmt werden. Der
psychische. Zustand ist unter diesen Verhältnissen zunächst neutral, je nach den
Umständen bald zur Lust, bald zur Unlust
tendierend. Wird endlich der Verbrauch in
den arbeitenden Neuronen so grofs, dafs er
nicht durch den Stoffwechsel im Verein mit
dem intercellulären Energiestrom gedeckt
werden kann, so wird die psychische Wirkung ein Unlustgefühl werden. Eine Hemmung anderer, gleichzeitiger Prozesse wird
deshalb stets das Unlustgefühl begleiten,
ausgenommen, wenn dieses nur von rein in-
stantaner Dauer ist, so dafs kein Energiestrom zu stande kommt; alsdann wirkt die
Bewegung im Arbeitszentrum bahnend (das
Erschrecken).
    Diese Theorie ist, wie leicht zu ersehen, ihren
Grundzügen nach keine neue; sie ist nur eine weitere
Entwickelung und Präzisierung der von Grant Allan
aufgestellten dynamischen Gefühlstheorie. Zu dieser
wurde ich seiner Zeit durch eine Reihe kritischer Betrachtungen über verwandte Theorien bewogen, die von
anderen Forschern aufgestellt waren[1]; es ist deshalb
nicht ganz ohne Bedeutung, dafs wir nun von neuen
Thatsachen aus zu demselben Resultat gelangen. Zwischen der neuen und der älteren Formulierung besteht
indes ein nicht ganz unwesentlicher Unterschied. Nach
Grant Allans Darstellung ist es nämlich der Energieverbrauch im Sinnesorgane, der entscheidet, ob ein
Lust- oder ein Unlustgefühl entstehen soll; wie die
Theorie aber hier formuliert ist, wird der Energieverbrauch im Zentralorgane, namentlich in den arbeitenden
Neuronen, entscheidend. In der Realität ist dies natür-
lich ganz dasselbe, denn nur, insofern der Energieverbrauch des Sinnesorganes einen korrespondierenden
Verbrauch im Zentralorgan bewirkt, können aus diesem
Verhalten die psychischen Wirkungen: Lust und Unlust

---

[1] Die Hauptgesetze des menschlichen Gefühlslebens. S. 153 u. f.

hervorgehen. Die nähere Präzisierung dieser Sache ist dennoch nicht ohne Bedeutung, da die Theorie erst hierdurch praktische Wichtigkeit erhält, Erscheinungen zu erklären vermag, die sonst ganz rätselhaft dastünden. Jedenfalls kann die Theorie in ihrer ursprünglichen Form nicht auf diejenigen Gefühlszustände zur Anwendung kommen, welche nur in geringem Grade oder auch gar nicht von äufseren Reizen abhängig sind.

Besonderes Interesse erhält die Gefühlstheorie auch dadurch, dafs sie die Beantwortung der von G. E. Müller aufgeworfenen Frage gibt: ›was das psychische Korrelat der Ausbreitung der psychophysischen Thätigkeit sei‹[1]. Müller weist nach, dafs es hier verschiedene Möglichkeiten gibt, dafs wir aber auf dem jetzigen Standpunkte unseres Wissens nicht im stande sind, einer einzelnen derselben den Vorzug zu geben. Er läfst die Frage deshalb zunächst dahingestellt bleiben, indem er Fechners Auffassung beitritt, ›nach welcher die Ausbreitung des psychophysischen Prozesses ihr psychisches Korrelat nicht an einer von der Empfindungsintensität verschiedenen Dimension der Empfindung besitzt, sondern eine Vergröfserung oder Verminderung jener Ausbreitung psychophysisch völlig äquivalent ist einer ohne Veränderung der Ausbreitung des psychophysischen Prozesses stattfindenden, bestimmten Erhöhung, bez. Verringerung der Stärke desselben‹. Es ist leicht zu ersehen, dafs die dynamische Gefühlstheorie hier eine andere Beantwortung geben mufs, indem sie der räumlichen Ausbreitung eines Prozesses ganz andere Bedeutung beilegt. Die Stärke der Empfindung ist, wie wir wissen, proportional der Gröfse des zentralen Energieumsatzes. Der Theorie zufolge ist die Gefühlsbetonung der Empfindung dadurch bestimmt, wieviel Arbeit von den arbeitenden Neuronen verlangt wird. Ist also ein Energieumsatz bestimmter Gröfse in verschiedenen Fällen über eine bald gröfsere, bald kleinere Anzahl Neuronen verteilt, so erhalten wir in allen Fällen eine Empfindung bestimmter Stärke; nur der Gefühlston verändert sich nach der Anzahl der am

---

[1] Zur Psychophysik der Gesichtsempfindungen. Zeitschr. f. Psych. Bd. X. S. 8.

Prozesse beteiligten Neuronen. Diese Konsequenz der
Theorie scheint übrigens zu zeigen, dafs die ganze
Frage nur geringe Bedeutung besitzt. Denn da die
Gefühlsbetonung gewöhnlich der Empfindung, mithin
der Gröfse des zentralen Energieumsatzes, ziemlich
proportional anwächst, deutet dies darauf hin, dafs ein
Prozefs bestimmter Art annähernd konstante räumliche
Ausbreitung hat, so dafs den arbeitenden Neuronen
stets ein konstanter Bruchteil des gesamten Energie-
umsatzes zufällt.

Wir können uns hier nicht wohl darauf einlassen,
die Bedeutung und Tragweite der dynamischen Gefühlstheorie zu untersuchen; dies würde mit einer vollständigen Durcharbeitung der ganzen Lehre vom Gefühle
gleichbedeutend sein. Ein paar einfache, unter den
elementarsten Erscheinungen gewählte Beispiele werden
genügen, um zu zeigen, wie die Theorie in der hier
dargestellten Form eine leichte und ungezwungene
Erklärung verschiedener Thatsachen gibt, die man
früher wohl kaum zu erklären versucht hat. So hat
Weber bekanntlich folgendes Gesetz für Temperaturreize nachgewiesen: »Der Schmerz entsteht um so
leichter, je gröfser die dem Reize ausgesetzte Hautoberfläche ist[1].« Näher bestimmt heifst das: damit ein
Wärmereiz ebenmerklichen Schmerz hervorrufen kann,
mufs die Temperatur um so niedriger sein, je gröfser
die angegriffene Stelle der Hautoberfläche ist. Dies ist
nun gewifs leicht zu verstehen. Schmerz entsteht, wenn
der Energieverbrauch der arbeitenden Neuronen durch
die Zufuhr nicht gedeckt werden kann. Der zentrale
Energieumsatz wird aber durch die Energie des Reizes
bestimmt. Es kommt also nur darauf an, dafs diese eine
bestimmte Gröfse hat. Folglich wird jede Arealeinheit
der Hautoberfläche um so geringerer Wärmezufuhr
benötigt sein, je gröfser das gereizte Areal ist, oder mit
anderen Worten: das Produkt des Areals und der Tem-
peraturerhöhung mufs konstant sein. Genaue Gültigkeit wird dieser Satz jedoch wohl kaum haben, denn

---

[1] Tastsinn und Gemeingefühl, in Wagners Handwörterbuch der
Physiologie. Bd. III, Abt. 2. S. 572—573. Vgl. Die Hauptgesetze.
S. 36 u. f.

mit der Gröfse des Areals nimmt wahrscheinlich auch
die Anzahl der arbeitenden Neuronen zu, und wenn
eine gröfsere Anzahl Neuronen in Thätigkeit gesetzt
wird, mufs auch die Energie des Reizes anwachsen,
damit Schmerz entstehe. Man findet deswegen auch,
dafs das Produkt des Hautareals und der Temperatur-
erhöhung nicht ganz konstant ist, sondern mit dem
Areale zunimmt, freilich viel langsamer als dieses. Die
nähere Untersuchung dieses Verhältnisses würde bedeutendes Interesse darbieten.

Bekanntlich spielt die Gefühlsbetonung bei den
niederen Sinnen eine weit mehr hervortretende Rolle
als bei den höheren. Besonders erweist dies sich dadurch, dafs nur die allerstärksten Gesichts- und Gehörs-
reize im stande sind, unlustbetonte Empfindungen hervorzurufen, während wir auf dem Gebiete der niederen
Sinne oft schon bei verhältnismäfsig schwachen Reizen
Unlust fühlen. Auch dies ist durch die gegebene Theorie
leicht zu erklären, da die Entstehung der Unlust wesentlich durch die Energie des Reizes bestimmt wird, und
in dieser Beziehung besteht ein bedeutender Unterschied zwischen den Reizungen der niederen und den
adäquaten Reizungen der höheren Sinne. Fällt ein
kleiner Tropfen (0,05 gr) siedenden Wassers auf die
Haut, und nehmen wir an, dafs nur die Hälfte des
Wärmeüberschusses an den Organismus abgegeben
wird, während die andere Hälfte verloren geht, so hat
die Energie des Reizes etwa 2 gr cal. betragen. Diese
Energiemenge ist im Vergleich mit der Energie unserer
gewöhnlichen Schall- und Lichtreize aber ungeheuer
grofs. Fällt eine 10 gr wiegende metallene Kugel aus
der Höhe von 1 m auf eine harte Unterlage, und wird
der erzeugte Schall in der Entfernung von 10 cm von
der Anschlagsstelle durch das Ohr aufgefafst, so wird
die Gröfse der als Schallwellen in das Ohr eindringenden
Energiemenge schwerlich 0,0001 gr cal. erreichen: diese
Schallstärke entspricht ungefähr der einer kräftigen
Redestimme. Noch weit geringer ist die Energie des
Lichtes. Eine Normal-Spermazetkerze entsendet in der
Form von Lichtstrahlen etwa 4 gr cal. pr. Min. Ein
Auge, das die Flamme in der Entfernung von 1 m be-
trachtet, wird pr. Sek. nur eine Energiemenge von

0.0 000 002 μr cal. erhalten, und dies ist obendrein als ein recht kräftiger Lichtreiz anzusehen. Ein Stückchen weißen Papiers, das von demselben Lichte in einer Entfernung von 1 m beleuchtet wird, sendet nur ein Tausendstel der angegebenen Lichtmenge zum Auge. Nun besteht allerdings kein so großes Mißverhältnis zwischen den zentralen Energieumsätzen, die durch die drei genannten Reize hervorgerufen werden, denn die Terminalorgane der Temperaturnerven sind durch die Oberhaut, die ein schlechter Wärmeleiter ist, vor den starken Reizen beschützt, wogegen das Ohr und das Auge Ansammlungsapparate sind, welche die schwachen Reize konzentrieren. Deshalb wird es möglich, daß so minimale Energiemengen, wie unsere gewöhnlichen Gesichtsreize, überhaupt zentrale Prozesse hervorzurufen vermögen; durch die Haut hindurch würde die gleiche Energiemenge durchaus keine Empfindung auslösen. Obgleich unsere Sinnesapparate also zum Teil der Größe der Energie der Reize angepaßt sind, ist es doch verständlich, daß nur maximale Gesichtsreize die empfangenden Neuronen in so starke Aktivität setzen werden, daß Unlust damit verbunden ist. Eine derartige Thätigkeit wird aber schon durch relativ schwache Temperaturreize hervorgerufen werden, weil diese eine weit größere Energiemenge repräsentieren.

Es mag noch ein einzelnes Verhältnis in Kürze hier berührt werden. Wie wir wissen, ist Rot unter allen Farben diejenige, die am leichtesten zu kräftig wirkt: in der Ornamentik ist Rot deshalb immer mit gewisser Mäßigung zu gebrauchen. Dies stimmt damit überein, daß Rot gerade diejenige Farbe ist, die, bei gegebener Intensität der Lichtstrahlen, den größten zentralen Energieumsatz hervorruft. Auch der Gegensatz zwischen der anregenden Wirkung der warmen und der dämpfenden Wirkung der kalten Farben scheint auf der relativen Größe der zentralen Energieumsätze zu beruhen. Diese ist nämlich, bei gegebener Intensität der Strahlen, am bedeutendsten hinsichtlich der weniger brechbaren Strahlen. Weiter können wir uns auf diese Verhältnisse hier jedoch nicht einlassen, da die erforderliche empirische Grundlage bis jetzt nicht vorliegt.

Die Tragweite der dynamischen Gefühlstheorie näher

zu entwickeln, würde, wie gesagt, gar zu weit führen, und die Frage hat gar zu grofse Bedeutung, als dafs wir uns auf eine ganz oberflächliche Behandlung beschränken könnten. Soweit ich zu ersehen vermag, wird die Theorie in der hier gegebenen Form aber wirklich im stande sein, die wesentlichsten der auf dem Gebiete des Gefühlslebens bekannten Gesetzmäfsigkeiten natürlich und zwanglos zu erklären. Freilich können wir nicht erwarten, für alle speziellen Gefühlsgesetze eine Erklärung durch die Theorie zu finden, denn diese gibt nur die Bedingungen für die Entstehung und die Variationen der Gefühlstöne an, sagt aber nichts darüber, wann das Eintreten dieser Bedingungen zu erwarten ist. Erscheinungen wie der Kontrast und die Expansion des Gefühls lassen sich deshalb nicht unmittelbar durch die Theorie erklären, die vollkommen richtig sein kann, selbst wenn man daraus nicht zu schliefsen vermag, dafs ein Gefühl mit Notwendigkeit auf ein nachfolgendes influieren müsse. Es sind hier also verschiedene Rücksichten zu nehmen, wenn man die Tragweite der Theorie prüfen will, dies würde uns aber von unserer eigentlichen Aufgabe zu weit abbringen.

Auch auf Wundts Auffassung der Gefühle als eines tridimensionalen Systems[1] wage ich nicht, mich hier einzulassen. Die dargestellte theoretische Auffassung der Ursachen der Lust und Unlust ist offenbar ganz davon unabhängig, ob es aufser dem Gegensatze der Lust und der Unlust noch andere, ebenso primitive und irreduktible Gefühlsarten gibt. Einstweilen mufs ich gestehen, dafs die Notwendigkeit einer solchen Annahme mir nicht ganz einleuchtend ist. Die beiden anderen Dimensionen, deren Aufstellung Wundt für notwendig erachtet hat, nämlich die Exaltation-Depression und die Spannung-Lösung, scheinen mir keineswegs so unzusammengesetzte Erscheinungen zu sein. Zustände der Exaltation und der Depression lösen sich mir in eine primäre Lust oder Unlust und verschiedene ebenfalls betonte Organempfindungen auf. Die Bedeutung der Organempfindungen für Affekte und Stimmungen bestreiten zu wollen, scheint mir sehr bedenklich;

---

[1] Bemerkungen zur Theorie der Gefühle. Phil. Stud. Bd. XV.

20*

das hiefse wohl ungefähr, das Fundament der Psychologie selbst: die Selbstbeobachtung erschüttern wollen. Wenn ich mich »erhoben, leicht« oder »niedergedrückt, beschwert« fühle, so sind diese aus dem täglichen Leben wohlbekannten Ausdrücke durchaus keine Bilder, sondern Bezeichnungen für sehr deutliche Empfindungen; man hat wirklich gleichsam das Gefühl, dafs eine Bürde auf einem lastet u. s. w. Bestreitet man, dafs dergleichen Zustände Empfindungen von Veränderungen im Organismus sind, so begeht man, meines Ermessens, einen ebenso grofsen Fehler, als wenn man zur entgegengesetzten Äufserlichkeit geht und glaubt, man könne aus der Art der Empfindungen schliefsen, welche physiologischen Veränderungen stattgefunden hätten. Letzteres ist somnambulistisch-spiritistischer Aberglaube, der ohne Zweifel verwerflich ist; man sollte aber doch das Kind nicht mit dem Bade ausschütten. Weil man aus den Empfindungen keine Schlüsse über die speziellen physiologischen Ursachen zu ziehen vermag, braucht man darum doch nicht zu bezweifeln, dafs sie aus physiologischen Ursachen entstehen. Da nun die psychologische Analyse, soweit ich zu erblicken vermag, die Exaltation und die Depression in verschiedene primitive Erscheinungen auflösen mufs, so liegt kein Grund vor, diese Zustände als besondere Gefühlsarten zu bezeichnen.

Was ferner die Spannung betrifft, so läfst es sich gewifs nicht bestreiten, dafs dieselbe in ihren entschiedenen Formen als Affekt auftritt; die Teilnehmer an einer schwierigen Bergbesteigung, die Zuschauer bei einem Stierkampf, die Leser eines »spannenden« Romans werden mir unbedingt recht geben. Jedoch kommt der Affekt, ebenso wie alle anderen Affekte, nur in einzelnen Situationen und während einzelner Augenblicke zum Ausdruck; sonst besteht der Zustand nur als eine Stimmung, als eine gewisse unbestimmte Erwartung, dafs wieder etwas eintreffen wird. Diese Stimmung kann mit sehr verschiedener Stärke auftreten, und in ihren schwächsten Formen ist das Individuum sich derselben wohl kaum bewufst, während sie sich dennoch durch eine gewisse gespannte Aufmerksamkeit äufsert. Mit letzterem Zustande haben wir gewöhnlich im Labora-

torium zu thun gehabt; die V-P erwartet, es müsse
etwas geschehen, dieses Etwas ist an und für sich aber
so bedeutungslos und die Spannung mithin so gering,
daſs nur die Plethysmogramme das Vorhandensein des
Zustands verraten, während die V-P selbst es gar nicht
gewahrt, daſs ihr Zustand kein völlig normaler ist. Der
Dr. Liebmann (P. L.), einer meiner gewöhnlichen Mit-
arbeiter, erhob gelegentlich einen Protest dagegen, daſs
ich diesen Zustand als weniger normal bezeichnete. Er
meinte nämlich, was wir Spannung zu nennen pflegten,
sei eigentlich der völlig wache Normalzustand, wogegen unser sogenannter Normalzustand ein Dusel, ein
Schritt auf dem Wege zum Halbschlummer hinab sei.
Gegen diese Art und Weise, die Sache zu betrachten,
läſst sich eigentlich weder in psychologischer noch in
physiologischer Beziehung ein Einwurf erheben. In
psychischer Beziehung ist die Spannung (in den hier
besprochenen schwächeren Formen) nur die Kulmina-
tion des wachen Zustandes; das Individuum sitzt in gespannter Aufmerksamkeit, bereit, zu empfangen, was
geschehen wird. Von hier an findet man darauf einen
ganz sanften Übergang durch den ruhigeren, weniger
gespannten Normalzustand hindurch bis zur völligen
Erschlaffung der Aufmerksamkeit im Schlafe. Den
physiologischen Ausdruck für diese ganze Stufenreihe
von Zuständen haben wir an den Plethysmogrammen.
Während der Spannung erblicken wir ein kleines Volumen mit geringer Pulshöhe, und von hier an geschieht
der Übergang allmählich durch fortwährende Zunahme
des Volumens und der Pulshöhe hindurch erst bis zum
Normalzustande und schlieſslich zum Schlafe mit dessen
enormem Volumen und groſsem schlaffem Puls.

Die Darstellung, die ich im 1. Teile dieses Werkes
von der Spannung gegeben habe, ist von einem geehrten
Kritiker[1] als sich selbst widersprechend und unklar bezeichnet worden. Sich selbst widersprechend sei sie,
weil ich die Spannung bald einen Affekt, bald eine
Stimmung und bald wieder ›einen durchaus unbetonten
Zustand der Aufmerksamkeit‹ nenne. Dem Obigen zu-

---

[1] Dr. M. Brahn in der Zeitschrift für Psych. u. Phys. Bd. 25,
S. 219 u. f.

folge kann ich nicht zugeben, dafs hier ein Widerspruch stattfinden sollte; thatsächlich ist die Spannung, je nach ihren verschiedenen Stärkegraden, bald das eine, bald das andere. Will man die Spannung selbst in solchen Zuständen, wo das Individuum sich derselben nicht bewufst ist, ein Gefühl nennen, so mufs auch der Normalzustand als eine besondere Gefühlsart betrachtet werden. Ein Selbstwiderspruch findet sich hier also nicht; es handelt sich nur um verschiedene Intensitätsstufen desselben Zustandes, und dafs es berechtigt ist, diesen Zustand Spannung zu nennen, dafür habe ich den experimentellen Beweis beigebracht (1. Teil. S. 83—84). Dafs meine Selbstwidersprüche darauf Unklarheit verursachen sollten, indem ich ganz verschiedene Zustände unter der gemeinschaftlichen Benennung der Spannung miteinander vermengt hätte, kann ich meinem Kritiker noch weniger zugeben. Denn da die Spannung sich, psychisch betrachtet, nicht präzisieren läfst, definierte ich sie sehr eingehend und genau mittels ihrer plethysmographischen Wirkungen (S. 89), und wo ich mich nicht auf unzweifelhafte plethysmographische Merkmale stützen konnte, habe ich nirgends das Vorhandensein einer Spannung vorausgesetzt. Eine solche Definition dürfte wohl bedeutend klarer und schärfer sein als eine Abgrenzung der verschiedenen psychischen Zustände der Spannung, der Erwartung, der Aufmerksamkeit u. s. w. Dagegen gebe ich mit Freuden Herrn Brahn recht, wenn er meint, die psychologische Erklärung der Verminderung der Spannung durch äufseren Reiz, die ich gegeben habe, sei ziemlich unverständlich; nur rührt dies nicht von einer Unklarheit meiner Auffassung der Sache her, sondern hat ausschliefslich seinen Grund in der Unmöglichkeit, befriedigende psychologische Erklärungen psychophysiologischer Thatsachen zu geben. Jede derartige Erklärung mufs nämlich stets der Natur der Sache zufolge die eine, sehr wichtige Seite — die physiologische — überschlagen. Faktisch liegt folgendes vor. Das Individuum befindet sich in Spannung, die sich meines Erachtens am besten psychologisch als ein Zustand der Aufmerksamkeit charakterisieren läfst, der physiologisch durch bestimmte körperliche Reaktionen gekennzeichnet wird. Ein äufserer Reiz ruft

nun eine Änderung dieses psychophysiologischen Zustands hervor; der Grad der Aufmerksamkeit wird ein
andrer, und somit treten auch andre Reaktionen auf.
Es zeigt sich indes empirisch, daſs der neue organische
Zustand sich so auffassen läſst, als wäre er hervorgebracht durch Interferenz der Veränderungen, welche
eine Verminderung oder Aufhebung der Spannung erzeugen würde, und der Reaktion, welche der Reiz an
sich bewirken würde, wenn anfänglich keine Spannung
stattgefunden hätte. Je gemäſs der Stärke des Reizes
und der Stärke der ursprünglich bestehenden Spannung
erhalten wir in den verschiedenen Fällen deswegen
ganz verschiedene Reaktionen. Von dieser psychophysiologischen Thatsache habe ich eine Art Erklärung
zu geben gesucht, indem ich dieselbe psychologisch um-
schrieb und von einer Teilung der Aufmerksamkeit
redete, so daſs die Spannung bis zu einem gewissen
Grade bestehen bliebe, während die Aufmerksamkeit
übrigens auf den Reiz gelenkt würde. Ich gestehe, daſs
hierin nicht viel Sinn ist. Zu meiner Entschuldigung
kann ich nur sagen, daſs das meiste von dem, was für
psychologische Wissenschaft ausgegeben wird, gerade
aus dergleichen Umschreibungen besteht, mittels deren
man vage psychologisch-systematische Bestimmungen
gibt statt die verlaufenden psychophysiologischen Prozesse auseinanderzusetzen. Ich gebe meinem geehrten
Kritiker das Versprechen, daſs ich mich künftig be-
fleiſsen werde, von derartiger Wissenschaftlichkeit Abstand zu nehmen.

Um mich kurz zu fassen: Ich halte auch ferner die
Spannung in ihren mehr alltäglichen Formen, unter
denen das Individuum sich selten derselben bewuſst ist,
nur für einen potenzierten wachen Zustand, der sich
psychisch am besten durch die gesteigerte Aufmerksamkeit charakterisieren läſst. Will man diesen Zustand
ein Gefühl nennen, so ist auch der wache Zustand selbst
als ein geringerer Stärkegrad dieses Gefühls aufzufassen. Dies wird aber doch gewiſs ein gar zu ge-
künstelter Sprachgebrauch. Ich fühle mich deshalb bis
jetzt noch nicht überzeugt, daſs durch die Lehre von
den drei Dimensionen des Gefühls Wesentliches zu erreichen sei, sollte ich aber zu besserer Erkenntnis ge-

langen, so werde ich kein Hehl daraus machen. Ich
habe kein philosophisches System, das ich um jeden
Preis — den Thatsachen gemäfs oder zuwider — zu
verteidigen hätte.


# SCHLUSS.

Das wesentlichste Resultat aller im Vorhergehenden
angestellten Untersuchungen wird wohl dieses: die Intensität der Bewufstseinserscheinungen wird bestimmt
durch die Gröfse desjenigen Energieumsatzes im Zentralorgan, an welchen die einzelne Bewufstseinserschei-
nung gebunden ist. Wir fanden nämlich erstens, dafs
die Unterscheidungsgesetze sich auf den beiden wesentlichsten Sinnesgebieten aus bekannten physischen und
physiologischen Gesetzen herleiten lassen, unter der
Voraussetzung, dafs die Stärke der Empfindung dem
zentralen Energieumsatze proportional ist. Ferner
sahen wir, dafs derjenige Bruchteil der freien Energie
des Gehirns, welcher während einer gegebenen psychischen Arbeit umgesetzt wird. um so gröfser ist, je
gröfser · die psychische Arbeit wird, und dafs letztere
sich überhaupt nur dann verrichten läfst, wenn die
Gröfse des Energieumsatzes ein gewisses, von der
Gröfse der Arbeit abhängiges Minimum übersteigt.
Es scheint also keinem Zweifel unterliegen zu können,
dafs die psychischen Erscheinungen quantitativ durch
die Gröfse des zentralen Energieumsatzes bestimmt
sind. Ist es aber gegeben, dafs jede psychische Erscheinung einen gewissen Energieverbrauch erfordert,
so läfst die Konsequenz sich schwerlich vermeiden, dafs
der psychische Zustand auch in qualitativer Beziehung
durch die nähere Beschaffenheit des physiologischen
Prozesses (Lokalisation, Schwingungsverhältnisse u. s. w.)
bestimmt ist. Die Bewufstseinserscheinungen scheinen
mithin völlig von den zentralen physiologischen Prozessen abhängig zu sein.

Dies widerspricht nun, scheinbar wenigstens, dem
ebenso wohlbegründeten Resultate, zu dem wir im
ersten Teile dieses Werkes gelangten, nämlich: ein

äufserer Reiz mufs bis zum Bewufstsein durchdringen,
um organische Reaktionen verursachen zu können
(1. Teil, S. 158). Hiernach könnte es so aussehen, als
wäre der zentrale physiologische Prozefs allein nicht
im stande, die Reaktionen auszulösen, und dafs organische Reaktion erst hervorgerufen würde, wenn das
Bewufstseinsphänomen als neues Element hinzukäme.
So ist die Sache ausgelegt worden, und gegen diese
Auffassung ist von physiologischer Seite ein mehr
energischer als eigentlich wohlbegründeter Protest erhoben worden[1]. Eben die Auslegung, gegen die pro-
testiert wird, ist jedoch ganz unberechtigt; wenigstens
habe ich niemals angedeutet, dafs die Bewufstseins-
erscheinung ein von dem zentralen Prozefs unab-
hängiges Moment sein sollte. Es ist eine rein empirische Thatsache, dafs ein Reiz bis zum Bewufstsein
durchdringen mufs, um in normalen Menschen organische Reaktionen auszulösen, und in diesem Satze
liegt durchaus keine theoretische Auffassung der Sache
versteckt. Meine plethysmographischen Versuche gaben
keinen Aufschlufs über die zentralen physiologischen
Prozesse, sie konnten nur feststellen: 1) bestimmten,
durch Selbstbeobachtung konstatierten Bewufstseinszuständen entsprechen stets bestimmte organische Reaktionen, und 2) wenn ein bestimmter äufserer Reiz im
Individuum keinen bestimmten Bewufstseinszustand erzeugt, so unterbleiben auch die organischen Reaktionen.
Diese empirischen Daten fafste ich in dem angeführten
Satze zusammen, dafs der Reiz bis zum Bewufstsein
durchdringen mufs, um organische Reaktionen auszulösen, und derselbe involviert mithin durchaus keine
metaphysische Theorie. Im Gegenteil, jede andere Formulierung würde notwendigerweise erheischen, dafs man
eine bestimmte theoretische Auffassung unterschöbe.
Hierzu fand ich mich in der früheren, rein empirischen
Untersuchung nicht veranlafst. Da wir jetzt aber darüber ins reine gekommen sind, wie die Bewufstseinserscheinungen durchweg durch die zentralen Energieumsätze bestimmt werden, möchte es begründet sein,

---

[1] C. Lange in der »Hospitalstidende«. Köbenhavn. 1899.
S. 907 u. f.

— 314 —

die Frage aufzustellen: wie läfst es sich erklären, dafs
die Entstehung eines psychischen Zustandes die notwendige Bedingung ist, damit organische Reaktionen
ausgelöst werden?

Besondere Schwierigkeit kann diese Frage uns
offenbar nicht verursachen. Denn da die psychischen
Erscheinungen aufs engste an zentrale Energieumsätze
gebunden sind, so beweist die Notwendigkeit des psychischen Zustands für die Entstehung der Reaktion
nur, dafs die organischen Reaktionen keine Rücken-
markreflexe sind, sondern allein aus höheren Zentren
ausgelöst werden. Ruft ein Reiz daher keinen bestimmten psychischen Zustand hervor, so liegt auch
nichts Sonderbares darin, dafs er keine organische Reaktion erzeugt. Das Ausbleiben des psychischen Zustands sowohl als das der physischen Veränderungen
beweist, dafs der Reiz nicht im stande war, den erforderlichen zentralen Energieumsatz zu bewirken.
Oder, um es möglichst scharf zu präzisieren: die Entstehung des psychischen Zustands ist keine Bedingung
für das Zustandekommen der organischen Reaktionen,
sie ist nur das Anzeichen, dafs ein bestimmter zentraler
Prozefs vorgeht. Anderseits sind die organischen Reaktionen auch nur Äufserungen des zentralen Prozesses,
und folglich ist nichts Sonderbares darin enthalten, dafs
der Bewufstseinszustand und die körperlichen Veränderungen einander begleiten müssen. Unterbleibt das
eine, so mufs auch das andere unterbleiben, da alle
beide nur verschiedene Äufserungen desselben zentralen
Prozesses sind.

Eine andre Frage ist es, warum ein gegebener Reiz
nicht immer einen bestimmten zentralen Prozefs hervorruft. Hierauf läfst sich ganz im allgemeinen natürlich keine Antwort geben; es kommt hier auf die vorliegenden Umstände an. Unter den Ursachen, die zum
Gegenstand experimenteller Untersuchung gemacht werden können, behandelten wir im 1. Teil die Konzentration der Aufmerksamkeit auf einen gegebenen Bewufstseinsinhalt, die Hypnose und die Narkose. Am leichtesten
verständlich ist die Sache im erstgenannten Falle. Wir
sahen nämlich ja, dafs jede psychische Arbeit, die
gröfseren Energieverbrauch erfordert, hierdurch auch

andere gleichzeitige zentrale Prozesse hemmt. Während einer gegebenen psychischen Arbeit wird ein äußerer Reiz deshalb gar nicht oder nur in geringem Grade im stande sein, den zentralen Energieumsatz auszulösen, den er unter anderen Verhältnissen hervorrufen könnte, da die Energie von der bereits bestehenden Arbeit beansprucht wird. Ist aber auf diese Weise die zentrale Wirkung des Reizes stark herabgesetzt, so müssen auch die davon abhängigen organischen Reaktionen bedeutend vermindert werden. Eben dies zeigten die Versuche (I. Teil. S. 156 u. f.). Was während der Hypnose vorgeht, wissen wir allerdings nicht genau, indes deuten aber alle Erfahrungen darauf hin, daß die Aufmerksamkeit des Hypnotisierten in hohem Grade geschärft, wenn auch einseitig konzentriert ist. Psychophysiologisch heißt das nur, daß sowohl Bahnung als Hemmung entschiedener ist, mit größerer Stärke vorgeht. Hieraus folgt nun ganz einfach, daß ein äußerer Reiz, der unter normalen Verhältnissen leicht zum Bewußtsein kommen würde, außer stande ist, im Hypnotisierten, dessen Bewußtsein von einem anderen Inhalte beansprucht wird, einen zentralen Prozeß auszulösen. Was endlich die Narkose betrifft, so bedarf es wohl kaum eines näheren Nachweises, daß die Neuronen zur Arbeit unfähig gemacht werden können, indem das Protoplasma mehr oder weniger eingreifende, wenn auch nur temporäre Veränderungen erleidet. In allen diesen Fällen, wo ein gleichzeitiges Ausbleiben des Bewußtseinszustandes und der normalen organischen Reaktionen desselben konstatiert wurde, läßt dies sich also ohne Schwierigkeit dadurch verstehen, daß der zentrale Energieumsatz nicht zu stande gekommen ist.

Alle unsere Erfahrungen führen somit zu demselben Resultate: es ist der zentrale Energieumsatz, der sowohl für den psychischen Zustand als für die begleitenden organischen Reaktionen bestimmend ist. Die Bedeutung der organischen Reaktionen zu erörtern, darauf können wir uns hier nicht einlassen; dies wird im dritten und abschließenden Teile dieses Werks zum Gegenstand der Untersuchung gemacht werden. Dagegen möchte hier Anlaß sein, das in der Einleitung berührte Problem, nämlich die Frage nach dem näheren Verhältnisse der

Bewufstseinserscheinungen zu den zentralen Energieumsätzen, eingehender zu betrachten. Wir sahen, dafs
es hier zwei wesentlich verschiedene Möglichkeiten gab,
indem das Psychische entweder an alle Energieformen,
die durch Transformation der chemischen Energie im
Gehirn entstehen, oder auch an eine einzelne bestimmte
Energieform allein gebunden sein kann. Indem wir
unter der $P$-Energie diejenige Energie verstanden, an
welche das Psychische gebunden ist, erhielten wir für
diese beiden Annahmen die beiden folgenden Formeln:

$$C = \overline{V + W + \ldots + X + Y + Z}^{\,P} \ldots \text{(Gleich. 4)},$$

wodurch angedeutet wird, dafs das Psychische an sämtliche Energien gebunden ist, und

$$C = P + V + W + \ldots + X + Y + Z \ldots \text{(Gleich. 5)},$$

welche Formel angibt, dafs man sich das Psychische
als an eine einzelne bestimmte Energieform besonderer
Art, $P$, gebunden denkt. Die Frage ist nun die, ob
wir Grund haben, irgend eine dieser beiden Auffassungen
vorzuziehen, oder ob alle beide gleich gut im stande
sind, das thatsächlich Vorliegende zu erklären.

Die durch Gleich. 4 ausgedrückte Annahme ist der
gewöhnliche Parallelismus, die »Zwei-Seiten-Theorie«,
der Duplizismus. Indem man sich denkt, dafs jede
Energietransformation im Gehirn ihre psychische Seite
hat, erhält man hier eine doppelte Reihe von Erscheinungen, eine physische und eine psychische, mit
ununterbrochenem Kausalzusammenhang jeder einzelnen
Reihe, aber ohne Verbindung der beiden Reihen untereinander. Gegen diese Auffassung sind in der letzten
Zeit viele Einwürfe erhoben worden. Man hat eingesehen — was Kroman übrigens schon 1888 äufserte[1]
— dafs dieselbe eigentlich ein arger Dualismus ist, und
die konsequenten Anhänger der Theorie sind bei deren
Verfechtung in den wildesten Spiritualismus hinüber-
getrieben worden[2]. Ich werde mich auf diese ver-

[1] Kroman: Logik und Psychologie. 2. Ausg. Kopenhagen 1888.
Deutsche Übersetzung. Leipzig 1890.
[2] Heymans: Zur Parallelismusfrage. Zeitschr. f. Psych. u. Phys.
Bd. XVII. S. 62 u. f.

schiedenen Einwürfe nicht näher einlassen, da die Theorie
mir unter jeglicher Form unhaltbar vorkommt. Denkt
man sich nämlich, daß die physische Kausalreihe dieselbe Realität habe wie die psychische, so wird es durchaus rätselhaft, welche Bedeutung das Psychische denn
eigentlich hat. Dasselbe wird nur eine unwesentliche
›Begleiterscheinung‹, die man sich sehr wohl weggelassen denken könnte, ohne daß das Dasein deswegen
sein Aussehen auch nur im geringsten verändern würde.
Will man diese Konsequenz nicht nehmen, sondern die
Bedeutung des Psychischen im Dasein behaupten, so
wird man, wie Heymans in der genannten Abhandlung,
gezwungen, die physische Welt auf eine Illusion, eine
Selbsttäuschung zu reduzieren. Es geht offenbar nicht
an, das Dasein in zwei voneinander unabhängige Kausalreihen von gleicher Bedeutung zu spalten; das durch
Gleich. 4 ausgedrückte Abhängigkeitsverhältnis zwischen
dem Psychischen und den Transformationen der Energie
im Zentralorgan läßt sich nicht durchführen.

Wir untersuchen nun, ob Gleich. 5 nicht möglicherweise einen mehr befriedigenden Ausdruck für die Sache
geben sollte. Dieser Auffassung zufolge ist das Psychische nur an eine einzige bestimmte Art der Energie,
an die P-Energie in engerem Sinne gebunden, die während der Arbeit des Gehirns neben vielen anderen
Energieformen entsteht. Erstens leuchtet es ein, daß
sich von seiten der Physik gegen eine solche Annahme
keine Einwürfe erheben lassen. Besondere Energieformen entstehen stets unter bestimmten Bedingungen;
das Licht, die Elektrizität, die Röntgen-Strahlen erfordern zur Entstehung je ihre besonderen Verhältnisse.
Es liegt daher nichts Sonderbares darin, daß eine so
komplizierte Maschine wie das Gehirn eine Energieform
erzeugen kann, die wir einstweilen wenigstens nicht
anderswoher kennen. Nur zwei Bedingungen muß die
Physik der Natur der Sache zufolge stellen: die hypothetische P-Energie muß physische Eigenschaften besitzen,
sich als physische Energie messen lassen, und sie muß
dem Gesetze von der Erhaltung der Energie unterworfen sein, so daß durch Entstehung eines gewissen
Quantums P-Energie stets ein äquivalentes Quantum
andrer Energiearten verschwindet. Gegen diese Be-

dingungen scheint aber von metaphysischer Seite schwerlich etwas einzuwenden zu sein. Besitzt die P-Energie sowohl physische als psychische Eigenschaften, so ist diese Theorie zunächst als Monismus zu bezeichnen. das Körperliche und das Psychische werden dann nur Eigenschaften eines gemeinschaftlichen Begründenden. Übrigens sehen wir hier das Eigentümliche, daß die Theorie, näher betrachtet, sowohl materialistisch als spiritualistisch heißen kann. Materialistisch ist sie, insofern man annimmt, die P-Energie entstehe durch Transformation physischer Energie und werde, indem sie umgesetzt werde, wieder physische Energie (Wärme?). Die Theorie ist aber auch spiritualistisch, weil die P-Energie als spezielle, von allen anderen verschiedene Energieform, auch ihr besonderes Substrat haben muß. das vom Äther und von anderen materiellen Substraten ebenso verschieden sein muß wie das Psychische von der Elektrizität und von anderen Energien. Nur eins ist die Theorie nicht: sie ist kein Parallelismus. Es gibt nämlich durchaus keine Notwendigkeit, daß jede Energietransformation im Gehirn eine Entladung von P-Energie bewirken sollte; im Gegenteil muß man annehmen, daß dies erst dann stattfindet, wenn das psychodynamische Potenzial eines Zentrums hinlänglich groß geworden ist. Dies ist aber augenscheinlich kein Mangel der Theorie; eben der durchgängige Parallelismus erwies sich oben als nicht durchführbar. Überdies ist es eine Thatsache. daß viele Hirnarbeit unbewußt vorgeht; über diese Thatsache kommt der Parallelismus nur dadurch hinweg. daß er sich unbewußte psychische Erscheinungen denkt, was dem Denken doch stets eine Schwierigkeit darbietet. da wir das Psychische nur aus dem Bewußtsein kennen. Die Annahme, daß das Psychische nur an eine bestimmte Energieform gebunden ist, scheint daher weder von seiten der Physik noch von seiten der Metaphysik Einsprüche antreffen zu können, da jeder wohlbegründete metaphysische Standpunkt sich dieselbe zu nutze führen kann.

Es ist natürlich nicht ohne Bedeutung, daß die Theorie der P-Energie mehr oder weniger alle metaphysischen Standpunkte befriedigt; möglicherweise ist dies ein Anzeichen, daß sie gerade das Berechtigte

jedes dieser Standpunkte in sich aufgenommen hat. Viel
wesentlicher erscheint es mir jedoch, dafs diese spezielle
Formulierung des Monismus — denn monistisch mufs
die Theorie doch wohl zunächst genannt werden — den
Vorzug vor dem üblichen monistischen Parallelismus
besitzt, dafs sie die Realität des Physischen sowohl als
die des Psychischen in vollem Mafse anerkennt. Sie ist
nicht gezwungen, entweder das Physische auf eine Illusion oder das Psychische auf eine unwesentliche Rück-
seite der Veränderungen im Gehirn zu reduzieren. Indem das Psychische als eine selbständige, den anderen
bekannten Energien nebengeordnete Energieform aufgefafst wird, ist hiermit die Realität dieser anderen zu-
gegeben. Dadurch wird aber die wesentliche Bedeutung
des Psychischen nicht aufgehoben; im Gegenteil sieht
man, dafs die P-Energie für die gesamte Arbeit des
Gehirns von entscheidender Wichtigkeit ist. Ebenso
wie die während der Thätigkeit der Nerven entwickelte
Elektrizität zweifelsohne von wesentlicher Bedeutung
ist, damit die Nerven überhaupt so arbeiten können,
wie sie dies faktisch thun, ebenso ist die Entwickelung
der P-Energie im Gehirn auch als ein für die Arbeit
des Gehirns notwendiges Moment zu betrachten. Die
P-Energie wird gerade das, was einen beseelten Organismus von einem unbeseelten unterscheidet. Denken
wir uns die P-Energie aus dem Dasein entfernt, so erhalten wir nicht mehr ein ›mit Bewufstsein‹ arbeitendes
Gehirn, wir erhalten dann ein bewufstloses, schlum-
merndes Gehirn, und das macht doch ganz unzweifelhaft
einen Unterschied. Da die P-Energie als physische
Energie selbst zu den physischen Kausalreihen gehört,
ist es unmittelbar einleuchtend, dafs dieses Glied sich
nicht entfernt denken läfst, ohne dafs das Dasein als
Totalität sich veränderte. Dem monistischen Parallelismus ist es dagegen ganz gleichgültig, ob das Psychische existiert oder nicht, weil der physische Kausal-
verlauf ein abgeschlossenes Ganzes ist, unabhängig
davon, ob zugleich eine psychische Kausalreihe existiert.
Durch die Theorie der P-Energie als besonderer Energieform gewinnen wir also, dafs die Bedeutung des Psychischen im Dasein verständlich wird.

Bisher erblickte man die wesentlichste Bedeutung

des Parallelismus in dessen Brauchbarkeit als Arbeits-
hypothese: derselbe gibt Anleitung, wo wir die Ursachen
gegebener psychischer Erscheinungen zu suchen haben.
Es bedarf wohl keines Nachweises, daſs hieran durch
die spezielle Formulierung, welche der Monismus hier
erhalten hat, nicht das geringste geändert wird. Da die
P-Energie physische Energie ist, müssen für ihre Entstehung überall physische Ursachen gesucht werden.
Aber auch an diesem Punkte bezeichnet die Theorie
der P-Energie einen bedeutenden Fortschritt im Vergleich mit dem gewöhnlichen Parallelismus, weil sie
auch quantitative Anweisungen gibt. Da das Psychische
als Eigenschaft einer bestimmten Energieform aufgefaſst wird, muſs es in quantitativer Beziehung durch
die Menge der unter gegebenen Umständen entwickelten
P-Energie bestimmt sein. An dieser Gröſse haben wir
also ein Maſs für die psychischen Erscheinungen, und
soweit es thunlich ist, die entwickelten Mengen der
P-Energie oder damit proportionale Gröſsen zu messen,
so weit wird es auch möglich sein, die Psychologie zu
einer exakten, mit Quantitäten arbeitenden, mithin be-
rechnenden Naturwissenschaft zu machen. Freilich ist
im vorliegenden Werke nur ein sehr kleiner Schritt in
dieser Richtung gemacht, ich hoffe indes, daſs das hierdurch Gewonnene sich als wertvoll genug erweisen
wird, um andre Forscher anzuspornen, auf dem eingeschlagenen Wege weiterzugehen.

# ANHANG.

*Abhängigkeit der Pupillenweite von der Stärke des Lichtes.* Wir sahen (S. 185—186), dafs die Stärke der Empfindung bestimmt wird durch die Gröfse des zentralen Energieumsatzes, an welchen die Empfindung gebunden ist. Die Unterscheidungsgesetze für die verschiedenen Sinnesgebiete geben folglich an, welches Verhältnis zwischen zwei Reizungen eines Sinnesorgans bestehen mufs, damit die hierdurch ausgelösten Energieumsätze einen ebenmerklichen Empfindungsunterschied erzeugen. In den Unterscheidungsgesetzen müssen deshalb Ausdrücke für alle Faktoren enthalten sein, welche Einflufs auf die Gröfse der durch simultane oder successive Reizungen desselben Sinnesorganes ausgelösten zentralen Energieumsätze erhalten. Beim Lichtsinne sind also nicht nur die photochemischen Wirkungen auf die Netzhaut zu berücksichtigen, durch die der Potenzialunterschied zwischen Peripherie und Zentrum bestimmt wird, sondern auch zugleich der gegenseitige Einflufs der gleichzeitig gereizten Stellen der Netzhaut aufeinander (der Kontrast) und der Einflufs des Stoffwechsels auf diese verschiedenen Vorgänge. Erst wenn man alle diese Faktoren bei der Berechnung mitnimmt, kann man einen genauen Ausdruck dafür erhalten, wie die Unterschiedsempfindlichkeit mit der objektiven Lichtstärke variiert. (Vgl. Gleich. 28 u. 29.) Es bleibt aber noch ein Umstand zurück, der bei der Berechnung nicht berücksichtigt wurde, obschon er beweislich einen sehr wesentlichen Einflufs auf die ins Auge eindringende Lichtmenge hat. Es ist hier von der Weite der Pupille die Rede.

Bei den S. 35 angeführten Messungen, auf die die
Formel für die Unterschiedsempfindlichkeit ursprünglich
begründet wurde, variierte die Beleuchtung der rotierenden Scheiben von 1841600 bis 15. Indem aber die objektive Beleuchtung von der größten bis zur kleinsten
der angegebenen Größen abnimmt, erweitert sich die
Pupille, so daß ihr Areal bei der schwächsten Beleuchtung wenigstens zehnmal so groß ist als bei der
stärksten. Es gelangt mithin zehnmal so viel Licht ins
Auge, als der Fall sein würde, wenn die Weite der
Pupille unveränderlich wäre. Bei der objektiven Beleuchtung 15 empfängt die Netzhaut thatsächlich ebensoviel Licht, wie sie aufnehmen würde, wenn die Lichtstärke 150 wäre und die Pupille dieselbe Weite hätte,
wie bei der stärksten Beleuchtung. Man begeht also
einen sehr wesentlichen Fehler, wenn man mit den objektiven gemessenen Beleuchtungen rechnet, statt mit
den Lichtmengen, welche die Netzhaut faktisch treffen,
und welche verhältnismäßig um so größer werden, je
schwächer die Beleuchtung $R$ wird, indem die Pupillenweite mit abnehmenden Werten des $R$ allmählich zunimmt.

Lange war es mir ein Rätsel, weshalb in dem Unterscheidungsgesetze kein spezieller Ausdruck für die Weite
der Pupille vorkam. Daß dies nicht von Meßfehlern
herrührte, war einleuchtend, denn wenn die Pupillenweite bei den schwächsten Beleuchtungen etwa zehnmal
so groß wird wie bei den stärksten, so muß das einen
Einfluß auf die gemessenen Werte der kritischen Periode
erhalten, der die möglichen Meßfehler weit übersteigt.
Es gab hier also ein noch ungelöstes Problem. Erst
als die betreffenden Abschnitte des Buches im Drucke
erschienen waren, fiel mir der natürliche und sehr einfache Ausweg bei meine früheren Messungen nur mit
dem Unterschied zu wiederholen, daß ich die Scheiben
durch eine cirkuläre, 3.6 mm im Durchschnitt haltende,
dicht vor dem Auge angebrachte Öffnung betrachtete[1].

[1] In der That war der angewandte Apparat weit komplizierter,
wir brauchen uns hier aber nicht auf die technischen Details einzulassen; der wesentliche Unterschied zwischen den neuen und den
älteren Messungen besteht nur in der künstlichen Pupille.

Mittels der Anwendung einer derartigen künstlichen Pupille werden die Veränderungen der wirklichen Pupille eliminiert; nur das von der Scheibe durch die kleine Öffnung dringende Licht wird die Netzhaut treffen, und es kann nicht mehr Licht ins Auge gelangen, selbst wenn die Weite der natürlichen Pupille vielmal größer ist. Wir wollen nun sehen, zu welchen Ergebnissen wir unter diesen Verhältnissen kommen.

Es leuchtet erstens ein, daß wir alle früheren Messungen der kritischen Periode nicht zu wiederholen brauchen. Gleich. 28 läßt sich nämlich, wie wir (S. 64) sahen, schreiben: $t = \tau \cdot B = K_1$. In der Größe $B$ ist jetzt nur das Verhältnis $R/r$ und $r/R$ zwischen den beiden Reizen enthalten, diese Brüche können aber durch die Variationen der Pupillenweite keine Veränderung erleiden, weil beide Größen, $R$ und $r$, dann mit derselben Zahl multipliziert werden; ihr Verhältnis bleibt folglich unverändert. Es ist also nur die Größe $\tau$, die von dem absoluten Werte des $R$ abhängig ist, und die sich daher mit der Pupillenweite verändern kann. Wir brauchen also nur diejenigen Messungen, welche zu Werten für $\tau$ führen, mit künstlicher Pupille auszuführen. Das Ergebnis einer solchen Reihe von Messungen ist in der Tab. 35 wiedergegeben. In der obersten Reihe sind die benutzten Werte des $R$ angeführt. Diese sind selbstverständlich durch dieselbe Einheit wie früher ausgedrückt, nur kommen hier nicht ganz dieselben Werte des $R$ zur Anwendung. In der nächsten Reihe finden sich des Vergleiches wegen die den verschiedenen Werten des $R$ entsprechenden Größen des $\tau$, aus Gleich. 13 berechnet; dies sind also die Zeitdauern, die für die natürliche, veränderliche Pupille gefunden werden. Die folgende Reihe enthält die für die künstliche Pupille gefundenen Werte von $\tau$; diese sind $\tau_r$ bezeichnet. Vergleicht man dieselben mit den korrespondierenden $\tau$, so sieht man, daß $\tau_r$ durchweg größer ist, und zwar um so mehr, je kleiner $R$ wird. Eben dies stand zu erwarten; denn wegen der künstlichen Pupille nimmt die ins Auge eintretende Lichtmenge ab, und je schwächer die Reizung der Netzhaut wird, um so größer wird die durch $\tau$ und $\tau_r$ ausgedrückte kritische Periode. Ferner sieht man, daß $\tau_r$ ganz demselben Gesetze unterworfen ist wie $\tau$; für die Variationen des $\tau$ fanden wir früher den Ausdruck:

$$\tau = k - k_1 \cdot \log. R \ldots \text{(Gleich. 12)},$$

oder nach Einsetzen der Konstanten:

$$\tau = 47,6 - 6,035 \log. R \ldots \text{(Gleich. 13)}.$$

Für $\tau_p$ finden wir auf dieselbe Weise:

$$\tau_p = m - m_1 \cdot \log. R \ldots \text{(Gleich. 61)}.$$

Hier ist $m = 55,2$ und $m_1 = 7,54$, also:

$$\tau_p = 55,2 - 7,54 \log. R \ldots \text{(Gleich. 62)}.$$

Setzt man in Gleich. 62 nach und nach die verschiedenen Werte von $R$ ein, so lassen sich die entsprechenden Werte $\tau_p$ berechnen; diese sind in der als »ber. $\tau_p$« bezeichneten Reihe angeführt.

Tab. 35.

| $R =$ | 1 356 030 | 313 660 | 70 380 | 18 018 | 3 873 | 1 107 | 315 | 37 | 13 |
|---|---|---|---|---|---|---|---|---|---|
| $\tau$ ber. | 10,6 | 14,4 | 18,3 | 21,9 | 25,9 | 29,3 | 33,5 | 38,2 | 41,2 |
| $\tau_p$ | [12,5] | 14,0 | 17,9 | 21,8 | 27,1 | 35,9 | 38,4 | 42,7 | 47,1 |
| $\tau_p$ ber. | 8,9 | 13,7 | 18,6 | 23,1 | 28,0 | 32,3 | 37,6 | 43,4 | 47,1 |

Hierdurch ist uns also die Lösung des oben erwähnten Rätsels gelungen. Wir sehen, daß die Pupillenweite wirklich im Unterscheidungsgesetze vorkommt, daß sie aber nur auf die Konstanten, nicht auf die mathematische Form des Gesetzes Einfluß erhält. Bei Anwendung der festen Pupille, welche die Schwankungen der Pupillenweite ausschließt, finden wir für $\tau_p$ denselben mathematischen Ausdruck wie für $\tau$, nur die Konstanten erhalten andere Werte. Die ganze, durch Anwendung der festen Pupille erzeugte Veränderung ist durch den Unterschied zwischen Gleich. 13 und Gleich. 62 gegeben. Also:

Das Unterscheidungsgesetz für Lichtempfindungen verändert seine mathematische Form nicht, wenn man die Schwankungen der

Pupille durch Anwendung einer künstlichen
Pupille von konstanter Gröfse eliminiert;
dieser Umstand erhält nur auf einzelne der
in der Formel vorkommenden Konstanten
Einfluſs.

Verhält es sich nun damit richtig, daſs der Unterschied zwischen den Konstanten der Gleich. 13 und
denen der Gleich. 62 nur von dem Ersatz der natürlichen varinbeln Pupille durch eine künstliche konstante
herrührt, so müssen wir im stande sein, aus diesen
beiden Gleichungen die Gröfse der natürlichen Pupille
für jeden aufgegebenen Wert des $R$ zu berechnen. Eine
allgemeine Formel hierfür können wir mittels folgender
Betrachtung ableiten.

Nehmen wir an, daſs wir durch die künstliche Pupille eine schwach beleuchtete Scheibe erblicken, deren
Rotationsgeschwindigkeit gerade gleich der kritischen
Periode ist, für welche wir also an dem gefundenen $\tau_p$
ein Mafs besitzen. Denken wir uns nun die künstliche
Pupille entfernt, so fällt also mehr Licht ins Auge, da
die wirkliche Pupille bei der schwachen Beleuchtung
gröfseres Areal hat als die künstliche. Die Entfernung
der künstlichen Pupille erhält also ganz dieselbe Wirkung, als ob wir, unter Beibehaltung der konstanten
Pupillenweite, die objektive Beleuchtung verstärkt hätten.
Bei Zunahme der Beleuchtung nimmt die kritische Periode
aber ab; statt des früheren $\tau_p$ erhalten wir mithin einen
neuen Wert $\tau < \tau_p$. Es sei nun $R_p$ die Gröfse, welche
die Beleuchtung haben müfste, um bei konstanter Gröfse
der Pupille den Wert $\tau$ zu geben. Diese Gröfse $R_p$ können
wir leicht berechnen, wenn wir in Gleich. 61 $\tau$ statt $\tau_p$
setzen. Man hat dann:

$$\tau = m - m_1 \cdot \log. R_p \ldots . \text{(Gleich. 63)}.$$

Da nun $R_p$ diejenige Gröfse ist, welche man der Beleuchtung hätte geben müssen, um bei konstanter Pupille dieselbe kritische Periode zu finden, die man für
die bewegliche Pupille bei der Beleuchtung $R$ fand, mufs
folglich der Bruch $r = R_p / R$ gerade angeben, wieviel Mal
mehr Licht wegen der Entfernung der künstlichen
Pupille ins Auge gedrungen ist. Oder mit anderen
Worten: $v$ gibt an, wieviel Mal das Areal der natür-

lichen Pupille bei der gegebenen Beleuchtung $R$ größer ist als das Areal der künstlichen Pupille. Eben dieses Verhältnis wünschten wir zu erfahren. Wir können nun leicht allein mit Hilfe der Konstanten der Gleichungen 12 und 61 einen Ausdruck für $v$ finden. Wir haben nämlich:

$$\tau_p = m - m_1 \cdot \log. R \ \ldots \ \text{(Gleich. 61) und}$$
$$\tau = m - m_1 \cdot \log. R_p \ \ldots \ \text{(Gleich. 63), woraus folgt:}$$
$$\tau_p - \tau = m_1 \cdot \log. \frac{R_p}{R}.$$

Ferner erhält man aus Gleich. 12 und Gleich. 61:

$$\tau_p - \tau = m - k - (m_1 - k_1) \log. R, \text{ also ist}$$
$$m_1 \log. \frac{R_p}{R} = m - k - (m_1 - k_1) \log. R, \text{ woraus folgt:}$$
$$\log. v = \log. \frac{R_p}{R} = \frac{m - k}{m_1} - \frac{m_1 - k_1}{m_1} \log. R.$$

Setzt man also $\dfrac{m - k}{m_1} = \log. M$ und $\dfrac{m_1 - k_1}{m_1} = n$, so wird

$$\log. v = \log. \frac{M}{R^n}, \text{ also: } v = \frac{M}{R^n}.$$

Da $v$ das Verhältnis zwischen dem Areal der natürlichen Pupille bei der Beleuchtung $R$ und dem konstanten Areale der künstlichen Pupille ist, so muß $\sqrt{v}$ das Verhältnis der Durchmesser dieser Areale sein, und multipliziert man $\sqrt{v}$ mit dem Durchmesser $p$ der künstlichen Pupille, so hat man als Ausdruck für den Durchmesser der natürlichen Pupille bei der Beleuchtung $R$:

$$D = p \ \sqrt{v} = p \ \sqrt{\frac{M}{R^n}} \ \ldots \ \text{Gleich. 64).}$$

In den oben angegebenen Ausdrücken für $M$ und $n$ kommen nur die vier Konstanten aus den Gleichungen 13 und 62 vor; setzt man diese ein, so findet man: $M = 10{,}19$ und $n = 0{,}2$. Ferner haben wir bei der gegebenen Versuchsanordnung $p = 3{,}6$ mm. Folglich hat man als Ausdruck für die Pupillenweite der betreffenden Versuchsperson bei der Beleuchtung $R$:

$$v = \frac{10{,}19}{R^{0{,}2}} \text{ oder } D = 3{,}6 \ \sqrt{\frac{10{,}19}{R^{0{,}2}}}.$$

In der Tabelle 36 ist eine Übersicht über die hieraus berechneten Werte von $r$, $\sqrt{r}$ und $D$ bei verschiedenen Größen des $R$ gegeben. Die in der Kolonne $D$ angeführten Zahlen, die den Durchmesser der Pupille in mm angeben, stimmen sehr gut mit den Ergebnissen direkter Messung überein; nur sind die berechneten Werte sicherlich viel genauer, als die durch Messung gefundenen Zahlen. Als fernerer Beweis für die Richtigkeit der Berechnung mag folgendes angeführt werden. Aus Tab. 36 geht hervor, daß bei $R = 1\,356\,030$ $r = 0{,}605$ ist; das Areal der natürlichen Pupille beträgt also nur wenig mehr als die Hälfte des Areals der künstlichen Pupille. Folglich muß das gefundene $r$, ein wenig zu groß werden, was auch aus Tab. 35 hervorgeht; deshalb ist dieser Wert bei der Berechnung von $m$ und $m_1$ nicht mitgenommen.

Tab. 36.

| $R$ | $r$ | $\sqrt{r}$ | $D$ |
|---|---|---|---|
| 1 356 030 | 0,605 | 0,78 | 2,81 |
| 313 600 | 0,811 | 0,90 | 3,24 |
| 70 200 | 1,093 | 1,04 | 3,74 |
| 18 018 | 1,435 | 1,20 | 4,32 |
| 3 873 | 1,952 | 1,40 | 5,02 |
| 1 107 | 2,510 | 1,59 | 5,72 |
| 215 | 3,480 | 1,87 | 6,73 |
| 37 | 4,947 | 2,22 | 7,99 |
| 12 | 6,214 | 2,49 | 8,96 |

Es scheint also wohl keinen Zweifel erleiden zu können, daß das Resultat, zu dem wir hier gelangten, richtig ist, und wir können daher feststellen:

Bei konstanter Akkommodation des Auges ist die Pupillenweite einer gewissen Potenz der Helligkeit des betrachteten Objekts umgekehrt proportional.

Pl. I.

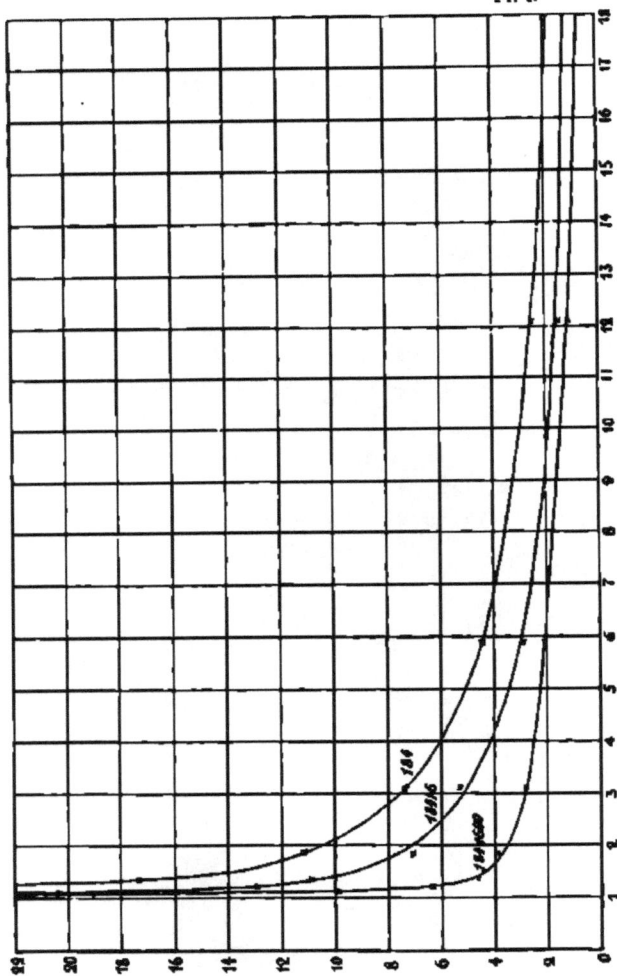

Pl. II.

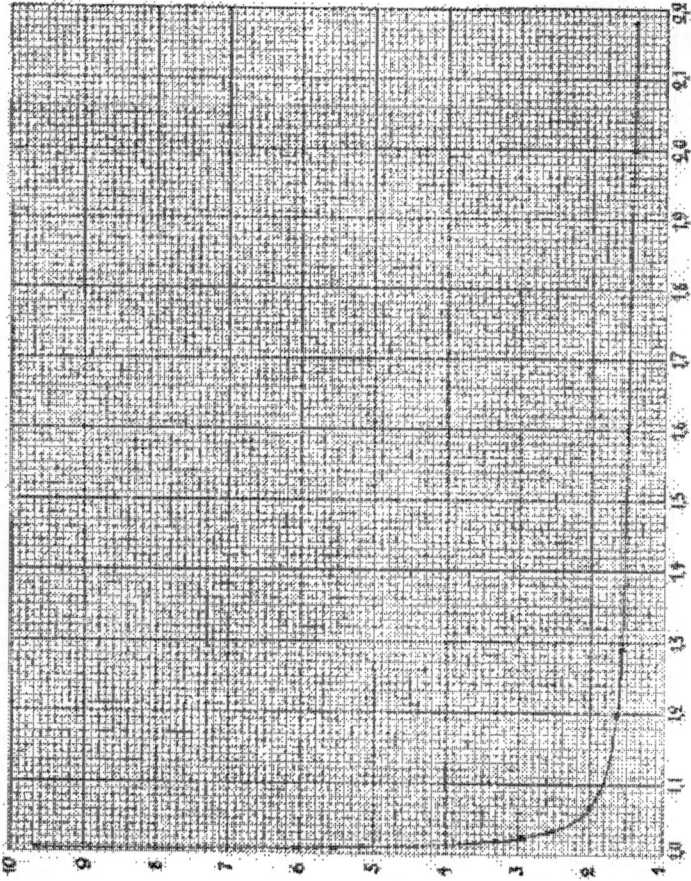

Pl. III.

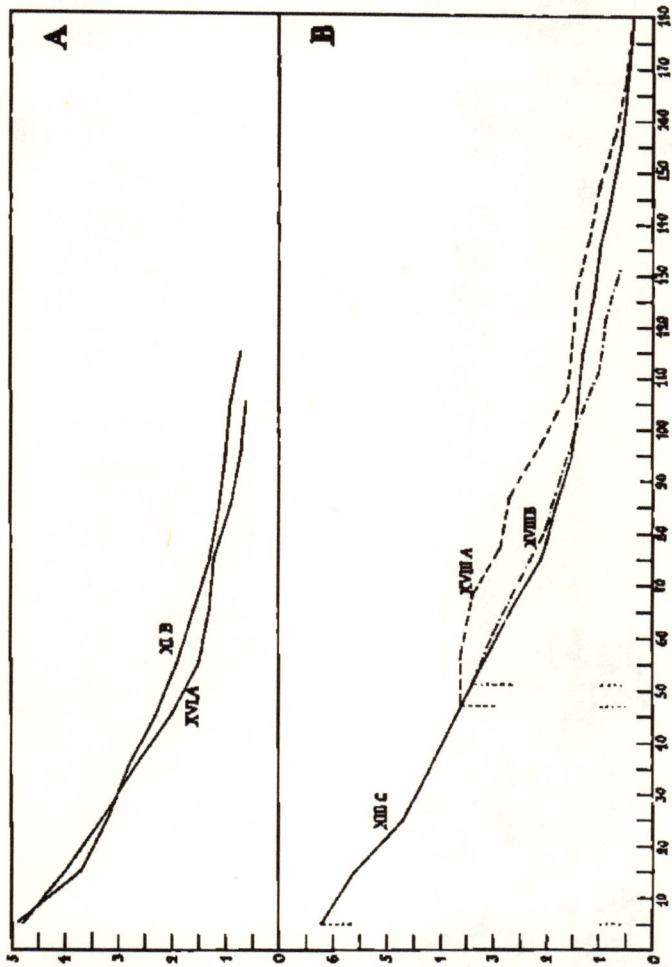

Pl. IV.

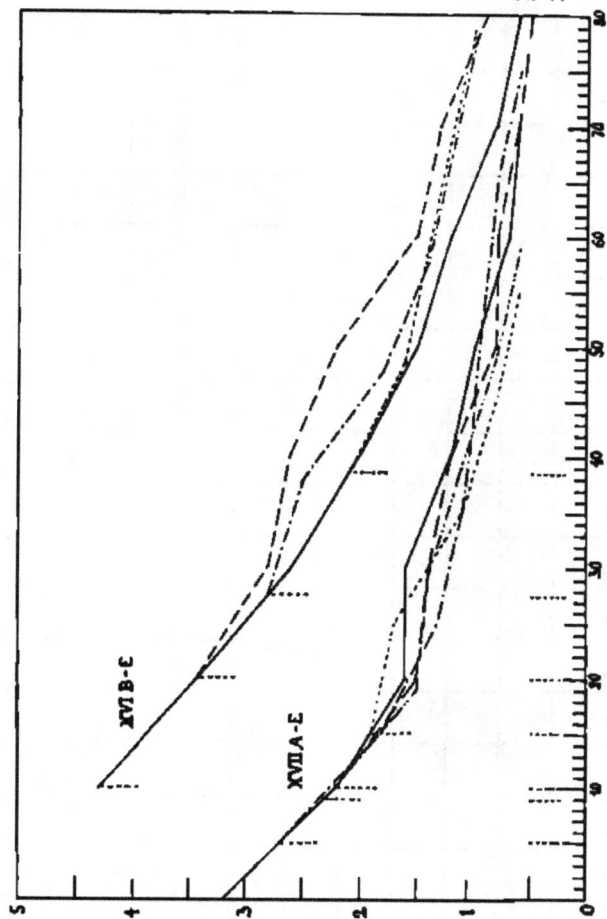

Pl. V.

Pl. VI.

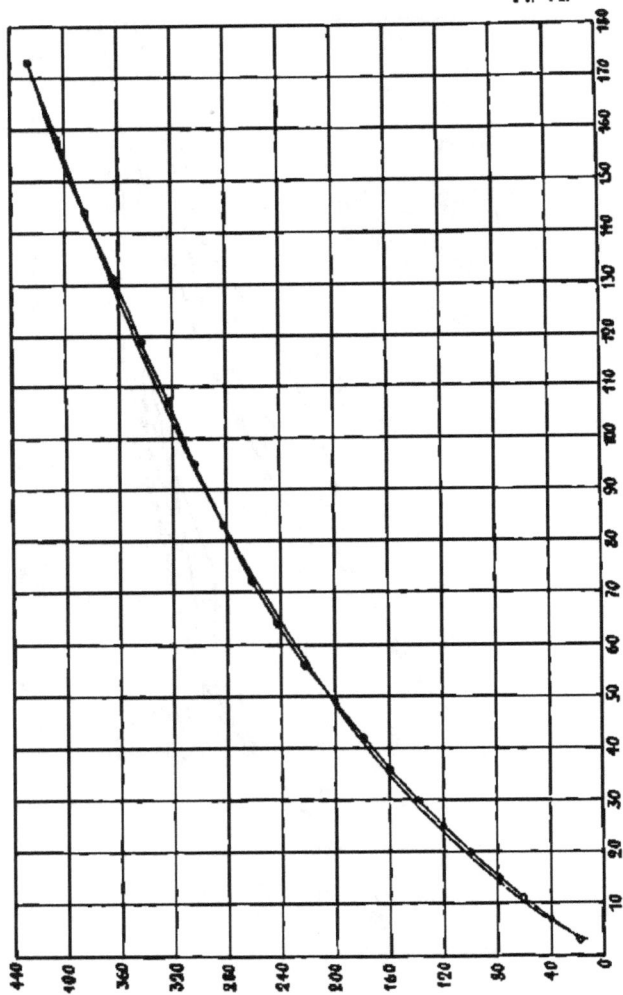

Pl. VII.

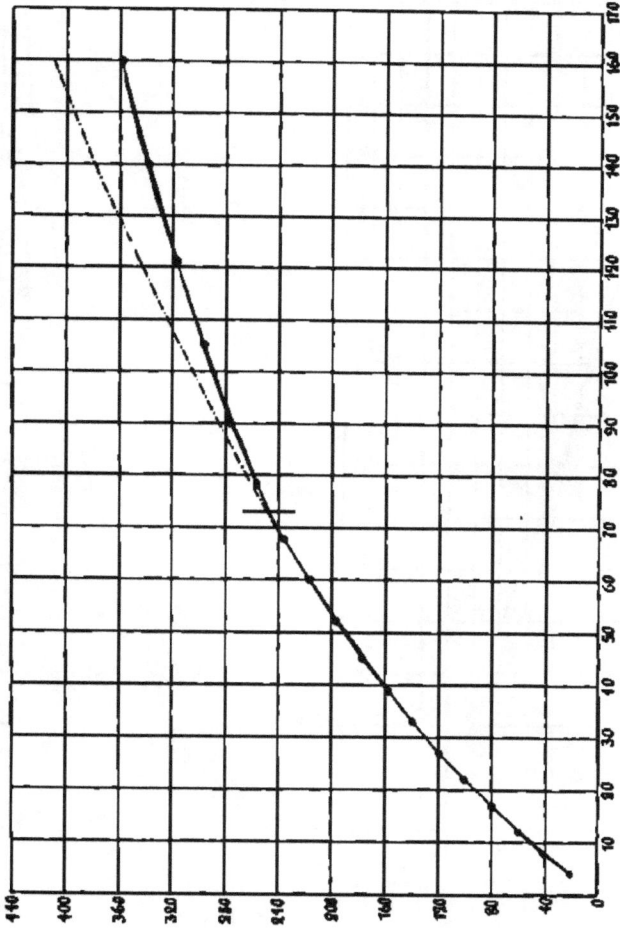

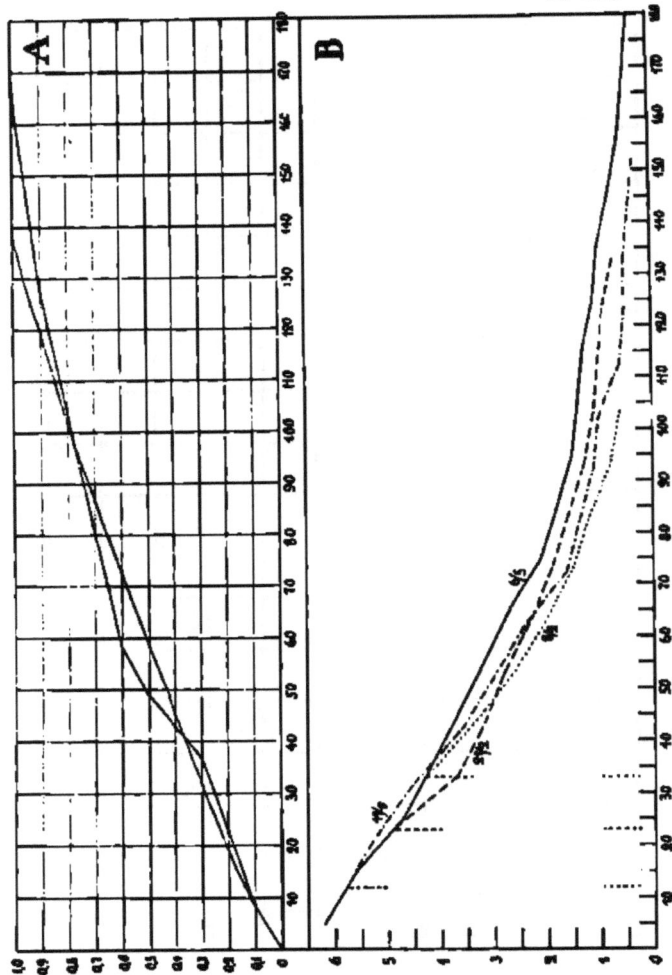

PL VIIL

Pl. IX.

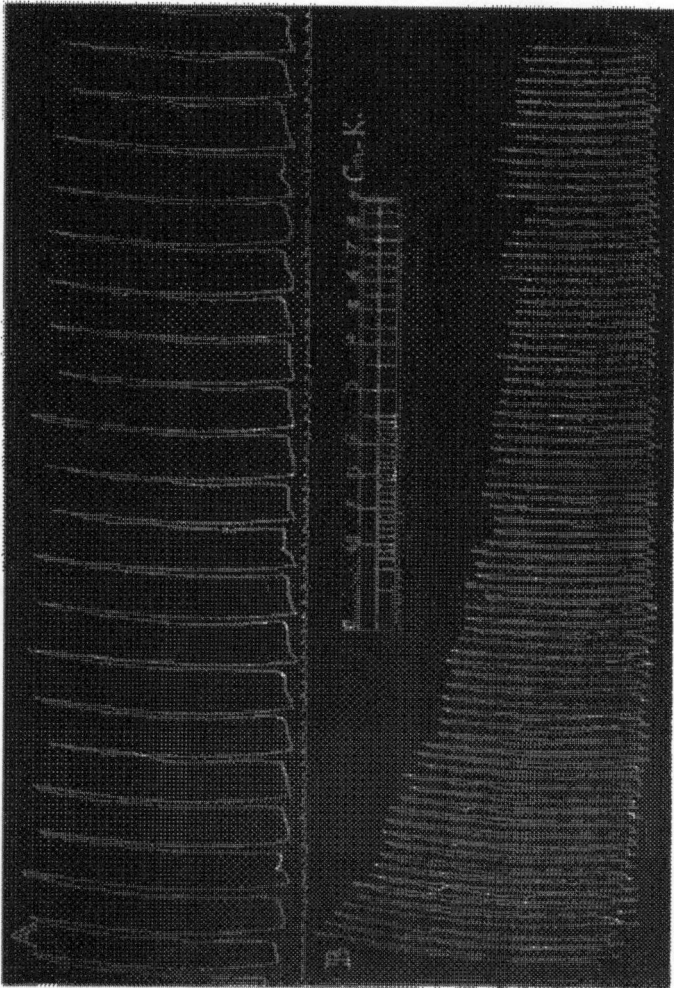

Pl. X.

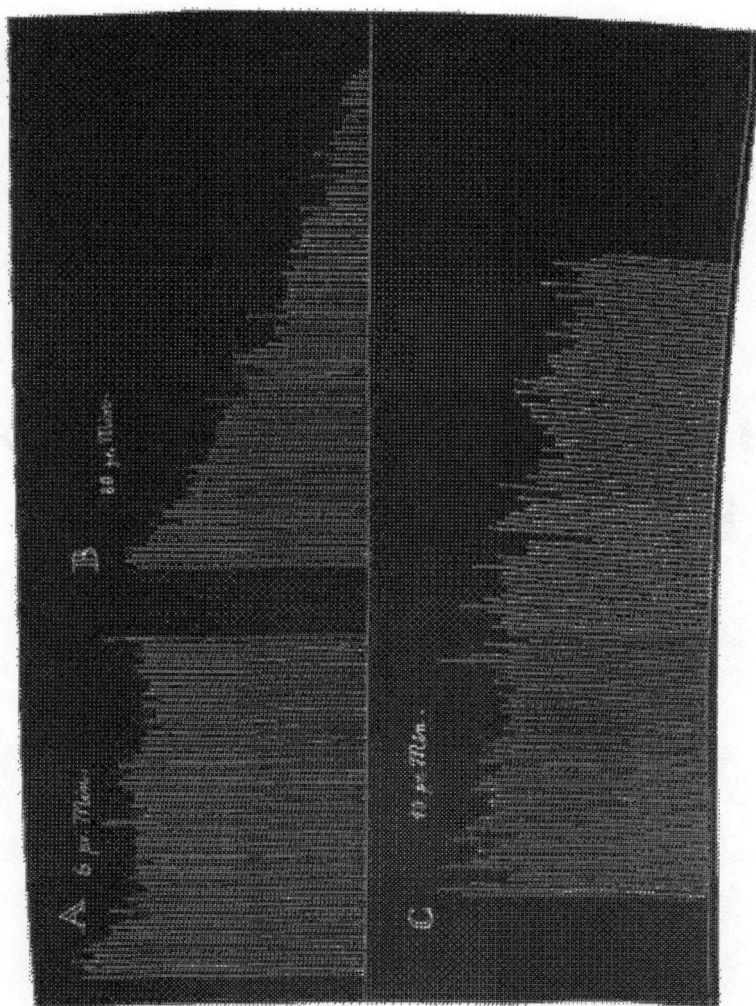

Pl. XI.

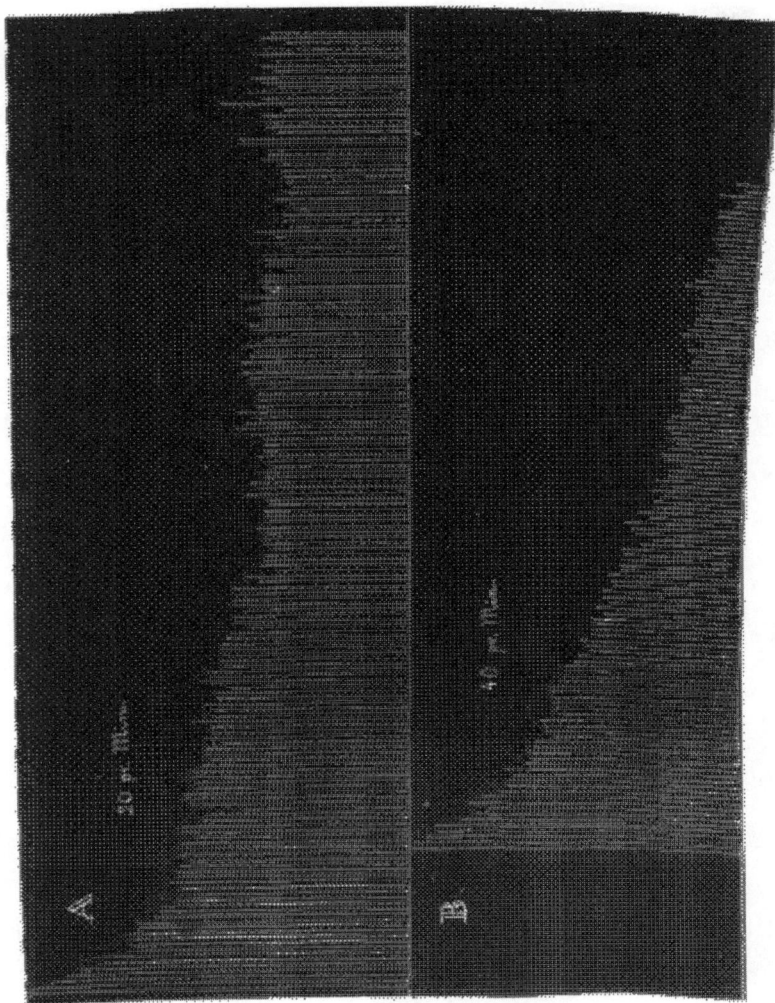

Pl. XII.

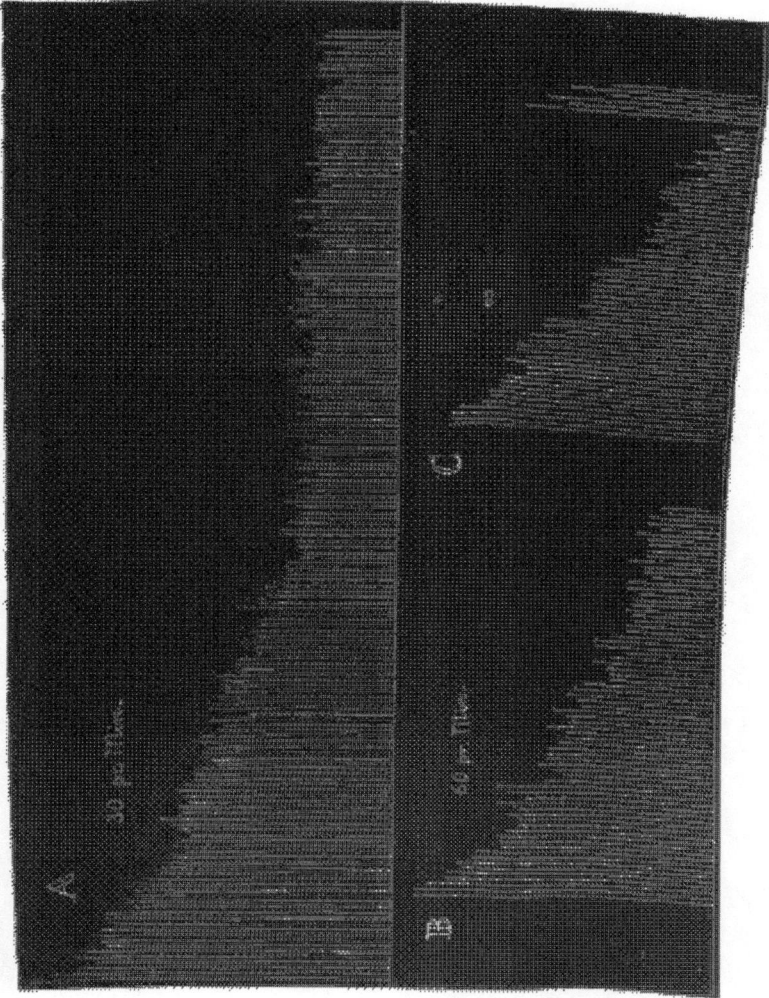

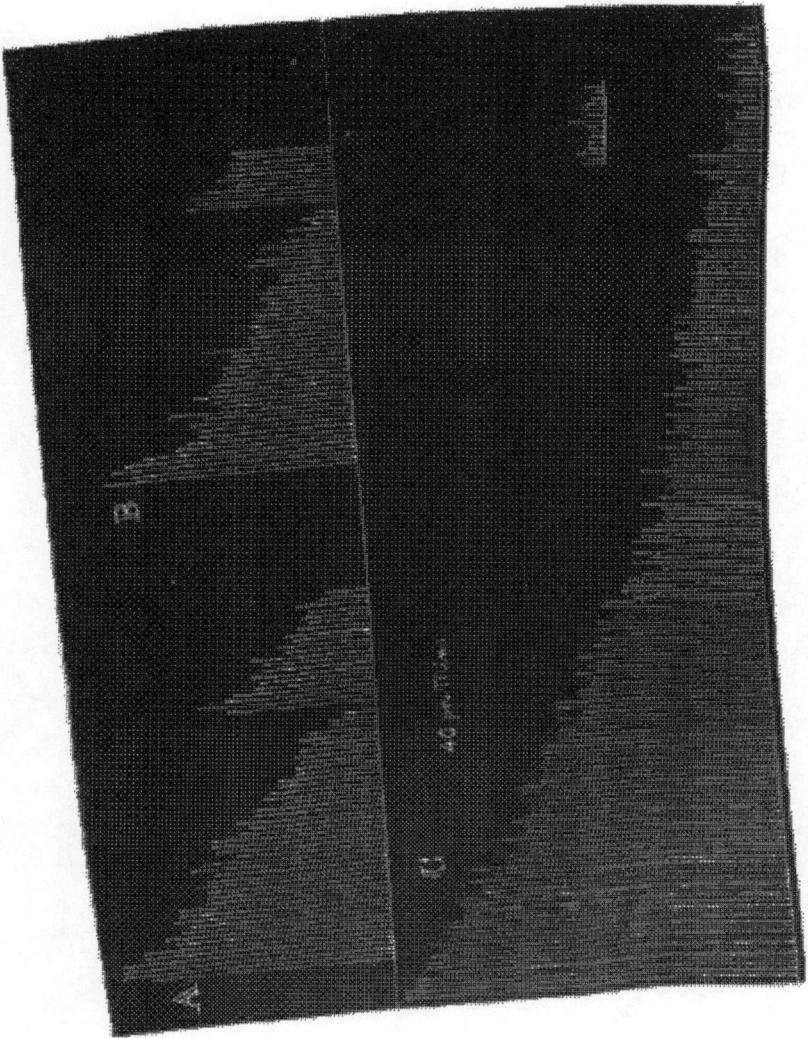

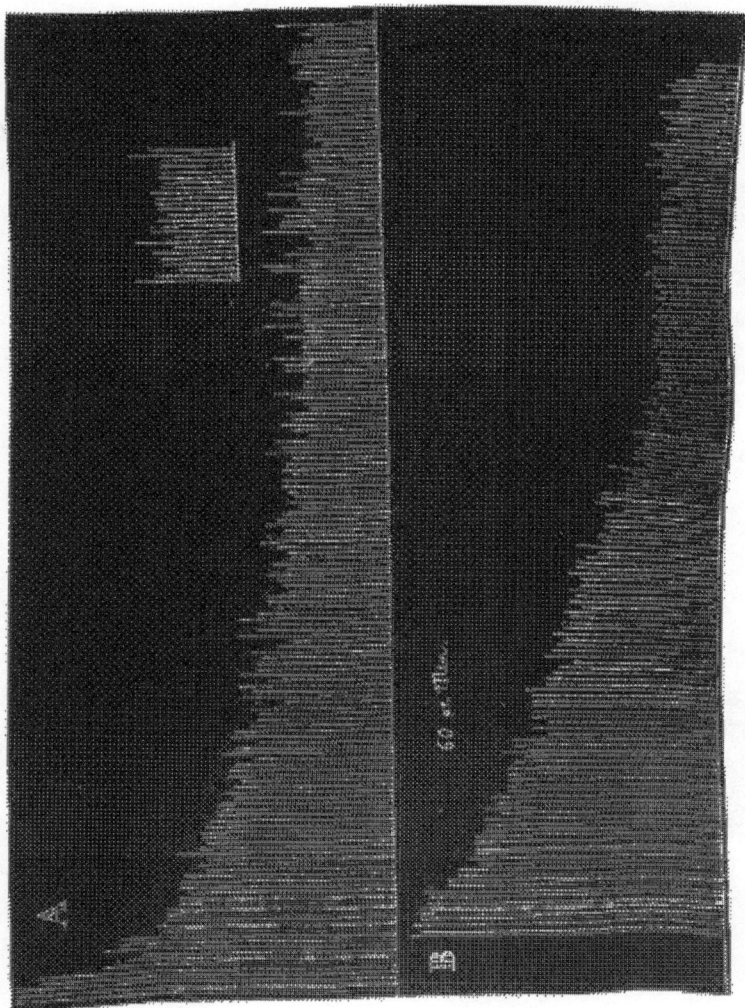

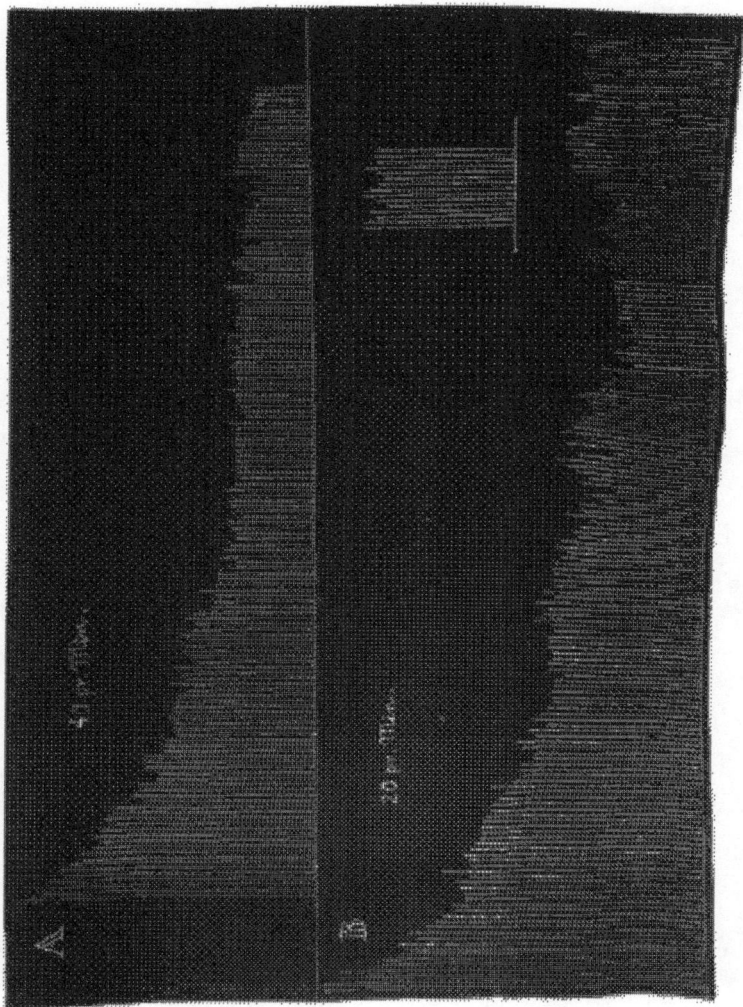

Pl. XV.

Pl. XVI.

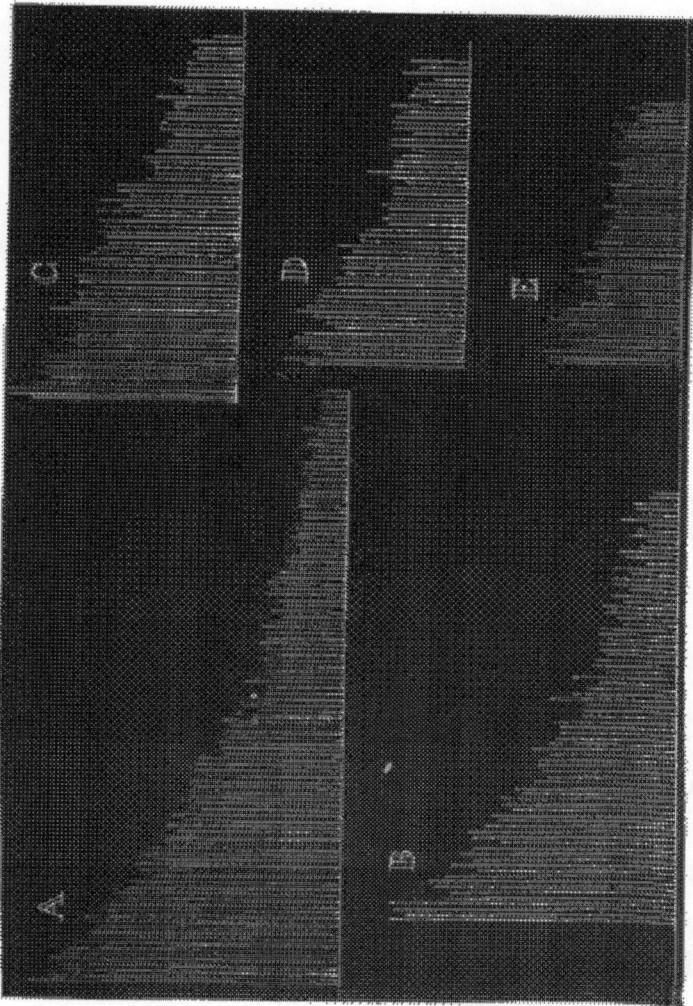

Pl. XVII.

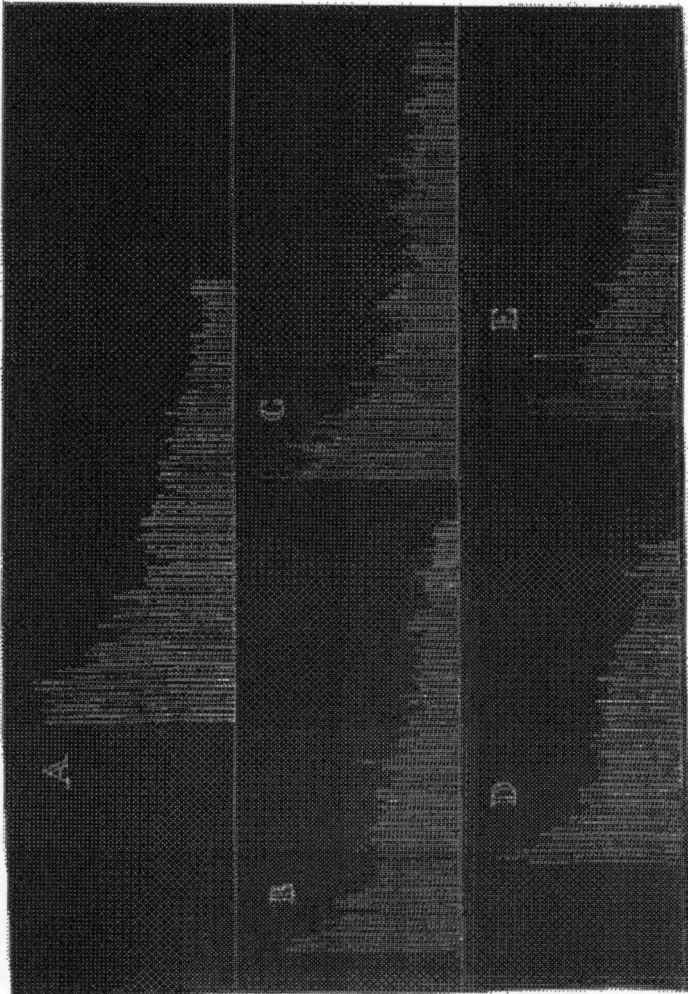

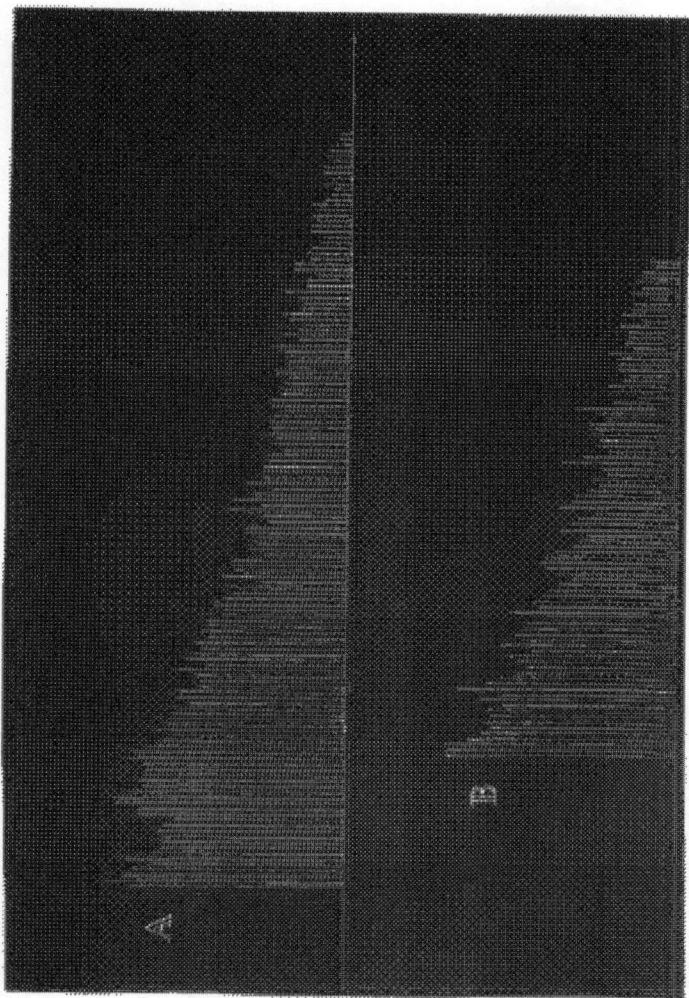

Pl. XIX.

Pl. XX.

Pl. XXI.

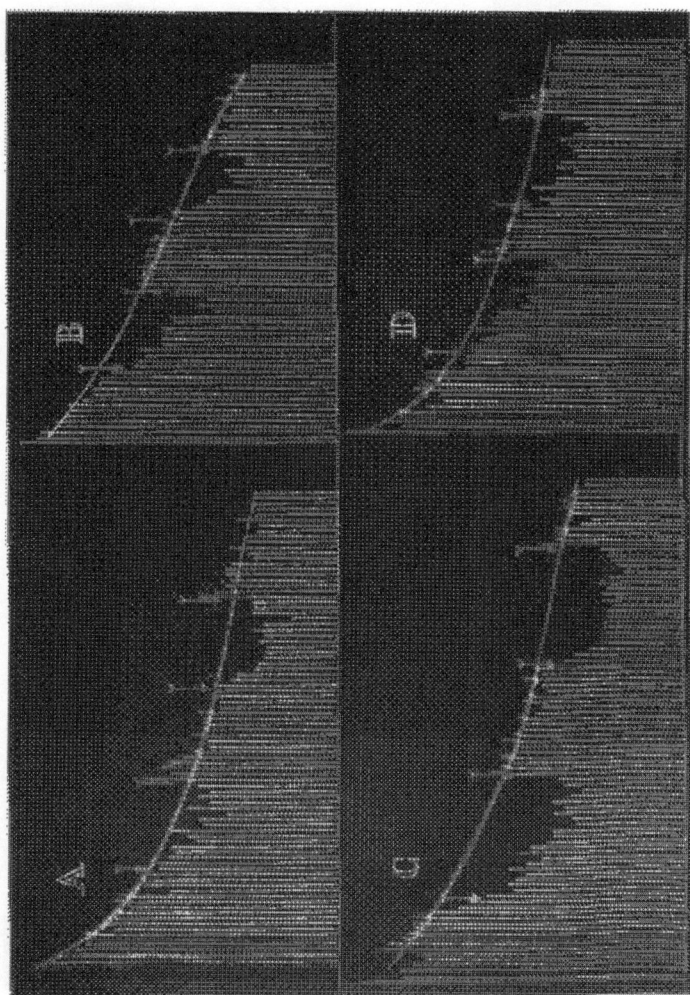

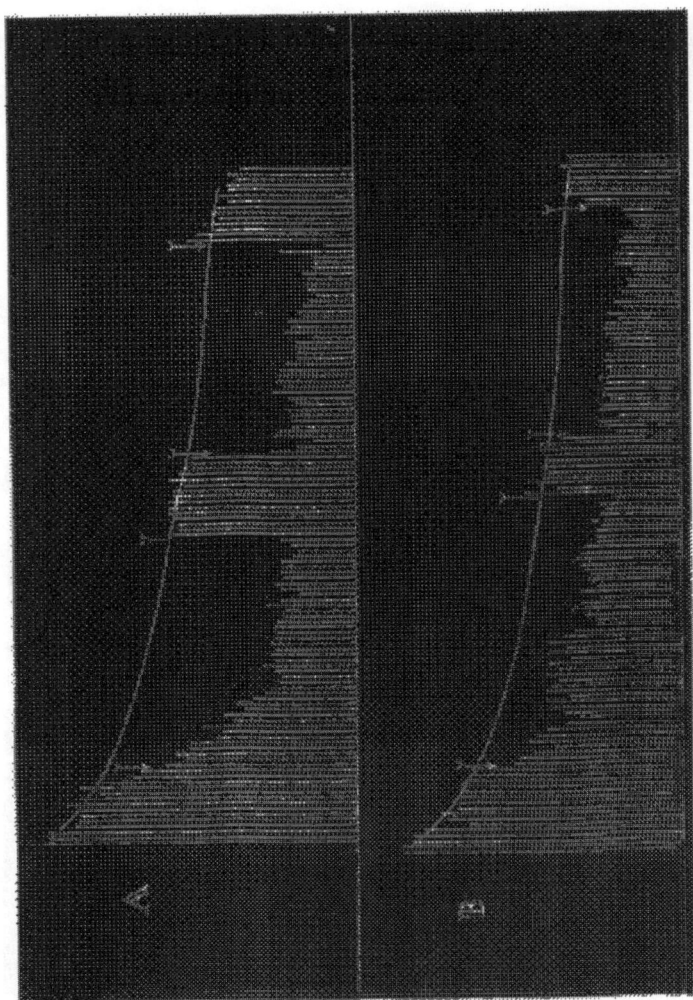

Pl. XXIII.

Pl. XXIV.

Pl. XXVI.

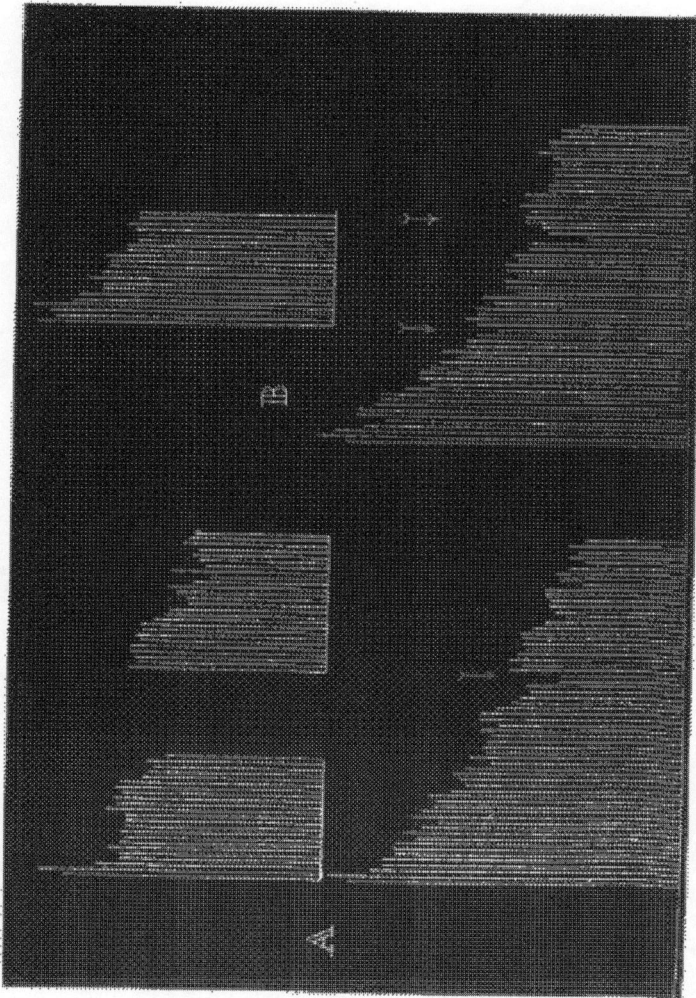

Pl. XXVII.

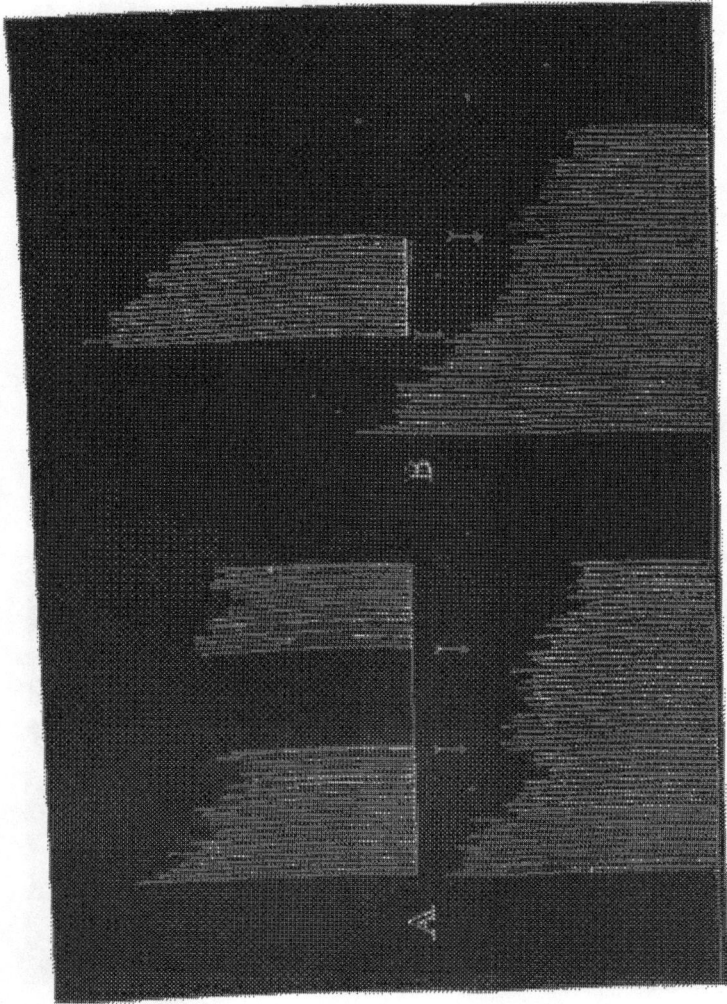

Pl. XXVIII.

Pl. XXIX.

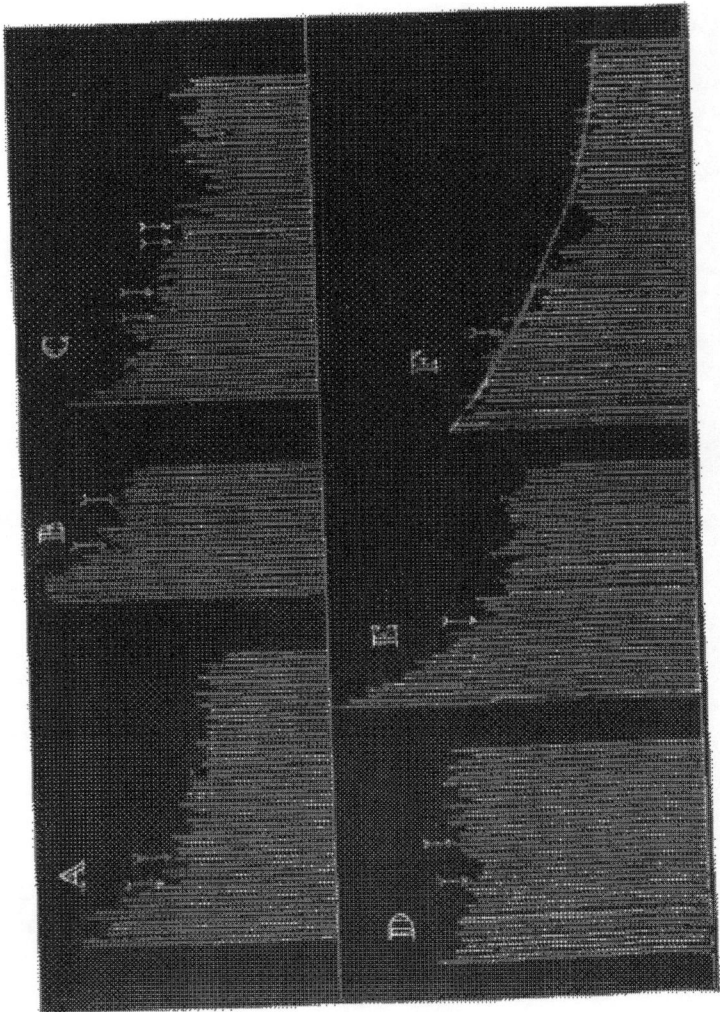

Pl. XXX.

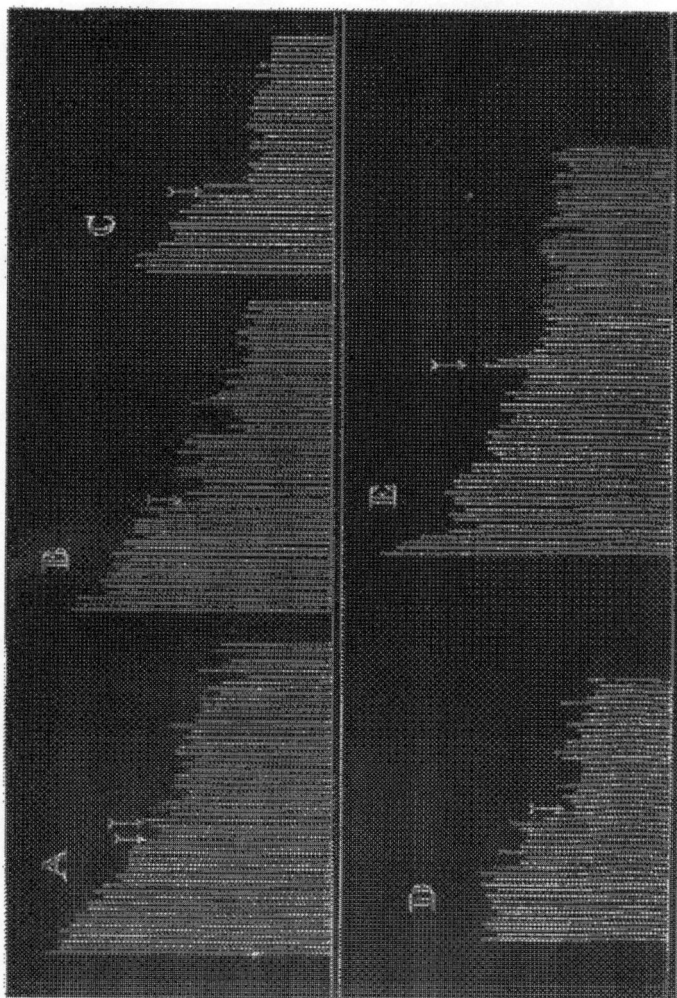

www.ingramcontent.com/pod-product-compliance
Lightning Source LLC
Chambersburg PA
CBHW022124020426
42334CB00015B/752